Evelyn May
zur PARTIZIPATION

Evelyn May

zur PARTIZIPATION

Re-Konstruktionen von visuellen und sprachlichen Darstellungen ‚partizipatorischer' Kunstprojekte mit Kindern und Jugendlichen

www.kopaed.de

Bibliografische Information Der Deutschen Nationalbibliothek
Die Deutsche Nationalbibliothek verzeichnet diese Publikation in der Deutschen Nationalbibliografie; detaillierte bibliografische Daten sind im Internet über http://dnb.ddb.de abrufbar

Die vorliegende Arbeit wurde von der Fakultät für Erziehungswissenschaften der Universität Hamburg im Mai 2020 als Dissertation angenommen.

Umschlag: Stefanie Johns

ISBN 978-3-96848-067-1
eISBN 978-3-96848-667-3

Druck: docupoint, Barleben

Arnulfstraße 205, 80634 München
Fon: 089. 688 900 98 Fax: 089. 689 19 12
E-Mail: info@kopaed.de Internet: www.kopaed.de

Inhaltsverzeichnis

Anhang

Prolog

„Was bedeutet es, wenn in Begegnungen, in Perspektivenübernahmen, Nachahmungen und Identifikationen auf beiden Seiten imaginäre Elemente enthalten sind, wenn man die eigene (immer auch projektive) Sicht, die den Anderen verkennt, nicht überschreiten kann. Was bedeutet dies für die Rede vom Anderen und die Perspektive auf das Selbst, das ich sein soll?"[1]

1 Schäfer (2006): Bildungsforschung. S. 99.

1 Einleitung: Zwischen Begriff und Darstellungsformen – Re-Konstruktionen von Vorstellungen über Partizipation[2]

Sogenannte ‚partizipatorische Kunst' kann auf eine lange Tradition zurückblicken und wird gleichzeitig ausgesprochen kontrovers diskutiert. Dies mag in dem Facettenreichtum der künstlerischen Praxen begründet sein, die als ‚partizipatorisch' subsumiert werden und den zahlreichen Versuchen, das Feld zu kategorisieren. Dabei scheint der wirkmächtige Partizipationsbegriff diese Diskurse zu befeuern und steht selber immer wieder zur Disposition. Während zahlreiche Publikationen von diesen Auseinandersetzungen zeugen, ist das Feld, in denen Künstler*innen[3] mit Kindern und Jugendlichen in ‚partizipatorischen' Projekten zusammenarbeiten, bislang kaum untersucht worden. Doch auch hier erscheint eine trennscharfe Einordnung der Arbeiten fragwürdig, die verschiedene Formen von ‚Partizipation' umfassen und zwischen den Bereichen Kunst, Pädagogik und gesellschaftlichem Engagement changieren können.

Die vorliegende Arbeit nähert sich der Perspektive der Akteur*innen an, um dem auf die Spur zu kommen, was die Verantwortlichen in diesen Projekten unter ‚Partizipation' verstehen und was sie in ihrer Arbeit ‚antreibt'. Im Gegensatz zu Fortbildungsbestrebungen, die darauf zielen, Künstler*innen für die Bildungsarbeit zu qualifizieren, werden ‚Vorstellungen von Partizipation' von Projektleiter*innen beleuchtet, die längst in sogenannten ‚partizipatorischen Kunstprojekten' mit Kindern und Jugendlichen agieren und langjährige Erfahrungen sammeln konnten. Die Forschung zielt zum einen darauf, ihre Erfahrungen zuallererst ‚zugänglich' zu machen und zum Thema werden zu lassen. Dazu werden Forschungsergebnisse vorgelegt, die Einblicke in mögliche Beweggründe für die ‚partizipatorische' Arbeit und professionelle Selbstverständnisse eröffnen. Neben diesem inhaltlichen Interesse tritt in dieser Arbeit eine methodisch-methodologische Auseinandersetzung in den Vordergrund, indem danach gefragt wird, *inwiefern Vorstellungen über Partizipation re-konstruiert werden* können. Denn vor dem Hintergrund wissenschaftstheoretischer Überlegungen wie von Bernhard Waldenfels und Andrea Sabisch, auf denen diese Untersuchung aufbaut, erweisen sich Prozesse der Bedeutungskonstitution als brüchig und von einem Begehren durchzogen, sodass sie sich einer direkten Rekonstruktion widersetzen. Diese Untersuchung geht von einer originären Unzugänglichkeit des Anderen (Alterität) aus, die Herausforderungen für

2 Da ich die hier angesprochenen Inhalte und theoretischen Positionen in meiner Arbeit ausführlich darstelle, verzichte ich an dieser Stelle auf weitere Literaturangaben.

3 Ich nutze das Sternchen * als symbolische Lücke, um auf Geschlechtsidentitäten jenseits einer binären Zuordnung zu verweisen.

qualitative Forschungen stellt und das Paradoxon des ‚un-möglichen Bestimmens' (Wimmer) zu einem zentralen Problem in den Analysen werden lässt.

1.1 Standortbestimmung

Was bewegte mich als Kunstpädagogin, mich mit ‚partizipatorischen' Kunstprojekten auseinanderzusetzen und Vorstellungen über Partizipation von Projektleiter*innen zu re-konstruieren? Rückblickend lassen sich einige Stationen bruchstückhaft skizzieren: Meine Vorliebe für dieses Genre und die Faszination für Formen der Mitbestimmung und des Empowerments von Kindern und Jugendlichen in künstlerischen und (kunst-)pädagogischen Arbeitsfeldern trugen zur Wahl des Themas bei. Gleichzeitig stieß ich auf irritierend unterschiedliche Begriffsverwendungen in den Bereichen und wollte dem differenzierter nachgehen, was das Schlagwort ‚Partizipation' – auch für mich – in diesen Feldern bedeuten kann. Im Laufe meiner Auseinandersetzung begegneten mir sehr heterogene Darstellungsformen der Projekte. Sie zogen meine Aufmerksamkeit auf sich und ich wollte mehr über die Perspektive der Projektverantwortlichen erfahren. Meine darauf aufbauende Forschungsfrage spiegelt dieses konkrete inhaltliche Anliegen wider und verweist zugleich auf mein wissenschaftskritisches, grundlegend methodisch-methodologisches Interesse. Denn vor dem Hintergrund phänomenologischer und bildungstheoretischer Überlegungen, die meine ‚wissenschaftliche Sozialisation' geprägt haben, erscheint es fragwürdig, ‚Vorstellungen' überhaupt gänzlich fassen zu können. Theoretisch und forschungspraktisch geraten pathische und affektive Dimensionen von Erfahrungsprozessen in den Blick, die sich einer Rekonstruktion widersetzen. Eine Be- und Entzogenheit zwischen Selbst und Anderen wird bedeutsam, die Zuordnungen in Frage stellt und auf eine unhintergehbare Trennung in der Verflechtung verweist. Um diese Leerstellen sprachlich zu markieren, spreche ich in meiner Untersuchung von *Re-Konstruktionen*. Ich betone meine ‚Standortgebundenheit' in ihrer notwendigen Be- und Entzogenheit. Gleichzeitig verweise ich mit dem Begriff aber auch auf eine methodologische Herausforderung meiner Arbeit, indem ich ein Analyseinstrument der rekonstruktiven Sozialforschung (dokumentarische Methode nach Bohnsack) in meiner Untersuchung einsetze und durch phänomenologische Perspektiven befrage und erweitere. Unter Berücksichtigung medienspezifischer Überlegungen beziehe ich *visuelle und sprachliche Darstellungen partizipatorischer Kunstprojekte* in meine Analyse ein, um in deren Gegenüberstellung affektiven Dimensionen von Erfahrungen nachzugehen, die sich einer eindeutigen Identifizierung und Auslegung widersetzen. Ich knüpfe an Überlegungen zur *indirekten Empirie* (Sabisch) an und beleuchte Gemeinsamkeiten und Unterschiede in den Darstellungsformen, um dem auf die Spur zu kommen, was nicht sagbar oder sichtbar wird. Dazu nutze ich visuelles Material (Fotos von drei ‚partizipatorischen' Kunstprojekten) und Interviews mit den jeweiligen Projektleiter*innen. Ich setze die visuellen Darstellungen als *Vergleichshorizonte* zu den sprachlichen Analysen ein und differenziere meine Deutungen auf diese Weise weiter aus. So wird es mir möglich, die herausgearbeiteten *‚dominanten' Orientierungen* weiter zu befragen, indem ich *starke Ambivalenzen* innerhalb und zwischen den verschiedenen Darstellungsformen beleuchte, die eine Analyse *markanter Abgrenzungen* erweitern und wesentlich dazu beitragen, dem nachzugehen, was sich entzieht. Auch die methodisch-methodologischen Reflexionen werden selbst Teil des Forschungsgegenstandes, den ich als zusätzlichen Vergleichshorizont nutze. Dementsprechend prägt eine dichte Verzahnung von inhaltlichen und methodisch-methodologischen Überlegungen die abschließende theoriegeleitete Reflexion meiner Untersuchungsergebnisse und trägt wesentlich zur Beantwortung meiner Forschungsfrage bei.

Die Ergebnisse meiner Untersuchung stehen z. T. ‚gängigen', demokratietheoretisch-orientierten Partizipationsverständnissen entgegen, eröffnen aber einen differenzierten Einblick in das, was für die Projektleiter*innen im Laufe der Zusammenarbeit bedeutsam geworden sein könnte. Sensible, auf Andere reagierende Darstellungsformen geraten in den Fokus, über deren Analyse verschiedenartige Beweggründe für die Zusammenarbeit mit Kindern und Jugendlichen re-konstruierbar werden. Dabei werden Konstitutionsprozesse *in* und *durch* Bilder(n) und Sprache (Waldenfels/ Sabisch) für die theoretische Einordnung meiner Ergebnisse bedeutsam, ebenso wie ihr Status als ‚Übergangsinstanzen' zwischen Selbst und Anderen. Ich befrage unumgängliche Formen der Aneignung und reflektiere auf sprachlicher Ebene Funktionen von Abgrenzungen im Hinblick auf Prozesse der ‚Selbstauslegung im Anderen' (Schäfer), die auch Teil meiner didaktischen Überlegungen in der Arbeit werden. Die in meiner Untersuchung zentral gewordenen Ambivalenzen arbeite ich als Un-Möglichkeiten (Wimmer) meiner empirischen Untersuchung heraus und beleuchte ihre Potenziale aus bildungstheoretischer und didaktischer Perspektive, um einen sensiblen Umgang mit Mehrdeutigem und Widersprüchlichem in visuellen und sprachlichen Darstellungsformen anzuregen, der dazu beitragen kann, Vorstellungen von Partizipation ‚in Bewegung' zu halten. Schließlich gehe ich in einer Metaperspektive gerade im Vergleich zu dem, was sich verbal zeigt, möglichen Wirkungsweisen der Bilder nach – sowohl im Interview für die Projektleiter*innen als auch bezogen auf meinen Auswertungsprozess. Die Reflexion dieser *‚doppelten Differenz'* ist ein zentrales Moment in meiner Arbeit, um Vorstellungen von Anderen (den Projektleiter*innen) über die Zusammenarbeit mit Anderen (den Kindern und Jugendlichen) zu re-konstruieren und dem auf die Spur zu kommen, was die Projektverantwortlichen in ihrer Arbeit ‚antreiben' könnte. Dazu beleuchte ich den Status meiner Interpretationen wiederholt und auf verschiedenen Reflexionsebenen, um der Problematik einer ‚un-möglichen' Rekonstruktion weiter nachzugehen. Durch die Einbeziehung des Symptombegriffs

(Waldenfels/ Sabisch) positioniere ich schließlich meine Forschung, indem ich meine Ergebnisse vor dem Hintergrund von Lacans Beschreibung des ‚Sinthoms' zur Diskussion stelle.
Damit etabliert die vorliegende Untersuchung eine kritische (orientierende) Reflexionsfolie sowohl auf Forschungsebene als auch für die eigene Arbeit im Feld. Über ihren argumentativen Aufbau leistet sie einen Beitrag zur methodisch-methodologischen Grundlagenforschung und zur Thematisierung von Un-Möglichkeiten der Rekonstruktion in empirischen Untersuchungen. Das Herausarbeiten von Ambivalenzen zwischen visuellen und sprachlichen Darstellungen wird als eine Form der indirekten Empirie diskutierbar, indem Grenzen des Sagbaren in den Blick geraten und Potenziale des Bildhaften im Vergleich zur Sprache untersucht werden. Auf didaktischer Ebene befördert die Untersuchung eine kritische Diskussion von Partizipationsverständnissen – nicht nur im Kontext ‚partizipatorischer' Kunstprojekte mit Kindern und Jugendlichen, die über eine begriffliche Auseinandersetzung hinausgeht und Formen der ‚Interaktion' jenseits autonom handelnder Subjekte in den Fokus nimmt. Prozesse der Darstellung der Zusammenarbeit werden zum zentralen Untersuchungsgegenstand, in denen die Medialität von Erfahrungen zum Reflexionsanlass wird, um Beziehungen zwischen Selbst und Anderen vor dem Hintergrund medienspezifischer Überlegungen zu betrachten.

1.2 Aufbau und Argumentationslinien der Publikation

Im Folgenden skizziere ich zur Orientierung den Aufbau dieser Publikation und zeige Argumentationslinien und ihre Kontexte durch die einzelnen Kapitel hindurch auf, um Leser*innen eine interessengeleitete Navigation durch die Arbeit zu ermöglichen.
Im zweiten Kapitel erfolgt voraussetzend eine *begriffliche Annäherung* an den Terminus ‚Partizipation', um ‚Vorstellungen von Partizipation' untersuchen zu können. Unterschiedliche Deutungen und Verwendungskontexte des Partizipationsbegriffs in politischen, pädagogischen und künstlerischen Kontexten geraten in den Fokus, die ich jeweils kurz anreiße, um auf deren Spannweite hinzudeuten und mögliche Verstrickungen aufzuzeigen. Ich gehe ‚demokratietheoretischen Grundierungen' des Terminus´ nach, thematisiere rechtliche Verankerungen und unterschiedliche Formen der Beteiligung von Kindern und Jugendlichen in (kunst-)pädagogischen Diskursen, bevor ich mich anschließend ‚partizipatorischen Kunstpraxen' zuwende. Auch hier zeige ich unterschiedliche Begriffsdeutungen durch einen Einblick in die Geschichte ‚partizipatorischer Kunst' auf ebenso wie verschiedenartige Versuche, den unscharfen Partizipationsbegriff weiter einzugrenzen. Denn sowohl in künstlerischen als auch in pädagogischen Diskursen finden sich Tendenzen, Formen der Beteiligung zu differenzieren und ‚echte' Partizipation zu bestimmen.

Im Gegensatz zu diesen Kategorisierungsversuchen verwende ich allerdings in meiner Forschung einen ‚weiten' Partizipationsbegriff. Dieser knüpft an ästhetisch orientierte Diskurse an und nimmt seinen Ausgang in Wahrnehmungsprozessen. Während ich im zweiten Kapitel bereits Entwicklungslinien ‚partizipatorischer Kunstpraxen' anspreche, vertiefe ich im dritten Kapitel dieses Feld gemäß meiner Forschungsfrage. Ich skizziere den *Forschungsstand* zu ‚partizipatorischen Kunstprojekten mit Kindern und Jugendlichen', indem ich vom Diskurs um ‚partizipatorische Kunst' ausgehe und von dort aus nach Forschungen frage, die sich explizit der Zusammenarbeit mit Kindern und Jugendlichen widmen. Um das bislang kaum beleuchtete Untersuchungsfeld weiter zu charakterisieren, gehe ich auch auf Forschungen ein, welche die Arbeit von Künstler*innen in Bildungskontexten thematisieren und zeige auch hier unterschiedliche Entwicklungsstränge auf. Meine Überlegungen zum Forschungsfeld schließe ich mit ‚repräsentationskritischen' Ansätzen ab, um meine Untersuchung davon abzugrenzen. Obwohl die Analyse visueller und sprachlicher Darstellungen der Projekte in meiner Forschung im Zentrum steht, frage ich nicht nach wirkmächtigen ‚Narrativen', die hergestellt werden. Mich interessieren vielmehr subjektive Be-/Deutungen der Projektleiter*innen, denen ich weiter nachgehe.

Im vierten Kapitel spanne ich den *Theorierahmen* auf, der meine Untersuchung trägt und stelle zentrale methodologische und methodische Stützen vor. Dieses umfangreiche Kapitel umfasst dabei weitere begriffliche Annäherungen, in denen ich im Anschluss an Waldenfels mein Verständnis von ‚Vorstellungen' und ‚Darstellungen' darlege, bevor ich in seine responsive Phänomenologie einführe und Überlegungen von Sabisch hinzuziehe, die sich als ‚Grundbausteine' meiner Untersuchung bewährten. Dazu zählen zum einen die Bedeutung des Fremden in Erfahrungsprozessen, zum anderen aber auch die konstituierende Funktion von Medien für diese Prozesse. Daran schließt die Notwendigkeit einer indirekten Empirie an, um Erfahrungen auf die Spur zu kommen. Während diese Überlegungen primär aus phänomenologischen Positionen hervorgehen und ‚Ordnungen' von Erfahrungen befragen, stelle ich im vierten Kapitel auch mein methodisches Vorgehen vor, das sich an der „dokumentarischen Methode" nach Ralf Bohnsack orientiert. Sie ist in einer Bezugswissenschaft der Kunstpädagogik, der empirischen Sozialforschung begründet, und zielt darauf ‚handlungsleitende Orientierungen' zu beleuchten. Auch wenn die Untersuchung impliziter Denk- und Handlungsmuster nahe an meinem Verständnis von Vorstellungen ist, weshalb ich u. a. auf diese Methode zurückgreife, unterscheidet sich dieser Ansatz. Deshalb positioniere ich mich vor dem Hintergrund meiner phänomenologischen Ausrichtung in diesem Feld und komme im Laufe meiner Ergebnisauswertungen wiederholt darauf zu sprechen.

Mit dem fünften Kapitel konkretisiere ich mein Forschungsdesign und gebe einen detaillierten Einblick in meine *Analyseschritte* von der Zusammenstellung des Untersuchungskorpus bis zur Generierung der Untersuchungsergebnisse. Ich thematisiere den nicht-linearen und kreisenden Charakter meiner Auswertung, der in der schriftlichen Darstellung meiner Ergebnisse nicht mehr sichtbar wird, und zeige die inhaltliche Struktuierung meines Auswertungsprozesses auf.

Die anschließende *Darlegung meiner Untersuchungsergebnisse* erstreckt sich in dieser Arbeit über vier Kapitel, die einer spezifischen Choreografie folgen. Die Ergebnisse meiner visuellen Untersuchungen (sechstes Kapitel) und meiner Analysen zum ‚Sprechen über den Partizipationsbegriff' (siebtes Kapitel) dienen als *Annäherungen*, in denen ich erste Ambivalenzen aufzeige, die ich in den folgenden Kapiteln weiter befrage. In den *Falldarstellungen* (achtes Kapitel) konzentriere ich mich dann auf *fallinterne* Untersuchungen, indem ich die Ergebnisse zum ‚Sprechen über die Bilder' und zum ‚Sprechen über das Projekt' pro Interview detailliert vorstelle und diese mit den Ergebnissen meiner visuellen Analysen des jeweiligen Bild-Ensembles vergleiche. Im neunten Kapitel nehme ich wieder eine *fallübergreifende* Perspektive ein und fasse in der komparativen Gegenüberstellung *Auffälligkeiten* aus den Falldarstellungen zusammen. Ich spitze meine Ergebnisse zu, indem ich wahrnehmbar gewordene Homologien als ‚dominante Orientierungen' in den drei Fällen aufzeige, die ich anschließend durch die herausgearbeiteten ‚starken Ambivalenzen' innerhalb und zwischen den visuellen und sprachlichen Darstellungen ausdifferenziere. Danach bündle ich vor dem Hintergrund meiner Ergebnisse mögliche Auswahlmotive und Funktionen der Bilder für die Projektleiter*innen, bevor ich mich auf sprachliche Ebene auf ‚markante Abgrenzungen' konzentriere und diese separat betrachte. In einem letzten Schritt fasse ich mögliche Motive und Beweggründe der Projektleiter*innen für die Zusammenarbeit mit den Kindern und Jugendlichen zusammen.

Die Ergebnisse meiner Analysen vertiefe ich im abschließenden zehnten Kapitel durch theoriegeleitete *Reflexionen und Wendungen* aus verschiedenen kritischen Perspektiven. Im ersten Teil gehe ich dazu zunächst auf die re-konstruierten Orientierungen ein, um diese aus phänomenologischem Blickwinkel als ‚Antworten auf das Fremde' (Waldenfels) und im Hinblick auf Konstitutionen zwischen Selbst und Anderen zu befragen. Ich beleuchte mögliche ‚Selbstauslegungen im Anderen' (Schäfer/ Wimmer) und thematisiere die herausgearbeiteten Abgrenzungen auf sprachlicher Ebene u. a. vor dem Hintergrund historisch gewachsener Unterscheidungen (Legler/ Mörsch und Pinkert), bevor ich die herausgearbeiteten Ambivalenzen innerhalb und zwischen visuellen und sprachlichen Darstellungen theoriegeleitet reflektiere. Dazu verorte ich meine Ergebnisse vor dem Hintergrund pädagogischer Paradoxien (Wimmer), um anschließend auf medialer Ebene kleinere Brüche innerhalb und zwischen visuellen und sprachlichen Darstellungen im Anschluss an Sabisch als Bildungspotenziale herauszuarbeiten. Über eine erste Zusammenfassung und erste didaktische Wendungen dieser Ergebnisse nähere ich mich Un-Möglichkeiten (Wimmer) der Bestimmung Anderer an. Ich thematisiere didaktische Herausforderungen als paradoxe Aufforderungen und befrage Möglichkeiten medialer Verschiebungen als produktivem Umgang mit Ambivalentem. Im zweiten Teil des zehnten Kapitels vertiefe ich diese Überlegungen aus methodisch-methodologischer Perspektive. Dort betrachte ich erneut Ambivalenzen, doch dieses Mal, um den Status meiner Interpretationen zu diskutieren. Über das Vergleichen der visuellen und sprachlichen Darstellungen gehe ich kritisch meinen Auswertungsschritten nach und beleuchte dabei den Stellenwert des Diskrepanten in meinen Analysen. Darauf aufbauend kann ich anschließend die Ergebnisse als Re-Konstruktionen starkmachen und die thematisierten Auffälligkeiten vor dem Hintergrund des Symptombegriffs (Waldenfels/ Sabisch) positionieren. Im dritten Teil vertiefe ich die genannten Schwerpunkte, indem ich Potenziale des Visuellen in meiner Forschung stärker in den Blick nehme und die Fotos als Übergangsdinge zwischen Selbst und Anderen hervorhebe (Waldenfels). Ausgehend von meinen Untersuchungsergebnissen abstrahiere ich mögliche Funktionen der Bilder für die Projektleiter*innen im Interview und reflektiere diese durch weitere theoriegeleite Überlegungen (wie z. B. von Därmann, Meyer-Drawe und Pazzini). Funktionen der Fotos als ‚Gegenhorizonte' in meiner Forschung werden daran anschließend auf methodisch-methodologischer Ebene bedeutsam, deren Potenzialen ich durch die Bezugnahme auf Boehm nachgehe. Im letzten Teil dieses Abschnittes greife ich noch einmal den Symptombegriff auf, um an Überlegungen Lacans zum ‚Sinthome' anzuknüpfen und aus dieser Perspektive meine Ergebnisse sowie die Frage, wie das Nicht-Identifizierbare zum Thema werden kann, zur Diskussion zu stellen. In den letzten beiden Abschnitten vertiefe ich Potenziale und Herausforderungen meiner Forschung auf methodisch-methodologischer Ebene und arbeite weitere didaktische Potenziale meiner Forschung heraus. Dabei kommen z. B. mögliche Erweiterungen meines Forschungssettings ebenso zur Sprache wie Schlussfolgerungen für die künstlerische und (kunst-)pädagogische Praxis, die der Medialität von Erfahrungen besondere Bedeutung schenken und unbewussten Prozessen mehr Gewicht verleihen, sodass ‚subjektive' Vorstellungen von ‚Partizipation' von Akteur*innen gezielter hinterfragt werden können.

2 Zum Begriff ‚Partizipation': Dimensionen und Wendungen

‚Partizipation' steht wie kein anderes Wort für Formen der Beteiligung, Mitbestimmung und für demokratische Entscheidungsprozesse. Auf den ersten Blick scheint klar, der Begriff verweist auf Möglichkeiten, dabei zu sein, teilzuhaben und mitzuentscheiden. Doch welche Art des Involviert-Seins ist damit genau gemeint? Und wer ‚partizipiert' woran?

Meine Untersuchungen beginnen mit einführenden Überlegungen zum Partizipationsbegriff, die den Ausgangspunkt meiner empirischen Forschung bilden. Denn um Vorstellungen von Partizipation zu befragen, bedarf es einer Klärung, in welchen Kontexten der Begriff Verwendung findet und was ‚Partizipation' dort jeweils umfassen kann. Meine begrifflichen Annäherungen werden aber auch zu einer inhaltlichen Klammer für meine Arbeit, indem ich die Ergebnisse der empirischen Forschung auch vor dem Hintergrund der begrifflichen Überlegungen vertiefe (» etwa Kapitel 10.5.2).[4]

Dabei erhebt dieses Kapitel keinen Anspruch auf Vollständigkeit auf begriffsanalytischer Ebene, vielmehr fokussiere ich spezifische *Aspekte* des vieldiskutierten Partizipationsbegriffs, die für meine Untersuchung wichtig werden. Ich beleuchte unterschiedliche Begriffsdimensionen und stelle verschiedenartige Verwendungskontexte in pädagogischen und künstlerischen Diskursen gegenüber. Diese Überlegungen zielen darüber hinaus darauf, meine eigenen Annahmen über ‚Partizipation' deutlich zu machen, gängige Deutungen zu hinterfragen und wirkmächtige Konnotationen anzusprechen. Ich beginne mit einer etymologischen Annäherung (» Kapitel 2.1), an die sich Überlegungen zur demokratietheoretischen Grundierung des Begriffs anschließen (» Kapitel 2.2). Da in den untersuchten Projekten Kinder und Jugendliche mitarbeiten und ich die Arbeiten als Kunstpädagogin betrachte, thematisiere ich Begriffsverwendungen in pädagogischen Kontexten und streife rechtliche Verankerungen (» Kapitel 2.3), bevor ich der Bezeichnung ‚Partizipation' in kunstwissenschaftlichen Diskursen nachgehe (» Kapitel 2.4). Im letzten Abschnitt fasse ich meine Überlegungen zusammen und plädiere für einen weiten Partizipationsbegriff, der zur Grundlage meiner Forschung geworden ist (» Kapitel 2.5).

4 » Kapitel 10.5.2 ‚Partizipation' jenseits von Ganzheit und Autonomie.

2.1 Etymologische Annäherung und Unschärfen des Begriffs

Aus etymologischer Perspektive lässt sich der Begriff als Substantivierung auf das lateinische Verb ‚*particeps*' zurückführen, das z. B. im *Brockhaus* mit ‚teilhabend' übersetzt wird.[5] Die Kunstpädagogin und Kunstvermittlerin Eva Sturm verweist ferner auf die Begriffsbestandteile, die lateinischen Wörter ‚*pars*' (Teil) und ‚*capere*' (nehmen, ergreifen), die m.E. wichtige Begriffsdimensionen eröffnen.[6] An diese Wortbestandteile möchte ich anknüpfen, um zunächst assoziativ dem Bedeutungsspektrum des Partizipationsbegriffs nachzugehen. Denn häufig werden unter dem „Sammelbegriff" Partizipation sehr unterschiedliche Formen der Beteiligung zusammengefasst, wie z. B. ‚Teilhabe', ‚Teilnahme' oder ‚Mitbestimmung'.[7] Ein erster, assoziativer Zugang über die oben genannten Begriffsbestandteile erlaubt mir hier eine andere Form der Annäherung als ‚allgemeine' Definitionen, die in ihrer Argumentation meist politische Perspektiven fokussieren.[8] Erst im Anschluss an diese Überlegungen gehe ich auf Begriffsbestimmungen in unterschiedlichen Disziplinen ein, die ich in den folgenden Abschnitten des zweiten Kapitels weiter ausführe und ergänze.

Ich beginne mit dem ersten Wortteil (lat. pars) ‚Teil', der im Rückschluss auf ein ‚Ganzes' hindeutet, und nutze den Begriff der ‚Teil-habe' – etwa um das Verhältnis von Personen zur Gesellschaft zu beschreiben. Aus dieser Perspektive würde eine Einheit (von Teilen) im Zentrum stehen und Beziehungen zwischen Individuum und Gemeinschaft geraten in den Fokus. Weitere Deutungsmöglichkeiten schwingen mit, wenn ‚Partizipation' als ‚Teil-nahme' verstanden wird und der zweite Wortteil (lat. capere) als ‚einen Teil nehmen bzw. ergreifen' hervorgehoben wird. Während dies einerseits den Moment einer Ermächtigung implizieren kann, werden darüber hinaus ‚gewalthafte' Dimensionen denkbar (etwa im Sinne von ‚wegnehmen'). Andere mögliche Begriffsebenen wie zum Beispiel ‚Mit-sprache' oder ‚Mit-bestim-

5 Brockhaus (2006): Partizipation. S. 65.

6 Vgl. Sturm (o.J.): Partizipation.
Mit diesem Verweis auf Eva Sturm am Anfang meiner Publikation möchte ich außerdem ihre Arbeit in der kunstpädagogischen Auseinandersetzung mit ‚partizipatorischen' Kunstprojekten hervorheben und würdigen. » etwa Kapitel 3.2 Zusammenarbeit von Künstler*innen mit Kindern und Jugendlichen.

7 Vgl. etwa Hartnuß, Maykus (2006): Mitbestimmen, mitmachen, mitgestalten. S. 10.
Die Autoren verweisen hier insbesondere auf den Diskurs um die Partizipation von Kindern und Jugendlichen.

8 Als allgemeine Defintion von Partizipation wird im *Brockhaus* z. B. folgende Angabe gemacht: „1) *allg.*: die mehr oder minder anerkannte bzw. berechtigte Teilhabe einer Person oder Gruppe an Entscheidungsprozessen oder Handlungsabläufen in Organisationen und Strukturen. Brockhaus (2006): Partizipation. S. 65.
Obwohl diese Definition von einer zweiten Wortbedeutung unterschieden wird, die sich stärker auf die Politikwissenschaft, Arbeits- und Organisationssoziologie beziehe (vgl. ebd.), verweist auch die ‚allgemeine' Definition m.E. auf politische Dimensionen. Denn auch dort wird ein *Recht* auf Beteiligung oder Mitbestimmung in Form einer ‚be*recht*igten Teilhabe' an ‚*Entscheidung*sprozessen' angesprochen.

mung' lassen ebenfalls verschiedene Pole bzw. Spannungsverhältnisse erkennen, indem sie einerseits die Möglichkeit der Beteiligung und Teilhabe bereithalten, gleichzeitig aber auf eine eingeschränkte, partielle Entscheidungsgewalt verweisen. Die Erziehungswissenschaftlerin Kerstin Jergus problematisiert ebenfalls das im Wortstamm des Partizipationsbegriffs angelegte Spannungsfeld zwischen *Teil und Ganzem*, das

> „(...) im Zusammenhang der Frage nach der guten und gerechten Gestalt sozialer Verhältnisse nicht nur die politische Theorie seit ihren Anfängen [bewege, EM], sondern stets mit der Frage nach der pädagogischen Gestaltung dieses Zusammenhangs verbunden [sei, EM]."[9]

Die Autorin beschreibt das „Verhältnis zwischen Individuum und sozialer Ordnung"[10], auf das der Partizipationsbegriff verweise, als politische *und* pädagogische Herausforderung, denn sie betreffe beide Bereiche. Darüber hinaus diskutiert sie eine „(...) unauflösliche[], zugleich konflikthafte[] Verquickung zwischen der pädagogischen und der politischen Seite der Partizipation", die auch für meine Überlegungen zentral wird. (» Kapitel 2.2)
Die oben beschriebenen verschiedenen Deutungsmöglichkeiten des Partizipationsbegriffs als ‚Teilhabe', ‚Teilnahme' oder ‚Mitbestimmung' resultieren aus einer Unschärfe des Begriffs, wie sie im erziehungswissenschaftlichen Diskurs von einigen Autor*innen kritisiert wird. Denn unter ‚Partizipation' können im deutschen Sprachgebrauch sehr unterschiedliche Formen der Beteiligung vereint werden.[11] So geben Sönke Ahrens und Michael Wimmer etwa zu bedenken, dass der Partizipationsbegriff

> „(...) höchst diverse und z. T. widerstreitende semantische Felder übergreift, die von Zugehörigkeit, Anteilnahme und Beteiligung über Teilhabe, Teilnahme, Mitwirkung, Mitbestimmung bis hin zu Einbeziehung reichen. Dabei können z. B. zwischen Teilnahme und Teilhabe Welten liegen, da Nehmen und Haben ganz unterschiedliche Verhältnisse bezeichnen."[12]

Neben der Begriffsunschärfe wird die besondere ‚demokratietheoretische' Grundierung des Partizipationsbegriffs für meine Überlegungen zentral, die sich m.E. nicht nur auf pädagogische, sondern auch auf künstlerische Felder auswirkt, was ich im Laufe meiner Ausführungen weiter aufzeigen werde.[13] Im Folgenden

---

9 Jergus (2020): Partizipation. S.454.
10 Ebd. S.453.
11 Vgl. etwa Von Alemann (1975): Partizipation – Demokratisierung – Mitbestimmung. S. 16 f.
12 Ahrens, Wimmer (2012): Partizipation, Versprechen, Probleme, Paradoxien. S. 20.
13 Während ich im zweiten Kapitel verschiedene Begriffsbestimmungen aus unterschiedlichen Feldern beleuchte (Politik, Pädagogik, Kunst), indem ich exemplarisch Aspekte herausgreife und einzelne Positionen gegenüberstelle, gebe ich im dritten Kapitel einen Einblick in den

gehe ich diesen politischen Konnotationen weiter nach, um die Tragweite und Wirkungskraft des Partizipationsbegriffs zu skizzieren. Dabei rücken aus einer politikwissenschaftlichen Perspektive Beteiligungsrechte und Entscheidungsprozesse in den Vordergrund, auch wenn sich Formen demokratischer Teilhabe längst nicht mehr auf „(...) formelle[] Strukturen und Organisationen (Wahlsystem, Verwaltungshandeln und -entscheidungen)" eingrenzen lassen.[14]

2.2 Demokratietheoretische Grundierungen und das Streben nach ‚echter' Partizipation

> „Nur wenige Worte vermögen den Anspruch der Menschen so deutlich zu machen, Entscheidungen sowohl auf lokaler als auch globaler Ebene, die ihre Umwelt und ihr Leben bestimmen, mit zu beeinflussen, in Verbindung mit ihrer Hoffnung auf Gleichheit und ihrer Weigerung, eine Abseitsposition oder einen untergeordneten Status zu akzeptieren. Effektive Partizipation setzt das Streben des Menschen nach Integrität und Würde voraus sowie seine Bereitschaft, die Initiative zu ergreifen. Obwohl das Recht zu partizipieren garantiert werden kann, können weder die Partizipation selbst noch die damit verbundene Pflicht und Verantwortung ‚gegeben' oder weggegeben werden. Echte Partizipation vollzieht sich freiwillig."[15]

Das hier ausgewählte Zitat des ‚Club of Rome' aus dem Jahr 1979 entstand zu einer Zeit, als Partizipationsbestrebungen in vielen gesellschaftlichen Bereichen diskutiert wurden, wie Armin König hervorgehoben hat.[16] Und auch heute, mehr als 50 Jahre nach den Studentenbewegungen und dem Aufkeimen von Bürger*innen-Initiativen, ist der Partizipationsbegriff in vielen gesellschaftlichen Feldern präsent. Dabei zeichnet er sich durch eine besonders wirkmächtige Konnotation aus, die z. B. auf ein Streben nach ‚echter Partizipation' und Mitgestaltung verweist und Hoffnungen auf Chancengleichheit und Entscheidungsmacht bündelt.[17] Michael Wimmer und Sönke Ahrens bezeichnen den Partizipationsbegriff auch als zutiefst verbunden mit politischen Bestrebungen und „demokratietheoretisch" geprägt,

---

Diskurs um partizipatorische Kunstprojekte (auch) mit Kindern und Jugendlichen. Dabei können diese Skizzen immer nur fragmentarisch bleiben, um Tendenzen aufzuzeigen.

14 Brockhaus (2006): Partizipation. S. 65.
So wird auch in der politikwissenschaftlichen, arbeits- und organisationssoziologischen Definition von ‚Partizipation' im Brockhaus eine Ausweitung von Formen der Partizipation hervorgehoben, die über rechtlich verankerte Beteiligungsmöglichkeiten hinausgehen. Vgl. ebd.

15 Club of Rome (1979): Das menschliche Dilemma. S.58 f., zitiert nach König (08.12.2009): Partizipation. o. S.

16 Vgl. König (08.12.2009): Partizipation. o. S.

17 Der Diskurs um die Wirkmächtigkeit des Begriffs kann an dieser Stelle nicht nachgezeichnet und in seiner Tragweite aufgezeigt werden. Exemplarisch verweise ich auf einige Positionen aus verschiedenen Theoriefeldern, die auch die inhärenten Erwartungen thematisiert haben: Ahrens, Wimmer (2012): Partizipation, Versprechen, Probleme, Paradoxien.; Miessen (2012): Albtraum Partizipation.; Oser, Biedermann (2006): Partizipation.; Sturm (2009): Partizipation und Kunst.

dabei sei er „(...) zu einem demokratischen Kern- und Kampfbegriff avanciert."[18] Denn der Terminus impliziere primär politische Deutungen:

> „Einschlägige Definitionen von Partizipation bestimmen sie daher exklusiv als politischen Grundbegriff, der inhaltlich mit dem Demokratiebegriff als nahezu identisch bestimmt wird."[19]

Wie Max Kaase im *Politik-Lexikon* hervorhebt, beschränke sich ‚Partizipation' nicht nur auf das politische System, sondern berühre weitere, gesellschaftliche Dimensionen. So könne ‚Partizipation' als „ein zentrales Struktur- und Handlungsprinzip" postindustrieller Gesellschaften bezeichnet werden, das „(...) eine *Vielzahl von anderen Lebensbereichen* (z. B. Familie, Schule, Beruf)" einschließe.[20] Dieses Partizipationskonzept gründe auf der Annahme, „(...) daß moderne Gesellschaften ohne umfassende Beteiligung bzw. Beteiligungschancen ihrer Bürger nicht mehr konsens- und entscheidungsfähig und damit nicht mehr lebensfähig sind."[21] Auch wenn in dieser Definition weiterhin Prozesse der Beteiligung im Sinne von Mitentscheidungen und Konsensbildungen im Zentrum stehen, ist es mir wichtig, eine Begriffsverwendung über das politische System hinaus zu betonen, die Verhältnisse zwischen Individuum und Gesellschaft in den Blick nehmen. Im Anschluss an Wimmer und Ahrens ließe sich sogar weiterführend fragen, ob nicht auch andere „(...) Form[en] der Sozialität, der Teilhabe oder des Mitseins", wie sie in philosophischen Positionen zum Beispiel von Jean-Luc Nancy als „singulär plural sein" gefasst werden, als Partizipation verstanden werden können.[22] In der Zusammenfassung dieses Kapitels werde ich darauf zurückkommen.

Zunächst widme ich mich noch einmal der ‚demokratietheoretischen' Grundierung des Begriffs und komme explizit auf Formen *politischer Partizipation* zu sprechen, die für meine weitere Argumentation wichtig werden. Denn hier lassen sich Abgrenzungsversuche verschiedener Beteiligungsformen ausmachen, die m.E. auch Einfluss auf pädagogische und kunstwissenschaftliche Diskurse genommen haben. Aus dieser politikwissenschaftlichen Perspektive umfasse der Partizipationsbegriff „(...) jene Verhaltensweisen von Bürgern, die als Gruppe oder allein freiwillig Einfluss auf politische Entscheidungen auf verschiedenen Ebenen des politischen Systems (Kommune, Land, Bund und Europa) ausüben wollen", wie Wichard Woyke im *Handwörterbuch des politischen Systems der Bundesrepublik Deutschland* konstatiert.[23] Hier fuße z. B. das *Wahlrecht*, wie Kaase ausführt, sodass politische Partizipation aus historischer Perspektive betrachtet „(...) untrennbar mit

18 Ahrens, Wimmer (2012): Partizipation, Versprechen, Probleme, Paradoxien. S. 23.
19 Ebd., S. 23.
20 Kaase (1994): Partizipation. S. 442 (kursiv EM).
21 Ebd., S. 442.
22 Ahrens, Wimmer (2012): Partizipation, Versprechen, Probleme, Paradoxien. S. 29.
23 Woyke (2013): Politische Beteiligung/ Politische Partizipation. S.550.

dem Entstehen des demokratischen Rechts- und Verfassungsstaates verbunden [ist], der entscheidende Impulse durch den Siegeszug der Ideen von *Freiheit* und insbes. *Gleichheit* erhalten hat."[24] Neben konventionellen, gesetzlich verfassten Formen politischer Partizipation, wie den Wahlen, ließen sich unkonventionelle Formen der politischen Partizipation unterscheiden (z. B. Bürgerinitiativen), direkte Arten der Mitbestimmung könnten von indirekten abgegrenzt werden.[25] In der Partizipationsforschung finden sich viele Ansätze, welche die Formen der politischen Partizipation noch weiter ausdifferenzieren und kategorisieren.[26] Für meine Überlegungen ist dieser Aspekt insofern interessant, da sich Tendenzen der Unterscheidung und Einordnung partizipatorischer Praxen auch in pädagogischen oder künstlerischen Bereichen beschreiben lassen. Auch in erziehungswissenschaftlichen oder in kunstwissenschaftlichen Diskursen, wie ich sie im Folgenden skizziere, werden beispielsweise *,Grade der Beteiligung'* zentral, die sich m.E. an Formen der politischen Partizipation orientieren. Exemplarisch sei hier das Stufenmodell von Sherry Arnstein aufgeführt, auf das sich viele Positionen im Bereich der ,Partizipation von Kindern und Jugendlichen' beziehen.[27] Arnstein entwickelte 1969 die dreiteilige *,ladder of citizen participation'*, die zwischen Nicht-Partizipation, Schein-Beteiligung und Partizipation unterscheidet.[28] Durch dieses Modell wurden Beteiligungsformen differenzierbar und ,richtige' Partizipation (etwa im Sinne einer Entscheidungsmacht) in Abgrenzung zu einer Schein-Beteiligung bestimmbar.
Festzuhalten bleibt an dieser Stelle, dass sich der Partizipationsbegriff als zutiefst verbunden mit demokratietheoretischen *Überlegungen* erweist – er steht ein für demokratische Rechte und die Hoffnung auf Mitbestimmung und Freiheit. Das Streben nach ,echter' Partizipation (etwa als Mitbestimmung oder Selbstbestimmung) und die Ausdifferenzierung unterschiedlicher Beteiligungsformen und verschiedenartiger Beteiligungsmodelle finden sich auch in (kunst-)pädagogischen und künstlerischen Diskursen wieder. Wie ich nun weiter ausführe, ist damit häufig die Entwicklung von Kriterien zur Erfüllung ,richtiger' Partizipation verbunden, welche den unscharfen Begriff nicht nur eingrenzen und durch konkrete Praktiken

---

24 Kaase (1994): Partizipation. S. 442 (kursiv EM).

25 Vgl. etwa Kaase (1994): Partizipation. S. 443 oder Woyke (2013): Politische Beteiligung/ Politische Partizipation. S.550.

26 Ein Überblick zu den verschiedenen Positionen kann an dieser Stelle nicht aufgezeigt werden. Exemplarisch sei eine Unterscheidung von Woyke aufgeführt, in der er sich auf Niedermayer (2005) bezieht und sechs Formen politischer Beteiligung differenziert, die sich an der Art der politischen Beteiligung orientieren: Teilnahme an a.) Wahlen und Abstimmungen; b.) Parteibezogene Aktivitäten; c.) Gemeinde-, Wahlkampf und Politiker bezogene Aktivitäten; d.) legaler Protest; e.) ziviler Protest und f.) politische Gewalt. Vgl. Woyke (2013): Politische Beteiligung/ Politische Partizipation. S.550.

27 Vgl. etwa Schnurr (2001): Partizipation. S. 1336 f. Sturzenhecker (2005): Partizipation in der Offenen Jugendarbeit. S. 22.

28 Arnstein bezeichnete die Dreiteilung als „non-prticipation", „degrees of tokenism" und „degrees oft citizen power".
Vgl. Arnstein (1969): A Ladder of Citizen Participation., S. 217.

‚einlösbar' werden lassen, sondern m.E. auch die ‚Qualität' der jeweiligen Art der Beteiligung einer Bewertung unterziehen.

2.3 Partizipation von Kindern und Jugendlichen: Rechtliche Verankerungen und Formen der Beteiligung

> „Zunächst ein Befund: ‚Partizipation' findet sich als Sachverhalt oder als Forderung mittlerweile in allen pädagogischen Feldern: von der Früherziehung über die Schule bis hin zur Altenbildung und von der Organisationspädagogik über die Interkulturelle Erziehung bis hin zur Heil- und Sonderpädagogik (...)."[29]

Dass ‚Partizipation' inzwischen in allen pädagogischen Arbeitsfeldern relevant geworden ist, verdeutlicht nicht nur das Zitat des Erziehungswissenschaftlers Jörg Zirfas. Seit vielen Jahren werden Möglichkeiten und Grenzen der ‚Partizipation' von Kindern und Jugendlichen nun schon in der schulischen und außerschulischen Bildung stark diskutiert. Doch auch dieser Diskurs wird m.E. geprägt durch die Unschärfe des Partizipationsbegriffs, der häufig synonym verwendet wird für sehr unterschiedliche Formen der Beteiligung, politischer oder kultureller Teilhabe.[30] In der außerschulischen Bildung ist Partizipation als eines der wesentlichen Arbeitsprinzipien und Querschnittaufgaben durch das Kinder- und Jugendhilfegesetz (KJHG)[31] fest verankert, und auch im schulischen Bereich wurden Mitbestimmungsrechte in die Schulgesetze der Länder implementiert und „Qualitätsstandards für die Beteiligung von Kindern und Jugendlichen" bundesweit festgelegt.[32] Forderungen nach einer stärkeren Beteiligung von Kindern und Jugendlichen finden sich aber auch auf kommunaler Ebene etwa bei der Spiel- und Freizeitraumplanung oder in Stadtentwicklungsprozessen.[33] Legitimiert werden diese unterschiedlichen Partizipationsbestrebungen durch rechtliche Verankerungen, die eine Beteiligung von Kindern und Jugendlichen in allen sie betreffenden Angelegenheiten anstreben.[34] Ausgehend vom Grundgesetz und der UN-Kinderrechtskonvention werden Beteiligungs- und Mitspracherechte in unterschiedlichem Maße in weiteren Gesetzestexten konkretisiert, etwa im bereits erwähnten KJGH, in den Richtlinien

29 Zirfas, Jörg (2015): Kulturelle Bildung und Partizipation. o. S.

30 Vgl. etwa Knauer, Sturzenhecker (2005): Partizipation im Jugendalter. S. 68.; Hartnuß, Maykus (2006): Mitbestimmen, mitmachen, mitgestalten. S. 10.; Betz, Gaiser, Pluto (2010): Partizipation von Kindern und Jugendlichen. S. 21.; Zirfas (2015): Kulturelle Bildung und Partizipation. o. S.

31 Vgl. etwa § 8 SGB VIII (KJHG).

32 Vgl. Bundesministerium für Familie, Senioren, Frauen und Jugend (2010): Qualitätsstandards für die Beteiligung von Kindern und Jugendlichen. S. 20ff.

33 Vgl. etwa Gemeinschaftsaktion »Niedersachsen – Ein Land für Kinder« (2002): Beteiligung von Kindern und Jugendlichen.

34 Vgl. UN-Kinderrechtskonvention, Art. 12

der Kultusministerkonferenz (KMK)[35], den Schulgesetzen[36], dem Baugesetzbuch[37] bis hin zu kommunalen Bestimmungen. Während ‚Partizipation' also einerseits als ein *rechtlicher Anspruch* von Kindern und Jugendlichen beschrieben werden kann, lassen sich andererseits sehr unterschiedliche Formen der Beteiligung als ‚Partizipation' subsumieren (» Kapitel 2.1).[38]
Eine Problematisierung des unscharfen Partizipationsbegriffs findet inzwischen in vielen pädagogischen Disziplinen statt – für die ich exemplarisch auf Positionen aus dem Kontext der Kunstpädagogik als meiner ‚Heimatdisziplin' verweise. Dort geraten Verwendungszusammenhänge des Partizipationsbegriffs zwischen Kunst und Politik, kultureller und politischer Bildung vermehrt in den Fokus, auch wenn sie m.E. erst den Anfang einer notwendigen Auseinandersetzung bilden. So reflektieren Wanda Wieczorek, Ay e Güleç und Carmen Mörsch beispielsweise *Schnittstellen zwischen kultureller und politischer Bildung am Beispiel des Beirats der documenta 12*. Obgleich begriffliche Überlegungen nur in einem Exkurs thematisiert werden, zeichnet sich diese Veröffentlichung durch eine kritische Haltung aus, die Interessen und Machtverhältnisse hinterfragt, die sich hinter den Projekten verbergen.[39] Aufschlussreich für eine Positionierung ästhetischer Bildung im Rahmen der Partizipationsdebatte ist zudem der von Anja Besand herausgegebene Sammelband *Politik trifft Kunst* aus dem Jahr 2012, in dem sich u. a. Kunstdidaktikerinnen wie Marie-Luise Lange, Sara Burkhardt oder Bettina Uhlig zu diesem Thema äußern.[40] Hier wird deutlich, dass Diskussionen *über ‚partizipatorische'* Praxen im Spannungsfeld zwischen Kunst, Politik und Bildung noch am Anfang stehen. Ein ähnlicher Stand zeigte sich m.E. auch im Rahmen des Bundeskongresses der Kunstpädagogik, der im Oktober 2012 in Dresden stattfand. Zwar fungierte das Schlagwort ‚Partizipation' als ein Schwerpunktthema der Tagung und wurde z. T. sehr kritisch beleuchtet.[41] Doch Partizipationsverständnisse, insbesondere zwischen *ästhetischer und politischer Bildung*, gilt es m.E. noch vertiefend zu befragen. Während Formen der ‚Partizipation' in kulturellen Bildungszusammenhängen in der Begegnung mit Kunst stärker in den Fokus rücken[42], finden sich im Diskurs auch Systematisierungsversuche, die sich an demokratisch orientierten ‚Partizipationsstufen' anlehnen, um ‚richtige' Formen der Partizipation von Scheinbeteiligungen zu differenzieren.[43]

35 Vgl. etwa Kultusministerkonferenz (03.03.2006): Erklärung zur Umsetzung des Übereinkommens der Vereinten Nationen über die Rechte des Kindes.
36 Vgl. etwa SchulG Berlin – § 3 Bildungs- und Erziehungsziele
37 Vgl. etwa BauGB § 137 Beteiligung und Mitwirkung der Betroffenen (bei Städtebaulichen Sanierungsmaßnahmen)
38 » Kapitel 2.1 Etymologische Annäherung und Unschärfe des Begriffs.
39 Vgl. Wieczorek, Güleç, Mörsch (2012): Von Kassel lernen. S. 38 ff.
40 Vgl. Besand (2012): Kunst trifft Politik.
41 Vgl. Ahrens; Wimmer (2012): Partizipation. Versprechen. Probleme. Paradoxien.; Aden (2013): Das Mantra Partizipation.
42 Vgl. Zirfas (2015): Kulturelle Bildung und Partizipation. o. S.
43 Vgl. Emde, Overwien (2013): Zur Partizipation von Kindern und Jugendlichen. S. 63.

2.4 Künstlerisch-ästhetische Wendungen

Dies führt mich zu ‚Partizipationsverständnissen' in kunstwissenschaftlichen Diskursen. Dazu konzentriere ich mich auf sogenannte ‚partizipatorische Kunstpraxen', die zum Untersuchungsfeld meiner Arbeit wurden. Ich skizziere zunächst verschiedenartige Entwicklungen und Motive in diesem Feld, um die enorme Bandbreite der ‚Partizipationskunst' aufzuzeigen (» Kapitel 2.4.1). Anschließend betrachte ich exemplarisch einige Versuche, ‚Partizipation' in diesen künstlerischen Projekten näher zu definieren, die ich mit rezeptionsästhetischen und phänomenologischen Positionen kontrastiere, um unterschiedliche Begriffsverwendungen aufzuzeigen (» Kapitel 2.4.2).

2.4.1 Partizipatorische Kunst: Entwicklungen und Motive

> „Auch wenn es keinen Kanon der Eigenschaften und Grenzen dieses Genres gibt, wurden ihre Methoden bereits kunstwissenschaftlich diskutiert und teilweise auch systematisiert."[44]

Wie in dem Zitat von Judith Siegmund anklingt, lässt sich das Feld partizipatorischer Kunst kaum eingrenzen. Vielmehr existiert heute eine Vielzahl an sehr unterschiedlichen, partizipatorischen Praxen nebeneinander, deren Vorläufer sich bis zum Beginn des 20. Jahrhunderts zurückverfolgen lassen.[45] Im Folgenden werde ich einige Entwicklungen seit der historischen Avantgarde stichpunktartig zusammentragen, um einen Einblick in den weitgefassten Bereich der ‚Partizipationskunst' zu geben und unterschiedliche Einflüsse aufzuzeigen, die für die vielgestaltigen Entwicklungen prägend waren. Anhand von ausgewählten Strömungen und exemplarischen Arbeiten thematisiere ich verschiedenartige Partizipationsverständnisse und beschreibe unterschiedliche Formen der ‚Partizipation' an Kunst. Dazu habe ich meine Überlegungen in eine zeitliche Reihenfolge gebracht, um sie zu strukturieren. Dennoch soll keine chronologische Abfolge oder Linearität suggeriert werden, denn das hier umrissene Feld zeichnet sich gerade durch seine heterogenen Entwicklungen und Motive aus.
In der Literatur werden frühe Arbeiten aus dem Feld der partizipatorischen Kunst auf den Beginn des 20. Jahrhunderts datiert und zum Teil als sogenannte präpartizipatorische Arbeiten abgegrenzt.[46] Erste Tendenzen, Kunst und Leben stärker

44 Siegmund (2011): Kunst als Experiment mit der Wirklichkeit. S. 1.
45 Vgl. etwa Feldhoff (2009a): Zwischen Spiel und Politik. S. 37 ff.
46 Vgl. Rollig (2002): Zwischen Agitation und Animation; Feldhoff (2009a): Zwischen Spiel und Politik.
Feldhoff verwendet allerdings eine andere Definition von ‚prä-partizipatorisch', die sich an der Art der Beteiligung orientiere und sich nicht auf frühe Arbeiten beschränke:
„Für die vorliegende Studie gilt, dass eine künstlerische Arbeit dann als prä-partizipatorisch (also als Vorform von Partizipation) gilt, wenn Beteiligung oder Teilhabe auf rezeptiver Ebene

zu verbinden und das Kunstpublikum zu aktivieren, finden sich etwa in künstlerischen Arbeiten nach dem Ersten Weltkrieg. Wie Stella Rollig aufführt „ (...) [ist] die Stoßrichtung [...] in den verschiedenen Ländern und Bewegungen allerdings immer wieder anders justiert und mit unterschiedlichen politischen, sozialen, institutionskritischen oder individualistischen Forderungen verknüpft."[47] Im russischen Konstruktivismus beispielsweise setzten sich Künstlerinnen und Künstler dafür ein, die Gesellschaft zu verändern.[48] Wie Christian Kravagna 1998 und, an seine Argumentation anschließend, Silke Feldhoff 2009 resümieren, waren diese Praxen deutlich politisch motiviert.[49]

> „Bei diesen Modellen war nicht intendiert, das Publikum an einer künstlerischen Arbeit teilhaben zu lassen, sondern durch kollektive Produktion Kunst in das Leben zu überführen. Alle Produzenten sollten sich kreativ einbringen und zu Künstlern werden."[50]

Neben der Kritik an herkömmlichen, bürgerlichen Kunstinstitutionen gewann aber auch die physische Aktivierung bzw. das körperliche Involviertsein der Rezipient*innen an Bedeutung. So sollten hierarchische Strukturen zwischen Werk und Betrachter*innen aufgelöst und Rezipient*innen aus einer konsumierenden Haltung ‚befreit' werden.[51] Prominentes Beispiel sind hier etwa die *Demonstrationsräume* von El Lissitzky aus den 1920er-Jahren. Durch die Bewegung der Betrachter*innen im Raum sollten diese *körperlich aktiviert werden. Die als passiv eingestufte visuelle Rezeption sollte so durch die körperliche Erfahrung* der Ausstellungsbesucher*innen erweitert werden.[52] In den 1960er-Jahren gewann die räumlich-körperliche Auseinandersetzung der Rezipient*innen vor allem in Minimal- und Land-Art-Arbeiten eine neue Aufmerksamkeit und differenzierte sich weiter aus.

Eine andere Akzentuierung lässt sich zu Beginn des 20. Jahrhunderts im Dadaismus aufzeigen. Hier stand die Provokation der Rezipient*innen stärker im Vordergrund – ohne dass eine körperliche Handlung folgen musste. Eine künstlerische Arbeit von Max Ernst findet in diesem Zusammenhang häufig Erwähnung. Der Künstler platzierte neben seiner Holzskulptur eine Axt, wodurch den Ausstellungsbesucher*innen (symbolisch) die Macht verliehen wurde, die Arbeit zu zerstören.[53]

---

stattfindet, d.h. eine aktive physische Beteiligung zwar antizipiert, aber nicht praktiziert wird." Ebd. S. 41.

47 Rollig (2002): Zwischen Agitation und Animation. S. 129.

48 Ebd., S. 129.

49 Vgl. Kravagna (1998): Arbeit an der Gemeinschaft. S. 31; Feldhoff (2009a): Zwischen Spiel und Politik. S. 40.

50 Feldhoff (2009a): Zwischen Spiel und Politik. S.40.

51 Vgl. etwa Kravagna (1998): Arbeit an der Gemeinschaft. S. 31.

52 Vgl. ebd., S. 31.

53 Vgl. Feldhoff (2009a): Zwischen Spiel und Politik. S. 39 f.

Ein weiteres Beispiel, das im Zuge einer ‚Geschichte' der Partizipationskunst häufig aufgeführt wird, ist Duchamps Ready-made *malheureux* aus dem Jahr 1919, in dem der Künstler Handlungsanweisungen an seine Schwester telegrafierte. Bei diesem Beispiel werden die Erweiterung des Kunstbegriffs und die veränderten Rollen von Künstler*innen und Rezipient*innen besonders anschaulich. Zwar fungierte Duchamp als Autor des Werkes, in dem er Handlungsanweisungen aufschrieb. Die Umsetzung oblag jedoch seiner Schwester.[54] Sie wurde zur Co-Produzentin. Nach dem Zweiten Weltkrieg prägten Werke der Cage-Schule aktionistische, künstlerische Strömungen. Auch hier standen [u. a.] *Überlegungen im Vordergrund, eine Verbindung zwischen Kunst und Leben zu schaffen und den herkömmlichen Kunstbegriff zu hinterfragen. So bestand John Cages Stück 4'33"* aus dem Jahr 1952 hauptsächlich aus den Geräuschen des Publikums, die während des Öffnens und Schließens des Klaviers im Konzertsaal zu hören waren.[55] Zudem finden sich sehr heterogene Formen von Handlungsanweisungen in der Kunst der 60er-Jahre, die eine Aktivierung des Publikums auslösen sollten. Etwa bei Yoko Ono, die 1961 Handlungsanweisungen entwarf, in denen sie Ausstellungsbesucher aufforderte, über eine Leinwand zu laufen oder ein Holzbrett mit Nägeln zu beschlagen. Die „(...) proklamierte Befreiung des Rezipienten"[56] *führte laut Wolfgang Ullrich so* weit, auf Handlungsanweisungen komplett zu verzichten, vielmehr wurden den Ausstellungsbesucher*innen Materialien bereitgestellt, die als „(...) Instrumente zur Förderung seiner kreativ-interpretatorischen Fähigkeiten"[57] dienen sollten. In seiner Arbeit *Werksatz I* (1963-69) versammelt beispielsweise Franz Erhardt Walther 58 Objekte, mit denen Besucher*innen innerhalb der Ausstellung frei operieren konnten. Im Kontext von Happening, Fluxus und Performance ließen sich viele weitere Beispiele finden, in denen Zuschauer*innen zu handelnden Akteur*innen wurden. Laut Veit Görner verbindet diese Arbeiten die Absicht, „(...) möglichst vielfältige sinnliche Erfahrungen herzustellen und auf spielerische Weise autonome Selbstinitiativen und Kreativitätsäußerungen beim Publikum als aktive ästhetische Erziehung anzuregen".[58]

In den 1960er-Jahren mehrten sich auch politisch motivierte künstlerische Arbeiten, die weniger eine körperlich sinnliche Aktivierung als eine gesellschaftliche Emanzipation der Rezipient*innen, insbesondere von sogenannten marginalisierten Randgruppen in den Vordergrund rückten. Hintergrund für diese Entwicklungen waren politische Veränderungen, wie etwa Stella Rollig zusammengetragen hat. Sie führt in diesem Kontext das Civil-Rights-Movement in den USA an, als „(...) Frauenbewegung, der Anti-Vietnam-Protest, der Kampf für die Rechte ethnischer

54 Vgl. ebd., S.42
55 Vgl. Kravagna (1998): Arbeit an der Gemeinschaft. S. 31 f. Rollig (2002): Zwischen Agitation und Animation. S. 135 f.
56 Ullrich (2007): Gesucht: Kunst! S. 206.
57 Ebd., S. 206.
58 Görner (2005): Der Betrachter als Akteur. S. 28.

Minderheiten, Black Power"[59] seinen Niederschlag auch in künstlerischen Werken fanden. Die Arbeit mit sozial benachteiligten Gruppen, denen es ermöglicht werden sollte, durch künstlerische Projekte ihre eigenen Anliegen zu formulieren bzw. überhaupt von einer Öffentlichkeit wahrgenommen zu werden, wurde in dem Aufruf „Giving a voice" virulent. Zu nennen wären hier etwa Anfang der 1980er-Jahre die Projekte von Tim Rollins, der mit Jugendlichen (people of color) aus sozial schwachen Milieus unter der Bezeichnung *kids of survival (K.O.S.)* zusammenarbeitete.[60]

Auch in Europa lassen sich im Zuge der 68er-Generation ähnliche Bestrebungen nachzeichnen, als sich Forderungen nach weitreichenderen Möglichkeiten der Teilhabe und Mitbestimmung an Politik und Kultur mit künstlerischen Anliegen mischten. Partizipation wurde verstärkt eingefordert, beispielsweise im Rahmen von stadtplanerischen Umbauprozessen, als Beteiligungsmöglichkeiten von Bürgerinnen und Bürgern in den Fokus gerieten – ähnlich wie sie auch heute wieder thematisiert werden.[61] Auch die gesellschaftlichen Funktionen von Kunst wurden kritisch diskutiert und eine Demokratisierung der (Hoch-)Kultur eingefordert. Wegweisend waren hier etwa die Thesen Hilmar Hoffmanns, die er 1979 in seinem Buch mit dem programmatischen Titel *Kultur für alle* veröffentlichte.[62] Noch heute gilt dieses Buch als Basis und Diskussionsgrundlage, wenn aktuell wieder Forderungen nach erweiterten Möglichkeiten der kulturellen Teilhabe auch im Rahmen der Bildung thematisiert werden.[63] Eines der bekanntesten Kunstprojekte jener Zeit in Deutschland ist die Arbeit *7000 Eichen – Stadtverwaldung statt Stadtverwaltung* von Joseph Beuys aus dem Jahr 1982. Beuys prägte den Begriff der ‚Sozialen Plastik' und trug maßgeblich zur Vorstellung einer gesellschaftsverändernden Kunst bei.

In den 1990er-Jahren kam es dann endgültig zu einem „Durchbruch der Partizipationsidee" und einem regelrechten Boom an Beteiligungsprojekten.[64] Unterschiedliche Begriffe etablierten sich für diese künstlerischen Strömungen – wie „Community-Based-Art", „New Genre Public Art" (Suzanne Lacy) oder „Kunst im öffentlichen Interesse" (Marius Babias).[65] Diese Bezeichnungen vereinen wiederum heterogene künstlerische Praktiken, die auf unterschiedlichen Grundannahmen basieren und kaum eine Verallgemeinerung zulassen. Als verbindendes Element sieht Kravagna dennoch „(...) den institutionskritischen Hintergrund, also die Kritik am sozialen Ausschließungscharakter der Institution Kunst, dem sie ‚einschließen-

59 Rollig (2002): Zwischen Agitation und Animation. S. 136.
60 Vgl. ebd., S. 137.
61 Vgl. Feldhoff (2009a): Zwischen Spiel und Politik. S. 32 f.
62 Vgl. Sturm (2009): Kunst und Partizipation. Anfänge/ Einwände/ Trotzdem. S. 131.
63 Vgl. etwa Schneider (2010): Kulturelle Bildung braucht Kulturpolitik; Maedler (2008): Teilhabenichtse.
64 Sturm (2009): Kunst und Partizipation. Anfänge/ Einwände/ Trotzdem. S. 132.
65 Vgl. Kravagna (1998): Arbeit an der Gemeinschaft. S. 33.

de' Praktiken entgegensetzen."[66] Tendenzen und Strategien, die sich bereits in früheren Arbeiten fanden, gewannen erneut an Aktualität: so erlangten soziale Prozesse wieder an Aufmerksamkeit und die Beteiligung der Rezipient*innen wurde zu einem wichtigen Element dieser Arbeiten. Als Involvierte sollten sie z. B. eine veränderte Rolle zum Kunstwerk bzw. innerhalb des künstlerischen Prozesses einnehmen. Auch das Stiften von Gemeinschaft rückte erneut in den Mittelpunkt des künstlerischen Interesses, wobei sich die Vorstellungen von ‚Community' erheblich unterschieden.[67] Ende der 1990er-Jahre prägte Nicolas Bourriaud den Begriff „Relationale Ästhetik" und fasste damit Arbeiten zusammen, in denen Begegnungen initiiert und Raum für zwischenmenschliche Kommunikation geschaffen werden sollten.[68]
Auch zur Jahrtausendwende gestaltet sich das Feld partizipatorischer Kunst ausgesprochen heterogen und umfasst unterschiedliche künstlerische Arbeiten, wie Silke Feldhoff resümiert:

> „Eine Momentaufnahme partizipatorischer Strategien und Praxen zur Jahrtausendwende zeigt nebeneinander das oftmals als Sozialarbeit geschmähte Engagement von Irene und Christine Hohenbüchler, Party-Ambients von Tobias Rehberger, den langjährigen Kampf um demokratische Teilhabe an Stadtplanung und Stadtgestaltung VON PARK FICTION, die Spaßparcours von Carsten Höller und den ästhetischen Kommunitarismus von Andrea Knobloch. In all ihrer Unterschiedlichkeit und stellvertretend für die Bandbreite künstlerischer Beteiligungsprojekte werden sie unter dem Begriff ‚partizipatorische Kunst' subsumiert."[69]

Zusammenfassend bleibt festzuhalten, dass sich das Spektrum der ‚Partizipationskunst' heute gerade durch seine Vielgestaltigkeit in den künstlerischen Strategien und Zielen auszeichnet. Diese reichen von Bestrebungen einer sinnlich *körperlichen* ‚Aktivierung' der Zuschauer*innen im Museum bis hin zu Beteiligungsprojekten, die politische und gesellschaftskritische Ziele verfolgen und jenseits von klassischen Kunstorten agieren. Die hier fragmentarisch skizzierten Entwicklungen und verschiedenartigen Motive wurden vielfach sehr kritisch hinterfragt und innerhalb der Partizipationsdebatte, insbesondere seit den 1990er-Jahren, mehrten sich differenzierte Analysen der Praktiken. Trotz dieser, zum Teil harschen, Kritik verloren die künstlerischen Arbeiten nicht an Attraktivität und Formate dieser Art erfreuen sich auch heute großer Aufmerksamkeit, wie ich im Kapitel 3.1 weiter ausführen werde.[70]

---

66 Ebd., S. 45.
67 Vgl. ebd., S. 45.
68 Vgl. Bourriaud (2002): Relational Aesthetics.
69 Feldhoff (2009b): Formen partizipatorischer Praxis in der Kunst. S. 158.
70 » Kapitel 3.1 Partizipatorische Kunst (mit Kindern und Jugendlichen).

2.4.2 Begriffsverwendung und Formen der Beteiligung

> „Eine befriedigende Deutung des Partizipationsbegriffs ist in den Kunstwissenschaften so bisher ausgeblieben."[71]

Die enorme Bandbreite der ‚Partizipationskunst' *führte zu* verschiedenartigen Systematisierungsversuchen, wie im letzten Abschnitt bereits angeklungen ist. Dabei rückte auch der, das Genre prägende, Begriff der Partizipation in den Fokus der Analysen, wie ich im Folgenden skizziere. Gleichwohl schätzt Max Glauner den Stand der begrifflichen Deutungen noch immer als unzureichend ein, was sein oben einleitend gesetztes Zitat andeuten soll. Partizipation gleicht heute einem weit verbreiteten Schlagwort, das im Diskurs um künstlerische Projekte fest verankert ist. Die Begriffsverwendung etablierte sich allerdings erst in den 1990er-Jahren, wie Silke Feldhoff in ihrer Dissertation herausgearbeitet hat:

> „Bis in die neunziger Jahre hinein war die Rede von Partizipation in der Kunst oder von partizipatorischen Projekten eine Randerscheinung in kunstkritischen und kunstwissenschaftlichen Auseinandersetzungen. (...) Erst Mitte der neunziger Jahre setzt mit einer Fülle von Publikationen zu partizipatorischen Formaten und Strategien unterschiedlicher Couleur der Prozess einer Etablierung und Institutionalisierung des Begriffes ein."[72]

Seitdem finden sich in der Literatur wiederholt Bestrebungen, das weite Feld der Partizipationskunst auszudifferenzieren und den Partizipationsbegriff näher einzugrenzen. Dabei wird der ‚Grad der Beteiligung' des Kunstpublikums häufig zu einem wesentlichen Merkmal zur Begriffseingrenzung und für die daraus entwickelten ‚Beteiligungsmodelle':
Christian Kravagna unterscheidet 1998 beispielsweise zwischen *Interaktion*, *Partizipation* und *kollektiver Praxis*, die er grundsätzlich von Prozessen der visuellen Wahrnehmung/ Rezeption trennt. Der Grad der ‚Mitwirkung' an einem Kunstwerk wird hier zu einem zentralen Kriterium für diese Aufteilung:

> „Interaktivität überschreitet ein bloßes Wahrnehmungsangebot insofern, als sie eine oder mehrere Reaktionen zuläßt, die das Werk in seiner Erscheinung – meist momentan, revidierbar und wiederholbar – beeinflussen, seine Struktur aber nicht grundlegend verändern oder mitbestimmen. Kollektive Praxis meint Konzeption, Produktion und Ausführung von Werken oder Aktionen durch mehrere, wobei unter diesen hinsichtlich ihres Status nicht grundsätzlich differenziert wird. Partizipation geht dagegen zunächst einmal von einer Differenzierung zwischen Produzierenden und Rezipierenden aus, ist an der Beteiligung letzterer interessiert und überantwor-

71 Glauner (2016): Get involved! S. 39.

72 Feldhoff (2009a): Zwischen Spiel und Politik. S. 31.

tet ihnen einen wesentlichen Anteil entweder schon an der Konzeption oder am weiteren Verlauf der Arbeit."[73]

Eine ähnliche Strukturierung nimmt Birte Kleine-Benne 2009 vor, indem sie zwischen *reaktiv*, *interaktiv*, *partizipativ* und *kollaborativ* unterscheidet.[74] Auch in ihrem Modell werden Möglichkeiten der ‚Mitwirkungen' von Nicht-Künstler*innen/Rezipient*innen an der Entstehung des Kunstwerkes zentral, um partizipative Prozesse von anderen Formen der Beteiligung abzugrenzen. Das Modell von Max Glauner (2016) weißt ebenfalls Parallelen auf, indem er zwischen *Interaktion*, *Kooperation* und *Kollaboration* unterscheidet. Zwar bezeichnet der Autor alle drei Stufen als (verschiedene Modi der) Partizipation, doch auch seine Aufteilung geht von einer Abstufung zwischen Produktion und Rezeption aus und orientiert sich u. a. an der Art der Beteiligung der ‚Rezipient*innen', die in partizipatorischen Arbeiten zur ‚aktiven' Mitgestaltung eingeladen werden würden.[75]
Im Gegensatz zu diesen exemplarisch aufgeführten Positionen finden sich in kunst- und theaterwissenschaftlichen Diskursen auch Ansätze, die stärker rezeptionsästhetisch oder phänomenologisch argumentieren und eine ‚Aktivierung' der Rezipient*innen als Unterscheidungsmerkmal partizipatorischer Arbeiten hinterfragen, wie z. B. Sandra Umathum ausführt:

> „Die begriffliche Gegenüberstellung von aktiven und passiven Rezipienten ist indes jedoch ein unglückliches Relikt aus den Zeiten der historischen Avantgarde und vor allem aus der Mitte des vergangenen Jahrhunderts, als die Künstler aller Gattungen mit der Rolle des Publikums zu experimentieren begannen und sich bemühten, die Betrachter, wie es bis heute immer wieder und immer noch gerne heißt: zu aktivieren."[76]

73 Kravagna (1998): Arbeit an der Gemeinschaft. S. 30.

74 Kleine-Benne (24.04.2009): Seminar: Die Kunst der Partizipation.

75 Glauner berücksichtigt in seinem Ansatz auch rezeptionsästhetische Überlegungen, sodass Partizipation an einem Kunstwerk bereits das Zuhören und Zuschauen implizieren kann. Seine Überlegungen beziehen sich allerdings explizit auf partizipatorische Arbeiten, denen er Möglichkeiten der Mitgestaltung zuspricht. Glauner (2016): Get involved! S.48 ff.
In der Literatur finden sich noch weitere Begriffsdifferenzierungen und Beteiligungsmodelle, welche die Bemühungen widerspiegeln, den Partizipationsbegriff im Rahmen künstlerischer Diskurse einzugrenzen. Auf diese kann hier nur verwiesen werden. Vgl. etwa Feldhoff (2009a): Zwischen Spiel und Politik., Rollig (2002): Zwischen Agitation und Animation., Seitz (2012): Partizipation.
Während Glauner rezeptionsästhetische Prozesse in seinen Begriffsbestimmungen mitdenkt, grenzt z. B. Feldhoff in ihrem vierteiligen Modell diese Prozesse aus. Partizipatorische oder partizipative Arbeiten ‚beginnen' demnach erst mit künstlerischen Handlungsanweisungen, durch die Rezipient*innen beteiligt werden (*individual Partizipation*) oder zumindest theoretische Handlungsoptionen hätten (*konjunktivische Partizipation*). Ihre Aufteilung orientiert sich u. a. an möglichen Zielen der Arbeiten, wie z. B. einer *systemischen Partizipation*, die eine Teilhabe an der Hinterfragung des Systems Kunst ermöglichen soll oder auf eine gesellschaftliche Teilhabe ziele (*sozietäre Partizipation*). Vgl. Feldhoff (2009b): Formen partizipatorischer Praxis in der Kunst. S. 167 ff.

76 Umathum (2006): Einleitung. Ästhetische Erfahrung in der Aktion. S. 14.

Relationen zwischen Werk und Rezipient*in werden in diesen Ansätzen beleuchtet und Hierarchien zwischen einer vermeintlich passiven, konsumistischen Kunstrezeption und einer aktiven Mitgestaltung am Kunstwerk stehen zur Disposition. Eine Beteiligung des Publikums wird nicht ausschließlich als (körperliche) Handlung oder Aktivität gedeutet, sondern beginnt bereits in jedem Rezeptionsprozess (Rezeptionsästhetik[77]) und jedem Blick des Publikums (Theaterwissenschaft[78]) oder betont das Pathische im Erleben des Kunstwerkes (Phänomenologie[79]).
Während Max Glauner zwei „(...) verfeindete Lager der Theoriebildung"[80] zu identifizieren glaubt, widerspreche ich dieser Trennung, um die Mehrdeutigkeit der Verwendung des Partizipationsbegriffs in *ästhetischen* Diskursen zu verdeutlichen und verschiedenartige Formen der Beteiligung aufzuzeigen. Wie im letzten Kapitel deutlich wurde, trug die Einbeziehung der Betrachter*innen seit den künstlerischen Arbeiten der Avantgarde wesentlich zur Entwicklung partizipatorischer Arbeiten bei. Gleichzeitig erfuhr aber auch die theoretische Reflexion der Beziehung zwischen Werk und Rezipient*in einen entscheidenden Wandel. Ansätze wie Umberto Ecos Werk *Das offene Kunstwerk* oder Roland Barthes *Der Tod des Autors* verweisen auf die Erweiterung der Werkästhetik und den Wandel der Rolle der Betrachter*innen.[81]

2.5 Zusammenfassung: Plädoyer für einen weiten Partizipationsbegriff

Um die Frage zu klären, inwiefern Vorstellungen über Partizipation untersucht werden können, bedarf es neben einer methodologischen und methodischen Klärung (» Kapitel 4)[82] auch einer fortlaufenden Auseinandersetzung mit dem Partizipationsbegriff. Denn das Deutungsspektrum von ‚Partizipation' ist ausgesprochen breit gefächert und der Terminus findet sehr unterschiedliche Verwendungen, wie ich im zweiten Kapitel herausgearbeitet habe. Um diese Auseinandersetzung anzuregen, plädiere ich im Folgenden für einen weiten Partizipationsbegriff, der sich für mich aus den verschiedenen Diskursen herleitet, die ich in den letzten Abschnitten thematisiert habe. Zusammenfassend greife ich hier einige Aspekte heraus, um mein Begriffsverständnis zu verdeutlichen.

---

77 Vgl etwa Kemp (1996): Kunstwerk und Betrachter.; Kemp (2003): Rezeptionsästhetik.

78 Vgl. etwa Fischer-Lichte; Sollich; Umathum; Warstat (2006) Auf der Schwelle.

79 Vgl. etwa Waldenfels (2008): Von der Wirkmacht und Wirkkraft der Bilder.; Waldenfels (2010): Sinne und Künste im Wechselspiel.

80 Glauner (2016): Get involved! S. 38.

81 Eco (2002): Das offene Kunstwerk.; Barthes (2000/1968): Der Tod des Autors.
Beide Texte finden sich auch in der von Claire Bishop herausgegebenen Publikation *Participation* aus dem Jahr 2006. In diesem Buch thematisiert Bishop Entwicklungslinien partizipatorischer Kunst, die sie durch zahlreiche Texte wegweisender, künstlerischer und theoretischer Positionen ergänzt. Vgl. ebd. S. 20ff.

82 » Kapitel 4 Re-Konstruktionen durch sprachliche und visuelle Darstellungen, zwischen Eigenem und Fremdem: Methodologische und methodische Verortungen der Untersuchung.

Mehrdeutigkeit und Verschiedenartigkeit der Begriffsverwendungen

Bereits aus etymologischer Perspektive werden verschiedene Pole in der Begriffsbestimmung deutlich, welche die Spannbreite des Terminus erahnen lassen, aber auch gegensätzliche Begriffsauslegungen andeuten. Zugleich widersetzt sich der Partizipationsbegriff in seiner allgemeinen Verwendung einer näheren Bestimmung, da keine konkrete Art der Beteiligung damit zum Ausdruck kommt. (» Kapitel 2.1)[83] Ein Einblick in die Entwicklung partizipatorischer Kunstprojekte hat die Vielfältigkeit der Motive und künstlerischen Strategien gezeigt, die heute als ‚partizipatorische Kunst' subsumiert werden *können*. Auch wenn Projekte dieses Genres politische Ziele verfolgen können, muss ‚Partizipation' in diesem Feld keine demokratische Mitbestimmung beinhalten, sondern kann z. B. körperlich-sinnliche Formen des Involviert-Seins umfassen. (» Kapitel 2.4.1)[84] Dadurch unterscheidet sich die Begriffsverwendung in ästhetisch orientierten Diskursen z. T. gänzlich von politischen Deutungen (» Kapitel 2.4.2)[85] und sollte m.E. noch stärker berücksichtigt werden.

Übertragbarkeit von Kriterien politischer Partizipation auf kulturelle Bereiche?

Obgleich der Begriff wie kaum ein anderes Wort mit demokratischen Entscheidungsprozessen und formellen Strukturen in Verbindung gebracht werden kann, werden Prozesse der Partizipation in allen Lebensbereichen relevant. (» Kapitel 2.2)[86] Auch die Beteiligungsrechte von Kindern und Jugendlichen sind heute in verschiedenen Gesetzen verankert und beziehen sich ebenfalls auf alle Lebensbereiche. (» Kapitel 2.3)[87] Diese gesetzlichen Regelungen zielen meist auf demokratisch orientierte Formen der Beteiligung der Kinder und Jugendlichen. Ansätze aus der (politischen) Partizipationsforschung, die den Versuch unternehmen, den weit gefassten Partizipationsbegriff weiter einzugrenzen, werden auch in demokratiepädagogischen Theorien adaptiert und dienen dort häufig als Maßstab, um Kriterien für ‚echte' Partizipation zu entwickelt und Formen der Nicht- oder Schein-Beteiligung abzugrenzen. Die Entwicklung von ‚Qualitätskriterien' orientiert sich dabei meist am Grad der (politischen) Beteiligung der Kinder- und Jugendlichen. Hier wäre also zu fragen, inwiefern eine Übertragung von Qualitätskriterien politischer Partizipation auf kulturelle Felder sinnvoll und geeignet ist.

83 » Kapitel 2.1 Etymologische Annäherung und Unschärfe des Begriffs.
84 » Kapitel 2.4.1 Partizipatorische Kunst: Entwicklungen und Motive.
85 » Kapitel 2.4.2 Begriffsverwendung und Formen der Beteiligung.
86 » Kapitel 2.2 Demokratietheoretische Grundierungen und das Streben nach ‚echter' Partizipation.
87 » Kapitel 2.3 Partizipation von Kindern und Jugendlichen: Rechtliche Verankerungen und Formen der Beteiligung.

Für einen ‚weiten' Partizipationsbegriff, der ausgehend von ästhetisch orientierten Diskursen auch politische Formen der Partizipation einschließt

Auch in der Kunstwissenschaft finden sich Ansätze, die den Grad der Beteiligung (des Publikums) als Maßstab nutzen, um Formen der Partizipation zu differenzieren. (» Kapitel 2.4.2)[88] Ähnlich wie in demokratietheoretisch orientierten Diskursen werden dabei Abstufungen entwickelt, die auf Hierarchisierungen verweisen. Als ‚Partizipation' gelten in diesen Ansätzen meist erst Formen der Beteiligung, in denen Rezipient*innen bei der Entstehung des Kunstwerkes ‚aktiv' mitwirken oder mitentscheiden können. Hier ließe sich fragen, inwiefern diese Modelle ‚Partizipation' primär im Sinne einer politischen Mitentscheidung deuten und implizite Wertungen enthalten.[89] Im Kapitel 2.4.2 habe ich demgegenüber aufgezeigt, dass andere ‚Theorielager' innerhalb ästhetisch orientierter Diskurse den Partizipationsbegriff weiter fassen. Dort wird ‚Partizipation' zu einem Merkmal jedes Rezeptionsprozesses und kann bereits im Akt der visuellen Wahrnehmung beginnen.

Wenn ich in dieser Arbeit ‚Vorstellungen' von Partizipation in künstlerischen Projekten mit Kindern und Jugendlichen analysiere, orientiere ich mich an einem ‚weiten' Partizipationsbegriff, der ausgehend von ästhetisch orientierten Diskursen auch politische Formen der Partizipation beinhalten kann. Meine Arbeit zielt demzufolge nicht darauf, ‚richtige' Vorstellungen über Arten der (politischen) Beteiligung in künstlerischen Projekten herauszuarbeiten. Vielmehr umfasst mein Begriffsverständnis diverse Formen des Involviert-Seins in künstlerische Arbeiten, um Polarisierungen zwischen ‚aktiven' und ‚passiven', ‚echten' oder ‚falschen' Formen der Beteiligung zu vermeiden. Auf diese Weise betone ich eine „Ethik der Ästhetik", wie sie Christoph Wulf, Dietmar Kamper und Hans Ulrich Gumbrecht fassen:

> „Die Ethik der Ästhetik liegt nicht in der moralischen Kontrolle von Kunst und Literatur, sondern in der Möglichkeit des Ästhetischen, für die Rätselhaftigkeit der Welt und des Anderen zu sensibilisieren."[90]

Auch wenn eine Untersuchung der ästhetischen Potenziale der hier thematsierten Arbeit nicht Thema meiner Analysen wird, erscheint mir diese Einordnung zentral, auch um die Ergebnisse meiner Forschung zu rahmen. Denn die in meiner Untersuchung re-konstruierbar gewordenen Vorstellungen über Partizipation widersprechen z. T. gängigen, demokratietheoretisch orientierten Begriffsdefinitionen – und tragen zugleich zur Weiterentwicklung im Diskurs bei. Indem ich dem

88 » Kapitel 2.4.2 Begriffsverwendung und Formen der Beteiligung.
89 Stufenmodelle zur ‚politischen' Partizipation implizieren m.E. eine Wertung, was ‚echte' Partizipation beinhalten soll, die hier vermieden werden soll.
90 Wulf, Kamper, Gumbrecht (1994): Einleitung. S.XI.

nachgehe, was die *Leiter*innen* sogenannter ‚partizipatorischer' Kunstprojekte mit Kindern und Jugendlichen unter ‚Partizipation' verstehen, nähere ich mich zuallererst einem Arbeitsfeld an, das bislang kaum erforscht wurde (» Kapitel 3).[91] Dabei verfolgt meine Arbeit vorrangig ein methodologisches und methodisches Interesse, indem ich herausarbeite, inwiefern *Vorstellungen* über Partizipation überhaupt *re-konstruiert* und Erfahrungsprozesse untersucht werden können. Ich beleuchte visuelle und sprachliche Darstellungen der Projektleiter*innen, um dem auf die Spur zu kommen, was sie in ihrer Arbeit ‚antreiben' könnte (» Kapitel 4).[92] Die daraus re-konstruierten Motive für die Zusammenarbeit mit den Kindern und Jugendlichen werden zu Reflexionsanlässen, um auf einer abstrahierenden Ebene z. B. Beziehungen zwischen Selbst und Anderen zu befragen und Konstitutionen zwischen Eigenem und Fremden in den Blick zu nehmen – jenseits eines Begriffsverständnisses von ‚richtiger' Partizipation. Auch in der Reflexion und Wendung meiner Untersuchungsergebnisse zeichnet sich meine Arbeit durch eine dichte Verzahnung inhaltlicher und methodisch-methodologischer *Überlegungen aus,* indem ich Un-Möglichkeiten der Re-Konstruktion in meine Untersuchung einkalkuliere und Un-Möglichkeiten einer ‚gelingenden' Partizipation zur Sprache kommen (» Kapitel 10).[93]

Nach diesem Ausblick zur Relevanz des hier skizzierten ‚weiten' Partizipationsbegriffs auch zur Einordnung meiner Ergebnisse, komme ich nun auf das Untersuchungsfeld zurück, um meine Forschung zu verorten und ein Forschungsdesiderat zu skizzieren, an das diese Untersuchung anschließt.

91 » Kapitel 3 ‚Partizipatorische' Kunstprojekte mit Kindern und Jugendlichen: Skizzen zum Forschungsstand und zum Untersuchungsfeld.

92 » Kapitel 4 Re-Konstruktionen durch sprachliche und visuelle Darstellungen, zwischen Eigenem und Fremdem: Methodologische und methodische Verortungen der Untersuchung.

93 » Kapitel 10 Reflexionen und Wendungen der Untersuchungsergebnisse: Re-Konstruktionen von Vorstellungen über Partizipation zwischen Selbst und Anderen, durch visuelle und sprachliche Darstellungen.

3 ‚Partizipatorische' Kunstprojekte mit Kindern und Jugendlichen: Skizzen zum Forschungsstand und zum Untersuchungsfeld

Der Versuch, ‚partizipatorische Kunst' näher zu definieren, erweist sich als problematisch, wie ich im Kapitel 2.4 aufgezeigt habe. Denn der Begriff fungiert heute als Sammelbezeichnung für eine Vielzahl an Projekten, in denen Künstler*innen mit Nicht-Künstler*innen zusammenarbeiten und die so bezeichneten Strategien unterscheiden sich enorm. Wenn ich von ‚partizipatorischen' Kunstprojekten mit Kindern und Jugendlichen spreche, lehne ich mich an diesen Sammelbegriff an, betone aber eine spezifische Zielgruppe bzw. eine bestimmte, am Alter orientierte Gruppe von Nicht-Künstler*innen, die mit Künstler*innen in Projekten tätig werden. Auch diese Definition birgt ihre Tücken, denn nun ließe sich fragen, wer eigentlich die Künstler*innen sind, die mit den Kindern und Jugendlichen agieren. Denn sobald Künstler*innen in sozialen Kontexten tätig sind, können eindeutige Zuordnungen zum Feld der Kunst vakant werden. Aufgrund aktueller Förderprogramme und gesellschaftlicher Entwicklungen ist sogar anzunehmen, dass heute viele (hauptamtlich arbeitende) Künstler*innen auch in Bildungskontexten tätig sind oder sich vielleicht sogar hauptsächlich aus Bildungsprogrammen finanzieren. Forschungen zum Selbstverständnis von Künstler*innen bzw. Projektleiter*innen, die in diesen Bereichen bereits tätig sind, fehlen aber bislang.

Um mich dem Feld ‚partizipatorischer' Kunstprojekte mit Kindern und Jugendlichen zu nähern, gehe ich zunächst auf den Forschungsstand zur ‚partizipatorischen Kunst' ein, um davon ausgehend auch nach Forschungen zu fragen, die sich explizit mit Projekten mit Kindern und Jugendlichen auseinandersetzen (» Kapitel 3.1). Aufgrund des geringen Forschungsstandes zu diesem Bereich und der Nähe zu weiteren Arbeitsfeldern thematisiere ich anschließend aktuelle Entwicklungen von Kunstprojekten mit Kindern und Jugendlichen und beleuchte Forschungen zur Arbeit von Künstler*innen (auch) in Bildungskontexten (» Kapitel 3.2). Im letzten Abschnitt dieses Kapitels (» Kapitel 3.3) gehe ich dann auf Darstellungsfragen partizipatorischer Projekte (mit Kindern und Jugendlichen) ein und verweise wiederum auf ausgewählte Positionen, um meine Forschung auch vor diesem Hintergrund zu verorten. All dies können allerdings nur exemplarische Versuche sein, mein Untersuchungsfeld zu skizzieren.

3.1 Partizipatorische Kunst (mit Kindern und Jugendlichen)

> „Der Begriff Partizipation wurde Ende der 1990er-Jahre im Kunstbetrieb im Anschluss an das Konzept der „Relational Art" des Kurators Nicolas Bourriaud als Zauberwort gehandelt. Heute ist er hoch umstritten. Während sich die einen in Theorie und Praxis um seine Neubestimmung mühen, sehen die anderen ein Höllentor geöffnet."[94]

Der Begriff der ‚Partizipation' wird im Kunstdiskurs (noch immer) ‚exzessiv' diskutiert. In dem Zitat von Glauner klingt bereits die enorme Spannweite an, die ich an dieser Stelle nicht nachzeichnen kann. Stattdessen thematisiere ich Entwicklungen sowie ausgewählte Positionen, die m.E. für eine Auseinandersetzung um ‚partizipatorische Kunst' eine besondere Reichweite erlangt haben, um Tendenzen aufzuzeigen.
Im Kapitel 2.4.2 habe ich hervorgehoben, dass der Partizipationsbegriff erst im Kontext der sich neu etablierenden Kunstformen ‚Environment' und ‚Happening' Ende der 1960er-Jahre an Bedeutung gewann und in den 1990er-Jahren durch eine Vielzahl an Publikationen prominent wurde, welche die expandierenden aktivistischen und interventionistischen Kunstpraxen begleiteten, wie bspw. Silke Feldhoff in ihrer Dissertation herausgearbeitet hat.[95] Im Zuge dieses sogenannten Partizipationsbooms wurden Projekte, in denen Künstler*innen mit Menschen aus unterschiedlichen gesellschaftlichen Feldern zusammenarbeiteten, in der Fachwissenschaft zugleich ausgesprochen kontrovers diskutiert. Schlagworte wie ‚Instrumentalisierung' von, aber auch durch Kunst, Kunst als ‚Sozial-Kitt' oder ‚Sozio-Chic' begleiteten die Debatten.[96] Trotz dieser zum Teil harschen Kritik verloren die künstlerischen Praxen nicht an Attraktivität und Formate dieser Art findet man bspw. im Rahmen von Kunstförderungen, die städteplanerische und/oder soziale Umstrukturierungsmaßnahmen begleiten.[97] Zwar ist ihr Anteil im Vergleich zu anderen öffentlichen Kunstförderungen deutlich geringer, dennoch scheinen sie eine besondere ‚Wirkkraft' auszustrahlen. Die enorme Diskursbreite des Themas wird z. B. anhand der Fülle an Symposien, Förderungs- und Forschungsprogrammen deutlich, die in den 2000er-Jahren initiiert wurden und verschiedene Fachdisziplinen wie z. B. Kunst- und Kulturwissenschaft, Stadtplanung und Architektur

94 Glauner (2016): Get involved! S. 33.
95 Vgl. Feldhoff (2009a): Zwischen Spiel und Politik. S. 31.
96 Vgl. etwa Kravagna (1998): Arbeit an der Gemeinschaft.; Raunig (2002): Spacing the Lines.; Sturm (2009): Kunst und Partizipation.
97 Exemplarisch seien hier einige Formate genannt wie die Reihe *Wo fängt die Kunst an, wo hört die Vermittlung auf* der Landeshauptstadt München 2011; das deutschlandweite Städtebauprogramm *Soziale Stadt* (seit 1999), in dessen Rahmen auch künstlerische Projekte gefördert wurden; Kunstförderungen im Kontext der IBA Hamburg, wie z. B. die *Kunstplattform der IBA Hamburg* (Hamburg 2008 -2012) oder die Auslobung des Wettbewerbes *faktor kunst* der Montag Stiftung (2011).

umfassen.[98] Partizipatorische Kunstpraxen als Ausgangs- und Anknüpfungspunkt gesellschaftlicher Transformationsprozesse werden weiterhin vielfach diskutiert und eine Übertragbarkeit in andere Kontexte wird erörtert.[99]
Demgegenüber zeigt ein Einblick in kunstwissenschaftliche Diskussionen eine Problematisierung partizipatorischer Kunstpraxen auf unterschiedlichen Ebenen. Zuschreibungs- bzw. Konstruktionsprozesse der ‚Anderen' werden beispielsweise verstärkt anhand von Projekten der 1980er-und 1990er-Jahre thematisiert, ebenso wie ‚Gemeinschaftsbeschwörungen' und ‚Harmonisierungstendenzen'.[100] Die Publikationen von Claire Bishop Anfang der 2000er-Jahre gelten heute als grundlegender Beitrag innerhalb kunstwissenschaftlicher Diskurse, da sie geschichtliche Entwicklungen und theoretische Rahmungen in den USA und Europa aufzeigt und zusammendenkt.[101] In ihrem 2006 erschienenem Band *Participation* vereint sie Beiträge, z. B. von Umberto Eco, Roland Barthes, Jean-Luc Nancy, Félix Guattari und Jacques Rancière, welche die Partizipationsdebatte in der Kunst theoretisch fundieren.[102] Besonders die Positionen von Rancière[103] und Nancy[104] werden heute m.E. verstärkt rezipiert und im Rahmen einer Auseinandersetzung zum Verhältnis von Kunst und Politik, Subjekt und Gesellschaft diskutiert. Auch der Partizipationsbegriff wurde in diesem Zusammenhang wiederholt befragt und ausgelotet, um z. B. Momente der Trennung im Gemeinsamen zu betonen oder Formen der ‚Beteiligung' durch Kunst hervorzuheben, die einen Dissens fördern.[105]

98 Auch an dieser Stelle kann nur ein Einblick möglich werden, der die Spannbreite dieses Diskursfeldes erahnen lässt:
Z.B. das internationale Symposium der Heinrich Böll Stiftung *radius of art*, das im Februar 2012 in Berlin stattgefunden hat, die ebenfalls international ausgerichtete Züricher Tagung *reArt:the Urban* (Oktober 2012), die siebte Berlin Biennale 2012 *Forget Fear*, die Schnittstellen zwischen Kunst und politischer Teilhabe thematisierte; Forschungsprogramme wie das Graduiertenkolleg *Versammlung und Teilhabe* der HCU Hamburg (2012-2014), das Forschungsprogramm *Urbane Interventionen* der HFBK Hamburg (2010-2015).

99 Vgl. etwa im Bereich Museum: Ziese (2010): Kuratoren und Besucher.; Gesser, Handschin, Jannelli, Lichtensteiger (2012): Das partizipative Museum.; im Bereich Stadtentwicklung: Lewitzky (2005): Kunst für alle?; Rode, Wanschura (2009): Kunst macht Stadt.; IBA Hamburg (2010): Kreativität trifft Stadt. Das Verhältnis zwischen Kunst, Politik und Stadtentwicklung wurde ebenso in der Fachzeitschrift *Kunstforum International* in den letzten Jahren wiederholt fokussiert. Vgl. etwa Band (205/2010): Vom Ende der Demokratie.; Band (212/2011): Res Publica 2.0.; Band (240/2016): Get involved!

100 Vgl. etwa Kravagna (1998): Arbeit an der Gemeinschaft.; Raunig (2002): Spacing the Lines.

101 Vgl. Bishop (2004): Antagonism and Relational Aesthetics.; Ebd. (2012): Artificial hells.
Zum Stellenwert der Arbeiten Bishops im Rezeptionskontext partizipatorischer Kunstpraxen vgl. etwa Feldhoff (2009a): Zwischen Spiel und Politik. S. 12.

102 Vgl. Bishop (2006): Participation.

103 Vgl. etwa Rancière (2006): Die Aufteilung des Sinnlichen.

104 Vgl. etwa Nancy (2004): Singulär plural sein.

105 Wie zum Beispiel in der 2007 publizierten Zeitschrift der Züricher Hochschule der Künste, in der die Autor*innen auch Bezug auf Rancière und Nancy nehmen. Vgl. etwa Gladi (2007): Todeswerk. Jean-Luc Nancys Kritik der Gemeinschaft; Bellenbaum, Buchmann (2007): Partizipation mit Rancière betrachtet.

Während ich hier ausgewählte Positionen angesprochen habe, um einige Diskursschwerpunkte aufzuzeigen, kann das Übermaß an Publikationen zur ‚partizipatorischen Kunst' nicht dargestellt werden. Projekte, in denen Künstler*innen mit Kindern und Jugendlichen zusammenarbeiten, finden dabei zwar manchmal Erwähnung, wie z. B. die bereits thematisierte Arbeit von Tim Rolling *kids of survival / K.O.S.* (» Kapitel 2.4.1)[106], doch sie bleiben deutlich in der Minderheit. Der 2005 erschienene Sammelband von Anna Harding *Magic Moments. Collaboration Between Artists and Young People* lässt sich als Versuch umschreiben, einen Einblick in dieses Feld zu ermöglichen und seine Spannweite aufzuzeigen, wobei hauptsächlich Projekte aus dem angloamerikanischen Bereich Eingang gefunden haben. Der Band thematisiert Projekte seit den 1960er-Jahren bis in die Gegenwart und gliedert sich in verschiedene ‚Arbeitsfelder' von künstlerischen Interventionen in der Schule und darüber hinaus, über Projekte mit Museen und Galerien bis hin in Projekten im öffentlichen Raum (Community). In dem Buch ist auch ein Text von Carmen Mörsch zu finden[107], die – neben Eva Sturm – den Diskurs über Projekte von Künstler*innen mit Kindern und Jugendlichen im deutschsprachigen Raum m.E. maßgeblich angestoßen haben. Über eine Beschreibung aktueller Entwicklungen, die für mich stark in Bildungskontexten verortet sind, nähere ich mich dem Forschungsstand an und gehe dort auch auf Positionen von Mörsch und Sturm ein.

3.2 Zusammenarbeit von Künstler*innen mit Kindern und Jugendlichen

Die Zusammenarbeit von Künstler*innen mit Kindern und Jugendlichen erfährt in den letzten Jahren in Deutschland (wieder) eine besondere Aufmerksamkeit. Medienwirksame Großprojekte und ihre filmische Inszenierung, wie beispielsweise der Dokumentarfilm *Rhythm is it* zur Kooperation der Berliner Philharmoniker mit dem Choreografen Royston Maldoom und 250 Kindern und Jugendlichen, haben das Thema öffentlichkeitswirksam präsent werden lassen. Doch der Aufschwung erklärt sich m.E. auch dadurch, dass Projekte mit Künstler*innen im Rahmen der Ganztagsschulentwicklung in den letzten Jahren verstärkt gefördert wurden, etwa durch Programme wie *Kultur und Schule* (NRW)[108] oder den *Berliner Projekt-*

106 » Kapitel 2.4.1 Partizipatorische Kunst: Entwicklungen und Motive.

107 Der Artikel von Carmen Mörsch wurde auch in ihrer Publikation aus dem Jahr 2018 noch einmal abgedruckt. Aus diesem Grund verweise ich hier auf diesen Band: Mörsch (2018/ 2005): Application. Vorschlag für ein Projekt mit Jugendlichen über Formen ihrer Sichtbarkeit in der Galerie.

108 Das nordrhein-westfälische Landesprogramm *Kultur und Schule* fördert kulturelle Projekte seit 2006. Vgl. Kultur und Schule

fonds Kulturelle Bildung[109]. Verschiedene Modellversuche, wie bspw. das Format ÜberLebenskunst.Schule, das zwischen September 2010 und November 2012 im Rahmen der Initiative ‚Bildung für nachhaltige Entwicklung' initiiert und von der Kulturstiftung des Bundes gefördert wurde, betonen den partizipatorischen Charakter ihrer Projekte.[110] Diese, an Förderpraktiken gekoppelte, Entwicklung nimmt (auch) Einfluss auf Studieninhalte künstlerischer Ausbildungen, aber auch auf ‚Qualifizierungsmaßnahmen' für Künstler*innen. So finden sich z. B. vermehrt künstlerische Studienschwerpunkte, die partizipatorisches Arbeiten als Seminarthema hervorheben oder eine Auseinandersetzung mit künstlerischen Praxen betonen, die mit ‚gesellschaftlichen Gruppen' oder ‚kulturellen Institutionen' zusammenarbeiten.[111] Durch das Inkrafttreten neuer Förderrichtlinien, wie die vom Bundesministerium für Bildung und Forschung (BMBF) 2013 initiierten „Richtlinien zur Förderung von Entwicklungs- und Erprobungsvorhaben zur pädagogischen Weiterbildung von Kunst- und Kulturschaffenden"[112], wurden zwischen 2014 und 2017 insgesamt 14 Weiterbildungsprogramme in Kooperation mit unterschiedlichen Hochschulen und Universitäten in Deutschland durchgeführt, um Künstler*innen bzw. Kunst- und Kulturschaffende ‚pädagogisch' zu qualifizieren.[113] Während diese Programme vorrangig auf eine Fortbildung zielen, fehlen m.E. aktuelle Forschungen über Selbstverständnisse von Künstler*innen – insbesondere über ihre Vorstellungen von Partizipation, die bereits seit längerem mit Kindern und Jugendlichen zusammenarbeiten und in diesem Feld tätig sind.

Ein Einblick in historische Zusammenhänge zeigt, dass nicht nur im Kunstkontext, sondern auch im Bildungsbereich die Bestrebungen nicht neu sind, Kinder und Jugendliche an künstlerischen Projekten zu beteiligen. Bereits in den 1970er-Jahren wurden Modellversuche ins Leben gerufen, wie beispielsweise die Projektreihe *Künstler und Schüler*, die von 1977 bis 1979 in sieben Bundesländern durchgeführt wurde.[114] Einige Vertreter*innen der Kunstdidaktik erinnern heute an diese frühen Anfänge und zeigen Parallelen und Unterschiede auf, wie z. B. Carmen Mörsch, die im Jahr 2005 das Symposium *Inventing the wheel – das Rad erfinden* (mit) konzipierte, um damalige und aktuelle deutsche und englische Entwicklungen

109 Der *Projektfonds Kulturelle Bildung* fördert Projekte in der kulturellen Bildung seit 2008. Vgl. ebd.

110 Im Rahmen einer Multiplikator*innen-Ausbildung wurden die teilnehmenden Künstler*innen in thematisch gebundenen Seminaren geschult und das ‚Modul 9' widmete sich explizit dem Schwerpunkt ‚Partizipation'. Vgl. Helbig, Wieczorek (2012): Dokumentation. Über Lebenskunst.Schule. S. 20.

111 Für Berlin verweise ich exemplarisch auf die Studieninhalte der *Kunsthochschule Berlin Weißensee*, die z. B. partizipatorische Formate thematisiert (hat) oder das Studienangebot des *Instituts für Kunst im Kontext* der Universität der Künste Berlin. Vgl. ebd.

112 Vgl. BMBF (29. Juli 2013): Bekanntmachung.

113 Vgl. etwa Keuchel; Werker (2018): Künstlerisch-pädagogische Weiterbildungen für Kunst- und Kulturschaffende.

114 Vgl. Hoffmann (2005): Wie man sich wehrt.

gegenüberzustellen.[115] In ihren Veröffentlichungen beschäftigt sie sich u. a. mit dem z. T. problematischen Verhältnis zwischen Künstler*innen und Lehrenden und zeigt historische Ursachen auf.[116] Wesentlichen Anteil an einer theoretischen Fundierung partizipatorischer Praxen im kunstdidaktischen Feld hat m.E. zudem Eva Sturm. Der von ihr 2002 (mit)herausgegebene Sammelband *Dürfen die das?* vereint philosophische, kunstwissenschaftliche und kunstdidaktische Positionen, die partizipative Projekte aus verschiedenen Perspektiven (theoretisch) verorten.[117] In ihren weiteren Publikationen hat Sturm u. a. auch Darstellungsformen der Projekte beleuchtet, allerdings aus einer anderen Perspektive – wie ich im nächsten Abschnitt weiter ausführen werde.

Indem ich in meiner Untersuchung visuelle und sprachliche Darstellungen von Projektleiter*innen beleuchte, bewegt sich meine Arbeit an der Schnittstelle zu repräsentationskritischen Forschungen. Allerdings verfolge ich eine andere Fragestellung und nehme auf andere Theorien Bezug, um diese Darstellungsformen zu befragen. Um Parallelen und Unterschiede aufzuzeigen, gehe ich nun auf ‚Repräsentationsfragen' in partizipatorischen Kunstprojekten ein und skizziere auch hier einen Forschungsstand für partizipatorische Kunstprojekte mit Kindern und Jugendlichen.

3.3 Repräsentationen und Darstellungsformen partizipatorischer Projekte mit Kindern und Jugendlichen

> „I will conclude this introduction with some methodological points about researching art that engages with people and social processes. One thing is clear: visual analyses fall short when confronted with the documentary material through which we are given to understand many of these practices. To grasp participatory art from images alone is almost impossible: casual photographs of people talking, eating, attending a workshop or screening or seminar tell us very little, almost nothing, about the concept and context of a given project. They rarely provide more than fragmentary evidence, and convey nothing of the affective dynamic that propels artists to make these projects and people to participate in them. To what extent is this a new problem? Some of the best conceptual and performance art in the 1960s and '70s similarly sought to refute the commodity- object in favour of an elusive experience. Yet visuality always remained important to this task: however 'deskilled' or desubjectivised, conceptual and performance art nevertheless manage to prompt a wide range of affective responses, and their photo-documentation is capable of provoking deadpan amusement, wry embarrassment, iconic reverence or appalled disgust. By contrast, today's participatory art is often at pains to emphasise

115 Vgl. Inventing the wheel – das Rad erfinden.

116 Vgl. etwa Mörsch (2005): Eine kurze Geschichte der KünstlerInnen in Schulen.; Mörsch, Pinkert (2006): Transformative Wirkung künstlerischer Strategien in sozialen Feldern.; Mörsch (28.9.2011): Kunstvermittlung in der kulturellen Bildung.

117 Vgl. Sturm, Rollig (2002): Dürfen die das?

> process over a definitive image, concept or object. It tends to value what is invisible: a group dynamic, a social situation, a change of energy, a raised consciousness."[118]

Was können Darstellungen von partizipatorischen Arbeiten ‚zeigen'? Und welche Rolle nehmen dabei Projektbilder ein? In der Einleitung ihres, für den Diskurs über Partizipation in der Kunst, bahnbrechenden Werkes *Artificial Hells: Participatory Art and the Politics of Spectatorship* aus dem Jahr 2012 geht Claire Bishop auf Bilder als Darstellungsmedien partizipatorischer Praxen ein und beschreibt ihren Status m.E. als zwiespältig. Während sie einerseits hervorhebt, dass eine Untersuchung partizipatorischer Arbeiten durch Bilder nahezu unmöglich sei, da diese nur als bruchstückhafte Beweise gelten könnten, ohne dass sie etwas vom affektiven Involviert-Sein der Künstler*innen preiszugeben, spricht sie den Visualisierungen der Projekte dennoch wichtige Funktionen zu. So würden die Fotodokumentationen der Arbeiten aus den 1960er- und 1970er-Jahren verschiedenste Emotionen hervorrufen, während die Künstler*innen zeitgenössischer Arbeiten darum bemüht seien, das Prozesshafte ihrer Arbeiten z. B. durch gezielte Imagebilder zu betonen. Ich habe Bishop hier großzügig zitiert und ihre Aussagen teilweise paraphrasiert, weil sie für meine Untersuchung zu wichtigen Anknüpfungspunkten werden – auch um diese im Laufe meiner Untersuchung ein Stück weit in Frage zu stellen und den affektiven Dimensionen und Bedeutungen der Bilder für die Künstler*innen weiter nachzugehen. Zunächst komme ich noch einmal auf Repräsentationsformen partizipatorischer Projekte mit Kindern und Jugendlichen zurück, um den Forschungsstand zu diesem Feld weiter zu charakterisieren und meine Forschung darin zu verorten bzw. abzugrenzen.
Obwohl partizipatorische Kunstpraxen seit vielen Jahren auch sehr kritisch reflektiert werden und Wirkungsabsichten dieser Arbeiten zur Debatte stehen[119], fehlen m.E. umfassende Untersuchungen, die Darstellungsformen dieser Projekte fokussierend beleuchten. Eine Pionierin in der Auseinandersetzung mit Repräsentationspraxen partizipatorischer Arbeiten mit Kindern und Jugendlichen ist für mich Eva Sturm. Sie hat sich nicht nur als eine der ersten Wissenschaftler*innen im deutschsprachigen Raum aus didaktischer Fragerichtung mit partizipatorischer Kunst beschäftigt, sondern auch Fragen der Repräsentation dieser Projekte in den Vordergrund gerückt. In einem Artikel aus dem Jahr 2001 untersuchte sie bspw. Sichtbarkeitsverhältnisse von Jugendlichen, die in einem Kunstprojekt involviert waren.[120] Aus repräsentationskritischer Perspektive wies sie dabei auf die Wirkmacht des Zu-Sehen-Gebens hin, die auch in diesen Arbeiten eine zentrale Rolle spiele:

118 Bishop (2012): Artificial Hells. S. 5 f.
119 Vgl. etwa Raunig (2002): Spacing the Lines.
120 Vgl. Sturm (04.2001): In Zusammenarbeit mit gangart. Zur Frage der Repräsentation in Partizipations-Projekten.

„Das Entscheidende an der Repräsentation war seit je, wie und warum jemand in welcher Form ‚dargestellt, abgebildet, vorgeführt, vergegenwärtigt' wird, welchem Zweck sie dient und was dabei ausgeschlossen bleibt, d.h. durch Sichtbarkeit unsichtbar gemacht wird. Es geht um die Macht des Zu-Sehen-Gebens."[121]

Während Sturm Formen der Repräsentation partizipatorischer Kunstpraxen mit Kindern und Jugendlichen explizit thematisiert, sind mir ansonsten primär Positionen bekannt, in denen Wissenschaftler*innen Repräsentationspraxen in diesem Feld zwar kritisch ansprechen, ohne diese allerdings vorrangig zu untersuchen.[122] Dagegen mehren sich in den letzten Jahren Untersuchungen in der Kunstdidaktik, in denen Formen des ‚Zeigens' von Kunstvermittlung analysiert werden. Ich denke insbesondere an Forschungsprojekte von Carmen Mörsch und Stephan Fürstenberg[123], die in der 2018 erschienenen Publikation *Kunstvermittlung zeigen. Über die Repräsentation pädagogischer Arbeit im Kunstfeld* eine umfangreiche Zusammenstellung verschiedener Positionen erfahren haben.[124] Im Gegensatz zu meinem Forschungsansatz, der phänomenologisch orientiert ist, lassen sich diese Ansätze eher dem transdisziplinären Feld der Visual Studies zuordnen. Hervorgegangen aus postkolonialen und queer-feministischen Ansätzen im angelsächsischen Raum in den 1980er-Jahren hinterfragt diese transdisziplinäre Forschungsrichtung Modi der ‚Sichtbarmachung' und die Bedeutung des Visuellen im Kontext gesellschaftlicher Machtverhältnisse. An der Schnittstelle zwischen Kunst-, Kultur- und Medienwissenschaft werden Praktiken der Produktion und Rezeption von Bildern untersucht, um zu beleuchten *„...was wie zu sehen gegeben wird"*.[125] Auch im heterogenen Feld der Visual Studies werden Fragen zum Verhältnis zwischen Sichtbarem und Nicht-Sichtbarem, Sagbarem und Nicht-Sagbarem virulent und affektive Dimensionen der Bildwahrnehmung rücken in den Fokus.[126] Hier lassen sich also Parallelen zu meinem Forschungsansatz ausmachen. Doch im Gegensatz zu meiner Arbeit zielt der interdisziplinäre Ansatz der Visual Studies primäre auf eine Analyse der Herstellung gesellschaftlicher Macht- und Herrschaftsprozesse durch Bilder und Sprache, um „Praktiken des Zu-sehen-Gebens" zu beleuchten.[127] Ein weiteres

121 Ebd., o. S.

122 Vgl. etwa Seitz (2008): Kunst in Aktion.

123 Stephan Fürstenberg leitete von 2009 bis 2010 das Forschungsprojekt: „Vermittlungsarbeit in Museen und Repräsentationskritik: eine explorative Studie", dem sich das Forschungsprojekt „Kunstvermittlung zeigen. Repräsentationen pädagogischer Museumsarbeit im Feld der Gegenwartskunst" von 2011 bis 2013 anschloss. Prof. Dr. Carmen Mörsch war die Leiterin des IAE (Institut for Art Education) an der ZHdK.Vgl. etwa https://www.zhdk.ch/forschungsprojekt/426996
Erste Ergebnisse dieser Forschungsprojekte wurden etwa im ejournal Art Education Research 7/2013 veröffentlicht. Vgl. bspw. Fürstenberg (2013): Geordnete Körper, verkörperte Ordnung.

124 Vgl. Mörsch, Schade, Vögele (Hg.) (2018): Kunstvermittlung zeigen.

125 Schade, Wenk (2011): Studien zur visuellen Kultur., S. 9 (Hervorh. EM).

126 Vgl. etwa Schaffer (2008): Ambivalenzen der Sichtbarkeit.; Bartl, Hoenes, Mühr, Wienand (Hg.) (2011): Sehen – Macht – Wissen., Bartl (2012): Andere Subjekte.

127 Schade, Wenk (2011): Studien zur visuellen Kultur., S. 9.

Unterscheidungsmerkmal betrifft mein Bildverständnis in dieser Untersuchung. Während repräsentationskritische Analysen z. T. auf semiotische Ansätze Bezug nehmen, nach denen Bilder als codierte Botschaften aufgefasst werden können, verstehe ich Bilder nicht vorrangig als „visuelle Zeichnen"[128]. Mich interessiert vielmehr, was für die Projektleiter*innen *in* den/ *durch* die Bilder(n) bedeutsam geworden ist. Durch den Vergleich der visuellen und sprachlichen Darstellungen versuche ich dem auf die Spur zu kommen, was nicht sichtbar oder sagbar wurde und sich entzieht, um Vorstellungen über Partizipation zu re-konstruieren. Dabei betone ich im Anschluss an Bernhard Waldenfels und Andrea Sabisch ein *responives* Geschehen, das konstitutiv wirkt im Prozess der Bedeutungsgenerierung. Wenn ich danach frage, was die Bilder für die Projektleiter*innen ‚zeigen' könnten, schließe ich an eine *„mediale Phänomenologie"*[129] an, wie sie Sabisch beschreibt,

> „(...) die das Zeigen nicht ausschließlich in Zeichenprozesse und rhetorische Figuren verlagert, sondern von einem *Sich-Zeigen durch* spezifische Medien (Bild, Film, etc.) und dessen praktischen Umgang ausgeht."[130]

Im Prozess des ‚Sich-Zeigens durch Bilder' können zwar auch gesellschaftlich geprägte Sichtbarkeitsregime wirkmächtig werden und das Sehen beeinflussen. Doch die phänomenologische Perspektive unterscheidet sich grundlegend in ihrer Fragerichtigung, indem sie untersucht, *wie etwas als etwas für jemanden sichtbar* wird und auf diese Weise den *Konstitutionsprozess durch Bilder* hervorhebt (» Kapitel 4.2.2).[131] Im nächsten Kapitel führe ich detailliert aus, welche Überlegungen meiner Forschung zugrunde liegen und erläutere meinen phänomenologischen und bildungstheoretischen Theoriehintergrund.

128 Hall (1980/1999): Kodieren/ Dekodieren., S. 99.
Auch Stephan Fürstenberg bezieht sich in der viruellen Lernplattform „repräsentation und repräsentationskritik im feld der visuellen kultur. fokus kunstvermittlung" des Institute for Art Education (IAE) der ZHdK u. a. auf den Ansatz von Hall. Vgl. Fürstenberg (2012): Repräsentation und Repräsentationskritik im Feld der visuellen Kultur.

129 Sabisch (2018a): Bildwerdung. S. 32 (Hervorh. EM).

130 Ebd., S. 32 (kursiv im Original).

131 » Kapitel 4.2.2 Medien als Zwischeninstanzen und Zwischendinge: Zur Medialität der Erfahrung.

4 Re-Konstruktionen *durch* sprachliche und visuelle Darstellungen, *zwischen* Eigenem und Fremdem: Methodologische und methodische Verortungen der Untersuchung

Das folgende Kapitel bildet das Herzstück meiner Arbeit, insofern es meine methodologischen und methodischen Überlegungen bündelt, die zur Grundlage meiner empirischen Untersuchung wurden. Ausgehend von diesen theoretischen Reflexionen habe ich mein Forschungsdesign entwickelt, das ich am Ende dieses Kapitels zusammenfasse. Und vor dem Hintergrund der hier aufgeführten Positionen und Verfahren werde ich meine empirischen Ergebnisse später betrachten, rückblenden und vertiefen. In vier Unterkapiteln beleuchte ich verschiedene Ebenen meiner methodologischen und methodischen Rahmung:

Während ich den Begriff der *Partizipation* im zweiten Kapitel problematisiert und die Notwendigkeit einer empirischen Untersuchung im Feld der partizipatorischen Kunst im dritten Kapitel vertieft habe, führe ich im Kapitel 4.1 weitere, zentrale Begriffe meiner Arbeit ein. In meiner empirischen Forschung befrage ich *Vorstellungen* über Partizipation von Projektleiter*innen, die mit Kindern und Jugendlichen zusammenarbeiten. Dazu analysiere ich visuelle und sprachliche *Darstellungen* ihrer künstlerischen Projekte. Zur Bestimmung der Begriffe ‚Vorstellung' und ‚Darstellung' verbinde ich zunächst eine etymologische Annäherung über den Begriff der ‚Repräsentation' mit ersten phänomenologischen Überlegungen, die zur Verortung meiner Arbeit zentral werden. Dabei orientiere ich mich vornehmlich an der responsiven Phänomenologie von Bernhard Waldenfels und in deren kunstpädagogischer und bildungstheoretischer Weiterentwicklung von Andrea Sabisch. Die dort aufgezeigten, einführenden Begriffsbestimmungen vertiefe ich im anschließenden Theoriekapitel.

Im zweiten Teil des vierten Kapitels gehe ich näher auf die Erfahrungskonzeption von Waldenfels ein, um weitere Aspekte herauszuarbeiten, die für meine Arbeit relevant werden. Ich beleuchte Prozesse der Bedeutungskonstitution, um davon ausgehend Möglichkeiten und Grenzen der empirischen Analyse von ‚Vorstellungen' zu befragen. Dazu zählen insbesondere pathische und diastatische Dimensionen und Figuren des *Zwischen*, anhand derer ich ein Auseinandertreten im Erfahrungsgeschehen hervorhebe und das betone, was sich einer Identifikation entzieht. Ich beleuchte Verflechtungen zwischen Eigenem und Fremden, Selbst und Anderen, um mein ‚Subjektverständnis' zu verdeutlichen, das von einem ‚geteilten' Selbst ausgeht, welches sich durch Selbstentzug und Verdoppelung im Anderen auszeichnet und ebenfalls Herausforderungen für die empirische Forschung stellt. Auch mediale Dimensionen der Erfahrungen, wie sie Waldenfels und Sabisch thematisieren, werden in diesem Zusammenhang für meine Überlegungen bedeutsam.

Dazu nehme ich ihre Funktionen im Kontext von Sinnbildungsprozessen und zur Konstitution des Selbst in den Blick. Denn auch hier interessiert mich ein Zwischen, das an dieser Stelle Potenziale visueller und sprachlicher Darstellungen als *Zwischeninstanzen der Erfahrung* und als *Übergangsinstanzen zum Anderen* in den Fokus rückt. Diese Überlegungen verorte ich anschließend vor der Notwendigkeit einer *‚indirekten Empirie'* in der Erforschung von Erfahrungsprozessen, wie sie auch von Sabisch vertreten wird. Verflechtungen zwischen Sichtbarem und Unsichtbaren, Sagbaren und Unsagbaren werden hier relevant, die ich in meine empririschen Untersuchungen einkalkuliere, um auch dem auf die Spur zu kommen, was nicht sichtbar oder sagbar wurde.
Im Kapitel 4.3 verorte ich dann mein Forschungsverständnis im Kontext einer rekonstruktiven Sozialforschung, das durch phänomenologische Überlegungen geprägt wurde. Ich erläutere, warum ich in meiner Untersuchung von *Re-Konstruktionen* spreche und betone die Standortgebundenheit meiner Forschung in ihrer notwendigen Be- und Entzogenheit. Ausgehend von einer Dominanz der Sprache in der qualitativen Forschung und vor dem Hintergrund meiner theoretischen Überlegungen zur Einbeziehung *sprachlicher und visueller Darstellungen*, gebe ich einen Einblick in den Stand der Forschungspositionen, die nach Potenzialen im Vergleich verschiedenartiger Darstellungsformen, zwischen Bild und Sprache, fragen.
Im vierten Teil dieses Kapitels begründe ich, warum ich mich für die *dokumentarische Methode* nach Ralf Bohnsack zur Untersuchung meines Forschungsmaterials entschieden habe und stelle dieses Verfahren vor. Ich kläre, wie ich diese Methode einsetze und welche Modifikationen ich vorgenommen habe. Zu diesen *Modifikationen* zählen die Hervorhebung meiner Forschungsperspektive, eine indirekte Empirie durch die ‚Einbeziehung' des Nicht-Sichtbaren und Nicht-Sagbaren sowie die Erweiterung der Bildanalyse durch Bild-Vergleiche und Bild-Ensembles. Im letzten Abschnitt bündle ich dann meine Überlegungen und stelle mein Forschungsdesign vor.

4.1 Etymologische Annäherung und phänomenologische Grundierung: Repräsentation, Vorstellung, Darstellung

Im dritten Kapitel habe ich bereits deutlich gemacht, dass meine Untersuchung nicht auf eine Repräsentationskritik in der Denktradition der Visual Studies zielt.[132] Ich konzentriere mich vornehmlich auf phänomenologische und bildungstheoretische Perspektiven und untersuche vor dem Hintergrund dieser Positionen, inwiefern Vorstellungen über Partizipation re-konstruiert werden können.[133] Auch

132 » Kapitel 3.3 Repräsentationen und Darstellungsformen partizipatorischer Projekte mit Kindern und Jugendlichen.
133 Gleichwohl prägte die Auseinandersetzung mit dem transdisziplinären Feld der Visual Studies die Konzeption dieser Arbeit, da ich darüber z. B. meine theoretischen Bezugspunkte schärfen

um diese Differenz zu markieren, bevorzuge ich in meiner Arbeit den Begriff der ‚Darstellung' und frage danach, *wie etwas als etwas für jemanden sichtbar bzw. sagbar wird.* Dabei verstehe ich den Prozess der Bedeutungsgenerierung als ein responsives Geschehen (» Kapitel 4.4.1)[134] und betone die Medialität der Erfahrung (» Kapitel 4.2.2)[135]. Über die gegenüberstellende Analyse verschiedener Darstellungsformen (sprachlich und visuell) nähere ich mich in meiner Untersuchung den Vorstellungen der Projektleiter*innen an, indem ich Unsichtbares im Sichtbaren und Unsagbares im Sagbaren in meine Forschung einkalkuliere (» Kapitel 4.2.3)[136]. An dieser Stelle greife ich dennoch den Begriff der Repräsentation noch einmal auf, um terminologische Nähen zwischen Repräsentation, Vorstellung und Darstellung, aber auch Unterschiede zu verdeutlichen. Denn gerade im Zusammendenken und in der Abgrenzung der Begriffe werden m.E. zentrale Verschiebungen und Aspekte meiner Arbeit deutlich, deren theoretische Einbettungen ich hier einführe und in den anschließenden Kapiteln weiter ausbaue. Dabei wird sich zeigen, dass die Begriffe ‚Vorstellung' und ‚Darstellung' nicht nur auf verschiedenartige Grundbedeutungen von ‚Repräsentation' verweisen. Vielmehr werden *strukturbildende* Dimensionen von Darstellungen für die Konstitution von Vorstellungen relevant, deren Funktionen ich auch in der Bindung zum Anderen befrage.

4.1.1 Zum Bedeutungsspektrum von ‚Repräsentation'

Im *Historischen Wörterbuch der Philosophie* leitet Eckhard Scheerer den Begriff ‚Repräsentation' von dem lateinischen Verb *repraesentare* ab. Repräsentation vereine eine Vielzahl von Bedeutungen, sodass auch von einem „Wortfeld" oder „Sinnbezirk der Repräsentation" gesprochen werden könne.[137] Bernhard Waldenfels differenziert das weiter aus, indem er hervorhebt, dass dies vornehmlich das englische und französische Wort (representation bzw. représentation) betreffe, während sich im deutschen Sprachgebrauch eine Reihe unterschiedlicher Bezeichnungen fänden, „(...) die jede für sich im Laufe der Geschichte und bis in die Gegenwart hinein eine terminologische Funktion übernommen haben."[138] Dabei nimmt er ebenfalls Bezug auf einen Artikel aus dem *Historischen Wörterbuch der Philosophie*, in dem für die deutsche Sprache die vier Begriffe „Vorstellung", „Vergegenwärtigung", „Darstellung" und „Stellvertretung" als Grundbedeutungen

konnte. Vgl auch Pazzini; Sabisch; Zahn; May (2015): Gedanken zur Forschungswerkstatt Visuelle Bildung.

134 » Kapitel 4.2.1 Zwischen Selbst und Anderen, Eigenem und Fremdem: Zur Phänomenologie der Erfahrung.

135 » Kapitel 4.2.2 Medien als Zwischeninstanzen und Zwischendinge: Zur Medialität der Erfahrung.

136 » Kapitel 4.2.3 Zwischen visuellen und sprachlichen Darstellungen, durch Bilder und Sprache: Überlegungen zu einer indirekten Empirie.

137 Vgl. Scheerer (1992): Repräsentation. S. 790.

138 Waldenfels (1999/2015): Vielstimmigkeit der Rede. S. 119.

von ‚Repräsentation' aufgeführt werden.[139] Diese Typologie schließe allerdings Überkreuzungen nicht aus.[140]
Der kurzer Einblick in das Bedeutungsspektrum von ‚Repräsentation' soll an dieser Stelle ausreichen, um auf die zentrale Rolle zu verweisen, die der Begriff für philosophische Überlegungen einimmt, welche den Zusammenhang zwischen Bewusstsein und ‚Wirklichkeit' befragen und das Zustandekommen von Erkenntnissen beleuchten.[141] Um Prozessen der Bedeutungsgenierierung weiter nachzugehen, konzentriere ich mich nun auf die Sinnebenen ‚Vorstellung' und ‚Darstellung', die zu Schlüsselbegriffen meiner Untersuchung werden. Ich betrachte Nahtstellen zwischen Vorstellungen und Darstellungen aus phänomenologischer Perspektive und streife auch die oben genannten Sinnebenen ‚Vergegenwärtigung' und ‚Stellvertretung'. Dabei sind meine Überlegungen wieder als erste begriffliche Annäherungen und Verortungen zu verstehen, die ich im Laufe meiner theoretischen und empirischen Auseinandersetzungen kontinuierlich weiter ausarbeite.

4.1.2 Sinnebene: Vorstellung

Der Begriff der Vorstellung geht nicht nur auf das lateinische Wort *repraesentatio* zurück. Laut *Historischem Wörterbuch der Philosophie* wird er auch in Verbindung gebracht mit den lateinischen Bezeichnungen *idea* und perceptio (engl.: *idea, image representation* und franz.: *représentation, idée*, image).[142] Als begriffsgeschichtliche Vorläufer finden sich Termini wie ‚Idee', ‚Phantasie', ‚Repräsentation' und ‚Perzeption'.[143] Die Bezeichnung *Vorstellung von etwas*, die umgangssprachlich fest verankert ist, verweist zudem auf weitere wortgeschichtliche Vorgänger wie zum Beispiel den älteren Begriff ‚fürstellen', der als „vor Augen stellen" bei Martin Luther vorgekommen sei oder später metaphorisch als „Bild vor die Seele stellen" gebraucht wurde.[144] In diesen Sinnzusammenhängen klingen also Formen der Stellvertretung an. Dabei heben viele der aufgeführten Bedeutungsebenen eine geistige Aktivität hervor. Zusammenfassend lässt sich zunächst festhalten,

---

139 Vgl. ebd., S. 119.
Er bezieht sich hier auf eine Ausgabe des *Historischen Wörterbuchs der Philosophie* aus dem Jahr 1964. In späteren Ausgaben variieren die deutschen Begriffe etwas, die als Bedeutungsebenen für ‚Repräsentation' angegeben werden. Auf diese Unterschiede kann ich an dieser Stelle nicht weiter eingehen und konzentriere mich auf die oben, von Waldenfels aufgeführten Bezeichnungen.

140 Vgl. Waldenfels (2002): Bruchlinien der Erfahrung. S. 35.

141 Der ungewöhnlich große Umfang des Artikels im Historischen Wörterbuch der Philosophie zum Begriff ‚Repräsentation' stützt diese Vermutung, was Waldenfels ebenfalls thematisiert. In der von ihm benutzten Ausgabe umfasst der Artikel insgesamt 64 Spalten. Vgl. Waldenfels (1999/2015): Vielstimmigkeit der Rede. S. 119.

142 Vgl. Halbfass, Onnasch (2001): Vorstellung. S. 1227.

143 Vgl. ebd. S. 1227.

144 Vgl. ebd. S. 1227.

dass der Begriff ,Vorstellung' in einem allgemeinen Gebrauch häufig als „mentaler Akt" oder „mentaler Zustand" definiert wird.[145]
Die Bandbreite der skizzierten, begrifflichen Vorläufer zeigt eine erkenntnistheoretische Tragweite auf, die durch Descartes entscheidend beeinflusst wurde.[146] Doch die Hervorhebung eines erkennenden Subjekts und der cartesianisch beeinflusste Dualismus zwischen Geist und Materie erscheinen gerade aus phänomenologischer Perspektive problematisch, um den Begriff der Vorstellung näher zu beleuchten. Denn ein *etwas* oder eine ,Wirklichkeit', die der Vorstellung vorgängig wären, werden von vielen philosophischen Positionen in Frage gestellt, wie etwa Waldenfels ausführt. Eine Differenz zum eingangs skizzierten Alltagsgebrauch des Begriffs scheint hier also auf:

> „Phänomenologisch und hermeneutisch gesprochen besteht Erfahrung nicht darin, daß jemand oder ein Akt *etwas* vorstellt, sondern darin, daß sich jemandem *etwas als etwas* zeigt. Dies besagt, daß alles, was sich zeigt, *als etwas* gemeint, gegeben, aufgefaßt, gedeutet, verstanden oder behandelt wird, daß also ein wiederholbarer Sinn sowie wiederholbare Gestalten, Strukturen und allgemeine Regeln im Spiel sind. In diesem Sinne gibt es für Husserl oder Heidegger ebensowenig wie für Nastrop oder Cassirer (...) ein Erstes, Unmittelbares, das ›einfach präsent‹ wäre."[147]

Waldenfels thematisiert in diesem Zitat einige zentrale Überlegungen seiner responsiven Phänomenologie, die für meine Arbeit grundlegend werden. Dazu zählt zum einen sein Erfahrungsmodell, das in der Formel, dass „(...) sich jemandem *etwas als etwas* zeigt", komprimiert werden kann.[148] Der Prozess der Bedeutungsgenerierung und -strukturierung wird hier relevant. Fragen zur „Ordnungsleistung" von Erfahrungen schließen sich an, die das „Wie des Ordnens" in den Blick nehmen.[149] Um Vorstellungen über Partizipation zu untersuchen, analysiere

145 Vgl. Waldenfels (1999/2015): Vielstimmigkeit der Rede. S. 120 oder Scheerer (1992): Repräsentation. S. 790.

146 Auf der Suche nach ,unbezweifelbaren Wahrheiten' formuliert Descartes drei Formen von Vorstellungen (bzw. ,Ideen'), um das Verhältnis zwischen Ich-Bewusstsein und (Außen-)Welt zu untersuchen. Vgl. etwa Perler, Haag (2010): Ideen. S. 53 ff.
Zu weiteren Entwicklungen und Ausgestaltungen des Begriffs ,Vorstellung' im Anschluss an Descartes vgl. etwa Kehl (2002): Die Bildung der Vorstellung, S. 64 ff.oder Knüfer (1990): Grundzüge der Geschichte des Begriffs ,Vorstellung' von Wolff bis Kant.
Zur Kritik an Descartes´ Erkenntnismodell aus phänomenologischer Perspektive vgl. auch Meyer-Drawe (1985): Der blinde Fleck des ,ego cogito'. S. 127-134.

147 Waldenfels (1999/2015): Vielstimmigkeit der Rede. S. 121 (kursiv im Original).

148 Ebd., S. 121 (kursiv im Original).
Die für Waldenfels´ Erfahrungskonzeption grundlegende Formel, dass „(...) sich jemandem *etwas als etwas* zeigt", werde ich im Kapitel 4.2 ausführlicher erläutern und die Komplexität andeuten, die diese Formulierung enthält. An dieser Stelle fasse ich Überlegungen seiner responsiven Phänomenologie sehr komprimiert zusammen, die für meine Arbeit zentral werden. Für Leser*innen, die mit Waldenfels Ansatz noch nicht vertraut sind, kann es eine Hilfe sein, zunächst die ausführlicheren Beschreibungen im nächsten Kapitel zu lesen.

149 Waldenfels (2002): Bruchlinien der Erfahrung. S. 169.

ich in meiner Arbeit nicht vorrangig ‚Was' die Projektleiter*innen in den Interviews äußern, sondern ‚Wie' sie über die Zusammenarbeit mit den Kindern und Jugendlichen sprechen. Ich beleuchte mögliche, „wiederholbare Strukturen", die dazu beitragen (könnten), wie sich etwas als etwas für sie zeigt.[150] Dabei begreife ich den Prozess des Bedeutens in Anlehnung an Waldenfels nicht als „individuelle Leistung" sondern als responsives Geschehen *zwischen* Selbst, Anderen und Welt, in dem das Pathische betont wird. [151] Dementsprechend verstehe ich unter dem Begriff der Vorstellung auch keine mentalen Inhalte, die einem autonomen Subjekt zugehörig wären und die es zu rekonstruieren gilt. Vielmehr ermöglicht mir die Bezugnahme auf Waldenfels´ Erfahrungskonzeption, Vorstellungen als Geflecht zwischen Eigenem und Fremdem, Selbst und Anderen zu denken. Dabei erweisen sich Prozesse der Bedeutungskonstitution als brüchig und von einem Begehren durchzogen, das sich unserer Verfügbarkeit entzieht. Im Kapitel 4.2 werde ich Waldenfels responsive Phänomenologie detaillierter thematisieren und den Zusammenhang der hier eingeführten Begriffe für meine Arbeit vertiefen.
Für die Positionierung meiner Untersuchung sei noch einmal hervorgehoben, dass ich mich Überlegungen anschließe, die eine ‚Wirklichkeit' ausklammern, die dem Bewusstsein vorgängig wäre (im Sinne eines grundsätzlichen „Ersten, Unmittelbaren", das präsent wäre und re-präsentiert werden könne).[152] Waldenfels´ Erfahrungskonzeption – dass sich jemandem etwas als etwas zeigt – basiert auf einer fundamentalen Spaltung zwischen dem „fremde[n] *Wovon* des Getroffenseins" und dem „*Worauf* einer eigenen Antwort".[153] Diese Spaltung impliziere ein Verfehlen, welches das ‚Ursprüngliche' in Frage stelle, wie Andrea Sabisch in ihren bildungstheoretischen Arbeiten mit Bezug zu Derrida und Waldenfels herausstellt:

> „Die Bewegung der Spaltung *vertritt* somit die Gegenwärtigkeit in ihrem originären Sich-selbst-fehlen und wird daher von DERRIDA und im Bezug darauf von WALDENFELS zum *originären Ersatz*, zum ‚Supplement des Ursprungs' erklärt."[154]

---

150 Um die Standortgebundenheit meiner Forschungen zu betonen (ohne dass ich ganz bei mir sein kann) und die notwendige Konstruktion meiner Ergebnisse hervorzuheben, spreche ich von *‚Re-Konstruktionen'* der Erfahrungen der Projetleiter*innen. » Kapitel 4.3.2 Re-Konstruktionen und Un-Möglichkeiten des Benennens.

151 Waldenfels (2015): Sozialität und Alterität. S.408.

152 Waldenfels (1999/2015): Vielstimmigkeit der Rede. S. 121.
Im Anschluss an Husserl wird eine Ausklammerung der ‚Wirklichkeit' auch als „phänomenologische Reduktion" („Epoché") bezeichnet. (Vgl. etwa Wiesing (2008): Die Sichtbarkeit des Bildes. S. 209 ff.. Im Kapitel 4.2.1 werde ich am Rande meiner Überlegungen diese Grundprämisse phänomenologischer Überlegungen streifen. » Kapitel 4.2.1 Zwischen Selbst und Anderen, Eigenem und Fremdem: Zur Phänomenologie der Erfahrung

153 Waldenfels (2015): Sozialität und Alterität. S. 82 (kursiv im Original).

154 Sabisch (2007): Inszenierung der Suche. S. 39.

Auch Sabisch problematisiert eine dichotome Denkweise und untersucht im Anschluss an Waldenfels konstitutive Dimensionen des Erfahrungsgeschehens.[155] Sie hebt die Bedeutung der Medien im Prozess der Bedeutungsstrukturierung hervor und fragt nach der Funktion von Symptomen „als Ersatzbildungen angesichts des Visuellen".[156] Im Kapitel 4.2.2 werde ich auch ihre Position genauer beleuchten, die für meine Überlegungen ebenfalls grundlegend wird.
Diesen Abschnitt schließe ich mit einem weiteren Zitat von Waldenfels, das die oben thematisieren Aspekte noch einmal aufgreift und den Fokus ebenfalls auf mediale Formen der Darstellung lenkt, wenn etwas *als etwas* in Erscheinung tritt. Dabei deuten sich *konstituierende* Funktionen von Bildern und Sprache an, ohne dass das herausgebildete ‚Etwas' mit dem Wovon des Widerfahrnisses zur Deckung kommen kann.

> „Dadurch, daß etwas als etwas erscheint, öffnet sich ein Spalt, der das, was ist, von sich selbst trennt. Dies bedeutet, daß etwas nicht einfach vorgestellt und hergestellt wird, sondern daß es *sich darstellt*, daß es zur Erscheinung, in den Blick, zur Sprache kommt, ohne daß das, was sich präsentiert, durch seine Repräsentationsmodi ausgeschöpft würde."[157]

4.1.3 Sinnebene: Darstellung

Während Verbindungen zwischen ‚Vorstellungen' und ‚Darstellungen' aus phänomenologischer Perspektive im letzten Abschnitt bereits angeklungen sind, komme ich zunächst wieder auf die etymologische Ebene zurück, um meine Position zu verdeutlichen. Wie dort schon hervorgehoben, geht der Begriff der Darstellung auch auf den lateinischen Ursprung *repraesentatio* zurück. Er habe einen philosophischen Stellenwert im Rahmen der Ontologie und in verschiedenen Vorstellungstheorien gewonnen, wie Jürgen Nieraad im *Historischen Wörterbuch der Philosophie* konstatiert. [158] Hier findet sich auch eine Begriffsbestimmung von Scheerer, der Darstellung als „strukturerhaltende Abbildung durch Bilder, Symbole und Zeichen aller Art" definiert.[159] Doch dabei verweist die in der Definition verwendete Bezeichnung „Abbildung" erneut auf ein Referenzproblem, das ich im letzten Abschnitt bereits angesprochen habe.[160] Um ontologische Rückschlüsse auszuschließen, nutze ich stattdessen den Begriff der Darstellung und betone

155 Vgl. etwa Sabisch (2018a): Bildwerdung. S. 21 ff.
156 Ebd., S. 386.
Das Symptombegriff von Sabisch schließt an Überlegungen von Waldenfels an, der darunter „Ersatzformen besonderer Art" verstehe. Waldenfels (2015): Sozialität und Alterität. S. 277. Vgl auch Waldenfels (2002): Bruchlinien der Erfahrung. S. 322 f.
157 Waldenfels (2002): Bruchlinien der Erfahrung. S. 34.
158 Nieraad (2019): Darstellung. o. S.
159 Scheerer (1992): Repräsentation. S. 790.
160 Mit dem Wissenschaftshistoriker Hans-Jörg Rheinberger ließe sich die Kritik an einer Abbildtheorie auch so verstehen: „Bei näherem Hinsehen entpuppt sich jede vermeintlich bloße

dessen konstituierende und *strukturbildende* Dimension (Darstellung ‚als etwas'). Meine Überlegungen knüpfen wiederum maßgeblich an Positionen zur responsiven Phänomenologie von Bernhard Waldenfels und in medien- und bildungstheoretischer Weiterentwicklung von Andrea Sabisch an, die eine mediale ‚Grundierung' der Erfahrung und deren Wirkungsweisen beforschen.[161]

> „(...) so stellt sich die Frage, wie wir den Beitrag der Medien zur Konstitution von Erfahrungen bemessen können, wenn eine medienfreie ‚unschuldige' Erfahrung uns nicht zur Verfügung steht."[162]

In Anlehnung an Waldenfels fragt Sabisch nach der Funktion von Medien in Erfahrungsprozessen. Sie beleuchtet Möglichkeiten der empirischen Untersuchung im Kontext kunstpädagogischer Überlegungen und befragt die Bedeutung des Medialen aus bildungstheoretischer Perspektive.[163] Dabei betont auch sie eine „originäre Medialität" der Erfahrung" und denkt Erfahrungs- und Bildungsprozesse „von der Medialität her".[164] Im Anschluss an Sabisch (mit Bezug zu Waldenfels und Mersch) gehe ich deshalb in meiner Arbeit von einem *„Sich-Zeigen durch* spezifische Medien" aus:

> „Die Medien verweisen auf unseren Leib aber sie sind mehr als Prothesen; sie sind an die Sinne gekoppelt und erscheinen stets nur indirekt, *durch etwas hindurch* (dia, per.)"[165]

Indem Medien als *Zwischeninstanzen* wirksam werden, *durch* die etwas sichtbar, hörbar, etc, werde, tragen sie zur Modalisierung von Erfahrungen bei. In diesem Sinne hebt Waldenfels hervor, dass Medien „(...) nicht bloß der Wiedergabe und Weitergabe vorgegebener Erfahrungsgehalte dienen", sondern „an der Ermöglichung von Erfahrungen beteiligt" seien.[166] Wenn ‚etwas als etwas' erscheint und sich Bedeutung konstituiert, so würden die Medien den Fokus auf das „Wodurch" richten.

Darstellung ‚von' immer schon zugleich als eine Darstellung ‚als'." Rheinberger (1997): Dimensionen der Darstellung in der Praxis des wissenschaftlichen Experimentierens. S. 238. Rheinberger argumentiert hier im Anschluss an Goodmans Symboltheorie.

161 Vgl. etwa Waldenfels (2004): Phänomenologie der Aufmerksamkeit. S. 113 ff.und Sabisch (2018): Bildwerdung. S. 55 ff.

162 Waldenfels (1999/2015): Vielstimmigkeit der Rede. S. 122.

163 Vgl. etwa Sabisch (2007): Inszenierung der Suche. und Sabisch (2018a): Bildwerdung.

164 Vgl. Sabisch (2018a): Bildwerdung, hier S. 32 sowie S. 19 ff.

165 Ebd., S. 32 (kursiv im Original).
Hier bezieht sich Sabisch auf Waldenfels Überlegungen zum ‚dia/ per', die sie später durch Merschs Ausführungen in der Unterscheidung zwischen ‚meta/ trans' und ‚dia/ per' erweitert.

166 Waldenfels (2004): Phänomenologie der Aufmerksamkeit. S. 128.

> „*Ich sehe etwas durch ein Medium hindurch.* Dieses genuine Wodurch läßt sich wiederum *als etwas* thematisieren, doch stets nur hinterdrein."[167]

Die strukturbildende Funktion von Medien im Erfahrungsgeschehen und die ‚mediale Differenz', die in den Zitaten anklingen, werde ich im Kapitel 4.2.2 weiter vertiefen. Für meine Arbeit sind diese Überlegungen grundlegend, um visuelle und sprachliche Darstellungen als konstituierende Medien in meiner Untersuchung zu begreifen. Ich analysiere in meiner Forschung Bilder und sprachliche Äußerungen von Projektleiter*innen und frage, inwiefern darüber Vorstellungen von Partizipation re-konstruiert werden können. Dabei interessieren mich Prozesse der Bedeutungsgenerierung *in* und *durch* Bilder und Sprache, wie Waldenfels sie fasst:

> „Der Prozeß der Verbildlichung besteht darin, daß Bildloses *im Bild* sichtbar wird und daß es *durch das Bild hindurch* affektive Wirkungen hervorruft. Für den Vorgang der Bezeichnung gilt ähnliches, sofern Zeichenloses *im Zeichen* auf etwas Bestimmtes verweist."[168]

Durch Bilder und Sprache gestalte sich etwas, das über das Sichtbare und Hörbare hinausweise und „(...) unser Verhalten orientiere[ ] und dirigiere[ ]."[169] In meiner Arbeit beleuchte ich Funktionen der Darstellungsformen und frage in diesem Zusammenhang auch nach ihrem Status als „mediale Zwischeninstanzen" und „Übergangsdinge", um Bindungen zwischen Selbst und Anderen nachzugehen.[170] Über eine Analyse der visuellen und sprachlichen Darstellungen nähere ich mich also komplexen Verhältnisse an:

> „Die Darstellung bildet einen Darstellungskomplex, der sich wie der Zeichengebrauch zugleich auf die Dinge, auf uns selbst und auf die Anderen bezieht."[171]

Wie ich ausgeführt habe, frage ich in meiner Arbeit nach dem ‚Wie' der Bedeutungskonstitution und der medialen Verfasstheit der Erfahrungen. Die weitere Frage nach dem ‚Wodurch' richtet den Fokus auf die jeweiligen „Modi der Darstellung".[172] Indem ich in meiner Untersuchung verschiedene Darstellungsformen beleuchte, versuche ich das ‚Wie' und das ‚Wodurch' der Bedeutungsgenerierung weiter zu differenzieren und Vorstellungen über Partizipation analysierbar zu machen.
Die an dieser Stelle sehr komprimiert aufgeführten Überlegungen zu den Begriffen Vorstellung und Darstellung werde ich im Folgenden ausführlicher erläutern und

---

167 Ebd., S. 128.
168 Waldenfels (2015): Sozialität und Alterität. S. 274 (kursiv im Original).
169 Ebd., S. 273.
170 Ebd., S. 274.
171 Waldenfels (2004): Phänomenologie der Aufmerksamkeit. S. 127.
172 Ebd., S. 127.

weiter kontextualisieren. Über eine Auseinandersetzung mit Waldenfels´ Erfahrungskonzeption nähere ich mich der Funktion und Bildern und Sprache in der Beziehung zwischen Selbst und Anderen an.

4.2 Theoriegeleitete Vertiefungen: Erfahrungen zwischen Selbst und Anderen, Sichtbarem und Sagbarem

In diesem Kapitel vertiefe ich zentrale theoretische Bezugspositionen, die meine Überlegungen grundieren. Dabei orientiere ich mich hauptsächlich an dem Philosophen Bernhard Waldenfels, dessen responsive Phänomenologie der Erfahrung ich bereits im letzten Kapitel angesprochen habe, um die Begriffe ‚Vorstellung' und ‚Darstellung' für meine Arbeit zu fassen. In diesem Zusammenhang hatte ich auch auf Überlegungen von Andrea Sabisch zur „Bedeutung des Medialen in der Phänomenologie der Erfahrung"[173] verwiesen, die sie im Anschluss an Waldenfels aus kunstpädagogischer und bildungstheoretischer Perspektive weiterentwickelt hat. Auch ihre Position werde ich hier weiter ausführen, um Medien als Zwischeninstanzen der Erfahrung zu thematisieren und Formen der medialen Darstellung zu beleuchten. Weitere Positionen säumen diese Überlegungen und ergänzen einzelne Aspekte.
Doch warum stehen hier ‚Erfahrungen' im Vordergrund, wenn ich in meiner Arbeit ‚Vorstellungen' untersuche? Wie ich im Kapitel 4.1.2 aufgezeigt habe, grenze ich mich von einem Vorstellungsbegriff ab, der die geistige Aktivität eines autonomen Subjekts hervorhebt und Vorstellungen als „individuelle Leistungen"[174] begreift. Wenn sich jemand *etwas vorstellt,* verstehe ich das nicht als rein aktive Tätigkeit des Geistes, die eindeutig zuzuordnen ist, sondern ich knüpfe für meinen Definition von ‚Vorstellungen' an Waldenfels Erfahrungskonzeption an, nach der „(...) sich jemandem *etwas als etwas* zeigt". [175] Wenn etwas sichtbar (oder vorstellbar) wird, werde es „*als etwas* gemeint, gegeben, aufgefaßt, gedeutet, verstanden oder behandelt".[176] Ich verstehe den Prozess der Bedeutungsgenerierung mit Waldenfels als responsives Geschehen *zwischen* Selbst und Anderen, das durch den Einbruch des Fremden in Bewegung gerät. Bedeuten und Begehren seien dabei eng miteinander verwoben, „(...) Begehrenswertes erhält Bedeutung, Bedeutsames wird affektiv aufgeladen".[177] Neues könne aufbrechen, indem die Erfahrung auseinanderstrebt. Das Differenzierungsgeschehen, wenn sich etwas als etwas zeigt, sei demzufolge nicht als kontinuierlicher Erfahrungsprozess zu

173 Sabisch (2018a): Bildwerdung. S. 21 ff.
174 Waldenfels (2015): Sozialität und Alterität. S.408.
175 Waldenfels (1999/2015): Vielstimmigkeit der Rede. S. 121 (kursiv im Original).
176 Ebd., S. 121 (kursiv im Original).
177 Waldenfels (2015): Sozialität und Alterität. S. 269.

begreifen sondern „(...) von Bruchlinien durchzogen".[178] Waldenfels spricht in diesem Zusammenhang auch von einer „gebrochenen Erfahrung".[179] Ein tiefer Spalt zeichne den Prozess der Bedeutungsgenerierung aus, aus dem zugleich die „Gestaltungskraft der Erfahrung" hervorgehe.[180] Mit den Begriffen „Pathos" (Widerfahrnis) und „Response" (Antwort) beschreibt er den Erfahrungsprozess als ein Ereignis, das in sich selbst verschoben sei.[181] Der Einbruch des Fremden wirke sich auf verschiedene Dimensionen aus „(...) als Spaltung meines leiblichen Selbst und als dessen zwischenleibliche Verdoppelung im Anderen sowie als Über- und Unterschreitung jeglicher Ordnungsgrenzen."[182] Im Kapitel 4.2.1 werde ich die hier angesprochenen Prozesse noch detaillierter beleuchten und deren Relevanz für meine Arbeit ausführen. Dabei interessiere ich mich besonders für das Ineinander von Selbst und Anderen, Eigenem und Fremdem, das unsere Erfahrungen und Vorstellungen prägt. Mein Fokus richtet sich auf „Leitfiguren des Zwischen", wie sie Waldenfels entwickelt hat. [183] Die Präposition ‚zwischen', die nicht nur in dieser Kapitelüberschrift auftaucht, fungiert auch in meiner Arbeit als ein Leitbegriff. Ich betone damit eine wechselseitige Verflechtung im Erfahrungsprozess, die in Anlehnung an Waldenfels aber auch als ein Auseinanderdriften beschrieben werden kann – als „Entzug, Selbstspaltung, Selbstverdopplung, Unterbrechung und Asymmetrie".[184]

In den Kapitel 4.2.2 und 4.2.3 fokussiere ich stärker mediale Dimensionen der Erfahrung. Die Funktion von Medien als Zwischeninstanzen „(...) durch deren Mitwirkung das Kommen und Gehen der Erfahrung sich kondensiert, artikuliert und festigt", habe ich bereits hinsichtlich des Begriffs ‚Darstellung' gestreift (» Kapitel 4.1.3).[185] Im Kapitel 4.2.2 werde ich diese Überlegungen wiederum mit Waldenfels und Sabisch vertiefen und das „Wodurch der Medien"[186] als „Modi der *Darstellung*"[187] ausführen. Insbesondere im Kapitel 4.2.3 konzentriere ich mich dann auf das Verhältnis zwischen visuellen und sprachlichen Darstellungen, um das Sichtbare und Sagbare ebenso mitzudenken wie im Entzug das Nicht-Sichtbare und Nicht-Sagbare.

178 Waldenfels (2002): Bruchlinien der Erfahrung. S. 9.
179 Ebd., S. 9.
180 Ebd., S. 9.
181 Vgl. Waldenfels (2015): Sozialität und Alterität. S. 239.
182 Waldenfels (2002): Bruchlinien der Erfahrung. S. 11.
183 Ebd., S. 186.
184 Ebd., S. 186.
185 Waldenfels (2004): Phänomenologie der Aufmerksamkeit. S. 113.
186 Ebd., S. 113.
187 Ebd., S. 127 (kursiv im Original).

4.2.1 Zwischen Selbst und Anderen, Eigenem und Fremdem: Zur Phänomenologie der Erfahrung

> „Phänomenologie ist eine Denkweise, die sich nicht nur auf Erfahrungen stützt, sondern aus Erfahrungen erwächst und ihr zum Ausdruck verhilft. Stachel dieses Bemühens ist eine zugleich erstaunliche und erschreckende Fremdheit inmitten aller Vertrautheit. Diese Fremdheit erreicht eine besondere Stärke durch die Verdopplung und Vervielfältigung der Fremdheit meiner selbst in der Fremdheit der Anderen."[188]

Das umfassende Werk des Philosophen Bernhard Waldenfels wurde vielfach in der phänomenologisch orientierten Erziehungswissenschaft und in der Kunstpädagogik rezipiert.[189] Es ermöglicht auch mir vielfältige Anknüpfungspunkte, um Sinnbildungsprozesse in den Blick zu nehmen und Vorstellungen über Partizipation zu untersuchen. Sein Ansatz beruht u. a. auf einer kritischen Auseinandersetzung mit den Schriften Edmund Husserls und dessen Verständnisses von ‚Intentionalität' und wurde zudem stark durch Maurice Merleau-Pontys Fokus auf die ‚Leiblichkeit' der Wahrnehmung beeinflusst, bei dem Waldenfels noch studierte.[190] Das Motiv der ‚Zwischenleiblichkeit' wird zu einem zentralen Element seiner responsiven Phänomenologie, um das Verhältnis zwischen Selbst und Anderen, Eigenem und Fremden als Chiasmus (Verflechtung) zu befragen.[191] Als „produktive Reibungsfläche" für seine phänomenologischen Betrachtungen greift Waldenfels dabei auch auf die Psychoanalyse zurück, insbesondere auf die Figur des ‚Unbewussten' als „Entzugsphänomen", wie es von Sigmund Freud entworfen wurde.[192] Ergänzt werden seine Überlegungen u. a. durch Weiterentwicklungen von Jacques Lacan, um die „(...) Verquickung von Selbstbezug und Selbstentzug" zu beleuchten.[193] Zur Charakterisierung seines komplexen Werkes ließen sich noch viele weitere Bezugspositionen aufführen, die Waldenfels zur Diskussion seines Ansatzes hinzuzieht.

188 Waldenfels (2015): Sozialität und Alterität. S. 9.

189 Vgl. etwa Woo (2007): Responsivität und Pädagogik.; Brinkmann, Buck, Rödel (2017): Pädagogik – Phänomenologie.; Brinkmann (2019): Phänomenologische Erziehungswissenschaft von ihren Anfängen bis heute.
Sabisch (2007): Inszenierung der Suche.; Loemke (2019): Innehalten beim Begleiten künstlerischer Prozesse.; Jochum (in Vorbereitung): Das unbemerkte Wissen und Können der Laien.

190 Zur Vita des emeritierten Professors für Philosophie vgl. bspw. seine Website an der Ruhr-Universität Bochum: http://www.ruhr-uni-bochum.de/philosophy/mitglieder/waldenfels/vita.html.de Dort ist auch ein Überblick über weitere Forschungsschwerpunkte von Bernhard Waldenfels zu finden:
http://www.ruhr-uni-bochum.de/philosophy/mitglieder/waldenfels/forschung.html.de (zuletzt aufgerufen am 19.02.2019)

191 Vgl. etwa Waldenfels (2000): Das leibliche Selbst. S. 265 ff.

192 Waldenfels thematisiert in seinen Schriften wiederholt psychoanalytische Positionen, auch wenn er diese nicht immer in den Mittelpunkt seiner Überlegungen stellt. Es finden sich aber auch Publikationen, in denen er der Psychoanalyse explizit eigene Kapitel widmet bzw. diese einer phänomenologischen Rezeption unterzieht. Vgl. etwa Waldenfels (2002): Bruchlinien der Erfahrung. S. 286 ff.oder Waldenfels (2019): Erfahrung, die zur Sprache drängt. S. 29 ff.

193 Waldenfels (2002): Bruchlinien der Erfahrung. S. 293.

An dieser Stelle beschränke ich mich jedoch auf einzelne Verweise, die auch für meine Untersuchung relevant werden. Ich fokussiere Fragmente aus seiner responsiven Phänomenologie, die ich z. T. durch weitere Positionen ergänze. Ausgehend von diesen Überlegungen werde ich meine Untersuchungsergebnisse in späteren Kapiteln analysieren und reflektieren. An dieser Stelle beginne ich mit Waldenfels Erfahrungskonzeption, um den diastatischen (auseinanderklaffenden) Charakter der Erfahrung hervorzuheben. Ich thematisiere verschiedene Differenzierungsgeschehen im Prozess der Bedeutungskonstitution, die sich durch ein Auseinandertreten, durch Brüche oder Verschiebung auszeichnen. Dabei werden auch Momente des Entzugs im Ineinander von Bedeuten und Begehren wichtig. Über „Leitfiguren des Zwischen", die Waldenfels mit den Stichworten „Entzug, Selbstspaltung, Selbstverdopplung, Unterbrechung und Asymmetrie" bezeichnet hat, nähere ich mich schließlich im letzten Abschnitt den Beziehungen *zwischen* (gespaltenem) Selbst und Anderen, Eigenem und Fremdem im Erfahrungsprozess an.[194]

> „Zwischen mir und dem Anderen, zwischen uns und den Anderen, zwischen Eigenem und Fremdem geschieht etwas, was weder auf die Initiative und das Vermögen einzelner Individuen oder Gruppen noch auf eine vermittelnde Ordnungsinstanz, noch auf codierte Regelungen zurückgeführt werden kann. Es geschieht etwas zwischen uns, was uns aufschreckt, anrührt, angeht, anspricht, was trennend verbindet und verbindend trennt. Für dieses Zwischengeschehen wähle ich den Ausdruck *Diastase*."[195]

Urdiastase: Zwischen Pathos und Response

Waldenfels Erfahrungskonzeption betont pathische und diastatische Dimensionen der Erfahrung.[196] Dabei erweist sich das Erfahrungsgeschehen als ein Prozess, der „(...) sich stets selbst entgleitet"[197] und den wir nie „(...) völlig in der Hand"[198] haben. Indem uns etwas unverhofft trifft oder zustößt, kann Neues (Fremdes) in die Erfahrung einsickern.[199] Doch das, was uns affiziert (Pathos) und das, worauf wir antworten (Response), zeichnen sich durch eine tiefgreifende Verschiebung oder einen Bruch aus (Diastase). Waldenfels charakterisiert unterschiedliche „Differenzierungsbewegungen" und verschiedene „Steigerungsgrade" von Diastasen, die zwischen Eigenem und Fremden im Erfahrungsgeschehen wirken.[200]

---

194 Ebd., S. 186.
195 Ebd., S. 174 (kursiv im Original).
196 Vgl. ebd., S. 9 ff.
197 Sabisch (2018a): Bildwerdung. S. 22.
198 Waldenfels (2015): Sozialität und Alterität. S. 21.
199 Vgl. etwa ebd., S. 20ff.
200 Waldenfels (2002): Bruchlinien der Erfahrung. S. 10 und 180.

Ich beginne zunächst bei dem oben genannten „Zwischengeschehen", das Waldenfels auch als „Urdiastase" bezeichnet.[201] Er versteht darunter „ei[n] genuine[s] Auseinandertreten (...)"[202] im Herzen des Erfahrungsprozesses. Dort „(...)klaff[e] ein Spalt auf inmitten des Geschehens, dem eine Welt, Andere und ich selbst entspringen."[203] Waldenfels spricht auch von einer „gebrochenen Erfahrung", die von „Bruchlinien" durchzogen sei und „(...) etwas oder jemanden entstehen läßt, indem sie auseinandertritt, sich zerteilt, zerspringt".[204] Dieses paradoxe Ereignis, in welchem Neues aufbrechen kann durch einen Bruch, verortet Waldenfels zwischen den Polen ‚Pathos' und ‚Response' bzw. als ein „(...) Doppelereignis aus Pathos und Response".[205] Der griechische Begriff ‚Pathos' (im Deutschen ‚Widerfahrnis') betone ein Geschehen im Erfahrungsprozess, in welchem „(...) uns etwas zustößt, zufällt, auffällt oder einfällt, [...] uns etwas trifft, glückt und auch verletzt wie das *touché* aus dem Fechtkampf."[206] In diesem plötzlichen, unvermittelten Widerfahrnis nehme unsere Erfahrung ihren Ausgang, wie Andrea Sabisch mit Bezug zu Waldenfels konstatiert.[207] „So beginnt jede Wahrnehmung und jede Erfahrung mit dem Etwas, von dem wir angezogen werden bzw. worauf wir antworten."[208] Als ‚Response' bezeichnet Waldenfels das Antwortgeschehen, das sich nach dem ‚Pathos' ereigne. Antworten bedeute, „(...) daß wir auf Fremdes eingehen, das sich nicht mit den vorhandenen Mitteln des Eigenen und Gemeinsamen bewältigen läßt."[209] Weil das Antworten vom Fremden ausgehe, spricht Waldenfels auch von einem *‚geteiltem Selbst'*.[210] Die Bewegung zwischen Pathos und Response sei nicht linear oder als direkte Folge zu denken.[211] „Pathos und Response bilden ein asymmetrisches, zeitlich verschobenes Doppelereignis, in dessen Verlauf sich das *Wovon* des Getroffenseins in das *Worauf* eines Antwortens verwandelt."[212] Waldenfels spricht auch von „gegenläufigen Bewegungen", die „interferieren".[213] Dabei gingen „Selbst- und Fremdaffektion [...] zusammen."[214] In Anlehnung an Merleau-Ponty beschreibt er das Geschehen als *„Chiasmus"*,

201 Ebd., S. 60.
Das griechische Wort ‚Diastase' übersetzt Waldenfels als *„Auseinanderstehen"* oder *„Auseinandertreten"*. Vgl. Waldenfels (2002): Bruchlinien der Erfahrung. S. 77 (kursiv im Original).
202 Ebd., S. 60.
203 Ebd., S. 60.
204 Ebd., S. 9.
205 Waldenfels (2015): Sozialität und Alterität. S. 20.
206 Ebd. S. 20 (kursiv im Original).
207 Vgl. etwa Sabisch (2018): Bildwerdung. S. 12 f.
208 Sabisch (2009): Aufzeichnung und ästhetische Erfahrung. S. 13.
209 Waldenfels (2015): Sozialität und Alterität. S. 19.
210 Ebd., S. 22 (kursiv EM).
211 Vgl. etwa ebd., S. 23.
212 Ebd., S. 239 (kursiv im Original).
Zur weiteren Charakterisierung der Pole ‚Pathos' und ‚Response' vergleiche etwa Waldenfels (2002): Bruchlinien der Erfahrung. S. 14 ff. Waldenfels (2015): Sozialität und Alterität. S. 19 ff. oder Sabisch (2007): Inszenierung der Suche. S. 33 ff.
213 Waldenfels (2002): Bruchlinien der Erfahrung. S. 176.
214 Ebd., S. 176.

als ein Überkreuzen „von Eigenbewegung und Fremdbewegung, von eigenem Erleiden und fremdem Tun, von fremdem Erleiden und eigenem Tun (...)".[215] Diese Verflechtungen zwischen Eigenem und Fremden, zwischen Selbst und Anderen werde ich noch weiter ausführen. An dieser Stelle komme ich auf die diastische Beziehung zwischen ‚Pathos' und ‚Response' zurück. Waldenfels spricht auch vom einem „gebrochene[n] Zusammenhang" zwischen den Polen.[216] Das ‚Zwischen' beziehe sich nicht auf etwas „Vorbefindliches" sondern sei „(...) anders zu denken:

> „als *Riß* ohne etwas, das zerreißt, als *Spalt*, ohne etwas, das sich aufspaltet, als *Pause*, ohne etwas, das aufhört und wieder beginnt, als *Abweichung* ohne etwas, das abweicht – und so eben auch als Diastase, ohne etwas, das auseinandertritt. , ‚Diastase' bezeichnet einen Differenzierungsprozess, in dem das, was unterschieden wird, erst entsteht' (AR 335)."[217]

Mit dem hier thematisierten Verständnis des ‚Zwischen' nähere sich Waldenfels „(...) der différence oder différance im Sinne von Deleuze und Derrida."[218] Es sei nicht als ein Zusammenfügen zu denken, vielmehr betont er die spezifische „Gestaltungskraft", die aus dem diastatischen, auseinanderklaffenden Charakter der Erfahrung hervorgehe.[219] ‚Etwas' und ‚Jemand' würden sich aus diesem Spalten erst bilden.[220] Die beschriebenen Erfahrungsprozesse seien demzufolge auch nicht zwischen Subjekt und Subjekt (jemand und jemand) oder zwischen Subjekt und Objekt (jemand und etwas) zu verorten. Stattdessen entstehen Selbst und Andere, Eigenes und Fremdes erst „(...) aus einem ein-dringlichen Ereignis, das sich selbst entgleitet."[221]

In seinem Ansatz unterscheidet Waldenfels verschiedenartige Differenzen, die im Erfahrungsgeschehen mitwirken und „(...) sich in verschiedene Dimensionen ausbreite[n]." Dazu zählen beispielsweise die signifikative, die repräsentative oder die appetitive Differenz, auf die ich nun kurz eingehe, während ich die mediale

215 Ebd., S. 176 (kursiv im Original).

216 Ebd., S. 178.

217 Ebd., S. 174 (kursiv im Original, mit einem Zitat aus Waldenfels Publikation *Antwortregister* (AR), ebd. 1994/2016)

218 Waldenfels (2002): Bruchlinien der Erfahrung. S. 174 (kursiv im Original).

219 Ebd., S. 9.

220 Vgl. ebd., S. 60.

221 Ebd., S. 193.
Das Verständnis von ‚Responsivität', das Waldenfels in seiner Erfahrungskonzeption entfaltet, stellt Begriffe wie das ‚autonome Subjekt' zu Disposition und fordert ein anderes Denken von ‚Subjektivität'. Vgl. etwa Waldenfels (2004): Phänomenologie der Aufmerksamkeit. S.40 oder Waldenfels (2015): Sozialität und Alterität. S. 17 f.
Auch in meiner Arbeit gehe ich von einem ‚geteiltem Selbst' aus, das sich durch Selbstentzug und Verdopplung im Anderen auszeichnet. Diese Überlegungen werde ich im nächsten Abschnitt genauer ausführen. Zur weiteren Vertiefung dieses Themas empfehle ich auch den Band „Illusionen von Autonomie. Diesseits von Ohnmacht und Allmacht des Ich" von Käte Meyer-Drawe. (ebd. 2000)

Differenz im Kapitel 4.2.2 ausführlicher beleuchte.[222] Die oben beschriebene Urdiastase sei dabei „(...) in allen weiteren Differenzierungsbewegungen am Werk."[223] Sie erreiche „(...) im Hiatus von Widerfahrnis und Antwort ihr größtes Gefälle".[224]

Als-Struktur: Zum Ineinander von Bedeuten und Begehren

Zur Vertiefung der Differenzierungsgeschehen, die im Prozess der Bedeutungskonstitution wirksam sind, gehe ich noch einmal auf die bereits thematisierte ‚Als-Struktur' ein. Diese zentrale Formel in der Erfahrungskonzeption Waldenfels, wenn sich jemandem *etwas als etwas* zeigt, hatte ich zuvor schon hinzugezogen, um die Begriffe ‚Vorstellung' und ‚Darstellung' für meine Arbeit abzuleiten. (siehe Kapitel 4.1.1 und 4.1.2). An dieser Stelle fasse ich zunächst einige Differenzierungsbewegungen zusammen, die in den einführenden Kapiteln bereits anklangen. Waldenfels beschreibt die ‚Als-Struktur' als „(...) Angelpunkt der phänomenologischen und hermeneutischen Bedeutungstheorie. Wir sehen, hören, behandeln, verstehen, bewerten *etwas als etwas*. [Er] bezeichne diese Formel als *signifikative Differenz*."[225] Sinnstrukturen entstehen, wenn etwas *als* etwas Gestalt annehme bzw. „(...) etwas in eine bestimmte Bedeutung gefaßt wird."[226] Auch das ‚Als' sei nicht als Bindeglied zu verstehen. Stattdessen erzeuge es eine „Kluft" und öffne einen „Spalt".[227]

> „Dadurch, daß etwas als etwas erscheint, öffnet sich ein Spalt, der das, was es ist, von sich selbst trennt. Dies bedeutet, daß etwas nicht einfachhin vorgestellt und hergestellt wird, sondern es *sich darstellt*, daß es zur Erscheinung, in den Blick, zur Sprache kommt, ohne daß das, was sich präsentiert, durch seine Repräsentationsmodi ausgeschöpft würde."[228]

Waldenfels spricht in diesem Zusammenhang auch von einer *„repräsentativen Differenz"*, wenn etwas „(...) von sich selbst abrückt"[229] bzw. *„für* etwas anderes steht".[230] Im Kapitel 4.1. bin ich bereits auf verschiedene Repräsentationsmodi eingegangen, die der Autor von dem Begriff ‚Repräsentation' ableitet und die in

222 Waldenfels unterscheidet darüber hinaus weitere Differenzen, wie zum Beispiel die appelative, responsive oder soziale Differenz, die ich hier nicht weiter thematisieren kann. Vgl. etwa Waldenfels (2002): Bruchlinien der Erfahrung. S. 119 und S. 175 oder Waldenfels (2015): Sozialität und Alterität. S. 50 und S. 82.
223 Waldenfels (2002): Bruchlinien der Erfahrung. S. 10.
224 Ebd., S. 180.
225 Waldenfels (2015): Sozialität und Alterität. S. 242 (kursiv im Original).
226 Waldenfels (2002): Bruchlinien der Erfahrung. S. 28.
227 Ebd., S. 29 f.
228 Ebd., S. 34 (kursiv im Original).
229 Ebd., S. 34 (kursiv im Original).
230 Ebd., S. 174 (kursiv im Original).

dieser Differenz mitwirken. Im Kapitel 4.2.2 werde ich den Modus der Darstellung als mediale Differenz weiter vertiefen.
An dieser Stelle möchte ich eine zusätzliche Differenz hervorheben, die für meine Überlegungen ebenfalls relevant wird, weil sie in den Prozess des Bedeutens hineinspielt, ohne direkt zugänglich zu sein. Das Bedeuten, wenn etwas *als* etwas erkennbar wird, sei von einem Begehren durchwoben, wenn etwas *in* etwas begehrt oder erstrebt werde.[231] Laut Waldenfels „(...) greifen Bedeuten und Begehren ineinander."[232] Das Begehren „[treibe] unser Sehen, Hören und Tun [an] (...)".[233] Das „Streben nach Zielen" und dessen Verwirklichung im Tun geraten nun in den Fokus.[234] Waldenfels beschreibt auch hier einen „Spalt", der diese Prozesse durchziehe:

> „Dieses Grundstreben führt dazu, daß sich im Streben selbst ein Spalt auftut zwischen dem, *was* als Ziel erstrebt beziehungsweise als Weg und Mittel zum Ziel gewählt wird, und dem, was *in diesem Ziel* gesucht wird."[235]

Die Differenz, die in dem Zitat anklingt, bezeichnet er als „*appetitive Differenz*".[236] Er unterscheidet zwischen dem, „*was* begehrt wird" und dem „*worin* etwas begehrt wird".[237] Dabei nimmt Waldenfels bspw. Bezug zu Freud, der zwischen „Triebziel" und „Triebobjekt" differenziere, die ebenfalls auseinanderklaffen.[238] Charakteristisch für das Begehren seien Mangel und Entzug, die unser Tun antreiben. „Als Begehrender werde ich bewegt von etwas, das mir fehlt, das sich mir entzieht und das mich eben dadurch affiziert oder anrührt."[239] Waldenfels beschreibt das Begehren auch „(...) als Miteinander von Selbstbezug und Fremdentzug, von Selbstentzug und Fremdbezug".[240] Diese wechselseitigen Prozesse des Be- und Entzugs werde ich im nächsten Abschnitt im Hinblick auf die Konstitution des Selbst weiter vertiefen.
Für meine Forschungskonzeption stellt der hier beschriebene pathische und diastatische Charakter von Sinnbildungsprozessen eine Herausforderung dar. Denn

231 Vgl. auch die schematische Darstellung dieser Prozesse in Waldenfels (2002): Bruchlinien der Erfahrung. S. 27.
232 Ebd., S. 23.
233 Waldenfels (2015): Sozialität und Alterität, S. 243.
234 Vgl. Waldenfels (2002): Bruchlinien der Erfahrung. S.41 ff., hier S.42.
235 Ebd., S.42 (kursiv im Original).
236 Ebd., S.42 (kursiv im Original).
237 Waldenfels (2015): Sozialität und Alterität. S. 243 (kursiv im Original).
238 Vgl. ebd., S. 243. Weitere theoretische Bezüge finden sich auch bei Waldenfels (2002): Bruchlinien der Erfahrung. S.41 ff.
Besonders in seiner Publikation aus dem Jahr 2019 beschäftigt sich Waldenfels mit möglichen Parallelen zwischen den Disziplinen: „Phänomenologie und Psychoanalyse weisen gleichermaßen weiße Flecken auf, die sich sicherlich nicht decken, die aber doch eine Offenheit der Erfahrung erzeugen, die verwandte Züge aufweist." (Waldenfels (2019): Erfahrung, die zur Sprache drängt. S. 14)
239 Waldenfels (2004): Phänomenologie der Aufmerksamkeit. S. 221.
240 Ebd., S. 221.

wie ich mit Waldenfels aufgezeigt habe, können Erfahrungsprozesse nur bedingt ‚gefasst' werden. Sie entgleiten sich selbst und erweisen sich als brüchig und fragil. Prozesse der Bedeutungskonstitution werden dabei von einem Begehren durchwoben, welches „subjektive Bedürfnisse und Interessen" [241] übersteige und sich einem „direkten Zugriff" [242] entziehe.
In der kunstpädagogischen Forschung finden sich einige Untersuchungen, in denen Momente des Entzugs, Leerstellen oder Brüche im Erfahrungsgeschehen in der Forschungskonzeption eine besondere Berücksichtigung finden.[243] Auch in meiner Untersuchung werden diese Überlegungen relevant, um Vorstellungen der Projektleiter*innen zu re-konstruieren und herauszuarbeiten, was sie in der Zusammenarbeit mit den Kindern und Jugendlichen ‚antreiben' *könnte*. Die Notwendigkeit einer „indirekten Empirie" wird virulent, wie sie von Sabisch im Anschluss an Waldenfels formuliert wurde und für diese Arbeit aufgegriffen wird.[244] In den Kapiteln 4.2.2 und 4.2.3 werde ich darauf noch detaillierter eingehen. Der Status der Bilder ist hier möglichweise ein wichtiger Anknüpfungspunkt, um danach zu fragen, was die Projektleiter*innen in ihrer Arbeit antreibt. Denn laut Waldenfels tauche das, worauf sich das Begehren ausrichte, „(...) im Medium von Wunsch- und Angstbildern auf. Diese entfalten eine eigentümliche Wirkkraft."[245]

Zwischen Selbst und Anderem, mit Bezug zum Dritten

Nachdem ich das Auseinanderklaffen der Erfahrung im Sinne der Diastasen erläutert habe, richtet sich nun mein Fokus auf die ‚Instanzen', die an diesem Geschehen beteiligt sind bzw. daraus hervorgehen. Was ich bislang als Eigenes und Fremdes bzw. Selbst und Anderes bezeichnet habe, werde ich nun anhand von Waldenfels´ Überlegungen konkretisieren und ihre Beziehungen in den Zwischenereignissen der Erfahrung zusammenfassen. Dabei wird auch die Figur des Dritten als „Nahtstelle" relevant, „(...) an der außer-ordentliche Ansprüche und Ordnungsregelungen aufeinandertreffen."[246]
Das „Motiv des Fremden" durchzieht Waldenfels´ Erfahrungskonzeption und entfaltet eine besondere Wirkkraft.[247] Denn erst durch den Einbruch des Fremden

241 Waldenfels (2015): Sozialität und Alterität. S. 62.
242 Waldenfels (2004): Phänomenologie der Aufmerksamkeit. S. 136.
243 Vgl. etwa Sabisch (2007): Inszenierung der Suche.; Zahn, Manuel (2012): Ästhetische Film-Bildung.; Thielicke (2016): Antworten auf Aufführungen.; Loemke (2019): Innehalten beim Begleiten künstlerischer Prozesse.; Jochum (2022): Das unbemerkte Wissen und Können der Laien.; Johns (2021): Vom Zwischen aus.
244 Sabisch (2018a): Bildwerdung. S. 67 ff.
245 Waldenfels (2004): Phänomenologie der Aufmerksamkeit. S. 136.
246 Waldenfels (1997a): Topographie des Fremden. S. 115.
247 Waldenfels (2002): Bruchlinien der Erfahrung. S. 11.
Waldenfels bezeichnet seinen Ansatz auch als „Phänomenologie des Fremden", um dieses Motiv hervorzuheben. Vgl. etwa ders. (1997a): Topographie des Fremden, (1998a): Grenzen der Normalisierung, sowie (1999/2015): Vielstimmigkeit der Rede.

könne Neues entstehen und bestehende Ordnungen der Erfahrung aufbrechen.[248] Waldenfels unterscheidet zwischen einer „relativen" und einer „radikalen" Fremdheit".[249] Das relativ Fremde führe zu keinen grundlegenden Veränderungen. „Durch diese relative Fremdheit wird das Selbst und die gemeinsame Ordnung nicht nachhaltig beunruhigt und von Grund in Frage gestellt (...)."[250] Demgegenüber begreift der Autor das radikal Fremde als „radikale Form von Entzug".[251] Als „Außerordentliches" dringe es störend in bestehende Ordnungen ein und überschreite Ordnungsgrenzen.[252] Erfahrungen seien primär als Fremderfahrungen zu verstehen, denn das Antworten beginne grundsätzlich anderswo, außerhalb des Selbst.[253] In Anlehnung an Waldenfels verwende ich den Begriff des ‚Selbst', um hervorzuheben, dass Erfahrungsprozesse nicht in einem ‚autonomen Subjekt' ihren Ausgang nehmen, auch wenn sie zur Subjektbildung beitragen. Das Antwortgeschehen (zwischen Pathos und Response) habe ich bereits näher beschrieben. Wie ich dort auch deutlich gemacht habe, bildet sich das Selbst erst im Prozess des Antwortens heraus, „(...)*indem* wir auf Einwirkungen antworten."[254] Den Begriff des ‚Anderen' nutze ich, ebenfalls im Rückgriff auf Waldenfels, um das zu bezeichnen, „(...) wovon das Selbst getroffen wird, wodurch es zu eigenem Tun aufgefordert wird und worauf es antwortet."[255] Der/die Andere könne zwar auch eine „(...) empathische Andersheit verkörper[n]", gleichwohl sei der Begriff ohne spezifischen Artikel zu verstehen, um eine *„Sphäre der Andersheit"* hervorzuheben.[256] Waldenfels´ Beschreibung verweist auf eine Mehrdeutigkeit oder Dopplung im Anderen, die auch auf das Selbst zutreffe. Um dies hervorzuheben, verwendet er unterschiedliche Groß- und Kleinschreibungen und differenziert zwischen ‚Anderem (A)' und ‚anderem (a)' sowie zwischen ‚Selbst (S)' und ‚selbst (s)'.[257] Auch wenn ich in dieser Arbeit die Begriffe i.d.R. ohne Kleinschreibung

---

248 Vgl. etwa Waldenfels (2015): Sozialität und Alterität. S. 20ff.
249 Vgl. etwa Waldenfels (2002): Bruchlinien der Erfahrung. S. 189.
250 Ebd., S. 189.
251 Ebd., S. 189.
252 Vgl. Waldenfels (2015): Sozialität und Alterität. S. 61.
253 Waldenfels (2002): Bruchlinien der Erfahrung. S. 188.
254 Waldenfels (2015): Sozialität und Alterität. S. 82 (kursiv im Original).
255 Waldenfels (2002): Bruchlinien der Erfahrung. S. 183.
256 Ebd., S. 183 (kursiv im Original).
257 Vgl. ebd., S. 183 f.
Folgende Definitionen wendet Waldenfels für diese Spaltungen:
Das Selbst „spaltet sich auf in ein großes Selbst (S), das dem Ich (*je, I*) des Sagens entspricht, und in ein kleines Selbst (s), das dem Mich (*moi, me*) korrespondiert. Indem S sich als s darstellt, gewinnt es eine Identität, wird zum Selben; der Rückbezug auf S setzt der Identifizierung Grenzen." Ders. (2002): Bruchlinien der Erfahrung. S. 184 (kursiv im Original).
„›Das Andere‹ (....) spaltet sich auf in ein *anderes* (a), in dem das Selbst sich spiegelt und mit dem es sich in einer gemeinsamen Ordnung zusammenschließt, und in ein *Anderes* (A), das sich als Wovon und Worauf des Zwischenereignisses jeder Identifizierung und Sozialisierung entzieht." Ebd., S. 183 (kursiv im Original).
In der wechselnden Groß- und Kleinschreibung orientiert sich Waldenfels an Lacan, ohne dessen psychoanalytisches Modell zu übernehmen. Vgl. etwa ebd., S. 268.

verwende, implizieren sie jeweils beide Anteile in ihrem gegenseitigen Be- und Entzug: das Selbst als geteiltes Selbst (S/je sowie s/moi) sowie das Andere als radikal Fremdes (A), was unzugänglich bleibt, und als relativ Fremdes (a), das als der/die/das Andere in Ordnungen integrierbar wird.[258]
Um die hier angedeutete Doppelung zu verdeutlichen, komme ich noch einmal auf die Wirkkraft des Fremden zurück, die sich in verschiedenen Dimensionen der Erfahrung äußere, „(...) als Spaltung meines leiblichen Selbst und als dessen zwischenleibliche Verdopplung im Anderen sowie als Über- und Unterschreitung jeglicher Ordnungsgrenzen."[259] Ich beginne bei der Spaltung des Selbst durch Widerfahrnisse. Durch sie „(...) [gerate] das erleidende Selbst außer seiner Selbst."[260] Die Fremdheit des Selbst setze bereits in dessem Inneren ein:

> „Diese Fremdheit beginnt nicht außerhalb meiner selbst, sie beginnt in uns selbst in Form einer intrasubjektiven wie auch einer intrakulturellen Fremdheit. Es gibt nicht nur ein anderes, zweites Ich, ein *alter ego,* vielmehr gilt der Satz Rimbauds: „Ich ist ein anderer" *(Je est un autre);* das Ich ist nicht umstandslos als „erste Person" zu bezeichnen."[261]

Die Selbstspaltung verdeutlicht Waldenfels beispielsweise über eine sprachliche Differenz, die oben in der Differenzierung zwischen (S) und (s) bereits anklang und an Überlegungen Lacans erinnert, in dem er zwischen einem „ich (*je*)" unterscheidet, das spricht, und einem „Ich (*moi*)" der Aussage.[262] Die Fremdheit des Selbst, die aus einer Spaltung des Selbst herrühre und auf ein Außersichsein verweise, bezeichnet Waldenfels als *„ekstatische Fremdheit".*[263]
Als weitere Form beschreibt er die *duplikative Fremdheit*, die den Fokus auf das Ineinander von Fremdbezug und Selbstentzug lenkt: „In der Zwie-sprache zwischen *fremden Anspruch* und *eigener Antwort*, ja schon zwischen Ein-druck und Ausdruck, klafft ein Hiatus eigener Art, den wir als duplikative Fremdheit zu fassen versuchten."[264] Waldenfels spricht auch von einem *„Chiasmus"*, in dem sich „(...) eigenes und fremdes Selbst [berühren], aber aus der Ferne."[265] Das zwischenleibliche Selbst verdopple sich im Anderen.[266] Der Begriff der *„Zwischenleiblichkeit"*, den der Autor in Anlehnung an Merleau-Ponty gebraucht, betont den besonderen Status des Selbst als *Leib und Körper*, der eine Verbindung schaffe zwischen

258 Vgl. ebd., S. 240 ff.
259 Ebd., S. 11.
260 Ebd., S. 188.
261 Waldenfels (1998c): Antwort auf das Fremde. S. 38 f.(kursiv im Original).
262 Ebd., S. 39 (kursiv im Original).
263 Waldenfels (2002): Bruchlinien der Erfahrung. S. 205 (kursiv im Original).
264 Ebd., S. 219.
265 Ebd., S. 213 (kursiv im Original).
266 Vgl. ebd., S. 207 ff.

Selbst und Anderen.[267] „Als *Leibkörper* ist unser Leib kein reiner Leib, er weist selbst Züge eines Körperdings auf."[268] Den Chiasmus als Verflechtung zwischen Eigenem und Fremden greife ich im Kapitel 4.2.3 noch einmal auf, um Momente des Entzugs im Prozess des Sehens und Sprechens zu thematisieren. Ein Beispiel, das gegenseitige Anblicken, nehme ich bereits vorweg, um mit einem Zitat von Waldenfels zentrale Überlegungen zu pointieren, die ich hier angesprochen habe:

> „Es geht nicht lediglich darum, daß mir etwas fehlt, sondern darum, daß ich mir gewissermaßen selbst fehle, daß ich mir selber im Entzug des Anderen entzogen bin. Indem ich sehe, *daß* du mich siehst, sehe ich mich, *wie* ich mich selbst *nicht* sehen kann. Auf indirekte Weise sehe ich, was ich nicht sehen kann. Sehen, Gesehenwerden und Gesehenes, Begehren, Begehrtwerden und Begehrtes kommen nicht zur Deckung. Diese Fremdheit, mit der ich mich selbst im Anderen verdoppele und die mich außer meiner selbst geraten läßt, bezeichne ich einerseits als *duplikative*, andererseits als *ekstatische* Fremdheit."[269]

Über das gegenseitige Sehen werden Momente der Fremdheit erahnbar, die davon zeugen, dass weder Selbst noch Andere je ganz ‚bei sich' sein können.[270] Es sei daran erinnert, dass hier keine Gegenüberstellung zwischen Instanzen im Vordergrund steht, „(...) sondern jeweils *eine sich gegen die andere verschiebt* und erst in der Absonderung vom jeweils Fremden ihre Eigenheit findet."[271] Die Fremdheit des Anderen (Alterität) sei nicht aufzuheben, der Spalt lasse sich nicht schließen. Vielmehr begreift Waldenfels Selbst und Andere als „(...) Kontrastfiguren deren Singularität sich nicht verallgemeinern und deren wechselseitige Fremdheit sich nicht restlos integrieren läßt."[272] In diesem Zusammenhang spricht er auch von einer „pluralen Singularität", die für Prozesse der Vergemeinschaftung insofern eine Herausforderung darstelle, als dass sie nicht zu einem ‚Wir' vereinbar

---

267 Vgl. etwa Waldenfels (2015): Sozialität und Alterität. S. 10 sowie S. 245 ff.(kursiv im Original). Zur Vertiefung von Merleau-Pontys Verständnis von Zwischenleiblichkeit als Chiasmus empfehle ich seine Publikation *Das Sichtbare und das Unsichtbare*. Vgl. ebd. (2004), S. 172 ff.

268 Waldenfels (2015): Sozialität und Alterität. S. 247 (kursiv im Original).

269 Ebd., S. 61 (kursiv im Original).
Das Beispiel des gegenseitigen Anblickens wird von einigen Autor*innen hervorgehoben, um Momente des Entzugs im Chiasmus zwischen Eigenem und Fremden zu thematisieren. Vgl. etwa Meyer-Drawe (2001): Leiblichkeit und Sozialität. S. 133 oder Schürmann (2008): Sehen als Praxis. S. 189 ff. Ein besonders eindrückliches Zitat von Valéry sei an dieser Stelle noch hervorgehoben, da es oftmals aufscheint:
„Blicke, die ‚getauscht' werden. Dieser Austausch [...] erreicht [...] einen Chiasmus zweier 'Schicksale', zweier Gesichtspunkte. [...] Du nimmst mein Bild, meine Erscheinung, ich nehme die deine. Du bist nicht *ich*, weil du mich siehst und ich mich nicht sehe. Was mir fehlt, das ist dieses Ich, das du siehst. Und was dir fehlt, das bist du, den ich sehe." Valéry (1995): Windstriche. S. 112 zitiert in Schürmann (2008): Sehen als Praxis. S. 189.

270 Vgl. auch Waldenfels (1998c): Antwort auf das Fremde. S. 38.

271 Waldenfels (2002): Bruchlinien der Erfahrung. S. 165, kursiv im Original.

272 Waldenfels (2015): Sozialität und Alterität. S. 10.

seien.[273] Erst über einen Bezug zum „Dritten"/ einer „Drittheit" werde es möglich, Singuläres als Unvergleichbares zu vergleichen.[274] Waldenfels konzentriert sich vornehmlich auf die „Ordnungsinstanz" als Drittes.[275] Die von ihm beschriebene Figur des Dritten sei ohne Geschlechtswort zu lesen und nicht als zusätzliche Instanz zu versehen. „Diese Drittinstanz tritt nicht äußerlich hinzu, als gäbe es eine intakte Dyade von Selbst und Anderem, die durch einen ordnungsstiftenden Sündenfall ihrer Einzigartigkeit beraubt würde."[276] Vielmehr verkörpere sich das Dritte im Selbst, ohne dessen Fremdheit auszulöschen.[277] Die Ordnung lenke unsere Wahrnehmungen und „(...) [greife] in unsere Fremderfahrungen ein, indem sie dazu führt, daß etwas als etwas gemeint und nach einer Regel behandelt, daß es auf etwas hinstrebt und in etwas dargestellt wird."[278] Das Dritte sei „(...) immer schon [...] mit im Spiel", wenn wir es mit Anderen zu tun haben.[279] Vor dem Hintergrund einer gemeinsamen Ordnung konstituieren sich Selbst (s) und Anderer (a), ohne das radikal Andere (A) zu tilgen.

Im Folgenden richtet sich mein Fokus auf „mediale Zwischendinge"[280] als „Übergangsinstanzen"[281], die maßgeblich an der Konstitution der Erfahrungen beteiligt seien. Ich gehe der Frage nach, inwiefern mediale Zwischendinge, wie Bilder oder Sprache, einen Zugang zwischen Selbst und Anderen ermöglichen können.

> „Entscheidend ist in allen Fällen, daß der Zugang zu den Anderen auf einem *indirekten Weg* zustande kommt. Der Weg zu den Anderen läuft durch die Welt der Dinge, die hier in dem weiten Sinne griechischer Pragmata zu verstehen sind."[282]

Um diese Überlegungen zu vertiefen, wird die Medialität der Erfahrung zentral, wie sie Waldenfels und Sabisch beschrieben haben. Über eine Charakterisierung medialer Dimensionen der Erfahrung nähere ich mich der Funktion medialer Zwischendinge in der Beziehung zwischen Selbst und Anderen an.

---

273 Ebd., S. 62.
Parallelen zum Ansatz von Waldenfels finden sich bspw. auch bei Nancy, der eine Verbindung in der Trennung thematisiert. Vgl. Nancy (2004): singulär plural sein. S. 25.

274 Vgl. Waldenfels (2015): Sozialität und Alterität. S. 63 ff.

275 Waldenfels (2002): Bruchlinien der Erfahrung. S. 252.
Er thematisiert in seinen Publikationen darüber hinaus weitere Dritte, die ein „Scharnier [bilden] für das Zusammenwirken von Geselligem und Ungeselligem" (Waldenfels (2015): Sozialität und Alterität. S. 66.), wie z. B. das Gesetz oder in personalisierter Form der Richter. An anderer Stelle bezeichnet er auch Medien als mögliches Drittes. Vgl. etwa Waldenfels (2015): Sozialität und Alterität. S. 274.

276 Waldenfels (2002): Bruchlinien der Erfahrung. S. 256.

277 Vgl. ebd., S. 257.

278 Ebd. S. 258.

279 Waldenfels (2015): Sozialität und Alterität. S. 63.

280 Ebd., S. 247.

281 Ebd., S. 185.

282 Ebd., S.53 f. (kursiv im Original).

4.2.2 Medien als Zwischeninstanzen und Zwischendinge: Zur Medialität der Erfahrung

> „Medialität ist mehr und anders als die Form. Von der Medialität her zu denken, hieße das Konstitutive der Medien zu betonen (...) und damit zugleich die Tücken der Repräsentationslogik zu umgehen, die u. a. darin liegen, die Form- und Gestaltbildung als etwas Sekundäres anzusehen."[283]

In diesem Kapitel richtet sich mein Fokus auf die Medialität von Erfahrungen, wie sie von Bernhard Waldenfels und in kunstpädagogischer und bildungstheoretischer Weiterentwicklung von Andrea Sabisch thematisiert wird.[284] Ich fasse wesentliche Aspekte zusammen, die für meine Untersuchung wichtig werden, um visuelle und sprachliche Darstellungen als mediale Zwischeninstanzen und Zwischendinge zu hinterfragen. Auch an dieser Stelle nutze ich wiederum die Formel, wenn „(...) sich jemandem *etwas als etwas* zeigt" [285], als Ausgangspunkt zur Betrachtung des Differenzierungsgeschehens. Dabei konzentriere ich mich auf die Konstitution und Gestaltungbildung von Erfahrungen *durch* Medien. Waldenfels spricht in diesem Zusammenhang auch von einer „originären Medialität" der Erfahrung. Diese ergebe sich, „(...) wenn alles, was uns erscheint, stets nur indirekt *in einem anderen* erscheint, wenn Medien also an der Ermöglichung von Erfahrungen beteiligt sind und nicht bloß der Wiedergabe und Weitergabe vorgegebener Erfahrungsgehalte dienen."[286] Wie ich bereits im Kapitel 4.1.3 zum Begriff der Darstellung herausgearbeitet habe, gewinnt mit der Frage nach dem „Wie der Modalisierung" von Erfahrungen das „Wodurch der Medien" an Gewicht.[287] Mit Sabisch gehe ich in meiner Arbeit von einem *„Sich-Zeigen durch* spezifische Medien" aus.[288] Oder wie Waldenfels es formuliert: *„Ich sehe etwas durch ein Medium hindurch.* Dieses genuine Wodurch läßt sich wiederum *als etwas* thematisieren, doch stets nur hinterdrein."[289] Die Nachträglichkeit, die in dem Zitat anklingt, verweist auf ein Verfehlen, eine Kluft zwischen Pathos und Response, wie ich sie im letzten Kapitel thematisiert habe. Das Pathos werde in seiner „Vorgängigkeit" nur in „Nachbildern, Nachklängen und Nachwirkungen" erahnbar.[290] Waldenfels beschreibt es auch als „uneinholbaren Anfang, der Bilder und Klänge wie einen Kometenstreifen nach sich zieht."[291] Den Prozess der medial gebundenen Modalisierung von Erfahrungen charakterisiert er über die Begriffe

---

283 Sabisch (2018a): Bildwerdung. S. 33.
284 Vgl. etwa Waldenfels (2004): Phänomenologie der Aufmerksamkeit. S. 113 ff.oder Sabisch (2018): Bildwerdung. S. 21 ff.
285 Waldenfels (1999/2015): Vielstimmigkeit der Rede. S. 121 (kursiv im Original).
286 Waldenfels (2004): Phänomenologie der Aufmerksamkeit. S. 128 (kursiv im Original).
287 Ebd., S. 113.
288 Sabisch (2018a): Bildwerdung. S. 32 (kursiv im Original).
289 Waldenfels (2004): Phänomenologie der Aufmerksamkeit. S. 128 (kursiv im Original).
290 Ebd., S. 128.
291 Ebd., S. 128.

„mediale Zwischeninstanzen", „mediale Differenz" und „mediale Zwischendinge", die ich hier noch einmal aufgreife.[292] Damit das Wovon des Widerfahrnisses in einem Worauf des Antwortens seinen Niederschlag findet, „(...) ohne daß die Kluft zwischen Pathos und Response sich je schließen wird", seien Zwischeninstanzen notwendig.[293] Diese Zwischeninstanzen gäben unserem Aufmerken „Halt und Gestalt"[294]. Durch ihre „(...) Mitwirkung [könne sich, EM] das Kommen und Gehen der Erfahrung [...] kondensier[en], artikulier[en] und verfestig[en]".[295] Verkörperungen *als* mediale Zwischendinge entstehen. Doch mediale Zwischendinge gingen in ihrer Materialität bzw. Verkörperung nicht auf.[296]

> „Das Bedeutsame, das als etwas Gestalt annimmt, und das Begehrenswerte, das in etwas seine Wirkung entfaltet, verkörpern sich schließlich in medialen *Zwischendingen*; die zweifache – signifikative und appetitive – Differenz findet ihren Halt in Zeichen und Bildern, die mit der Zweiheit von Bezeichnendem und Bezeichnetem, von Bildendem und Gebildetem, von Wirkendem und Bewirktem einer *medialen Differenz* entspringen."[297]

Diese „Zweiheit von Bezeichnendem und Bezeichnetem, von Bildendem und Gebildetem, von Wirkendem und Bewirktem"[298] verweist auf eine mediale Differenz, die bereits im Leibkörper angelegt sei, „(...) der zugleich sehend und sichtbar, hörend und hörbar, berührend und berührbar ist, aber nie das eine und das andere in nahtloser Einheit."[299] (» Kapitel 4.2.1) Auf diese Weise wird der Leibköper bei Waldenfels auch als *„ursprüngliches Medium"*[300] beschreibbar – er kann als „Inbegriff von Modalitäten betrachtet [werden, EM], wie uns dies und jenes in der Welt, an uns selbst und bei Anderen begegnet."[301] Zugleich wird über die Figur des Leibkörpers deutlich, dass Prozesse der Sinngebung aus phänomenologischer Perspektive leiblich verankert sind.[302]
Die von Waldenfels thematisierte mediale Differenz ermöglicht Verknüpfungen mit medien- und bildungstheoretischen Positionen, wie sie größtenteils auch Sabisch angeführt hat, um das Phänomen des Medialen weiterführend zu beleuchten.[303] Das Spezifische in der ‚Wirkungsweise' von Medien ließe sich etwa als „Wechselspiel zwischen Transparenz und Opazität" charakterisieren, wie es u. a. Sybille

292 Vgl. etwa ebd., S. 113 ff.
293 Ebd., S. 119.
294 Ebd., S. 162.
295 Ebd., S. 113.
296 Vgl. ebd., S. 128.
297 Waldenfels (2015): Sozialität und Alterität. S. 273 f.(kursiv im Original).
298 Ebd., S. 274.
299 Waldenfels (2004): Phänomenologie der Aufmerksamkeit. S. 142.
300 Ebd., S. 137 (kursiv im Original).
301 Ebd., S. 138.
Mit dieser Hervorhebung des Leibkörpers nimmt Waldenfels wiederum Bezug zu Merleau-Ponty.
302 Zur Leiblichkeit vgl. bspw. Sabisch (2018a): Bildwerdung. S. 60.
303 Vgl. etwa ebd., S.56.

Krämer beschrieben hat.[304] Verschiedenartige mediale Dimensionen werden charakterisierbar, wie sie bspw. von dem Erziehungswissenschaftler und Medientheoretiker Manuel Zahn in seinen Überlegungen zu einer Ästhetischen Film-Bildung aufgeführt werden.[305] Dabei beschreibt auch er Medien als Zwischeninstanzen:

> „Medien sind damit nicht länger eindimensional nur als Werkzeuge für vorgängige Ziele, Zwecke und Handlungen eines kreativen, autonomen Subjekts zu verstehen. Sie sind vielmehr *Zwischeninstanzen*, welche die Bildung des Subjekts, die Erfahrungen von Welt und Selbst allererst ermöglichen."[306]

Die konstitutive Dimension des Medialen reflektiert Sabisch auch vor dem Hintergrund transformatorischer Bildungsprozesse.[307] Mit Bezug zu Mersch macht sie ein ‚durch' (im Sinne von ‚dia/per') stark, welches das Mediale als performative Praktik beschreibbar werden lässt und sich abgrenzt von einem radikalen Medienbegriff.[308] In meiner Arbeit schließe ich mich diesem „gemäßigten Medienbegriff" an und beleuchte spezifische Darstellungsweisen als Medien der Bedeutungsgenerierung.[309] Dabei interessieren mich besonders *affektive ‚Wirkungen' von Medien zur Konstitution des Selbst in der Beziehung zum Anderen*, auch als personalisierte/r Andere/r (a). Um diesen Fokus zu vertiefen, komme ich noch einmal auf Waldenfels´ Position zurück. Wie im Kapitel 4.2.1 hervorgehoben, umfasst der Prozess der Bedeutungskonstitution für ihn ein Ineinander von Bedeuten und Begehren. Dort habe ich aufgezeigt, dass mediale Zwischendinge (wie Sprache oder Bilder) als Verkörperungen medialer Zwischenereignisse verstanden werden

304 Krämer (2010a): Medien zwischen Transparenz und Opazität. S. 216.
Während über das Opake die Materialität des Mediums in den Blick gerate, fokussiere das Transparente das Medium als Vermittlungsinstanz. Vgl. auch Alloa (2011): Das durchscheinende Bild.; Boehm (1994): Die Wiederkehr der Bilder.

305 Zahn (2012): Ästhetische Film-Bildung. S. 60 (kursiv im Original).
In Anlehnung an Dieter Mersch und Sybille Krämer differenziert Zahn zwischen den Begriffen ‚Medien' und ‚Medialität', um die Medialität des Mediums Films näher zu beleuchten und bildende Dimensionen zu befragen. (Vgl. ebd. S. 60ff.) Dabei konzentriert er sich vornehmlich auf eine „Spurenlese der Materialität, Performativität und Zeitlichkeit des Films". (Ebd. S. 115 ff.)

306 Ebd., S. 60 (kursiv im Original).

307 Sabisch erweitert damit eine transformatorische Bildungsforschung, wie sie von Kokemohr und Koller entwickelt wurde, um mediale (insbesondere visuelle) Dimensionen.

308 Sabisch (2018a): Bildwerdung. S.52.
Durch die Gegenüberstellung der Begriffe „meta (trans)" und „dia (per)" verdeutlicht Sabisch zwei „Zugänge zum Medialen" im Anschluss an Dieter Mersch. Vgl. ebd., S. 60
Während ein radikaler Medienbegriff (mit Betonung des ‚meta') der Gefahr einer Tautologie unterliege, da eine Abgrenzung und Verortung des Medialen kaum möglich sei, ermögliche der gemäßigte Medienbegriff eine Rückbindung an die „(...) »Materialität von Übergängen sowie die Praktiken der Verwandlung von *etwas in etwas ›durch‹ etwas anderes*.«" Zitat von Mersch (2010): Meta / Dia. S. 189, kursiv im Original. In: Sabisch (2018a): Bildwerdung. S.52.) Auch aus dieser Perspektive kommt ein ‚durch' (im Sinne von ‚dia/per) zum Tragen, das den Fokus auf „verschiedene Wege und Modalitäten (...)" lenkt, durch die was etwas erscheint. Mersch (2010): Meta / Dia., S. 203.

309 Sabisch (2018a): Bildwerdung. S.52.

können, in denen „(...) sich Sinn verkörpert und materialisiert."[310] ‚Bedeuten als etwas' und ‚Begehren in etwas' tragen zur Sinnbildung bei und verhindern eine alleinige Zuordnung zu einem deutungsmächtigen Subjekt. Am Beispiel des Bildes wurde der „Prozeß der Verbildlichung" beschreibbar, indem „(...) Bildloses *im Bild* sichtbar wird und (...) es *durch das Bild hindurch* affektive Wirkungen hervorruft."[311] Im nächsten Kapitel werde ich weiter ausführen, inwiefern im Bild Sichtbares und Nicht-Sichtbares und in der Sprache Sagbares und Nicht-Sagbares verschmelzen und welche Herausforderungen das für die empirische Forschung stellt. Denn ein Begehren mischt sich in das Sichtbar- und Sagbarwerden ein, das sich durch einen Entzug auszeichnet.[312] Den hier thematisierten Zwischendingen bescheinigt Waldenfels eine „eigene Zug- und Schwerkraft", die „(...) über ihre Bedeutungsstruktur hinaus [ginge, EM]" und mich insbesondere in der Beziehung zum Anderen (a) interessiert.[313] Hier wäre zu fragen, inwiefern diese Kräfte auf mediale Zwischendinge zutreffen. Kann eine „Bindekraft der Medien", die „(...)" mit der Eigenart der Medien [variiere, EM]" in der Beziehung zum Anderen (a) re-konstruierbar werden?[314]

4.2.3 Zwischen visuellen und sprachlichen Darstellungen, durch Bilder und Sprache: Überlegungen zu einer indirekten Empirie

Wie im letzten Kapitel deutlich wurde, sind Erfahrungsprozesse nach Waldenfels immer medial geprägt. Und auch Sabisch betont in ihren kunstpädagogischen und bildungstheoretischen Anschlüssen die Medialität der Erfahrungen, wobei sie insbesondere Prozesse der Bildwerdung beleuchtet und nach Funktionen von Bildern für Bildungs- und Subjektbildungsprozesse fragt. Dabei hebt sie die Bedeutung des Visuellen hervor, um „Medialität jenseits der Sprache" zu untersuchen.[315] Obgleich meine Untersuchung ebenfalls auf eine Stärkung des Visuellen in der empirischen Bildungsforschung zielt, fokussiere ich die Beziehung *zwischen* visuellen und sprachlichen Darstellungen, um Prozesse der Sinngenerierung *durch* Bilder und Sprache zu beleuchten. Meine Forschung greift damit eine Forderung von Sabisch auf, die Medialität von Erfahrungsprozessen als „Bildungsanlässe"[316] in den Blick zu nehmen und z. B. „(...) ihre affektive und soziale Wirkmacht in und zwischen *spezifischen* Medien [zu, EM] fokussier[en, EM]."[317] Wie ich im Folgenden ausführe, wird eine *medienspezifische Betrachtung* für meine Forschung notwendig,

310 Waldenfels (2015): Sozialität und Alterität. S. 274.
311 Ebd., S. 274 (kursiv im Original).
312 Zur Bedeutung des Blickgeschehens im Prozess des Sichtbarwerdens vgl. auch Sabisch (2018): Bildwerdung. S. 62 f.
313 Waldenfels (2015): Sozialität und Alterität. S. 250.
314 Waldenfels (2004): Phänomenologie der Aufmerksamkeit. S. 129.
315 Sabisch (2018a): Bildwerdung. S.46.
316 Ebd., S. 46.
317 Ebd., S.47 (kursiv im Original).

ohne *Verflechtungen* zwischen den jeweiligen Medien (Sprache und Bildern) zu vernachlässigen. Dabei frage ich nach Gemeinsamkeiten und Differenzen zwischen visuellen und sprachlichen Darstellungen und erläutere die Notwendigkeit einer *indirekten Empirie* zur Re-Konstruktion von Vorstellungen, die das Nicht-Sichbare und das Nicht-Sagbare einkalkuliert.

Um meine Überlegungen weiter zu kontextualisieren, komme ich zunächst noch einmal auf die Bedeutung von Sprache und Bildern zur Konstitution des Selbst zurück:

Sprache und Bilder aus bildungstheoretischer Perspektive

> „*Wie* etwas erscheint und *wie* etwas zum Bild wird, ist nicht unabhängig von der Frage zu betrachten, *für wen* es erscheint. Bildwerdung und Subjektbildung sind wechselseitig miteinander verwoben."[318]

Durch das Zitat betone ich den zentralen Stellenwert von Medien im Prozess der Subjektbildung, den auch Sabisch ihnen beimisst. Zugleich verdeutlicht sie in ihrer Arbeit aber auch die noch immer „(...) marginalisierte[ ] Bedeutung des Medialen im theoretischen Bildungsdiskurs (...)" im Anschluss an Torsten Meyer und Werner Sesink.[319] In ihrem oben genannten Zitat klingen wechselseitige Prozesse an, die auf ein „komplexe[s] und relationale[s] Geschehen"[320] zwischen Selbst, Welt und Anderen verweisen (» Kapitel 4.2.1 und 4.2.2) und hier durch weitere bildungstheoretische Positionen vertiefen werden sollen. Dazu zeichne ich die Argumentation von Sabisch zur „Stellung des Medialen in der Bildungstheorie"[321] in einigen Aspekten nach und ergänze diese durch Ansätze von Käte Meyer-Drawe und Karl-Josef Pazzini, die für meine Untersuchung darüber hinaus bedeutsam werden. Um „Dimensionen des Medialen innerhalb von Bildungsprozessen" nachzugehen, vergleicht Sabisch zwei bildungstheoretisch bedeutsame Positionen, die „(...) Aspekte der Medialität [...] reflektieren."[322] Dazu zähle sie die *transformatorische Bildungstheorie* nach Rainer Kokemohr und Hans-Christoph Koller sowie die *strukturale Medienbildung* von Winfried Marotzki und Benjamin Jörissen.[323] Sie arbeitet vier verschiedene Ebenen des Medialen heraus, von denen ich für meine Untersuchung die erste herausgreife („Struktur der Selbst- und Weltverhältnisse bzw. deren Erweiterung in *Welt, Anderen- und Selbstverhältnisse*"[324]) und vor dem

318 Ebd., S. 11.
319 Ebd., S. 37.
320 Ebd., S. 11.
321 Ebd., S. 37.
322 Ebd., S. 38.
323 Ebd., S. 37.
Vgl. auch: Kokemohr (2007): Bildung als Welt- und Selbstentwurf im Anspruch des Fremden.; Koller (2012): Bildung anders denken.; Jörissen, Marotzki (2009): Medienbildung – Eine Einführung.
324 Sabisch (2018a): Bildwerdung. S.40 (kursiv im Original).
Hier verweist Sabisch ebenfalls auf Koller (2012): Bildung anders denken. S.58.

Hintergrund der vierten Ebene streife („empirischen Anschlüsse")[325]. Wie Sabisch aufzeigt, nehmen beide bildungstheoretischen Ansätze Bezug auf Wilhelm von Humboldts „sprachtheoretische Ausrichtung" [326], wenn auch auf unterschiedliche Art und Weise. Dabei werde die „konstituierende, bildende Dimension von Sprache"[327] für das Verhältnis zwischen Selbst, Welt (und Anderen) zentral:

> „In der Theorie transformatorischer Bildungsprozesse knüpfen Kokemohr und Koller sowohl an Humboldts Konzeption von Bildung als ‚grundlegende Veränderung des Verhältnisses von Ich und Welt' an als auch an dessen sprachtheoretische Grundierung des Veränderungsprozesses, die bei Kokemohr in dem Begriff der ‚Figuren' des Selbst- und Weltverhältnisses aufscheinen, und Bildung als ‚rhetorischen Prozess' begreifen.[328]

Bei Koller und Kokemohr werde „(...) die Struktur der Selbst- und Weltverhältnisse als *mediale* überhaupt denkbar (...) und [stelle] zugleich einen Zugang für ihre Erforschung her [...]."[329] Sowohl Koller als auch Kokemohr beziehen darüber hinaus noch weitere sprachtheoretische Positionen in ihre Überlegungen ein, wie z. B. Pierre Bourdieu oder Jacques Lacan.[330] Festzuhalten bleibt an dieser Stelle, dass die konstitutive Bedeutung von Sprache in diesem Ansatz eine besondere Bedeutung erfährt, der auf verschiedene sprachphilosophische Positionen Bezug nimmt und vor dem Hintergrund einer „Wende zur Sprache"[331] in der Philosophie des 20. Jahrhunderts betrachtet werden kann.[332]

---

325 „Fragt man ausgehend von diesen Grundannahmen nach den Dimensionen des Medialen innerhalb von Bildungsprozessen, kann man diese auf mindestens vierfache Weise verorten: *erstens* bezüglich der Struktur jener Selbst- und Weltverhältnisse, *zweitens* bezüglich ihrer Anlässe und der Problembearbeitung, *drittens* bezüglich der Transformationsprozesse selber und *viertens* bezüglich der empirischen Anschlüsse." Sabisch (2018a): Bildwerdung. S. 39 (kursiv im Original). Sabisch verweist hier auf Koller (2012): Bildung anders denken. S. 17-18.

326 Sabisch (2018a): Bildwerdung. S.40ff.
Zur weiteren Vertiefung von Humboldts Ansatz vergleiche etwa: Posselt; Flatscher (2016): Sprachphilosophie. Eine Einführung. S. 63 ff.
„Dagegen versuchen Hamann, Herder und Humboldt in ihren Schriften aufzuzeigen, dass der menschliche Weltbezug und die menschliche Vernunft grundlegend sprachlich verfasst sind. Sprache rückt dabei im Zuge ihrer Untersuchungen nicht nur in erkenntnistheoretischer Hinsicht, sondern auch im Sinne einer grundlegenden Bestimmung des Menschseins in den Mittelpunkt der Betrachtung." Ebd., S. 63.

327 Sabisch (2018a): Bildwerdung. S.40.

328 Ebd., S.41.
Sabisch nimmt hier Bezug zu verschiedenen Publikationen von Koller und Kokemohr, wie u. a. Kokemohr (2007): Bildung als Welt- und Selbstentwurf im Anspruch des Fremden. S. 15 oder Koller (2012): Bildung anders denken. S. 16.

329 Sabisch (2018a): Bildwerdung. S.42 (kursiv im Original).

330 Vgl. ebd., S.42 und Kokemohr (2007): Bildung als Welt- und Selbstentwurf im Anspruch des Fremden. S. 15.

331 Posselt; Flatscher (2016): Sprachphilosophie. Eine Einführung. S. 257.

332 Zur Kritik an einer „strukturalen Sprachauffassung", wie sie sich Ende des 20.Jahrhunderts entwickelt hat, vgl. auch Lauer (2010): Sinn und Präsenz.

Während die „sprachliche Struktur der Selbst- und Weltverhältnisse"[333] bei Koller und Kokemohr auch zum Ausgangspunkt ihrer empirischen Analysen werde, gingen Marotzki und Jörissen laut Sabisch noch einen Schritt weiter, indem sie eine „Ausweitung auf audio-visuelle Artikulationen"[334] in ihrem Ansatz mitdenken:

> „Indem Marotzki und Jörissen die Struktur des Selbst- und Weltverhältnisses prinzipiell *als medial* ausweisen, erweitern sie den Fokus von der Sprache als einzigem Medium auf audiovisuelle und visuelle Artikulations*formen* als konstituierende Kraft."[335]

Aus dieser Perspektive würden dann verschiedenartige „(...) »Medienprodukte«, wie z. B. Spielfilme oder Fotografien als Quellen für die erziehungswissenschaftliche Forschung (...)"[336] möglich. Dabei ziele der Ansatz von Marotzki und Jörissen darauf, „(...) die »Orientierungspotenziale verschiedener Medien zu analysieren« und deren Reflexionspotenziale für das Subjekt auszuloten."[337]
Die oben genannten bildungstheoretischen Positionen von Koller und Kokemohr ebenso wie von Marotzki und Jörissen thematisieren explizit Anschlüsse für empirische Untersuchungen. Demgegenüber finden sich aber auch Ansätze in der Bildungstheorie, welche die konstituierende Dimension von Sprache und Bildern im Prozess der Subjektbildung hervorheben, ohne direkte Verbindungen zu rekonstruktiven Praxen herzustellen bzw. die vor dem Hintergrund eines anderen Empirieverständnisses argumentieren.[338] Exemplarisch verweise ich hier auf die Positionen von Käte Meyer-Drawe und Karl-Josef Pazzini. Während die Erziehungswissenschaftlerin Meyer-Drawe die Bedeutung von Sprache und Bildern im Prozess der Subjektbildung in ihren Arbeiten anspricht[339], konzentriert sich der Erziehungswissenschaftler und Kunstpädagoge Karl-Josef Pazzini primär

333 Sabisch (2018a): Bildwerdung. S.42.
334 Ebd., S.44.
335 Ebd., S.44 (kursiv im Original).
Mit einem Hinweis auf Jörissen, Marotzki (2009): Medienbildung – Eine Einführung. S. 240.
336 Sabisch (2018a): Bildwerdung. S.45.
337 Ebd., S.45.
Mit einem Zitat aus Jörissen, Marotzki (2009): Medienbildung – Eine Einführung. S. 37.
338 So setzt sich beispielsweise der im Folgenden thematisierte Erziehungswissenschaftler und Kunstpädagoge Karl-Josef Pazzini für ein ‚weites' Empirieverständnis ein, das über klassische Verfahren der rekonstruktiven, empirischen Forschung hinausgeht. (Vgl. etwa Pazzini (2015): Bildung vor Bildern. S. 207 ff.) Dabei kritisiert er auch gängige Forschungspraxen:
„Als Pädagoge und Bildungstheoretiker kann man feststellen, dass fast ausschließlich von Naturwissenschaften, über Sozialwissenschaften umgeleitet, abgeleitete Forschungsparadigmen in der Erziehungswissenschaft zum Zuge kommen, als seriös gelten, genuin geisteswissenschaftliche Forschungsweisen weniger geachtet werden und ein krudes Verständnis von Empirie Forschungsprozesse ausrichtet." Ebd., S. 209.
339 Zur Sprache vgl. etwa Meyer-Drawe (2001): Leiblichkeit und Sozialität. S. 19 ff.oder Meyer-Drawe, (2000): Illusionen von Autonomie. S. 73 ff.
Zum Bild vgl. etwa Meyer-Drawe (2010): Die Macht des Bildes – eine bildungstheoretische Reflexion. sowie Meyer-Drawe (2016): Wenn Blicke sich kreuzen.

auf die konstituierende und bildende Dimension von Bildern.[340] Meyer-Drawe argumentiert vornehmlich aus phänomenologischer Perspektive (mit psychoanalytischen Bezugnahmen) und hebt beispielsweise in ihrer Publikation *Leiblichkeit und Sozialität* das „Sprechen als inter-subjektive Praxis" hervor.[341] Ihr Fokus richte sich dort auf die „Genese von Sozialität" im Prozess des Miteinanderredens.[342] Dabei betont auch sie u. a. die „(...) konstitutive kommunikative Bedeutung der gesprochenen Sprache (...)".[343] Pazzini argumentiert in seinen Arbeiten noch stärker aus psychoanalytischer Perspektive. Insbesondere in seiner Publikation *Bilder und Bildung* setzt er sich für ein Bildverständnis jenseits des Abbildcharakters ein und hebt den Stellenwert von Bildern für Bildungsprozesse hervor.[344] Neben dem Ansatz von Sabisch werden die Überlegungen von Meyer-Drawe und Pazzini für meine Arbeit zentral, um Funktionen von Bildern für Sinnbildungsprozesse zu beleuchten. Auf ihre Positionen gehe ich insbesondere in der Reflexion meiner Untersuchungsergebnisse noch näher ein (» Kapitel 10.3.1).[345]

Zwischen Bildern und Sprache

> „Die Frage, inwiefern Medialität für Erziehungswissenschaft bereichernd wirkt, stellt sich von hier aus, denn je nach Medialität wird nicht nur *anderes* zum Thema, es wird auch *andersartig*, d. h. in anderen Ordnungen organisiert und inszeniert."[346]

Wie das Zitat von Sabisch deutlich macht, ist es notwendig, medienspezifische Unterscheidungen vorzunehmen, um mediale Aspekte im Prozess der Sinngenerierung zu untersuchen. Da ich in meiner Arbeit visuelle und sprachliche Darstellungen von Projektleiter*innen analysiere (Projektfotografien und Interviews), wird eine differenzierte Betrachtung der ‚Funktionen' von Bildern und Sprache im Kontext von Sinn- und Subjektbildungsprozessen erforderlich. Gleichwohl soll diese Unterscheidung nicht den Eindruck erwecken, als können Bilder und Sprache gänzlich getrennt voneinander betrachtet werden. Deshalb beginne ich zunächst mit möglichen Verbindungen zwischen den Medien. Oder wie Waldenfels es beschreibt:

340 Vgl. etwa Pazzini (1992): Bilder und Bildung.; Ders. (2015): Bildung vor Bildern.
341 Meyer-Drawe (2001): Leiblichkeit und Sozialität. S. 194.
342 Ebd., S. 193.
343 Ebd., S. 197.
344 Vgl. Pazzini (1992): Bilder und Bildung.
345 » Kapitel 10.3.1 Funktionen und Wirkungsweisen der Bilder (im Vergleich zur Sprache) für die Projektleiter*innen.
346 Sabisch (2018b): Responsivität und Medialität in Bildungs- und Erfahrungsprozessen. S. 116 (kursiv im Original).
Sabisch bezieht sich hier auf Überlegungen von Kristin Westphal, die ebenfalls an einer „Theorie der medialen Erfahrung" im Anschluss an Waldenfels arbeite. Vgl. auch Westphal (2002). Wirklichkeiten von Stimmen.

> „Begreift man Bild, Wort und Schriftzeichen als Medien, in denen etwas auf zugleich imaginäre und symbolische Weise für jemanden zur Darstellung kommt, so ergibt sich auch hier die Möglichkeit von Überlagerungen und Dominanzen, ohne daß ein Medium durch das andere ersetzt und Seh-, Bild- und Wortvorstellungen hin- und hergeschoben werden wie Dominosteine."[347]

Auch Waldenfels spreche sich dafür aus, zwischen Medien zu differenzieren, sie nicht auszutauschen. Dennoch betone er eine ‚Gleichzeitigkeit' durch Verflechtungen zwischen imaginärer und symbolischer ‚Wirkweise', die für mich Analogien zu Lacans ‚borromäischem Knoten' möglich werden lässt.[348] Eine Einordnung, die Bilder primär dem Imaginären und Sprache dem Symbolischen zuschreibt, wäre demnach zu hinterfragen. Insbesondere in der Reflexion meiner Untersuchungsergebnisse komme ich auf Lacans Überlegungen zurück (» Kapitel 10.3.3).[349]
An anderer Stelle, mit besonderem Fokus auf das Phänomen der Aufmerksamkeit, arbeitet Waldenfels erneut mediale Strukturen heraus, die sich durch Verflechtungen und Differenzen auszeichnen. So sei unsere Aufmerksamkeit „(...) immer medial gebunden", wobei Medien diese auf verschiedene Weise binden könnten:[350]

> „Die Bindekraft der Medien variiert mit der Eigenart der Medien, doch dies schließt intermediale Grundzüge nicht aus. Diese äußern sich in einer synthetischen und synergentischen Korrespondenz der Sphären und in durchgehenden Spannungen. Daraus erwächst ein Kräftespiel der Aufmerksamkeit, innerhalb dessen ein intermedialer Wettstreit stattfindet und sich variable Aufmerksamkeitsstile ausbilden."[351]

Auch andere Autor*innen verweisen auf intermediale Verbindungen, insbesondere zwischen Sprache und Bildern, von denen ich einige exemplarisch aufführe. Dazu zählt zum einen Sibylle Krämer, die sich gegen eine dichotome Trennung von Bild und Sprache ausspricht. In ihrem Artikel *Sagen und Zeigen* gehe sie diskursiven und ikonischen Ebenen der Sprache nach und untersuche ein Oszillieren zwischen Bild und Sprache:

> „Denn die Vorstellung, daß wir die Vielfalt und Fülle unserer Darstellungspraktiken disjunkt sortieren könnten in solche, die sprachlicher und solche, die bildlicher Natur sind, greift viel zu kurz. Die Unterscheidung zwischen dem Diskursiven und dem

---

347 Waldenfels (2002): Bruchlinien der Erfahrung. S. 321

348 Lacan entwickelte drei Register, welche die menschliche Wahrnehmung prägen: das Symbolische, das Imaginäre und das Reale. Diese Ordnungen seien nicht getrennt voneinander zu betrachten, sondern als ‚Borromäischer Knoten' vorstellbar. Lacan verwende den Borromäischen Knoten u. a. „(...) als eine Art Illustration der gegenseitigen Abhängigkeit der drei Ordnungen – des Realen, des Symbolischen und des Imaginären – und untersuche so die Gemeinsamkeiten dieser drei Ordnungen." Evans (2002): Wörterbuch der Lacanschen Psychoanalyse. S. 64 f.

349 » Kapitel 10.3.3 Symptome oder Sinthome?

350 Waldenfels (2004): Phänomenologie der Aufmerksamkeit. S. 129.

351 Ebd., S. 129.

> Ikonischen ist vielmehr als ein begriffliches Schema zu deuten, zwischen dessen Polen oszilliert, was sich in unseren Sprach- und Bildspielen faktisch ereignet."[352]

Dabei widme sich Krämer u. a. metaphorischen Ausdrücken und der Bildlichkeit der Sprache.[353] Metaphern bzw. die „unumgängliche Metaphorizität"[354] der Sprache werden auch von Dieter Mersch thematisiert, der sich auf diese Weise den Grenzen des Symbolischen widmet. Er unterscheide zwischen diskursiven und ästhetischen Medien bzw. zwischen Sagen und Zeigen, um strukturelle Unterschiede zu beleuchten, die allerdings keine medienspezifische Trennung implizieren:

> „So sind mit der Unterscheidung zwischen aisthetischen und diskursiven Medien weniger disparate Klassen von Medien genannt, als vielmehr divergente mediale Strukturen, die nach Sagen (diskursiv) und Zeigen (aisthetisch) ausdifferenziert werden können. Ersteres verweist auf Differenzsetzungen, letzteres auf Wahrnehmungen. Grundsätzlich weisen alle Medien beide Seiten auf, soweit sie immer sowohl differenziert als auch auf Wahrnehmung bezogen sind."[355]

Auch in dem eingangs erwähnten Ansatz von Koller und Kokemohr erhalten Metaphern eine zentrale Bedeutung. Während Merschs Überlegungen „(...) am Rand des Sagbaren"[356] verortet werden können und Formen des Zeigens beleuchten[357], nähere sich Kokemohr über Metaphern dem „Anspruch des Fremden" [358] an. Beiden Ansätzen ist also gemein, dass sie Grenzen des Sagbaren mit dem Phänomen der Metapher befragen.
Auch die dokumentarische Methode nach Ralf Bohnsack, die ich in meiner Untersuchung einsetze, schenkt sogenannten ‚Fokussierungsmetaphern' besondere Aufmerksamkeit, auch wenn sie deren Einsatz anders begründet (» Kapitel 4.4.4).[359] Und in meinen Analysen werden diese Passagen auf sprachlicher Ebene relevant. Noch entscheidender für meine Forschungskonzeption wird aber die Untersuchung *medialer Differenzen* zwischen visuellen und sprachlichen Darstellungen – ohne dass ich deren Verflechtungen ausblende. Denn mich interessieren mögliche Ge-

---

352 Krämer (2003): Sagen und Zeigen. S.510.

353 „Mit ihrer metaphorischen Bildlichkeit durchkreuzt und überschreitet unser Sprachgebrauch die terminologischen Schemata des sprachlichen Systems. Die Metapher zeigt, daß das Phänomen reicher ist als der Begriff." Ebd., S. 514.

354 Mersch (2002): Was sich zeigt. S. 36 ff.

355 Mersch (2003a): Einleitung: Wort, Bild, Ton, Zahl. S. 16 f.

356 Mersch (2002): Was sich zeigt. S. 9 (Vorwort).

357 Anhand der Metapher beschreibt Mersch zum Beispiel Übergänge zwischen einem *„Ereignen des Sichzeigens* zum *Zeigen-als*". Mersch (2003a): Einleitung. Wort, Bild, Ton, Zahl – Modalitäten medialen Darstellens. S.42.

358 Vgl. etwa Kokemohr (2007): Bildung als Welt- und Selbstentwurf im Anspruch des Fremden. S. 32 ff.
Kokemohr nimmt hier Bezug auf die Erzähltheorie Ricœur, um die „Zugänglichkelt des original Unzugänglichen" zu befragen. Ebd. S. 32 ff.

359 » Kapitel 4.4.4 Zur Analyse von Texten mit der dokumentarischen Methode.

meinsamkeiten und Unterschiede in medialen Konstitutionen, um *im Vergleich* dem näher zu kommen, was nicht-sichtbar oder nicht-sagbar wurde. Ich konzentriere mich auf die komparative Analyse von Projektfotografien und Interviews, um Vorstellungen über Partizipation zu befragen. Dabei untersuche ich, wie die Projektleiter*innen ihre Arbeiten *durch und in* Fotografien und Interviews darstellen und wie sich diese Darstellungsformen unterscheiden (» Kapitel 2.2.2).[360] Diese ‚Daten-Triangulation' wird für meine Untersuchung also zentral, um auch dem nachzugehen, was sich entzieht (» Kapitel 4.3.3).[361]

Im Folgenden widme ich mich nun medienspezifischen Überlegungen zu Bildern – im Vergleich zur Sprache, um die Besonderheiten der jeweiligen Darstellungsformen genauer zu beleuchten und für meine Untersuchung furchtbar zu machen. Dabei geraten zunächst paradoxe Strukturen des Bildhaften in den Fokus, die Herausforderungen für eine Analyse stellen. Notwendige Verflechtungen mit dem Nicht-Sichtbaren (bzw. dem Nicht-Sagbaren) thematisiere ich dann im anschließenden Abschnitt.

Visuelle und sprachliche Darstellungen als Untersuchungsgegenstand

Visuelle und sprachliche Darstellungsformen können mit Mersch als „disparate Modi des medialen Darstellens" bezeichnet werden – trotz ihrer komplexen Wechselverhältnisse.[362] Wie im letzten Abschnitt bereits angesprochen, unterscheidet er „(...) *divergente mediale Strukturen*, die nach Sagen (diskursiv) und Zeigen (aisthetisch) ausdifferenziert werden können" [363] und an dieser Stelle weiter vertieft werden sollen.
In ihrem Aufsatz *Bildlogik oder Was heißt visuelles Denken?* schließen sich Martina Heßler und Dieter Mersch bildtheoretischen Positionen an, die Bildern „(...) eine eigene Weise der Sinnerzeugung zugestehen (...)"[364], die sich von der Sprache unterscheide. Dabei sprechen sie Bildlichkeit einen spezifischen ‚Zeigemodus' zu. Bilder würden etwas ‚sagen' „im Format des Zeigens und bringen ihr Zeigen zugleich zur Erscheinung."[365] Die beiden Autor*innen heben eine Duplizität des Zeigens hervor, die in der „Medialität der Darstellung"[366] wurzle.

360 » Kapitel 4.2.2 Medien als Zwischeninstanzen und Zwischendinge: Zur Medialität der Erfahrung.
361 » Kapitel 4.3.3 Daten-Triangulation von visuellen und sprachlichen Darstellungen.
362 Mersch (2003b): Die Medien der Künste. S. 7 (Vorwort).
363 Mersch (2003a): Einleitung: Wort, Bild, Ton, Zahl. S. 16 (kursiv EM).
364 Heßler, Mersch (2009): Bildlogik oder Was heißt visuelles Denken? S. 9.
365 Ebd., S. 21.
Heßler und Mersch verdeutlichen diesen Zusammenhang insbesondere anhand von wissenschaftlichen Visualisierungen.
366 Ebd., S. 21.
» auch Kapitel 4.1.3 Sinnebene: Darstellung.

> „Allem Zeigen ist solches *Sichzeigen* immanent, sofern die Phänomenalität des Zeigens *sich* notwendig mitzeigt. Das bedeutet auch, im Zeigen können wir nicht umhin, uns selbst und die Weise unseres Zeigens mit preiszugeben."[367]

Heßler und Mersch formulieren spezifische „(...) mediale Strukturen visueller Darstellungen"[368], zu denen sie u. a. eine eigene „Ordnung des Zeigens"[369] zählen, die sich vom Diskursiven unterscheide. Von den insgesamt acht ‚Struktureigenschaften', die sie entwickeln, greife ich an dieser Stelle einige Aspekte heraus, die für meine Überlegungen, insbesondere im Hinblick auf erkenntnistheoretischen Fragen, wichtig werden.[370] Denn Heßler und Mersch verweisen auf „(...) eine Reihe grundlegender Paradoxien", die den „(...) erkenntnistheoretischen Status von Bildern" im Gegensatz zu Sprache betreffen würden.[371] Dazu zähle zum Beispiel die „Nichthypothezität des Sichtbaren", nach der Bilder „(...) [...] *zeigend ein Faktum* [*setzen*]."[372] Im Gegensatz zur Sprache sei im Visuellen kein Konjunktiv möglich.[373] Auch finde sich in Bildern eine spezifische „Logik des Kontrastes", die andere Formen der Differenzierung aufweise.[374] Sie entspreche nicht einer „*Entweder-oder-Logik*", vielmehr „(...) [...] genügen sie [die Bilder, EM] einer Ordnung der Simultanität und des *Sowohl-als-auch*, weil im Sichtbaren stets beide Seiten einer Unterscheidung anwesend sind."[375] Bilder würden aus diesem Grund „Ambiguitäten" genauso zulassen wie „(...) Instabilitäten in Form von »Aspektwechsel« (...)."[376] Als weiteres, charakteristisches Merkmal, das sich daraus ableite, bezeichnen Heßler und Mersch „Evidenzen und Unsicherheiten im Bild".[377] Während Diskurse einer „Logik der Begründung"[378] folgen würden, „(...) machen Bilder im Sinne des *videre*, des ‚augen-blicklichen' Sehens auf plötzliche Weise sichtbar."[379] Heßler und Mersch sprechen in diesem Zusammenhang auch

367 Heßler, Mersch (2009): Bildlogik oder Was heißt visuelles Denken? S. 21.

368 Ebd., S. 18 ff.

369 Ebd., S. 19 ff.
„Der epistemische Charakter visueller Medien liegt darin [in der Ordnung des Zeigens, EM] begründet. Dabei ist entscheidend, dass dem Zeigen eine eigene, vom ‚Sagen' und von diskursiven Schemata unterschiedene ‚Logik' oder Strukturalität eignet." Heßler, Mersch (2009): Bildlogik oder Was heißt visuelles Denken? S. 20.

370 Zu den „medialen Strukturen visueller Darstellungen" zählen Heßler und Mersch folgende Eigenschaften: „Rahmung", „Ordnung des Zeigens", „Nichtnegativität", „Nichthypothezität des Sichtbaren", „Logik des Kontrastes", „Spatialität", „Topologische Differenzialität" sowie „Evidenzen und Unsicherheiten im Bild". Ebd., S. 18 ff.

371 Ebd., S. 29.

372 Ebd., S. 23 (kursiv im Original).

373 Vgl. ebd. S. 23.

374 Ebd., S. 24.

375 Ebd., S. 24 (kursiv im Original).

376 Ebd., S. 25.
Hier verweisen Heßler und Mersch auf Wittgenstein und sprechen beispielsweise seinen „Entenhasen" an.

377 Ebd., S. 29.

378 Ebd., S. 29.

379 Ebd., S. 29 (kursiv im Original).

von spezifischen „Evidenzeffekten" und einer „affirmativen Kraft" von Bildern.[380] Diese würden „(...) die Darstellung von *Unsicherheiten* im Bild" verhindern.[381] Für das Medium der Fotografie, das ich in dieser Untersuchung beleuchte, wird m.E. die „(...) epistemische Funktion einer *Beglaubigung durch Sichtbarmachung*"[382] (im Gegensatz zur diskursiven Struktur der Sprache) besonders deutlich. Fotografien geben vor, etwas durch fotografische Mittel ‚festzuhalten' und sichtbar zu machen, während ihr ‚Abbildcharakter' nicht nur vor dem Hintergrund heutiger Bildbearbeitungsmöglichkeiten zur Debatte steht. Im Kontext empirischer Forschungen hat Burkhard Michel die paradoxale Struktur von Fotografien auch zwischen „anschaulicher Evidenz"[383] und „Vieldeutigkeit"[384] verortet. Die Aufnahmetechnik verleihe Fotografien mit Bezug zu John Fiske einen gewissen „truth factor"[385], suggeriere „objektive Wahrheit" oder im Anschluss an Roland Barthes die „(...) Gewissheit des »es ist so gewesen«."[386] Gleichzeitig würden sich Fotografien durch eine Offenheit und Mehrdeutigkeit auszeichnen, die Michel u. a. durch Barthes „polysemisches" Bildverständnis erläutert.[387] Auch wenn der Ansatz von Michel im Weiteren eher semiotisch ausgerichtete Erläuterungen aufweist, die ich in meiner Untersuchung nicht teile, werden die hier thematisierten ‚Struktureigenschaften' von Fotografien bzw. von visuellen Darstellungen auch für meine Untersuchungen relevant. Denn die skizzierten medienspezifischen Überlegungen sprechen „grundlegende Paradoxien"[388] (Heßler, Mersch) und „Dualitäten"[389] (Michel) für den erkenntnistheoretischen Status von Bildern an, die Herausforderungen für die empirische Forschung stellen und spezifische ‚Bildaussagen' zur Disposition stellen. Auch wenn die oben genannten Positionen auf verschiedene Bilddiskurse verweisen, werden Potenziale des Bildhaften in ihrer Spannweite beschreibbar, die von einer

---

380 „Doch folgen die Evidenzeffekte aus der „affirmativen Kraft" des Bildes, ihrer bereits erwähnten eigentümlichen Intensität und Suggestibilität, die unmittelbar mit seiner medialen Form des *Zeigens* verquickt ist, die von sich her mit der Schwierigkeit der Unverneinbarkeit, der Nichthypothetizität und Nichtkonjunktivität behaftet ist und den Scheincharakter unterstreicht, woraus für den erkenntnistheoretischen Status visueller Darstellungen gerade eine Reihe grundlegender Paradoxien entspringen, die es im einzelnen noch zu diskutieren gilt." Ebd. S. 29 (kursiv im Original).

381 Ebd., S. 29 (kursiv im Original).

382 Mersch (2006): Naturwissenschaftliches Wissen und bildliche Logik. S.416 (kursiv im Original).

383 Michel (2006): Bild und Habitus. S. 18.

384 Ebd., S. 19.

385 Ebd., S. 18.
Vgl. auch Fiske (1990): Introduction to Communication Studies.

386 Michel (2006): Bild und Habitus. S. 19.
Zur Vertiefung vgl. Barthes (1989): Die helle Kammer.

387 Michel (2006): Bild und Habitus. S. 19.
Auch hier verweise ich auch auf den Originaltext von Barthes. Vgl. Ders. (1990): Rhetorik des Bildes. S. 34.

388 Heßler, Mersch (2009): Bildlogik oder Was heißt visuelles Denken? S. 29.

389 Michel (2006): Bild und Habitus. S. 20.

„Nichthypothezität des Sichtbaren"[390], einem „truth factor"[391] über eine „Ordnung der Simultanität und des *Sowohl-als-auch*"[392] und eine „Vieldeutigkeit"[393] bis hin zu einer „affirmativen Kraft"[394] von Bildern reichen. In meiner Untersuchung werden diese Struktureigenschaften auf unterschiedlichen Ebenen bedeutsam, wobei insbesondere der ‚Mehrdeutigkeit' von visuellen Darstellungen eine zentrale empistemische Funktion zukommt (» Kapitel 10.3.1; 10.3.2).[395]
Diese medienspezifische Betrachtung soll gleichwohl nicht in Vergessenheit geraten lassen, dass visuelle und sprachliche Darstellungen in dieser Arbeit vor dem Hintergrund eines komplexen Geschehens zwischen Selbst, Welt und Anderen befragt werden. Im folgenden Abschnitt gehe ich deshalb auf Herausforderungen für die empirische Untersuchung ein, die sich noch stärker auf dieses Wechselverhältnis konzentrieren und auch danach fragen, wie Unsagbares im Sagbaren und Unsichtbares im Sichtbaren in medialen Kontitutionen zwischen Selbst und Anderen mitwirken.[396]

Zwischen Sichtbarem und Sagbarem: Anschlüsse für eine indirekte Empirie

> „Ebenso, wie es eine Reversibilität zwischen Sehendem und Sichtbarem gibt, und ebenso, wie dort, wo sich die beiden Metamorphosen überkreuzen, das entsteht, was man Wahrnehmung nennt, desgleichen gibt es eine Reversibilität zwischen der Rede und ihrer Bedeutung; die Bedeutung ist das, was die Vielzahl physischer, physiologischer und linguistischer Mittel des sprachlichen Ausdrucks in einem einzigen Akt besiegelt, abschließt und versammelt, ebenso wie der ästhesiologische Leib das Sehen vollendet und wie das Sichtbare vom Blick, der es enthüllt hat und an ihm teilhat, Besitz ergreift, genauso strahlt die Bedeutung zurück auf ihre Mittel, annektiert Rede, die zum Gegenstand der Wissenschaft wird, datiert sich zurück durch eine rückläufige Bewegung, die niemals völlig enttäuscht wird, weil

390 Heßler, Mersch (2009): Bildlogik oder Was heißt visuelles Denken? S. 23.
391 Michel (2006): Bild und Habitus. S. 18.
392 Heßler, Mersch (2009): Bildlogik oder Was heißt visuelles Denken? S. 24 (kursiv im Original).
393 Michel (2006): Bild und Habitus. S. 19.
394 Heßler, Mersch (2009): Bildlogik oder Was heißt visuelles Denken? S. 29.
395 » etwa Kapitel 10.3.1 Funktionen und Wirkungsweisen der Bilder (im Vergleich zur Sprache) für die Projektleiter*innen sowie Kapitel 10.3.2 Funktionen und Wirkungsweisen der Bilder (im Vergleich zur Sprache) in meinen Analysen.
396 Mersch thematisiert u. a. eine „Negativität" des Medialen, die sich ebenfalls durch Entzug auszeichne und auf Nichtsichtbares oder Nichtsagbares im Sehen und Hören verweise. Doch m.E. fasst er darunter stärker mediale ‚Eigenschaften' als die im Folgenden thematisierten Wechselverhältnisse.
„Sämtliche diskutierten Grundmedien werden durch einen *prinzipiellen Entzug* beherrscht; er dokumentiert das Nichtkonstruierbare, ihre *Atechnizität*. Zu sprechen wäre deshalb von der konstitutionellen Negativität des Medialen. In der *Sprache* lässt sich ihre Unbestimmbarkeit durch das *Ereignis der Setzung* markieren, der Differenz oder Lücke zwischen den Sprechakten, den Problemen von Einsetzung, Fortsetzung und Absetzung. (...) Im *Bild* erscheint er durch jenen Rückstand des *Sichzeigens*, der dessen Präsenz ebenso sehr grundiert, wie er dessen eigentliches Faszinosum erst auslöst – jene unauslotbare Stelle, die Roland Barthes sein Bestechendes, sein *punctum*, Adorno seine »Rätselgestalt« oder Benjamin die »Aura« nannte." Mersch (2003a): Einleitung: Wort, Bild, Ton, Zahl – Modalitäten medialen Darstellens. S. 48.

die Rede ihr schon in dem Augenblick, als sie den Horizont des Benennbaren und des Sagbaren eröffnet, dort einen Platz zusichert, weil kein Sprecher [locuteur] spricht, ohne sich im voraus zum Angesprochenen [allocutaire] zu machen, und *sei es nur für sich selbst*, und weil er den Kreis seiner Beziehung zu sich selbst und seiner Beziehung zu Anderen mit einem einzigen Handstrich schließt und sich damit zugleich zum Besprochenen [délocutaire] macht, zur Rede, von der man spricht: er bietet sich selbst und sein ganzes Sprechen einem universellen Sprechen dar."[397]

Maurice Merleau-Pontys Wahrnehmungskonzeption hatte einen immensen Einfluss auf viele Ansätze in der Bildtheorie und Bildphilosophie.[398] Er befragt Verflechtungen zwischen Sichtbarem und Unsichtbarem und dabei werden auch das Hörbare, das Sagbare oder die Rede Teil seiner Überlegungen.[399] Der oben aufgeführte Textausschnitt kann nur einen Eindruck davon vermitteln und streift zugleich weitere, zentrale Aspekte seiner Position. Dazu zählt für mich der „dazwischengeschaltete Leib"[400] und „(...) seine doppelte Zugehörigkeit zur Ordnung des »Objekts« und des »Subjekts« [, die Merleau-Ponty, EM] zur Entdeckung ganz unerwarteter Beziehungen zwischen diesen beiden Ordnungen [führten]."[401] Das Phänomen der „Zwischenleiblichkeit"[402] und dessen Bedeutung für den Chiasmus zwischen Sichtbarem und Unsichtbarem beschreibt er so beispielsweise vor dem Hintergrund eines „(...) Hiatus zwischen (...) meiner gehörten und meiner artikulierten Stimme."[403] Die Tragweite des Phänomens der ‚Zwischenleiblichkeit' für das Ineinander von Selbst und Anderen, Eigenem und Fremdem habe ich auch in Waldenfels Konzeption bereits angesprochen.[404] An dieser Stelle vertiefe ich pathische Dimensionen im Sehen und Sprechen, die Herausforderungen für meine empirische Untersuchung stellen. Ich nähere mich mit Waldenfels *affektiven*

---

397 Merleau-Ponty (2004): Das Sichtbare und das Unsichtbare. S. 201 f.(kursiv im Original).
Die ungewöhnliche Textstruktur dieses Zitates kann damit begründet werden, dass es sich bei dem Buch von Merleau-Ponty um ein posthum veröffentlichtes Manuskript handelt. Vgl. Vorwort des Herausgebers S. 7 ff.In: Merleau-Ponty (2004): Das Sichtbare und das Unsichtbare.

398 Vgl. etwa Sabisch (2018a): Bildwerdung. S. 16.
Mit Bezug zu Mesut Keskin thematisiert sie Weiterentwicklungen durch Lacan, Sartre oder Didi-Huberman.

399 Vgl. etwa Merleau-Ponty (2004): Das Sichtbare und das Unsichtbare. S. 194.

400 Ebd., S. 178.

401 Ebd., S. 180.

402 Ebd., S. 185 ff.
Merleau-Ponty beschreibt ‚Zwischenleiblichkeit' auch als Verbindung zwischen „Leib (corps)" und „universelle[m, EM] Fleisch (chair)". Ebd., S. 181.

403 Merleau-Ponty (2004): Das Sichtbare und das Unsichtbare. S. 194.
„Aber dieser Hiatus zwischen meiner rechten berührten und meiner rechten berührenden Hand, zwischen meiner gehörten und meiner artikulierten Stimme, zwischen einem Augenblick meines taktilen Erlebens und dem nächsten ist keine ontologische Leere und kein Nicht-Sein: er ist umspannt von der Gesamtheit meines Leibes und von der Gesamtheit der Welt, er ist der Drucknullpunkt zwischen zwei festen Körpern, der bewirkt, daß sie wechselseitig aneinander haften." Ebd. S. 194 f.

404 » Kapitel 4.2.1 Zwischen Selbst und Anderen, Eigenem und Fremdem: Zur Phänomenologie der Erfahrung

Ebenen visueller und sprachlicher Darstellungen an, die sich einer eindeutigen Identifizierung und Zuordnung widersetzen:

> „Genau so wie die Anrede kein Bestandteil des Gesagten ist, genau so ist der Anblick kein Bestandteil des Gesehenen. Anrede und Anblick, aber auch die Anrührung sind Formen einer Affektion, wörtlich: eines Antuns, das sich allerdings nur bedingt auf eine persönliche Täterschaft zurückführen lässt."[405]

Der fremde Anspruch als „Anrede" oder als „Anblick" beeinflusse unser Sprechen und Sehen. Gleichwohl seien Anrede und Anblick *kein* „Bestandteil" des Gesagten und Gesehenen, denn dies würde eine Zuordnung implizieren und der Unzugänglichkeit des Fremden entgegenstehen.[406] Das, wovon wir getroffen werden, bleibe unsichtbar und unsagbar, es entziehe sich.[407] Das nicht einholbare Widerfahrnis fungiere mit Waldenfels „auf der Grenze":

> „Das Pathos als Widerfahrnis bewegt sich auf der Grenze zwischen der Welt der Dinge, dem Bereich des eigenen Selbst und dem der Anderen, und die verschiedenen Dimensionen der Erfahrung finden ihren Kreuzungspunkt in der Leiblichkeit."[408]

Das vom Pathos angetriebene Sprechen und Sehen könne demnach auf der Grenze zwischen Eigenem und Fremden gefasst werden.[409] Für den *Bereich der Sprache* bedeutet dies, dass „die Frage, wer zu wem spricht, [...] keine eindeutige und einseitige Distribution zu[lasse, EM]. Waldenfels bringt diesen Aspekt auch mit einer „Vielstimmigkeit jeder Stimme "[410] in Verbindung.

---

405 Waldenfels (2008): Von der Wirkmacht und Wirkkraft der Bilder. S.55.

406 Vgl. etwa Waldenfels (1999/2015): Vielstimmigkeit der Rede. S. 9.

407 „Das *Wovon* des Affiziertwerdens ist weder ein sichtbares noch ein bildhaftes Etwas, das wir wie einen unbekannten Gegenstand daraufhin befragen können, *was* es ist. Besagtes Wovon ist nicht nur sinn- und regellos, es ist auch im strengen Sinne *bildlos*, selbst wenn es zur Verbildlichung drängt. Ein Widerfahrnis, das den gewohnten Gang der Dinge durchbricht, verschlägt uns nicht nur die Sprache, es übersteigt auch unsere Fassungskraft, es lässt sich nicht ausmalen wie eine ferne Vision." Waldenfels (2008): Von der Wirkmacht und Wirkkraft der Bilder. S.55 (kursiv im Original).

408 Ebd., S.57.

409 In seinem Buch *Antwortregister* beleuchtet Waldenfels dieses Verhältnis insbesondere für den Bereich der Sprache:
„Das Ineinander von Eigenem und Fremdem begegnet uns schließlich, abermals auf versteckte Weise, im Anreden, Anhören und Antworten, in der Vielstimmigkeit jeder Stimme, die jeden Logos in einen Polylog verwandelt. Der erwähnte Synkretismus und seine psychoanalytisch zu erforschenden Bezugsgestalten wirken sich in der Rede derart aus, daß eine *innere Dialogizität* das Wort selbst »auf der Grenze zwischen dem Eigenen und dem Fremden« ansiedelt und jedes Wort in ein »halbfremdes Wort« verwandelt, das »mit fremden Intentionen besetzt, ja übersetzt« ist (Bachtin 1979, 185)."
Waldenfels (1994/ 2016): Antwortregister. S. 435 (kursiv im Original).

410 Ebd., S. 435.

> „Vielstimmigkeit besagt, daß Andere *aus mir* sprechen, ohne daß ich – wie in der Wir-Rede – ausdrücklich *für sie* spreche."[411]

Auch Lacan stelle wiederholt die Frage ‚Wer spricht?/ Qui parle?', die Waldenfels als „(...) Urfrage nach der maßgeblichen Instanz des Sprechens"[412] charakterisiert. Lacans psychoanalytischen Untersuchungen umkreisen das Wirken des Unbewussten, in denen er u. a. davon ausgehe, dass „(...) dem bewussten Sprechen *(moi)* die Verdrängung bereits eingeschrieben ist", wie Beate Hofstadler hervorhebt. [413] In ihren Überlegungen zur Verknüpfung der Psychoanalyse mit der Qualitative Sozialforschung macht sie u. a. auf „Verzerrungen"[414] der Wissenschaft aufmerksam, da der Mensch „(...) seine Handlungen und Regungen nicht zur Gänze unter Kontrolle hat".[415] Exemplarisch sei an dieser Stelle noch Meyer-Drawe erwähnt, die sich aus bildungswissenschaftlicher Perspektive mit dem Phänomen des sprachlichen Ausdrucks beschäftigt und ebenfalls auf die Unmöglichkeit einer individuellen Zuordnung verweist.

> „Weil Ausdruck immer auch Ausdruck für jemanden ist, weist er notwendigerweise über eine Subjektsphäre hinaus auf die Ansprüche und Interpretationen des Anderen. In der Formulierung »zum Ausdruck bringen« zeigt sich der Prozeß an, der durch die Spannung von Gemeintem und Gesagtem gehalten wird."[416]

Die hier knapp zusammengetragenen Überlegungen zur Komplexität sprachlicher Darstellungen vor dem Anspruch des Fremden eröffnen Herausforderungen für die empirische Forschung, wenn Verbindungen zwischen Aussage und Aussagenden, Sagen und Gesagtem zur Debatte stehen. Aus bildungstheoretischer Perspektive beschreibt Alfred Schäfer Schwierigkeiten, u. a. im Umgang mit sprachlichen Äußerungen, welche die empirische Bildungsforschung berücksichtigen müsse.

> „Die zweite Problematik möchte ich das ‚Wirklichkeitsproblem im engeren Sinne' nennen. Damit meine ich, dass eine Auffassung, die Äußerungen zum Anlass von Persönlichkeits- und Verursachungsspekulationen nimmt, zumindest an die Validität und Reliabilität dieser Äußerungen glauben muss – daran, dass diese so gemeint sind,

---

411 Ebd., S. 435 (kursiv im Original).
Waldenfels bezieht hier folgende Quelle ein: Bachtin, Michail M. (1997): Das Wort im Roman. In: Ders.: Die Ästhetik des Wortes. Hg. von R.Grübel. Russisches Publikation 1965/75. Suhrkamp: Frankfurt am Main.

412 Waldenfels (2019): Erfahrung, die zur Sprache drängt. S. 10.

413 Hofstadler (2012): forschen – entdecken – erzählen. S. 27.
Auch Waldenfels thematisiert ein gespaltenes Selbst (je – moi), das Parallelen zu Lacans Differenzierung zulässt, wie ich im Kapitel 4.2.1 Zwischen Selbst und Anderen, Eigenem und Fremdem: Zur Phänomenologie der Erfahrung aufgezeigt habe.
Zu Waldenfels Unterscheidung vgl. etwa Ders. (2002): Bruchlinien der Erfahrung. S. 184.

414 Hofstadler (2012): forschen – entdecken – erzählen. S. 30.

415 Ebd., S. 32.

416 Meyer-Drawe (2000): Illusionen von Autonomie. S. 76.

wie sie gesagt werden. Ein solcher Glaube vertraut auf das symbolische Ordnungssystem der Sprache und schiebt die Einsicht zur Seite, dass sich in den Äußerungen von Menschen Imaginäres mit symbolischen Codierungen, etwa das Wunschdenken nach einer singulären Identität und deren Angabe in allgemeinen Typisierungen, vermischt. Diese Mischung ein Stück weit zu reflektieren – gleichgültig, ob man dies sprachphilosophisch entlang der Differenz von Aussage und Ausgesagtem, psychoanalytisch entlang der Trias von Realem, Symbolischem und Imaginärem oder kulturtheoretisch über das Muster der Selbstauslegung im Anderen tut –, trägt Zweifel an die Vorstellung von ‚Wirklichkeit', von geäußerter wie interpretierter oder rekonstruierter Wirklichkeit, heran, die als solche wiederum zu jenen Problemen der ‚Wirklichkeit von Bildung' zurückführen."[417]

Bereits zu Beginn des vierten Kapitels habe ich deutlich gemacht, dass ich den Prozess des Bedeutens in Anlehnung an Waldenfels nicht als „individuelle Leistung" verstehe.[418] Vielmehr begreife ich Sinnbildungsprozesse als responsives Geschehen *zwischen* Selbst, Anderen und Welt, in denen das Pathische hervorgehoben wird. Meine Ausführungen über pathische Dimensionen sprachlicher Darstellung stützen diese Grundannahmen. Gleichwohl bleibt die Frage bestehen, inwiefern Prozesse des Bedeutens anhand von sprachlichen Äußerungen re-konstruiert werden können. Schäfer spricht sich diesbezüglich u. a. dafür aus, „Brüche im Gesagten", „Unsicherheiten" oder wiederholte „Einsätze" stärker in die Untersuchung einzubeziehen, um der Unzugänglichkeit des Untersuchten Rechnung zu tragen:

„Es kann nicht nur um eine gegen das Sagen immunisierte und objektivierte Gestalt des Gesagten gehen, die man dann wiederum dem Subjekt als ‚eigentlich Gesagtes' zurechnet, sondern zusätzlich wären die Brüche im Gesagten, etwa die Verschränkungen von Imaginärem und Symbolischen, oder auch die Unsicherheiten, die immer neuen Einsätze daraufhin zu lesen, inwieweit sich in ihnen ein Verhältnis des Äußernden zur Differenz von Selbst und Geäußertem zeigt."[419]

Um danach zu fragen, was die Projektleiter*innen in ihrer Arbeit antreiben könnte, werden auch in meinen Analysen Brüche zentral. Im Gegensatz zu Schäfer vergleiche ich allerdings visuelle und sprachliche Darstellungen und gehe vorrangig in der Gegenüberstellung möglichen Brüchen nach. Dabei wurde ich aufmerksam auf *Ambivalenzen* in den Darstellungen, die zu einem bedeutsamen Element meiner Untersuchungen werden. Für eine „Forschung im Horizont des Unzugänglichen"[420] werden dabei nicht nur Ambivalenzen auf sprachlicher Ebene interessant, sondern durch den *Vergleich sprachlicher und visueller Darstellungen* konnte ich verschiedenartige Modi der Bedeutungsgenerierung gegenüberstellen und wiederum nach Widersprüchen befragen.

417 Schäfer (2006): Bildungsforschung: Annäherung an eine Empirie des Unzugänglichen. S. 89.
418 Waldenfels (2015): Sozialität und Alterität. S.408.
419 Schäfer (2006): Bildungsforschung: Annäherung an eine Empirie des Unzugänglichen. S. 104.
420 Ebd., S. 29.

Auch für den *Bereich der Bilder* werden pathische Ebenen zentral, die sich einer Identifikation widersetzen, wie ich im Folgenden wieder zusammenfasse. Auch an dieser Stelle orientiere ich mich zunächst an Waldenfels Überlegungen, der den Blick als „(...) pathische[ ] Seite des Bildgeschehens" [421] hervorhebt und mit dem „(...) Lautlosen im Gesagten" in Verbindung bringt:

> „Wir sehen nicht, worauf wir antworten und ›antwortend‹ hinsehen. Der Stimme als dem Verschwiegenen und Lautlosen im Gesagten und in der Verlautbarung entspricht der Blick als *blinder Fleck im Gesichtsfeld*, der durch keine Spiegelung zu tilgen ist."[422]

Den Blick als fremden ‚Anblick', der „(...) als Begehren gefasst werden kann", akzentuiert auch Sabisch, um die Wirkmacht des „Blickgeschehens" im Prozess der Bildwerdung zu verdeutlichen.[423] Sie hebt die „(...) pathische Dimension des Getroffenwerdens durch Bilder hervor, ohne die „(...) weder das radikal Fremde ins Spiel [käme, EM] noch es ein Movens des Sehens und Bildens [gäbe]."[424] Diese Prozesse zwischen Gesehenem und Sehendem*r können wiederum keinem autonomen Subjekt zugesprochen werden, wie auch Sabisch konstatiert:

> „Das Movens des Sehens und Bildens, welches ein Antworten überhaupt in Gang setzt, ist so nicht (mehr) einem Subjekt zuzuordnen, sie liegt stattdessen in der Herausbildung des Selbst im Anspruch und Anblick des Fremden."[425]

Die Bedeutung des Visuellen für die ‚Herausbildung des Selbst' wurde auch von Lacan thematisiert, dessen psychoanalytische Konzeption des *Spiegelstadiums als Bildner der Ichfunktion*[426] für die Bildungstheorie wichtige Impulse ermöglichte.[427] Lacan entwickelte ein Modell, das eine Spaltung zwischen Auge und Blick vorsehe, in Auseinandersetzung mit Merleau-Pontys Chiasmus zwischen Sichtbarem und Unsichtbarem. [428] Für die Theaterwissenschaftlerin Ulrike Haß ermöglicht dieses Konzept eine „(...) eigene[ ] und bedenkenswerte[ ] Fokussierung des Blicks. Sie verdankt sich einer Parteinahme für das begehrende Subjekt."[429] Wenn ich in

421 Waldenfels (2008): Von der Wirkmacht und Wirkkraft der Bilder. S. 56.
422 Waldenfels (1994/ 2016): Antwortregister. S. 506 (kursiv im Original).
423 Sabisch (2018a): Bildwerdung. S. 62.
424 Ebd., S. 62.
425 Ebd., S. 63.
Hier bezieht sich Sabisch wiederum auf Waldenfels (2004). S. 217.
426 Lacan (1973): Das Spiegelstadium als Bildner der Ichfunktion (1949).
427 Zur Rezeption von Lacans ‚Spiegelstadium' in der Bildungstheorie vgl etwa. Pazzini (1992): Bilder und Bildung. S. 83 ff.
428 Lacan thematisiert dieses Modell u. a. im Seminar XI:
Lacan (1987): Die vier Grundbegriffe der Psychoanalyse. Seminar XI. S. 73 ff.
Zur weiteren Vertiefung vgl. etwa auch: Blümle; von der Heiden (Hg.) (2005): Blickzähmung und Augentäuschung.
429 Haß (2005): Das Drama des Sehens. S. 77.

meiner Untersuchung danach frage, was die Projektleiter*innen in der Zusammenarbeit mit den Kindern und Jugendlichen ,antreibt', vesuche ich einem ,Begehren' auf die Spur zu kommen, das ihrem Handeln zugrunde liegt.[430] Doch inwiefern ließe sich einem unzugänglichen Begehren nachgehen, das sich wie Waldenfels' Phänomen der Fremdheit jeglicher Identifizierung widersetzt?[431]
Andrea Sabisch macht in ihren Untersuchungen eine *„indirekte Empirie"*[432] stark, da eine Annäherung an das Fremde, an das, was sich entziehe, nur auf indirektem Weg möglich sei:

> „Wenn Waldenfels das Fremde als etwas versteht, das sich zeigt, *indem* es sich entzieht, hat das methodische Konsequenzen für die Forschung. Sofern es nämlich um die pathische Dimension von Erfahrungen geht, können wir demnach nicht einfach aufzählen und etikettieren, *was* wir sehen und, *wie* wir es sehen und *wann* etwas zum Bild wird, denn dann hätten wir die Fremdheit bereits durch unsere Beschreibung überschrieben und getilgt.[433] Um die Fremderfahrung innerhalb der Forschung vorkommen zu lassen, bedarf es also einer indirekten Annäherung bzw. einer erst zu entwickelnden indirekten Empirie."[434]

In Anlehnung an Waldenfels und Didi-Hubermann entwickelt Sabisch eine *indirekte Herangehensweise*, indem sie sich über das Herausarbeiten von Symptomen Prozessen der Bildwerdung und Subjektbildung nähere.[435] Dieses Vorgehen der „phänomenologische Symptombildung"[436] eröffnet wesentliche Anknüpfungspunkte für meine Untersuchung im Hinblick auf die Frage, inwiefern pathische Dimensionen in Prozessen der Bedeutungsgenerierung untersucht werden können. Sabisch bezeichnet Symptome als „Ersatzbildungen", die sie nicht vor dem Hintergrund des Pathologischen betrachte, auch wenn die zugrunde liegenden Überlegungen an Freuds Beschäftigung mit „krankhaften Vorgängen" anknüpfen.[437] Das indirekte Verfahren der Symptombildung befrage Wirkungen des Pathischen „jenseits des Direkten und positiv Beschreibbaren"[438] und orientiere sich am „indirekte[n] Vorgehen der Psychoanalyse"[439]. Dabei thematisiert Sabisch

430 Waldenfels hebt hervor, dass das Begehren „(...) unser Sehen, Hören und Tun antreibt". Waldenfels (2015). Sozialität und Alterität. S. 243.

431 Wie ich im Kapitel 4.2.1 deutlich gemacht habe, kann der Prozess der Bedeutungskonstitution mit Waldenfels als ein Ineinander von Bedeuten und Begehren verstanden werden. Auch Waldenfels gehe davon aus, dass sich das Begehren einem direkten Zugriff entziehe. Vgl. Waldenfels (2004): Phänomenologie der Aufmerksamkeit. S. 136.

432 Sabisch (2018a): Bildwerdung. S. 13 (kursiv EM).

433 Hier nimmt Sabisch Bezug auf Waldenfels (2012): Hyperphänomene. S. 178.

434 Sabisch (2018a): Bildwerdung. S. 13 (kursiv im Original).

435 Vgl. ebd., S. 75 ff.

436 Ebd., S. 76.

437 Ebd., S. 75.
Wie Sabisch im Laufe ihrer Argumentation deutlich macht, beziehen sich sowohl Waldenfels als auch Didi-Huberman auf Freud, wenn sie Symptome als Ersatzbildungen fassen.

438 Ebd., S. 68.

439 Ebd., S. 72.

Herausforderungen für Forschungen, die sich an psychoanalytischen Praxen anlehnen, die auch in meinen Untersuchungen relevant werden.

> „Der Weg, der mir auch für künftige Forschungen vorschwebt und den ich im Folgenden erstmalig einschlage, orientiert sich an der Psychoanalyse. Um die Richtung anzudeuten, in die ich mich vorwage, ohne Psychoanalytikerin zu sein und ohne eine psychoanalytische Untersuchung von Lernenden anzustreben, liegt in der Betonung hier nicht auf der *Psyche*, sondern auf der indirekten *Herangehensweise*."[440]

Auch ich plane keine „psychoanalytische Untersuchung" der Projektleiter*innen, wenn ich danach frage, was sie in der Zusammenarbeit mit den Kindern und Jugendlichen ‚antreibt'. Vielmehr interessiert mich die Art und Weise, wie sie über ihre Arbeit sprechen und diese visuell darstellen, um auf einer übergeordneten Ebene Vorstellungen über Partizipation und ‚Bewegungen' zwischen Selbst und Anderen zu untersuchen und unbewussten Prozessen auf die Spur zu kommen. Dies ist mir wichtig, hier noch einmal zu tonen.
Um dem Wirken des Pathischen nachzugehen und Erfahrungsprozesse zu beleuchten, fokussiert Sabisch in ihrer Arbeit „(...) Knotenpunkte und Sinnkonflikte"[441] als Spuren eines Entzugs:

> „Meine Wegsuche orientiert sich dabei an den zu eruierenden Symptomen der Bildwerdung in Bildrezeption wie Bildproduktion, die auf Knotenpunkte und Sinnkonflikte verweisen und so die Komplexität des visuellen Erfahrungsgeschehens, das sich laufend selbst entgleitet, mitzuzeigen."[442]

Dazu untersucht sie verschiedenartige Symptome, wie z. B. „Abwehrmechanismen im und am Visuellen", „Prozesse des *Ver*sprechens und *Ver*sehens" bis hin zu „verkörperten Zeigegesten und widerständigen zeichnerischen Artikulationsweisen", um Verschiebungen im Erfahrungsprozess zu analysieren.[443] Auch in meiner Arbeit thematisiere ich mögliche „Knotenpunkte und Sinnkonflikte"[444], die ich über eine Untersuchung der visuellen und sprachen Darstellungen der Projektleiter*innen betrachte. Wie ich bereits mit Bezug auf Schäfer ausgeführt habe, konzentriere ich mich allerdings stärker auf erkennbar gewordene Ambivalenzen im Gesagten und Gezeigten und beleuchte mögliche Brüche und Verflechtungen. Dabei werden z. B. die Bilder zu Vergleichshorizonten, in dem ich Differenzen zwischen

440 Ebd., S. 72 (kursiv im Original).
441 Ebd., S. 14.
Sabisch bezieht sich hier auch auf Ausführungen von Didi-Huberman zur Ersatzbildung. Didi-Huberman (2000): Vor einem Bild. S. 191.
442 Sabisch (2018a): Bildwerdung. S. 14.
443 Ebd., S. 386.
444 Ebd., S. 14.

meinen Bilddeutungen und meinen Re-Konstruktionen des Gesagten nachgehe (» Kapitel 10.2.2).[445]
Abschließend sei noch ein Aspekt hervorgehoben, der sowohl in Sabischs als auch in meiner Forschung zum Tragen kommt und die oben aufgeführten Überlegungen rahmt. Denn die hier thematisierte Symptom*bildung* ist als „zwischenleibliches Geschehen"[446] zu verstehen, das im Falle meiner Untersuchung Funktionen von Bildern und Sprache *zwischen* Selbst und Anderen thematisiert, aber auch mein eigenes Involviertsein im Forschungssetting und in der *Inszenierung und Herstellung* der Symptome mitdenkt.[447] Im Laufe meine Untersuchungen werde ich wiederholt darauf zurückkommen (» Kapitel 10.2.3; 10.3.3).[448]

4.3 Verortungen im Feld rekonstruktiver Sozialforschung

Während ich bislang meine Überlegungen vornehmlich vor dem Hintergrund phänomenologischer (und bildungstheoretischer) Überlegungen verortet habe, wechsle ich nun das Feld und widme mich der rekonstruktiven Sozialforschung, in deren methodologischer Tradition die von mir gewählte Methodik (die dokumentarische Methode) angesiedelt ist (» Kapitel 4.3.1). Ich ‚bediene' mich in meiner Arbeit also verschiedener Theoriefelder, ohne dass ich Verbindungen und Unterschiede an dieser Stelle ausführlich vertiefen kann.[449] Festzuhalten bleibt, dass die Verknüpfung phänomenologischer Überlegungen mit rekonstruktiven Forschungsmethoden – insbesondere der dokumentarischen Methode – in der Kunstpädagogik durchaus geläufig ist.[450] Ich schließe mich dem Sozialwissenschaftler Jochen Dreher an, der „(...) die Kombination einer sozialwissenschaftlichen mit einer phänomenologischen Perspektive [als, EM] Erfolg versprechend" beschreibt.[451] Dennoch halte ich es für notwendig, verschiedenartige Grundannahmen und begriffliche Register kenntlich zu machen und Differenzierungen vorzunehmen. Auch Dreher weist auf Kontraste zwischen den Disziplinen hin, die er im Anschluss an den deutsch-amerikanischen Sozialwissenschaftler Thomas Luckmann folgendermaßen zusammenfasst:

---

445 » Kapitel 10.2.2 Vergleiche von visuellen und sprachlichen Darstellungen in meiner Untersuchung.
446 Vgl. etwa Sabisch (2018a): Bildwerdung., S. 74.
447 Zur Problematik der Darstellung vgl. ebd., S. 254 ff.
448 » etwa Kapitel 10.2.3 Symptome und Auffälligkeiten und Kapitel 10.3.3 Sympthome oder Sinthome?
449 Zum Spannungsverhältnis zwischen sozialwissenschaftlicher und phänomenologischer Forschung vgl. etwa Dreher (Hg.) (2012): Angewandte Phänomenologie.
450 Vgl. etwa Sabisch (2007): Inszenierung der Suche.; Loemke (2019): Innehalten beim Begleiten künstlerischer Prozesse.; Jochum (2022): Das unbemerkte Wissen und Können der Laien.
451 Dreher (2012): Zur Konzeption einer Angewandten Phänomenologie. S. 10.

> „Die zwischen beiden Orientierungen bestehende Diskrepanz wird durch die konzeptuelle Unterscheidung von *Konstruktion* und *Konstitution* näher bestimmt. Hierbei ist die Grundannahme zentral, dass sozialwissenschaftlich betrachtet historische Welten in konkreten Erfahrungen und Handlungen gesellschaftlich *konstruiert* werden. Demgegenüber *konstituiert* sich aus phänomenologischer Sicht Wirklichkeit auf der Basis von allgemeinen Erfahrungsstrukturen der Bewusstseinstätigkeit (Luckmann 2007 [1999]: 131)."[452]

Indem ich mit der dokumentarischen Methode arbeite, operiere ich im Feld der rekonstruktiven Sozialforschung. Zugleich beeinflusst meine phänomenologische Blickrichtung meine sozialwissenschaftliche Perspektive.[453] Die *wissen*theoretisch gelagerte dokumentarische Methode und die Phänomenologie der *leiblichen Erfahrung* bilden in meiner Untersuchung also unterschiedliche Denk*richtungen*, die es zu beachten gilt. Während ich vor dem Hintergrund phänomenologischer Positionen etwa die *strukturbildende Funktion von Medien* für Erfahrungsprozesse hervorhebe [454], basiert das rekonstruktive Verfahren der dokumentarischen Methode auf der Annahme, dass unser *Sehen und Sprechen von implizitem Wissen geleitet* sei.[455] Ein weiterer, entscheidender Unterschied besteht für mich in der Frage der Rekonstruierbarkeit von Erfahrungen oder Wissen. In meinen phänomenologischen Überlegungen betone ich den responsiven und pathischen Charakter von Erfahrungen, die sich einem direkten Zugriff entziehen und deshalb einer indirekten Empirie bedürfen.[456] Die dokumentarische Methode zielt stattdessen auf die Rekonstruktion des impliziten, inkorporierten Wissens, welches unser Sehen und Sprechen leite. Obwohl auch diese Methode von der Annahme ausgeht, dass implizites Wissen den untersuchten Personen nicht direkt zugänglich sei, bezweifelt sie dessen Rekonstruierbarkeit durch Forschende nicht.[457] Dies führt dazu, dass ich mich in einigen Punkten von ‚Selbstverständnissen' distanziere, die als Grundprämissen rekonstruktiver Sozialforschung bzw. der dokumentarischen Methode verstanden werden können. Auf der Grundlage der in den vorausgegangenen Kapiteln zusammengetragenen theoretischen Überlegungen werde ich im Folgenden mein Forschungsverständnis genauer erläutern und klären, warum ich in meiner Forschung von *Re-Konstruktionen* spreche sowie das Verhältnis zwischen

452 Ebd., S. 11.

453 Auch die dokumentarische Methode wurde u. a. von Überlegungen des Sozialphänomenologen Alfred Schütz beeinflusst. Vgl. etwa Bohnsack (2012): Orientierungsschemata, Orientierungsrahmen und Habitus. S. 121.
Gleichzeitig dient die Bezugnahme aber auch häufig dazu, Unterschiede in den Überlegungen von Alfred Schütz und Karl Mannheim deutlich zu machen und die beiden Ansätze voneinander abzugrenzen. Vgl. etwa Gaffer, Liell (2013): Handlungstheoretische und methodologische Aspekte der dokumentarischen Interpretation jugendkultureller Praktiken. S. 209.

454 » Kapitel 4.2.2 Medien als Zwischeninstanzen und Zwischendinge: Zur Medialität der Erfahrung.

455 » Kapitel 4.4.1 Die dokumentarische Methode nach Ralf Bohnsack.

456 » Kapitel 4.2.3 Zwischen visuellen und sprachlichen Darstellungen, durch Bilder und Sprache: Überlegungen zu einer indirekten Empirie.

457 » Kapitel 4.4.1 Die dokumentarische Methode nach Ralf Bohnsack.

Orientierungen (dokumentarische Methode) und Ordnungen (Phänomenologie) in meiner Untersuchung näher erläutern (» Kapitel 4.3.2). Ich verorte meine Untersuchung im Feld rekonstruktiver Forschungen, die ‚Daten-Triangulationen' zwischen Bildern und Sprache in ihre Analysen einbeziehen und komme auf die Notwendigkeit der Weiterentwicklung qualitativer Verfahren zur Bildinterpretation zu sprechen (» Kapitel 4.3.3).

4.3.1 Qualitative Forschungsmethoden in der empirischen Sozialforschung

Empirische Sozialforschung kann als ausgesprochen heterogen bezeichnet werden. Sie umfasst nicht nur unterschiedliche Disziplinen (wie z. B. Erziehungswissenschaft, Politikwissenschaften oder Soziologie), sondern vereint auch verschiedenartige Forschungsansätze, die sich – vereinfacht betrachtet – in quantitative und qualitative Verfahren unterscheiden lassen. Während quantitativen Methoden ein hypothesenprüfendes Vorgehen zugeschrieben wird, würden sich qualitative Verfahren durch eine induktive Methodik auszeichnen, insofern sie Theorie erst aus empirischen Datenauswertungen ableiten.[458] Diese Unterscheidung ließe sich weiter präzisieren, denn auch der Bereich der qualitativen Verfahren beinhaltet diverse anerkannte Methoden (wie Diskursanalyse, Grounded Theory, qualitative Inhaltsanalyse oder die hier verwendete dokumentarische Methode), die auf unterschiedlichen theoretischen Annahmen basieren und verschiedenartige Zugänge zum Material bedingen. Trotz dieser Unterschiede lassen sich Kennzeichen qualitativer Ansätze aufzeigen, um meine Forschung weiter zu positionieren. Dazu zählt der Methodenforscher Ralf Bohnsack insbesondere den „(...) *rekonstruktiven* Charakter sozialwissenschaftlicher Erkenntnis"[459], der zum Ausgangspunkt meiner weiteren Bestimmungen wird.[460]

4.3.2 Re-Konstruktionen und Un-Möglichkeiten des Benennens

Auch Aglaja Przyborski und Monika Wohlrab-Sahr beschreiben in ihrem Arbeitsbuch *Qualitative Sozialforschung* „(...) das Verhältnis qualitativer Methoden der Sozialwissenschaft zu ihrem Gegenstand" als „(...) per se rekonstruktiv."[461] Sie erarbeiten erkenntnistheoretische und wissenschaftstheoretische Gemeinsamkeiten, zu denen die rekonstruktive Analyse *alltäglicher Handlungen* als Grundlage

458 Vgl. etwa Hofstadler (2012): forschen – entdecken – erzählen. S. 82 ff. sowie Bohnsack (2008): Rekonstruktive Sozialforschung. S. 14 ff.
459 Bohnsack (2011): Qualitative Bild- und Videointerpretation. S. 11 (kursiv im Original).
460 Auch in späteren Abschnitten meiner Forschungsarbeit werde ich mein Forschungsverständnis weiter darlegen und in diesem Zusammenhang punktuell Diskrepanzen zwischen Phänomenologie und rekonstruktiver Sozialforschung streifen. » etwa Kapitel 5 Re-Konstruktionen zwischen Erhebungs- und Auswertungsschritten
461 Przyborski, Wohlrab-Sahr (2014): Qualitative Sozialforschung. S. 12 (im Original hervorgehoben).

sozialwissenschaftlicher Fragestellungen zähle.[462] Wie Przyborski und Wohlrab-Sahr zusammenfassend konstatieren, basiere das alltägliche Handeln auf „Konstruktionen ersten Grades".[463] Diese (impliziten) Konstruktionen würden ein Handeln erst ermöglichen.[464] Um den Konstruktionen der Beforschten nachzugehen – diese zu *re*konstruieren, sei es Aufgabe der qualitativen Forschung, „Konstruktionen zweiten Grades" zu entwickeln im Sinne wissenschaftlicher Erkenntnisse und Theorie über die untersuchte Alltagspraxis.[465] Dafür sei zwar ein „[m]ethodisch kontrolliertes Fremdverstehen" notwendig, das einen Zugang zum „Alltagswissen der Erforschten" ermöglichen soll.[466] Eine Rekonstruktion der handlungsleitenden Orientierungen der Untersuchten ist aber aus dieser Perspektive prinzipiell möglich. Mithilfe des methodischen Vorgehens erhalte ich als Forscherin einen Zugang zu impliziten Denk- und Handlungsweisen der Beforschten und kann diese rekonstruieren – wobei die eigene Standortgebundenheit einkalkuliert wird (» Kapitel 4.4.1).[467]

Viele Forschungsansätze in der qualitativen Sozialforschung präferieren (noch immer) sprachliche Artikulationen als Datenmaterial, um daraus Rekonstruktionen abzuleiten.[468] Dabei soll das systematisierte Vorgehen helfen, der „unausweichlichen Vagheit"[469] der Sprache und „(...) der Differenz zwischen Interpretationsrahmen

462 Ihre Überlegungen beruhen auf einem Vergleich unterschiedlicher Theorieanbindungen, welchen den qualitativen Herangehensweisen zugrunde liegen. Folgende Ansätze beziehen Przyborski und Wohlrab-Sahr in diesen Vergleich ein: Ethnomethodologie (Garfinkel), Konversationsanalyse (Sacks/ Schegloff/Jefferson), Ethnografie des Sprechens (Gumperz/Cook-Gumperz, Labov), Chicagoer Schule (Glaser/Strauss, Goffman), Wissenssoziologie (Mannheim), Phänomenologie (Schütz). Vgl. ebd., S. 12 f.

463 Ebd., S. 13 (im Original hervorgehoben).

464 Mit Bezug zu Alfred Schütz heben Przyborski und Wohlrab-Sahr hervor, dass „[j]ede Handlung, sei es der Weg zum Arbeitsplatz, die Zubereitung eines Gerichts oder das Absolvieren einer Prüfung [...] den ständigen Einsatz von Hintergrundwissen, einen Entwurf oder eine Orientierung [voraussetze, EM] (vgl. dazu Schütz 2004: 201) (...)". Przyborski, Wohlrab-Sahr (2014): Qualitative Sozialforschung. S. 12.

465 Ebd., S. 13.
Im Kapitel 4.4 Arbeiten mit der dokumentarischen Methode werde ich die Rekonstruktionsebenen qualitativer Methoden noch weiter differenzieren, indem ich im Anschluss an Przyborski und Wohlrab-Sahr (mit Bezug zu Bohnsack) zwischen zwei verschiedenen Analyseebenen unterscheide. Für meine Untersuchung ist dies insofern relevant, weil mich primär das *Wie* der Herstellung alltäglicher Praxis interessiert (im Gegensatz zur Frage nach dem *Was*).

466 Przyborski, Wohlrab-Sahr (2014): Qualitative Sozialforschung. S. 14.

467 » Kapitel 4.4.1 Die dokumentarische Methode nach Ralf Bohnsack.

468 Zum Primat der Sprache in der qualitativen Forschung » auch Kapitel 4.3.3 Daten-Triangulation von visuellen und sprachlichen Darstellungen.

469 Przyborski, Wohlrab-Sahr (2014): Qualitative Sozialforschung. S. 13 (im Original hervorgehoben). Die beiden Autorinnen nehmen hier Bezug auf Grafinkels Überlegungen zum Zusammenhang von sprachlichen Artikulationen ihren spezifischen Bedeutungskontexten. Aus dieser Perspektive ließe sich jede Art der Kommunikation als „Fremdverstehen" bezeichnen. (Ebd. S. 16)
Die ‚unausweichliche Vagheit' der Sprache (Garfinkel) macht zugleich deutlich, dass nicht nur die ‚Polysemie' der Bilder (Barthes) Herausforderungen für die Forschungen stellt. Im Gegensatz zur Interpretation von Bildern könne das Methodenrepertoire zur Analyse von Sprache allerdings als deutlich ausgereifter bezeichnet werden. Vgl. ebd., S. 28 sowie » Kapitel 4.3.3 Daten-Triangulation von visuellen und sprachlichen Darstellungen.

der Forscher und denjenigen der Erforschten systematisch Rechnung (....)"[470] zu tragen. Zur Klärung meines Forschungsverständnisses ist es mir wichtig hervorzuheben, dass sich die hier thematisierte Differenz trotz methodischer Kontrollen aus meiner Forschungsperspektive nicht aufheben lässt. Je nach qualitativer Herangehensweise kommen unterschiedliche Verfahren zum Einsatz, um die ‚Standortgebundenheit' der Forschenden methodisch zu überwachen. Am Beispiel der dokumentarischen Methode werde ich diese Strategien noch detaillierter thematisieren (» Kapitel 4.4).[471] Auch Przyborski und Wohlrab-Sahr betonen, dass sich qualitative Forschung gerade in der Unterscheidung zwischen Konstruktionen ersten Grades (der Beforschten) und Konstruktionen zweiten Grades (der Forschenden) von quantitativen Untersuchungen unterscheide, da sie nicht von einem „(...) »objektiven« unverfälschten Zugang zum Verhalten der Probanden"[472] ausgehe. Dennoch möchte ich diesen Aspekt aus phänomenologischer und bildungstheoretischer Perspektive noch weiter zuspitzen. Indem ich von *Re-Konstruktionen* spreche, akzentuiere ich ‚meine' Konstruktionsleistung als Forscherin in der Auseinandersetzung/Verstrickung mit dem Material, sodass ich nie ganz bei mir sein kann, wie ich in meinen theoretischen Überlegungen ausgeführt habe (» Kapitel 4.2.1).[473] Durch den Bindestrich markiere ich eine Lücke oder Leerstelle, die auf Un-Möglichkeiten verweisen soll, Erfahrungen der Erforschten im Anspruch des Fremden zu rekonstruieren bzw. gänzlich fassbar zu machen. Aus phänomenologischer Perspektive betone ich also einen gegenseitigen Be- und Entzug, aus dem sich heraus Erfahrungen konstituieren – während rekonstruktive Verfahren die Möglichkeit der Rekonstruktion impliziter Denk- und Handlungsweisen der Beforschten durch Forschende grundsätzlichen anerkennen. In meiner Arbeit gehe ich stattdessen von einer originären Unzugänglichkeit (*Alterität*) des Anderen und meiner selbst aus, die Herausforderungen für meine qualitative Untersuchung stellt.[474] Um diesem Paradoxon zu begegnen und es produktiv zu wenden, beziehe ich in Anlehnung an den Erziehungswissenschaftler Michael Wimmer *Un-Möglichkeiten des Benennens* in meine Überlegungen ein.[475] Durch diese Bezeichnung verbinde ich Wissen und Nicht-Wissen (können), da beide nicht voneinander zu trennen sind. Oder, um mit den Worten Wimmers anzuschließen:

> „So geht es auch nicht um Wissen oder Nicht-Wissen, Orientierung oder Sich-Gehen-lassen etc., sondern um die Gleichzeitigkeit beider einander inhärenten Seiten. Schließt man das jeweils Andere aus einer der vermeintlichen Alternativen

470 Przyborski, Wohlrab-Sahr (2014): Qualitative Sozialforschung. S. 17.

471 » Kapitel 4.4: Arbeiten mit der dokumentarischen Methode; vgl. auch Bohnsack (2008): Rekonstruktive Sozialforschung. S. 173 ff.

472 Przyborski, Wohlrab-Sahr (2014): Qualitative Sozialforschung. S. 13.

473 » Kapitel 4.2.1: Zwischen Selbst und Anderen, Eigenem und Fremdem: Zur Phänomenologie der Erfahrung.

474 Vgl. Schäfer (2006): Bildungsforschung: Annäherung an eine Empirie des Unzugänglichen. S. 94.

475 Vgl. Wimmer (2007): Wie dem Anderen gerecht werden? S. 155 ff.

> aus, wodurch sie erst zu Alternativen werden, dann löst sich zwar das Paradox auf, aber man verliert damit zugleich jedes nicht-normative Kriterium, das die Wahl einer der Alternativen noch begründbar machte."[476]

Eine Möglichkeit, das Paradoxon des un-möglichen Identifizierens in meiner Forschung mitzudenken und zu markieren, sehe ich in der Art und Weise, wie ich meine Re-Konstruktionen und Untersuchungsergebnisse versprachliche. Durch die *Verwendung des Konjunktivs* verweise ich darauf, dass es sich bei den Ergebnissen um Interpretationen handelt, die spezifische Deutungen beinhalten und das Nicht-Wissen (können) weiter aufscheinen lassen.[477] Ich nutze die dokumentarische Methode zur kontrollierten ‚Annäherung' an die Konstruktionen der Anderen und bediene mich etablierter Strategien, um meiner Standortgebundenheit Rechnung zu tragen.[478] Ein Großteil meiner Untersuchungsergebnisse habe ich zudem in Forschungskolloquien und im Rahmen von Arbeitstagungen mit anderen Forscher*innen diskutiert.[479] Trotz dieses ‚intersubjektiven' Abgleichs meiner Ergebnisse verwende ich kein verallgemeinerndes ‚man' in der Darstellung meiner Untersuchungsergebnisse (z. B. man sieht ...). Stattdessen lasse ich weiterhin meine Perspektive deutlich werden mit dem Wissen, dass ich diese nie vollständig fassen kann. Ich verwende die ich-Form in meiner Ergebnisdarstellung, um mich als Autorin und Verantwortliche in der Ergebnisgenerierung kenntlich zu machen – vor dem Hintergrund der notwendigen Lücke zwischen ‚ich' und ‚mich'.[480]
Eine weitere Möglichkeit des Umgangs mit diesem Paradoxon sehe ich im produktiven Ausloten des Spannungsverhältnisses, das aus den verschiedenen

476 Ebd., S. 178.

477 Der methodologische Rahmen der dokumentarischen Methode, die (u. a.) auf die Wissenssoziologie Karl Mannheims Bezug nimmt, eröffnet ebenfalls Dimensionen des Nicht-Wissens, wenn auch mit anderer Gewichtung und vor dem Hintergrund anderer theoretischer Annahmen, durch welche die „Aspekthaftigkeit" und „Standortgebundenheit" von Interpretationen hervorgehoben werden. (Vgl. Bohnsack (2008): Rekonstruktive Sozialforschung. S. 173) Allerdings vermisse ich beim Lesen von Ergebnisdarstellungen von Forschungen aus diesem Bereich häufig die Verwendung des Konjunktivs.

478 Dazu zählt beispielsweise das Vergleichen und Herausarbeiten von Gegenhorizonten im Datenmaterial, um eine „reflektierende Distanz" zu ermöglichen. Bohnsack (2008): Rekonstruktive Sozialforschung. S. 176.
» auch Kapitel 4.4 Arbeiten mit der dokumentarischen Methode.

479 An dieser Stelle danke ich meinen Kolleg*innen für die anregenden Diskussionen meiner Untersuchungsergebnisse, wie zum Beispiel im Rahmen der kunstpädagogischen Forschungskolloquien in Loccum oder während gemeinsamer Arbeitstreffen in Unsleben. Auch die bewegenden Diskussionen in den Forschungskolloquien von Prof. Dr. Andrea Sabisch und in den gemeinsamen Kolloquien mit Prof. Dr. Karl-Josef Pazzini möchte ich noch hervorheben, denen ich viele wertvolle Anregungen verdanke und die meinen Forschungsprozess mit begleitet haben.

480 » Kapitel 4.2.1 Zwischen Selbst und Anderen, Eigenem und Fremdem: Zur Phänomenologie der Erfahrung.
Weitere Formen des Umgangs mit einer Empirie des Unzugänglichen (Schäfer 2006, S. 86 ff.) habe ich bereits thematisiert (» Kapitel 4.2.3 Zwischen visuellen und sprachlichen Darstellungen, durch Bilder und Sprache: Überlegungen zu einer indirekten Empirie) und werde ich im Laufe meiner Untersuchung wiederholt aufgreifen.

Theoriebezügen resultiert, zwischen ‚handlungsleitenden Orientierungen' (dokumentatrische Methode/ » Kapitel 4.4.1)[481] und ‚Ordnungen' (Phänomenologie/ » Kapitel 4.2.1)[482]. Mithilfe der dokumentarischen Methode arbeite ich zunächst handlungsleitende Orientierungen in der Bildauswahl und im Sprechen der Projektleiter*innen heraus. Diese Ergebnisse *hinterfrage und differenziere* ich allerdings in weiteren Schritten, indem ich affektive und pathische Dimensionen im Prozess der Bedeutungsgenerierung mitdenke und dem nachgehe, was nicht sichtbar oder sagbar wurde. Denn Erfahrungen (bzw. Vorstellungen) verstehe ich aus phänomenologischer Perspektive als brüchig und von einem Begehren durchzogen, das sich unserer Verfügbarkeit entzieht. Vor diesem Hintergrund kalkuliere ich Verflechtungen zwischen Sichtbarem/ Unsichtbarem und Sagbarem/ Unsagbarem in meine Untersuchung ein und betone die ordnungsstiftende Funktion visueller und sprachlicher Darstellungen, die zur Konstitution leiblicher Erfahrungen beitragen. Auf diese Weise ergänze ich die wissenstheoretische Perspektive der dokumentarischen Methode, nach der implizites Wissen unser Sehen und Sprechen leite, durch eine struktur*bildende* Perspektive auf Medien, die das Unverfügbare im Prozess der Bedeutungsherstellung mitdenkt.
Bevor ich mein methodisches Vorgehen näher beschreibe, positioniere ich meine Forschung auch im Hinblick auf die geplante Daten-Triangulation im Feld der rekonstruktiven Sozialforschung, um das Spezifische meines Ansatzes – einer *‚indirekten Empirie'* durch den Vergleich von Bildern und Sprache – weiter zu verdeutlichen.[483]

4.3.3 Daten-Triangulation von visuellen und sprachlichen Darstellungen

Die Gegenüberstellung von visuellen und sprachlichen Darstellungen stellt ein entscheidendes Merkmal meiner empirischen Untersuchung dar und basiert auf der Annahme, dass durch unterschiedliche mediale Darstellungsformen verschiedene Arten der ‚Bedeutungsgenerierung' relevant werden. Im Anschluss an Andrea Sabisch gehe ich davon aus, dass „(...) je nach Medialität [...] nicht nur *anderes* zum Thema [wird], es wird auch *andersartig*, d. h. in anderen Ordnungen organisiert und inszeniert."[484] Mich interessieren mögliche Differenzen zwischen den Darstellungsarten, um dem auf die Spur zu kommen, was sich entzieht.[485] Auch wenn der Vergleich unterschiedlicher Medien in der sozialwisenschaftlichen Forschung auf prominente Vorläufer zurückblicken kann, unterscheiden sich die Ziele

481 » Kapitel 4.4.1 Die dokumentarische Methode nach Ralf Bohnsack.
482 » Kapitel 4.2.1 Zwischen Selbst und Anderen, Eigenem und Fremdem: Zur Phänomenologie der Erfahrung.
483 » Kapitel 4.2.3 Zwischen visuellen und sprachlichen Darstellungen, durch Bilder und Sprache: Überlegungen zu einer indirekten Empirie.
484 Sabisch (2018b): Responsivität und Medialität in Bildungs- und Erfahrungsprozessen. S. 116 (kursiv im Original).
485 » Kapitel 4.2.3 Zwischen visuellen und sprachlichen Darstellungen, durch Bilder und Sprache: Überlegungen zu einer indirekten Empirie.

und Einsatzgebiete der jeweiligen Forschungen deutlich von meinem indirekten Ansatz, wie ein kurzer Einblick in diese Forschungspraxen zeigen soll:
Mit Bezug zu Norman K. Denzin lässt sich der Vergleich unterschiedlicher Medien im Rahmen empirischer Forschung als Daten-Triangulation bezeichnen. Wie Uwe Flick in seiner Publikation *Triangulation* hervorhebt, bildete Denzins „systematische Konzeptualisierung" einen wesentlichen Ausgangspunkt dafür, dass Triangulationen in der qualitativen Forschung seit den 1970er-Jahren vermehrt diskutiert werden.[486] Denzin unterscheide vier verschiedene Triangulationstypen[487], wobei ich mich an dieser Stelle auf eine spezifische Form der Daten-Triangulation, den Vergleich zwischen Bild und Sprache, konzentriere. Die Anfänge dieser Kombination visueller und sprachlicher Daten in der empirischen Forschung liegen laut Flick bereits in den 1940er-Jahren:

> „Ein frühes Beispiel für die Triangulation verbaler und visueller Daten ist die Studie von Gregory Bateson und Margaret Mead (1942, vgl. auch Wolff 1995). Das Besondere ist dabei einerseits der empirische Zugang über die Erstellung und Analyse von (über 25000) Fotos, von Unmengen von Filmmaterial, Gemälden und Plastiken einerseits und die Verwendung ethnographischer Gespräche zu diesen Materialien andererseits.[488]

Zahlreiche der frühen Studien hätten zwar bereits Triangulationen unterschiedlicher Art in ihre Untersuchungen einbezogen[489], doch der Begriff sei erst später in den Diskurs eingeflossen als metaphorische Interpretation eines Fachbegriffs aus dem Feld der ‚Geodäsie'[490]. Doch auch der spätere Gebrauch des Triangulationsbegriffs unterscheide sich von der heutigen Deutung, wie Flick weiter ausführt:

> „Die Triangulation wurde zunächst als eine Strategie der Validierung der Ergebnisse, die mit den einzelnen Methoden gewonnen wurden, konzipiert. Der Fokus hat sich jedoch zunehmend in Richtung der Anreicherung und Vervollständigung der Erkenntnisse und der Überschreitung der (immer begrenzten) Erkenntnismöglichkeiten der Einzelmethoden verlagert."[491]

486 Flick (2008): Triangulation. S. 7.

487 Vgl. ebd., S. 13 ff.oder Flick (2014): Qualitative Sozialforschung. S.519 f.
Wie Flick aufführt, unterscheide Denzin zwischen „Daten-Triangulation", „Forscher-Triangulation", „Theorien-Triangulation" sowie „methodischer Triangulation". Als Daten-Triangulation empfahl er damals „(...) die Untersuchung von Phänomenen zu verschiedenen Zeitpunkten, an verschiedenen Ort und Personen". Flick (2014): Qualitative Sozialforschung. S.519.

488 Flick (2008): Triangulation. S. 8.

489 Vgl. ebd., S. 7.

490 Vgl. ebd., S. 11 f.
Im Rückgriff auf Smith und Jick bezeichnet Flick ‚Triangulation' in der Geodäsie als „ (...) eine Strategie (...), um »von verschiedenen Referenzpunkten aus die exakte Position eines Objektes zu lokalisieren« (Smith 1975: 273, zit. nach Jick 1983: 136)". Ebd., S. 12.

491 Flick (2014): Qualitative Sozialforschung. S.520.

In meiner Untersuchung verstehe ich die vergleichende Analyse visueller und sprachlicher Darstellungen ebenfalls als Erweiterung – allerdings mit anderer Gewichtung. Obwohl ich Flicks Annahme teile, dass jede Methode „(...) immer begrenzte[ ] Erkenntnismöglichkeiten" eröffne, verfolge ich nicht das Ziel einer „Vervollständigung" durch die Einbeziehung von Sprache und Bildern – etwa im Sinne eines Ganzen, das durch die Daten-Triangulation rekonstruierbar werden kann. Das ist nach meinem Forschungsverständnis nicht einholbar, da sich Erfahrungen durch einen grundsätzlichen Entzug auszeichnen (» Kapitel 4.2).[492] Mein Vorgehen zielt vielmehr darauf, durch den Vergleich verschiedenartiger medialer Darstellungsformen der Konstitution von Erfahrungen in ihrem nicht einholbaren Entzug nachzugehen und ggf. unterschiedliche, wahrnehmbar gewordene Strukturen visueller und sprachlicher Ordnungen daraufhin näher zu beleuchten.[493] In der Reflexion meiner Ergebnisse werde ich auf diese ‚indirekte' Herangehensweise zurückkommen und danach fragen, inwiefern das Vorgehen hilfreich war (» Kapitel 10.2; 10.3).[494]

Zur Notwendigkeit der Weiterentwicklung qualitativer Verfahren der Bildinterpretation

Die Triangulation von Bildern und Sprache stellt kein neuartiges Verfahren dar, wie ich oben angedeutet habe, dennoch erscheint mir dieses Vorgehen in der qualitativen Forschung noch immer unterrepräsentiert. Dies mag damit begründet sein, dass sprachliche Prozesse lange Zeit im Fokus standen, etwa in der Bildungstheorie als Bezugsrahmen empirischer Bildungsforschung, wie Sabisch herausgearbeitet hat.[495] Sie gibt zu bedenken, dass „(...) das Denken von Bildung im Sinne eines *sprachlichen Prozesses* normierend wirkt(e), bis eine pluralistisch verstandene *mediale* Bildung entstehen konnte."[496] Der selten(er)e Einbezug von Bildern könnte aber auch darauf hinweisen, dass die Frage, wie Bilder empirisch untersucht werden können, längst nicht abgeschlossen zu sein scheint. Ralf Bohnsack, der seit vielen Jahren an der Weiterentwicklung der dokumentarischen Methode arbeitet und als Experte rekonstruktiver Sozialforschung gelten kann, konstatiert 2011 eine „Marginalisierung des Bildes in der empirischen Sozialforschung und in den qualitativen Methoden".[497] Diese sei „(...) tiefer liegender Art" und „(...)

492 » Kapitel 4.2 Theoriegeleitete Vertiefungen: Erfahrungen zwischen Selbst und Anderen, Sichtbarem und Sagbarem.

493 » Kapitel 4.2.3 Zwischen visuellen und sprachlichen Darstellungen, durch Bilder und Sprache: Überlegungen zu einer indirekten Empirie.

494 » etwa Kapitel 10.2 Re-Konstruktionen zwischen Sichtbarem und Sagbarem: Un-Möglichkeiten meines methodischen und methodologischen Vorgehens sowie Kapitel 10.3 Zur medialen Vermittlung und Konstitution von Selbst und Anderen: Übergangsdinge und Substitute.

495 » Kapitel 4.2.3 Zwischen visuellen und sprachlichen Darstellungen, durch Bilder und Sprache: Überlegungen zu einer indirekten Empirie.

496 Sabisch (2018a): Bildwerdung. S.46 (kursiv im Original).

497 Bohnsack (2011): Qualitative Bild- und Videointerpretation. S. 25.

im Kernbereich der methodologischen Grundlagen sozialwissenschaftlicher Empirie selbst zu suchen (...)."[498] Bohnsack thematisiert vier Ursachen, die für die Vernachlässigung von Bildern verantwortlich seien, von denen ich einige Aspekte streife.[499] So merkt er beispielsweise an, dass die Entwicklung qualitativer Methoden maßgeblich durch den ‚*linguistic turn*' beeinflusst wurde, der „(...) nicht nur philosophisch-erkenntnistheoretisch (u. a. Ricoeur 1972) und sozialphilosophisch-handlungstheoretisch (u. a. Habermas 1971), sondern auch *empirisch-rekonstruktiv* – zuerst durch die ethnomethodologische Konversationsanalyse (vgl. Sachs 1995) – eingeläutet worden ist."[500] Des Weiteren gibt er zu bedenken, dass seit dieser Zeit „[m]ethodologische Reflexionen und methodische Verfeinerungen [...] fast ausschließlich im Medium der Textinterpretation fortentwickelt worden [seien, EM]."[501] Ich denke, an dieser Stelle lassen sich Parallelen zur Dominanz von Sprache in Bildungstheorien ausmachen, wie Sabisch sie aufgezeigt hat.[502] Ein weiterer Aspekt, den ich ebenfalls für bedenkenswert halte und der auch in meiner Untersuchung relevant wird, betrifft das *Primat des Textes*, das Bohnsack für die empirische Sozialforschung herausarbeitet. Darunter fasst er bspw. die Prämisse, dass Texte „(...) als letzte – nicht mehr hintergehbare – Grundlage des *wissenschaftlichen* Zugangs zur Wirklichkeit gelten."[503] Wissenschaftlichkeit ist demnach unumgänglich an Sprache gebunden. Oder wie Bohnsack es formuliert:

> „Jegliche Beobachtung, die wissenschaftlich relevant werden soll, muss also durch das Nadelöhr des Textes hindurch."[504]

Vor diesem Hintergrund wird eine Problematik in der Bildinterpretation deutlich, denn Bilder seien, „(...) wenn sie wissenschaftlich relevant werden sollen, grundsätzlich erst einmal in Beobachtungssätze bzw. -texte umzuformulieren."[505] Weitere Schwierigkeiten im Umgang mit Bildern in der qualitativen Forschung ließen sich ergänzen, die ich bereits an anderer Stelle thematisiert habe (» Kapitel 4.2.3).[506] Ich erinnere an dieser Stelle z. B. an die Überlegungen von Heßler und Mersch zum problematischen erkenntnistheoretischen Status von Bildern[507] ebenso wie an die Anmerkungen von Michel zur paradoxen Struktur von Fotografien.[508] Verflechtun-

498 Ebd., S. 25.
499 Zur ausführlichen Begründung vgl. Bohnsack (2011): Qualitative Bild- und Videointerpretation. S. 25 ff.
500 Ebd., S. 26.
501 Ebd., S. 26.
502 Vgl. Sabisch (2018a): Bildwerdung. S. 37 ff.
503 Bohnsack (2011): Qualitative Bild- und Videointerpretation. S. 26 (kursiv im Original).
504 Ebd., S. 26.
505 Ebd., S. 27.
506 » Kapitel 4.2.3 Zwischen visuellen und sprachlichen Darstellungen, durch Bilder und Sprache: Überlegungen zu einer indirekten Empirie.
507 Vgl. auch Heßler, Mersch (2009): Bildlogik oder Was heißt visuelles Denken? S. 18 ff.
508 Vgl. Michel (2006): Bild und Habitus. S. 18 ff.

gen zwischen Sichtbarem und Unsichtbarem, wie ich sie etwa mit Merleau-Ponty thematisiert habe,[509] erschweren Möglichkeiten der Re-Konstruktion des Gesehenen. Im Hinblick auf diese Überlegungen sah ich mich in meiner Untersuchung vor die Herausforderung gestellt, mein methodisches Vorgehen zur Bildinterpretation zu modifizieren, um sprachliche und visuelle Darstellungsformen miteinander zu triangulieren. Bevor ich diese Modifikationen der dokumentarischen Methode vorstelle, werfe ich noch einen Blick auf den Stand der Methodendiskussion zur Interpretation von Bildern in Kunstpädagogik und Erziehungswissenschaft, um meine Forschung weiter zu kontextualisieren.

Methodische Weiterentwicklungen zur qualitativen Bildinterpretation

Fragen zum Umgang mit Bildern zählen nicht erst seit den, Anfang der 1990er-Jahren proklamierten, ‚Pictorial'[510] und ‚Iconic'[511] Turns zum genuinen Bestandteil der Kunstpädagogik.[512] Gleichwohl würde ich den Stand der Auseinandersetzung über empirische Methoden der Bildanalyse auch in der Kunstpädagogik weierhin als ausbaufähig beschreiben, auch wenn in den letzten Jahren methodische Fragen vermehrt diskutiert werden.[513]
Ein Einblick in erziehungswissenschaftliche und kunstpädagogische Diskurse zur qualitativen Bildinterpretation zeigt verschiedenartige Versuche auf, dem Medium Bild in Analyseverfahren zu begegenen und spiegelt eine enorme Bandbreite in den Ansätzen wider, die sich auf sehr unterschiedliche theoretische Positionen

509 Vgl. Merleau-Ponty (2004): Das Sichtbare und das Unsichtbare.
510 Mitchell (1992): The Pictorial Turn.
511 Boehm (1994): Was ist ein Bild.
512 Exemplarische nenne ich an dieser Stelle einzelne Positionen, ohne dass ich den Diskurs und die Spannweite der Thematisierung visueller Praktiken in der Kunstpädagogik abbilden kann: Vgl. etwa: Otto (1987): Auslegen., Pazzini (1992): Bilder und Bildung., Sturm (1996): Im Engpass der Worte.; Kämpf-Jansen (2002): Ästhetische Forschung.; Meyer (2002): Interfaces, Medien, Bildung.; Busse (2004): Bildumgangsspiele.; Zahn (2012): Ästhetische Film-Bildung.; Mörsch, Schade, Vögele (Hg.) (2018): Kunstvermittlung zeigen.; Winderlich (2018): Bild(ungs)prozesse.; Sabisch (2018a): Bildwerdung.
513 An dieser Stelle aktualisiere ich einen Befund der Erziehungswissenschaftler Horst Niesyto und Winfried Marotzki, die 2006 das Methodenrepertoire zur Analyse von Bildern in erziehungs- und sozialwissenschaftlichen Forschungszusammenhängen als unausgereift beschreiben. Vgl. Marotzki, Niesyto (2006a): Bildinterpretation und Bildverstehen (Einleitung). S. 8.
Zugleich schließe ich mich einer Beobachtung von Nadia Bader, Stefanie Johns und Lennart Krauß an, die in ihrer Tagungsankündigung zu Methodenfragen in der Kunstpädagogik bspw. zu bedenken geben:
„Die Methodenwahl kunstpädagogischer Forschungen ist immer wieder mit der Herausforderung konfrontiert, dass sich etwa bestehende empirische Methoden aus den Sozialwissenschaften nicht problemlos auf kunstpädagogische Forschungsfragen übertragen lassen, da sie den Forschungsgegenständen nicht gerecht zu werden scheinen." Bader, Johns, Krauß (09.01.2020): HOW TO ARTS EDUCATION RESEARCH? CFP für eine Tagung an der Staatlichen Akademie der Bildenden Künste Karlsruhe, 2. und 3. Juli 2020.

beziehen.[514] Diese reichen von klassischen Methoden der empirischen Sozialforschung, wie der dokumentarischen Methode von Ralf Bohnsack, der sich zur Weiterentwicklung dieses Analyseverfahrens an kunstwissenschaftlichen Überlegungen (Erwin Panofsky und Max Imdahl) orientiert, über stärker kunstpädagogisch inspirierte Methoden wie die annähernden Verfahren von Ulrike Stutz, bis hin zu Ansätzen, wie das Analysemodell von Alfred Holzbrecher und Sandra Tell, das sich an kommunikationswissenschaftliche Bezüge (Friedemann Schulz-von Thun) anlehnt.[515] Exemplarisch hebe ich außerdem noch einige aktuelle Ansätze aus dem Bereich der Kunstpädagogik hervor – insbesondere im Feld der Dissertationen, die mit Daten-Triangulationen arbeiten. Dazu zähle ich Forschungen z. B. von Nadia Bader, Katja Böhme, Catharina Jochum oder Tobias Loemke, ohne dass ich an dieser Stelle ihre Positionen detailliert ausführen kann.[516] So untersucht Bader beispielsweise Zeichnungen und Sprache über Videoaufzeichnungen, Böhme analysiert fotografische Bilder eingebettet in Gespräche, während Jochum und Loemke Artefakte verschiedener Zielgruppen beleuchten, die auch in Interviews zum Thema wurden. Auch Catharina Jochum und Tobias Loemke haben sich in ihren Untersuchungen dabei für die dokumentarische Methode nach Ralf Bohnsack entschieden, die sie in ihren Arbeiten für ihre jeweiligen Untersuchungssettings ebenfalls abgewandelt haben.

Während ich in diesem Kapitel meinen Forschungsansatz im Feld rekonstruktiver Sozialforschung positioniert und insbesondere im letzten Abschnitt die Notwendigkeit einer Weiterentwicklung von Methoden der Bildanalyse hervorgehoben habe, komme ich nun auf mein konkretes Analyseverfahren zu sprechen. Ich begründe meine methodischen Entscheidungen vor dem Hintergrund meiner methodologischen Überlegungen und erläutere notwendig gewordene Modifizierungen der dokumentarischen Methode in meiner Forschung.

514 Als Überblick vgl. etwa Marotzki, Niesyto (Hg.) (2006b): Bildinterpretation und Bildverstehen. sowie Friebertshäuser, Von Felden, Schäffer (2007): Bild und Text. Methoden und Methodologien visueller Sozialforschung in der Erziehungswissenschaft.

515 Alle drei Methoden werden auch im Buch von Marotzki und Niesyto vorgestellt und wurden an dieser Stelle exemplarisch aufgeführt.
Vgl. Bohnsack (2006): Die dokumentarische Methode der Bildinterpretation in der Forschungspraxis.; Stutz (2006): Beteiligte Blicke.; Holzbrecher, Tell (2006): Jugendfotos verstehen.
Der Sammelband von Marotzki und Niesyto beinhaltet noch zwei weitere kunstpädagogische Modelle, zum einen von Hubert Sowa und Bettina Uhlig, die eine ‚kunstpädagogische Bildhermeneutik' starkmachen sowie von Georg Peez, der auf methodische Überlegungen aud der Objektiven Hermeneutik zurückgreift. Vgl.: Sowa, Uhlig (2006): Bildhandlungen und ihr Sinn. sowie Peez (2006): Fotoanalyse nach Verfahrensprinzipien der Objektiven Hermeneutik.

516 Vgl.etwa Bader (2019): Zeichnen – Reden – Zeigen.; Böhme (2021): Bilder – Blicken – Reflexion.; Jochum (2022): Das unbemerkte Wissen und Können der Laien.; Loemke (2019): Innehalten beim Begleiten künstlerischer Prozesse.

4.4 Arbeiten mit der dokumentarischen Methode

Ich habe mich aus verschiedenen Gründen dafür entschieden, in meiner Forschung mit der dokumentarischen Methode zu arbeiten.[517] So war mir beispielsweise wichtig, eine Methode auszuwählen, die sowohl für die Interpretation von *Texten* als auch von *Bildern* geeignet ist, da die Analyse beider medialer Darstellungsformen ein zentraler Bestandteil meiner Untersuchung ist.[518] Von Bedeutung war für mich auch, dass es sich um eine *elaborierte Methode* im Feld der qualitativen Forschung handelt, die in der Praxis erprobt ist und kontinuierlich weiterentwickelt wird.[519] Ein weiterer Aspekt, der meine Auswahl beeinflusst hat, betrifft die *‚Analyseeinstellung'*, die mit der jeweiligen Methodik verbunden ist.[520] Denn um Vorstellungen von Partizipation zu untersuchen, frage ich nicht primär danach, *Was* die Projektleiter*innen sagen und zeigen (inhaltliche Ebene), sondern ich beleuchte das *Wie* der Herstellung von Bedeutung (» Kapitel 4.2.2).[521] Dabei interessieren mich pathische und responsive Dimensionen in Prozessen der Bedeutungskonstitution, die brüchig und nicht direkt zugänglich sind und nicht vollständig rekonstruiert werden können (» Kapitel 4.2.1; 4.2.3).[522] Wie bereits beschrieben,

517 Beate Hofstadler befragt in ihrer Arbeit Potenziale der Psychoanalyse für die qualitative Forschung und hebt in diesem Zusammenhang hervor, dass sich die Wahl der jeweiligen Methodik nicht nur aus der Fragestellung der Forschung ergebe, sondern auch in einer Beziehung stehe zum „(...) persönlichen Zugang der ForscherInnen." Dies. (2012): forschen – entdecken – erzählen. S. 82. Dieser Hinweis ist mir an dieser Stelle wichtig hervorzuheben, um deutlich zu machen, dass Auswahlkriterien zur Methodik nicht nur forschungspragmatischen Überlegungen unterliegen und gänzlich ‚offengelegt' werden können. » auch Kapitel 5.1.2 Vorab II: Samplingmethoden und Forschungsverständnis

518 So fordert Flick beispielsweise für eine Daten-Triangulation die Bezugnahme auf ähnliche theoretische Perspektiven, die bei der dokumentarischen Methode durch einen gemeinsamen methodologischen Rahmen gegeben sind. » auch Kapitel 4.4.1 Die dokumentarische Methode nach Ralf Bohnsack
„Weiterhin bezieht sie [die Triangulation, EM] sich auf die Kombination unterschiedlicher Datensorten jeweils vor dem Hintergrund der auf die Daten jeweils eingenommenen theoretischen Perspektiven. Diese Perspektiven sollten so weit als möglich gleichberechtigt und gleichermaßen konsequent behandelt und umgesetzt werden." Flick (2008): Triangulation. S. 12.

519 Gerade als ‚Forschungsanfängerin' ist es hilfreich, auf ein breites Erfahrungswissen aus Forschungen Anderer zurückgreifen zu können und verschiedenartige Anwendungen der Methode zu vergleichen. Dazu zählt aber auch die bereits geleistete Einbettung der Methode in einen methodologischen ‚Überbau', der Orientierungen erlaubt und Modifizierungen ermöglicht.

520 Auch Przyborski und Wohlrab-Sahr unterscheiden zwei unterschiedliche „Analyseeinstellungen" im Rahmen qualitativer Methoden, die auf die Rekonstruktion zwei verschiedener „Sinnebenen" abzielen würden. (Przyborski, Wohlrab-Sahr (2014): Qualitative Sozialforschung. S. 18 ff. Dazu zählen zum einen Methoden, die „Rekonstruktionen des Alltags" in den Fokus nehmen und im Anschluss an Hitzler als eher „deskriptiv" beschrieben werden können. (Ebd., S. 18 f. Ich bezeichne diese Ebene hier als Was-Ebene. Dem stellen die Autorinnen Methoden gegenüber, die darauf zielen, eine „Sinnstruktur" herauszuarbeiten, auf der die alltäglichen Handlungen basieren, was ich als Wie-Ebene beschreibe. (Ebd., S. 19 f.

521 » Kapitel 4.2.2 Medien als Zwischeninstanzen und Zwischendinge: Zur Medialität der Erfahrung.

522 » Kapitel 4.2.1 Zwischen Selbst und Anderen, Eigenem und Fremdem: Zur Phänomenologie der Erfahrung sowie Kapitel 4.2.3 Zwischen visuellen und sprachlichen Darstellungen, durch Bilder und Sprache: Überlegungen zu einer indirekten Empirie.

vollziehe ich an dieser Stelle einen Wechsel von der phänomenologischen Ebene der Betrachtung zu der Frage, wie ich das Ausgangsmaterial meiner Untersuchungen, die visuellen und sprachlichen Darstellungen der Projektleiter*innen, qualitativ empirisch untersuchen kann (» Kapitel 4.3).[523] Im Folgenden komme ich zunächst auf den methodologischen Rahmen der dokumentarischen Methode zu sprechen, um zugrundeliegende Theorieannahmen zu verdeutlichen (» Kapitel 4.1) und notwendig gewordene Modifikationen vor dem Hintergrund meiner phänomenologischer Überlegungen vorzustellen (» Kapitel 4.4.2; 4.4.3). Bevor ich anschließend in die Analyseschritte zur Interpratation von Texten und Bildern einführe (» Kapitel 4.4.4; 4.4.5) und weitere Modifikationen in der Bildanalyse vorstelle (» Kapitel 4.4.6).

4.4.1 Die dokumentarische Methode nach Ralf Bohnsack

Wie Ralf Bohnsack ausführt, gehe das von ihm weiterentwickelte Verfahren auf die „dokumentarische Methode der Interpretation" des Soziologen Karl Mannheim zurück (Mannheim 1964) und schaffe einen methodisch kontrollierten *„Zugang zum handlungsleitenden Wissen"* der Akteur*innen.[524]

> „Mit der von ihm begründeten »Wissenssoziologie« hat Karl Mannheim (1952b) in den 20er-Jahren des 20.Jahrhunderts sowohl einen theoretischen wie auch methodologisch-methodischen Zugang zu jenen Bereichen des Wissens eröffnet, welche unsere alltägliche *Handlungspraxis orientieren*. Mannheim (1964a) bezeichnet dieses in die Alltagspraxis eingelassene vorreflexive Wissen auch als *atheoretisches* Wissen – im Unterschied eben zum theoretischen Wissen, also zu den Alltagstheorien oder Common Sense-Theorien."[525]

Dieses ‚atheoretische Wissen', das sich gerade dadurch auszeichne, dass es sich einer Versprachlichung widersetze, bringt Bohnsack mit weiteren Positionen in Verbindung, wie dem *„impliziten* Wissen" („tacit knowledge") von Michael Polanyi oder dem *„inkorporierten* Wissen" nach Pierre Bourdieu.[526] Zugleich zeigt er Theorieverbindungen auf, die insbesondere in der Bildanalyse noch bedeutsam werden sollen. Denn der Kunsthistoriker Erwin Panofsky habe ebenfalls auf Mannheims Überlegungen zurückgegriffen für seine Entwicklung der „Stilanalysen", die wiederum Einfluss auf Bourdieus Habitus-Konzept genommen hätten.[527] Bohnsacks Adaptionen und Weiterentwicklungen der dokumentarischen Methode, die er in den 1980er-Jahren zunächst zur Analyse von Gruppendiskussionen einsetzte,

523 » Kapitel 4.3 Verortungen im Feld rekonstruktiver Sozialforschung.
524 Bohnsack (2011): Qualitative Bild- und Videointerpretation. S. 15 (kursiv EM).
525 Ebd., S. 15.
526 Ebd., S. 15 (kursiv im Original).
527 Bohnsack (2008): Rekonstruktive Sozialforschung. S. 62.
» auch Kapitel 4.4.5 Zur Analyse von Bildern mit der dokumentarischen Methode.

führten zu einer „(...) breiten Anwendung [von Mannheims Schriften, EM] in der sozialwissenschaftlichen Empirie (...)", wie Przyborski und Wohlrab-Sahr konstatieren.[528] Heute wird diese Methode zur Auswertung verschiedener Datensorten herangezogen[529], darunter auch Interviews und Bilder, wie ich bereits vor dem Hintergrund der Darlegung meiner Auswahlkriterien aufgeführt habe.
Doch wie ist es möglich, über Datenanalysen mithilfe der dokumentarischen Methode einen Zugang zu schaffen zu einem Wissen, „(...) das uns nicht lexikalisch, begrifflich gegeben ist, sondern als implizites, mit anderen geteiltes Wissen in unsere unmittelbare, alltägliche Handlungspraxis eingelassen ist"[530]? Wie Przyborski und Wohlrab-Sahr hervorheben, sei das methodische Vorgehen durch eine „(...) *Trennung von immanentem bzw. kommunikativ generalisierbarem Sinngehalt und konjunktivem bzw. dokumentarischem Sinngehalt*"[531] gekennzeichnet. Es geht also weniger darum zu erforschen, *was* die Beforschten sagen oder zeigen (immanenter Sinngehalt), vielmehr ziele die dokumentarische Methode darauf, „(...) den Prozess der (erlebnismäßigen) Herstellung von Wirklichkeit, also die Frage nach dem Wie (...)"[532] zu beleuchten. Bohnsack begründet die Fokussierung der Wie-Frage auch mit einer „Suspendierung" oder „Einklammerung des Geltungscharakters" der Daten.[533] Denn die Untersuchung ziele nicht darauf zu erforschen, ob das Gesagte/ Gezeigte (Was?) zutreffe oder wahr sei, vielmehr sollen über eine Analyse der Art und Weise des Sprechens/ des Zeigens (Wie?) wiederkehrende Strukturen beschreibbar werden, die Rückschlüsse auf mögliche, zugrundeliegende handlungsleitende ‚Orientierungen' erlauben.[534] Diese Trennung, die Bohnsack auch als „methodologische Leitdifferenz" beschreibt, „(...) findet in der Unterscheidung von *formulierender* und *reflektierender* Interpreta-

528 Przyborski, Wohlrab-Sahr (2014): Qualitative Sozialforschung. S. 277.
529 Vgl. etwa Bohnsack (2008): Rekonstruktive Sozialforschung. S. 65 f.
530 Przyborski, Wohlrab-Sahr (2014): Qualitative Sozialforschung. S. 13.
531 Ebd., S. 277 (kursiv EM).
532 Bohnsack (2008): Rekonstruktive Sozialforschung. S. 64.
533 Ebd., S. 64.
An dieser Stelle werden Parallelen zur phänomenologischen Fragerichtung oder ‚Analyseeinstellung' sichtbar, die ebenfalls das ‚Wie' der Konstitution von Bedeutung fokussiert – vor dem Hintergrund der Verschiedenartigkeit der theoretischen Zugänge. » etwa Kapitel 4.1.3 Sinnebene: Darstellung
Auch Bohnsack verweist auf Ähnlichkeiten in der Analyseeinstellung der Wissenssoziologie Mannheims und der Phänomenologie von Husserl und Schütze über einen Vergleich mit der Ethnomethodologie Garfinkels:
„Die prozessanalytische Einstellung der Ethnomethodologie ist einerseits der Suspendierung der ‚natürlichen Einstellung' der Phänomenologie von Husserl und Schütz verbunden, der so genannten Epoché. Sie stimmt andererseits mit dem überein, was Mannheim (1980, S. 88), die ‚Einklammerung des Geltungscharakters' genannt hat, wie er mit der für die Wissenssoziologie konstitutiven ‚genetischen Einstellung' einhergeht." Bohnsack (2008): Rekonstruktive Sozialforschung. S.58.
534 Vgl. Bohnsack (2008): Rekonstruktive Sozialforschung. S. 64 ff.oder Przyborski, Wohlrab-Sahr (2014): Qualitative Sozialforschung. S. 290f.

tion ihren forschungspraktischen Ausdruck (...)."[535] Przyborski und Wohlrab-Sahr fassen rahmende Überlegungen für diesen zweistufigen Interpretationsschritt zur Annäherung an das handlungsleitende, implizite Wissen auf *verbaler Ebene* sehr gut zusammen:

> „Der Dokumentsinn, auf den die dokumentarische Interpretation zielt, ist nicht auf der Ebene von Begriffen gegeben oder unmittelbar zum Ausdruck zu bringen, wie es beim kommunikativ-generalisierten (immanenten) Sinn der Fall ist. Um die beiden Sinnebenen miteinander in Bezug setzen zu können, muss auch der Dokumentsinn zur begrifflichen Explikation gebracht werden. Daher gilt es zu analysieren, wie der immanente Sinn ausgedrückt wird: Wesentlich dabei ist das Entschlüsseln der Metaphorik von Erzählungen und Beschreibungen sowie der Strukturprinzipien der Performanz und interaktiven Hervorbringung des Gesprächs, also seiner Performativität."[536]

Wie ich in den nächsten Kapiteln noch vertiefen werde, unterscheidet sich das methodische Vorgehen in der Analyse von Texten und Bildern aufgrund ihrer spezifischen Medialität.[537] Dennoch zielen sowohl die Text- als auch die Bildinterpretationen auf das Herausarbeiten des jeweiligen ‚*Dokumentsinns*' bzw. der handlungsleitenden Muster im Gesagten und Gezeigten durch einen „(...) Wechsel der Analyseeinstellung vom *Was* zum *Wie* (...) sowie die Rekonstruktion der *Formalstruktur* von Bildern wie auch von Texten (...)."[538] Obwohl die dokumentarische Methode auf der Annahme beruht, dass der ‚Dokumentsinn' von Bildern und sprachlichen Äußerungen grundsätzlich rekonstruierbar sei[539], kalkulieren die dokumetarischen Interpretationsverfahren die ‚Standortgebundenheit' der Forschenden mit ein – oder wie Przyborski und Wohlrab-Sahr mit Bezug zu Mannheims Ansatz hervorheben:

> „Ein soziales Phänomen wird immer auf der Grundlage der Erfahrungen, des Standorts des Wissenschaftlers erfasst, d.h. in Relation zu dessen Erfahrung, sozialhistorischer Einbindung und wissenschaftlicher Sozialisation und – noch zugespitzter formuliert – seiner Handlungspraxis. Die dokumentarische Methode fasst dies aber nicht in erster Linie als eine Voraussetzung auf, die durch Methoden ‚geheilt' oder behoben werden muss, vielmehr bezieht sie es offensiv und systematisch in ihre Methodologie ein."[540]

---

535 Bohnsack (2008): Rekonstruktive Sozialforschung. S. 64 (kursiv im Original).

536 Przyborski, Wohlrab-Sahr (2014): Qualitative Sozialforschung. S. 291 (im Original mit Hervorhebungen).
In der Beschreibung des Interpretationsvorgangs bei der Analyse von Texten werde ich dieses Verfahren weiter vertiefen. » Kapitel 4.4.4 Zur Analyse von Texten mit der dokumentarischen Methode

537 » Kapitel 4.4.4 Zur Analyse von Texten mit der dokumentarischen Methode sowie Kapitel 4.4.5 Zur Analyse von Bildern mit der dokumentarischen Methode.

538 Bohnsack (2011): Qualitative Bild- und Videointerpretation. S.53 (kursiv im Original).

539 Przyborski, Wohlrab-Sahr (2014): Qualitative Sozialforschung. S. 20.

540 Ebd., S. 282.

Ein zentrales Prinzip, das neben den oben genannten Merkmalen der dokumentarischen Methode einen Umgang mit der Standortgebundenheit der Forschenden ermöglichen soll, bestehe in der systematischen Anwendung von *Vergleichen* und der Betrachtung von *Homologien*. Der Fokus der Analyse richte sich auf wiederkehrende Strukturen *innerhalb* eines Falls, aber auch auf *fallübergreifende* Vergleiche.[541] Durch die Untersuchung von fallinternen Homologien werde es möglich, themenunabhängige „*Orientierungsrahmen*" zu bestimmen.[542] Przyborski und Wohlrab-Sahr beschreiben dieses Vorgehen folgendermaßen:

> „Man ist dem Dokumentsinn auf der Spur, wenn er sich in strukturidentischer, d.h. in homologer Weise, in unterschiedlichen Sequenzen bzw. auf unterschiedlichen Ebenen der Gestaltung wiederholt."[543]

Durch die Einbeziehung weiterer Fallbeispiele („*Vergleichshorizonte*") solle „(...) ein Wissen um alternative, kontingente Handlungspraktiken" ermöglicht werden, jenseits der Alltagspraktiken der Forschenden.[544] Bohnsack bezeichnet dieses systematische Vergleichen auch als „*komparative Analyse*".[545] Er empfiehlt z. B., abweichende Fälle innerhalb einer Gruppe gegenüberzustellen – nach dem „(...) Prinzip des *Kontrasts in der Gemeinsamkeit*".[546] Auch Przyborski und Wohlrab-Sahr heben den Stellenwert des vergleichenden Vorgehens vor dem Hintergrund der Standortgebundenheit der Forschenden hervor:

> „(...) aus der Idee der Standortgebundenheit [folgt, EM], dass theoretische Abstraktionen in der dokumentarischen Methode durch das systematische Gegeneinanderhalten von empirischen Gegebenheiten geleistet werden müssen. Dabei werden unterschiedliche Relationen innerhalb eines bearbeiteten Phänomens voneinander abhebbar. Zentral ist mithin die komparative Analyse; der deutliche Schwerpunkt liegt auf dem systematischen Vergleich empirischer Fälle."[547]

Auch in meiner Untersuchung nutze ich die hier thematisierten Prinzipien der dokumentarischen Methode, um einen ‚kontrollierten Zugang' zum handlungsleitenden, impliziten Wissen der untersuchten Projektleiter*innen zu schaffen – jedoch vor dem Hintergrund der Un-Möglichkeit dieser Re-Konstruktionen (» Kapitel 4.3.2).[548] Ich gehe nicht von einem eindeutig identifizierbarem ‚Dokumentsinn' aus, sondern lote mögliche Bedeutungen für die Projektleiter*innen aus, denen ich durch

541 Vgl. etwa ebd., S. 26.
542 Ebd., S. 290 (kursiv EM).
543 Ebd., S. 290 (ohne Hervorhebungen der Autor*innen).
544 Bohnsack (2008): Rekonstruktive Sozialforschung. S. 65 (kursiv EM).
545 Ebd., S. 65 (kursiv EM).
546 Ebd., S. 65 (kursiv im Original).
547 Przyborski, Wohlrab-Sahr (2014): Qualitative Sozialforschung. S. 282 (ohne Hervorhebungen der Autor*innen).
548 » Kapitel 4.3.2 Re-Konstruktionen und Un-Möglichkeiten des Benennens.

meine Interpretationen ihrer verschiedenen Darstellungsformen nachgehe. Ich orientiere mich an den Analyseschritten, um meinen Blick auf das Datenmaterial zu befremden, ohne dass ich ‚meine' Perspektive objektivieren kann. Hier deuten sich bereits notwendige Modifikationen der dokumentarischen Methode an, auf die ich nun eingehe.

4.4.2 Modifikation I: Hervorhebung der Perspektive der Forscherin

Im Kapitel 4.3.2 Re-Konstruktionen und Un-Möglichkeiten des Benennens habe ich bereits Herausforderungen thematisiert, welche sich aus der Kombination einer rekonstruktiven Methodik (dokumentarischen Methode) mit phänomenologischen und bildungstheoretischen Perspektiven ergeben. Dort habe ich auch beschrieben, dass *eine* Konsequenz dieses Zusammendenkens verschiedener Theoriefelder für mich darin besteht, ‚meine' Perspektive in der Darstellung der Ergebnisse sichtbar zu machen – ohne dass ich gänzlich bei mir sein kann (» Kapitel 4.2.1).[549] Ich betone ein *konstitutives Zwischen* (zwischen Selbst und Anderen, Eigenem und Fremdem) und grenze mich von der Vorstellung eines autonomen Subjekts ab. Prozesse des gegenseitigen Be- und Entzugs zwischen mir und den Forschungsteilnehmer*innen kalkuliere ich in meine Untersuchung ein. Auch Bilder und Texte (Sprache) verstehe ich nicht als selbstreferentielle Medien in dem Sinn, dass ihre Bedeutung (ihr ‚Dokumentsinn') vollständig entschlüsselt werden könnte. An dieser Stelle hinterfrage ich Annahmen der dokumentarischen Methode.[550] Stattdessen hebe ich die sinngenerierende Dimension *durch* Bilder und Texte *für jemanden* hervor und betone im Anschluss an Waldenfels deren affektive Wirkungen, die sich einer Rekonstruktion entziehen (» Kapitel 4.2.2; 4.2.3).[551] Ich strebe weniger eine „intersubjektive Vergleichbarkeit der Interpretationen (...)"[552] an, wie sie Bohnsack fordert, auch wenn ich meine Ergebnisse im Rahmen von Kolloquien und Arbeitstagungen mit Kolleg*innen diskutiert habe und mich um eine Transparenz in der Darstellung der Auswertungsschritte bemühe. Vielmehr nutze ich das analytische Vorgehen der dokumentarischen Methode, um meine Standortgebundenheit zu befremden und lasse zugleich ‚meine' Perspektive in der Darstellung meiner Interpretationen der Interviews und Bilder durchscheinen.

549 » auch Kapitel 4.2.1: Zwischen Selbst und Anderen, Eigenem und Fremdem: Zur Phänomenologie der Erfahrung.

550 Przyborski und Wohlrab-Sahr betonen im Anschluss an Bohnsack die Selbstreferenzialität von Bildern und Text:
„Das Bild wird ebenso wie der Text als ein ‚selbstreferentielles System' verstanden (Bohnsack 2009:27), wobei hinsichtlich der grundlegenden Prinzipien der Herstellung von Selbstreferenzialität sich Bild und Text allerdings nachhaltig unterscheiden." Dies. (2014): Qualitative Sozialforschung. S. 337.

551 » Kapitel 4.2.2 Medien als Zwischeninstanzen und Zwischendinge: Zur Medialität der Erfahrung sowie Kapitel 4.2.3 Zwischen visuellen und sprachlichen Darstellungen, durch Bilder und Sprache: Überlegungen zu einer indirekten Empirie.

552 Bohnsack (2008): Rekonstruktive Sozialforschung. S. 65.

4.4.3 Modifikation II: Indirekte Empirie durch den ‚Einbezug' des Nicht-Sichtbaren und Nicht-Sagbaren

Meine Überlegungen zur Notwendigkeit einer indirekten Empirie habe ich im vierten Kapitel vor dem Hintergrund des phänomenologischen Erfahrungsbegriffs bereits vertiefend hergeleitet (» Kapitel 4.2.1; 4.2.2)[553] und bezogen auf den Vergleich visueller und sprachlicher Darstellungen ausgeführt (» Kapitel 4.2.3).[554] An dieser Stelle fasse ich noch einmal zentrale Annahmen zur weiteren Modifikation meines methodischen Vorgehens zusammen:

In meiner Untersuchung betone ich im Anschluss an Andrea Sabisch und Bernhard Waldenfels aus phänomenologischer Perspektive eine indirekte Empirie, weil ich davon ausgehe, dass affektive Dimensionen der Bedeutungsgenerierung nur indirekt re-konstruiert werden können – über *Spuren ihres Entzugs*. Ich hebe die mediale Verfasstheit von Erfahrungen hervor und vermute, dass durch unterschiedliche mediale Darstellungsformen verschiedene Arten der ‚Bedeutungsgenerierung' relevant werden. Während ich in meinen empirischen Analysen mithilfe der dokumentrischen Methode die WIE-Ebene befrage, um zu analysieren, wie die Projektleiter*innen Ihre Arbeiten zeigen und wie sie darüber sprechen, betone ich zugleich die struktur*bildende* Funktion von Medien. Mit der Bezeichnung *visuelle und sprachliche Darstellungen* verweise ich zugleich auf ihren pathischen und responsiven Charakter, der sich dichotomen Zuordnungen widersetzt und unbewusste Prozesse im Sehen und Sprechen mitdenkt. Um diesen affektiven Dimensionen auf die Spur zu kommen und das Nicht-Sichtbare/ Nicht-Sagbare in meine Untersuchung einzubeziehen, werden *Differenzen zwischen sprachlichen und visuellen Darstellungen* in meiner Untersuchung zentral. Indem ich danach frage, WIE etwas sichtbar oder sagbar wurde bzw. was im Vergleich der beiden Darstellungsformen nicht sichtbar oder sagbar wurde, gehe ich den Differenzen nach. Das vergleichende Vorgehen als Annäherung an das, was sich entzieht, wird als vornehmliches Arbeitsprinzip auch auf der Bildebene bedeutsam (» Kapitel 4.4.6)[555] und durch kontinuierliche fallübergreifende und fallinterne Vergleiche erweitert (» Kapitel 5.3.1).[556] Deshalb komme ich in dieser Arbeit wiederholt auf Gegenüberstellungen zurück. Während ich das konkrete Zusammenspiel der verschiedenen Auswertungsebenen und Vergleiche in meiner Forschung im fünften Kapitel detailliert beschreibe, gehe ich nun vertiefend auf die Arbeitsschritte der dokumentarischen Methode vor dem Hintergrund ihrer theoretischen Einbettung

553 » Kapitel 4.2.1: Zwischen Selbst und Anderen, Eigenem und Fremdem: Zur Phänomenologie der Erfahrung sowie Kapitel 4.2.2 Medien als Zwischeninstanzen und Zwischendinge: Zur Medialität der Erfahrung.

554 » Kapitel 4.2.3 Zwischen visuellen und sprachlichen Darstellungen, durch Bilder und Sprache: Überlegungen zu einer indirekten Empirie.

555 » Kapitel 4.4.6 Modifikation III: Bild-Vergleiche und Bild-Ensembles.

556 » Kapitel 5.3.1 Arbeitsskizzen: Vergleiche und Triangulationen.

ein (» Kapitel 4.4.4; 4.4.5), bevor ich notwendig gewordene Modifikationen insbesondere zur Bildanalyse erläutere (» Kapitel 4.4.6).

4.4.4 Zur Analyse von Texten mit der dokumentarischen Methode

Um das ‚Nicht-Sagbare' in meinen Analysen mitzudenken, werden bereits auf sprachlicher Ebene Modifikationen der dokumentarischen Methode notwendig. Ich skizziere zunächst Auswertungsschritte nach Ralf Bohnsack, bevor ich meine Veränderungen aufzeige.

Wie im Kapitel 4.4.1 erläutert, zielt die dokumentarische Analyse von Texten weniger darauf zu untersuchen, *was* die Beforschten sagen (immanenter Sinngehalt), sondern fokussiert „(...) den Prozess der (erlebnismäßigen) Herstellung von Wirklichkeit, also die Frage nach dem Wie (...)."[557] Dazu wird die Art und Weise der Behandlung eines Themas näher beleuchtet, um mögliche ‚Orientierungsrahmen' herauszuarbeiten. Im Rahmen der Textanalyse – in meiner Untersuchung in Form einer Interviewanalyse, bedarf dies einer genauen Untersuchung der Art und Weise der Erzählungen, für die Bohnsack (in Anlehnung an Mannheim und Panofsky) ein zweistufiges Interpretationsverfahren entwickelt hat – die formulierende und die reflektierende Interpretation.[558] Die erste Ebene, die *formulierende Interpretation,* beginnt bei Bohnsack bereits in der Bearbeitung der Interviewtranskripte, um einen thematischen Überblick zum Gesagten herzustellen.[559] Durch eine stichwortartige Skizzierung von Ober- und Unterthemen solle ein *„thematischer Verlauf der Gesamtdiskussion"* (bzw. des Gesamtinterviews) erstellt werden.[560] Die Notwendigkeit dieser zusammenfassenden Übersicht von Gesprächsthemen wird vor allem im Hinblick auf den Umfang des Datenmaterials deutlich, den Przyborski und Wohlrab-Sahr für gelungene Interviews (und andere Gesprächsformate) mit durchschnittlich einer bis vier Stunden angeben.[561] Als zweiten der insgesamt vier Arbeitsschritte der formulierenden Interpretation bezeichnet Bohnsack die *thematische Auswahl von „Passagen"*, „(...) die zum Gegenstand reflektierender Interpretation werden sollen (...)."[562] Der Fokus richte sich auf ihre „thematische Relevanz" zur Beantwortung der Forschungsfrage (z. B. Partizipationsvorstellungen) und ziele darauf, eine *Vergleichbarkeit* zwischen den Interviews herzustellen

557 Bohnsack (2008): Rekonstruktive Sozialforschung. S. 64.

558 » Kapitel 4.4.1 Arbeiten mit der dokumentarischen Methode nach Ralf Bohnsack
Dort habe ich auch die methodologischen Überlegungen zum zweistufigen Interpretationsschritt von der formulierenden (Was?) zur reflektierenden Interpretation (Wie?) erläutert.

559 Bohnsack bezeichnet insgesamt vier Arbeitsschritte als formulierende Interpretation, „[d]a der Interpret im Zuge dieser Untergliederung des Textes zusammenfassende Formulierungen leistet (...)." Bohnsack (2008): Rekonstruktive Sozialforschung. S. 34.

560 Bohnsack (2008): Rekonstruktive Sozialforschung. S. 135 (kursiv im Original).

561 Vgl. Przyborski, Wohlrab-Sahr (2014): Qualitative Sozialforschung. S. 292.
Die von mir durchgeführten Interviews dauerten 1 Stunde, 32 Minuten; 1 Stunde, 39 Minuten sowie 1 Stunde, 47 Minuten. » Kapitel 5.2.1 Vorbereitungen und Durchführung der Interviews

562 Bohnsack (2008): Rekonstruktive Sozialforschung. S. 135 (kursiv EM).

(z. B. die vergleichende Untersuchung, wie die verschiedenen Leiter*innen über die Zusammenarbeit sprechen).[563] Neben der thematischen Auswahl sei aber auch die Betrachtung jener Passagen aufschlussreich, die sich durch ihre *„metaphorische Dichte,* d.h. [durch die, EM] Bildhaftigkeit und Plastizität der sprachlichen Äußerungen" [564] auszeichnen (dritter Arbeitsschritt). Bohnsack charakterisiert sie auch als *„Fokussierungsmetaphern"*.[565] Und auch in meiner Auswertung werden Passagen bedeutsam, die sich durch eine ‚metaphorische Dichte' auszeichnen. Die erste Interpretationsstufe mündet schließlich in einer *„detaillierten formulierenden Interpretation"* der ausgewählten Textpassagen, um der „thematischen Feingliederung" nachzugehen (vierter Arbeitsschritt).[566] Diese Feingliederung bewege sich weiterhin auf der Was-Ebene und „(...) verbleib[e, EM] noch im Bereich des ‚immanenten' Sinngehalts (...)", wie Bohnsack ausführt.[567] Przyborski und Wohlrab-Sahr beschreiben das paraphrasierende Vorgehen, das die detaillierte formulierendende Interpretation kennzeichne, als notwendigen Zwischenschritt, um die Struktur des Textes herauszuarbeiten und die (Re-)Formulierungen intersubjektiv überprüfbar zu machen.[568] Auch in meiner Untersuchung habe ich diese notwendigen Vorarbeiten geleistet, auch wenn ich sie in der Darstellung meiner Ergebnisse nicht umfassend abbilden kann und dort den Fokus stärker auf die Ergebnisse meiner *reflektierende Interpretation* lege.[569] Diese zweite Ebene des Interpretationsvorgangs ziele nun darauf, den „dokumentarischen Sinngehalt" zu analysieren und das Wie der Herstellung von Bedeutung in den Blick zu nehmen.[570] Laut Bohnsack diene sie dazu, „(...) die Rekonstruktion und Explikation des *Rahmens* [zu beleuchten, EM], innerhalb dessen das Thema abgehandelt wird, (...) die Art und Weise, *wie*, d.h. mit Bezug auf welches Orientierungsmuster, welchen Orientierungsrahmen das Thema behandelt wird."[571] Um die zugrundeliegenden

563 Ebd., S. 135.
564 Ebd., S. 138 (kursiv im Original).
565 Ebd., S. 137 (kursiv im Original).
Im Vergleich würden sich Fokussierungsmetaphern durch eine besondere „Intensität" abheben und können beispielsweise auch als „Wechsel der bevorzugten Textsorte" auffällig werden (etwa von einem argumentierenden Stil zu Erzählungen) oder als eine besonders ausführliche Behandlung eines Themas hervorstechen, wie Przyborski und Wohlrab-Sahr erläutern. Przyborski, Wohlrab-Sahr (2014): Qualitative Sozialforschung. S. 293.
566 Bohnsack (2008): Rekonstruktive Sozialforschung. S. 135 (kursiv im Original).
567 Ebd., S. 134.
568 Vgl. Przyborski, Wohlrab-Sahr (2014): Qualitative Sozialforschung. S. 293 f.
569 » Kapitel 5.3 Fokus und Chronologie der Auswertungsschritte und Ausdifferenzierungen im Darstellungsprozess.
570 Przyborski, Wohlrab-Sahr (2014): Qualitative Sozialforschung. S. 295.
571 Bohnsack (2008): Rekonstruktive Sozialforschung. S. 135 (kursiv im Original).
Unter *Orientierungen* verstehen Przyborski und Wohlrab-Sahr „(...) Sinnmuster (...), die unterschiedliche (einzelne) Handlungen hervorbringen. Es handelt sich somit um Prozessstrukturen, die sich in homologer Weise in unterschiedlichen Handlungen, also in Sprechhandlungen und Darstellungen, reproduzieren. Diese Sinnmuster sind in Handlungen eingelassen und werden nicht explizit in Form von Themen besprochen." Przyborski, Wohlrab-Sahr (2014): Qualitative Sozialforschung. S. 295.

Orientierungsrahmen zu re-konstruieren, sei das Herausarbeiten von *„negative[n] und positive[n] Gegenhorizonten"* hilfreich. Denn einander begrenzende Gegenhorizonte würden erste eine „Identifikation" des Rahmens erlauben, vor dessen Hintergrund Äußerungen getätigt werden.[572] Diese „konstituierenden Gegenhorizonte" würden am deutlichsten in den Fokussierungsmetaphern zum Ausdruck kommen und werden von Bohnsack auch als „Orientierungsfiguren" beschrieben.[573] Ein weiteres zentrales Element der reflektierenden Interpretation bestehe in *fallinternen* und *fallübergreifenden Vergleichen,* um diese Orientierungsfiguren herauszuarbeiten. Indem wiederkehrende Strukturen in verschiedenen Sequenzen innerhalb eines Interviews deutlich werden, könne auf handlungsleitende Orientierungen geschlossen werden.[574] Neben diesen fallinternen Vergleichen ermögliche die *komparative (fallübergreifende) Analyse* eine Kontrastierung mit weiteren, alternativen Orientierungsrahmen und erlaube laut Bohnsack eine „Erhöhung der Validität einer Fallanalyse" durch eine „zunehmende empirische Fundierung".[575] Der komparative Vergleich sei so bereits für die fallinterne Analyse relevant, denn die fallübergreifende Gegenüberstellung trage dazu bei, Besonderheiten und Unterschiede der einzelnen Fälle präziser zu beleuchten. Während der Vergleich auf der Ebene der Themen beginne, verlagere er sich zunehmend auf die Ebene der herausgearbeiteten Orientierungsfiguren. Przyborski und Wohlrab-Sahr bezeichnen diese Vergleichsmomente auch als „*Tertium Comparationis*", als „(...) das gemeinsame Dritte, das einen Vergleich erst möglich macht."[576]

In meiner Untersuchung dienen die hier dargestellten Auswertungsschritte als Orientierung, um handlungsleitende Orientierungen in den Interviews mit den Projektleiter*innen zu re-konstruieren und dem WIE des Gesagten nachzugehen. Auch wenn dem komparativen Vergleich der sprachlichen Darstellungen in meiner Forschung eine zentrale Bedeutung zukommt, bin ich nicht allen Schritten im Einzelnen gefolgt, die zur Rekonstruktion des ‚Dokumentsinns' dienen. Denn dieses Ziel der dokumentarischen Methode stelle ich in meiner Arbeit zur Disposition

---

572 Bohnsack (2008): Rekonstruktive Sozialforschung. S. 135 (kursiv im Original).
Przyborski und Wohlrab-Sahr geben als Hilfestellungen zur Identifizierung des Orientierungsrahmens folgende Fragestellungen an:
„Man fragt, auf welches Ideal hin eine Sinneinheit hinstrebt (positiver Horizont), wodurch diese Ausrichtung beschränkt wird oder von welchem (negativen) Ideal die Sinneinheit wegstrebt (negativer Horizont)." Przyborski, Wohlrab-Sahr (2014): Qualitative Sozialforschung. S. 302.

573 Bohnsack (2008): Rekonstruktive Sozialforschung. S. 136.

574 Vgl. etwa ebd., S. 136.
Przyborski und Wohlrab-Sahr bemessen der „Suche nach Homologien" eine besondere Bedeutung zu und beschreiben sie auch als „übergreifende Interpretationstechnik". Dies. (2014): Qualitative Sozialforschung. S. 300.

575 Bohnsack (2008): Rekonstruktive Sozialforschung. S. 137.
Das hier angesprochene Problem der Standortgebundenheit der Forschenden, die ein *vergleichendes Vorgehen* notwendig macht, thematisiere ich in meiner Arbeit an unterschiedlichen Stellen und deute es deshalb an dieser Stelle nur an.
» etwa Kapitel 4.4.5 Zur Analyse von Bildern mit der dokumentarischen Methode.

576 Przyborski, Wohlrab-Sahr (2014): Qualitative Sozialforschung. S. 303 (kursiv EM).

(» Kapitel 4.3.2).[577] Inbesondere auf der Darstellungsebene meiner Ergebnisse kommt dieser Unterschied zum Ausdruck.[578] In meinen detaillierten *Analysen der sprachlichen Ebenen* (‚Sprechen zum Partizipationsbegriff'/ Kapitel 7 sowie in den Falldarstellungen zum ‚Sprechen über die Bilder' und zum ‚Sprechen über die Projektarbeit'/ Kapitel 8) konzentriere ich mich auf die Darlegung auffällig gewordener Strukturen und möglicher Widersprüche, die ich im neunten Kapitel zusammenfasse. Dort beschreibe ich für jeden Fall eine *‚dominante Orientierung,* die ich durch den Vergleich mit den visuellen Darstellungen herausgearbeitet habe und die sich m.E. durch wiederkehrende Strukturen auszeichnet (» Kapitel 9.1).[579] Die re-konstruierbar gewordenen Orientierungen differenziere ich durch *‚starke Ambivalenzen'* zwischen visuellen und sprachlichen Darstellungen weiter aus (» Kapitel 9.2)[580], während ich die auffällig gewordenen *‚markanten Abgrenzungen'* auf sprachlicher Ebene separat darstelle (» Kapitel 9.4)[581]. Im zehnten Kapitel wende ich schließlich diese Ergebnisse aus phänomenologischer Perspektive, um die re-konstruierbar gewordenen Orientierungen weiter zu befragen (» Kapitel 10).[582]

Die für die Gegenüberstellung verwendeten Fotografien habe ich im Vorfeld ebenfalls dokumentarisch ausgewertet, um durch den Vergleich Differenzen und Brüchen in den Darstellungsformen nachzugehen (» Kapitel 4.2.3; 4.4.3).[583] Dabei habe ich mein methodisches Vorgehen zur Analyse der Bilder für meine Untersuchung noch stärker modifiziert. Um diese Modifikationen zu erläutern, gehe ich zunächst wieder auf die Auswertungsschritte von Bildern nach Bohnsack ein, bevor ich meine Veränderungen vorstelle.[584]

4.4.5 Zur Analyse von Bildern mit der dokumentarischen Methode

> „Das Besondere der dokumentarischen Methode ist, dass sie die Bild- und Textinterpretation auf der Grundlage *eines* methodologischen Paradigmas erlaubt und *zugleich* an der Eigensinnigkeit des Bildes ausgerichtet ist."[585]

577 » Kapitel 4.3.2 Re-Konstruktionen und Un-Möglichkeiten des Benennens.

578 Die Differenz zwischen der Auswertungs- und der Darstellungsebene in meiner Arbeit beleuchte ich im Kapitel 5.3 Fokus und Chronologie der Auswertungsschritte und Ausdifferenzierungen im Darstellungsprozess.

579 » Kapitel 9.1 Fokus I: Dominante Orientierungen im Fallvergleich.

580 » Kapitel 9.2 Fokus II: Starke Ambivalenzen im Fallvergleich.

581 » Kapitel 9.4 Fokus III: Markante Abgrenzungen im Fallvergleich.

582 » Kapitel 10 Reflexionen und Wendungen der Untersuchungsergebnisse: Re-Konstruktionen von Vorstellungen über Partizipation zwischen Selbst und Anderen, durch visuelle und sprachliche Darstellungen.

583 » Kapitel 4.2.3 Zwischen visuellen und sprachlichen Darstellungen, durch Bilder und Sprache: Überlegungen zu einer indirekten Empirie sowie Kapitel 4.4.3 Modifikation II: Indirekte Empirie durch den ‚Einbezug' des Nicht-Sichtbaren und Nicht-Sagbaren.

584 Im fünften Kapitel werde ich dann näher darauf eingehen, welche Arbeitsprozesse sich an die reflektierende Interpretation der Interviews (und Bilder) anschließen, und erläutern, wie ich aus den analysierten Textsequenzen und Bildern „Fälle" generiert habe.

585 Przyborski, Wohlrab-Sahr (2014): Qualitative Sozialforschung. S. 337.

Wie Przyborski und Wohlrab-Sahr hervorheben, stellt der gemeinsame methodologische Rahmen zur Text- und Bildinterpretation eine Besonderheit der dokumentarischen Methode dar. Ralf Bohnsack und sein Forschungsteam würden seit Ende der 1990er-Jahre daran arbeiten, die dokumentarische Methode auch zur Analyse von visuellen Darstellungen zu nutzen – unter Einbeziehung der spezifischen Medialität von Bildern.[586] Im Hinblick auf den Stand der Methodenentwicklung konstatiert Bohnsack auch 2011 noch kritisch, dass sich die Auseinandersetzung über Verfahren der Bildinterpretation in der rekonstruktiven Sozialforschung noch immer „am Anfang" befinde und er fordert dazu auf, Bilder „(...) in ihrer Eigenlogik, ihrer Formalstruktur und Alltagsästhetik (...)" ernst zu nehmen.[587] Bohnsack orientiert sich dafür an Überlegungen aus der Kunstgeschichte und der Philosophie, etwa von Erwin Panofsky, Max Imdahl, Roland Barthes oder Umberto Eco.[588] Wie bereits im Kapitel 4.4.1 erwähnt, gelingt ihm die Entwicklung eines übergreifenden, methodologischen Rahmens über eine Bezugnahme auf das Analysemodell des Kunsthistorikers Panofsky, der sich wiederum an den Überlegungen Mannheims orientiert habe:

> „Der Kunsthistoriker Erwin Panofsky hat mit Bezug zu Mannheim im Zuge seiner *Stilanalysen* diese beiden Arten der Typenbildung deutlich voneinander unterschieden: diejenigen des ‚Bedeutungssinns' als eine kommunikativ-generalisierende von jener, ‚die wir mit einem Ausdruck Karl Mannheims als die Region des ‚Dokumentsinns' oder auch als die Region des ‚Wesenssinns' bezeichnen können' (Panofsky 1932, S. 115; vgl. auch Panofsky 1975). Träger des Dokumentsinns ist, wie Panofsky an anderer Stelle (1989) darlegt, der ‚Habitus'. An diesen Analysen von Panofsky hat dann später Bourdieu angeschlossen (...)."[589]

Ähnlich wie in der Textanalyse entwickelt Bohnsack in der Folge einen zweigliedrigen Interpretationsschritt, der eine *Trennung zwischen formulierender und reflektierender Interpretation* ermöglichen soll.[590] In Anlehnung an Panofskys Interpretationsschritte „(...) von der Ikonografie zur Ikonologie" vollziehe sich auf diese Weise ebenfalls ein Wechsel von der Was- zur Wie-Ebene.[591] Panofskys

586 Vgl. Przyborski, Wohlrab-Sahr (2014): Qualitative Sozialforschung. S. 337.

587 „Im Bereich der Interpretationen stehender und bewegter Bilder befinden wir uns demgegenüber in dieser Hinsicht [einer sorgfältigen und systematischen Bildanalyse, EM] noch ganz am Anfang. Nunmehr geht es darum, die bildhaften, die ikonischen Produkte alltäglicher Verständigung in ihrer Eigenlogik, ihrer Formalstruktur und Alltagsästhetik in analoger Weise wie Texte einer genauen Rekonstruktion zu unterziehen." Bohnsack (2011): Qualitative Bild- und Videointerpretation. S. 12.
» auch Kapitel 4.3.3 Daten-Triangulation von visuellen und sprachlichen Darstellungen

588 Vgl. etwa Bohnsack (2011): Qualitative Bild- und Videointerpretation. S. 25 ff.

589 Bohnsack (2008): Rekonstruktive Sozialforschung. S. 62 (kursiv im Original).

590 Vgl. etwa Bohnsack (2011): Qualitative Bild- und Videointerpretation. S.56 ff.oder Przyborski, Wohlrab-Sahr (2014): Qualitative Sozialforschung. S. 338 ff.

591 Bohnsack (2011): Qualitative Bild- und Videointerpretation. S. 30.
„Dem Wechsel von der Ikonografie zur Ikonologie entspricht der Wechsel vom immanenten zum dokumentarischen Sinngehalt bei Karl Mannheim (1964a)." Ebd., S. 30.

Analyse fokussiere den „ikonologischen Sinngehalt" der Bilder und frage nach dem „*Habitus* der Bildproduzent(inn)en".[592] Für eine „(...) konsequente Anerkennung der Eigengesetzlichkeit ikonischer Produkte (...)"[593] und als Reaktion auf die Kritik an diesem Analysemodell erweitert Bohnsack seine Bezugstheorien außerdem durch Überlegungen des Kunsthistorikers Max Imdahl zum „*sehenden Sehen*".[594] Wie Bohnsack zusammenfasst, richteten sich Imdahls Einwände etwa gegen eine „(...) Reduzierung auf das ‚*wiedererkennende Sehen*' (...)", das die „Gesamtkomposition des Bildes" und seine Eigenlogik vernachlässige und durch einen starken Bezug auf „textlich-narratives Vorwissen" (ikonografische Ebene) gekennzeichnet sei.[595] Imdahls „ikonische Interpretation" würde demgegenüber (textliches) Vorwissen methodisch suspendieren und den Fokus stärker auf die „*formale Komposition* des Bildes" legen.[596] Dabei gewinne die Untersuchung der „planimetrischen Komposition" des Bildes eine besondere Bedeutung, um der „*Sinnkomplexität des Übergegensätzlichen*", wie Imdahl ein zentrales Merkmal von Bildern bezeichne, gerecht zu werden.[597] Bohnsack bezieht noch weitere Autoren (Barthes und Eco) in seine Überlegungen ein, welche eine „essentielle Ambiguität" und „Widersprüchlichkeiten" im Bild thematisieren, um die Notwendigkeit bildspezifischer Analysemethoden hervorzuheben.[598] Obgleich er darauf hinweist, dass sowohl Barthes als auch Eco ein ‚Erfassen' dieser Ambiguität für problematisch halten, schließt er sich der Position Imdahls an, der über eine Analyse der „*Formal*komposition" des Bildes dessen Eigensinnigkeit auszumache.[599] In Anlehnung an Imdahl unterscheidet Bohnsack „(...) drei Dimensionen der Formalstruktur, des formalen kompositionalen Aufbaus des Bildes (...)", die er für die dokumentarische Methode der Bildinterpretation adaptiert, „(...) die ‚*planimetrische Ganzheitsstruktur*', die ‚*szenische Choreographie*' und die ‚*perspektivische Projektion*'."[600]

592 Bohnsack (2011): Qualitative Bild- und Videointerpretation. S. 31 (kursiv im Original).

593 Ebd., S. 12.

594 Vgl. ebd., S. 32 f.(kursiv EM).
Zur Vertiefung vgl. auch Imdahl (1996): Cézanne – Braque – Picasso.

595 Bohnsack (2011): Qualitative Bild- und Videointerpretation. S. 32.

596 Ebd., S. 32 (kursiv im Original).
Zur Untermauerung seiner Argumentation bezieht sich Bohnsack auch noch auf Barthes, Eco oder Foucault, um eine Ausklammerung von Vorwissen in der Bildinterpretation stark zu machen. Vgl. ebd., S. 33 ff.

597 Ebd., S. 36 (kursiv EM).

598 Ebd., S. 36.
Bohnsack bezieht sich hier auf Barthes´ „stumpfen Sinn" und Ecos „ästhetische Botschaft" als spezifische Kennzeichen von Bildern. Ebd., S. 36.

599 Ebd., S. 38 (kursiv im Original).

600 Bohnsack (2011): Qualitative Bild- und Videointerpretation, S.38 (kursiv im Original).
Die ‚*planimetrische Ganzheitsstruktur*' des Bildes nimmt für Bohnsack eine entscheidende Bedeutung in der Interpretation ein. (Vgl. ebd., S. 39 ff.) „Die Rekonstruktion der *planimetrischen Komposition* des Bildes bezieht sich auf die formale Konstruktion des Bildes in der Fläche." (Ebd., S. 39, kursiv im Original) Bohnsack empfiehlt diesen Analyseschritt vor der ikonografischen Analyse durchzuführen, um die Ganzheit und Sinnkomplexität des Bildes nicht einer Analyse von Einzelelementen unterzuordnen. (Vgl. ebd. S.40f)

Auch in meinen Bild-Untersuchungen habe ich mich an diesen formalen Ebenen orientiert, um meinen Blick auf das Bildmaterial zu befremden. In der *Darstellung meiner Untersuchungsergebnisse* tauchen diese Zwischenschritte der Bildanalyse allerdings nur noch in *Ausschnitten* auf. So beschreibe ich bspw. Aspekte der ‚szenischen Choreographie' (etwa die Konstellation der abgebildeten Personen) oder der ‚perspektivischen Projektion' (wie z. B. die Aufnahmeperspektive der Bilder), um mich den Bildern *anzunähern* (» Kapitel 6.2).[601] Ich beleuchte Bildstrukturen, indem ich mich auf den motivischen *Vergleich zwischen den Bildern* konzentriere und keine (planimetrischen) Einzelkompositionen thematisiere. Hintergrund dieses Vorgehens ist eine Skepsis bezüglich der formalen Identifizierbarkeit der Sinnkomplexität von Bildern, die ich mit Barthes und Eco teile – wenn auch aus unterschiedlichen Gründen. Über ein *vergleichendes Sehen* und die Gegenüberstellung der Fotografien in Form von *Bild-Ensembles* versuche ich, mein Sehen ‚zu öffnen' und unterschiedliche Interpretationsmöglichkeiten aufzuzeigen. Auf diese Weise arbeite ich Differenzen und Gemeinsamkeiten zwischen den Bildern heraus, wie ich im Folgenden weiter begründe.

4.4.6 Modifikation III: Bild-Vergleiche und Bild-Ensembles

Obwohl auch Bohnsack betont, dass das „Prinzip der komparativen Analyse"[602] sowohl für Text- als auch für Bildinterpretationen zentral sei, ist die dokumentarische Bildinterpretation m.E. noch immer stark an der Analyse von *Einzelbildern* ausgerichtet – insbesondere in der methodischen Darstellung.[603] Doch Bildvergleiche stellen sich unweigerlich ein, wie auch Bohnsack zu bedenken gibt. Denn die „Beobachtung des modus operandi [sei, EM] abhängig von *Vergleichshorizonten* (...)", die sich meist „(...) auf der Grundlage meiner mentalen Bilder konstituieren."[604] Diese individuell und kulturell geprägten mentalen Bilder blieben

In der Analyse der *‚szenischen Choreografie'* verlagere sich der Fokus auf die Konstellation dargestellten Figuren/Personen. In Anlehung an Imdahl empfielt Bohnsack bspw. die Analyse ihrer „Bewegungen (...), ihre räumliche Positionierung zueinander ebenso wie (...) ihre[ ] Gebärden, aber auch Blicke (...)." (Ebd. S. 39)
Unter *‚perspektiver Projektion'* analysiert Bohnsack die „(...) je unterschiedliche Herstellung von Perspektivität" und die jeweilige Konstitution von „(...) Räumlichkeit und Körperlichkeit". (Ebd. S. 38) Insbesondere in der Analyse von Fotografien, die zentralperspektivisch organisiert seien, würden so „(...) Personen und soziale Szenerien" in den Fokus der Analyse geraten. Ebd., S. 39.

601 » Kapitel 6.3 Motivischer Vergleich der drei Bild-Ensembles.

602 Bohnsack (2011): Qualitative Bild- und Videointerpretation. S.43.

603 So finden sich in den methodischen Beschreibungen zur Bildanalyse meist Darstellungen von Einzelbildern, um Analyseschritte zu verdeutlichen. Vgl. etwa Bohnsack (2007): Heidi. S. 325 ff. Bohnsack (2008): Rekonstruktive Sozialforschung. S. 238 f.oder Bohnsack (2011): Qualitative Bild- und Videointerpretation. S.59 ff.

604 Bohnsack (2011): Qualitative Bild- und Videointerpretation. S.46.

dann zunächst implizit.[605] Deshalb fordert auch Bohnsack die Einbeziehung von konkreten Bild-Vergleichen:

> „Die methodisch kontrollierte Bewältigung des Problems der Polysemie, des Problems der (beliebigen) Vieldeutigkeit des Bildes, ist also an die Operation mit empirisch fundierten Vergleichshorizonten, an die *komparative Analyse*, gebunden.[606]

Wenn er an dieser Stelle von einer „Bewältigung des Problems der Polysemie" spricht, geht Bohnsack nicht davon aus, dass die Mehrdeutigkeit von Bildern durch Vergleiche eliminiert werden könne, sondern zielt damit auf eine methodische Kontrolle.[607] Folgende Potenziale sieht er dabei im Hinzuziehen von Vergleichshorizonten:

> „Auf diese Weise wird der Blick für die Mehrdimensionalität des Bildes geöffnet. Je nach *Vergleichshorizont* geraten unterschiedliche – einander nicht ausschließende – Dimensionen oder Erfahrungsräume in den Blick."[608]

Wichtig erscheint mir an dieser Stelle festzuhalten, dass auch Bohnsack den Bild-Vergleichen eine ‚öffnende' Wirkung zuspricht. Gleichwohl haben Bild-Vergleiche m.E. noch keinen systematischen Eingang in die Analyseschritte der dokumentarischen Bildanalyse gefunden. Aus kunsthistorischer Perspektive lassen sich hier Überlegungen von Christian Spies zum „Bild als Tertium Comparationis"[609] weiterdenken. Ein Begriff, der auch in der Terminologie der dokumentarischen Methode von zentraler Bedeutung ist und dort für „(...) das gemeinsame Dritte, das einen Vergleich erst möglich macht" steht, wie Przyborski und Wohlrab-Sahr hervorheben.[610] Als Kunsthistoriker beschreibt Spies die wahrnehmungstheoretische Komponente des Tertium Comparationis folgendermaßen:

> „Erst das Tertium Comparationis, jenes gemeinsame Dritte, das dem Vergleich sowohl vorausgeht wie auch in ihm erschlossen wird, schafft die Ebene, auf der ein Vergleich vollzogen werden kann. Auf dieser Ebene treten die Vergleichspole aus ihrer inhärenten Opposition heraus, und der Vergleich wird als Prozess des Unterscheidens selbst zum Gegenstand der Wahrnehmung."[611]

605 Ebd., S.43 f.
606 Ebd., S.46 (kursiv im Original).
607 Vgl. ebd., S.46.
608 Ebd., S.46 (kursiv im Original).
609 Spies (2010): Das Bild als Tertium Comparationis. S.512 ff.
610 Vgl. Przyborski, Wohlrab-Sahr (2014): Qualitative Sozialforschung. S. 303.
611 Spies (2010): Das Bild als Tertium Comparationis. S.514.

Er spricht dem *vergleichenden Sehen* eine „synthetisierende Erkenntnisleistung", aber auch eine „performative Kapazität" zu.[612] Dabei thematisiert Spies ein Spannungsverhältnis zwischen einem Wiedererkennen, das begrifflich geprägt sei und einem Sehen, das ein Erkennen erst ermögliche, welches sich stärker an phänomenologischen Überlegungen orientiert.[613] In diesem Zusammenhang bezeichnet er das vergleichende Sehen auch als „Sehen im Vollzug"[614]:

> „Der sehende Vollzug des Vergleichs führt gerade nicht zu einer Evidenz distinkter Elemente, die von einer vorgängigen Ebene der Wahrnehmung auf die eigentliche Ebene des Diskurses leitet. Es handelt sich vielmehr um ein beständiges Abgleichen der Differenzen, die auf der Bildfläche vor Augen geführt sind. Diese Ebene des vergleichenden Sehens ist weder vorläufig noch defizitär, sondern steht als Erkenntnisprozess selbst im Zentrum."[615]

In der Kunstgeschichte spielt das vergleichende Sehen eine zentrale Rolle – erinnert sei an dieser Stelle nur an das umfassende Werk von Aby Warburg in seinem ‚Mnemosyne-Projekt'. Während klassische Bildvergleiche i.d.R. zwischen mindestens zwei Bildern vollzogen werden, beschreibt Spies die Potenziale des vergleichenden Sehens auch innerhalb eines Bildes, etwa im Differenzierungsprozess zwischen Figur und Grund.[616]
Auch ich unterstütze in meiner Untersuchung ein ‚vergleichendes Sehen', indem ich den Vergleich zwischen verschiedenen Bildern gezielt forciere, statt von Einzelbildern in den Analysen auszugehen. Dazu konzentriere ich mich auf den *Vergleich mehrerer Fotografien,* welche die Projektleiter*innen über ihre Projekte online veröffentlicht haben. Diese Fotos habe ich je Projekt zusammengetragen und nebeneinander angeordnet, um sie in Form von *Bild-Ensembles* miteinander zu vergleichen. Mit dieser Begrifflichkeit lehne ich mich an Überlegungen der Kunstwissenschaftler David Ganz und Felix Thürlemann an, die darunter Folgendes verstehen:[617]

> „Unter ‚Bild-Ensembles' verstehen wir Gefüge aus mehreren Bildeinheiten, die koordiniert geplant und hergestellt wurden. Nicht selten können dabei sukzessive Phasen der Ergänzung und/oder Ersetzung einzelner Elemente beobachten werden, Umbauten eines Bild-Ensembles gewissermaßen, die dessen ‚ursprüngliches' Sinnangebot modifizieren."[618]

612 Ebd., S. 520.
613 Vgl. etwa ebd., S. 517.
614 Ebd., S. 525.
615 Ebd., S. 525.
616 Vgl. ebd., S. 517.
617 Ich danke Andrea Sabisch für diesen Literaturtipp zum Bild-Ensembles im Rahmen ihres Doktorand*innen-Kolloquiums am 17.06.2016.
618 Ganz, Thürlemann (2010): Zur Einführung. Singular und Plural der Bilder. S. 14.

In meiner Untersuchung habe ich die Bild-Ensembles gezielt hergestellt, indem ich die Fotografien aus ihrem Veröffentlichungskontext herausgelöst und für meine Analysen neu zusammengestellt habe. So wurde es möglich, die Bilder zu fokussieren und miteinander zu vergleichen, da bspw. Bildunterschriften oder Textabschnitte entfernt und die Fotos in eine direkte Gegenüberstellung gebracht wurden. Zugleich bestand zwischen den Bildern weiterhin ein vorgängiger Zusammenhang, weil sie zuvor zur Visualisierung der Projekte veröffentlicht worden waren.[619]

„Bild-Ensembles" begreifen Ganz und Thürlemann als eine Form von „pluralen Bildern" neben „hyperimages" und „summierenden Bildern".[620] Sie untersuchen in ihrem Buch das „Bild im Plural" und gehen der These nach, „(...) dass die Verbindung mehrerer Bilder genuine Sinnpotenziale besitzt, die nicht deckungsgleich sind mit denen, über die das Bild im Singular verfügt."[621] Ähnlich wie Spies heben auch Ganz und Thürlemann hervor, dass ein vergleichendes Sehen „(...) auf Gemeinsamkeiten und Differenzen zwischen den Bildern hin ausgerichtete[] (...)" sei und sich von der Rezeption von Einzelbildern erheblich unterscheide.[622] Auch diese Autoren betonen also einen Erkenntnisprozess, der sich durch Bild-Vergleiche einstelle. Interessant ist für meine Überlegungen aber auch, dass sie der „räumlichen Anordnung der Bilder" und den „diagrammatischen Schemata" besondere Aufmerksamkeit schenken und deren Einfluss auf die Entstehung von Bedeutung thematisieren.[623] Da ich eine neue Anordnung der analysierten Bilder durch meine wissenschaftliche Zusammenstellung als Bild-Ensembles geschaffen habe, wird eine Reflexion der so entstandenen Bild-Konfigurationen notwendig. Darauf werde ich sowohl in der Darstellung meiner Arbeitsschritte (» Kapitel 5.3)[624] als auch in der methodischen Reflexion (» Kapitel 10.4.4)[625] noch zurückkommen. Die Entstehung und Zusammensetzung der drei Bild-Ensembles vertiefe ich im Kapitel 6.1.[626]

Ein Denken des ‚Bildes im Plural' wie Ganz und Thürlemann es in ihrer Publikation anstoßen, hinterfragt zudem den Status und die historische Gewordenheit von Einzelbildern und erinnert an ihre kulturelle Eingebundenheit.[627] Auch in meiner Forschung thematisiere ich diese Aspekte, indem ich z. B. motivische Parallelen zu anderen Bildern anspreche, die entweder durch die Projektleiter*innen in den Interviews thematisiert wurden oder auf die ich in meinen Analysen aufmerksam wurde.[628] Ein Denken des ‚Bildes im Plural' durch vergleichende Analyse in Form

619 » auch Kapitel 6.1 Entstehung und Zusammensetzung der Bild-Ensemble der drei Fälle.
620 Ganz, Thürlemann (2010): Zur Einführung. Singular und Plural der Bilder. S. 14.
621 Ebd., S. 8.
622 Ebd., S. 18.
623 Ebd., S. 18.
624 » Kapitel 5.3 Fokus und Chronologie der Auswertungsschritte und Ausdifferenzierungen im Darstellungsprozess.
625 » Kapitel 10.4.4 Herausfordernde und weiter zu entwickelnde Aspekte des Forschungssettings.
626 » Kapitel 6.1 Entstehung und Zusammensetzung der Bild-Ensembles der drei Fälle.
627 Vgl. Ganz, Thürlemann (2010): Zur Einführung. Singular und Plural der Bilder. S. 10ff.
628 Im Gegensatz zu semiotisch geprägten Forschungen, die nach kulturellen ‚Codierungen' von Bildern fragen, richtet sich mein Untersuchungsfokus aus phänomenologischer Perspektive

von Bild-Ensembles dient jedoch vorrangig einer Öffnung und Verschiebung meines Blicks auf das Material, für das Nicht-Sichtbare oder das, was auch anders sichtbar werden kann. Dazu schließe ich noch einmal an Überlegungen von Waldenfels und Sabisch an, die pathische Ebenen in (Bild-)Erfahrungsprozessen hervorheben (» Kapitel 4.2.2).[629] Mit Waldenfels gehe ich von einer spezifischen „Wirkmacht und Wirkkraft der Bilder" aus, die uns aufmerksam werden lässt, aber deren sprachliche Erfassung stets zu spät komme.[630] Auch an dieser Stelle wird wiederum die Pluralität der Bilder relevant, wie Sabisch herausgearbeitet hat. In Anlehnung an Waldenfels spricht sie von einer *„pervasive[n] Bildlichkeit"*[631], wonach „(...) Bildlichkeit immer schon im Plural der Bilder zu denken (...)" sei.[632] Mit Verweis auf Waldenfels und Husserl hebt sie hervor, dass *jegliche Wahrnehmung* „in Bildern" und „durch Bilder hindurch" geschehe und sich durch ein Ineinander von Sichtbarem und Unsichtbarem auszeichne.[633]

> „Da das Sehen also mit Nichtgesehenen und Nichtgegebenen »aufgrund von Ähnlichkeiten und Kontrast verknüpft ist und diese Assoziationen über das aktuell Gegebene hinausgreifen« kann man mit Waldenfels in Bezug auf Husserl feststellen, dass das Nichtgesehene ‚als potenziell Gesehenes im aktuell Gesehenen ‚vorgezeichnet' ' ist und ‚im Gesehenen Nichtgesehenes zu einem gewissen Grad ‚nachgezeichnet' ' wird."[634]

Die Herausforderung meiner Analysen besteht also darin, das Nicht-Sichtbare als Bestandteil des Gesehenen mitzudenken (und das Nicht-Sagbare in den Aussagen über die Bilder einzukalkulieren). Im Anschluss an Merleau-Ponty gehe ich davon aus, dass Sichtbares und Unsichtbares aber auch Sagbares und Unsagbares zutiefst miteinander verbunden sind (» Kapitel 4.2.3).[635] Um dem näher zu kommen, was sich entzieht – was nicht sichtbar oder sagbar werden kann – werden *verschiedenartige Formen des Vergleichs* in meinen Analysen bedeutsam, die ich neben weiteren methodischen Überlegungen im Folgenden noch einmal abschließend zusammenfasse und für mein Untersuchungsdesign der empirischen Forschung konkretisiere.

---

auch auf ‚subjektive Wirkungen' von Bildern. » Kapitel 3.3 Repräsentationen und Darstellungsformen partizipatorischer Projekte mit Kindern und Jugendlichen.

629 » Kapitel 4.2.2 Medien als Zwischeninstanzen und Zwischendinge: Zur Medialität der Erfahrung.

630 Waldenfels (2008): Von der Wirkmacht und Wirkkraft der Bilder. S.46 ff.

631 Sabisch (2018a): Bildwerdung. S.57.
Sabisch nimmt hier Bezug auf einen Begriff von Waldenfels (Ders. 2004: Phänomenologie der Aufmerksamkeit. S. 211).

632 Sabisch (2018a): Bildwerdung. S.57.

633 Ebd., S.57.

634 Ebd., S.57 (mit einem Zitat aus Waldenfels (2004): Phänomenologie der Aufmerksamkeit, S. 211).

635 » Kapitel 4.2.3 Zwischen visuellen und sprachlichen Darstellungen, durch Bilder und Sprache: Überlegungen zu einer indirekten Empirie.

4.5 Zusammenfassende Überlegungen zum Untersuchungsdesign der empirischen Forschung

In den vorangegangenen Abschnitten des vierten Kapitels habe ich die theoretische Verortung meiner Forschung vorgestellt und ihre methodologischen und methodischen Rahmungen verdeutlicht. An dieser Stelle bündle ich nun diese Überlegungen im Hinblick auf das Forschungsdesign, das meiner empirischen Untersuchung zugrunde liegt. Indem ich meinen Untersuchungsaufbau in knapper Form skizziere, fasse ich wesentliche Aspekte meiner vorangegangenen Erwägungen und Entscheidungen zusammen. Dazu beginne ich mit der Begründung meiner Fragestellung, an die sich die Zusammenfassung meines Untersuchungsaufbaus anschließt.

Inwiefern können Vorstellungen über Partizipation re-konstruiert werden lautet die übergreifende Forschungsfrage meiner Untersuchung. Diese Fragestellung impliziert die Annahme, dass Vorstellungen aus phänomenologischer Perspektive nicht ohne weiteres zugänglich sind, sondern sich durch pathische und affektive Dimensionen auszeichnen, die sich einer direkten Identifikation widersetzen (» Kapitel 4.1; 4.2).[636] Im Anschluss an Sabisch und Waldenfels gehe ich deshalb von der Notwendigkeit einer *indirekten Empirie* aus, um mich dem zu nähern, was Projektleiter*innen von partizipatorischen Kunstprojekten mit Kindern und Jugendlichen unter Partizipation verstehen und was sich möglicherweise dem Sagbaren entzieht.[637] Ich orientiere mich an Überlegungen zur Medialität von Erfahrungen und beziehe in meine Untersuchungen nicht nur *sprachliche* sondern auch *visuelle Darstellungen* der Projektleiter*innen ein. Denn ich gehe davon aus, dass sich *in* und *durch* Medien Bedeutung konstituiert und betone ihre *strukturbildende* Funktion. Meine Untersuchung beruht zudem auf der Annahme, dass verschiedene mediale Darstellungsweisen unterschiedliche (An-)Ordnungen der Erfahrung hervorrufen können.[638] Indem ich die *Art und Weise* betrachte, *wie* die Projektleiter*innen über ihre Arbeiten sprechen und *wie* sie diese zeigen, vergleiche ich auffällig gewordene Strukturen in den Darstellungsweisen und beleuchte mögliche Gemeinsamkeiten und Unterschiede in der Konstitution von Bedeutung. Dieses vergleichende Vorgehen wird als indirekte Empirie für meine Untersuchung zentral, um dem näher zu kommen, was nicht sagbar oder sichtbar

636 » Kapitel 4.2 Theoriegeleitete Vertiefungen: Erfahrungen zwischen Selbst und Anderen, Sichtbarem und Sagbarem.

637 Die Notwendigkeit einer Analyse von Vorstellungen über Partizipation im Rahmen von partizipatorischen Kunstprojekten mit Kindern und Jugendlichen habe ich im zweiten und dritten Kapitel dieser Arbeit entfaltet. » Kapitel 2 Zum Begriff „Partizipation" – Dimensionen und Wendungen sowie Kapitel 3 Partizipatorische Kunstprojekte mit Kindern und Jugendlichen – Untersuchungsfeld und Skizzen zum Forschungsstand.

638 » Kapitel 4.2.3 Zwischen visuellen und sprachlichen Darstellungen, durch Bilder und Sprache: Überlegungen zu einer indirekten Empirie.

wurde und sich entzieht. Durch die gegenüberstellende Analyse frage ich nach Differenzen, Brüchigem oder Widersprüchlichem in den Darstellungsweisen als möglichen Spuren des Fremden. Zur Beantwortung meiner Forschungsfrage gehe ich in einer weiterführenden Betrachtung noch einen Schritt weiter und beleuchte ausgehend von meinen Untersuchungsergebnissen mögliche Funktionen der Bilder in meinen Untersuchungsbeispielen. Auf diese Weise versuche ich, pathischen und affektiven Dimensionen der medialen Darstellungen in der Beziehung zum Anderen (auch als personalisierter Anderer) nachzugehen bzw. dem auf die Spur zu kommen, was die Projektleiter*innen in der Zusammenarbeit mit Kindern und Jugendlichen ‚antreiben' könnte.

Um die visuellen und sprachlichen Darstellungen der Projektleiter*innen empirisch zu untersuchen und miteinander zu vergleichen, habe ich mich für die *dokumentarische Methode* nach Ralf Bohnsack entschieden (» Kapitel 4.3; 4.4).[639] Durch die Bezugnahme auf dieses rekonstruktive Verfahren vereine ich in meiner Arbeit verschiedene Denkrichtungen, sodass methodische Modifikationen notwendig wurden.[640] Ein Grund für diese Auswahl bestand in der Analyseeinstellung des methodischen Ansatzes, der – ähnlich wie die phänomenologische Perspektive – das *Wie* der Herstellung von Bedeutung fokussiert. Neben weiteren Aspekten war für mich wichtig, dass die dokumentarische Methode für die Analyse von Texten und Bildern geeignet ist, auch wenn ich für die Bildanalyse ebenfalls Modifikationen vorgenommen habe.[641] In meinen Analysen untersuche ich zunächst die visuellen und sprachlichen Darstellungen getrennt voneinander und frage in Anlehnung an die dokumentarische Methode nach handlungsleitenden Orientierungen in der Bildauswahl und im Sprechen der Projektleiter*innen. Diese Ergebnisse differenziere ich nach und nach weiter aus, indem ich die Ergebnisse der Analysen der sprachlichen Darstellungen den Ergebnissen der visuellen Untersuchungen gegenüberstelle und auf unterschiedlichen Analyseebenen fallinterne sowie fallübergreifende Gemeinsamkeiten und Unterschiede beleuchte. Dabei nutze ich die Bilder als *Vergleichshorizonte*, um meine Interpretationen der sprachlichen Analysen zu befragen, alternativen Deutungsmöglichkeiten nachzugehen und dem auf die Spur zu kommen, was sich entzieht. Im fünften Kapitel vertiefe ich dieses vergleichende Vorgehen und das Zusammenspiel der verschiedenen Auswertungsebenen (» Kapitel 5.3.1).[642]

In meiner Untersuchung thematisiere ich insgesamt *drei Fälle*, wie ich im folgenden Kapitel ebenfalls näher ausführe. Dazu habe ich drei Leiter*innen von sogenannten ‚partizipatorischen' Kunstprojekten mit Kindern und Jugendlichen interviewt

639 » Kapitel 4.3 Verortungen im Feld rekonstruktiver Sozialforschung sowie Kapitel 4.4 Arbeiten mit der dokumentarischen Methode nach Ralf Bohnsack.

640 » Kapitel 4.4.2 Modifikation I: Hervorhebung der Perspektive der Forscherin sowie Kapitel 4.4.3 Modifikation II: Indirekte Empirie durch den ‚Einbezug', des Nicht-Sichtbaren und Nicht-Sagbaren.

641 » Kapitel 4.4.6 Modifikation III: Bild-Vergleiche und Bild-Ensembles.

642 » Kapitel 5.3.1 Arbeitsskizzen: Triangulationen und Vergleiche.

und habe Fotografien in die Untersuchung einbezogen, die sie von ihren Arbeiten online veröffentlicht hatten. Aus diesen Analysen der visuellen und sprachlichen Darstellungen habe ich schließlich Fälle generiert und meine Ergebnisse im Darstellungsprozess erneut weiter ausdifferenziert. (» Kapitel 5.3).[643]

643 » Kapitel 5.3 Fokus und Chronologie der Auswertungsschritte und Ausdifferenzierungen im Darstellungsprozess

5 Re-Konstruktionen zwischen Erhebungs- und Auswertungsschritten

Nachdem ich im vorangegangenen Kapitel die methodischen und methodologischen Überlegungen dargelegt habe, die meiner empirischen Untersuchung zugrunde liegen, richte ich nun den Fokus auf die von mir vorgenommenen Erhebungs- und Auswertungsschritte.[644] Ich beschreibe und begründe mein Vorgehen von der Auswahl der Projekte bis zur Verschriftlichung meiner Ergebnisse. Dazu erläutere ich zunächst, wie es zur Fokussierung auf die drei künstlerischen Projekte kam, bevor ich meine weiteren Arbeitsschritte skizziere. Auf diese Weise soll eine „(...) Rekonstruktion der Rekonstruktionspraxis, also die methodisch kontrollierte Sichtung und Systematisierung der Art und Weise, wie empirisch geforscht wird", möglich werden.[645] Denn die Darlegung der Forschungspraxis und der dort verwendeten methodischen ‚Kontrollen' markieren einen wesentlichen Bestandteil der qualitativen Forschung. Zugleich verweise ich an dieser Stelle aber auch auf mögliche Grenzen in der Darstellung meines Vorgehens und nutze dazu wiederum den Begriff der ‚Re-Konstruktion'.[646] Denn eine „Transparenz" [647] meiner Forschungspraxis ist nach meinem Forschungsverständnis nur eingeschränkt möglich, weil auch diese Prozesse von nicht einholbaren Momenten des Entzugs durchkreuzt wurden, die sich einer Identifikation widersetzen.[648]
In der Sichtbarmachung meiner Untersuchungspraxis mag noch ungewöhnlich erscheinen, dass ich die analysierten Fotografien bzw. Bild-Ensembles nicht prominent im Hauptteil der Arbeit zeige, sondern nur im Anhang der Buchpublikation einen Einblick in dieses Datenmaterial ermögliche.[649] Diese Form der Darstellung resultiert aus meiner Entscheidung, die hier thematisierten Projekte zu anonymisieren und hatte weitreichende Folgen für die Darlegung meiner Erhebungs- und Auswertungsschritte, wie ich im Folgenden weiter ausführe.

644 In der Beschreibung der dokumentarischen Methode habe ich bereits einen Teil meiner Arbeitsschritte aufgeführt und begründet. » Kapitel 4.4 Arbeiten mit der dokumentarischen Methode nach Ralf Bohnsack
In diesem Kapitel skizziere ich deshalb vornehmlich die Chronologie und das ‚Zusammenwirken' dieser Arbeitsschritte. » Kapitel 5.3 Fokus und Chronologie der Auswertungsschritte und Ausdifferenzierungen im Darstellungsprozess.

645 Nohl (2007): Komparative Analyse. S. 255.

646 » auch Kapitel 4.3.2 Re-Konstruktionen und Un-Möglichkeiten des Benennens.

647 Zur notwendigen „Transparenz" der Forschung vgl. auch DGfE (2010): Ethik-Kodex, §1 Abs.2.

648 » Kapitel 4.2 Theoriegeleitete Vertiefungen: Erfahrungen zwischen Selbst und Anderen, Sichtbarem und Sagbarem.

649 In der digitalen Fassung dieser Publikation sind die Bild-Ensembles aufgrund der Anonymisierung der Projekte und aus Datenschutzgründen nicht enthalten.

5.1 Untersuchungskorpus und Auswahlkriterien der Projekte

Um Partizipationsverständnisse zu beleuchten und weiterführend zu hinterfragen, untersuche ich Gemeinsamkeiten und Unterschiede in visuellen und sprachlichen Darstellungsformen von drei ‚partizipatorischen' Kunstprojekten mit Kindern und Jugendlichen. Dazu habe ich Interviews mit den Leiter*innen über ihre Projekte geführt, in die ich Fotografien ihrer Arbeiten einbezogen habe, die sie online veröffentlicht hatten.[650] In diesem Kapitel erläutere ich zunächst, warum ich die untersuchten Projekte anonymisiere (» Kapitel 5.1.1) und vertiefe mein Forschungsverständnis auch zum Einsatz von Samplingverfahren (» Kapitel 5.1.2). Anschließend beschreibe und begründe ich, wie es zur Auswahl der drei Projekte kam (» Kapitel 5.1.3; 5.1.4) – bereits vor dem Hintergrund einer anonymisierenden Beschreibung der künstlerischen Arbeiten.

5.1.1 Vorab I: Anonymisierung der Projekte und Forschungsverständnis

Die ‚Nutzung' von Datenmaterial in der empirischen Forschung erfordert nicht nur ein Nachdenken über den Zugang zum Forschungsfeld, sondern bedarf auch der Wahrung der Datenschutzrechte und wirft Fragen zum ethischen Verständnis von Forschung auf.[651] Da ich in meine Analysen Fotografien der künstlerischen Arbeiten einbeziehe, die sich einer Anonymisierung widersetzen, plante ich zunächst, die ausgewählten Projekte namentlich kenntlich und auch die, in die Untersuchung einbezogenen, Projektbilder im Hauptteil meiner Publikation sichtbar zu machen. Doch im Laufe meiner Forschung veränderten sich meine Pläne. Ich entschied mich dazu, dass eine Anonymisierung der Projekte notwendig wird, um, wie es die Deutsche Gesellschaft für Erziehungswissenschaft formulierte, dem „(...) Interesse an der Freiheit der Wissenschaft auf der einen Seite und dem Interesse an der Wahrung der Persönlichkeitsrechte der Untersuchten auf der anderen Seite" zu begegnen.[652] Dieses Spannungsverhältnis wurde für meine Überlegungen ausschlaggebend, obwohl die Projektleiter*innen mir ihr schriftliches Einverständnis zur nicht-anonymisierten Veröffentlichung meiner Ergebnisse gegeben hatten.[653]

650 Zur methodischen und methodologischen Begründung des Untersuchungsaufbaus » Kapitel 4.

651 Vgl. etwa DGfE (2006): Anonymisierung von Daten in der qualitativen Forschung.; DGfE (2010): Ethik-Kodex.

652 DGfE (2006): Anonymisierung von Daten in der qualitativen Forschung. S. 33.

653 Vielleicht war die nicht-anonymisierte Darstellung ihrer Arbeiten sogar ein möglicher Beweggrund für die Projektleiter*innen, an meiner Untersuchung teilzunehmen?
Da ich bereits zum Zeitpunkt der Projektauswahl und der Anfrage bei den Projektleiter*innen vorhatte, Fotografien ihrer Arbeiten – damals so gar noch komplette Internetauftritte – in meine Untersuchung einzubeziehen, thematisierte ich mein Vorhaben, die Projekte nicht zu anonymisieren. Aufgrund des Wiedererkennungscharakters hielt ich eine Anonymisierung für problematisch. Alle drei Projektleiter*innen willigten ein und erklärten Ihr Einverständnis, dass ich die Daten ohne Anonymisierung in meiner Arbeit verwenden kann.

Denn während des Auseinandersetzungsprozesses mit dem Material wurden weitere Faktoren relevant, die meine Entscheidung beeinflussten. Zum einen handelt es sich bei den hier thematisierten Arbeiten um renommierte ‚partizipatorische' Kunstprojekte – was mir bei der Projektauswahl (u. a.) wichtig war (» Kapitel 5.1.3).[654] Das bedeutet aber auch, dass die Projektleiter*innen mit ihren Arbeiten in der Öffentlichkeit stehen und zugleich auf öffentliche Förderungen angewiesen sind, um die Arbeiten durchzuführen und vermutlich auch ihren Lebensunterhalt (mit) zu finanzieren.[655] Meine Forschung sollte nicht ihrem Renommee schaden. Zwar thematisiere ich die hier behandelten Projekte nicht mit dem Ziel einer ‚best practice – Analyse', denn „[d]amit geht eine beurteilende (Ideal)Vorstellung und Einschätzung davon einher, was richtiges, gutes oder eben weniger gutes, falsches pädagogisches Handeln ausmacht", wie auch Nadia Bader (im Anschluss an Andreas Wernet) in ihrer seiner Dissertation zu bedenken gibt.[656] Ziel meiner Untersuchung ist es vielmehr, ‚Partizipationsverständnisse' von Leiter*innen sogenannter ‚partizipatorischer' Kunstprojekte zuallererst zugänglich zu machen (» Kapitel 3).[657] Dazu frage ich aber auch nach Prozessen in den Darstellungsformen der Arbeiten, die jenseits des Sagbar-Gewordenen angesiedelt sind – – einem Schwerpunkt meiner Forschung, dessen Tragweite und Relevanz sich erst im Laufe meiner Untersuchung herauskristallisierte und die Frage der Anonymisierung entscheidend beeinflusste. Im Ergebnisteil meiner Publikation diskutiere ich die Analyseergebnisse kritisch, verorte sie im Hinblick auf künstlerische und (kunst-)pädagogische Diskurse und thematisiere sie auf einer abstrahierenden Ebene, um Beziehungen zwischen Selbst und Anderen zu reflektieren und unbewussten Prozessen weiter nachzugehen (» Kapitel 10).[658] Für meine Forschung und die Weiterentwicklung des wissenschaftlichen Diskurses halte ich diese Ergebnisse für wichtig. Zugleich möchte ich aber die Projektleiter*innen ‚schützen', falls meine Ergebnisse dominanten Diskursen über ‚Partizipation' entgegenstehen und Dimensionen im Verhältnis zwischen Selbst und Anderen zum Thema werden, die möglicherweise nicht den populären Vorstellungen entsprechen. Denn gerade das Schlüsselwort

Meine Art der Ansprache der Projektleiter*innen und die Frage nach der Kommunikation meiner Untersuchungsziele werde ich in den folgenden Abschnitten noch detaillierter darlegen (» Kapitel 5.2.1 Vorbereitungen und Durchführung der Interviews). Gleichzeitig bedarf dieses Vorgehen einer kritischen Betrachtung und Reflexion (» Kapitel 10.4.4 Herausfordernde und weiter zu entwickelnde Aspekte des Forschungssettings).

654 » Kapitel 5.1.3 Projektsammlung, Ableitung und Begründung der Auswahlkriterien.

655 Zu den „markförmigen Verhältnissen", in denen sich (nicht nur) künstlerische Projekte der Ästhetischen Bildung bewegen vgl. etwa Dietrich, Krinninger, Schubert (2013): Einführung in die Ästhetische Bildung. S. 112 ff.

656 Bader (2019): Zeichnen – Reden – Zeigen. S. 72.

657 » Kapitel 3 ‚Partizipatorische' Kunstprojekte mit Kindern und Jugendlichen: Skizzen zum Forschungsstand und zum Untersuchungsfeld.

658 » Kapitel 10 Reflexionen und Wendungen der Untersuchungsergebnisse: Re-Konstruktionen von Vorstellungen über Partizipation zwischen Selbst und Anderen, durch visuelle und sprachliche Darstellungen.

'Partizipation' ist noch immer mit wirkmächtigen Versprechen verbunden, die in dieser Arbeit ein Stück weit in Frage gestellt werden (» Kapitel 2.2).[659]
Desweiteren ist es mir ein Anliegen noch einmal hervorzuheben, dass die hier analysierten Daten im Gespräch *zwischen* den Projektleiter*innen und mir entstanden sind und vor dem Hintergrund ihrer Entstehungssituation reflektiert werden müssen. Ich spreche explizit von *Re-Konstruktionen,* um die Un-Möglichkeit einer Rekonstruktion und die Standortgebundenheit meiner Forschung zu betonen (» » Kapitel 4.3.2). [660] Wie schon die Erziehungswissenschaftler Alfred Schäfer und Michael Wimmer hervorgehoben haben, „(...) [handelt] es sich bei den Aussagen über Andere um Interpretationen und Konstruktionen [...], nicht um sie selbst als solche".[661] Meine Arbeit zielt nicht auf generalisierbare Aussagen über die untersuchten Personen, ihre 'Leistungen' oder die 'Qualität' der künstlerischen Praktiken. Vielmehr beleuchte ich durch die Analyse der Projektdarstellungen *mögliche* Beweggründe für die Zusammenarbeit und komplexe Strukturen in der Beziehung zwischen den Projektleiter*innen und den Kindern und Jugendlichen, um diese überhaupt beschreibbar zu machen. Die Ergebnisse verweisen dabei immer auf mein Involviert-Sein und sind kontextabhängig zu denken.[662]
Um personengebundene Zuschreibungen und projektspezifische Wertungen zu vermeiden, die durch eine namentliche Nennung vermittelt werden könnten, habe ich mich dazu entschieden, die Arbeiten zu anonymisieren. Ich habe auf 'Projektdaten' wie Namen, Orte oder Quellenangaben verzichtet und zeige die Fotografien der Projekte lediglich im Anhang der Buchpublikation, um eine 'Überprüfbarkeit' meiner Interpretationen zu gewährleisten.[663] Aufgrund des Wiedererkennungscharakters ist eine Anonymisierung der Fotografien nicht möglich, doch auch auf anderen Ebenen wird eine vollständige Anonymisierung des Datenmaterials problematisch. Wie bereits hervorgehoben, handelt es sich bei den untersuchten Projekten um Arbeiten, die im Diskurs über 'partizipatorische' Kunst mit Kindern

---

659 » Kapitel 2.2 Demokratietheoretische Grundierungen und das Streben nach 'echter' Partizipation.
660 » Kapitel 4.3.2 Re-Konstruktionen und Un-Möglichkeiten des Benennens.
661 Schäfer, Wimmer (2006): Selbstauslegung im Anderen. S. 10.
662 Meine Entscheidung, die Projekte zu anonymisieren, spiegelt auch eine Form des Umgangs mit der relationalen Be- und Entzogenheit wider, die auf der sprachlichen Ebene schwer einzuholen und darstellbar ist.
663 Während ich Ausschnitte aus den Interviews in meinen Analysen im Hauptteil sichtbar mache, um einen Vergleich zwischen transkribierter Aussage und meinen Interpretationen zu ermöglichen, war eine Anonymisierung der Fotografien aufgrund der spezifischen Medialität der Bilder nicht umsetzbar. Auch in der Kunstpädagogik gängige Techniken der Bild-Anonymisierung, wie z. B. Überzeichnungen, habe ich für meine Publikation ausgeschlossen, weil sie das Erscheinungbild der Fotografien entscheidend verändert hätten. Mir war es wichtig, ihren Status als fotografische Aufnahmen zu bewahren und in die Polysemie der Bilder nicht blicklenkend einzugreifen. Denn insbesondere die Vieldeutigkeit der Fotografien, aber auch ihr indexikalischen Charakter (des Eindrucks des 'Es ist so gewesens'/Barthes), wurden für meine Analysen zentral (» Kapitel 10.3 Zur medialen Vermittlung und Konstitution von Selbst und Anderen: Übergangsdinge und Substitute).
In der digitalen Fassung dieser Publikation sind die Bild-Ensembles aufgrund der Anonymisierung der Projekte und aus Datenschutzgründen auch nicht im Anhang enthalten.

und Jugendlichen eine Etablierung erfahren haben. Und es ist denkbar, dass informierte Leser*innen über weitere projektspezifische Merkmale, die sich aus meinen Analysen noch immer ableiten lassen und zur Einordnung der beschriebenen Zusammenarbeit notwendig werden, die thematisierten Arbeiten identifizieren können. Deshalb bitte ich darum, meine Untersuchungsergebnisse vor dem Hintergrund der hier hervorgehobenen Forschungsprämissen zu betrachten.

5.1.2 Vorab II: Samplingmethoden und Forschungsverständnis

Die Entstehung eines Forschungskorpus in der qualitativen Forschung kann unterschiedlich begründet sein. Je nach Fragestellung und Untersuchungsgegenstand, und in Abhängigkeit zur ausgewählten Forschungsmethode und der methodologischen Verortung der Arbeit können spezifische Verfahren zur Generierung eines ‚Samplings' zum Einsatz kommen. Sie umfassen sowohl deduktive als auch induktive Verfahren und ‚steuern' die Zusammensetzungen des Untersuchungskorpus auf spezielle Art und Weise.[664] Durch die Wahl des ‚Samplingverfahrens' bestimme ich also maßgeblich die jeweilige Beschaffenheit des Forschungskorpus, aber auch die Zielrichtung der Ergebnisse. Oder wie die Sozialwissenschaftlerinnen Aglaya Przyborski und Monika Wohlrab-Sahr es formulieren: „Je nachdem, welche ‚Probe' man nimmt, wird man zu einem anderen Resultat kommen."[665]
Die Zusammenstellung des Untersuchungskorpus ist also ein entscheidender Schritt im Forschungsprozess, der die weitere Untersuchung maßgeblich beeinflusst. Zugleich wird das ‚Sampling' zu einer bedeutsamen Größe, wenn die „Verallgemeinerbarkeit" der Ergebnisse zur Debatte steht. „Im Zusammenhang mit der Frage nach der Verallgemeinerbarkeit der Befunde qualitativer Studien und nach den Gütekriterien qualitativer Forschung rückt nun allerdings auch das Problem des Samplings zunehmend in den Vordergrund", wie Przyborski und Wohlrab-Sahr konstatieren und auf kontroverse Debatten zwischen Befürworter*innen und Kritiker*innen qualitativer Methoden verweisen.[666]
In der vorliegenden Untersuchung zielte der Samplingprozess weniger darauf, eine ‚repräsentative' Stichprobe zu generieren, vielmehr richtete sich mein Fokus auf die Verschiedenartigkeit der untersuchten Projekte (*maximale Varianz*).[667] Ich habe ein Untersuchungskorpus zusammengestellt, das es mir erlaubt bzw. von dem ich erwarte, unterschiedliche Dimensionen des Phänomens (Vorstellungen über Partizipation) beleuchten zu können. Wie bereits hervorgehoben, war es nicht

664 Vgl. etwa Przyborski, Wohlrab-Sahr (2014): Qualitative Sozialforschung. S. 177 ff. Flick (2014): Qualitative Sozialforschung. S. 154 ff.

665 Przyborski, Wohlrab-Sahr (2014): Qualitative Sozialforschung. S. 179.

666 Przyborski, Wohlrab-Sahr (2014): Qualitative Sozialforschung. S. 177. Die Autorinnen benennen zudem ausgewählte Lehrbücher, welche dem Sampling in der qualitativen Forschung besondere Aufmerksamkeit schenken. Vgl. etwa Kelle, Kluge (1999): Vom Einzelfall zum Typus.

667 Das werde ich im nächsten Kapitel noch weiter vertiefen.

mein Ziel, generalisierbare Aussagen über die konkreten Personen und ihre Projekte zu erreichen. Vielmehr beabsichtigte ich, durch meine Untersuchung (mögliche) implizite, handlungsleitende Orientierungen im Gesagten und Gezeigten herauszuarbeiten, um komplexe Strukturen, das „Wie der Herstellung sozialer Realität"[668], zu analysieren und überhaupt beschreibbar zu machen. Ausgehend von den Fallauswertungen und den komparativen Fallvergleichen habe ich meine Ergebnisse anschließend abstrahiert und theoretisch verortet, weshalb ich in Anlehnung an Przyborski und Wohlrab-Sahr von einer „theoretischen Generalisierung" in meiner Arbeit spreche – auch um mein Vorgehen von einem eher naturwissenschaftlichen Verständnis von ‚Generalisierung' zu unterscheiden.[669]
Der Samplingprozess trägt noch auf weiteren Ebenen zur Reflexion der Forschung bei. Denn die Reflexion meines Auswahlverfahrens ermöglicht mir eine Überprüfung meiner Untersuchungsziele. Durch den Vergleich von Samplingmethoden und ihrer Verwendungskontexte konnte ich meinen Forschungsfokus schärfen. Das Erstellen des Datenkorpus kann darüber hinaus weitere ‚Rückwirkungen' auf das Forschungsvorhaben zeigen und z. B. methodische und methodologische Entscheidungen verändern.[670] In der vorliegenden Untersuchung sind diese komplexen Auswahl- und Entscheidungsprozesse nicht linear, sondern *wechselseitig* zu denken. Wie ich noch genauer aufzeigen werde, hat der Auswahlprozess der Projekte in dieser Arbeit auch zu einer Veränderung des Forschungsdesigns beigetragen und meine Forschungsfrage beeinflusst. Das hier vertretene Forschungsverständnis basiert zudem auf der Annahme, dass diese Prozesse nur begrenzt methodisch kontrollierbar sind, z. T. implizit verlaufen und nicht ‚vollständig' darstellbar oder reflektierbar werden.[671] Vor diesem Hintergrund werde ich darlegen und begründen, wie ich zur Auswahl der hier untersuchten Projekte gekommen bin und welche Kriterien dabei wichtig wurden. Ich rekapituliere meinen Samplingprozess und verorte meine methodischen Entscheidungen. Zunächst steht nun also die Frage im Fokus, welche Kriterien zur Zusammenstellung des ‚Samplings' für mich ausschlaggebend wurden.

---

668 Przyborski, Wohlrab-Sahr (2014): Qualitative Sozialforschung. S. 281 (im Original hervorgehoben). Die Autorinnen verweisen an dieser Stelle auch auf Ralf Bohnsack.
Im vierten Kapitel führe ich auch die dokumentarische Methode ein, mit der ich handlungsleitende Orientierungen der befragten Projektleiter*innen re-konstruiere. » Kapitel 4.4 Arbeiten mit der dokumentarischen Methode.

669 Przyborski, Wohlrab-Sahr (2014): Qualitative Sozialforschung. S. 369.
Mein Forschungsverständnis erläutere ich zudem in » Kapitel 4.3 Verortungen im Feld rekonstruktiver Sozialforschung

670 Zur Prozesshaftigkeit qualitativer Forschung vgl. etwa Flick (2014): Qualitative Sozialforschung. S. 525.

671 » Kapitel 4.2 Theoriegeleitete Vertiefungen: Erfahrungen zwischen Selbst und Anderen, Sichtbarem und Sagbarem.

5.1.3 Projektsammlung, Ableitung und Begründung der Auswahlkriterien

Das Feld ‚partizipatorischer' Kunstprojekte mit Kindern und Jugendlichen lässt sich als ausgesprochen heterogen bezeichnen, wie ich im zweiten und dritten Kapitel herausgearbeitet habe. So finden sich nicht nur unterschiedliche künstlerische Arbeitsweisen, die als ‚partizipatorisch' subsumiert werden können. Die Projekte werden zudem in sehr unterschiedlichen Kontexten initiiert und gefördert. Die Spannweite reicht dabei von Arbeiten, die im Rahmen von Kunstausschreibungen veranlasst wurden, bis hin zu Projekten, die im Bildungskontext oder im sozialen Bereich angesiedelt sind. Auch die Laufzeiten der einzelnen Arbeiten können sich erheblich unterscheiden und reichen von kurzen, temporären Projekten bis hin zu Werken, in denen Künstler*innen über viele Jahre hinweg mit Kindern und Jugendlichen zusammenarbeiten. All dies trägt dazu bei, dass sich das hier thematisierte Untersuchungsfeld nur schwer fassen lässt. Zugleich fehlen bislang vertiefende Untersuchungen, die ‚partizipatorische' Kunstprojekte mit Kindern und Jugendlichen näher beleuchten (» Kapitel 3).[672]
Am Beginn meiner Forschung stand deshalb eine intensive Recherche auf unterschiedlichen Ebenen. Neben einer Literatursuche habe ich eine Sammlung von Arbeiten angelegt, die als ‚partizipatorische' Kunstprojekte mit Kindern und Jugendlichen bezeichnet werden können, da sie in diesem Kontext thematisiert werden. Ausgehend von der ersten Vorauswahl war es mir möglich, Projekte miteinander zu vergleichen und (weitere) Kriterien für das Auswahlverfahren zu formulieren. Diese Sammlung, die meine Vorauswahl bildete und zur Ableitung weiterer Kriterien diente, bestand aus 15 Projekten.
Mein hier beschriebenes Vorgehen lässt sich als zielgerichtetes („purposeful") Sampling bezeichnen, wie es beispielsweise der Soziologe und Programmevaluator Michael Quinn Patton beschreibt.[673]

> „The logic and power of purposeful sampling lies in selecting *in formation-rich cases* for study in depth. Information-rich cases are those from which one can learn a great deal about issues of central importance to the purpose of the research, thus the term *purposeful* sampling."[674]

Die Grundannahme dieses Samplingverfahrens besteht also darin, dass durch Formen der gezielten Auswahl informationsreiche ‚Proben'[675] zur Erstellung eines ‚Samples' identifiziert werden können. Patton unterscheidet 15 verschiedene

672 » Kapitel 3 ‚Partizipatorische' Kunstprojekte mit Kindern und Jugendlichen: Skizzen zum Forschungsstand und zum Untersuchungsfeld.
673 Vgl. etwa Patton (1990): Qualitative evaluation and research methods.
674 Patton (1990): Qualitative evaluation and research methods. S. 169 (kursiv im Original).
675 In diesem Abschnitt beschreibe ich die Generierung eines Untersuchungskorpus, das Projekte enthält, die ich in meiner Untersuchung näher beleuchte. Nach der Auswahl der Projekte – im anschließenden Auswertungsprozess – entstehen daraus ‚Fälle', die ich untersuche. Aus

Arten des „purposeful" Samplings, wie zum Beispiel das Auswählen von extremen Proben, von typischen Proben oder kritischen Proben, wobei jede dieser Samplingmethoden ein spezifisches Auswertungsziel verfolge.[676]
In meiner Untersuchung habe ich mich auf die Auswahl von maximal kontrastierenden Projekten konzentriert, um gezielt ein weites Spektrum von ‚partizipatorischen' Kunstprojekten mit Kindern und Jugendlichen zu untersuchen und Vorstellungen über Partizipation zu beleuchten.[677] Die Einstufung der Projekte als ‚maximal kontrastierend' erfolgte auf der Grundlage von Kriterien, die ich im Vorfeld sowie im Laufe des ersten Auswahlprozesses generiert habe.[678] Dazu habe ich Projekte herausgefiltert, die zur Untersuchung meiner Fragestellung insofern besonders ‚informationsreich' sein können, als dass sie eine gewisse Spannbreite von ‚partizipatorischen' Kunstprojekten mit Kindern und Jugendlichen widerspiegeln. Die Auswahlkriterien beschreiben verschiedenartige Projektmerkmale, wie die Zusammenarbeit mit Kindern und Jugendlichen in unterschiedlichen Bereichen, die Finanzierung der Arbeiten aus verschiedenartigen Förderprogrammen oder Unterschiede in der Art und Weise der visuellen Darstellung der Projekte. Aufgrund der recherchierten Projektdarstellungen habe ich verschiedenartige Akzentuierungen der ‚partizipatorischen' Arbeiten vermutet, wobei ich erst durch die späteren Interviews mit den Projektleiter*innen vertiefende Informationen erhalten habe. Zusammenfassend lassen sich die von mir zusammengestellten Auswahlkriterien unterschiedlichen Ebenen oder Herangehensweisen zuordnen:[679] Zum einen habe ich Merkmale im Vorfeld festgelegt, die ich z. B. aus meiner Forschungsfrage abgeleitet habe (Fokus auf ‚partizipatorische' Kunstprojekte mit Kindern und Jugendlichen).[680] Zum anderen habe ich Kriterien im Laufe des Forschungspro-

diesem Grund spreche ich hier auch von ‚Proben'. » auch Kapitel 5.3 Fokus und Chronologie der Auswertungsschritte und Ausdifferenzierungen im Darstellungsprozess

676 Vgl. Patton (1990): Qualitative evaluation and research methods. S. 169 ff.
Zusätzlich zu den 15 verschiedenen Formen des „purposeful samplings" zieht Patton auch die Möglichkeit in Betracht, die einzelnen Samplingverfahren zu kombinieren, was als 16. Form des purposeful Samplings beschrieben werden kann.

677 „The evaluator using a maximum variation sampling strategy would not be attempting to generalize findings to all people or all groups but would be looking for information that elucidates programmatic variation and significant common patterns within that variation." Ebd., S. 172.

678 Patton: „How does one maximize variation in a small sample? One begins by identifying diverse characteristics or criteria for constructing the sample." Ebd., S. 172.

679 Das ‚purposeful' Sampling wird auch als „Zwischenform" bezeichnet, das zwei weitere Samplingmethoden (selektives und theoretisches Sampling) vereine oder umfasse. Vgl. Schmalz (2019): Akzeptanz von Großprojekten. S. 149.
In meiner Arbeit lassen sich zwar Analogien, aber auch deutliche Unterschiede zu diesen beiden Verfahren aufzeigen, wie ich noch weiter ausführen werde.

680 Meine Arbeitsschritte zeigen Parallelen zum ‚selektiven' Sampling auf, das bspw. Kelle und Kluge auch unter der Bezeichnung „qualitative Stichprobenpläne" aufführen. Vgl. Kelle, Kluge (1999): Vom Einzelfall zum Typus. S.46 ff.
Bei diesem Samplingverfahren werden Kriterien im Vorfeld festgelegt, die für die Fallauswahl relevant sind. Das Auswahlverfahren setzt also voraus, dass bereits vor Beginn der Datenerhebung Vorwissen vorhanden ist, um (erste) Merkmale zu bestimmen, die für die Zusammen-

zesses ausgehend vom Material und meiner Projektsammlung generiert.[681] Durch den Vergleich der Arbeiten wurde ich aufmerksam für Unterschiede, die eine Varianz in der Auswahl der Arbeiten unterstützen sollen (z. B. Zusammenarbeit mit Kindern und Jugendlichen in unterschiedlichen Bereichen, Bandbreite der Finanzierungen der Projekte). Zum Teil beeinflusste die Auseinandersetzung mit dem Material aber auch mein Forschungssetting und die Ausrichtung meiner Fragestellung (z. B. Fokus auf visuelle Darstellungen). Wie bereits am Anfang dieses Kapitels aufgeführt, lassen sich diese Prozesse in der vorliegenden Arbeit nicht immer trennscharf unterscheiden. Vielmehr betone ich eine Wechselseitigkeit in den Selektions- und Entscheidungsprozessen. Mein Auswahlverfahren, das ich als ‚purposeful', Sampling eingeordent habe, beinhaltete sowohl vorab festgelegte, forschungszweckgebundene Kriterien als auch Kriterien, die sich im Laufe des (ersten) Auswahlprozesses herausgebildet haben.
Ich erläutere nun diese Kriterien noch detaillierter, um die Gründe für die Auswahl der Projekte aufzuzeigen. Inwiefern die von mir herausgearbeiteten Kriterien zur Erstellung eines Untersuchungskorpus zielführend zur Beantwortung meiner Forschungsfrage waren, soll im zehnten Kapitel reflektiert werden.[682]

Folgende Kriterien wurden für die Auswahl der Projekte wichtig

Entscheidend für die Erstellung des Samplings war zum einen, dass es sich um künstlerische Projekte handelt, die im Diskurs als ‚partizipatorische' Arbeiten bezeichnet oder in diesem Kontext verhandelt wurden. Dabei habe ich sowohl Projekte ausgewählt, die von den Künstler*innen bzw. Projektleiter*innen selber als partizipatorisch oder partizipativ benannt wurden[683], als auch Arbeiten, die im Rahmen von Tagungen oder Veröffentlichungen unter dieser Bezeichnung

stellung des Untersuchungskorpus relevant sind. Vgl. auch Flick (2014): Qualitative Sozialforschung. S. 155 ff.
Zusätzlich zu den vorab formulierten Kriterien habe ich in meiner Untersuchung Merkmale aus einer Vor-Auswahl an Projekten generiert, aus der ich weitere Informationen über das Feld gewinnen konnte.

681 Dieses Verfahren lässt Analogien zum ‚theoretischen' Sampling zu, das ursprünglich von Glaser und Strauss (1967) entworfen wurde. Im Gegensatz zum ‚selektiven Sampling' erfolgt die Generierung von Kriterien zur Erstellung eines Untersuchungskorpus erst im Laufe der Untersuchung. In einem Wechselprozess zwischen der Datenerhebung, der anschließenden Theoretisierung und der weiteren Erhebung bilden sich Merkmale zur Faullauswahl heraus. Die Auswahl erfolgt hier nach und nach bis eine „theoretische Sättigung" erreicht ist. Vgl. Przyborski, Wohlrab-Sahr (2014): Qualitative Sozialforschung. S. 181 f.mit Verweisen u. a. auf Glaser, Strauss (1968): Time for Dying.; Strauss (1987): Grundlagen qualitativer Sozialforschung.

682 » Kapitel 10.4 Methodische und methodologische Zusammenfassungen und Wendungen: Potenziale und Grenzen meines empirischen Vorgehens.

683 Entgegen der Differenzierung von Silke Feldhoff unterscheide ich nicht zwischen den Bezeichnungen „partizipatorisch" und „partizipativ", um den Wort(be-)deutungen der Künstler*innen nachzugehen. Vgl. Feldhoff (2009): Zwischen Spiel und Politik. S. 21 ff.

thematisiert wurden. Mein Ziel war dabei, etablierte Arbeiten in diesem Feld herauszufiltern.

Die ‚Formen der Partizipation' konnten unterschiedlich sein, da ich von einem ‚weiten' Partizipationsbegriff ausgehe (» Kapitel 2).[684] Demgegenüber habe ich die Zielgruppe der Arbeiten (Kinder und Jugendliche) festgelegt. Zwar habe ich auch Projekte hinzugezogen, die keine explizite Altersbeschränkung vorsahen. Entscheidend für meine Auswahl sollte aber sein, dass Künstler*innen mit Kindern und Jugendlichen zusammengearbeitet haben, weil mich vorrangig ihre Vorstellungen über Partizipation bezogen auf diese Gruppe interessierten. Im weiteren Auswahlprozess konzentrierte ich mich zudem auf ‚längerfristige' Projekte, um Erfahrungen von Künstler*innen in meine Untersuchung aufnehmen zu können, die über einen geraumen Zeitraum Projekte mit Kindern und Jugendlichen initiiert haben.

Ein weiteres Auswahlkriterium betraf die visuelle Darstellung der Projekte, die zu einem wesentlichen Fokus meiner Untersuchung wurde.[685] Dies führte u. a. dazu, dass ich im Recherche- und Auswahlprozess verschiedene Präsentationsformate, wie z. B. Kataloge oder Internetpräsentationen, gesichtet und miteinander verglichen habe. Meine Vorauswahl konzentrierte sich im weiteren Verlauf auf Online-Präsentationen der Projekte, da diese für einen Großteil der Arbeiten verfügbar waren. Die Verschiedenartigkeit der dort verwendeten Fotografien wurde für mich zu einem wichtigen Kriterium, auch wenn die kurzen Projektbeschreibungen und Bildkommentare in diesem Darstellungsmedium noch in die Auswahl hineingeflossen sind.[686]

Ausschlaggebend für die Projektwahl war zudem das Kriterium, Arbeiten für die Untersuchung auszuwählen, die im Rahmen unterschiedlicher Förderprogramme oder Wettbewerbe initiiert wurden. Ich habe Projekte ausgesucht, die aus verschiedenartigen ‚Töpfen' finanziert wurden und vor diesem Hintergrund unterschiedlichen ‚Arbeitsfeldern' zugeordnet werden können (Schule, Stadtteil, Kunst). Auch

---

684 Ausgehend von den öffentlich zugänglichen visuellen und sprachlichen Projektdarstellungen bin ich davon ausgegangen, dass in den Projekten unterschiedliche Formen der Zusammenarbeit virulent werden.
Zu meinem Verständnis eines ‚weiten' Partizipationsbegriffs » z. B. Kapitel 2.5 Zusammenfassung: Plädoyer für einen weiten Partizipationsbegriff.

685 » Kapitel 4.2.3 Zwischen visuellen und sprachlichen Darstellungen, durch Bilder und Sprache: Überlegungen zu einer indirekten Empirie.

686 Im Laufe des Forschungsprozesses hat sich der Fokus meiner Untersuchung etwas gewandelt. Ausgehend von meinen ersten Beobachtungen am Material war es zunächst mein Ziel, Internetpräsentationen der Projekte zu untersuchen. Während meiner methodischen und methodologischen Auseinandersetzungen, aber auch durch die Interviews mit den Projektleiter*innen, habe ich mich dann auf die dort veröffentlichten Fotografien konzentriert. Diese habe ich aus ihrem ‚ursprünglichen' Präsentationskontext herausgelöst und mit den sprachlichen Darstellungen der Projektleiter*innen in Beziehung gesetzt. » etwa Kapitel 5.2.2 Aufbereitung und Umwandlung des Datenmaterials

dieses Auswahlkriterium sollte wiederum dazu beitragen, eine maximale Varianz in der Projektauswahl herzustellen.
Um eine vertiefende Analyse zu ermöglichen, die sprachliche und visuelle Analysen einbezieht und einander gegenüberstellt, habe ich mich dazu entschieden, mich auf drei Projekte zu konzentrieren. Dabei orientierte sich meine finale Auswahl an den oben genannten Kriterien. Nach der Datenerhebung, im Auswertungsprozess, erfolgte dann eine weitere Selektion des Datenmaterials zur Zusammenstellung maximal kontrastierender Vergleichs*fälle* (» Kapitel 5.3).[687]

Überblick zu den relevant gewordenen Auswahlkriterien (Abb. 1)

Kriterien	Projekt 1	Projekt 2	Projekt 3
Beteiligte (Zusammenarbeit mit Kindern und Jugendlichen in unterschiedlichen Bereichen)	Schüler*innen einer Grundschule, Künstler*innen mit Behinderung, Projektleiter A.	Kinder eines Kinder- und Jugendzentrums, Mitarbeiter*innen des Projekts, Projektleiterin B.	Besucher*innen eines Parks (darunter viele Kinder und Jugendliche), Mitarbeiter*innen des Projekts, Projektleiterin C.
Kontextualisierung als ‚partizipatorisches Kunstprojekt'[688]	ja	ja	ja
Projektlaufzeit (Langjährige Erfahrungen in der Zusammenarbeit mit Kindern und Jugendlichen)	Seit 1995 bis heute	2011 Einbettung der Arbeit in ein langfristiges künstlerisches Projekt (2009 bis heute)	2003-2010
Verschiedenartige Projektförderungen	Finanzierungsmix, u. a. durch verschiedene Stiftungen	Gefördert durch das Programm ‚Zukunftsinitiative Stadtteil', Teilprogramm ‚Soziale Stadt'	Kunst-am-Bau-Projekt

687 » Kapitel 5.3 Fokus und Chronologie der Auswertungsschritte und Ausdifferenzierungen im Darstellungsprozess.

Verschiedenartige visuelle Darstellungen der Projekte	ja	ja	ja
	Zum Vergleich der Fotografien der drei Projekte siehe Kapitel 6.		

Abb. 1: Überblick zu den relevant gewordenen Auswahlkriterien

Aufgrund der Anonymisierung nenne ich keine Quellen oder spezifischen Hintergrundinformationen zu den Projekten, wie z. B. Projektnamen oder -orte.

5.1.4 Kurzbeschreibung der ausgewählten Projekte – vor dem Hintergrund ihrer Anonymisierung

An dieser Stelle beschreibe ich in knapper Form die ausgewählten Projekte, denn diese Hintergrundinformationen dienen als Orientierung bei der Lektüre meiner Auswertungen und werden zur Analyse und Einordnung meiner Ergebnisse wichtig. Da sich die Arbeiten durch sehr spezifische Konzeptionen auszeichnen (» Kapitel 5.1.3), ist eine Anonymisierung trotz Verzicht auf ‚Projektdaten' wie Namen oder Standorte nur eingeschränkt umsetzbar. (» Kapitel 5.1.1) Eine Identifizierung über die Projektbeschreibungen ist ggf. möglich. Aus diesem Grund verweise ich noch einmal auf mein Forschungsverständnis und die Grundgedanken dieser Arbeit. (» Kapitel 4; 5.1.1)

Projekt 1 (Projektleiter A.)

Bei dem ersten Projekt handelt es sich um eine Kooperation zwischen einer Grundschule und einer Gruppe von Künstler*innen mit Behinderung, die schon seit 1995 zusammenarbeiten. Während der Unterrichtszeit besuchen Schüler*innen der Grundschule die Künstler*innen in ihrem nahe gelegenem Arbeitsraum und werden dort auch selber künstlerisch tätig. Die Kooperation wird unterstützt und begleitet von einem Projektleiter (ich nenne ihn hier A.), der seit Projektbeginn in diesem Format mitwirkt und selber über eine künstlerische Ausbildung verfügt. Er unterstützt mit anderen ‚Assistent*innen' das Projekt.

Projekt 2 (Projektleiterin B.)

Die zweite Arbeit ist ein Teilprojekt eines langjährigen Jungendkunstprojekts (Stadteilprojekts), das von der Projektleiterin (ich nenne sie hier B.) 2009 geründet wurde und bis heute besteht. Das rahmende Jugendkunstprojekt umfasst sowohl

688 Alle drei Projekte wurden im Diskurs als ‚partizipatorische' Kunst mit Kindern und Jugendlichen verhandelt, was mir bei der Auswahl der Arbeiten wichtig war. Aufgrund der Anonymisierung der Arbeiten finden sich hier allerdings keine näheren Angaben oder Quellenverweise.

ein wöchentliches, offenes Angebot für Jugendliche in den Projekträumlichkeiten, als auch temporäre Kunstprojekte, die sie in Kooperation mit verschiedenen Partner*innen, wie zum Beispiel Schulen, durchführt und die z. T. auch an diesen Orten stattfinden.

Das hier thematisierte Teilprojekt hatte eine Laufzeit von drei Monaten (2011) und fand in Zusammenarbeit mit Kindern eines Kinder- und Jugendzentrums statt. Es wurde von der Projektleiterin B. und einer zweiten Person initiiert. Weitere Projektmitarbeiter*innen unterstützten sie bei der Durchführung. Nach Abschluss des Teilprojekts entwickelten sich daraus thematisch fortführende Projekte mit wechselnden Kooperationsinstitutionen, die einen Zeitraum von mehr als zwei Jahren umfassten. Die Projektleiterin B. sprach im Interview sowohl über das Teilprojekt als auch über das rahmende Jugendkunstprojekt und die sich anschließenden Projekte.

Projekt 3 (Projektleiterin C.)

Im Gegensatz zu den beiden anderen Projekten, in denen Künstler*innen speziell mit Kindern und Jugendlichen zusammenarbeiten, handelt es sich bei der dritten Arbeit um ein Kunst-am-Bau-Projekt mit ungewöhnlichem ‚Beteiligungsformat'. Über einen Zeitraum von acht Jahren (von 2003 bis 2010) initiierte die Projektleiterin (ich nenne sie hier C.) künstlerische Aktionen in einem Park, der über einer Autobahnunterführung angelegt worden war. Für jeweils drei Wochen pro Jahr verwandelte sie durch ihre künstlerischen Gestaltungen den Park. Dabei arbeitete die Künstlerin mit den Anwohner*innen des Parks zusammen (darunter waren viele Kinder und Jugendliche) und zog zusätzliche Expert*innen für das Projekt hinzu, die sie bei der Durchführung unterstützten.

5.2 Datenerhebung und Transkription

In diesem Kapitel skizziere ich meine Arbeitsschritte, die sich an die Auswahl der Projekte angeschlossen haben. Ich beschreibe notwendige Vorbereitungen und die Durchführung der Interviews sowie den anschließenden Prozess der Aufbereitung und Umwandlung des Datenmaterials.

5.2.1 Vorbereitungen und Durchführung der Interviews

Kontaktaufnahme und Anschreiben an die Projektleiter*innen

Nachdem ich Projekte ausgewählt habe, die für meine Untersuchung in Frage kamen, wendete ich mich schriftlich per Mail an die jeweiligen Projektleiter*innen und bat um die Bereitschaft zur Teilnahme an meiner Untersuchung. In dieser Nachricht schilderte ich zunächst in groben Zügen mein Forschungsvorhaben, um ein Interesse dafür zu wecken, ohne dabei zu stark ins Detail zu gehen.[689] Folgende Nachricht sendete ich bspw. an den Projektleiter A., dessen Projekt ich kurz zuvor mit Studierenden einmal besucht hatte:

> Mail an den Projektleiter A. vom 23.07.2013 (XX = anonymisiert)
>
> Sehr geehrter Herr XX,
>
> im Rahmen meiner Dissertation untersuche ich Projekte, in denen Künstler*innen mit Kindern und Jugendlichen zusammenarbeiten und ich habe mit großem Interesse die Ergebnisse der Auslobung XX verfolgt. Vor einiger Zeit hatte ich bereits Gelegenheit, mit Studierenden das Angebot kurz besuchen zu können. Seitdem wurde dieses Projekt für mich zu einem wesentlichen Ausgangspunkt meiner Forschungsarbeit, in der ich Aspekte von Partizipation beleuchte.
>
> Die außergewöhnliche Zusammenarbeit und das ausgefallene Format machen das Projekt XX für mich besonders spannend. Neben diesem Projekt beschäftige ich mich außerdem mit zwei weiteren prominenten Arbeiten, die in XX durchgeführt wurden bzw. werden (von XX und XX). Dabei richtet sich mein Fokus in allen drei Fallstudien hauptsächlich auf konzeptionelle Fragen, da meine Arbeit als Grundlagenforschung angelegt ist. In diesem Kontext würde ich Sie sehr gerne interviewen, um Ihre Perspektive und Ihre Erfahrungen in meine Untersuchung aufnehmen zu können!
>
> Das Interview wird voraussichtlich 1,5 Stunden dauern, wobei ein kleiner Zeitpuffer hilfreich ist, damit wir in Ruhe über das Projekt sprechen können. Im August wäre ich zeitlich flexibel, sodass ich mich nach Ihrem Terminkalender richten kann. Wenn es Ihnen möglich ist, in diesem Zeitrahmen einen Interview-Termin einzurichten, wäre ich Ihnen sehr dankbar!
>
> Falls Sie Fragen haben oder alles Weitere telefonisch mit mir klären möchten, erreichen Sie mich am besten mobil unter XX (ansonsten XX).
>
> Ich würde mich sehr freuen, wenn ich Sie im Rahmen meiner Untersuchung interviewen könnte!
>
> Mit besten Grüssen
>
> Evelyn May
>
> Wissenschaftliche Mitarbeiterin
> Universität Hamburg
> Fakultät EPB

689 Meine Nachricht an die Projektleiter*innen lässt sich auch kritisch diskutieren. So wären beispielsweise Machtfragen zu beleuchten, die eine solche Anfrage impliziert. Ich wende mich als Mitarbeiterin einer Universität an die Projektleiter*innen – aus einer privilegierten Position von einem ‚Ort der Wissensproduktion' heraus, der nur eingeschränkt zugänglich ist. Auch können meine Formulierungen zur Schilderung meines Forschungsinteresse hinterfragt werden, die ich zwischen dem Bemühen verorte, für die Teilnahme an meiner Untersuchung zu werben und gleichzeitig nicht zu viel Information von meinem Forschungsinteresse vorweg zu nehmen. Zur Schwierigkeit des Zugangs zum Feld und zur Darlegung des Forschungsinteresses vgl. auch Przyborski, Wohlrab-Sahr (2014): Qualitative Sozialforschung. S. 42 ff.

Fachbereich Erziehungswissenschaft 4
AB Bildende Kunst
Von-Melle-Park 8, Raum 405
D – 20 146 Hamburg

Zum Teil konkretisierte ich mein Vorhaben in weiteren Gesprächen vorab und informierte die Projektleiter*innen darüber, dass ich plante, neben den Interviews auch visuelle Darstellungen der Projekte in meine Untersuchung einzubeziehen.

Durchführung und Organisation der Interviews

Die Projektleiter*innen A., B. und C. erklärten sich bereit, an meiner Untersuchung teilzunehmen und wir vereinbarten einen Termin und einen Ort für die Durchführung der Interviews. Die Gespräche fanden im August und September 2013 statt:

- Das Interview mit dem *Projektleiter A. (zum Projekt 1)* erfolgte am 09.08.2013 in den Räumlichkeiten des Projekts und dauerte 1 Stunde und 32 Minuten.
- Das Interview mit der *Projektleiterin B. (zum Projekt 2)* führte ich am 10.09.2013 auch in den entsprechenden Projekträumlichkeiten durch. Dieses Gespräch dauerte 1 Stunde und 47 Minuten.
- Das Interview mit der *Projektleiterin C. (zum Projekt 3)* fand am 11.09.2013 statt und dauerte 1 Stunde und 39 Minuten. Für dieses Gespräch hatte ich auf Wunsch der Künstlerin einen Raum organisiert. Dabei handelte es sich um einen Büroraum in räumlicher Nähe zum Wohnort der Projektleiterin, den mir Freunde zur Verfügung gestellt hatten.

Die Interviews habe ich in halbstrukturierter Form geplant und durchgeführt. Das bedeutet, dass ich einen Leitfaden mit Interviewfragen für die Gespräche vorbereitet hatte, der sowohl festgelegte Themenbereiche umfasste als auch ‚offene' Fragen. Besonders ein Gesprächseinstieg als Erzählaufforderung war mir wichtig, damit die Projektleiter*innen die Möglichkeit erhalten, ihre Erfahrungen zu entfalten und Themen anzusprechen, die für sie bedeutsam sind.[690] Zur Re-Konstruktion handlungsleitender Orientierungen aus dem Gesagten sind diese Möglichkeiten der Erzählung besonders wichtig.[691] Zugleich wollte ich durch die Festlegung auf spezifische Themenbereiche eine Vergleichbarkeit der Aussagen ermöglichen und die Thematisierung bestimmter Aspekte gewährleisten, die für meine Untersuchung wichtig werden.

690 Zur Notwendigkeit narrativer Interviewanteile für die dokumentarische Auswertung vgl. etwa Nohl (2017): Interview und Dokumentarische Methode. S. 15 ff.

691 Die hier eingesetzte Interviewform kann in Anlehnung an Przyborski und Wohlrab-Sahr auch als „offenes Leitfadeninterview" bezeichnet werden, denn mein Ziel bestand darin, durch die Fragen Antworten anzuregen, die „(....) den inhaltlichen Relevanzstrukturen und kommunikativen Ordnungsmustern der Befragten" Raum geben. Przyborski, Wohlrab-Sahr (2014): Qualitative Sozialforschung. S. 126.

Die vorbereiteten Fragen dienten für mich im Interview als ‚Gerüst' und zur Orientierung. Während ich die Einstiegsfrage in allen drei Interviews zu Beginn stellte, kam ich auf die anderen Themenbereiche je nach Gesprächsverlauf zu sprechen. Um der Dynamik der Interviews Rechnung zu tragen, hatte ich mögliche Vertiefungsfragen vorbereitet, die ich flexibel einsetzte. Meine Fragen vor Ort orientierten sich an den vorbereiteten Formulierungen, ohne dass ich diese im Gesprächsfluss 1:1 übernommen habe. Während der Unterhaltung stellte ich zudem weitere (nicht im Vorfeld plante) Fragen, wenn ich beispielsweise bestimmte Aspekte, die thematisch wurden, vertiefen wollte. Zum Teil sprachen die Projektleiter*innen auch Themenbereiche an, ohne dass ich explizit danach gefragt hatte. Wie bereits erwähnt, beeinflussten sich Forschungskonzeption und Durchführung wechselseitig. So kam es auch, dass ich einen Themenbereich, der noch Bestandteil meines Leitfadens war in den Interviews vor Ort nicht weiter vertieft habe.[692]

Folgende Fragen hatte ich für die Interviews vorbereitet.[693]

1.) Wie kam es zum Projekt XX? Bitte erzählen Sie davon.

Mögliche Vertiefungsfragen zu 1.)

- Welche Aspekte daraus waren für Sie bei der Planung des Projekts besonders wichtig?
- Gab es Rahmenbedingungen, die für die Konzeption des Projekts wichtig waren?

» wenn ja, inwiefern?

Was war die Idee (der Gedanke dahinter), dass die Kinder und Jugendlichen in dem Projekt beteiligt werden?

2.) In der Projektdarstellung auf Ihrer Homepage wird ein Fokus des Projekts als „partizipatives künstlerisches und architektonisches Handeln" beschrieben. *Was heißt für Sie „Partizipation" in Ihrem Projekt?*

692 Wie ich bereits im Kapitel 5.1.2 angemerkt habe, veränderte sich mein Forschungssetting im Laufe meiner Untersuchungen. Zum Zeitpunkt der Interviews plante ich, die Projektleiter*innen auch zur Gestaltung der Web-Auftritte zu befragen (zu den Bildern, aber auch zu den Bildunterschriften und Begleittexten). Aus diesem Grund hatte ich noch die kompletten Webseiten ausgedruckt und auf dem Tisch ausgebreitet. Während der Interviews konzentrierten sich die Gespräche allerdings primär auf die Fotografien. Der Erzählfluss wurde durch meine Frage zu den Texten erheblich unterbrochen. Ich beschloss deshalb während des Gesprächs, nur noch die Fotografien in den Interviews zu vertiefen, da diese in meiner Untersuchung eine zentrale Gelenkstelle bilden (» Kapitel 4.3.2) und in den Interviews u. a. ein Erzählen der Projektleiter*innen anregten.

693 Zur kritischen Reflexion meines Vorgehens » auch Kapitel 10.4.4 Herausfordernde und weiter zu entwickelnde Aspekte des Forschungssettings.

Mögliche Vertiefungsfragen zu 2.)

- Können Sie ein Beispiel aus dem Projekt nennen, um zu verdeutlichen, was „Partizipation" für Sie heißt.
- Hat sich das im Laufe der langjährigen Projektzeit verändert oder war es vorher anders? (Veränderung Partizipation?)

3.) Ich würde Sie gerne auch zur Projektdarstellung auf Ihrer Homepage befragen und habe deshalb die Seiten ausgedruckt mitgebracht.

Wer hat die Seite gestaltet? Waren Sie daran beteiligt oder hatten Sie Einfluss auf die Gestaltung?

Mögliche Vertiefungsfragen zu 3.)

- Wie kam es zur Auswahl an Fotografien, die dort zu sehen sind?
- Und wer hat die Fotos gemacht?

4.) *Was erzählen die Fotos über Ihr Projekt? Wie sehen Sie das?*

Mögliche Vertiefungsfragen zu 4.)

- Gibt es Bilder, die Sie besonders mögen und warum? (bzw. besonders gelungen)
- ...oder Bilder, die für Sie wesentliche Aspekte des Projekts zeigen?

» wenn ja, welche?

~~5.) Gestrichene Fragen: Zu den Bildunterschriften und Texten~~

~~*Haben Sie die Überschriften und Textkommentare auf der Homepage verfasst?*~~

~~*Welche Aspekte waren für Sie dabei besonders wichtig?*~~

6.) Abschließend noch eine rückblickende Frage zum Projekt:

Was nehmen Sie aus dem bisherigen langjährigen Projektverlauf mit oder wo würden Sie sich zukünftig Veränderungen wünschen?

(Rahmenbedingungen, etc.)

7.) Weitere Fragen?

Was ist Ihnen noch wichtig, dass ich nicht gefragt habe...

Alle drei Gespräche habe ich mit einem Audio-Aufnahmegerät aufgezeichnet. Da ich zum Zeitpunkt der Interviews noch den (kompletten) Webauftritt der Projekte thematisieren wollte, hatte ich diesen ausgedruckt mitgebracht und auf einem

Tisch ausgebreitet.[694] Um eine spätere Zuordnung der besprochenen Bilder über das Audiomaterial zu ermöglichen, hatte ich die darin enthaltenen Fotografien im Vorfeld nummeriert. Während des Gesprächs nannte ich jeweils die entsprechende Nummerierung, wenn die Projektleiter*innen über ein Bild sprachen.

5.2.2 Aufbereitung und Umwandlung des Datenmaterials

Im Anschluss an die Interviews habe ich das *Audiomaterial* transkribiert. [695] Durch den Prozess der Verschriftlichung überführte ich die Tonaufnahmen in eine für die wissenschaftliche Analyse notwendige Textform.[696] Dabei orientierte ich mich an dem Transkriptionssystem nach Christa Hoffmann-Riem, das ich für mein Vorgehen noch geringfügig modifiziert habe (Abb. 2).[697]

.	Kurzes Absetzen
..	Mittlere Pause (etwa zwei bis drei Sekunden)
(4)	Lange Pause (mit Sekundenangabe)
Zwischen/Damals	Wortabbruch/ Selbstkorrektur
<u>Immer</u>	Betonung eines Wortes
Ich erinnere nicht genau	Leises Sprechen
I m m e r	Gedehntes Sprechen
EM: Wie es [dann weiterging] B.: [Ja, dann]	Gleichzeitiges Sprechen
(hörte ich?)	Undeutliches Sprechen, vermuteter Wortlaut
( )	Unverständliches Sprechen
Hm, äh, ähm	Parasprachliche Äußerungen

694 Zur Veränderung des Forschungssetting siehe auch meine Fußnoten zu den Auswahlkriterien der Projekte.
» Kapitel 5.1.3 Projektsammlung, Ableitung und Begründung der Auswahlkriterien.

695 Ich danke an dieser Stelle Monika Kuffer, die mich bei der Transkription der Interviews unterstützt hat.

696 Zur Notwendigkeit der Verschriftlichung wissenschaftlicher Daten und Ergebnisse verweise ich an dieser Stelle noch einmal Ralf Bohnsack, der sehr treffend formulierte: „Jegliche Beobachtung, die wissenschaftlich relevant werden soll, muss also durch das Nadelöhr des Textes hindurch." Ders. (2011): Qualitative Bild- und Videointerpretation. S. 26.

697 Vgl. Hoffmann-Riem, Christa (1998): Das adoptierte Kind. S. 331.

((Ereignis*)) ((*)) ((lachend*)) ((*))	nicht-sprachliche Handlungen oder Begleiterscheinung des Sprechens, z. B. ((zeigt auf ein Bild)), ((erregt)) (die Charakterisierung steht vor den entsprechenden Stellen und zieht sich bis zur Kennzeichnung ((*)) im Transkriptionstext hin)
XX	anonymisiert

Abb.2: Transkriptionsregeln in Anlehnung an Hoffmann-Riem

Um ‚Strukturen' des Gesagten untersuchen zu können, war es mir wichtig, Veränderungen in der Stimme, verschiedenartige Betonungen, Unterbrechungen oder Sprechpausen kenntlich zu machen, die durch eine Verschriftlichung mit dem Fokus auf das gesprochene Wort verloren gegangen wären. Die so entstandenen Transkripte können im Anschluss an Dieter Mersch auch als eine Form der Übersetzung beschrieben werden, die immer Eingrenzungen mit sich bringt.[698] Sie stellen die zweite un-mögliche ‚Konvertierung' der Gesprächssituation dar, die als Audioaufnahme eine erste Umwandlung erfahren hat.[699] Obwohl ich in den weiteren Analysen der ausgewählten Sequenzen hauptsächlich mit den entstandenen Transkripten gearbeitet habe, habe ich die Tonaufnahmen partiell hinzugezogen, um einige Deutungen vertiefend zu klären – vor dem Hintergrund, dass jeder Medienwechsel Differenzen erzeugt.[700]

Bei der Aufbereitung des *Bildmaterials* werden die verschiedenen Prozesse der Umwandlung und Übersetzung noch augenscheinlicher. In den Interviews zeigte ich die Bilder in ihrer Einbindung als Webpräsentationen – allerdings in ausgedruckter

698 Geht man indessen von den Modellmedien *Wort, Bild, Ton, Zahl* aus, fällt vor allem deren *Nichtkonvertierbarkeit* auf. Sie werfen die Frage ihrer Übersetzbarkeit auf – der Nivellierung oder Einschränkung, die geschieht, wenn ein Medium in ein anderes transferiert oder durch ein anderes überschrieben wird." Mersch (2003a): Einleitung: Wort, Bild, Ton, Zahl – Modalitäten medialen Darstellens. S. 15, kursiv im Original.

699 Meine Entscheidung, das Interview als Tonaufnahme festzuhalten, führte bereits zu notwendigen Begrenzungen des Gesagten, da Mimik, Gestik oder Körperhaltungen der Gesprächspartner*innen nicht aufgezeichnet wurden. Ich entschied mich für diese Aufnahmemethode, da ich möglichst wenig Technik in der Interviewsituation einsetzen wollte, die das Gespräch mit beeinflusst. Zu „Präsenz und Einfluss der Aufzeichnung" in der Untersuchungssituation vgl. etwa Flick (2014): Qualitative Sozialforschung. S. 373.

700 Vgl. auch Heßler, Mersch (2009): Bildlogik oder Was heißt visuelles Denken? S. 18.

Form[701](» Kapitel 5.2.1).[702] Durch die Anordnung als Bild-Ensembles habe ich die Fotografien anschließend aus ihren Veröffentlichungskontexten herausgelöst und für meine wissenschaftliche Untersuchung aufbereitet. Dabei habe ich zwar die Chronologie der Bilder durch Nummerierungen beibehalten, doch ich habe ihre Einbettung entfernt und durch neue Formen der Anordnung ersetzt, die mir ein ‚vergleichendes Sehen' ermöglichten (» Kapitel 4.4.6; 6.1).[703]
Neben den Bildern, die ich für das Interview ausgewählt und ausgedruckt hatte, bezogen die Projektleiter*innen z. T. noch weitere Fotografien in ihre Erzählungen ein.[704] Diese zusätzlichen Materialien thematisiere ich in meinen vertiefenden Untersuchungen in den *Falldarstellungen*, wenn ich markante Unterschiede im ‚Sprechen über die Bilder' feststellen konnte (» Kapitel 8).[705]
In der Beschreibung der Aufbereitung meines Datenmaterials klangen bereits Veränderungen der epistemischen Struktur der jeweiligen Darstellungsformen an, die ich im nächsten Kapitel weiter vertiefe, indem ich den Prozess der Generierung meiner Ergebnisse darlege. Dazu beginne ich damit, meine Analyseschritte zu skizzieren, bevor ich auf die Verschriftlichung meiner Ergebnisse eingehe, um auch dort Prozesse der Übersetzung und Ausdifferenzierung anzusprechen. Eine Thematisierung dieser Prozesse soll auch dazu beitragen, den relationalen Charakter der Untersuchungsergebnisse hervorzuheben und die vielschichtige Herausbildung der Phänomene zu skizzieren.

5.3 Fokus und Chronologie der Auswertungsschritte und Ausdifferenzierungen im Darstellungsprozess

Der Verschriftlichung meiner Ergebnisse gehen verschiedenartige Auswertungsschritte voraus, die ich zum Teil bereits in der Darstellung der dokumentarischen Methode thematisiert habe (» Kapitel 4.4).[706] An dieser Stelle beleuchte ich die Chronologie meines Auswertungsverfahrens, um dem *Zusammenspiel der Text- und Bildanalysen* auf verschiedenen Vergleichsebenen meiner Arbeit nachzugehen,

701 Während die Webansicht durch den Bildschirm fokussiert und die Inhalte nach und nach durch ein Scrollen erschlossen werden können, lassen sich die Ausdrucke der Internetdarstellungen als ‚Papierbahnen' beschreiben. Ich hatte die einzelnen Bildschirmansichten fotografiert und die ausgedruckten Fragmente anschließend zusammengeklebt.

702 » Kapitel 5.2.1 Vorbereitungen und Durchführung der Interviews.
Dort habe ich auch den prozesshaften Wandel meiner Forschungskonzeption beschrieben, der dazu geführte, dass ich die Gestaltung der Webseiten nicht mehr thematisiert habe, auf denen die Fotografien veröffentlicht wurden.

703 » Kapitel 4.4.6 Modifikation III: Bild-Vergleiche und Bild-Ensembles sowie Kapitel 6.1 Entstehung und Zusammensetzung der Bild-Ensemble der drei Fälle.

704 So hatte der Projektleiter A. beispielsweise einen Ordner mit Projektfotografien bereitgelegt, den er mir während des Interviews zeigte. » Kapitel 8.1 Analysen der visuellen und sprachlichen Darstellungen zum Projekt 1.

705 » Kapitel 8 die fallinternen Vergleiche visueller und sprachlicher Darstellungen zum Projekt 1, 2, 3.

706 » etwa Kapitel 4.4.4 Zur Analyse von Texten mit der dokumentarischen Methode bzw. Kapitel 4.4.5 Zur Analyse von Bildern mit der dokumentarischen Methode.

aber auch *medienspezifische Differenzierungen* aufzuzeigen. So habe ich beispielsweise das Untersuchungsmaterial (Bild-Ensembles und Interviews) zunächst getrennt voneinander bearbeitet, um die Ergebnisse anschließend in Form von stichwortartigen Mindmaps zusammenzuführen und gegenüberzustellen. Prozesse der Selektion, des (An-)Ordnens und In-Beziehung-Setzens von Zwischenschritten und -ergebnissen wurden dabei wichtig, die Strukturierungen ermöglichten und zu Ausdifferenzierungen in der Genese der Ergebnisse beitrugen.[707] Mit diesen vielschichtigen Prozessen, die ich hier skizzenhaft nachzeichne, ging eine notwendige Reduktion der Daten einher, indem ich relevante Untersuchungsaspekte ausgewählt habe, die einen Ausschluss weiterer Inhalte oder Themen erforderten. Auf diese Weise konnte ich wahrnehmbar gewordene *Strukturen*[708] herausarbeiten und Formen der visuellen und sprachlichen Darstellung gegenüberstellen, um Orientierungen zu beleuchten, die Rückschlüsse auf mögliche Vorstellungen über ‚Partizipation' zulassen. Im Folgenden stelle ich das komplexe Auswertungsverfahren vor und komme im anschließenden Kapitel auf den Prozess der Verschriftlichung meiner Analyseergebnisse zu sprechen.

5.3.1 Arbeitsskizzen: Triangulationen und Vergleiche

Zentrale Elemente meiner Auswertungen sind Vergleiche und Triangulationen, um affektiven Dimensionen visueller und sprachlicher Darstellungen nachzugehen, die sich einer Identifikation widersetzen und Vorstellungen über Partizipation zu re-konstruieren (» Kapitel 4.2.3; 4.3.3; 4.4.5).[709] Die folgende Übersicht soll die einzelnen Analyseschritte visualisieren und eine Orientierung ermöglichen.[710]

707 Mögliche Anschlüsse zur Position von Sybille Krämer thematisiere ich im nächsten Kapitel, um Potenziale eines „erkennenden Sehens" durch diese Formen der Anordnung und in-Beziehung-setzens anzudeuten. Vgl. auch Krämer (2009): Operative Bildlichkeit. S. 94 ff.

708 In meiner Arbeit nutze ich zunächst den Begriff der ‚*Struktur*', um wahrnehmbar gewordene ‚Eigenarten' der visuellen und sprachlichen Darstellungen zu beschreiben. In diesem Sinne kann auch von Bildstrukturen (oder von Textstrukturen) gesprochen werden, wie Heßler und Mersch den Begriff verwenden. Vgl. Dies. (2009): Bildlogik oder Was heißt visuelles Denken? S. 8 ff. Ich konzentriere mich vorerst auf die strukturelle Ebene der Medien, die Mersch von der „Materialität" und „Performativität" der Medien unterscheidet. Ders. (2003): Einleitung: Wort, Bild, Ton, Zahl – Modalitäten medialen Darstellens. S. 12.
Gleichzeitig betone ich durch den Strukturbegriff aber auch den unabgeschlossenen und relationalen Charakter von Medien und ihre „formierende" Funktion in Sinnbildungsprozessen. Vgl. ebd., S. 11. Ich hebe mein Involviert-Sein in der Identifikation der Strukturen hervor und gehe im Laufe meiner Untersuchung den Ergebnissen nach, die für mich im Vergleich der visuellen und sprachlichen Darstellungen besonders auffällig geworden sind. » Kapitel 10.2.3 Symptome und Auffälligkeiten

709 » Kapitel 4.2.3 Zwischen visuellen und sprachlichen Darstellungen, durch Bilder und Sprache: Überlegungen zu einer indirekten Empirie; Kapitel 4.3.3 Daten-Triangulation von visuellen und sprachlichen Darstellungen sowie Kapitel 4.4.6 Modifikation III: Bild-Vergleiche und Bild-Ensembles.

710 Die Visualisierung meiner Arbeitsschritte vermittelt eine chronologische Reihenfolge, um das komplexe Vorgehen zu veranschaulichen. Gleichwohl war meine Forschungspraxis aber auch durch Rückgriffe und Querverweise gekennzeichnet, wenn ich bspw. in der Analyse der Interviews auf etwas aufmerksam wurde, woraufhin ich die Bilder noch einmal genauer betrachtet habe. Ein ‚Oszillieren' zwischen den Analysen kommt deshalb nicht erst auf der dritten Ebene zum Tragen.

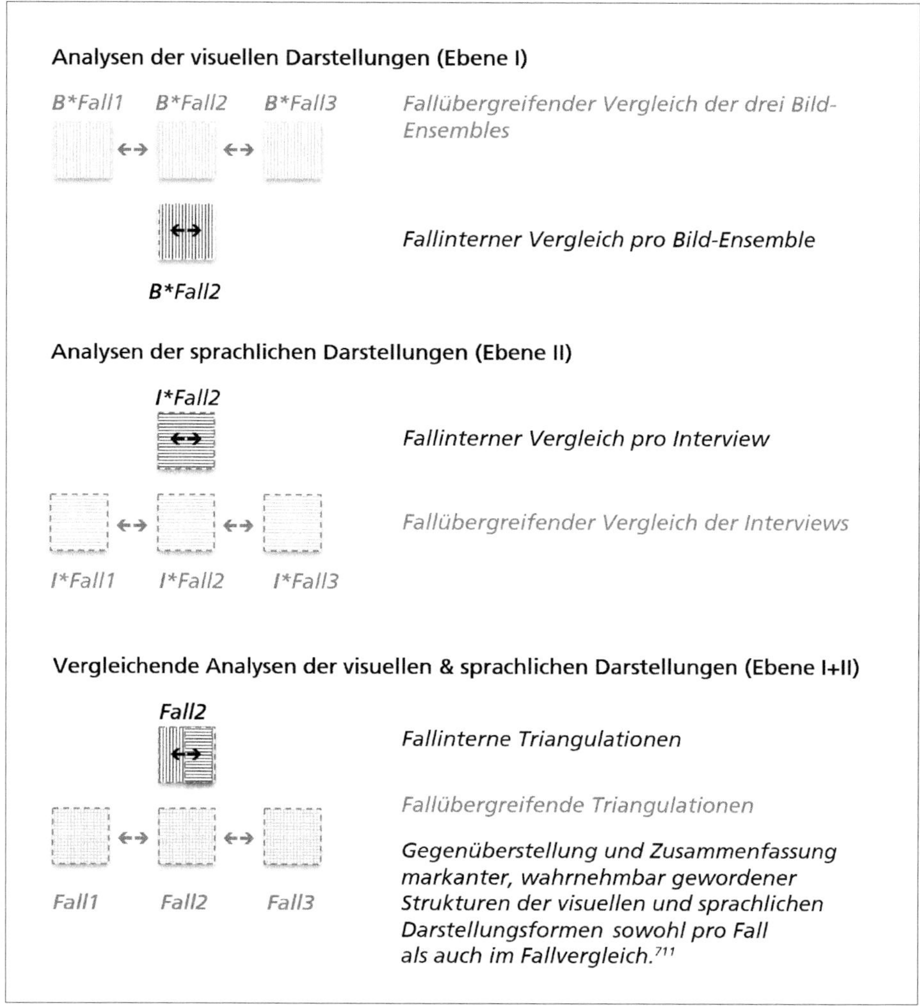

Abb.3: Übersicht der einzelnen Analyseebenen

Meine Auswertungsschritte, die ich nun näher skizziere, unterscheiden sich z. T. von meinen späteren Ergebnisdarstellungen in den Kapiteln 6 bis 9 (» Kapitel 5.3.2).[712] Auch deshalb ist es mir ein Anliegen, an dieser Stelle mein Verfahren sichtbar zu machen. Jeder der hier thematisierten Analyseschritte folgte spezifischen inhaltlichen Zielen. Die damit verbundenen methodologischen und methodischen Entscheidungen habe ich im vierten Kapitel ausgeführt und verweise an dieser Stelle primär auf die zugrunde liegenden Überlegungen.

711 Mithilfe des hier skizzierten mehrdimensionalen Auswertungsprozesses habe ich im Laufe der Zeit meine Ergebnisse ausdifferenziert, die ich im sechsten und siebten Kapitel zunächst in Ausschnitten separat *als Annäherungen* thematisiere und im achten Kapitel *als Fälle* beschreibe.

712 » Kapitel 5.3.2 Generierung und Fokus der Ergebnisdarstellungen.

Beschreibung der Analysen der *visuellen* Darstellungen (Ebene I)

Die ersten Auswertungen der visuellen Darstellungen erfolgten aus zeitlicher Perspektive vor der Durchführung der Interviews, sodass ich die Fotografien anfänglich ohne zusätzliche Informationen und Kommentierungen durch die Projektverantwortlichen betrachtet habe.
Zur Analyse habe ich die Fotos aus ihren Veröffentlichungskontexten herausgelöst und zur wissenschaftlichen Untersuchung als Bild-Ensembles nebeneinander angeordnet (» Kapitel 5.2.2; 6.1).[713] Mein Ziel in diesem ersten Auswertungsschritt bestand in einer fokussierten Betrachtung der Bilder, um diese durch ein *vergleichendes Sehen* in Beziehung zueinander zu setzen bzw. einander gegenüberzustellen (» Kapitel 4.4.6).[714] Aus diesem Grund habe ich zunächst die Bild-Ensembles *fallübergreifend* betrachtet, bevor ich *fallinterne* Analysen der einzelnen Bild-Ensembles vorgenommen habe.[715]

Fallübergreifender Vergleich der drei Bild-Ensembles

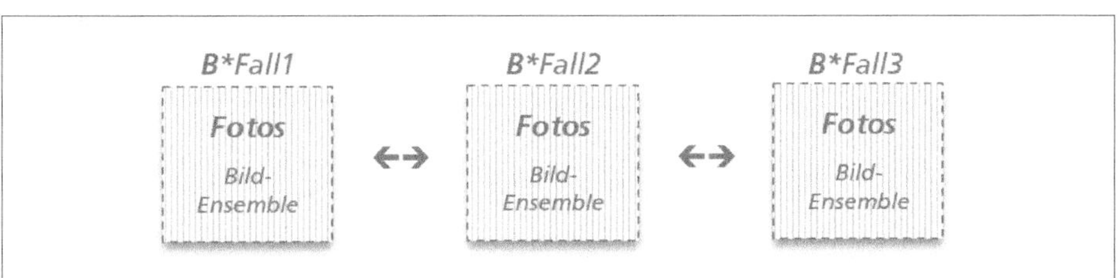

Abb.4: Fallübergreifender Vergleich der *visuellen* Darstellungen (Ebene I)

Über einen komparativen Vergleich der Bild-Ensembles aller drei Projekte (*B**Fall1, *B**Fall2 und *B**Fall3) bin ich der Frage nachgegangen, *was auf den Fotos WIE visuell dargestellt wurde.* Denn um Vorstellungen über Partizipation durch einen indirekten Zugang zu re-konstruieren, reicht mir eine Analyse der Aussagen über die Projekte nicht aus, sondern ich beziehe auch visuelle Darstellungen der Projekte ein. (» Kapitel 4.2.3)[716] Im Auswertungsprozess der Bild-Ensembles entwickelte ich unterschiedliche Aufmerksamkeiten bzw. Betrachtungsweisen in der Auseinandersetzung mit den Fotografien. Mein ‚erstes Sehen' wurde stark geprägt von inhaltlichen Assoziationen zum Partizipationsdiskurs, mit dem ich mich zuvor

713 » Kapitel 5.2.2 Aufbereitung und Umwandlung des Datenmaterials sowie Kapitel 6.1 Entstehung und Zusammensetzung der Bild-Ensemble der drei Fälle.

714 » Kapitel 4.4.6 Modifikation III: Bild-Vergleiche und Bild-Ensembles.

715 An dieser Stelle unterscheidet sich das Vorgehen von den weiteren Analysen, wo ich mit fallinternen Analysen begonnen und anschließend fallübergreifende Vergleiche hinzugezogen habe.

716 » etwa Kapitel 4.2.3 Zwischen visuellen und sprachlichen Darstellungen, durch Bilder und Sprache: Überlegungen zu einer indirekten Empirie.

auseinandergesetzt hatte. Um mein Sehen ‚zu öffnen' und weiteren Deutungsmöglichkeiten nachzugehen, habe ich die Bild-Ensembles mit der dokumentarischen Bildanalyse nach Ralf Bohnsack ausgewertet, die ich für meine Untersuchung modifiziert habe (» Kapitel 4.4.5).[717] Ich habe auffällige Gemeinsamkeiten auf motivischer Ebene herausgearbeitet (z. B. in der Anordnung der Personen oder in der Aufnahmeperspektive), um im Vergleich auch die Frage zu untersuchen, *wie sich die drei Bild-Ensembles unterscheiden und was jeweils nicht sichtbar wird.*

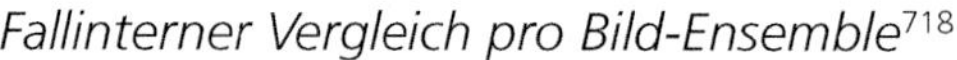

Fallinterner Vergleich pro Bild-Ensemble[718]

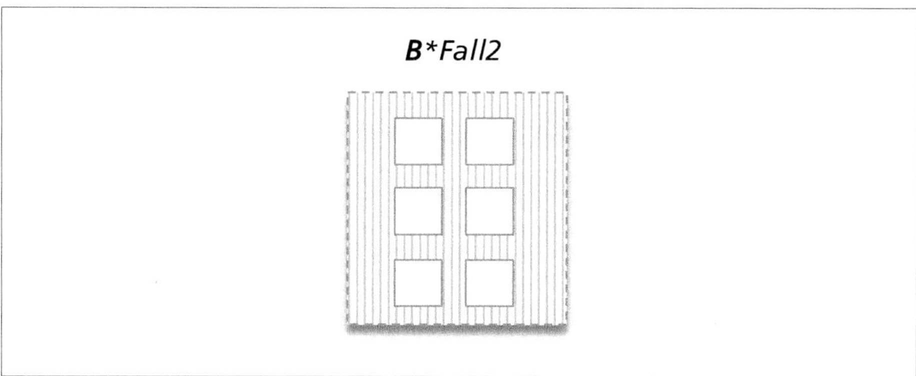

Abb.5: Fallinterner Vergleich der *visuellen* Darstellungen (Ebene I)

In einer *vertiefenden Analyse pro Bild-Ensemble* habe ich anschließend markante, wahrnehmbar gewordene Strukturen noch genauer beleuchtet. Auch hier wurde ein vergleichendes Sehen wesentlich, um Unterschiede und Verbindungen *innerhalb der Bild-Ensembles* noch präziser zu fassen. Auch in diesem Analyseschritt konzentrierte ich mich wiederum auf motivische und formale Vergleiche, die ich in Anlehnung und Weiterentwicklung an die Analyseschritte von Ralf Bohnsack durchgeführt habe (» Kapitel 4.4.5; 4.4.6).[719]

Die Ergebnisse der fallübergreifenden und fallinternen Analysen der Bild-Ensembles bilden die erste Untersuchungsebene (*Ebene I*), die ich in der späteren Auswertung (den zusammenfassenden Analysen) in einen weiteren Vergleich gebracht habe

717 » Kapitel 4.4.5 Zur Analyse von Bildern mit der dokumentarischen Methode.

718 Die Bild-Ensembles der einzelnen Fälle umfassen jeweils eine unterschiedliche Anzahl an Fotografien. So besteht das Bild-Ensemble des ersten Falls aus vier, das Bild-Ensembles des zweiten Falls aus sechs und das Bild-Ensembles des dritten Falls auch insgesamt neun Fotos. » Kapitel 6.1 Entstehung und Zusammensetzung der Bild-Ensemble der drei Fälle.
Um meine Visualisierung auf den *fallinternen Vergleich* zu konzentrieren, habe ich hier die Bild-Ensembles des ersten und dritten Falls nicht dargestellt.

719 » Kapitel 4.4.5 Zur Analyse von Bildern mit der dokumentarischen Methode sowie Kapitel 4.4.6 Modifikation III: Bild-Vergleiche und Bild-Ensembles.

mit meinen Erkenntnissen aus der Untersuchung der sprachlichen Darstellungen (*Ebene II*).

Beschreibung der Analysen der *sprachlichen* Darstellungen (Ebene II)

Fallinterner Vergleich pro Interview
in thematisch strukturierten Untersuchungsebenen[720]

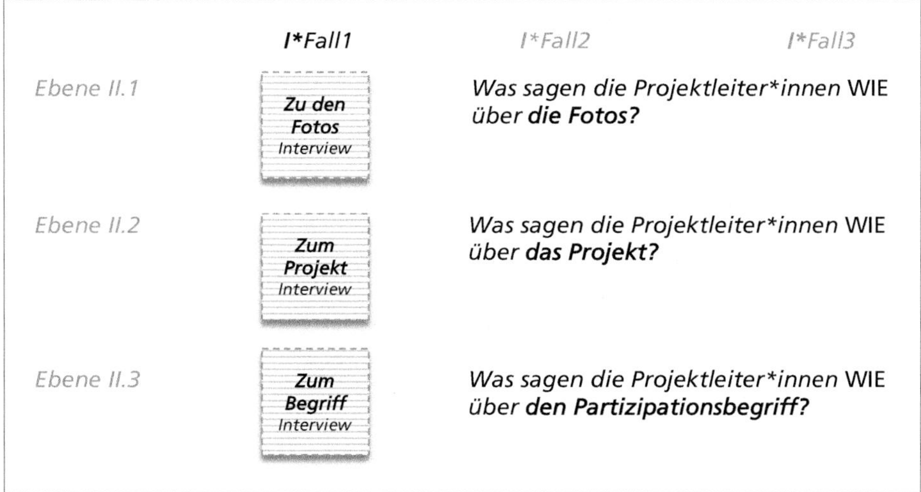

Abb.6: Fallinterner Vergleich der *sprachlichen* Darstellungen (Ebene II)

Im Anschluss an die Auswertung der Bild-Ensembles habe ich die *Interviews* mit den drei Projektleiter*innen analysiert (*I**Fall1, *I**Fall2 und *I**Fall3). Dabei bin ich der Frage nachgegangen, *was die Projektleiter*innen Wie in den Interviews sagen*. Zunächst stand eine *fallinterne* Untersuchung der Interviews im Vordergrund, die ich durch erste fallübergreifende Vergleiche zur Art und Weise des Sprechens der anderen Projektleiter*innen vertiefen konnte.[721] Um die Analysen zu strukturieren, habe ich die Inhalte pro Interview nach thematisch relevanten Sequenzen sortiert. Die inhaltlich geprägte Auswahl der Interviewpassagen habe ich in Anlehnung an

720 Um meine Visualisierungen auf den *fallinternen Vergleich der verschiedenen thematisch strukturierten Untersuchungsebenen* zu konzentrieren, habe ich hier die Analyseebenen des zweiten und dritten Falls nicht dargestellt.

721 Zur *fallinternen* Analyse von Interviews kann es hilfreich sein, bereits in einem frühen Untersuchungsstadium auch fallübergreifende Vergleiche hinzuzuziehen, um das Spezifische des jeweiligen Falls noch genauer betrachten zu können. Vgl. dazu auch Przyborski, Wohlrab-Sahr (2014): Qualitative Sozialforschung. S. 293.

die Konzeption meiner Interviewfragen vorgenommen.[722] Dieser Analyseschritt ermöglichte mir eine Verdichtung des Interviewmaterials, indem ich spezifische Sequenzen identifiziert und herausgelöst habe. Diese Passagen habe ich dann als Sammlung thematisch angeordnet. Neben einer inhaltlichen Auswahl konzentrierte ich mich zudem auf Passagen mit einer spezifischen ‚metaphorischen Dichte', die sich zur Re-Konstruktion von handlungsleitenden Orientierungen besonders eignen (» Kapitel 4.4.4).[723]

In einem weiteren Analyseschritt untersuchte ich dann eingehend die Beschaffenheit der ausgewählten, sprachlichen Darstellungen, um meinem Untersuchungsziel nachzugehen und implizite Orientierungen im Sprechen der Projektleiter*innen herauszuarbeiten. Diese (Zwischen-)Ergebnisse habe ich pro Fall gesammelt und stichpunktartig dokumentiert.

Fallübergreifender Vergleich der Interviews pro thematisch strukturierter Untersuchungsebene[724]

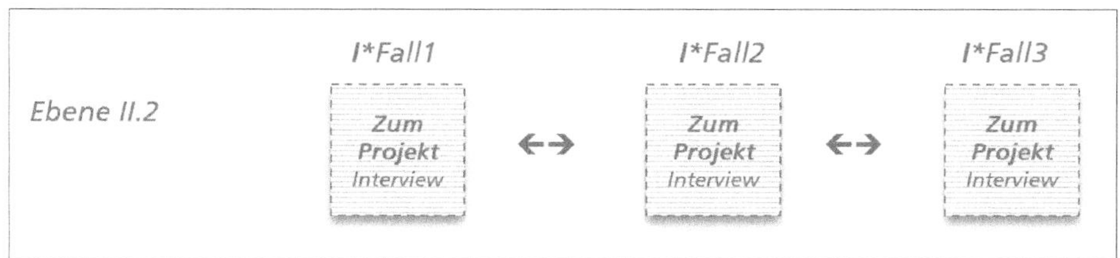

Abb.7: Fallübergreifender Vergleich der *sprachlichen* Darstellungen (Ebene II.2)

Zusätzlich zu den fallinternen Auswertungen der Interviews habe ich die thematisch ausgewählten Passagen auch im komparativen Vergleich betrachtet, um *Verbindungen und Unterschiede in der Art und Weise der Thematisierung der jeweiligen Schwerpunkte* zu beleuchten. Durch diese Gegenüberstellung wurde es mir möglich, das Spezifische der einzelnen Fälle weiter herauszuarbeiten, aber auch Rückschlüsse darüber zu treffen, was jeweils noch thematisiert hätte werden können. Durch den komparativen Vergleich der sprachlichen Darstellungen der drei Fälle habe ich *markante Strukturen in der Art der Formulierungen* beleuchtet, die mir Rückschlüsse auf mögliche Orientierungen der Projektleiter*innen erlauben

722 Ich habe das Interview in halbstrukturierter Form durchgeführt. Nach einer eröffnenden Frage als Erzähleinstieg thematisierte ich das Projekt und den Partizipationsbegriff ebenso wie die Projektfotos. » Kapitel 5.2.1 Vorbereitung und Durchführung der Interviews.

723 » Kapitel 4.4.4 Zur Analyse von Texten mit der dokumentarischen Methode.

724 Um meine Visualisierungen auf den fallübergreifenden Vergleich pro thematisch strukturierter Untersuchungsebene zu konzentrieren, habe ich hier die weiteren thematischen Ebenen (II.1 und II.3) nicht dargestellt.

sollten.[725] Durch diesen Auswertungsschritt habe ich die Ergebnisse weiter ausdifferenziert, was ich anschließend durch den Vergleich zwischen den Ergebnissen der Analysen der visuellen und sprachlichen Darstellungen weiter fortgesetzt habe.

Beschreibung der vergleichenden Analysen der *visuellen und sprachlichen* Darstellungen (Ebene I + II)

Fallintern: Gegenüberstellung und Zusammenfassung zentraler Strukturen innerhalb eines Falls (vertikaler Vergleich)

Fallvergleich: Gegenüberstellung und Zusammenfassung zentraler Strukturen zwischen den Fällen pro Untersuchungsebene (horizontaler Vergleich)

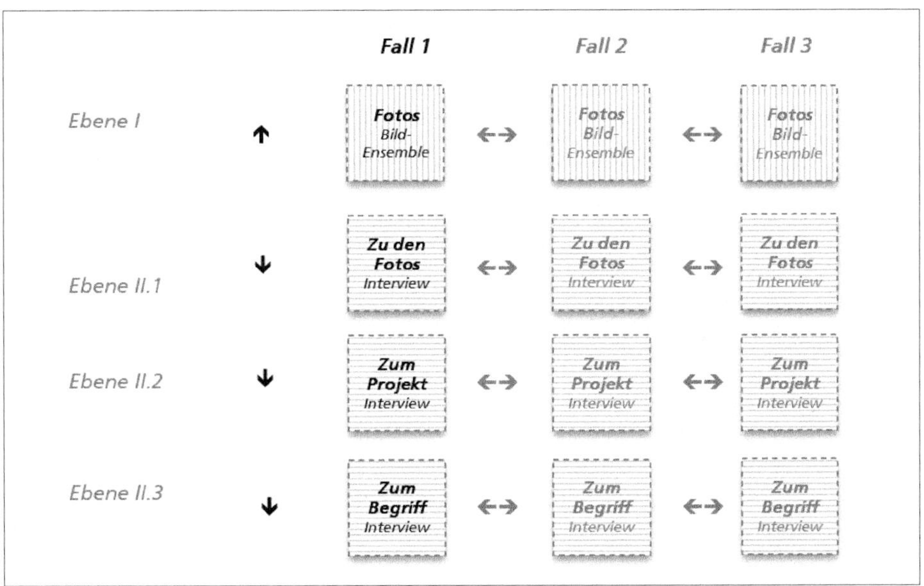

Abb.8: Fallinterne und fallübergreifende Vergleiche der *visuellen* und *sprachlichen* Darstellungen (Ebene I+II)

Die Untersuchungsergebnisse der visuellen und sprachlichen Darstellungen habe ich im dritten Analyseabschnitt miteinander in Beziehung gesetzt, um Gemeinsamkeiten und Unterschiede herauszuarbeiten und mich auch dem zu nähern,

725 Der Wechsel von der Was- zur Wie-Ebene ist ein zentrales Element der dokumentarischen Methode. » Kapitel 4.4 Arbeiten mit der dokumentarischen Methode nach Ralf Bohnsack.

was sich meinen Analysen entzieht (» Kapitel 4.2.3).[726] Dazu habe ich meine stichwortartigen Notizen zu den vorangegangenen Analyseschritten in der oben visualisierten Form ausgebreitet und gegenübergestellt. Dieses Vorgehen erlaubte mir einen anschaulichen Vergleich sowohl *fallintern* (,vertikale Lesart') als auch im *Fallvergleich* (,horizontale Lesart'). Ich konnte einzelne Ebene herausgreifen und in der ,Gesamtschau' betrachten, um in einem dynamischen Prozess unterschiedlichen Aufmerksamkeiten nachzugehen. Dabei wurden die Bilder zu Gegenhorizonten, durch die ich meine Interpretationen der sprachlichen Analysen ausdifferenzieren konnte.

Durch die mehrdimensionale Auswertung meiner Ergebnisse mittels verschiedenartiger Vergleiche und Gegenüberstellungen konnte ich strukturelle Besonderheiten in den Darstellungsformen ermitteln. Ich wurde besonders aufmerksam auf *Ambivalenzen* zwischen visuellen und sprachlichen Darstellungen, aber auch innherhalb der untersuchten Darstellungsformen. Im weiteren Auswertungsprozess habe ich mich deshalb primär auf die wahrnehmbar gewordenen Widersprüche und Mehrdeutiges konzentriert. Auf sprachlicher Ebene wurden darüber hinaus *Abgrenzungen* in meinen Analysen bedeutsam, die es mir ermöglichten, Gegenhorizonte zu re-konstruieren (» Kapitel 4.4.3).[727] Insbesondere über die wahrnehmbar gewordenen Ambivalenzen habe ich meine Interpretationen kontinuierlich befragt und miteinander verglichen, um Vorstellungen über Partizipation im Spannungsfeld zwischen visuellen und sprachlichen Darstellungsformen auch in ihren affektiven Dimensionen auf die Spur zu kommen.

5.3.2 Generierung und Fokus der Ergebnisdarstellungen

Visualisierungen und Übersetzungen

Wie im letzten Abschnitt angesprochen, gingen meine Arbeitsschritte mit grafischen *Visualisierungen der (Zwischen-)Ergebnisse der einzelnen Analyseebenen* einher. Die stichwortartigen Mindmaps, die ich zu den Ergebnissen der jeweiligen Untersuchungsebenen angefertigt hatte, konnte ich separat und im Vergleich betrachten und verschieben. Je nach Fokus konnte ich so einzelne Aspekte vertiefen oder diese in der Gesamtsicht darstellen. Dies ermöglichte mir spezifische Gegenüberstellungen sowohl pro Fall und als auch fallübergreifend, indem ich die jeweiligen Mindmaps je nach Untersuchungsschwerpunkt neu anordnen konnte. Die sich dabei bildenden Strukturen im Prozess des Auswählens und Zusammenfügens verorte ich in Anlehnung an Sybille Krämer als „operative Bildlichkeit"[728]. Die Anordnungen „(...) im Darstellungspotenzial sichtbarer, ,haltbarer' und

726 » etwa Kapitel 4.2.3 Zwischen visuellen und sprachlichen Darstellungen, durch Bilder und Sprache: Überlegungen zu einer indirekten Empirie.

727 » Kapitel 4.4.4 Zur Analyse von Texten mit der dokumentarischen Methode.

728 Krämer (2009): Operative Bildlichkeit.

‚eingefrorener' Relationen (...)"[729] ermöglichten mir neue Perspektiven auf das ausgewählte Material und ihrer möglichen Verbindungen, die erst durch die grafischen Beschreibungen denkbar wurden. Mittels des Visualisierungsprozesses als „(...) Gelenkstelle (...) zwischen Anschauung und Denken (...)"[730] konnte ich Ergebnisse generieren, die dann kommunizierbar wurden.
Der sich anschließende *Prozess der schriftlichen Darstellung meiner Ergebnisse* (» Kapitel 6 bis 9) wurde wiederum geprägt durch Ausdifferenzierungen. Damit einher ging ein Überführen der mehrdimensionalen Befragungen des Datenmaterials in eine lineare Textform, die einem ‚Nacheinander' der Sprache folgt. Auch dieser ‚Übersetzungsschritt'[731] ermöglichte mir neue Verknüpfungen im Medium des Schreibens, erzeugte aber auch Differenzen durch die (bzw. in den) Darstellungsmöglichkeiten. Oder, um noch einmal an Dieter Mersch anzuschließen:

> „Visuellen Darstellungen kommt eine *andere epistemische Struktur* zu als beispielsweise Texten oder numerischen Datenreihen, sodass jeder Medienwechsel Differenzen zeitigt. *Es handelt sich um ein Wissen eigenen Rechts.*"[732]

Im Prozess des Schreibens wurden andere Formen der Sinn-Gebung und Be-Deutung notwendig, die meine Erkenntnisse mit erzeugten.

Zur Darstellungsproblematik: Auswertungsschritte und Ergebnisdarstellungen

Die bislang skizzierten vielschichtigen Vergleichs- und Übersetzungsprozesse sowohl innerhalb meiner einzelnen Auswertungsschritte als auch in den anschließenden grafischen und sprachlichen Zusammenfassungen lassen sich in ihren epistemischen Dimensionen in der Darstellung meiner Ergebnisse nur ausschnitthaft nachzeichnen. In der Verschriftlichung meiner Ergebnisse fand ein weiterer Strukturierungsprozess statt, indem ich einen Text erzeugt habe, der meine Analysen bündelt und eine, für Leser*innen nachvollziehbare, Argumentation schafft. Die Ergebnisdarstellungen folgen einer anderen Logik als meine Auswertungsschritte, denn sie akzentuieren und verdichten zentrale Erkenntnisse. Auch aus diesem Grund habe ich mein Analyseverfahren im vorangegangenen Kapitel skizziert.
Neben den thematisierten Un-Möglichkeiten, den Auswertungsprozess in seinen komplexen Zwischenschritten nachzuzeichnen, und der Notwendigkeit einer fokussierten Betrachtung zentraler Ergebnisse in den Falldarstellungen, sei noch auf Her-

729 Ebd., S. 95.
730 Krämer (2010b): Zwischen Anschauung und Denken. S. 173.
731 Ich nehme an dieser Stelle Bezug auf Dieter Merschs Übersetzungsbegriff. Vgl. auch Mersch (11.01.2013): TRANSFERO / PERFERO. Praktiken des Übersetzens.
732 Heßler, Mersch (2009): Bildlogik oder Was heißt visuelles Denken? S. 18. (kursiv im Original).

ausforderungen in der Sichtbarmachung des Datenmaterials verwiesen, die ebenfalls zur *Darstellungsproblematik rekonstruktiver Forschungen* beiträgt. So sind qualitativ forschende Wissenschaftler*innen immer auch mit der Frage konfrontiert, inwiefern die ‚Datengrundlagen' ihrer Analysen, wie zum Beispiel Interviewtranskripte oder Bildmaterial, mit veröffentlicht werden können oder sollen. Wie ich im Kapitel 5.1.1 ausgeführt habe, habe ich mich für eine Anonymisierung der untersuchten Projekte entschieden.[733] Das hatte z. B. zur Folge, dass ich die untersuchten Fotografien bzw. Bild-Ensembles aufgrund ihres Wiedererkennungscharakters lediglich im Anhang der Buchpublikation zeige, um eine ‚Überprüfbarkeit' meiner Interpretationen zu gewährleisten.[734] Zur Darlegung meiner Analysen der sprachlichen Darstellungen veröffentliche ich im Hauptteil meiner Arbeit anonymisierte Ausschnitte aus den Interviewtranskripten, die für meine Untersuchungen relevant wurden.[735]
Um ein ‚Oszillieren' zwischen verschiedenen Deutungen und ein ‚Umkreisen' der Phänomene, wie es meinen Forschungsprozess ausgezeichnet hat, sichtbar und ein Stück weit nachvollziehbar zu machen, stelle ich meine (Zwischen-)Ergebnisse in Anlehnung an meine Analyse-Ebenen zunächst separat dar, bevor ich sie zusammenbringe. Wie ich meine Ergebnisdarstellungen im Einzelnen aufgebaut habe, beschreibe ich im folgenden Abschnitt.

Ergebnisdarstellungen als ‚Annäherungen', ‚Falldarstellungen' und ‚fallübergreifende Vergleiche'

> „Nun ist es nicht so, dass der Fall schon mit der Situation und den Probanden gegeben wäre, sondern die Arbeit an der Darstellung formt ihn mit. Je nachdem, wie man einen Fall beschreibt, unter welchen Kategorien man ihn organisiert, in welchem Medium man ihn zugänglich macht, welche Phänomene man akzentuiert und ausführt, entsteht ein anderer Fall."[736]

Wie Sabisch in dem Zitat deutlich macht, ist die Frage, was in einer wissenschaftlichen Untersuchung zum Fall wird, wesentlich von der Art seiner medialen Darstellung abhängig. Um die Herstellung des Falls zu betonen, spreche ich in dieser Arbeit von *Falldarstellungen* statt von Fallbeschreibungen, wie sie bspw. Bohnsack bezeichnet.[737] Durch den Begriff der ‚Falldarstellung' knüpfe ich an meine Überlegungen zur strukturbildenden Funktion von Medien im Anschluss an Waldenfels und Sabisch an (» Kapitel 4.1.3).[738] Gleichzeitig erfüllen auch meine Falldarstellungen die

733 » Kapitel 5.1.1 Vorab I: Anonymisierung der Projekte und Forschungsverständnis.
734 In der digitalen Fassung dieser Publikation sind die Bild-Ensembles aufgrund der Anonymisierung der Projekte und aus Datenschutzgründen nicht enthalten.
735 Damit entspreche ich zugleich dem Wunsch der Projektleiter*innen, nicht die kompletten Interviewtranskripte öffentlich zu machen.
736 Sabisch (2018 a): Bildwerdung. S. 247.
737 Vgl. Bohnsack (2008): Rekonstruktive Sozialforschung. S. 139.
738 » Kapitel 4.1.3 Sinnebene: Darstellung.

Aufgabe „(...) der vermittelnden Darstellung, Zusammenfassung und Verdichtung der Ergebnisse im Zuge ihrer Veröffentlichung", wie Bohnsack die Funktionen von Fallbeschreibungen zusammenfasst.[739] Das Spezifische des jeweiligen Falls, die unter bestimmten Aspekten re-konstruierte ‚Fallstruktur', soll durch die Darstellung der Ergebnisse hervorgehoben werden, wird durch sie aber auch hergestellt.[740]
Indem ich (Zwischen-)Ergebnisse der verschiedenen Auswertungsebenen thematisiere, bevor ich diese miteinander in Beziehung setze und Auffälligkeiten im komparativen Vergleich der Falldarstellungen hervorhebe, betone ich meinen Re-Konstruktionsprozess und mein Involviertsein in der Herausbildung der Phänomene ebenso wie den intervenierenden Charakter medialer Darstellungen in Sinnbildungsprozessen. (» Kapitel 4.2.2).[741] Ich stelle meine (Zwischen-)Ergebnisse in *drei verschiedenen Formaten* dar – als Annäherungen, als Falldarstellungen und als fallübergreifende Vergleiche. Diese Abschnitte bauen auf einer spezifischen Dramaturgie auf und beleuchten unterschiedliche Aspekte:

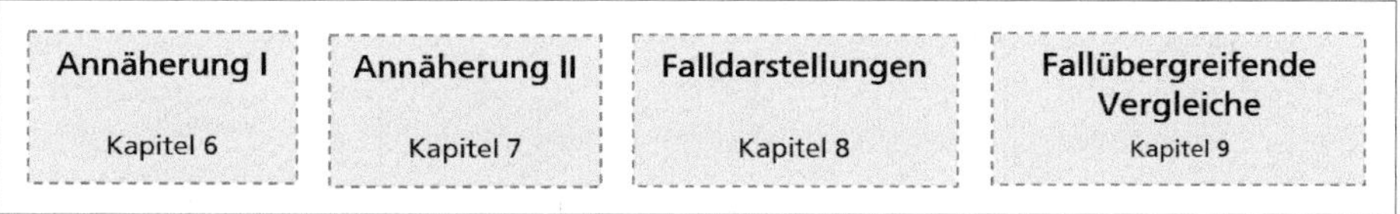

Abb.9: Aufbau der Ergebnisdarstellungen

Im sechsten und siebten Kapitel thematisiere ich ausgewählte (Zwischen-)Ergebnisse, die ich zunächst separat vorstelle. Diese Kapitel bezeichne ich als *Annäherungen*, denn ich nutze die dort aufgeführten Ergebnisse, um weitere Fragen an mein Material und die anschließenden Falldarstellungen zu entwickeln.
Im sechsten Kapitel stelle ich zentrale Ergebnisse meiner Bildanalysen im *komparativen Vergleich der drei Bild-Ensembles* vor. Ich beleuchte die Frage, *was auf den Bildern WIE dargestellt wurde*, um handlungsleitende Orientierungen der Projektleiter*innen in der Bildauswahl zur Diskussion zu stellen und daraus abgeleitet erste Vermutungen über Vorstellungen über Partizipation zu befragen. Dabei werden Gemeinsamkeiten und Unterschiede in den Bild-Ensembles zum Thema, aber auch meine Perspektive auf die Bilder sichtbar. In den Falldarstellungen im achten Kapitel vergleiche ich dann diese Ergebnisse u. a. mit den Aussagen der Projektleiter*innen zu ihrer Bildauswahl.
Im siebten Kapitel nähere ich mich den Fällen an, indem ich die Darstellung meiner (Zwischen-)Ergebnisse darauf konzentriere, *was die Projektleiter*innen WIE über den Partizipationsbegriff sagen*. Ich betrachte diese Aussagen zunächst

739 Bohnsack (2008): Rekonstruktive Sozialforschung. S. 139.
740 Zur ‚Fallstruktur' vgl. auch Przyborski, Wohlrab-Sahr (2014): Qualitative Sozialforschung. S. 383.
741 » Kapitel 4.2.2 Medien als Zwischeninstanzen und Zwischendinge: Zur Medialität der Erfahrung.

getrennt, weil sie sich deutlich von den anderen Interviewsequenzen der drei Fälle unterscheiden. Über diese separate Analyse gehe ich wiederum möglichen Vorstellungen der Projektleiter*innen über Partizipation nach, die es mir zugleich erlauben, weitere Fragen an die Falldarstellung zu generieren.
In den *Falldarstellungen* im achten Kapitel gehe ich fallspezifisch vor und konzentriere mich auf markante Ergebnisse pro Interview zum ‚Sprechen über die Bilder', bevor ich Auffälligkeiten im ‚Sprechen über das Projekt' thematisiere. Anschließend betrachte ich zentrale Ergebnisse des Vergleichs der visuellen und sprachlichen Darstellungen. Mich interessierten Unterschiede und Gemeinsamkeiten in den jeweiligen Darstellungsformen, um affektiven Dimensionen im Gesagten und Gezeigten nachzugehen. Die so entstandenen Fälle bringen Ergebnisse des Untersuchungsprozesses der visuellen und sprachlichen Darstellungen der Projektleiter*innen zusammen bzw. meiner Re-Konstruktionen daraus.
Nachdem ich die Auswertungsergebnisse als Fälle im achten Kapitel getrennt voneinander dargestellt habe, konzentriere ich mich im neunten Kapitel auf *fallübergreifende Vergleiche*. Ich betrachte zentral gewordene Auffälligkeiten in den drei Fällen und frage nach Verbindungen und Unterschieden. Dazu greife ich spezifische Aspekte meiner Untersuchung heraus, die in den Fällen bedeutsam wurden, um meine Ergebnisse weiter zuzuspitzen und noch stärker eine Meta-Perspektive einzunehmen. Diese Ergebnisdarstellung zielt dabei weniger auf eine Typenbildung, mit der die dokumentarische Analyse häufig abschließt.[742] Ähnlich wie Andrea Sabisch, die in ihrer Dissertation studentische Grafien untersuchte, geht es mir nicht um eine „repräsentative »Typisierung«" der herausgearbeiteten Fallstrukturen.[743] Vielmehr beleuchte ich die herausgearbeiteten Orientierungen, Ambivalenzen und Abgrenzungen, um deren Funktionen weiter zu befragen. Inwiefern wird es darüber möglich, affektiven Dimensionen in Sinnbildungsprozessen nachzugehen und Vorstellungen über Partizipation auf die Spur zu kommen, die das Nicht-Sagbare (und Nicht-Sichtbare) einkalkulieren? Ich thematisiere mögliche Funktionen der Bilder für die Projektleiter*innen und bündle denkbar gewordene Motive in der Zusammenarbeit mit den Kindern und Jugendlichen. Dabei richtet sich mein Fokus auf das Widersprüchliche und Mehrdeutige im Spannungsverhältnis zwischen visuellen und sprachlichen Darstellungen und im komparativen Vergleich der Fälle. Vereinheitlichende Typisierungen stelle ich deshalb in Frage (» Kapitel 9.1).[744]

742 Vgl. etwa Nentwig-Gesemann (2013): Die Typenbildung der dokumentarischen Methode. S. 295 ff.
743 Sabisch (2007): Inszenierung der Suche. S. 206.
744 » auch Kapitel 9.1 Fokus I: Dominante Orientierungen im Fallvergleich.

6 Annäherung I: Die Bild-Ensembles im Vergleich

Die Fotografien der Projekte[745], die ich zur Untersuchung der Fälle hinzugezogen habe, zeigen motivische Nähen auf, doch sie unterscheiden sich zum Teil auch deutlich – etwa in der Art und Weise der Darstellung der Personen oder in den Kameraperspektiven. Welche Aussagen lassen sich ausgehend von diesen Beobachtungen über mögliche ‚zugrundeliegende' Partizipationsverständnisse der Projektleiter*innen machen?
In diesem Kapitel sollen Ergebnisse des komparativen Vergleichs der Projektbilder in Form von *Bild-Ensembles*[746] (B*Fall 1, B*Fall 2 und B*Fall 3) im Vordergrund stehen sowie erste Einordnungen und Bestimmungen möglicher Orientierungen, die zur Bildauswahl der Projektleiter*innen begetragen haben könnten. Über einen *vergleichenden Analyseschritt* nähere ich mich den Fotografien an, um Gemeinsamkeiten und Besonderheiten auf motivischer Ebene herauszuarbeiten. Durch die Gegenüberstellung der drei Bild-Ensembles untersuche ich, *was WIE dargestellt wurde.* Dazu habe ich im Vorfeld der Analysen die Fotos aus ihren Präsentationskontexten herausgelöst und als Bild-Ensemble angeordnet. Je Projekt entstand ein Gefüge von Bildern mit jeweils unterschiedlichem Umfang, wie die grafische Darstellung illustrieren soll.[747] Während das Bild-Ensemble des ersten Falls (B*Fall 1) aus vier Fotografien besteht, enthält das Bild-Ensemble des zweiten Falls sechs Fotografien (B*Fall 2) und das Bild-Ensemble des dritten Falls neun Fotografien (B*Fall 3).

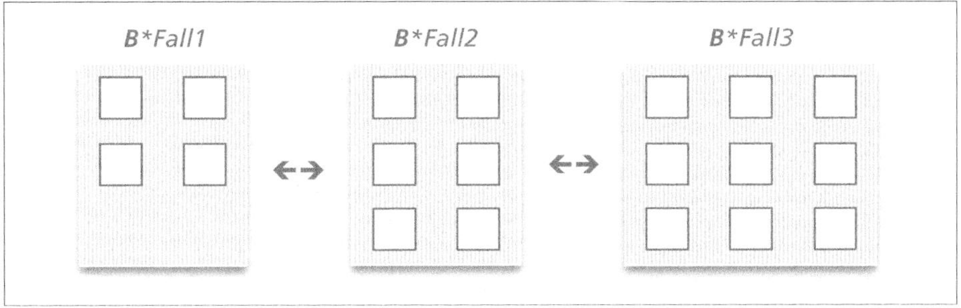

Abb.10: Detail: Fallübergreifender Vergleich der *visuellen* Darstellungen (Ebene I)

745 Zur Auswahl der Projekte und der einbezogenen Fotografien » Kapitel 5.1.3 Projektsammlung, Ableitung und Begründung der Auswahlkriterien.
746 Zum methodischen Einsatz der Bild-Ensembles» Kapitel 4.4.6 Modifikationen III: Bild-Vergleiche und Bild-Ensembles.
747 Weitere Informationen zur Entstehung und Zusammensetzung der Bild-Ensembles werden im nächsten Abschnitt erläutert. » Kapitel 6.1 Entstehung und Zusammensetzung der Bild-Ensemble der drei Fälle.

Die hier nur grafisch angedeutete Anordnung und Verteilung der Fotografien auf das jeweilige Bild-Ensemble kann im Anhang der Buchpublikation näher betrachtet werden.[748] Aufgrund der Anonymisierung der Projekte habe ich mich dazu entschieden, die Fotos nur dort zu veröffentlichen (» Kapitel 5.1.1).[749] Über eine Nummerierung der Bilder soll eine ‚Überprüfbarkeit' meiner Interpretationen sichergestellt werden, indem ich in meinen Analysen hier im Hauptteil der Untersuchung auf das jeweilige Foto oder das komplette Bild-Ensemble im Anhang verweise.

Folgende Fragestellungen liegen dem komparativen Vergleich der Bild-Ensembles zugrunde:

Was wurde auf den Fotos WIE dargestellt?

- *Welche motivische Struktur lässt sich im Vergleich der Bild-Ensembles re-konstruieren und wie wurden diese darstellbar?*
- *Welche strukturellen Wiederholungen und Variationen fallen mir auf?*

Die in diesem Kapitel dargelegten (Zwischen-)Ergebnisse dienen einer Annäherung an die Projekte auf visueller Ebene (» Kapitel 5.3.2).[750] In einer vergleichenden Analyse skizziere übergreifende Gemeinsamkeiten aber auch Abweichungen in der Struktur der Bild-Ensembles, auf die ich aufmerksam wurde. Im achten Kapitel komme ich erneut auf die hier dargestellten (Zwischen-)Ergebnisse zurück, indem die visuellen Darstellungen dort zu Gegenhorizonten werden, um Aussagen der Projektleiter*innen zum ‚Sprechen über die Bilder', ebenso wie zum ‚Sprechen über das Projekt' weiter auszudifferenzieren und unbewussten Prozessen der Sinngenerierung auf die Spur zu kommen.[751]

Im Folgenden schildere ich zunächst die Entstehung und Zusammensetzung der drei Bild-Ensembles (» Kapitel 6.1). Daran schließt eine kurze, separate Beschreibung der Motive der einzelnen Bild-Ensembles an (» Kapitel 6.2), die als Orientierung dienen soll, da die anschließenden Ergebnisdarlegungen aufgrund der Anonymisierung der Projekte nur mit Verweisen auf das Bildmaterial im Anhang der Buchpublikation auskommen[752] –ohne einen direkten, visuellen Vergleich im Text herzustellen (» Kapitel 6.3). Während ich mich dann auf den *Vergleich der drei*

748 In der digitalen Fassung dieser Publikation sind die Bild-Ensembles aufgrund der Anonymisierung der Projekte und aus Datenschutzgründen nicht enthalten.

749 » Kapitel 5.1.1 Vorab I: Anonymisierung der Projekte und Forschungsverständnis.

750 » Kapitel 5.3.2 Generierung und Fokus der Ergebnisdarstellungen.

751 Während ich in den Falldarstellungen im achten Kapitel meine Ergebnisse der sprachlichen Analysen mit den visuellen Analysen vergleiche und kontrastiere, reflektiere ich die Funktion der Bilder (im Vergleich zur Sprache) im zehnten Kapitel.
» Kapitel 8 die fallinternen Vergleiche visueller und sprachlicher Darstellungen zum Projekt 1, 2, 3.

752 In der digitalen Fassung dieser Publikation sind die Bild-Ensembles aufgrund der Anonymisierung der Projekte und aus Datenschutzgründen nicht enthalten.

Bild-Ensembles konzentriere, fasse ich im Kapitel 6.4.1 die für mich wahrnehmbar gewordenen Strukturen *je Bild-Ensembles* zusammen und entwickle Fragen an die Falldarstellungen im achten Kapitel. In einem letzten Schritt (» Kapitel 6.4.2) reflektiere ich die wahrnehmbar gewordenen Strukturen vor dem Hintergrund theoretischer Perspektiven, um erste motivische Bestimmungen und mögliche Orientierungen der Projektleiter*innen bezüglich der Bildauswahl zu diskutieren. Diese Zwischenreflexion dient aber auch dazu, meine ‚Zuordnungen' in Frage zu stellen und den Fokus auf denkbare, andere (Be-)Deutungen zu richten.

6.1 Entstehung und Zusammensetzung der Bild-Ensembles der drei Fälle

Die Fotografien, aus denen ich die drei Bild-Ensembles gebildet habe, wurden ursprünglich im Rahmen von Web-Präsentationen der Projekte veröffentlicht.[753] Im Prozess der Zusammenstellung des Untersuchungskorpus bin ich auf die visuellen Darstellungen aufmerksam geworden, die (u. a.) zu einem zentralen Auswahlkritierium der Arbeiten wurden. Mir war es wichtig, maximal kontrastierende Projekte in meine Untersuchung einzubeziehen. Aus diesem Grund habe ich auch darauf geachtet, verschiedenartige Formen der visuellen Projektdarstellung in meiner Untersuchung zu berücksichtigen – wobei ich mich auf Online-Präsentationen beschränkt habe (» Kapitel 5.1).[754]

Im Laufe meines Forschungsprozesses konzentrierte ich mich schließlich auf die Analyse der dort veröffentlichten Bilder, die in allen drei Projekten aus Fotografien bestanden. Bereits während der Interviews hatte ich (auch) die Bilder thematisiert[755], die ich später in meinen Analysen mit den sprachlichen Darstellungen der Projektleiter*innen kontrastierte, um Partizipationsverständnisse zu befragen. Für diese wissenschaftlichen Untersuchungen hatte ich die Fotografien aus ihrem Präsentationskontext herausgelöst und für meine Analysen als Bild-Ensembles neu arrangiert (» Kapitel 4.4.6; 5.2.2).[756] Obwohl ich auf diese Weise eine neue Anordnung hergestellt habe, habe ich die Bild-Reihenfolge beibehalten bzw. in der Nummerierung kenntlich gemacht, falls den Fotografien eine Chronologie zugrunde liegen sollte.[757] Wie bereits oben beschrieben, unterscheidet sich die

753 Aufgrund der Anonymisierung der Projekte gebe ich an dieser Stelle keine Web-Domain an.

754 » Kapitel 5.1 Untersuchungskorpus und Auswahl der Projekte etwa der Abschnitt 5.1.3 Projektsammlung, Ableitung und Begründung der Auswahlkriterien.
Inwiefern sich die Bild-Ensembles unterscheiden, beschreibe ich im nächsten Abschnitt.

755 In den Interviews mit den Projektleiter*innen hatte ich die jeweiligen Bilder noch in ihrer Einbettung als Webpräsentationen der Projekte ausgedruckt und auf dem Tisch ausgebreitet.

756 » Kapitel 4.4.6 Modifikationen III: Bild-Vergleiche und Bild-Ensembles sowie Kapitel 5.2.2 Aufbereitung und Umwandlung des Datenmaterials.

757 Für meine Analysen erwies es sich als hilfreich, besonders das erste Foto des Bild-Ensembles auf seinen Zusammenhang zu den anderen Bildern zu befragen, da es m.E. in zwei der drei Bild-Ensembles als ‚Eröffnungsbild' eine zentrale Funktion einnimmt (B*Fall2 und B*Fall3).

Anzahl der Fotos je Bild-Ensembles – je nachdem, wie viele Fotografien auf den Webseiten jeweils veröffentlicht worden waren.
Als Hintergrundinformation zu den Fotografien sei noch hinzugefügt, dass sich auch die Präsentationskontexte der Web-Darstellungen der drei Projekte unterscheiden. Die Fotografien des zweiten und dritten Bild-Ensembles (B*Fall2 und B*Fall3) stammen aus Online-Projektdarstellungen der Projektverantwortlichen. Die Fotografien des zweiten Projekts sind von einer Webseite, auf der die Projektleiterin B. verschiedene Teilprojekte des Stadtteilprojekts veröffentlicht hat. Während die Fotografien des dritten Projekts aus einem Blog stammen, auf dem die Projektleiterin C. das untersuchte Projekt vorstellt und Einblicke in ein Anschlussprojekt ermöglicht, das an einem anderen Ort stattgefunden hat. Das erste Bild-Ensemble (B*Fall1) besteht dagegen aus Fotografien, die auf projektexternen Seiten über das Projekt veröffentlicht wurden, aber durch den Projetleiter editiert und freigegeben worden waren.[758]
Wie ich in den Interviews erfahren habe, wurden alle von mir zusammengetragenen und analysierten Fotografien der drei Bild-Ensembles von den jeweiligen Projektverantwortlichen zur Darstellung der Arbeiten bestimmt und ausgewählt. Dagegen haben nicht alle drei Leiter*innen die Bilder auch selber aufgenommen.[759]

6.2 Einführung in die Motive der drei Bild-Ensembles

Dieses Kapitel dient als *Zwischenschritt zur schriftlichen Darstellung meiner Ergebnisse*, weil ich aufgrund der Anonymisierung der Projekte das Bildmaterial nicht im Hauptteil der Arbeit meinen Analyseergebnissen gegenüberstelle.[760] Im Kapitel 6.3 werde ich mich auf ein *vergleichendes Vorgehen* zur Darlegung meiner Ergebnisse konzentrieren, was bedeutet, dass ich mich zwischen den Fotografien der drei Bild-Ensembles Schritt für Schritt ‚hin und her' bewege, um verschiedene Kategorien zu beleuchten und zu untersuchen, *wie* die Projekte dargestellt wurden. Durch eine *erste Zusammenfassung*, die vermittelt, *was* auf den jeweiligen Bild-Ensembles zu sehen ist, soll ein Nachvollziehen meiner späteren Argumentation unterstützt werden. Deshalb skizziere ich an dieser Stelle die Motive der einzelnen

758 Zum Zeitpunkt der Zusammenstellung der Bild-Ensembles verfügte das erste Projekt noch über keine Fotografien auf der eigenen Projekthomepage. Aufgrund der Anonymisierung der Projekte verzichte ich auch hier auf eine Nennung der anderen Webdomäne, von der ich die Bilder über dieses Projekt entnommen habe.

759 Der Leiter des ersten Projekts (A.) habe alle Bilder selber fotografiert. (B*Fall1.1 bis B*Fall1.4) Während zwei Fotografien des zweiten Bild-Ensembles von einer anderen Mitarbeiterin aufgenommen wurden (B*Fall2.5 und B*Fall2.6), habe die zweite Projektleiterin (B.) die restlichen vier Bilder auch selber fotografiert. (B*Ball2.1 bis B*Fall2.4) Alle Fotografien des dritten Bild-Ensembles wurden hingegen von einem beauftragten Fotografen angefertigt, der die Bilder nach den Anweisungen und Ideen der dritten Projektleiterin (C.) umgesetzt habe (B*Fall3.1 bis B*Fall3.9).

760 Das Bildmaterial ist nur im Anhang der Buchpublikation aufgeführt worden. In der digitalen Fassung sind die Bild-Ensembles aufgrund der Anonymisierung der Projekte und aus Datenschutzgründen nicht enthalten.

Bild-Ensembles zunächst separat, ohne zu stark ins Detail zu gehen.[761] Nach den Kurzbeschreibungen der drei Bild-Ensembles zeige ich außerdem noch zentrale Ergebnisse meiner komparativen Bildanalysen stichwortartig in einer Tabelle auf. Auch dieses Format soll eine spätere Orientierung für Leser*innen ermöglichen, um meiner Argumentation ohne direkten visuellen Vergleich im Text folgen zu können.[762] In der Tabelle werden auch meine Untersuchungskategorien deutlich, die ich aus dem Material generiert habe und im Kapitel 6.3 weiter ausführe.

6.2.1 Kurzbeschreibungen der drei Bild-Ensembles

Das Bild-Ensembles des ersten Projekts (B*Fall1)

Das erste Bild-Ensemble besteht aus insgesamt vier Fotografien.[763] Auf drei Bildern ist jeweils ein Mann mit einem oder zwei Kindern in Nahsicht zu sehen.[764] Die dargestellten Personen sind kreativ tätig, wie die abgebildeten Utensilien wie Pinsel, Farben und Maluntergründe vermuten lassen. Die Fotos sind wahrscheinlich in einem Arbeitsraum (Atelier) entstanden, was beispielsweise die Farbkleckse auf dem Boden vermuten lassen. Ein Foto zeigt eine Staffelei mit einem großen Gemälde, hinter dem ein Kind steht.[765] Es werden aber nur die Gummistiefel, ein Teil des Malkittels und die Hände des Kindes sichtbar.

Das Bild-Ensembles des zweiten Projekts (B*Fall2)

Das zweite Bild-Ensemble besteht aus insgesamt sechs Fotografien. Auf vier Bildern sind Personen zu sehen, während zwei Bildern eine Innenraumansicht[766] sowie eine Außenansicht eines Raumes[767] zeigen. Der auffällige bunte, wabenförmige

761 Bei den Kurzbeschreibungen versuche ich einen ‚Gesamteindruck' des jeweiligen Bild-Ensembles zu vermitteln, ohne dass ich jedes Foto im Detail einzeln beschreibe. Ich konzentriere mich darauf, in bündiger Form zusammenzufassen, was je Bild-Ensembles dargestellt wurde. Diese (Kurz-)Zusammenfassung ähnelt insofern Bohnsacks „formulierender Interpretation", als dass ich die ‚Was-Ebene' fokussiere. (Vgl. etwa Bohnsack (2011): Qualitative Bild- und Videointerpretation. S.56 ff. Anders als Bohnsack gehe ich allerdings kaum auf Einzelbilder ein und verstehe bereits die beschreibende Darstellung als eine Deutung, die auch wahrnehmbar werden lässt, worauf ich in den Bildbetrachtungen aufmerksam wurde. Hier ließen sich kritische Frage zu Panofskys Unterscheidung zwischen vor-ikonografischer, ikonografischer und ikonologischer Ebene anschließen – eine Unterscheidung, die auch Bohnsack in seinem Analysemodell übernimmt. (Vgl. ebd. S. 57 f. Ich verweise lediglich auf weiterführende Literatur, ohne dass ich diesen Aspekt hier vertiefen kann. Vgl. etwa Boehm (2014): Bildbeschreibungen. S. 15 ff.

762 Das Bildmaterial ist nur im Anhang der Buchpublikation aufgeführt worden. In der digitalen Fassung sind die Bild-Ensembles aufgrund der Anonymisierung der Projekte und aus Datenschutzgründen nicht enthalten.

763 B*Fall1.1 bis B*Fall1.4

764 B*Fall1.1 bis B*Ball1.3

765 B*Fall1.4

766 B*Fall2.1

767 B*Fall2.4

Fensterschmuck, der auf diesen beiden Fotos sichtbar wird, lässt vermuten, dass es sich um den gleichen Raum handelt. Die Personen auf den anderen vier Fotos sind in unterschiedlichen Konstellationen abgebildet und an zwei verschiedenen Orten zu sehen. Ein Foto zeigt drei Mädchen, die an Tischen etwas bauen könnten.[768] Auf einem weiteren Bild sind zwei Jugendliche/ junge Erwachsene dargestellt, die vor vollgestellten Tischen stehen, auf denen Papier, Scheren, Tesafilm und vieles mehr liegt.[769] Aufgrund der ähnlichen Möbel (und zum Teil wegen des Fensterschmucks) vermute ich, dass sich die abgebildeten Personen jeweils im gleichen Raum aufhalten, der auf den zuerst beschrieben Fotos von innen und von außen gezeigt wurde. Ich denke, dass es sich um einen Raum für künstlerisch-kreative Aktivitäten handelt, worauf die bereits thematisierten Utensilien und der Fensterschmuck, aber auch die aufgehängten Bilder an den Innenwänden hindeuten. Die letzten beiden Fotos zeigen Personen in einem anderen Raum, wahrscheinlich einem Tanz- oder Theaterraum, wie die Spielfläche und der Vorhang an einer Raumseite annehmen lassen. Beide Fotografien zeigen eine Kindergruppe und eine Frau in gemeinsamer Aktion. Alle tragen weiße T-Shirts und auf dem Boden des Raumes wird eine wabenförmige, weiße Struktur sichtbar.

Das Bild-Ensembles des dritten Projekts (B*Fall3)

Das dritte Bild-Ensemble besteht aus insgesamt neun Fotografien. Im Gegensatz zu den beiden anderen Bild-Ensembles zeigt es Personen in Außenaufnahmen, wahrscheinlich einem Park, was die sichtbar werdenden Grünflächen vermuten lassen. Auf sieben Fotos werden Menschen in unterschiedlichen Situationen sichtbar. Wie zum Beispiel eine Gruppe von Kindern, die auf einheitlich gestalteten Liegestühlen sitzen[770] oder Kinder und Frauen, die in weißen Kleidern in einem Park tanzen könnten.[771] Anhand der Bekleidungen und den Utensilien lassen sich verschiedene Aktionen ausmachen, die auf den Fotos dargestellt sein könnten, wie zum Beispiel eine Zirkusveranstaltung[772], eine Szene aus einem Filmdreh[773] oder ein Feuerwerk[774]. Zwei Fotos fallen mir auf, weil dort keine Personen sichtbar werden. Auf dem ersten Bild sind verschiedene Gegenstände zu sehen, die Requisiten ähneln und auf den anderen Bildern wieder auftauchen.[775] Dazu zählt zum Beispiel ein weißes Pferd, das auf dem ersten Bild als Miniatur zu sehen ist und auf dem vierten Bild als ‚reales'

768 B*Fall2.2
769 B*Fall2.3
770 B*Fall3.2
771 B*Fall3.5
772 B*Fall3.6
773 B*Fall3.7
774 B*Fall3.9
775 B*Fall3.1

weißes Pferd in einer Koppel auf der Wiese steht. Dort ist es zentral in der Bildmitte platziert, ohne dass Menschen zu sehen sind.[776]

6.2.2 Überblick zur herausgearbeiteten Struktur im Vergleich der drei Bild-Ensembles

Kategorien	*B*Fall1* (4 Fotos)	*B*Fall2* (6 Fotos)	*B*Fall3* (9 Fotos)
Personen	Meist mehrere Personen Formen des Interagierens und Zusammenarbeitens		
Kamera-perspektiven und Blickregime	Nahsicht Kontakt ‚auf Augenhöhe'	Standposition Beobachtungen im Raum	Vogelperspektive Blick von Außen auf die Szenerien
Tätigkeiten und Kleidungen	‚Momentaufnahmen' von Interaktionen Meist Alltagskleidung (mit Ausnahmen)	‚Moment-aufnahmen' von Interaktionen Meist Alltags-kleidung (mit Ausnahmen)	Szenische Aufladungen Kostümierungen und Requisiten
Positionen und soziale Verortungen	Beziehung zwischen den Personen	Agieren als Gruppe sowie separate Tätigkeiten	Aufführungen als Gruppe, inszenierte Gemeinschafts-events
	partnerschaftliches und kollektives Verhältnis zwischen Kindern und Erwachsene		
Orte und Räumlich-keiten	als Atelier- und Arbeitsraum erkennbar Inszenierungen der Personen	Inszenierungen des Ortes Ausstellungs- und Gestaltungsraum	Inszenierungen des Ortes und Inszenierungen der Personen Park als Bühne
Chronologie der Bilder	-----------------	Anordnung der Bilder nach gestalterischen Kriterien	Anordnung der Bilder als Erzählung

Abb.11: Überblick zur herausgearbeiteten Struktur im Vergleich der drei Bild-Ensembles

776 B*Fall3.4

6.3 Motivischer Vergleich der drei Bild-Ensembles

Die hier aufgeführten Ergebnisse beruhen auf Auswertungsschritten, die sich an der dokumentarischen Bildinterpretation nach Ralf Bohnsack orientieren (» Kapitel 4.4.5)[777] und die ich durch Überlegungen zum ‚vergleichenden Sehen' erweitert habe (» Kapitel 4.4.6)[778]. Deshalb konzentriere ich mich auf die *Darstellung markanter Gemeinsamkeiten und Unterschiede im Vergleich der drei Bild-Ensemble*, ohne dass ich alle zugrundeliegenden Analyseschritte aufzeige (» Kapitel 5.3.2).[779] Einige Ergebnisse habe ich zudem durch interne Analysen der jeweiligen Bild-Ensembles ergänzt, um meine Deutungen zu vertiefen.[780]
Meine Untersuchungsergebnisse habe ich ausgehend von Beobachtungen am Bildmaterial induktiv hergeleitet und in Kategorien zusammengefasst, um Schwerpunkte zu markieren (» Kapitel 6.2.2).[781] Bezugnehmend auf meine Fragestellung, *was auf den Fotos Wie dargestellt wurde*, gehe ich möglichen Orientierungen in der Bildauswahl der Projektleiter*innen nach. Dabei gilt meine Aufmerksamkeit vor allem den auf den Bildern sichtbar werdenden *Personen* (» Kapitel 6.3.1). Denn auf einem Großteil der Fotografien der drei Bild-Ensembles sind Menschen abgebildet. Neben den Personen werden *Kameraperspektiven und Blickregime* für meine Analysen zentral (» Kapitel 6.3.2). Zur Vertiefung meiner Deutungen betrachte ich zudem *Tätigkeiten und Kleidungen* der dargestellten Personen (» Kapitel 6.3.3) und analysiere ihre *Positionen und sozialen Verortungen im Bild* (» Kapitel 6.3.4). Außerdem beziehe ich auch die *Orte und Räumlichkeiten* (» Kapitel 6.3.5) der dargestellten Szenen in meine Untersuchung ein und betrachte abschließend die *Chronologie der Bilder* (» Kapitel 6.3.6) in der komparativen Gegenüberstellung. Innerhalb dieser Kategorien habe ich wiederum unterschiedliche Phänomene zusammengefasst, auf die ich während meiner Analysen aufmerksam wurde. Zur Orientierung habe ich deshalb pro Kapitel weitere Unterteilungen durch Zwischenüberschriften vorgenommen. Diese Zwischenüberschriften markieren die Ausprägung des beschriebenen Phänomens (↔) im Sinne eines *‚von – bis'* oder als *‚Übereinstimmung im Vergleich zur Abweichung'*.[782]

777 » Kapitel 4.4.5 Zur Analyse von Bildern mit der dokumentarischen Methode.
778 » Kapitel 4.4.6 Modifikation III: Bild-Vergleiche und Bild-Ensembles.
779 » Kapitel 5.3.2 Generierung und Fokus der Ergebnisdarstellungen.
780 Durch Bild-Vergleiche innerhalb der jeweiligen Bild-Ensembles konnte ich übergreifende Aussagen weiter präzisieren. Zugleich nutze ich dieses Vorgehen, um für ‚interne' Abweichungen pro Bild-Ensemble zu sensibilisieren. Dabei wurden interessante Unterschiede deutlich, die weitere Deutungen und Fragen zu den Bildern anregten.
781 » Kapitel 6.2.2 Überblick zur herausgearbeiteten Struktur im Vergleich der drei Bild-Ensembles. Die dort aufgeführte Tabelle kann als ‚Lesehilfe' dienen.
782 Auch in den Ergebnisdarstellungen im siebten und achten Kapitel verwende ich diese Form der Zwischenüberschriften, um Ausprägungen des Phänomens zu beschreiben bzw. verschiedenartige Deutungsmöglichkeiten aufzuzeigen.

6.3.1 Personen

‚Personengruppen' ↔ keine Einzelpersonen

Auffällig ist, dass auf einem Großteil der Fotografien der drei Bild-Ensembles (B*Fall1, B*Fall2 und B*Fall3) mehrere Personen zu sehen sind, während kein Bild enthalten ist, auf dem eine Einzelperson dargestellt wurde.[783] Außerdem konnte ich in allen Bild-Ensembles Fotos finden, auf denen Kinder (und Jugendliche[784]) mit Erwachsenen sichtbar werden. Nur zwei Fotos könnten altershomogene ‚Gruppen' (Kinder oder junge Erwachsene) zeigen, doch hier verweist m.E. die Kameraperspektive auf die zusätzliche Anwesenheit einer/eines Erwachsenen als Fotograf*in im Raum.[785] Beim genaueren Betrachten der anderen ‚Kinderfotos'[786] werden auch Erwachsene und/ oder Jugendliche im Hintergrund erkennbar.
Ein Vergleich der ‚Gruppengrößen' ergab zudem, dass meist mehrere Kinder und ein oder mehrere Erwachsene zu sehen sind. Eine deutliche *Abweichung* davon findet sich allerdings im *ersten Bild-Ensemble*. Dort werden ausschließlich Situationen sichtbar, in denen jeweils ein Mann und ein bzw. zwei Kinder abgebildet sind.[787] Die zusätzliche, starke Nahsicht auf diese 1:1 oder 1:2-Situationen erscheint in der komparativen Gegenüberstellung ungewöhnlich und lenkt den Fokus m.E. noch stärker auf die Beziehung zwischen den dargestellten Personen (Paarungen).[788]

Ausgehend von diesen wahrnehmbar gewordenen strukturellen Wiederholungen, fasse ich erste Vermutungen zu möglichen Orientierungen in der Bildauswahl zusammen. Diese Deutungen differenziere ich im Laufe meiner Untersuchungen:

Die Überzahl an Bildern, die mehrere Personen abbilden, könnte auf ein ‚Zeigen' von Gruppenaktivitäten hinweisen, während das Darstellen von Einzelpersonen weniger bedeutsam ist. Möglicherweise hat dies mit dem ‚partizipatorischen' Status der Projekte zu tun, dass Formen des Interagierens von Personen sichtbar werden sollen. Da wiederholt ‚altersheterogene' Gruppen zu sehen sind, vermute

783 Das Bild-Ensemble B*Fall1 enthält zwar ein Foto, auf dem ein einzelnes Kind erahnbar wird. Es befindet sich jedoch hinter einer Staffelei mit großem Gemälde und nur die Füße des Kindes werden erkennbar. (Bild B*Fall1.4) Die Bildkomposition lässt mich vermuten, dass das große Gemälde im Fokus stehen soll – nicht die Darstellung einer Einzelperson.

784 Das Bild-Ensemble des ersten Falls zeigt nur Kinder und Erwachsene, während in den Bild-Ensembles des zweiten und dritten Falls auch Jugendliche/ junge Erwachsene zu sehen sind.

785 Diese beiden Fotos sind in dem zweiten Bild-Ensemble enthalten. B*Fall2.2 zeigt Kinder und B*Fall 2.3 könnte junge Erwachsene darstellen. Aufgrund der Aufnahmeperspektive könnten die Fotografien außerdem auf die Anwesenheit eines Erwachsenen/einer Erwachsenen hindeuten, wie ich in meinen Analysen noch weiter vertieft (-> Perspektive).

786 B*Fall3.2 sowie B*Fall2.6

787 B*Fall1.1, B*Fall1.2 und B*Fall1.3

788 siehe Abschnitt „Perspektive"

ich, dass das ,Zeigen' der Zusammenarbeit verschiedener Generationen für die Bildauswahl in diesem Kontext wichtig war.
*Auffällig wird die starke Nahsicht auf 1:1 oder 1:2 Situationen in der Darstellung der Personen im ersten Bild-Ensemble (B*Fall1). Hier nehme ich an, dass die Beziehung zwischen den abgebildeten Personen besonders hervorgehoben werden soll.*
Die aufgeführten Abweichungen lassen mich aufmerksam werden für Fragen zum Sichtbarmachen von ,Beziehungen'' und zu den visuell verbindenden Elementen von ,Gruppen', die ich in den folgenden Abschnitten weiter differenziere. Neben einer übergreifenden Struktur werden für mich wiederholt auch Abweichungen interessant, die Bestimmungen erweitern.

,Personengruppen' ↔ Bilder ohne Personen

Da die meisten Bilder Personen zeigen, fallen mir einzelne Fotos ins Auge, die keine Menschen darstellen und dieser Struktur widersprechen. *Dort erhalten m.E. Dinge oder Räume eine besondere Bedeutung.* So beinhaltet das *Bild-Ensemble des ersten Falls* ein Foto[789], auf dem ein Gemälde auf einer Staffelei zu sehen ist. Hier vermute ich, dass durch dieses Foto auch *Gestaltungsergebnisse* hervorgehoben werden sollen. In dem *Bild-Ensemble des zweiten Falls* sind zwei Fotos enthalten, die wahrscheinlich den gleichen Raum zunächst von innen und dann von außen zeigen[790]. Im Gegensatz zum ersten Bild-Ensemble wird hier möglicherweise das *Zeigen des Raumes* für die Projektdarstellung bedeutsam(er), was ich im Abschnitt 6.3.5 noch vertiefe.[791] Das *Bild-Ensemble des dritten Falls* enthält ebenfalls zwei Fotografien ohne Personen. Auf dem ersten Bild[792] ist eine Ansammlung kleiner Gegenstände zu sehen, die Requisiten oder Miniaturen gleichen. Einige dieser Gegenstände finden sich auf den anderen Bildern als ,reale' Dinge wieder, wie zum Beispiel ein weißes Pferd[793], das auf einer Koppel steht – das weitere Foto ohne Personen in diesem Bild-Ensemble. Als Betrachterin kann ich die Requisiten/ Miniaturen des ersten Fotos in den anderen Bildern wiederentdecken. Es entsteht der Eindruck, als fungiere das erste Bild als *Modell zur Umsetzung des ,realen' Geschehens* vor Ort.[794] Deshalb nehme ich an, dass die dargestellten Aktionen auf den anderen Bildern einer vorherigen Planung unterliegen und gezielt *inszeniert* wurden. Auch diese Deutung werde ich noch weiter vertiefen (» Kapitel 6.3.3; 6.3.6)[795].

789 B*Fall1.4
790 Raum von innen: B*Fall2.1, Raum von außen: B*Fall2.4
791 » Kapitel 6.3.5 Orte und Räumlichkeiten.
792 B*Fall3.1
793 B*Fall3.4
794 Es finden sich weitere Fotos innerhalb der Bild-Ensembles, auf denen Motive zu sehen sind, die auch im ersten ,Modellbild' enthalten sind, wie z.B. die Klappstühle (B*Fall3.2).
795 » Kapitel 6.3.3 Tätigkeiten und Kleidungen sowie Kapitel 6.3.6 Chronologie der Bilder.

6.3.2 Perspektiven und Blickregime

Kamera: Nahsicht ↔ Standposition ↔ Vogelperspektive

Besonders deutlich werden durch den Vergleich die unterschiedlichen Kameraperspektiven der drei Bild-Ensembles. Die Fotografien des *ersten Falls* wurden wahrscheinlich alle aus kurzer Distanz zu den abgebildeten Personen aufgenommen (close up). Dazu wurde die Kamera auf Augenhöhe zu den abgebildeten Personen positioniert, und es ist anzunehmen, dass der Fotograf dafür selber in die Hocke gehen musste, um diese Position zu erreichen[796].
Die Fotos aus dem *Bild-Ensemble des zweiten Falls* wurden meist aus leicht erhöhter Position aufgenommen. Der Eindruck entsteht, als hätte ein Erwachsener die Bilder aufgenommen und aus seiner/ihrer Standposition im Raum die Kinder ‚leicht von oben' fotografiert. Ein Großteil der Fotografien des *dritten Bild-Ensembles* vermitteln eine ‚Draufsicht' auf das Geschehen. Es dominierten Bilder, die aus einer leichten Vogelperspektive aufgenommen wurden und es ist anzunehmen, dass der Fotograf/ die Fotografin dafür extra einen erhöhten Standpunkt einnehmen musste bzw. diesen gezielt gesucht hat.

Betrachter*in: ‚Auf Augenhöhe' ↔ Beobachtungen im Raum ↔ Blick von außen auf die Szenerien

Die jeweils gewählte Kameraperspektive bestimmt zugleich den Betrachter*innen-Eindruck. Die starke Nahsicht in den Fotografien des *ersten Falls* vermittelt das Gefühl, *die Personen aus nächster Nähe in Augenhöhe bei ihrer Arbeit beobachten zu können.* In zwei der drei Nahaufnahmen wird m.E. zudem ein Blickkontakt hergestellt, da das Mädchen[797] und der Junge auf der linken Bildseite[798] direkt in die Kamera schauen. Dadurch verstärkt sich der Eindruck für mich als Betrachterin, in einem *Kontakt mit den Abgebildeten* zu sein. Es ist fast so, als wäre ich selber Teil der Situation.
Die Kameraposition, aus der heraus die Fotografien des *zweiten Bild-Ensembles* entstanden sind, ermöglicht mir, aus der *Position eines/r erwachsenen Beobachters/ Beobachterin* das Geschehen aus leichter Distanz zu den dargestellten Personen zu betrachten. Im Gegensatz zum ersten Bild-Ensemble wird nun auch ein *Raumeindruck* möglich. Nur auf einem Foto[799] lässt sich m.E. ein direkter Blickkontakt einer abgebildeten Person zur Kamera re-konstruieren. Doch die weiter entfernte

796 Selbst bei dem Foto mit der Staffelei (B*Fall1.4) lässt sich re-konstruieren, dass der Fotograf/ die Fotografin die Kamera auf Augenhöhe des Kindes positioniert hat, das sich hinter dem Gemälde befindet.
797 B*Fall1.2
798 B*Fall1.3
799 B*Fall2.3

Position im Raum und die leicht gedrehte Körperhaltung der jungen Frau lassen weniger ‚Nähe' zur Betrachterin/ zum Betrachter entstehen, als in dem ersten Bild-Ensemble. Auf zwei Fotos des zweiten Bild-Ensembles[800] bleiben die Gesichter der abgebildeten Kinder gänzlich unkenntlich, was eine wahrnehmbare Distanz vergrößert – selbst, wenn die Kinder auf einem Foto näher zum Betrachter/ zur Betrachterin stehen. Ich vermute, dass hier gestalterische Entscheidungen zugrunde liegen, die zusätzlich zu einer Einbeziehung des Raumes auch durch *Bildrechte* der abgebildeten Personen begründet werden können.
Die meist in Vogelperspektive aufgenommenen Fotografien des *dritten Bild-Ensembles* ermöglichen mir als Betrachterin einen Überblick auf die dargestellte Szenerie, indem ich viele Personen und den Ort des Geschehens anschauen kann. Dabei werden unterschiedliche ‚Formationen' der abgebildeten Personen deutlich, die von Ansammlungen[801] bis hin zu Sitzreihen[802] und sich wiederholenden Kreisformen[803] reichen. Auf einigen Fotos[804] werden einzelne Personen/ Gesichter erkennbar, die Bilder wurden vermutlich aus geringerer Entfernung aufgenommen. Doch auch diese Bilder erlauben mir einen Überblick auf spezifische Situationen, die im Freien auf Grünflächen stattfinden. Demgegenüber konnte ich nur auf einem Bild[805] einen möglichen ‚Blickkontakt' in Richtung der Kamera erkennen. Für mich scheint es fast so, als wären in dieser Bildserie Blicke zur Kamera gemieden worden.[806] Nicht nur die entfernte Perspektive *distanziert mich als Betrachterin vom Geschehen* und lässt mich von außen daran teilhaben. Meine Aufmerksamkeit richtet sich vielmehr auf den *Gesamteindruck der Szenen*.

6.3.3 Tätigkeiten und Kleidungen der Personen

‚Momentaufnahmen' von Interaktionen ↔ Szenische Aufladungen

Auf den ersten Blick vermitteln die Fotografien des *ersten und zweiten Bild-Ensembles* den *Eindruck von Momentaufnahmen*. Sie zeigen zum Beispiel einen Jungen und einen Mann beim Sägen[807] oder drei Mädchen, die an einem Tischen mit Papier, Kleber und Scheren Hausmodelle bauen könnten.[808]

800 B*Fall2.2 und B*Fall 2.6
801 B*Fall3.3 und B*Fall 3.6
802 B*Fall3.2
803 B*Fall3.5; B*Fall3.7 und B*Fall3.8
(Das Feuerwerk des letzten Fotos ließe sich auch als „Kreisformation" deuten -> siehe B*Fall3.9.)
804 B*Fall3.2 und B*Fall3.7
805 B*Fall3.2
806 Bei der genaueren Analyse des Fotos (B*Fall3.2) verstärkt sich dieser Eindruck: Nur ein Mädchen hinten links schaut m.E. in die Kamera, während alle anderen Kinder möglicherweise wegschauen (nach links) oder ihre Augen geschlossen haben.
807 B*Fall1.1
808 B*Fall2.3

Demgegenüber wirken die Fotografien des *dritten Bild-Ensembles* auf mich *szenisch aufgeladen und inszeniert*. Es lassen sich unterschiedliche Bildthemen identifizieren, wie zum Beispiel eine ‚Zirkussituation'[809] oder ein ‚Filmset'[810]. Auch die bereits erwähnte, exponierte Kameraperspektive und die ‚Anordnungen'[811] der Personen im Raum tragen zu dieser Wirkung bei.

Alltagskleidung ↔ Kostümierung/ Requisiten

Die Kleidung der dargestellten Personen des *ersten und zweiten Bild-Ensembles* spricht ebenfalls für meine Deutung, dass es sich um ‚Momentaufnahmen' handeln könnte bzw. dass durch die Fotografien ein Einblick in die ‚alltägliche' Projektarbeit gewährt werden soll. Die meisten Personen könnten hier *Alltagskleidung* tragen. Allerdings lassen sich wiederum Abweichungen ausmachen.[812] Ich werde auf diese Deutung noch zurückkommen.
Während aber mögliche Kostümierungen in diesen Bild-Ensembles weniger auffällig sind, stechen sie m.E. im *dritten Bild-Ensemble* hervor. Wie zum Beispiel die weißen Kleider[813] der tanzenden Kinder und Frauen, die Hochzeitskleidern gleichen, der kostümierte ‚Stelzenmann'[814] oder das Mädchen[815] mit weißem Kleid und Kopftuch, das den Mittelpunkt des Filmsets zu bilden scheint. Auch die verwendeten Requisiten wie die Blumen, die im Tanzreigen geworfen werden, die Kamele in der Zirkusszene oder die Film- und Beleuchtungsutensilien des Filmsets unterstützen einen *inszenierten Gesamteindruck*.

6.3.4 Positionen und soziale Verortungen der Personen

Aufführungen als Gruppe ↔ Tätigkeiten Einzelner

Durch eine Analyse der Positionen der abgebildeten Menschen vertiefe ich erste Deutungen zu den dargestellten Tätigkeiten. Denn meine eingangs formulierte These, dass Interaktionen der Personen im Fokus der Darstellungen stehen, lässt sich beim genaueren Betrachten der Fotos präzisieren. Auch hier finden sich

809 B*Fall3.6
810 B*Fall3.7
811 Zur Anordnung der Personen vergleiche Vertiefung 2
812 Während zwei Männer des ersten Bild-Ensembles Arbeitskittel tragen (B*Fall1.1 und B*Fall1.2), sticht das dritte Foto heraus, auf dem der Mann eine Art Kapitänsmütze und ein eher ungewöhnliches Nietenarmband trägt (B*Fall1.3).
In dem Bild-Ensemble des zweiten Falls finden sich zwei Bilder, auf denen die dargestellten Kinder und Erwachsenen weiße T-Shirts angezogen haben, was für eine Art spezifische Gruppenkleidung dieser Aktion sprechen könnte. (B*Fall2.5 und B*Fall2.6)
813 B*Fall3.5
814 B*Fall3.6
815 B*Fall3.7

interessante Abweichungen, die Fragen zu möglichen Partizipationsverständnissen und ‚Aussageabsichten' durch die Fotos anregen.
Der Eindruck des Interagierens wird m.E. besonders im *dritten Bild-Ensemble* präsent durch die in Kreisform[816] dargestellten Menschen. Die zusätzliche, einheitliche ‚Kostümierung' der Personen mit weißen Kleidern und Hemden und die verwendeten Blumen, die wie Requisiten im Moment der Aufnahme von allen Beteiligten nach oben geworfen werden, verstärken den Eindruck einer *Aufführung als Gruppe*. Man könnte auch von einer Homogenisierungsstrategie[817] sprechen, durch welche die dargestellten Personen als Gruppe sichtbar werden. Obgleich sich die kreisförmige Positionen der abgebildeten Personen nur auf einem Teil der Fotos finden, werden m.E. alle Fotografien dieses Bild-Ensembles durch szenische Setzungen gerahmt und lassen *inszenierte ‚Gemeinschaftsevents'* vermuten.[818]
In dem *Bild-Ensemble des zweiten Projekts* sind gemeinsame Aktionen weniger deutlich auszumachen. Auf zwei (von vier Fotos) wird ein Agieren als Gruppe durch einheitliche weiße T-Shirts erahnbar. Demgegenüber dominiert m.E. bei den anderen beiden Fotos[819] der Eindruck von separaten Tätigkeiten, was z. B. aufgrund der räumlich voneinander distanzierten Positionen der abgebildeten Personen und durch ihre abgewandten Körperhaltungen oder Blickrichtungen hervorgerufen wird.
Besonders interessant finde ich das *Bild-Ensemble des ersten Projekts* zur Frage nach der Art der gezeigten Tätigkeiten. Alle abgebildeten Personen erscheinen hier einander zugewandt. Auffällig wird dabei, dass Kinder und Erwachsene auf gleicher Kopfhöhe (‚auf Augenhöhe') zu sehen sind. Die räumliche Nähe der Personen und ihre, zumeist zueinander geneigten Körperhaltungen unterstützen diesen Eindruck. Wie bereits erwähnt, soll hier möglicherweise die partnerschaftliche Beziehung zwischen den abgebildeten Personen durch die Bildauswahl betont werden. Während sich das erste Foto des Bild-Ensembles darüber hinaus als ein *Zeigen von Zusammenarbeit* deuten lässt[820], sind die beiden anderen Fotos für mich weniger klar einzuordnen. Hier werden unterschiedliche Tätigkeiten und

816 B*Fall3.5; B*Fall3.7 und B*Fall3.8
817 Ich danke dem Doktorand*innenkolloquium von Andrea Sabisch für diesen Deutungshinweis.
818 Eine gemeinsame Tätigkeit ist beispielsweise bei den Kindern in den Liegestühlen (B*Fall3.2) nicht auf den ersten Blick zu erkennen. Doch die in Reihe angeordnete Platzierung und Nutzung gleicher Sitzmöbel* durch eine altershomogene Gruppe lassen vermuten, dass sich die Kinder für eine spezifische Aktion gemeinsam dort eingefunden haben. Zugleich scheinen sie sich mehrheitlich von der Kamera abzuwenden.
(*Alle Klappstühle haben die gleiche Form und Farbe und verfügen über ein einheitliches Logo. Der Eindruck eines übergeordneten Gemeinsamen und einer ‚corporate identity' wird verstärkt.)
Auch die ‚Zirkusszene' (B*Fall3.6) oder das ‚Feuerwerk' (B*Fall3.9) werden beispielsweise zu rahmenden Ereignissen, für die Menschen extra in den Park gekommen sein könnten. Ansammlungen von Personen sind zu erkennen und der jeweilige Anlass für dieses ‚Event'.
819 B*Fall2.2 und B*Fall2.3
820 B*Fall1.1: Die Positionen, Haltungen und Blickrichtungen der beiden Personen lassen eine gemeinsame Tätigkeit vermuten. Während der Junge sägt, ist der Mann ihm wahrscheinlich

mögliche Aufmerksamkeiten der dargestellten Personen bedeutsam. Auch der *Fotograf* könnte hier deutlich(er) in die *Szene/ Handlung involviert sein* als in den anderen Bildern (» Kapitel 6.3.2).[821]

Die Fotos des ersten Bild-Ensembles regen m.E. auf besondere Weise Fragen zur Darstellbarkeit von Zusammenarbeit und von gemeinsamen Tätigkeiten an. Inwiefern machen dabei alle Personen das Gleiche? Wann fängt ‚Partizipation' an?[822]

Partnerschaftliche Interaktionen ↔ Angeleitete Situationen

Um Deutungen zu den Formen der Zusammenarbeit zu vertiefen, wende ich mich nun denkbaren ‚Rollenverteilungen' zwischen den dargestellten Kindern und den Erwachsenen zu. Auch hier werden mögliche Tätigkeiten, Positionen im Raum und Körperhaltungen für mich relevant, auf die ich meine Interpretationen stütze.

Auf einem Großteil der Fotografien der drei Bild-Ensembles wirkt das Verhältnis zwischen Kindern und Erwachsenen für mich *vertraut und partnerschaftlich*. So enthalten *alle drei Bild-Ensembles* Fotos, auf denen Kinder und Erwachsene in partnerschaftlicher Interaktion zu sehen sind.[823] Demgegenüber finden sich kaum Fotos, auf denen Erwachsene Tätigkeiten alleine ausführen oder Situationen erkennbar anleiten. Bei genauerer Betrachtung lassen sich sogar diese Fotos als *partnerschaftliches und kollektives Verhältnis zwischen Kindern und Erwachsene* lesen. [824] Ich vermute, dass diese Darstellungen im Kontext der partizipatorischen

---

dabei behilflich und hält die Platte mit dem linken Arm. Ihre Blickrichtungen lassen vermuten, dass sich beide auf diese Tätigkeit konzentrieren.

821 Obwohl das Mädchen auf dem zweiten Foto (B*Fall1.2) einen Pinsel in der Hand hält und mit dem Mann neben ihr ein Bild zu malen scheint, wirkt ihre Tätigkeit unterbrochen. Der Blick/ die Beziehung zur Kamera könnte möglicherweise ihre ‚abgebildete Tätigkeit' kennzeichnen und weniger das gemeinsame Malen mit dem Mann neben ihr.
Auch im dritten Bild (B*Fall1.3) erscheint die Konstellation verflochtener und lässt den Einbezug des Fotografen zur Frage nach den Tätigkeiten relevant werden. Der Mann sitzt in der Mitte zwischen zwei Jungen. Der Junge rechts neben ihm könnte ihn beim Zeichnen beobachten. Auch der zweite Junge neigt seinen Kopf zu diesem Mann, doch er könnte eher für das gemeinsame Foto posieren. Dabei schaut der Junge m.E. direkt in die Kamera.
Zudem ließe sich vertiefend fragen, warum im Vordergrund des Bildes drei Farbgläser mit Pinseln stehen, während keine Farbe auf dem Blatt zu erkennen ist, auf dem der Mann zeichnet. Hier vermute ich eine gestalterische Entscheidung des Fotografen/ der Fotografin, warum diese Utensilien dennoch sichtbar wurden. (» Kapitel 6.3.5)

822 Diese Fragen werde ich am Ende dieses Kapitel wieder aufgreifen.

823 Z.B. B*Fall1.1 (ein Junge sägt etwas und ein Erwachsener hilft ihm dabei; B*Fall2.5 (ein Mädchen und eine Frau bilden gemeinsam den Anfang einer Gruppenformation, sie gehen auf gleicher Höhe und sind einander zugeneigt), B*Fall3.3 (Kinder und Erwachsene gemeinsam tanzen im Kreis)

824 Auf dem ersten Blick könnten einige Fotos als ‚angeleitete' Situationen durch Erwachsene gedeutet werden. Etwa ein Bild aus dem ersten Bild-Ensemble (B*Fall1.3) auf dem ein Mann zu sehen ist, der an einem Tisch sitzt und zeichnet, während zwei Jungen, die rechts und links neben ihm stehen, ihn möglicherweise dabei beobachten. Die zugeneigte Köperhaltung der dargestellten Personen und ihre Positionierung ‚auf Augenhöhe' vermittelt allerdings vorrangig

Projekte bevorzugt wurden. *Hier wäre weiter zu diskutieren, warum andere Darstellungsformen kaum sichtbar werden. Ist ‚Partizipation' primär als partnerschaftliches/ kollektives Interagieren darstellbar?*

6.3.5 Orte und Räumlichkeiten

Ort gestalterischen Arbeitens ↔ Gestaltungsort ↔ Ort als Bühne

Nachdem ich mögliche Tätigkeiten und Positionen der Personen vertieft habe, widme ich mich nun weiteren motivischen und gestalterischen Elementen, um die Orte und Räumlichkeiten der Aufnahmen näher zu beleuchten. Die Ausstattung der Räume lässt mich annehmen, dass in dem *ersten und zweiten Bild-Ensemble* meist *Arbeits- bzw. Atelierräume* zu sehen sind.[825] In dem zweiten Bild-Ensemble erkenne ich noch einen zweiten Raum, der als Tanz- oder Theaterraum dienen könnte.[826]

---

eine sehr vertraute Situation zwischen ihnen. Das ‚Vorführen' des Zeichnens durch den Erwachsenen könnte hier zweitrangig sein.

‚Angeleitete' Szenen, hier im Sinne von choreografierten Tätigkeiten durch Erwachsene, vermute ich zudem im zweiten und dritten Bild-Ensemble. Doch auch hier dominiert der Eindruck von gemeinsamen und partnerschaftlichen Tätigkeiten mit den Kindern:
Bild B*Fall2.6 zeigt z. B. eine Kindergruppe, die auf dem ersten Blick alleine agiert. Erst beim genaueren Betrachten werden im Spiegel eine Erwachsene und Jugendliche erkennbar, die diese Situation möglicherweise ‚choreografieren' könnten. Doch ihre zurückgesetzte Position lenkt den Fokus auf die Kinder im Vordergrund. Und die einheitlichen, weißen T-Shirts aller sichtbar werdenden Personen lassen sie zugleich zu einem Teil der Gruppe werden.
Bild B*Fall3.7 zeigt eine ‚Filmszene' auf einer Wiese, die durch einen Kameramann (rechts außen) und einen Fotografen (links außen) angeleitet sein könnte. Durch ihre Positionen am Bildrand und die gewählte Kameraperspektive der Aufnahme wird jedoch der Fokus auf die gefilmten/ fotografierten Personen gelegt. Diese sind in einer Art Halbkreis angeordnet und bestehen aus Kindern/ Jugendlichen und Erwachsenen, wodurch wiederum der Eindruck einer gemeinsamen, kollektiven Tätigkeit überwiegt.

825 In dem ersten Bild-Ensemble (B*Fall1) werden auf allen Fotos Gemälde oder Staffeleien sichtbar. Auch die Farbspuren auf dem Boden und die sichtbar werdenden Pinsel und Farben verweisen darauf, dass es sich um einen Raum handelt, der für gestalterisches Arbeiten genutzt wird.
In dem zweiten Bild-Ensemble (B*Fall2) lassen sich zwei verschiedene Räume ausmachen, die sich in ihren Farbgestaltungen und Ausstattungen deutlich voneinander unterscheiden. (siehe auch Abschnitt ‚In Szene' setzen des Raumes ↔ ‚In Szene' setzen der Personen) Nur in einem Raum finden sich Tische, die mit Gestaltungsmaterialien bedeckt sind, wie z. B. Papieren, Kleber, Kleberolle. (B*Fall2.2 und B*Fall2.3) Ein weiteres Foto könnte den Raum hingegen als Ausstellungsraum zeigen, da keine Tische oder Stühle zu sehen sind, sondern Bilder/ Zeichnungen an den Wänden angebracht wurden und von den Wänden hängen. (B*Fall2.1)

826 Dabei handelt es sich um einen Raum ohne Möbel, an dessen Rückseite sich eine Spiegelwand befindet, die vermutlich durch einen Vorhang geschlossen werden kann. (B*Fall2.5 und B*Fall2.6)

Im Gegensatz zu diesen Innenraumdarstellungen, die als *,klassische' Räume für gestalterisches/ künstlerisches Arbeiten* gedeutet werden könnten, werden in dem *dritten Bild-Ensemble* Außenraumaufnahmen eines *Parks*[827] erkennbar.
Ich vermute, dass das ,Zeigen' der Projektorte in den drei Bild-Ensembles unterschiedliche Gewichtung erhält.[828] Aufgrund der Nahsicht auf die Personen werden in dem *ersten Bild-Ensemble* vergleichsweise wenig ,Rauminformationen' möglich. Wie bereits erwähnt, nehme ich an, dass die *Personen im Zentrum der Darstellung* stehen. Gleichwohl wird der Raum als Atelier- und Arbeitsraum erkennbar. Im *zweiten Bild-Ensemble* werden *Raumeinblicke* nicht nur durch die entferntere Perspektive auf die dargestellten Personen möglich. Zusätzlich wird der Raum auch durch zwei Fotos ohne Menschen prominent von innen[829] und außen[830] dargestellt. Ich nehme an, dass hier der Raum nicht nur in seiner zusätzlichen Funktion als *Ausstellungsraum* präsent gemacht werden soll, sondern auch in seiner besonderen *farblichen (Fenster-)Gestaltung*.[831] In dem *dritten Bild-Ensemble* ermöglicht die stärkere Draufsicht auf die Parkszenen einen *weiten Raumeindruck* und erzeugt meist einen Überblickscharakter auf das Geschehen. Hier werden m.E. Raumansichten gezeigt, die zugleich die Handlungen rahmen und den *Ort als Bühne* erscheinen lassen. Die Analyse farblicher Strukturen der Bild-Ensembles führt mich zu weiteren Vertiefungen dieser Deutungen.

,In Szene'-Setzen des Raumes ↔ ,In Szene'-Setzen der Personen

Für meine weiteren Interpretationen werden gestalterische Mittel relevant, durch welche die Orte im zweiten und dritten Bild-Ensemble hervorgehoben und ,in Szene' gesetzt werden. So findet sich im *zweiten Bild-Ensemble ein Wechsel* von farbigen Ornamenten und Graustufen, durch den die farbige Wabenstruktur des einen Raums betont wird.[832] Eine Wiederholung der Ornamente und Formen

827 Fast alle Fotos zeigen Grünflächen und sich wiederholende Motive wie Bäume, Wege oder rahmende Gebäude, die als Ort der Handlungen einen Park nahelegen. Auf den Bildern B*Fall3.4 und 3.6 ist eine rote Backsteinmauer im Bildhintergrund erkennbar, sodass ich annehme, dass es sich um den gleichen Ort handelt.

828 » Kapitel 6.3.2 Perspektiven und Blickregime.

829 B*Fall2.1

830 B*Fall2.4

831 Ein Foto lässt sich als Ausstellungsraum interpretieren, da keine Möbel sichtbar werden, während Zeichnungen an Wände und Decken gehangen wurden. (B*Fall2.1) Die spezifischen farblichen Strukturen, die ich hier rausarbeiten konnte, vertiefe ich im nächsten Abschnitt.

832 Farbige Ornamente an den Fenstern des ,Arbeitsraumes' bzw. Ausstellungsraumes werden auf drei Fotos sichtbar, die den Ort wiedererkennbar werden lassen. (B*Fall2.1, B*Fall2.3 sowie B*Fall2.4) Die auffällige farbliche Gestaltung in Geld-, Rot- und Blautönen wird kontrastiert durch den Einsatz von Graustufen. In einem Bild treffen diese beiden Gestaltungsmittel sogar aufeinander und ich vermute, dass es nachträglich bearbeitet wurde. (B*Fall2.4) Der Farbeindruck der nachfolgenden zwei Fotos wird vor allem durch den grauen Fußboden dominiert. (B*Fall2.5 sowie B*Fall2.6)

schafft zusätzlich Verbindungen zwischen den beiden Orten.[833] Ich vermute, dass durch die Bildauswahl eine *präzise Gestaltung und Inszenierung der Räume* hervorgehoben werden soll – eine Deutung, die Interpretationen zum zweiten Bild-Ensemble erweitert.[834] Denn dies würde einem anderen Eindruck entgegenstehen, dass hier vorrangig momenthafte Einblicke in Arbeitssituationen gezeigt werden sollen.[835]
Auch in dem *dritten Bild-Ensemble* wurde ich auf farbliche Strukturen aufmerksam, die den *Projektort* auf besondere Weise *in Szene setzen*. Auffällig wird zum Beispiel ein Wechsel zwischen ‚Tag- und Nachtdarstellungen'. [836] Vor allem die Lampen und Lichtreflexionen auf einem Bild verleihen dem Park eine geheimnisvolle Atmosphäre.[837] Die szenischen Aufladungen der weiten Bilder tragen zusätzlich zu ‚märchenhaften' Erscheinungen der Fotos bei.[838]
Während die spezifische, farbliche Struktur des zweiten Bild-Ensembles die Raumgestaltungen auf besondere Weise hervortreten lässt, verbinden sich im dritten Bild-Ensemble farbliche Gestaltungen des Ortes (des grünen Parks) mit den Kostümierungen der Menschen (z. B. weiße Kleider[839]) und der farblichen Gestaltung der dargestellten Gegenstände im Park (z. B. weißes Pferd[840]). Der Park wechselt seine Gestalt, wobei die Akteur*innen für diesen Wandel zentral werden.[841]
Im Vergleich der gestalterischen Elemente stellt sich mir die Frage, ob durch die Bildauswahl im zweiten Bild-Ensemble vornehmlich die Projektorte ‚in Szene' gesetzt werden sollen, während im dritten Bild-Ensemble stärker Menschen und Objekte ‚in Szene' gesetzt werden, um den Ort zu zeigen/ zu verändern.
Ausgehend von diesen Beobachtungen wäre vertiefend zu beleuchten, inwiefern in beiden Bild-Ensembles die Gestaltung der Orte zu einem zentralen Motiv der

833 Während die farbigen Ornamente (meist Hexagone) an den Fenstern des ‚Arbeitsraumes' zu sehen sind (B*Fall2.1, B*Fall2.3 und B*Fall2.4), ist die weiße, in Sechsecken zusammengesetzte Wabenstruktur auf dem Boden des ‚Tanz- oder Theaterraumes' angebracht (B*Fall2.5 und B*Fall2.6)
» auch Kapitel 6.3.6 Chronologie der Bilder.

834 Für diese Deutung spricht auch, dass bereits das erste Foto dieses Bild-Ensembles die Innenraum-Ansicht zeigt – ohne Menschen. (B*Fall2.1) Es ist das erste Bild, das auf der Projekt-Webseite sichtbar wird, ohne dass Besucher*innen scrollen müssen.

835 » Kapitel 6.3.3 Tätigkeiten und Kleidungen der Personen.

836 Zwei Fotos zeigen ‚Nachtdarstellungen'. B*Fall3.3 lässt auf Lichtinstallationen im Park schließen. Aufgrund der Dämmerung werden noch Bäume erkennbar. Durch die Langzeitbelichtung werden Menschen nur noch als verschwommene, geisterhafte Wesen erahnbar. B*Fall3.9 zeigt ein Feuerwerk und eine Ansammlung von Menschen, wobei der Ort als Park in der Dunkelheit nicht mehr auszumachen ist. Als letztes Foto des Ensembles wird jedoch auch dieses Foto als Szene im Park lesbar. » Kapitel 6.3.6 Chronologie der Bilder.

837 B*Fall3.3

838 Z.B. als Pferdekoppel für einen weißen Schimmel (B*Fall3.4) oder als Zirkusmanege (B*Fall3.4).

839 B*Fall3.5

840 B*Fall3.4

841 So finden sich vermehrt helle, weiße Farben vor grünem Hintergrund. Die weißen Kostümierungen habe ich im Hinblick auf ‚Gruppenwirkungen' bereits beleuchtet. Motive wie der (weiße) ‚Schimmel' (B*Fall3.4) oder die weißen ‚Hochzeitskleider' (B*Fall3.5) verstärken m.E. Deutungen des ‚Märchenhaften', ‚Idyllischen' ‚Reinen'.

Bildauswahl wurde. Werden die Orte durch die Bildauswahl zum ‚Kunstwerk', das präsentiert werden soll? Und welche Rolle nehmen die abgebildeten Menschen ein? Welcher Status kommt den ausgewählten Bildern zu?

Bevor ich auf diese Fragen zurückkomme, vertiefe ich noch weitere gestalterische Elemente.

‚In Szene'-Setzen der Personen ↔ weitere gestalterische Anliegen

Im Gegensatz zum zweiten und dritten Bild-Ensemble konnte ich auf den *Fotos des ersten Projekts* keine auffälligen Farbkompositionen ausmachen, die den Projektort hervortreten lassen. Dennoch werden für mich *kompositorische Besonderheiten* in diesem Bild-Ensemble wahrnehmbar, die zur Bildauswahl beigetragen haben könnten und möglicherweise auch als gestalterische Anliegen des Fotografen gedeutet werden können.[842]
Die spezifische Form der *Personendarstellungen* auf den Fotografien des ersten Projekts habe ich bereits an verschiedenen Stellen ausgeführt.[843] Mit Blick auf die mögliche Aufnahmesituation des Gezeigten, ließen sich auch hier meine ersten Deutungen kontrastieren, dass es sich um ‚momenthafte' Aufnahmen der Beziehung der Dargestellten handelt.[844] Denn durch die Kameraperspektive werden auch hier die abgebildeten Personen *‚in Szene' gesetzt.*
Analysen der Einzelbilder ließen mich darüber hinaus auf kompositorische Elemente aufmerksam werden, die im Moment des Fotografierens oder bei der Bildauswahl zusätzlich wichtig geworden sein könnten.[845] Diese kompositorischen

842 Da der Projektleiter (A.) des ersten Projekts die Bilder nicht nur editiert, sondern alle Fotos auch selber aufgenommen hat, gehe ich hier auch auf mögliche Intentionen des Fotografen ein. » Kapitel 6.1 Entstehung und Zusammensetzung der Bild-Ensemble der drei Fälle.

843 » etwa Kapitel 6.3.2 Perspektiven und Blickregime sowie Kapitel 6.3.4 Positionen und soziale Verortungen der Personen.

844 Wie bereits beschrieben, musste der Fotograf z. B. seine Körperhaltung verändern, um die Aufnahmen machen zu können. Die Suche nach einem Ausschnitt auf ‚Augenhöhe' mit den Dargestellten könnte ihm wichtig gewesen sein und würde einer Interpretation widersprechen, wonach es sich um momenthafte Aufnahmen im Sinne von ‚schnellen Schnappschüssen' handelt.

845 Durch den Vergleich der Einzelbilder des Bild-Ensembles konnte ich weitere Auffälligkeiten ausmache, die zusätzliche gestalterische Interessen und Aufmerksamkeiten des Fotografen bzw. in der Bildauswahl vermuten lassen. So wurde ich z. B. aufmerksam für die Doppelung einer Struktur auf dem Pulli des Mädchens und auf dem Gemälde, vor dem sie steht und daran malt (B*Fall 1.2).
Des Weiteren ließe sich fragen, warum im Vordergrund des Bildes (B*Fall 1.3) drei Farbgläser mit Pinseln stehen, während keine Farbe auf dem Blatt zu erkennen ist, auf dem der Mann zeichnet. Diese Anordnung könnte zufällig sein. Vielleicht verbirgt sich dahinter aber auch eine gestalterische Entscheidung des Fotografen, der die Szene so aufgenommen hat, dass die drei Wassergläser in Korrespondenz zu den drei abgebildeten Personen dennoch sichtbar wurden. Im achten Kapitel werde ich darauf zurückkommen, um meine Interpretationen vor dem Hintergrund der Interviewaussagen des Projektleiters zu betrachten. » Kapitel 8.1 Fall 1: Begegnungen auf ‚Augenhöhe' ↔ „diesen Panzer. diese Abwehr praktisch zu durchdringen".

Besonderheiten unterscheiden sich je nach Bild und lassen sich nicht für das komplette Bild-Ensemble verallgemeinern – aber sie erweitern erneut meine bisherigen Deutungen. Denn auch in diesem Bild-Ensemble werden für mich gestalterische Anliegen denkbar, die zur Bildkomposition und zur Auswahl der Projektfotografien beigetragen haben könnten.

6.3.6 Chronologie der Bilder

Obwohl ich in meiner Untersuchung die Fotografien als Bild-Ensembles betrachte und weniger in ihrer Präsentationsform als Webdarstellungen (» Kapitel 5.2.2)[846], gehe ich abschließend noch auf die ‚ursprüngliche' Reihenfolge der Bilder ein. Diese Kategorie wird für meine Analysen insofern relevant, als dass ich in zwei der drei Bildsammlungen eine *spezifische Choreografie in der Bildfolge* vermute, die mögliche gestalterische Intentionen in der Bildauswahl bestärken und meine bisherigen Deutungen abermals vertiefen können.[847]

Anordnung der Bilder nach gestalterischen Kriterien ↔ Anordnung der Bilder als Erzählung

Werden die sechs Fotografien des *zweiten Bild-Ensembles* ähnlich wie in der Webdarstellung hintereinander aufgereiht, wird m.E. eine *besondere, gestalterische Anordnung* erkennbar, die farblich ausgerichtet sein könnte und die Wabenstruktur der Fenstergestaltung des ersten Raums sowie die wabenförmige Bodengestaltung des zweiten Raums hervorhebt.[848] Die Bildfolge beginnt mit der Innenansicht des ersten Raumes, in der die farbige Fenstergestaltung m.E. prominent in Szene gesetzt ist.[849] Nach zwei weiteren Fotografien, die Personen in dem Raum zeigen,[850] folgt eine Außenansicht der gestalteten Fensterfront.[851] Auch hier wird die Fenstergestaltung m.E. hervorgehoben, indem das Foto wahrscheinlich vor der Veröffentlichung durch einen Farbfilter bearbeitet wurde. Während die restliche Fassade in Schwarz-Weiß-Tönen sichtbar wird, ist die Wabenstruktur an dem Fenster weiterhin farbig. Die Grautöne setzen sich dann auf den beiden letzten Fotos der Bildfolge fort und tragen dort zu einer Hervorhebung der weißen

846 » Kapitel 5.2.2 Aufbereitung und Umwandlung des Datenmaterials.
847 Diese Untersuchungskategorie wird nur für das zweite und dritte Bild-Ensembles bedeutsam, da diese Fotografien von einer Webdomäne der Künstler*innen stammen, auf der sie die Projekte vorstellen. » Kapitel 6.1 Entstehung und Zusammensetzung der Bild-Ensemble der drei Fälle.
848 » Kapitel 6.3.5 Orte und Räumlichkeiten
849 B*Fall2.1
Die sichtbar werdende Fensterfront nimmt die Hälfte des Bildraumes ein und dominiert durch ihre starken Farben und großen Strukturen die Fotografie. Auf der anderen Bildhälfte ist eine farblich weniger auffällige Wand zu sehen, an der Zeichnungen hängen, deren Motive nicht erkennbar werden.
850 B*Fall2.2 und B*Fall2.3
851 B*Fall2.4

Wabenstruktur auf dem Boden des anderen Projektraums bei. Denn auf diesen Bildern dominiert der graue Fußboden mit den weißen Waben. Der schwarze Vorhang im Hintergrund und die weißen T-Shirts der abgebildeten Personen unterstützen den farblichen Gesamteindruck.[852]
Auch die Fotografien des *dritten Bild-Ensembles* könnten nach spezifischen Kriterien aneinandergereiht worden sein. Im Vergleich zur Bildfolge des zweiten Falls habe ich den Eindruck, als sei diese Anordnung inhaltlich ausgerichtet und folge *einer erzählenden Struktur*. Ich verstehe das erste Foto des dritten Bild-Ensembles aufgrund der dort sichtbarwerdenden ‚Requisiten' und ‚Miniaturen' als eine Art Einstieg in die Erzählung.[853] Dann folgen Fotografien, die bestimmte Szenen verdeutlichen könnten, wie ich bereits im Kapitel 6.3.3[854] beschrieben habe, etwa als Lichterfest[855], Zirkusveranstaltung[856] oder Filmset[857]. Das letzte Foto der Bildfolge zeigt abschließend ein Feuerwerk.[858] Ich vermute, dass dieses Foto den Höhepunkt und das Ende der Erzählung symbolisiert, die durch die Bildauswahl und Reihenfolge der Fotografien erzeugt wird.

6.4 Zusammenfassung und Zwischenreflexion der motivischen Bestimmungen

Im Folgenden fasse ich *Ergebnisse der komparativen Gegenüberstellung der drei Bild-Ensembles* zusammen (» Kapitel 6.4.1). Meine ‚Zuspitzungen' möglicher handlungsleitender Orientierungen in der Bildauswahl sollen dazu dienen, die oben begonnenen Fragen nach ‚zugrundliegenden' Partizipationsverständnissen der Projektleiter*innen fortzuführen und erste mögliche Anschlüsse an theoretische Perspektiven aufzuzeigen (» Kapitel 6.4.2). Zugleich unterstreiche ich den Charakter meiner Interpretationen als *Zwischenergebnisse*, denn die hier thematisierten Fragen über mögliche Partizipationsvorstellungen der Projektleiter*innen dienen mir im achten Kapitel zur Kontrastierung und Vertiefung der Ergebnisse meiner Interviewanalysen. Durch die spätere Gegenüberstellung visueller und sprachlicher Darstellungen versuche ich, affektiven Dimensionen in Sinnbildungsprozessen nachzugehen, um Vorstellungen über Partizipation zu beleuchten (» Kapitel 4.2.3).[859]

852 B*Fall2.5 und B*Fall2.6
853 B*Fall3.1
Diese Deutung habe ich bereits ausgeführt. » etwa Kapitel 6.3.1 Personen.
854 » Kapitel 6.3.3 Tätigkeiten und Kleidungen der Personen.
855 B*Fall3.3
856 B*Fall3.6
857 B*Fall3.7
858 B*Fall3.9
859 » Kapitel 4.2.3 Zwischen visuellen und sprachlichen Darstellungen, durch Bilder und Sprache: Überlegungen zu einer indirekten Empirie.

6.4.1 Zusammenfassung möglicher handlungsleitender Orientierungen in der Bildauswahl der Projektleiter*innen

Wie ich im letzten Kapitel aufgezeigt habe, werden verschiedenartige Interpretationen möglich zu den Auswahlkriterien der visuellen Projektdarstellung. Meine Re-Konstruktionen erwiesen sich zum Teil als mehrdeutig und könnten auf *ambivalente Orientierungen* verweisen. Während ich einige Interpretationen im Laufe meiner Analysen bekräftigen konnte, wurde ich auch auf widersprüchliche Deutungen aufmerksam. Im Folgenden fasse ich zentrale Ergebnisse aus diesen Analysen zusammen, ohne die re-konstruierten Orientierungen noch einmal zu begründen. Dabei gehe ich zunächst pro Fall vor, um anschließend Fragen über mögliche Partizipationsvorstellungen der Projektleiter*innen abzuleiten.

B*Fall1: Mögliche handlungsleitende Orientierungen des Projektleiters A

Dem Projektleiter A. war es wahrschlich wichtig, durch die Fotos momenthafte Eindrücke von der gestalterischen Zusammenarbeit zwischen Kind(ern) und Erwachsenem im Projekt zu vermitteln. Zugleich gehe ich aber auch davon aus, dass die dargestellten Personen durch die Art der Aufnahme gezielt ‚in Szene' gesetzt wurden. Die Art der Darstellung der Personen könnte auf die Intention hindeuten, eine Beziehung ‚auf Augenhöhe' sichtbar zu machen. Ich nehme an, dass durch die Fotos eine enge und partnerschaftliche Beziehung zwischen den abgebildeten Personen hervorgehoben werden soll. Gleichzeitig könnte es aber auch sein, dass der in den Bildern möglich werdende Blickkontakt auf eine besondere Beziehung zum Fotografen/ zur Fotografin schließen lässt bzw. dass durch den möglich werdenden Blickkontakt eine Beziehung zum Betrachter/ zur Betrachterin hergestellt werden soll. Während einerseits eine Darstellung der Personen und ihrer Zusammenarbeit vorrangig sein könnte, werden für mich andererseits auch gestalterische Ansprüche wahrnehmbar, die auf weitere künstlerische Intentionen in der Bildauswahl schließen lassen.

B*Fall2: Mögliche handlungsleitende Orientierungen der Projektleiterin B

Auch die Fotografien des zweiten Bild-Ensembles lassen sich in einem ersten Schritt als Momentaufnahmen der Projektarbeit deuten. Ich vermute, dass es für die Projektleiterin B. ebenfalls wichtig war, durch die Bilder einen Einblick in den Projektalltag zu ermöglichen aber auch die Projekträumlichkeiten und deren Gestaltungen sichtbar zu machen. Zum einen könnte ein Zeigen der künstlerischen Tätigkeiten der dargestellten Personen beabsichtigt sein, das verschiedene Altersgruppen aber auch Gruppenaktivitäten zwischen Kindern und Erwachsenen beinhaltet. Zugleich gehe ich aber auch von starken gestalterischen Ansprüchen in der Bildauswahl der Projektleiterin aus, insbesondere im Zeigen der Projekträume und ihres spezifischen Designs. Möglicherweise war es für die Projektleiterin bedeutsam, durch die Inszenierung der Fenster- und Bodengestaltungen die Arbeit vor Ort und die abgebildeten Personen künstlerisch zu rahmen.

B*Fall3: Mögliche handlungsleitende Orientierungen der Projektleiterin C

Da sich die Fotografien des dritten Bild-Ensembles durch eine starke motivische Inszenierung auszeichnen, vermute ich hier ein besonderes Interesse der Projektleiterin an einem spezifischen Erscheinungsbild der dargestellten Szenen. Ich nehme an, dass zum einen das Zeigen von Gemeinschaftsaktivitäten eine Rolle in der Bildauswahl gespielt hat. Die präzise Komposition der Bilder lässt aber auch auf gestalterische Interessen schließen und eine künstlerische Inszenierung der sichtbar werdenden Szenen vermuten. Die Vogelperspektive und die farbliche Gestaltung der Fotos könnten darauf hinweisen, dass es der Projektleiterin wichtig gewesen ist, auch den Ort der Inszenierungen durch die Bildauswahl hervorzuheben. Möglicherweise soll hier der Ort als Bühne betont werden. Zugleich ermöglicht die Übersicht aber auch einen distanzierteren Blick auf das Geschehen als in den anderen Bild-Ensembles.

Resümierende Fragen an mögliche Partizipationsvorstellungen der Projektleiter*innen ausgehend von ihrer Bildauswahl

Bereits in der Begründung meiner Ergebnisse im Kapitel 6.3 habe ich damit begonnen, Fragen an mögliche Partizipationsvorstellungen der Projektleiter*innen zu generieren, die ich hier aufgreife und weiter ‚zuspitze'. Dazu komme ich zunächst noch einmal auf meine Beobachtung zurück, dass alle drei Bild-Ensembles größtenteils Gruppierungen mehrerer Personen zeigen, während keine Einzelpersonen abgebildet werden. Eine zentrale Frage für mich lautet deshalb, inwiefern ‚Partizipation' in allen drei Bild-Ensembles als ein ‚Miteinander' von mehreren Personen visualisiert werden soll.

Im ersten Bild-Ensemble wurden für mich die Nahaufnahmen und 1:1 (1:2) Darstellungen der abgebildeten Personen auffällig. Hier ließe sich vertiefend nachfragen, inwiefern der Projektleiter A. ‚Partizipation' als ein partnerschaftliches, künstlerisches Zusammenarbeiten zwischen Kindern und Erwachsenen ‚auf Augenhöhe' versteht und welche Rolle dabei persönliche Begegnungen spielen könnten? Aufgrund von kompositorischen Besonderheiten der Einzelbilder stellt sich mir außerdem die Frage, ob die Bildauswahl des Projektleiters A. auch von eigenen, gestalterischen Anliegen geprägt sein könnte.

Die Darstellung der Personen und ihre Positionen im Bild unterscheiden sich im zweiten und dritten Bild-Ensemble deutlich, weshalb zu fragen wäre, ob dort andere Formen der Partizipation ‚gezeigt' werden sollen. Ich nehme an, dass auch in diesen Bild-Ensembles gestalterische Interesse an der Bildauswahl mitgewirkt

haben. Allerdings werden diese für mich durch die Gestaltung präsenter als im ersten Bild-Ensemble – wenn auch mit unterschiedlicher Gewichtung.
Da im dritten Bild-Ensemble m.E. Darstellungen gemeinschaftlicher, themenbezogener Events überwiegen, ließe sich vertiefend nachfragen, ob die Projektleiterin C. unter ‚Partizipation' das Herstellen von ‚Gemeinschaft' und gemeinsamen Aktivitäten versteht. Die gezielten Bildkompositionen lassen weitere Fragen zu möglichen künstlerischen Interessen der Projektleiterin C. in der Bildauswahl aufkommen. Inwiefern wird hier ein ‚Inszenieren' von Gemeinschaft wichtig und welche Funktion kommt dabei die Bilder zu? Welche Rolle könnten die abgebildeten Menschen darin einnehmen?
Ein Rückschluss von der Art der Personendarstellung auf mögliche, ‚zugrundeliegende' Partizipationsvorstellungen ist m.E. im zweiten Bild-Ensemble am schwersten auszumachen, da sich die sichtbar werdenden Personenkonstellationen hier stark voneinander unterscheiden. Gleichwohl sind auch in diesem Bild-Ensemble immer mehrere Personen auf einem Foto abgebildet, weshalb zu vertiefen wäre, ob die Projektleiterin B. unterschiedliche Formen des Interagierens als ‚Partizipation' versteht. Auffällig wird für mich vor allem ein Hervorheben des Raums und seiner gestalterischen Elemente, was m.E. die Frage aufwirft zum Verhältnis der Personendarstellungen zum Zeigen des Raums, aber auch nach der Rolle der gestalterischen Rahmung zur Arbeit vor Ort.

Durch die Analysen der Bild-Ensembles wurde ich aufmerksam auf grundsätzliche Fragen zur Darstellbarkeit von ‚Partizipation'. So ließe sich zum Beispiel weiter vertiefen, inwiefern visuelle Darstellungen Interaktionen zwischen verschiedenen Menschen ‚zeigen' müssen, um als Partizipation gedeutet zu werden? In meinen motivischen Analysen war dies ein zentraler Aspekt, um möglichen Partizipationsverständnissen nachzugehen. Wann fängt ‚Partizipation' für die Projektleiter*innen an und was könnte für sie bei der Bildauswahl noch relevant gewesen sein?

Die hier zusammengefassten Ergebnisse eröffnen Fragen auch im Hinblick auf partizipationskritische Perspektiven, die ich im Folgenden kurz anspreche. Denn mein Blick auf die Fotos wurde auch von diesen Positionen geprägt, auch wenn ich in meiner Untersuchung einen anderen Forschungsschwerpunkt verfolge (» Kapitel 10.4.4).[860]

860 Zur Reflexion meines Involviert-Seins an der Konstruktion der Untersuchungsergebnisse vergleiche » etwa Kapitel 10.4.4 Herausfordernde und weiter zu entwickelnde Aspekte des Forschungssettings.

6.4.2 Zwischenreflexion der motivischen Bestimmungen – Partizipation ‚zeigen'?

Innerhalb des Partizipationsdiskurses in der Kunst werden Repräsentationen partizipatorischer Arbeiten zum Teil sehr kritisch thematisiert – gleichwohl fehlen bislang vertiefende Analysen insbesondere von ‚partizipatorischen' Kunstprojekten mit Kindern und Jugendlichen (» Kapitel 3.3).[861] Aus repräsentationskritischen Positionen ließen sich die hier untersuchten Motive im Hinblick auf die ‚hergestellten Narrative' befragen und Praktiken des ‚Zu-Sehen-Gebens' kritisch beleuchten. Ich denke dabei z. B. an die ‚Gemeinschaftsdarstellungen' des dritten Bild-Ensembles, die für mich auffällig wurden und auf mein Vorwissen verweisen:
Während die Nähe zwischen den Begriffen Partizipation und Gemeinschaft bereits in meinen etymologischen Annäherungen anklang (» 2.1)[862] und auch im Alltagsgebrauch ihren Niederschlag findet (‚gemeinsam sind wir stark'), wird die Möglichkeit einer ‚Herstellung' von Gemeinschaft gerade aus partizipationskritischen Perspektiven sehr kontrovers diskutiert. Ich denke etwa an Christian Kravagnas Überlegungen zur partizipatorischen Kunst, in denen er u. a. „Gemeinschaftsbeschwörungen" der New Genre Public Art (NGPA) kritisch diskutiert hat.[863] Oder an Jean-Luc Nancys philosophische Ausführungen zur Gemeinschaft, in denen er sich für ein „Mit-Sein" ausspricht und eine Trennung in der Verbindung betont.[864] Seine Überlegungen wurden nicht nur in partizipationskritischen Diskursen in der Kunstwissenschaft sondern auch in der Erziehungswissenschaft rezipiert, um ein Streben nach ‚Gemeinschaft' zu hinterfragen, das mit Vorstellungen über Partizipation verbunden sein kann.[865] Ich gehe diesen Perspektiven hier nicht weiter nach, sondern verweise lediglich auf diese Diskurse[866], welche die Interpretation der Bilder beeinflussen können. Das Ziel dieser Untersuchung ist es stattdessen, möglichen Be-Deutungen der visuellen Darstellungen für die Projektleiter*innen nachzugehen. Aus diesem Grund begreife ich die hier thematisierten Ergebnisse meiner Bildanalysen als *Zwischenergebnisse*, die ich im Laufe meiner Untersuchungen kontinuierlich hinzuziehe, um sie mit den Aussagen der Projektleiter*innen zu vergleichen. Auch die im vorangegangenen Abschnitt formulierten Fragen über mögliche ambivalente Orientierungen, die zur Bildauswahl beigetragen haben könnten, sind als Zwischenergebnisse zu verstehen. Im achten Kapitel greife ich sie

861 » Kapitel 3.3 Repräsentationen und Darstellungsformen partizipatorischer Projekte mit Kindern und Jugendlichen.
862 » Kapitel 2.1 Etymologische Annäherung und die Unschärfe des Begriffs.
863 Kravagna (1998): Arbeit an der Gemeinschaft. S. 36.
864 Nancy (2004): singulär plural sein. S.59.
865 Vgl. etwa Neuner (2007): Paradoxien der Partizipation.; Ahrens, Wimmer (2012): Partizipation.
866 Exemplarisch nenne ich hier noch einige kritische Positionen zur ‚Herstellung' von Gemeinschaft: Agamben (2003): Die kommende Gemeinschaft; Raunig (2002): Spacing the Lines.; Spitta (2012): Gemeinschaft jenseits von Identität?; Warstat (2011): Krise und Heilung.

wieder auf, um sie mit den Ergebnissen meiner Interviewanalysen zu vergleichen.[867] Auf diese Weise stelle ich meine Deutungen wiederholt zur Disposition und frage nach weiteren, denkbar gewordenen Bedeutungen für die Projektleiter*innen, um affektiven Dimensionen im Prozess der Sinngebung nachzugehen. Mein Vorgehen unterscheidet sich also von repräsentationskritischen Perspektiven wie den Visual Studies, die stärker ‚Politiken der Sichtbarmachung' untersuchen und die Herstellung gesellschaftlicher Macht- und Herrschaftsprozesse durch Bilder und Sprache in den Fokus rücken.[868]

867 » Kapitel 8: Falldarstellungen – Vergleich der sprachlichen und visuellen Darstellungen pro Projekt.

868 Vgl. etwa Schade, Wenk (2011): Studien zur visuellen Kultur.
» auch Kapitel 3.3 Repräsentationen und Darstellungsformen partizipatorischer Projekte mit Kindern und Jugendlichen.

7 Annäherung II: Das ‚Sprechen über den Partizipationsbegriff' im Vergleich

Im vorangegangenen Kapitel habe ich zunächst einen Aspekt meiner Auswertungen herausgelöst und einführend dargestellt. Über motivische Bestimmungen habe ich mich den Bild-Ensembles der drei Fälle angenähert und erste, für mich wahrnehmbar gewordene Strukturen herausgearbeitet. Die dort thematisierten Ergebnisse werde ich im achten Kapitel den Ergebnissen meiner Interviewanalysen vertiefend gegenüberstellen und unterschiedliche Analyse-Ebenen pro Fall miteinander vergleichen.
Bevor ich zu diesen komplexen und mehrdimensionalen Falldarstellungen komme, widme ich mich in diesem Kapitel einem weiteren Aspekt meiner Auswertungen, den ich zunächst separat betrachte. Im Folgenden konzentriere ich mich auf Ausschnitte meiner Interviewanalysen, in denen sich die Projektleiter*innen über den *Partizipationsbegriff* äußern. Der thematisch ausgerichtete Vergleich der ausgewählten Sequenzen (als Fallausschnitte) soll es mir ermöglichen, erste Parallelen und Abweichungen herauszuarbeiten, wie die Interviewten über ‚Partizipation' reden, wenn der Begriff zur Sprache kommt. Auch hier reflektiere ich diese ersten (Zwischen-)Ergebnisse und frage danach, inwiefern sie zur Re-Konstruktion von Vorstellungen über Partizipation beitragen können.

Dabei lässt die Gegenüberstellung der hier thematisierten Fallausschnitte erste Gemeinsamkeiten erkennen: Alle drei Projektleiter*innen lehnen im Interview den Partizipationsbegriff ab und kritisieren dessen Verwendung – doch auf verschiedene Art und Weise und möglicherweise auch aus unterschiedlichen Gründen, wie ich nun darlegen werde. Dabei positionieren sie sich als Künstler*innen oder argumentieren aus der Kunst heraus. Interessant ist für meine Analyse aber auch, wie der Partizipationsbegriff trotz Ablehnung in die Gespräche und in die Beschreibungen über die Zusammenarbeit mit den Kindern und Jugendlichen ‚hineinzuwirken' scheint. Auch hier konnte ich in der Gegenüberstellung einige Unterschiede in den herausgearbeiteten Orientierungen re-konstruieren.

7.1 Fallausschnitt zum Projekt 1: „Es ist Kunst"[869]

Im Vergleich zu den beiden Projektverantwortlichen der anderen Projekte antwortet der Leiter von Projekt 1 (A.) relativ kurz auf meine Frage, was für ihn „Partizipation" heiße. In dem Gesagten wird für mich deutlich, dass er einen klaren Standpunkt dazu vertritt, den er mir kurz und bestimmt schildert, ohne die Hintergründe ausführlicher zu begründen oder länger darauf einzugehen (oder eingehen zu wollen). Er lehne den Partizipationsbegriff ab, da für ihn Kunst immer Partizipation beinhalte. Seine, für mich recht allgemeine, knappe Argumentation für eine ‚kunstimmanente' Partizipation wandelt sich aber, als er über die Zusammenarbeit mit den Kindern im Projekt spricht.[870]

Folgende Orientierungen konnte ich anhand der Verwendung, ausgehend vom ‚Sprechen über den Partizipationsbegriff', in dem Gespräch mit A. re-konstruieren:

Ablehnung des Partizipationsbegriffs ↔ für Sponsoren aber notwendig

Der Projektleiter bezeichnet den Begriff als ein häufig vorkommendes „Schlagwort" oder „Modewort" und seine Ablehnung wird in diesem Gesprächsabschnitt für mich sehr deutlich.[871] Trotz Widerwillen sei für ihn die Begriffsverwendung zur Gewinnung von Sponsoren aber unumgänglich.[872] Diesen Aspekt spricht er explizit an, ohne es weiter zu begründen. Die Notwendigkeit scheint für ihn „klar" zu sein und kann deutlich auf diese Weise geäußert werden.[873] Ich habe den Eindruck, als stehen *Ablehnung* und gezielte *Begriffsverwendung* für ihn in *keinem Widerspruch*.

Kunst ist immer Partizipation ↔ Abgrenzung von Mitmachveranstaltungen

Der Partizipationsbegriff sei für A. eine „unnötige Festlegung", da Partizipation immer ein Bestandteil von Kunst sei, die sich prinzipiell an die Gesellschaft wende.[874] Seine Aussage bleibt sehr allgemein und wirkt für mich wie eine unbestreitbare Positionierung im Feld der Kunst, die er nicht weiter vertiefen muss. Für den Projektleiter könnte das ein *wesentliches Merkmal von Kunst* sein, das keiner Begründung bedarf. Das Projekt sei keine „Mitmachkunst".[875] Von „Mitmachveranstaltungen"

869 I*Fall 1, AB 64, Z. 541.

870 Bei dieser Analyse konzentriere ich mich vornehmlich auf eine längere Interview-Sequenzen, in der sich der Projektleiter über den Partizipationsbegriff äußert (I*Fall1, AB 64, Z.513 bis AB 68, Z. 567 ab ca. 32 Minuten Gesprächsdauer). Es ist die einzige Sequenz, in der er – auf meine Frage hin – über den Partizipationsbegriff spricht.

871 Vgl. etwa I*Fall1, AB 64, Z. 513 u. 518.

872 Vgl. ebd. Z. 516 f.

873 I*Fall1, AB 64, Z. 516.

874 I*Fall1, AB 64, Z. 528 ff.

875 I*Fall1, AB 64, Z. 531.

grenzt er sich ausdrücklich ab.[876] Auch dieser Gegenhorizont[877] (Gegenbeispiel) wird durch A. wiederum nur kurz angesprochen, erneut ohne Begründung oder Beispiele. Wahrscheinlich sind Mitmachveranstaltungen für A. ebenfalls unnötig.

Selbstbestimmung und Gleichberechtigung als konkrete Anliegen im Projekt ↔ (Hin-)Wendung von Kunst an Gesellschaft

Auch wenn der Partizipationsbegriff für A. überflüssig zu sein scheint, habe ich den Eindruck, als mache er eine *Ausnahme* für die Beschreibung der Projektarbeit in dieser Sequenz, als er nach einer kurzen Pause einräumt „... Nur ist es natürlich. insofern für uns zutreffend, (...)".[878] Auffällig sind für mich auch die wiederholt verwendeten Wörter „selbstbestimmt" und „gleichberechtigt", die er anschließend zur Charakterisierung der Zusammenarbeit zwischen Künstler*innen und Kindern benutzt.[879] Während Partizipation in der Kunst von dem Projektleiter recht allgemein als Hin-Wendung von Kunst an die Gesellschaft beschrieben worden war, thematisiert er hier Formen der Partizipation, die aus meiner Perspektive stark demokratie-theoretisch konnotiert sind. Am Ende dieser Sequenz wandelt sich seine Argumentation wieder, indem er betont, dass auch dies Kunst sei – nach kurzer Abwägung der Begriffe Inklusion und Partizipation, die er als Bestandteile von Kunst subsumiert bzw. Kunst die Aufgabe zuspricht, diese Aspekte zu „gewährleisten".[880] Meines Erachtens lässt sich hier ein *Changieren zwischen verschiedenen (Partizipations-)Verständnissen* re-konstruieren. Zugleich könnte die knappe Zusammenfassung „Es ist Kunst."[881] als Argument verstanden werden, das *keine weitere Erklärung notwendig* macht und das Thema abschließt.

Projekt: Freiheit, Selbstbestimmung, Kreativität ↔ Abgrenzung von Schule: Vorgegebene Aufgabenstellung und Zwang zum Lernen

Auf meine Rückfrage nach einem Beispiel ‚dokumentiert' sich im weiteren Gesprächsverlauf eine Orientierung, die ich wiederholt in dem Interview rekonstruieren konnte, wenn A. über die Zusammenarbeit im Projekt und speziell die Einbindung der Kinder gesprochen hat.[882] Das Anliegen des Projekts sei es demzufolge, dass sich die Kinder „frei" und „selbstbestimmt" ausdrücken und „ungehemmt" ihre „Kreativität" ausleben könnten.[883] Als *Abgrenzung* dazu führt

876 I*Fall1, AB 64, Z. 531 f.

877 Zum Begriff des Gegenhorizontes » etwa Kapitel 4.4.4 Zur Analyse von Texten mit der dokumentarischen Methode oder Kapitel 10.1.3 Abgrenzungen: Notwendige Unterscheidungen.

878 Diese Äußerung deute ich als Zustimmung zum Begriff ‚Partizipation. (I*Fall1, AB 64, Z. 534)

879 I*Fall1, AB 64, Z. 537 ff.

880 I*Fall1, AB 64, Z. 541 ff.

881 I*Fall1, AB 64, Z.541.

882 » Kapitel 8.1.4 Das ‚Sprechen über das Projekt': „frei und selbstbestimmt" ↔ „ohne pädagogischen Überbau" ↔ „Ermöglichen (...) und (...) erkennen, was sie machen wollen".

883 I*Fall1, AB 68, Z. 558 ff.

A. schulisches Lernen mit festgelegten Aufgabenstellungen und „vorgegebenen Unterrichtsmustern" an.[884] Die Institution Schule konnte ich häufig als Gegenhorizont in den sprachlichen Darstellungen des Projektleiters re-konstruieren. Diese Muster sind m.E. auch bezogen auf das Partizipationsverständnis des Projektleiters interessant, da sie die oben genannten Beschreibungen von Gleichberechtigung und Selbstbestimmung durch diese Abgrenzung weiter konkretisieren und kontextualisieren. An dieser Stelle bleibt zu fragen, inwiefern Aspekte wie Freiheit, Selbstbestimmung und Kreativität spezifisch für das Projekt stehen oder für A. als allgemeine Merkmale von Kunst gelten könnten. Diesen Blickwinkel vertiefe ich u. a. im fallinternen Vergleich durch die Gegenüberstellung der anderen Auswertungsebenen.[885]

7.2 Fallausschnitt zum Projekt 2: „einer hat trotzdem meistens den Hut auf"[886]

Auch die Leiterin des zweiten Projekts (B.) lehnt den Partizipationsbegriff ab, was sie in dem Interview aber anders thematisiert. Während sich die beiden anderen Projektleiter*innen (A. und C.) erst zu dem Thema äußern, nachdem ich sie explizit danach gefragt habe, spricht B. den Begriff bereits zu Beginn des Interviews – ohne meine Nachfrage – an und kommt in weiteren Gesprächsabschnitten wiederholt darauf zurück.[887] Ich vermute, dass es ihr wichtig ist, ihre Position dazu mir gegenüber darzulegen und ihre Arbeitsweise (sowie die damit verbundenen Bemühungen) zu verdeutlichen. Dabei habe ich aber zugleich den Eindruck, als würde sie mehrfach zwischen einer spezifischen Vorstellung von Partizipation und ihrer Arbeitsweise abwägen und auf andere Positionen verweisen, auch um ihren Standpunkt abzusichern – fast als müsste sie ihn verteidigen.

Folgende Orientierungen konnte ich anhand der Verwendung, ausgehend vom ‚Sprechen über den Partizipationsbegriff', in dem Gespräch mit B. re-konstruieren:[888]

884 I*Fall1, AB 68, Z. 560.

885 » Kapitel 8.1: Fall 1: Begegnungen auf ‚Augenhöhe' ↔ „diesen Panzer. diese Abwehr praktisch zu durchdringen

886 I*Fall2, AB21, Z.174.

887 Bei meiner Analyse konzentriere ich mich vornehmlich auf drei Interview-Sequenzen, die m.E. zur Beantwortung meiner Frage besonders relevant sind. Dabei handelt es sich um zwei Sequenzen zu Beginn des Gespräches (I*Fall2, AB 9, Z. 48 bis AB 11, Z. 65 etwa nach 2 Minuten Gesprächsdauer, Ab 21, Z. 170 bis 188 etwa nach 8 min Gesprächsdauer, sowie eine Sequenz in der Mitte des Gespräches, ab ca. 46min, AB 101, Z. 803 bis AB 107, Z. 852).

888 Zur Re-Konstruktion der herausgearbeiteten Orientierungen siehe auch den fallinternen Vergleich im Rahmen der Falldarstellung » Kapitel 8.2.4. Das ‚Sprechen über das Projekt': „Wenn die mit dem umgehn können was ich will, dann kann ich auch damit umgehn was sie wollen." ↔ „Dialogisches Arbeiten"↔ „Offenheit".

Vorgaben machen/ bestimmen ↔ ‚man sollte' offen lassen

Obwohl die Projektleiterin einleitend davon spricht, dass es viele verschiedene Formen von Partizipation gäbe, grenzt ihre nächste Aussage dies m.E. sogleich ein und verweist bereits auf ihren Standpunkt, den sie im Laufe des Gespräches weiter ausführt (als Künstlerin bestimme sie die Rahmung im Projekt und lege die Art der Beteiligung der Kinder und Jugendlichen fest).[889] B. nutzt allerdings nicht die ich-Form sondern das allgemeine Pronomen ‚man', um Partizipation zu definieren. Auch in den anderen untersuchten Sequenzen konnte ich diese Tendenz re-konstruieren, wenn die Projektleiterin über den Partizipationsbegriff spricht.[890] Diese Gesprächspassagen zeichnen sich durch Gegenüberstellungen und Argumentationen aus, die m.E. zwei, für die Leiterin zentrale Oppositionen thematisieren könnten. Dem *Festlegen von Rahmungen* (wie in ihrem Projekt) stellt B. wiederholt *das Öffnen und die Mitbestimmung* der Teilnehmenden (als Partizipation) gegenüber, was als Gegenhorizont bezeichnet werden kann. Die dort wiederholt verwendeten Formulierungen „man soll/ man sollte"[891] erinnern mich an eine Regel oder eine *Norm*, die im Gesagten mitschwingt. Erst wenn B. konkrete Beispiele aus ihrer Projektarbeit anspricht, benutzt sie die ich-Form. Dabei habe ich den Eindruck, als *untermauere* und stärke sie wiederholt ihre Position, indem sie die Oppositionen gegeneinander abwägt. Oder die Projektleiterin verweist auf andere Positionen, die ihren Standpunkt vertreten würden.[892] In ihrer Argumentation ‚dokumentieren' sich für mich *ambivalente Gegensätze*, die ich noch weiter ausführe und vertiefe.

Partizipation als (suggerierte) Möglichkeit der Mitbestimmung für alle ↔ die Leute nicht belügen/ Ehrlichkeit

Im Sprechen über den Partizipationsbegriff wird für mich deutlich, dass für B. hier eine Unvereinbarkeit zwischen Projektarbeit und einem (möglicherweise erwarteten) ‚Anspruch' von Partizipation bestehen könnte. Partizipation scheint für die Projektleiterin die Möglichkeit der Mitbestimmung für alle zu implizieren, auch wenn sie das anschließend in Frage stellt.[893] Ich nehme eine *Ambivalenz*

889 „(...) also es gibt ja viele verschiedene Formen der Partizipation (...) Und da bestimmt man eigentlich immer vorher w e r macht w a s und wieviel. Und wieviel ist dann die Beteiligung." (I*Fall2, AB 11, Z.54 f.)

890 Besonders auffällig wird dieses Muster m.E. an folgender Stelle: I*Fall2 AB 21, S. 173 bis 185.

891 Vgl. etwa I*Fall 2, AB 21, Z. 174 oder AB 61, Z. 483.

892 Die Projektleiterin schließt sich beispielsweise einem Vortrag im Rahmen einer Tagung an, bei der ich auch anwesend war (vgl. I*Fall2, AB 21, Z. 178 f.). An anderer Stelle distanziert sie sich aber auch von Positionen von dieser Tagung, deren Partizipationsverständnis sie nicht teilen würde (vgl. I*Fall2, AB 107, Z.834 ff.) Beide Male verweist sie auf Wissenschaftler*innen aus der Kunstpädagogik, wodurch sie möglicherweise auch mich anspricht, wie ich in meinen Analysen an anderer Stelle noch weiter ausführen werde.

893 „Und hier ist es/deshalb sag ich auch es ist eigentlich keine Partizipation, sondern ich gebe auch Formen vor; aber ich mach die halt vorher klar." (I*Fall2, AB 101, Z. 804.)

wahr *zwischen dieser Vorstellung von Partizipation und ihrer Projektarbeit*, die Rahmungen vorgibt. In dem Abwägen zwischen Vorgaben und Offenheit thematisiert B. Zweifel an den offerierten Teilnahmemöglichkeiten, die Partizipation ‚suggerieren' würden. Zugleich äußert sie mehrfach, dass sie den Teilnehmer*innen aber transparent mache, dass sie den ‚Hut aufhabe' und ihnen damit auch eine Entscheidungsmöglichkeit eröffne. Hier bahnt sich für mich ein möglicher Ausgleich für etwas an, was B. nicht erfüllt (aber unter dem Stichwort ‚Partizipation' vielleicht implizit ‚müsste'). Aussagen wie zum Beispiel, die Teilnehmer*innen nicht belügen zu wollen, stehen für mich für das Bestreben, die Beteiligten ernst zu nehmen, indem sie ihre Vorgaben offen lege und transparent mache. ‚Ehrlichkeit' könnte ein wichtiges Motiv für B. in der Zusammenarbeit sein. Gleichzeitig erlaubt die Argumentation m.E. eine Ablehnung von Partizipation, da so etwas gut gemacht werden kann (eine Form der Öffnung auf anderer Ebene), was unter dem Stichwort Partizipation aus der Perspektive der Projektleiterin verschleiert werden würde.

Qualitätsanspruch und Kompromisslosigkeit von Kunst ↔ Mitbestimmungsanspruch von Partizipation

Bereits in der Anfangssequenz, in der die Projektleiterin das Thema ‚Partizipation' anspricht, positioniert sie sich m.E. deutlich als Künstlerin, die den Rahmen (dort in Form einer künstlerischen Installation) vorgibt und damit auch einen gewissen *Qualitätsanspruch* vertreten würde. Ihr Vorgehen grenzt sie von kreativen Tätigkeiten im schulischen oder sozialen Bereich ab, die ihren Ambitionen möglicherweise nicht genügen.[894] An dieser Stelle verdeutlicht sich m.E. die oben bereits angeklungene Orientierung, die ich im Laufe des Gespräches ausdifferenzieren konnte. Ihr Anspruch als Künstlerin an eine bestimmte künstlerische Qualität wird m.E. zu einem zentralen Motiv, das ihre Vorgaben und Rahmungen der Projektarbeit begründet. Als weiterer *Gegenhorizont* wird für mich dabei erneut das Thema Partizipation relevant. Wenn B. davon spricht, dass Kunst „kompromisslos" sei, habe ich den Eindruck, als werden hier wieder zwei unvereinbare Aspekte bedeutsam (Qualitätsanspruch der Kunst ↔ Mitbestimmungsanspruch von Partizipation).[895] Die Formulierungen der Projektleiterin verweisen für mich zudem auf ein *Abwägen* der verschiedenen Ansprüche, das ich bereits angesprochen hatte und unten noch weiter vertiefen werde. Auch die Beschreibung, einer sei dabei auch mal der

An anderer Stelle sagt die Projektleiterin: „Partizipation das suggeriert ja, dass immer jemand Teilhabe hat und einer hat trotzdem meistens den Hut auf." (I*Fall2, AB 21, Z. 173 f.)

894 Vgl. I*Fall2, AB 11, Z.56 ff.
Die Abgrenzung zur Schule dient in meiner Untersuchung als bedeutsamer Gegenhorizont, der auch im weiteren Gespräch relevant wird. Vgl. Falldarstellung zum Projekt 2 » Kapitel 8.2.4 Das ‚Sprechen über das Projekt': „Wenn die mit dem umgehn können was ich will, dann kann ich auch damit umgehn was sie wollen." ↔ „Dialogisches Arbeiten"↔„Offenheit".

895 „Und das macht dann ne bestimmte Qualität aus und deshalb ist es dann manchmal kompromisslos und Partizipation müsste ja komplett ein Kompromiss sein ne, wenn man das wirklich ernst nehmen wollte." I*Fall2, AB 105, Z. 828 f.

„Arsch", der Handlungsoptionen eingrenze (als jemand, der sich dabei unbeliebt mache), lässt m.E. wieder eine Ambivalenz zum Gegenpol, einer ‚angesehenen' Offenheit der Partizipation, vermuten.[896]

Argumentation gegen Partizipation ↔ für ein „dialogisches Arbeiten"[897]

Ähnlich wie A. thematisiert auch B. einen *alternativen Begriff* für ihre Arbeitsweise, was sie als „dialogisches Arbeiten"[898] bezeichnet. Während der Leiter des ersten Projekts durch seine knappen Antworten das Thema möglichweise rasch abschließen oder den Partizipationsbegriff vielleicht nicht näher definieren möchte („Es ist Kunst."), sind die Antworten von B. durch viele argumentierende Abschnitte gekennzeichnet, als würde sie ihre Arbeitsweise begründen und ihr Verständnis des „dialogischen Arbeitens" in Abgrenzung zur Partizipation und anhand von Beispielen darlegen.[899] Das „dialogische Arbeiten" vertiefe ich im Kapitel ‚Sprechen über das Projekt'.[900] Dort re-konstruiere ich es als ein weiteres zentrales Motiv in der Beschreibung ihrer Arbeit, das wiederum in Verbindung stehen könnte mit ihrem oben thematisierten Qualitätsanspruch von Kunst auch in der Vermittlung.[901]

Wiederholtes Aufgreifen des Themas ↔ Verschiedene Formen der Darlegung und Versicherung

Die Art und Weise, wie die Projektleiterin eine spezifisches Verständnis von Partizipation und ihre Form der Zusammenarbeit wiederholt gegeneinander abwägt, kann m.E. auch als allmähliche Darlegung bis hin zur *argumentativen Absicherung* ihrer Position gedeutet werden (warum ihr Vorgehen ‚ehrlicher' sei).[902] Gleichzeitig könnte das mehrfache Aufgreifen und Ausloten des Themas Partizipation als eine Art der *gegenseitigen Versicherung* zwischen der Position der Projektleiterin und mir, als Gegenüber im Gespräch, verstanden werden. Für diese weiterte Deutung spricht für mich zum Beispiel, dass B. bereits in der Anfangssequenz (ohne dass ich dort schon danach gefragt habe), „mein Hauptthema" anspricht. Möglicherweise

896 „Also ich sag ähm. Hier gibst auch einen der ist manchmal der Arsch, ja. Ich sag auch manchmal das und das machen wir nicht, weil ich halte ne bestimmte Qualität und das ist auch für Nichtkünstler, die Mitarbeiter sind, oft schwer." I*Fall2, AB 101, Z. 807 ff.

897 I*Fall 2, AB 21, Z. 172.

898 Vgl. etwa I*Fall 2, AB 21, Z. 172 oder AB 61, Z. 484.

899 Laut meinen Re-Konstruktionen bezweifelt die Projektleiterin die Möglichkeit der Partizipation (als uneingeschränkte Mitbestimmung) und stellt ihre Arbeitsweise gegenüber, um daran auch ihr Verständnis der Zusammenarbeit zu verdeutlichen. Sie nennt Beispiele aus ihrer Projektarbeit und scheint daran zu erläutern, was für sie ‚dialogisches Arbeiten' ausmache.

900 » Kapitel 8.2.4 Das ‚Sprechen über das Projekt': „Wenn die mit dem umgehn können was ich will, dann kann ich auch damit umgehn was sie wollen." ↔ „Dialogisches Arbeiten" ↔ „Offenheit".

901 Im Kapitel 8.2.4 analysiere ich verschiedenartige ‚Bewegungen' oder Motive in der Zusammenarbeit mit Kindern und Jugendlichen, die für die Projektleiterin m.E. bedeutsam sind.

902 Siehe Abschnitt: Partizipation als (suggerierte) Möglichkeit der Mitbestimmung für alle ↔ die Leute nicht belügen/ Ehrlichkeit

möchte sie dieses umfassend beantworten und auf mein Anliegen eingehen.[903] Auch die von ihr genannten Beispiele aus der Kunstpädagogik, die einerseits zur Untermauerung ihre Position dienen könnten, ließen sich andererseits als Ansprachen an mich als Kunstpädagogin deuten.[904] Auch wenn ich diesen Aspekt hier nicht vertiefen kann, da eine detaillierte Analyse der Gesprächsdynamik zwischen der Projektleiterin und mir nicht Teil dieser Arbeit ist, wird die *Beziehungsebene* für mich in diesem Gespräch besonders relevant.[905] Interessant ist vor diesem Hintergrund auch die Konstellation, dass ich nicht weiter vertiefe, warum auf der Homepage von B. das von mir angesprochene Projekt als ‚partizipatives künstlerisches und architektonisches Handeln' bezeichnet wird, während die Projektleiterin im Gespräch den Partizipationsbegriff m.E. deutlich abgelehnt hatte. Statt darauf einzugehen, habe ich meine ursprünglich geplante Frage umgewandelt und selbst geantwortet, in dem ich die vorangegangenen Äußerungen von B. kurz paraphrasiert und in einem gewissen Sinne ebenfalls ‚rückversichert' habe.[906]

---

903 In meiner schriftlichen Anfrage für das Interview hatte ich der Projektleiterin u. a. mitgeteilt, dass ich „Aspekte von Partizipation" in meiner Forschung untersuche. » Kapitel 5.2.1 Vorbereitungen und Durchführung der Interviews
Im Interview spricht B. das Thema gleich zu Anfang an und fügt hin „(...)weil das ist ja (ihr?) Haupt/Hauptthema". Vgl. I*Fall2, AB 9, Z. 51 f.

904 Interessant für diese Deutung ist m.E. auch eine Gesprächspassage, in der ein ‚Versichern' der Positionen zwischen B. und mir zum Partizipationsbegriff m.E. sehr deutlich wird. Dort erläutert B. zunächst ihr Verständnis von Partizipation als Kompromiss, in dem für mich eine gewisse implizite Norm mitschwingt („müsste", „wenn man das wirklich ernst nehmen wollte."), welche die Projektleiterin möglicherweise nicht erfüllt. (siehe: Vorgaben machen/ bestimmen ↔ „man sollte" offen lassen). Ich räume durch meine Antwort die Möglichkeit ein, dass es verschiedene Definitionen von Partizipation gegeben könnte. Damit könnte ich zugleich meiner Gesprächspartnerin signalisiert haben, dass mein Partizipationsverständnis Unterschiedliches ‚zulässt' oder ich es nicht wisse. Daraufhin spricht B. die Schwierigkeit des Begriffs an und thematisiert kunstpädagogische Positionen, denen sie sich nicht anschließen würde. Folgende Sequenz liegt dieser Re-Konstruktion zugrunde (I*Fall2, AB 105, Z. 828 bis AB 107, Z. 839):
828 B. (AB 105): „(...) Und das macht
829 dann ne bestimmte Qualität aus und deshalb ist es dann manchmal
830 kompromisslos und Partizipation müsste ja komplett ein Kompromiss
831 sein ne, wenn man das wirklich ernst nehmen wollte.
832 EM (AB 106): Je nach dem wie man halt Partizipation definiert, oder?
833 Ich weiß es nicht.
834 B. (AB 107): Ja, ich finde es mittlerweile so schwierig als Begriff. Ich
835 meine XY [eine Tagung, die wir beide besucht haben, EM] Buko hat das ja noch völlig anders definiert. Ich meine das ist ja
836 ein Riesenfeld, da will ich jetzt überhaupt nicht ran. Weil, ich war dazu
837 eingeladen und hab gesagt euer Partizipationsbegriff den ((B. lacht))
838 den verstehe ich ehrlich gesagt nicht, da müssen wir jetzt erst mal drei
839 Tage drüber diskutieren, so."

905 Ich verstehe das Gesagte im Gespräch immer auch als Antwort an mich als Interviewerin im Sinne von „Was willst Du mir? Was willst Du, dass ich für Dich bin". Vgl. Pazzini (2006): Couch und Sessel, S. 22 (im Anschluss an Lacans „Che vuoi").

906 Auszug aus der re-konstruierten Sequenz (I*Fall2, AB112, Z. 873 bis Ab 114, Z. 880):
873 „EM (AB 112): Also bevor ich die Frage die ich grade stellen wollte/ denn noch mal/denn
874 ich hatte dann nämlich auch gelesen zu dem ‚Projekt XX'
875 da stand auf der Homepage dass es als ‚partizipatives,

7.3 Fallausschnitt zum Projekt 3: „dass man letztendlich da nicht rauskommt, ohne sich in irgendeiner Form die Finger schmutzig zu machen"[907]

Die Leiterin des dritten Projekts (C.) spricht nur an einer Stelle im Interview über den Partizipationsbegriff, als ich sie darauf angesprochen hatte. Diese, etwa sechsminütige, Passage lässt sich m.E. als dicht und zugespitzt charakterisieren. Laut meiner Analysen begründet sie ihre Ablehnung des Begriffs detailliert, indem sie etwa ihre Erfahrungen aus der Diskussion kunstwissenschaftlicher Positionen anspricht oder die Schwierigkeiten des Begriffs für sich charakterisiert und anhand ihrer Projektarbeit verdeutlicht. Auch in diesem Fallausschnitt konnte ich Ambivalenzen re-konstruieren, die auf gegensätzliche Ansprüche verweisen könnten. Dabei werden im Sprechen über den Partizipationsbegriff für mich drastische Formulierungen auffällig. Zugleich spiegelt sich m.E. im Gesagten eine gewisse ‚akzeptierte Ausweglosigkeit' in den unterschiedlichen Begriffs-(ver)wendungen, die den Bemühungen um begriffliche Lösungen, aber auch der Freude an ‚partizipatorischen' Projekten entgegenstehen könnte.

Folgende Orientierungen konnte ich anhand der Verwendung, ausgehend vom ‚Sprechen über den Partizipationsbegriff' in dem Gespräch mit C. re-konstruieren:

„fast möchte man sich nicht dazu äußern"[908] ↔ heiß diskutierter Begriff

Auf meine Frage, was die Projektleiterin unter Partizipation verstehe[909], beginnt sie über die Schwierigkeiten des Begriffs zu sprechen. Entgegen ihrer ersten Aussage, „(...) fast möchte man sich nicht dazu äußern"[910], begründet sie m.E. ihre Position sodann ziemlich *detailliert* und ohne zu zögern.[911] Aus dem Gesagten wird für mich deutlich, dass die Art des ‚Sprechens über den Partizipationsbegriff' auf

---

876 künstlerisch architektonisches Handeln' bezeichnet wird.
877 B. (AB 113): Ja.
878 EM (AB 114): Also das meinen Sie damit, dass dieses Gegenseitige
879 und auch aus Ihrer eigenen künstlerischen Arbeit und architektonischen
880 Beschäftigung"

907 I*Fall3, AB33, Z. 285-287.

908 I*Fall3, AB 31, Z. 259.

909 Meine Frage hier im Wortlaut (I*Fall3, Ab 30, Z.252 ff.):
252 „EM (AB 30): „Mh, mh. Ja, ja, ja. Ähm, ich hatte Ihnen ja auch geschrieben,
254 so Aspekte von Partizipation interessieren mich auch. Und ähm . ich
255 hab gelesen XX zum Beispiel hat äh Ihr Projekt in der
256 Zeitschrift XX als ähm partizipatorisches Kunstprojekt
257 bezeichnet, isses ja so. Und für mich. ist interessant, was Sie von
258 Partizipation verstehen, was das für Sie ist."

910 I*Fall3, AB 31, Z. 259.

911 In der Audioaufnahme für mich deutlich, dass C. ohne zu zögern ihre Position darlegt (während das Transkript Gesprächspausen vermuten lässt).

vielen, bereits zurückliegenden Diskussionen beruhen könnte – in der theoretischen Auseinandersetzung mit ‚Partizipation' (aber auch in der Diskussion ihrer ‚partizipatorischen' Projekte, was ich unten noch darlegen werde).
Gleich zu Beginn berichtet C. von einem „ganz großen Projekt"[912], an dem sie beteiligt gewesen sei, welches den Partizipationsbegriff zum Thema hatte. Dieses Format, das u. a. eine Tagung beinhaltete, könnte für die Projektleiterin ‚groß' im Sinne von umfassend oder langfristig gewesen sein.[913] Denkbar wäre für mich zudem, dass das Projekt für sie eine besondere Bedeutung hatte. Im Sprechen vermittelt sich mir eine Intensität und ein Bemühen in den dort geführten Diskussionen um den Partizipationsbegriff, die aber zu keiner ‚begrifflichen' Lösung geführt hätten.[914]

„Teilhabe an was, was schon da ist"[915] ↔ Ermöglichung und Wiedergutmachung ↔ Beteiligte sind die Arbeit, die die Künstlerin bestimmt

Im weiteren Gesprächsverlauf verdeutlicht die Projektleiterin m.E. die Schwierigkeiten des Begriffs, indem sie ihre Begriffsdefinition anspricht und ihrer Projektarbeit gegenüberstellt. Sie erläutert *ihr Verständnis von Partizipation* (als „Teilhabe an was, was schon da ist"[916]) und thematisiert zunächst Aspekte ihrer Arbeit, die in diesem Sinne zutreffend wären.[917] In dem Gesagten wird für mich auch deutlich, dass es der Projektleiterin wichtig sein könnte, den Teilnehmer*innen in ihrem Projekt Möglichkeiten der Mitbestimmung und des „Mitredens"[918] zu eröffnen. Sie begründet dieses Ziel u. a. mit den Spezifika ihres Arbeitsfeldes (öffentlicher Raum), wo es ihr ein Anliegen sei, den Beteiligten „eigene Spielräume"[919] zu ermöglichen. Zugleich deutet sich für mich noch ein weiteres Anliegen der Projektleiterin an, nämlich einen Ausgleich für Menschen herzustellen, die ihrer Kunst nicht ausweichen könnten.[920] Hier schwingt für mich ein Aspekt der *Wiedergutmachung* mit, den ich auch im Interview mit A. und im Interview mit B. re-konstruieren konnte, wenn auch auf unterschiedlichen

912 I*Fall3, Ab 31, Z.260f.
Die Projektleiterin war Teil einer Arbeitsgruppe und einer Tagung, die sich intensiv mit dem Partizipationsbegriff auseinander setzten. Aufgrund der Anonymisierung verzichte ich an dieser Stelle auf die Nennung von Namen.
913 C. erklärte das hier nicht weiter. Das Format beinhaltete zum Beispiel eine Ausstellung, eine Tagung und später eine Publikation.
914 Wie zum Beispiel hier: „(...) wir ne Tagung dazu gemacht und uns wirklich. /((atmet laut ein)) wir haben diskutiert und wir sind aber letztendlich aus dieser Nummer nicht so richtig rausgekommen, also begrifflich nicht rausgekommen ähm ..." I*Fall3, Ab 31, Z. 264 ff.
915 I*Fall3, AB 33, Z. 268.
916 I*Fall3, AB 33, Z. 268.
917 Vgl. I*Fall3, AB 33, Z. 269-275.
918 I*Fall3, AB 33, Z. 274.
919 I*Fall3, AB 33, Z. 280.
920 Vgl. I*Fall3, AB 33, Z. 276-280.

Ebenen.[921] Die Sequenz wird für mich abgeschlossen, indem C. schließlich eine *gegensätzliche Position* zur anfänglichen Begriffsdefinition einzunehmen scheint. Denn nun räumt sie ein, die Beteiligten „(...) sind ja natürlich die Arbeit"[922] und sie entscheide alles („ich meine natürlich bestimme ich alles"[923]). Die doppelte Verwendung des Adjektivs ‚natürlich' könnte darauf hinweisen, dass es für C. ‚trotzdem' selbstverständlich ist, dass sie als Künstlerin ‚alles bestimmt'. Hier werden für mich starke *Ambivalenzen* zwischen ihrer Tätigkeit als Künstlerin, ihren Zielen in der Projektarbeit und ihrer Definition von Partizipation deutlich.

„dass man letztendlich da nicht rauskommen, ohne sich die Finger schmutzig zu machen"[924] ↔ Unrecht und Missbrauch der Leute ↔ beide Seiten profitieren

Das Ausmaß der begrifflichen ‚Misere', das die Projektleiterin thematisiert und das für sie unumgänglich sein könnte, kommt für mich im nächsten Abschnitt besonders intensiv zur Geltung. Auffällig sind hier die drastischen Bezeichnungen, die C. wählt, um Aspekte ihrer Arbeit unter dem Stichwort Partizipation zu beschreiben.[925] Die Darstellungen verweisen für mich auf eine Verwerflichkeit im Tun („nicht rauskommt, ohne sich in irgendeiner Form die Finger schmutzig zu machen") und sprechen „Unrecht" an.[926] Es kommt sogar etwas ‚Gewalthaftes' für mich zum Ausdruck („MISSBRAUCHT die Leute").[927] Ich kann mir vorstellen,

---

921 Im ersten Interview habe ich diesen Aspekt in der Analyse zum ‚Sprechen über den Partizipationsbegriff' nicht vertieft, da die ‚Wiedergutmachung' m.E. eher auf einer anderen Ebene zum Ausdruck kommt (als Ausgleich für mögliche Ungerechtigkeiten im Schulsystem). Im zweiten Interview konnte ich hingegen eine Form der ‚Wiedergutmachung' re-konstruieren, die möglicherweise aus einem uneinlösbaren Anspruch des Partizipationsbegriffs herrühren könnte und stärkere Parallelen zum dritten Fallbeispiel zulässt. (siehe Fallbeispiel Projekt 2, – Partizipation als (suggerierte) Möglichkeit der Mitbestimmung für alle ↔ die Leute nicht belügen/ Ehrlichkeit).

922 I*Fall3, AB33, Z. 282 f.

923 I*Fall3, AB33, Z. 283 f.

924 I*Fall3, AB33, Z. 285-287.

925 Da der hier thematisierte Abschnitt durch seine sprachliche Dichte für mich besonders relevant ist, gebe ich die komplette Passage im Wortlaut wieder (I*Fall3, AB33, Z. 284-296):
284 C. (AB33): „(...) Ich find das . das
285 Interessante, wenn man mit dem Begriff operiert, ist, dass man letztendlich
286 da nicht rauskommt, ohne sich in irgendeiner Form die Finger schmutzig
287 zu machen. Also man ist immer/IRGENDWO setzt man sich ins Unrecht,
288 das geht gar nicht anders.
289 Weil äh. /na klar kann man sagen, man MISSBRAUCHT die Leute
290 und die (mei?)/ich verdien mein GELD damit und . oh Gott . ja.
291 Ähm . DAS lässt sich gar nicht äh verhindern; aber es geht, glaube ich,
292 drum, dass äh/ das beide Seiten ganz viel davon haben, wenn man da
293 sich zusammenfindet.
294 Und . ich ... ja also ich meine dieses partizipa . torische/ich MAG das
295 Wort einfach wirklich GAR NICH , aber ((atmet tief und gut hörbar ein)) ...
296 Was soll man machen?" (...)

926 I*Fall3, AB33, Z. 285 ff.

927 I*Fall3, AB33, Z. 289.

dass diese Art des Sprechens durch *starke moralische Ansprüche* beeinflusst wird. Gleichzeitig könnten im Gesagten auch *Vorwürfe oder Kritik* anklingen, welche die Projektleiterin als Reaktionen auf ihre Projekte unter dem Fokus Partizipation selber erfahren hat.[928] Hier vermute ich wiederum starke Ambivalenzen. Trotz der Drastik der gewählten Formulierungen und der darin enthaltenen möglichen Anschuldigungen könnten sie zugleich ein *unumgänglicher Bestandteil ihrer Arbeit* sein. Gleich zweimal spricht sie kurz und im Vergleich relativ ‚nüchtern' an, dass es sich nicht ändern ließe.[929] Möglicherweise hat sich die Projektleiterin C. damit abgefunden. Auch der Zusatz, um was es eigentlich ginge (gegenseitiges Profilieren), wird an dieser Stelle nur kurz von der Projektleiterin angesprochen. [930] Die Frage, welche den Abschnitt für mich abschließt, lässt sich m.E. als eine erneute Betonung der Unausweichlichkeit des begrifflich bedingten *Dilemmas* deuten.[931]

Notwendigkeit der kritischen Betrachtung ↔ Versicherung ↔ das Richtige tun

Im weiteren Gespräch kommt C. kurz auf die Publikation von Claire Bishop (‚Artificial hells' [932]) zu sprechen, der sie sich anschließe. Dabei betont sie m.E. die Notwendigkeit eines kritischen Umgangs mit dem Partizipationsbegriff.[933] Ähnlich wie im Gespräch mit B. lässt sich diese *Verständigung über eine theoretische Position* außerdem als *Versicherung zwischen der Projektleiterin und mir* deuten bezüglich unserer Partizipationsverständnisse und theoretischen Bezugnahmen.[934] Während die Theorieanbindung relativ knapp bleibt, verändert sich das Sprechen, als C. Aspekte der kritischen Betrachtung der eigenen Arbeit thematisiert.[935] Dabei

928 Der Zusatz „(...) und die (mei?)/ich verdien mein GELD damit und . oh Gott . ja." (I*Fall3, AB33, Z. 290) lässt sich m.E. auch wie ein Einwurf lesen, der C. durch Kritik an ihrer Projektarbeit bekannt sein könnte.

929 Die Projektleiterin äußert zweimal in der Sequenz, dass es keine andere Lösung gäbe: „(...)das geht gar nicht anders." (I*Fall3, AB33, Z. 288) „(...)DAS lässt sich gar nicht äh verhindern." (I*Fall3, AB33, Z. 291)

930 I*Fall3, AB33, Z. 292 f.

931 I*Fall3, AB33, Z. 296.

932 Vgl. Bishop, Claire (2012): Artificial hells.

933 I*Fall3, AB35, Z.300f.

934 C. fragte mich zunächst, ob ich Bishops Position kenne (vgl. I*Fall3, AB33, Z. 296). Möglicherweise ist meine Zustimmung der Grund, dass sie meine ‚Mitwisserschaft' einbezieht und deshalb ohne weitere Erklärungen äußert, dass sie dieser Publikation nichts mehr hinzuzufügen habe.

935 Da es sich hier m.E. wiederum um eine sehr dichte Passage handelt, die für meine Re-Konstruktionen zentral wird, gebe ich sie im Wortlaut wieder (I*Fall3, AB35, Z.305 – 312):
305 C. (AB 35): „Man muss halt, finde ich, bei so Projekten immer äh . immer im
306 Einzelfall GANZ GENAU und ganz präzise hingucken, was man da
307 macht und was die Andern machen, was man selber macht. Das muss
308 ich bei jedem FOTO, was ich . veröffentliche, muss ich da . muss
309 ich darüber mir Gedanken machen.
310 Bei jedem Text, den ich schreibe . und bei jedem Text den ich

wird für mich ein *Ringen der Leiterin deutlich, das „Richtige"* in der Projektarbeit und in der Kommunikation ihrer Arbeit *zu tun*.[936] Auch hier lassen sich m.E. *ambivalente Ansprüche* re-konstruieren, die im Gesagten mitschwingen. Die häufige Verwendung der Formulierungen „man muss" oder „ich muss" und die Betonung der Notwendigkeit der ständigen, permanenten Überprüfung („bei jedem Foto", „bei jedem Text", etc.) lassen für mich einen gewissen Druck oder Zwang deutlich werden, der eine *stetige Kontrolle der (Kommunikation der) eigenen Arbeit* notwendig macht. Es könnte sich um einen ‚äußeren' Druck handeln, etwa bedingt durch den (kritischen) Partizipationsdiskurs und die Präsenz ihrer Projekte. Ich kann mir aber auch vorstellen, dass der Anspruch einer kritischen Betrachtung der eigenen Praxis als ‚innerer' Druck gedeutet werden kann. Möglicherweise werden hier auch Ambitionen von C. an die eigene Arbeit relevant, in dem Bestreben das „Richtige" zu tun.[937]

Werkstatt statt Partizipation ↔ Leiten und Zusammenarbeiten

Die Projektleiterin C. äußerte mehrfach im Gespräch, dass sie den Partizipationsbegriff nicht möge.[938] Neben einer notwendigen, kritischen Betrachtung würde sie den Begriff umgehen.[939] Auf meine Nachfrage nach einer alternativen Bezeichnung spricht C. vom „Begriff der Werkstatt" als ihrem „Arbeitsbegriff".[940] Als Begründung für diese Wahl gibt sie u. a. an, dort sei „einfach klar (...) viele Leute arbeiten an etwas zusammen und es gibt auch so was wie nen Werkstattleiter (...), die ich dann wäre, die Werkstattleiterin. Und ähm . es geht . eigentlich darum, dass man irgendwas gemeinsam . BAUT".[941] Hier wird ein Gegenhorizont für mich deutlich, der sich durch eine vorgegebene, unmissverständliche Rollenverteilung auszeichnet. Auch das gemeinsame Arbeiten ist der Projektleiterin m.E. wichtig, da sie es zweimal wiederholt. Es wäre weiter zu untersuchen, ob Leitung und gemeinsame Zusammenarbeit für sie in einem Kontrast stehen oder vereinbar sind. Laut meinen Re-Konstruktionen vertieft sie im weiteren Gesprächsverlauf diesen Aspekt, indem sie zum Beispiel ihre Arbeitsprinzipien weiter erläutert und Formen der Teamarbeit beschreibt.[942]

---

311 verwende . bei jedem CREDITING und IMMER gehts drum zu
312 überlegen ähm . was ist jetzt das Richtige."

936 I*Fall3, AB35, Z.312.

937 Vgl. dazu auch den Abschnitt: „Teilhabe an was, was schon da ist" ↔ Ermöglichung und Wiedergutmachung ↔ Beteiligte sind die Arbeit, die die Künstlerin bestimmt.

938 Vgl. etwa I*Fall3, AB33, Z. 294 f.

939 I*Fall3, AB35, Z. 302.

940 I*Fall3, AB35, Z. 316 f.

941 I*Fall3, AB35, Z. 320ff.

942 Vgl. I*Fall3, AB35, Z. 324 ff.
» auch Kapitel 8.3.4: Das ‚Sprechen über das Projekt': Raumgestaltung durch die Menschen ↔ „gemeinsame Erinnerungen (...) erschaffen" ↔ „die Veränderung in die eigene Kontrolle oder in die eigene Regie nehmen".

7.4 Zusammenfassung und Zwischenreflexion der Ergebnisse zum ‚Sprechen über den Partizipationsbegriff'

Auch in meinen Analysen zum ‚Sprechen über den Partizipationsbegriff' wurde ich auf *Ambivalenzen* aufmerksam in der Art und Weise, wie sich die Projektleiter*innen im Interview über den Begriff äußern. Im Folgenden fasse ich einige *Gemeinsamkeiten und Unterschiede* im ‚Sprechen über den Partizipationsbegriff zusammen, die für mich besonders auffällig wurden, ohne diese Ergebnisse noch einmal zu begründen (» Kapitel 7.4.1). Ich gehe möglichen *‚Wirkungsweisen' des Partizipationsbegriffs in den Interviews* nach, um mich Vorstellungen über Partizipation anzunähern, und zeige mögliche Theorieanschlüsse auf (» Kapitel 7.4.2).

7.4.1 Gemeinsamkeiten und Unterschiede in den herausgearbeiteten Orientierungen zum ‚Sprechen über den Partizipationsbegriff'

Als erste, markante Gemeinsamkeit sehe ich den Aspekt, dass alle drei Projektleiter*innen den Partizipationsbegriff in den Interviews ablehnen, auch wenn sie auf unterschiedliche Art und Weise begründen, warum sie sich gegen dessen Verwendung aussprechen. Auffällig wurde für mich außerdem, dass sich alle drei Leiter*innen im Feld der Kunst positionieren und von dort aus begründen, warum sie den Partizipationsbegriff für problematisch erachten. Dabei unterscheidet sich allerdings die Argumentation erheblich. Laut meinen Re-Konstruktionen bleibt der Projektleiter A. (Projekt 1) in seiner Begründung sehr knapp und allgemein (‚Es ist Kunst') und ohne weitere Erklärungen, sodass für mich der Eindruck entsteht, als sei dem nichts hinzuzufügen oder als wolle er das nicht weiter ausführen. Wie ich herausgearbeitet habe, kommt die Projektleiterin B. (Projekt 2) indessen während des Gesprächs immer wieder auf den Partizipationsbegriff zurück, um sich davon abzugrenzen und ihren Standpunkt deutlich zu machen. Ich konnte verschiedene Formen der Darlegung ihrer Position re-konstruieren, die ihren Standpunkt bekräftigen und von einer Auseinandersetzung mit dem Partizipationsbegriff zeugen könnten. Gleichzeitig könnte diese Form der Argumentation auch als eine Art der Rechtfertigung interpretiert werden, die sich möglicherweise als ‚Versicherung' auch an mich richtet. Demgegenüber lässt die herausgearbeitete Struktur in den Aussagen der Projektleiterin C. (Projekt 3) auf eine gewisse Betroffenheit im ‚Sprechen über den Partizipationsbegriff' schließen. Für mich wird eine intensive inhaltliche Auseinandersetzung mit dem Begriff deutlich, die allerdings zu keiner zufriedenstellenden Lösung geführt haben könnte. Ein Zwiespalt wird für mich wahrnehmbar in dem Bestreben, das ‚Richtige' zu tun und die Ansprüche (doch) nicht erfüllen zu können.
Pro Fallausschnitt konnte ich verschiedenartige Partizipationsverständnisse re-konstruieren, die möglicherweise in einem Kontrast oder im Widerspruch zuein-

ander stehen. So argumentiert der Projektleiter A. einerseits eher allgemein aus der Kunst heraus, die sich als Partizipation immer an die Gesellschaft wende. Wenn er aber über das Projekt und die Zusammenarbeit mit den Kindern spricht, kommt für mich ein Verständnis von Zusammenarbeit zum Ausdruck, das sich an demokratischen Prinzipien orientieren könnte (‚frei und selbstbestimmt'). Auch die Aussagen der Projektleiterin B. verweisen m.E. auf verschiedenartige Partizipationsverständnisse. Die Leiterin plädiert deutlich für eine Lenkung in der Projektarbeit (‚einer hat den Hut auf'), die auch aufgrund ihres Qualitätsanspruchs an Kunst notwendig sei. Dieses Verständnis kontrastiert sie allerdings wiederholt mit einer Öffnung des Projekts, was für sie Partizipation auch bedeute. Ihre mehrfache Argumentation gegen eine ‚uneingeschränkte' Mitbestimmung könnten darauf hinweisen, dass dieses andere Partizipationsverständnis für die Projektleiterin dennoch relevant ist. Möglicherweise treffen hier zwei konkurrierende Ansprüche aufeinander, die eine Stellungnahme (auch mir gegenüber) herausfordern könnten. Auch im ‚Sprechen über den Partizipationsbegriff' der Projektleiterin C. werden für mich starke Ambivalenzen wahrnehmbar, die auf unterschiedliche Partizipationsverständnisse hindeuten und sogar auf einen moralischen Zwiespalt verweisen könnten. Ihre Aussagen implizieren für mich einerseits den Anspruch und das Interesse daran, andere Menschen teilhaben zu lassen. Auch hier könnte ihr Bestreben nach ‚Mitbestimmung' auf ein Partizipationsverständnis hindeuten, das demokratischen Prinzipien folgt. Gleichzeitig positioniert sie sich m.E. aber auch klar als künstlerische Leiterin, die Andere an ihren Projekten beteiligt und zum Teil ihrer künstlerischen Arbeit werden lässt. Ihre Äußerungen lassen einen Zwiespalt vermuten zwischen dem Anspruch auf Mitbestimmung und einer ‚Vereinnahmung' der Anderen, der für die Projektleiterin zu einem Bestandteil der künstlerischen Arbeit geworden sein könnte.

7.4.2 Zwischenreflexion möglicher ‚Wirkungsweisen' des Partizipationsbegriffs in den Interviews

Die in diesem Kapitel herausgearbeiteten Orientierungen der Projektleiter*innen dienen in meiner Untersuchung als eine weitere Form der Annäherung an die Fälle. Aus den hier re-konstruierten (Zwischen-)Ergebnissen formuliere ich im achten Kapitel einleitende Fragen an die Fälle. Durch die Hinzunahme weiterer Gesprächspassagen und den Vergleich mit den visuellen Darstellungen differenziere ich die hier wahrnehmbar gewordenen Partizipationsverständnisse dort weiter aus. Dieses Vorgehen soll dazu beitragen, affektiven Dimensionen in den Vorstellungen über Partizipation näher zu kommen, die sich möglicherweise einer Versprachlichung widersetzen.
Zunächst beleuchte ich aber die oben dargelegten Zwischenergebnisse und frage danach, *inwiefern die Thematisierung des Partizipationsbegriffs die Antworten der*

*Projektleiter*innen beeinflusst haben könnte*. Denn ich vermute, dass der Begriff bzw. meine Frage danach, was Partizipation für die Projektleiter*innen bedeute, sich auf besondere Weise auf die Gespräche ‚ausgewirkt' hat und die herausgearbeiteten, gegensätzlichen Ansprüche ‚getriggert' haben könnte. Der Umstand, dass alle drei Projektleiter*innen den Begriff in den Interviews abgelehnt haben, könnte einerseits darauf hindeuten, dass zum Zeitpunkt der Interviews bzw. im Rahmen meiner Befragung kritische Einwände und eine Ablehnung des Begriffs möglich waren. Denkbar ist auch, dass dies in einem Zusammenhang steht mit der zunehmend kritischen Diskussion des Partizipationsbegriffs in der Fachöffentlichkeit (» Kapitel 3.1)[943], auf die die Projektleiterinnen B. und C. zum Teil in den Interviews auch eingegangen sind. Die stark argumentierenden Antworten der Projektleiterinnen B. und C., aber auch die knappen, beinahe abweisenden Antworten des Projektleiters A., könnten darüber hinaus auf einen „Rechtfertigungszwang" hinweisen, den der Begriff laut Sönke Ahrens und Michael Wimmer auslöse.[944] Die beiden Erziehungswissenschaftler hinterfragen die Wirkungsmacht, die mit dem Begriff einhergehe. Gleich zu Anfang ihres Textes weisen sie auf die Schwierigkeit hin, sich überhaupt kritisch gegenüber ‚Partizipation' zu äußern:

> „Eine Irritation besteht im Übrigen darin, dass man unter Rechtfertigungszwang gerät, wenn man sich dem Begriff gegenüber kritisch zeigt; man gerät unter Verdacht, etwas gegen Mitbestimmung zu haben."[945]

In ihrem Artikel benennen sie verschiedene Aspekte, die „(...) das Problematische und Irritierende an diesem Begriff und seiner Verwendungsweise (...) genauer fassen"[946] sollen, auf die ich an dieser Stelle nur verweise. Für meine Überlegungen sind insbesondere die mit dem Begriff „verbundene[n] Versprechen und die entsprechende politische Vision"[947] von Bedeutung. Denn wie Ahrens und Wimmer mit Bezug zu Petra Böhnke deutlich machen, werden die Begriffe ‚Partizipation' und ‚Demokratie' fast synonym verwendet.[948] Der Partizipationsbegriff zeichne sich durch ein implizites Versprechen nach *mehr* Mitbestimmung, Chancengleichheit etc. aus, durch das er gerade so wirkmächtig werde:

> „Als These fünf lässt sich formulieren, dass der Partizipationsbegriff asymmetrisch gebaut und moralisch aufgeladen ist und mit einem impliziten (und manchmal expliziten) „Mehr" einhergeht, das nur vor dem Hintergrund der Ausblendung konfliktträchtiger Ausschließungsmechanismen zustimmungsfähig ist."[949]

---

943 » Kapitel 3.1 Partizipatorische Kunst (mit Kindern und Jugendlichen).
944 Ahrens, Wimmer (2012): Partizipation. Versprechen. Probleme. S. 19.
945 Ebd., S. 19.
946 Ebd., S. 19.
947 Ebd., S. 21.
948 Vgl. ebd., S. 23.
949 Ebd., S. 30.

Diese Wirkmacht lässt sich m.E. auch in den Interviews mit den Projektleiter*innen re-konstruieren, wenn demokratische Ansprüche nach (mehr) Mitbestimmung und künstlerische Ansprüche z. B. nach einer spezifischen Qualität der Projekte möglicherweise in einen Widerspruch geraten. Die moralische Überlast des Begriffs, von der Ahrens und Wimmer sprechen, wird für mich besonders im dritten Interview wahrnehmbar, in dem fast schon von einem moralischen Zwiespalt gesprochen werden kann, dem sich die Projektleiterin C. ausgesetzt gefühlt haben könnte. Formulierungen, die insbesondere die Projektleiterin des zweiten Projekts verwendet, wie ‚man müsste' oder ‚man sollte', wenn sie über Beteiligungsmöglichkeiten in ihrem Projekt spricht, lassen m.E. impliziten Normen erkennen, die in dem Gesagten mitschwingen. Hier ließe sich vertiefend fragen, inwiefern durch das Sprechen über den Partizipationsbegriff eine Re-Konstruktion von *normativen Dimensionen* von Partizipationsverständnissen möglich wird. Könnte die moralische Aufladung des Begriffs ein Herantasten an das ermöglichen, was Jaques Lacan als ‚symbolische Ordnung'[950] bezeichnet oder Bernhard Waldenfels als ‚Gesetzt'[951] beschreibt, die unser Handeln (mit) ausrichten? Und wie ließe sich das Verhältnis zwischen normativen Anspruch und Begehren denken, das in die Vorstellungen über Partizipation hineinwirkt?[952] Liegen hier möglicherweise die auffällig gewordenen Ambivalenzen begründet, die einen Zwiespalt auslösen? Diese Fragen können hier nicht abschließend beantwortet werden, sondern sollen vielmehr weitere Deutungsmöglichkeiten anregen, die ich im achten Kapitel aufgreife.

Abschließend komme ich noch auf die methodische Ebene zu sprechen. Wie ich ausgeführt habe, zeichnen sich die hier thematisierten Interviewpassagen, in denen sich die Projektleiter*innen über den Partizipationsbegriff äußern, meist durch ihre argumentative Struktur aus. An anderen Stellen, wenn sie etwa von der Projektarbeit berichten, lassen sich dagegen viel stärker erzählende Passagen ausmachen.[953] Einige Autor*innen, wie beispielsweise Arnd-Michael Nohl, plädieren

950 Ich gehe davon aus, dass Sprache bei Lacan nicht allein als symbolische Dimension betrachtet werden kann. „Im Gegenteil, denn Sprache schließt neben ihrer symbolischen Dimension die imaginäre und reale Dimension mit ein", wie im *Wörterbuch der Lacanschen Psychoanalyse* zu lesen ist. Evans (2002): Wörterbuch der Lacanschen Psychoanalyse, S. 299.
Dennoch unterstelle ich dem Partizipationsbegriff eine spezifische Wirkung durch seine moralische Aufladung, die eine Annäherung an das, was als ‚symbolische Ordnung' in das Gespräch hineinwirken könnte, ermöglichen kann.

951 Hier beziehe ich mich auf „Gesetzesansprüche", deren Funktion Waldenfels im Kontext ‚sinngebender Ordnungen' folgendermaßen beschreibt: „Ohne bedeutungs- und zielstiftende Ordnungen bliebe unser Verhalten chaotisch, und ohne grenzziehende Gesetzesansprüche wäre jeder der Willkür des Anderen ausgesetzt." Waldenfels (2002): Bruchlinien der Erfahrung, S. 182.
Auch Lacan nutzt den Begriff des ‚Gesetzes', den er in Auseinandersetzung mit Lévi-Strauss übernommen habe, und der mit der ‚symbolischen Ordnung' vergleichbar sei, um „(...) fundamentale Prinzipien, die allen sozialen Beziehungen zugrunde liegen" zu beschreiben. Evans (2002): Wörterbuch der Lacanschen Psychoanalyse, S. 123 f.

952 Evans charakterisiert die Beziehung zwischen Gesetzt und Begehren bei Lacan als dialektisch. Vgl. Ebd. S. 124.

953 Besonders im Interview mit der Projektleiterin B (Projekt 2) wird dies auffällig.

dafür, die untersuchten Interviewpassagen im Hinblick auf die jeweilige Textform zu differenzieren und den Fokus der Untersuchung auf Erzählungen zu lenken. Diese würden „(...) nahe der Erfahrung und der erlebten Handlungspraxis liegen (...)"[954], während Nohl dazu rät, „(...) den argumentativen Textsorten mit ihrer Betonung von Handlungsmotiven und -gründen mit Skepsis [zu begegnen, EM]."[955] Die Interviewten könnten ihr implizites Wissen nicht auf Nachfrage explizieren, dies sei Aufgabe der Forschenden:

> „Die Interviewten zur Selbstexplikation zu drängen, würde diese Differenz zwischen atheoretisch-implizitem und theoretisch-explizitem Wissen ignorieren und das Interview auf die Ebene des expliziten Wissens reduzieren."[956]

Uwe Flick differenziert dagegen die Funktionen argumentativer Passagen in Relation zur jeweiligen Interviewform.[957] Während er den Wechsel von Erzählungen zu Argumentationen in narrativen Interviews als eine Form der Abwehr interpretiert[958], könnte der Vergleich unterschiedlicher Textformen in episodischen Interviews gerade zur „(...) zusätzliche[n] Abrundung der Vielfalt der Datensorten [beitragen, EM], aus denen sich soziale Repräsentationen zusammensetzen".[959] Auch wenn ich in meinen leitfadengestützten Interviews darauf bedacht war, durch meine Fragen Erzählungen anzuregen, werden auch die argumentativen Passagen in den Interviews für meine Untersuchungen relevant. Wie ich dargelegt habe, vermute ich in den Aussagen über den Partizipationsbegriff Hinweise auf mögliche implizite Normen und ambivalente Ansprüche, die den Orientierungsrahmen mit bestimmen. Im achten Kapitel werde ich auf diese Interpretationen zurückkommen und dem hier aufgeführten (Zwischen-)Ergebnis weiter nachgehen. Neben den bereits angesprochenen *Ambivalenzen* werden dann wiederholt auch *Abgrenzungen* auf sprachlicher Ebene bedeutsam, um die Orientierungsrahmen der Projektleiter*innen zu re-konstruieren und Vorstellungen über Partizipation zu befragen.

954 Nohl (2017): Interview und Dokumentarische Methode. S. 19.
955 Ebd., S. 18 f.
956 Ebd., S. 19.
957 Vgl. Flick (2008): Triangulation. S. 36 ff.
958 „(...) das narrative Interview zielt explizit auf die subjektive Sichtweise des erzählenden Subjekts ab und will dieser möglichst nahe kommen. Deshalb wird dort der Wechsel aus der Erzählung in die Argumentation auch als eine Art Abwehrstrategie des Interviewten gegen zu starken Selbstbezug des zu Erzählenden gedeutet und hinsichtlich der Validität dieser Daten skeptisch betrachtet." Ebd.,S. 37.
959 Ebd., S. 37.

8 Falldarstellungen: Vergleich der sprachlichen und visuellen Darstellungen pro Projekt

In diesem Kapitel fasse ich zentrale Ergebnisse meiner Analysen *als Falldarstellungen* zusammen (» Kapitel 8.1; 8.2; 8.3). Jeder der drei Fälle bezieht sich auf jeweils *ein Projekt* (z. B. Projekt 1) und geht hervor aus dem *Vergleich der Ergebnisse der entsprechenden Interviewanalyse* (z. B. I*Fall1) *und des jeweiligen Bild-Ensembles* (z. B. B*Fall1). Ziel der Fallanalysen ist es, durch eine Gegenüberstellung visueller und sprachlicher Darstellungen der Projekte, Vorstellungen der Projektleiter*innen über Partizipation zu re-konstruieren und affektiven Dimensionen in den Sinnbildungsprozessen nachzugehen, die sich einer Explikation widersetzen (» Kapitel 4.2.3).[960]
Die Analysen der visuellen und sprachlichen Darstellungen habe ich in vier verschiedene Untersuchungsebenen eingeteilt, die ich im Kapitel 5.3 im Rahmen der Darlegung meiner Auswertungsschritte erläutert habe.[961] Zur Hervorhebung meiner Argumentation folgen meine Falldarstellungen allerdings einer anderen Reihenfolge als ich im Auswertungsprozess vorgegangen bin. In meinen Annäherungen (» Kapitel 6; 7) habe ich bereits (Zwischen-)Ergebnisse von zwei Untersuchungsebenen vorgestellt und im Vergleich separat betrachtet – die Ergebnisse der *Analysen der Bild-Ensembles* (Ebene I) und die Ergebnisse zum *'Sprechen über den Partizipationsbegriff'* aus den Interviewanalysen (Ebene II.3). Aus diesen (Zwischen-)Ergebnissen habe ich Fragen abgeleitet, mit denen ich jede der drei Falldarstellungen in diesem Kapitel beginne. Nach den einführenden Fragen an den Fall folgt jeweils eine kurze Zusammenfassung des untersuchten Interviews und eine Beschreibung erster Auffälligkeiten. In den anschließenden Falldarstellungen konzentriere ich mich dann auf die Darlegung meiner Ergebnisse aus den Interviewanalysen zum *'Sprechen über die Bilder'* (Ebene II.1) und zum *'Sprechen über das Projekt'* (Ebene II.2). Die Ergebnisse stelle ich in einem letzten

---

960 » Kapitel 4.2.3 Zwischen visuellen und sprachlichen Darstellungen, durch Bilder und Sprache: Überlegungen zu einer indirekten Empirie.

961 » Kapitel 5.3 Fokus und Chronologie der Auswertungsschritte.
Zur Analyse der sprachlichen Darstellungen habe ich meine Analyseergebnisse in insgesamt drei Untersuchungsebenen aufgeteilt, weshalb ich mit der Untersuchungsebene der visuellen Darstellungen von insgesamt vier Untersuchungsebenen spreche. Die einzelnen Untersuchungsebenen beziehen sich auf folgende Fragestellungen:
Ebene I: Was zeigen die Projektleiter*innen WIE über das Projekt? (Bild-Ensembles)
Ebene II.1: Was sagen die Projektleiter*innen WIE über die Bilder? ('Sprechen über die Bilder)
Ebene II.2: Was sagen die Projektleiter*innen WIE über das Projekt? ('Sprechen über das Projekt')
Ebene II.3: Was sagen die Projektleiter*innen WIE über den Partizipationsbegriff? ('Sprechen über den Partizipationsbegriff')

Schritt den Ergebnissen der Analyse des Bild-Ensembles (Ebene I) gegenüber. In diesem *fallinternen Vergleich der visuellen und sprachlichen Darstellungen* werden die Projektfotos zu ‚Vergleichshorizonten', anhand derer ich die Ergebnisse der Interview-Analysen ausdifferenziere.
In meinen *Darstellungen des ersten Falls* (» Kapitel 8.1) lege ich mein analytisches Vorgehen detailliert dar und begründe meine Untersuchungsergebnisse sehr ausführlich, um mein methodisches Vorgehen, aber auch den „Facettenreichtum"[962] des Falls aufzuzeigen. Dabei werden *verschiedenartige, z. T. ambivalente Orientierungen* sowie *unterschiedliche Abgrenzungen* für mich wahrnehmbar, denen ich in dieser Falldarstellung differenziert nachgehe und meine Ergebnisse durch die Analyse verschiedener Textpassagen belege und Schritt für Schritt vertiefe.
In den *Darstellungen des zweiten* (» Kapitel 8.2) *und dritten Falls* (» Kapitel 8.3) fasse ich hingegen meine Ergebnisse stärker zusammen. In diesen *Vergleichsfällen*[963] werden erneut *ambivalente Orientierungen und Abgrenzungen* für mich zentral, deren Herleitung ich allerdings an einigen Stellen bündle.[964] Insbesondere im ‚Sprechen über die Projekte' konzentriere mich auf die Darstellung markanter Ergebnisse, ohne verschiedenartige Facetten aufzuzeigen, wie ich sie in der ersten Falldarstellung sehr umfangreich dargestellt habe.
In allen drei Falldarstellungen fasse ich am *Ende der Abschnitte* zum ‚Sprechen über die Bilder' (» Kapitel 8.1.3; 8.2.3; 8.3.3) ebenso wie zum ‚Sprechen über das Projekt' (» Kapitel 8.1.4; 8.2.4; 8.3.4) zentrale Ergebnisse meiner Untersuchungen noch weiter zusammen. *Eilige Leser*innen* können sich auf diese Abschnitte konzentrieren ebenso wie auf die vergleichenden Darstellungen in den letzten Kapiteln der Falldarstellungen (» Kapitel 8.1.5; 8.2.5; 8.3.5). Dort bringe ich auffällig gewordene Ergebnisse aus den verschiedenen Untersuchungsebenen zusammen und befrage meine Deutungen im Vergleich.

962 Przyborski, Wohlrab-Sahr (2014): Qualitative Sozialforschung. S.412.

963 Eine reduzierte Darstellung von Vergleichsfällen ist im Rahmen der dokumentarischen Methode gängige Praxis. Vgl. etwa ebd., S. 412 f.
Die gekürzte Darlegung der Re-Konstruktionspraxis ist darüber hinaus aber auch mit dem Wunsch einer Projektleiterin verbunden, Passagen auch dem Interview-Transkript in begrenzter Form zu veröffentlichen. » auch Kapitel 5.3.2 Generierung und Fokus der Ergebnisdarstellungen

964 Meine Ergebnisdarstellung zum ‚Sprechen über die Bilder' orientiert sich z. T. noch stark am Material, um Veränderungen im Sprechen aufzuzeigen, die für den späteren Vergleich mit der Bildebene relevant werden. Meine umfangreichen Analysen zum ‚Sprechen über das Projekt' konnte ich hingegen stärker bündeln und wiederkehrende Ambivalenzen und Abgrenzungen zusammenfassen, um die „Reproduktionsgesetzlichkeit der [Vergleichs-]Fälle" deutlich zu machen. Przyborski, Wohlrab-Sahr (2014): Qualitative Sozialforschung. S. 412.

8.1 Fall 1: Begegnungen auf ‚Augenhöhe' ↔ „diesen Panzer, diese Abwehr praktisch zu durchdringen"[965]

8.1.1 Einführende Fragen zum Fall 1 ausgehend von den bisherigen Annäherungen

Die (Zwischen-)Ergebnisse meiner Annäherungen aus den *Analysen des Bild-Ensembles* (» Kapitel 6) und den *Untersuchungen zum ‚Sprechen über den Begriff* (» Kapitel 7) zeigen sehr unterschiedliche Ergebnisse, die Fragen an mögliche Partizipationsvorstellungen des Projektleiters A. eröffnen:
*Ausgehend von den Analysen des Bild-Ensembles (B*Fall1) stellt sich mir die Frage, ob der Projektleiter A. ‚Partizipation' als eine künstlerische Zusammenarbeit zwischen Kindern und Erwachsenen ‚auf Augenhöhe' darstellen wollte. Welche Rolle spielen dabei persönliche Begegnungen im Projekt und inwiefern könnten noch weitere Personen involviert sein, wie der auffällige Blickkontakt zur Kamera mich vermuten lässt. Außerdem wurde ich auf kompositorische Besonderheiten der Einzelbilder aufmerksam, weshalb ich vermute, dass die Bildauswahl des Projektleiters auch von gestalterischen Anliegen geprägt sein könnte.*
Die Ergebnisse aus der Analyse zum ‚Sprechen über den Partizipationsbegriff' sind für mich hingegen diffuser und eröffnen andere Schwerpunkte. Die sehr allgemeinen Aussagen zur Partizipation in der Kunst kann ich nicht ohne weiteres auf das Projektformat übertragen. Auch stehen sie m.*E. in einem Widerspruch zu den Aussagen über Formen der Zusammenarbeit im Projekt, die für mich stärker demokratischen Prinzipien folgen (‚frei und selbstbestimmt'). Hier stellt sich mir die Frage, inwiefern der Projektleiter A. von unterschiedlichen Partizipationsverständnissen ausgehen könnte.*

Im Folgenden vertiefe ich meine Auswertungen, indem ich weitere Ergebnisse meiner Analysen hinzuziehe. Ich beginne mit einer kurzen Zusammenfassung des Interviews (» Kapitel 8.1.2), bevor ich mich darauf konzentriere, *wie der Projektleiter die Bilder thematisiert* (» Kapitel 8.1.3), *wie er* über das Projekt spricht (» Kapitel 8.1.4) und welche Unterschiede und Gemeinsamkeiten ich durch den *Vergleich der visuellen und sprachlichen Darstellungen* herausarbeiten konnte (» Kapitel 8.1.5).

8.1.2 Informationen und erste Auffälligkeiten zum Interview mit dem Projektleiter A.

Das Interview mit dem Projektleiter A. fand im August 2013 in den Projekträumen statt und mein Audiomitschnitt dauerte 1h31min. Nach einer schriftlichen Anfrage hatte sich A. bereiterklärt, an meiner Untersuchung teilzunehmen. In

965 I*Fall1, AB 200, Z. 1269/ 1270.

meinem Anschreiben hatte ich ihn im Vorfeld darüber informiert, dass ich das Kooperationsprojekt zwischen den Künstler*innen mit Behinderung[966] und den Schüler*innen einer Grundschule untersuchen und mich auf den Aspekt der ‚Partizipation' fokussieren möchte (» Kapitel 5.2.1).[967]
Zur Vorbereitung des Interviews hatte der Projektleiter die neu erschienene Buchpublikation zum Projekt bereitgelegt, ohne dass ich ihn im Vorfeld extra darum gebeten hatte, Material zur Verfügung zu stellen. Und bereits zu Beginn des Interviews (06.28min) holte er zusätzlich einen weißen A4-Ordner mit Fotografien aus dem Nebenraum, den er während des Interviews durchblätterte und mir daraus Bilder zeigte. Dieses Vorgehen verweist m.E. bereits auf eine spezifische Form des Bildumgangs des Projektleiters, die auch in meinen Auswertungen zum Tragen kommen wird.
Das Interview habe ich in halbstrukturierter Form durchgeführt, d.h. die Inhalte des Gespräches wurden z. T. von mir gelenkt, während andere Gesprächsabschnitte durch offene Frageimpluse ein Erzählen ermöglichen sollten, in dem der Interviewte stärker eigene inhaltliche Schwerpunkte festlegen konnte (» Kapitel 5.2.1). Es begann mit einer ‚offenen' Frage zur Entstehung des Projekts und zur Zusammenarbeit zwischen den Künstler*innen und den Grundschüler*innen („Wie kam es eigentlich zur Kooperation zwischen..."), woraufhin der Projektleiter A. von den Anfängen des Projekts erzählte, von verschiedenen Projektformen und Schwerpunkten im Laufe der Zeit berichtete und diese anhand der Fotografien ‚veranschaulichte'. Über weitere gelenkte und vertiefende Fragen zur Zusammenarbeit sowie zum Konzept und den Rahmenbedingungen des Angebots interviewte ich den Projektleiter schließlich zum Begriff der ‚Partizipation', fragte nach möglichen Beispielen und Veränderungen seit dem Beginn der Kooperation. Dieser Abschnitt des Gespräches dauerte ca. 40 Minuten. Daran schloss sich wiederum ein gelenkter Gesprächsteil an, in dem ich den Projektleiter A. zu den Internetauftritten des Projekts interviewte (» Kapitel 6.1).[968] Im Vergleich zu den anderen Interviewpassagen umfasste dieser Bereich nur eine Dauer von ca. 15 Minuten.
Zum Abschluss meiner Fragen an den Projektleiter A. forderte ich ihn auf, das zu benennen, was er aus dem Projekt mitnehme, bzw. das, was er sich für die Zukunft wünschen würde. Daraufhin ging er in einer ca. 15minütigen Passage z. B. noch einmal auf das Konzept und die Rahmenbedingungen ein. Er sprach in diesem Teil wiederholt in Ich-Form, während er in den vorausgegangenen Abschnitten vornehmlich die Formulierung „wir" benutzte, wenn er vom Konzept des Projekts berichtete. Besonders auffällig zeigte sich dieser Wandel im letzten Interviewabschnitt, als ich das Gespräch noch weiter geöffnet habe und dem Projektleiter A. die inhaltliche Schwer-

966 Ich verwende die Bezeichnung ‚Künstler*innen mit Behinderung' nicht durchgehend, sondern nur dort, wo der Zusatz zum Verständnis der Projektkonzeption notwendig ist. Auf diese Weise soll die Aufmerksamkeit nicht zu stark auf diese Zuschreibung der Behinderung gelenkt werden.
967 » Kapitel 5.2.1 Vorbereitung und Durchführung der Interviews.
968 » Kapitel 6.1 Entstehung und Zusammensetzung der Bild-Ensembles der drei Fälle.

punktsetzung überließ (EM: „[...] gibt es von Ihnen aus noch Aspekte, nach denen ich vielleicht noch nicht gefragt habe, die Ihnen noch wichtig wären?"), woraufhin er begann, sehr persönlich zu berichten. In diesem etwa 20 Minuten umfassenden Teil beschrieb er in langen Erzähl-Sequenzen Begegnungen mit einzelnen Kindern während seiner Projektzeit und fokussierte anhand dieser Beispiele seinen Begriff des „Ich-kann-ich-nicht-Kindes".[969] In meinen Analysen zum ‚Sprechen über das Projekt' konzentriere ich mich auf den Gesprächsanfang, aber vor allem auch auf den letzten Interviewabschnitt, da sich die Erzählungen von einzelnen Erlebnissen besonders eignen, um den Orientierungsrahmen zu re-konstruieren.[970]

8.1.3 Das ‚Sprechen über die Bilder': „Die Fotos habe ich alle hier noch drin."[971]↔ „typische Situationen"[972]↔ „besonders schöne Fotos"[973]

Wie bereits erwähnt, spielen Projektfotografien im Interview mit dem Projektleiter A. von Beginn an eine wichtige Rolle. Während am Anfang die zusätzlich hinzugezogenen Bilder eher eine ‚erläuternde' Funktion einnehmen könnten, um die Entstehung des Projekts ‚zu veranschaulichen', konnte ich im Laufe des Gesprächs unterschiedliche Orientierungen im ‚Sprechen über die Bilder' re-konstruieren, die auf weitere Funktionen der Fotos schließen lassen. Im Folgenden lege ich meine Analysen dar und fasse am Ende dieses Kapitels zentrale Ergebnisse zusammen.

„Also hier war jedenfalls das Treppenhaus . wo schon Gestaltungen zu sehen sind."[974]

Das Interview beginnt mit meiner Einstiegsfrage, wie das Kooperationsprojekt zwischen den Künstler*innen und den Grundschulkindern entstanden sei, woraufhin mir der Projektleiter A. von den Gestaltungen des Schultreppenhauses berichtet, die den Auftakt für die Zusammenarbeit gebildet hätten. Dann steht er kurz auf und holt einen großen, weißen A4-Ordner mit Projektfotografien, zusätzlich zu der Buchpublikation, die bereits auf dem Tisch lag. Der Projektleiter sucht anschließend Fotos heraus, die wahrscheinlich zu dem passen, was er mir gerade zur Entstehung des Projekts erzählt. Auch im weiteren Verlauf dieser ersten Interviewpassage nutzt er wiederholt die Fotografien aus dem Buch oder aus dem A4-Ordner, um mir über die Bilder die Entwicklung des Projekts und die Gestaltungen der Kinder und Künstler*innen zu

969 I*Fall1, AB 196, Z. 1256.
Ich nutze zur Analyse die wörtliche Bezeichnung des Projektleiters A.

970 » Kapitel 4.4.4 Zur Analyse von Texten mit der dokumentarischen Methode.

971 I*Fall 1, AB 84, Z. 629.

972 I*Fall I, AB 88, Z. 650.

973 I*Fall I, AB 86, Z. 643.

974 I*Fall 1, AB 14, Z. 111/112.

zeigen. Seine Formulierungen[975] lassen vermuten, dass die Fotografien für A. hier eine *erläuternde und veranschaulichende Funktion* im Gespräch einnehmen.

„Die Fotos habe ich alle hier noch drin"[976]

Als ich im zweiten Gesprächsabschnitt die Fotos von den Internetauftritten anspreche und dem Projektleiter A. die Bilder zeige, die ich mitgebracht hatte, deutete er sofort auf seinen weißen Foto-Ordner und sagte: „Die Fotos habe ich alle hier noch drin."[977]
Ich nehme an, dass er die Bildersammlung in dem Ordner zur *Dokumentation des Projekts* angelegt hat. Der Ordner könnte auch zur *Aufbewahrung der Fotos* dienen. Der Projektleiter könnte sie dort sammeln und auf diese Weise über einen längeren Zeitraum sichern. Auch im weiteren Gespräch finden sich Hinweise, dass A. über eine umfangreiche Sammlung von Projektbildern verfügt und diese über Jahre aufhebt, wenn er in anderen Zusammenhängen beispielsweise erwähnt „(...) ich habe eben ganz viele Bilder (...)"[978], die über die Jahre entstanden sind."[979] Ich schließe daraus, dass das langjährige Sammeln von Projektbildern für ihn bedeutsam ist. Möglicherweise verfügt er sogar über eine noch größere Bildsammlung als den im Gespräch sichtbar gewordenen Ordner mit Fotografien.

„(...) besonders schöne Fotos"[980] ↔ „typische Situationen"[981]

Meine erste Frage zu den Bildern der Internetauftritte zielte darauf zu erfahren, wie die Auswahl zustande gekommen ist. Daraufhin antwortet der Projektleiter schnell und direkt, dass alle Fotos von ihm seien, dass er sie zur Verfügung gestellt habe.[982] Als Grund für die Auswahl fügt er sogleich hinzu, dass er finde, es seien „besonders schöne Fotos".[983] Diese Bezeichnung benutzt er im weiteren Gespräch auffällig oft.[984] Und noch eine weitere Formulierung verwendet er in diesem Zusammenhang sehr häufig. Denn diese Fotos würden „typische Situationen" zeigen.[985] Seine Argumentation lässt einerseits darauf schließen, dass die Fotos für ihn ‚besonders schön' sind, *weil* sie ‚typische Situationen' darstellen. Denn der Projektleiter erläutert gleich im

975 Vgl. etwa I*Fall 1, AB 14, Z. 111/112: „Also hier war jedenfalls das Treppenhaus . wo schon Gestaltungen zu sehen sind.", oder hier I*Fall 1, AB 14, Z. 118/119: „(...) man sieht das hier".
976 I*Fall 1, AB 84, Z. 629.
977 I*Fall 1, AB 84, Z. 629.
978 I*Fall 1, AB 96, Z. 683.
979 I*Fall 1, AB 124, Z. 772/ 773.
980 I*Fall I, AB 86, Z. 643.
981 I*Fall I, AB 88, Z. 650.
982 I*Fall 1, AB 86, Z. 641/ 642.
983 I*Fall 1, AB 86, Z. 643.
984 Vgl. etwa I*Fall 1, AB 90, Z. 659; AB 92, Z. 668; AB 98, Z. 694.
985 Vgl. etwa I*Fall 1, AB 88, Z. 650; AB 94, Z. 676; AB 112, Z.747 und 750.

Anschluss, was an jeder der vier Fotografien charakteristisch für das Projekt sei.[986] Die Art und Weise, wie er die einzelnen Fotografien kommentiert, lässt mich allerdings vermuten, dass neben der Intention, Projektbilder zu zeigen, die für den Projektalltag ‚typisch' seien, noch *weitere, implizite Auswahlkriterien* eine Rolle gespielt haben könnten, die sich möglicherweise nicht in Worte fassen ließen. Dazu bin ich weiteren Spuren im Bildumgang nachgegangen, die darauf schließen könnten, weshalb es sich für den Projektleiter um ‚besonders schönen Fotos' handelt, die ich im Laufe der Darlegung meiner Ergebnisse aufzeige.

„Ach XX . das ist so ein tolles Bild . kann ich MITMALEN?"[987] ↔ „(...) auch zusammen an einem Bild arbeiten, OHNE dass wir das irgendwie VORGEBEN, ne."[988]

Zunächst komme ich darauf zurück, inwiefern die Fotografien für den Projektleiter ‚typisch' sein könnten. Denn er thematisiert nacheinander die vier Fotografien und nennt bei jedem Bild *einen Aspekt der Projektarbeit*, den das Bild für ihn zeige. So würde das erste Bild (B*Fall1.1) die Unterstützung und Hilfe der Künstler*innen den Kindern gegenüber zeigen und das zweite Bild (B*Fall1.2) vermittle das gemeinsame Malen von Künstler*innen und Kindern.[989] Das dritte Bild (B*Fall1.3) drücke für den Projektleiter die Bewunderung und Anerkennung der Kinder für die Künstler*innen aus.[990] Zur Beschreibung des vierten Bildes (B*Fall1.4) erzählt der Projektleiter noch von einer anderen Situation und begründet m.E. darüber, warum das auf diesem Bild zu sehende Gemälde eines Kindes typisch sei und als besondere Verbindung zu den Künstler*innen gedeutet werden kann, da sich Anlehnungen in der Arbeitsweise

986 Vgl. I*Fall 1, AB 86, Z.645 – AB 116, Z.758.

987 I*Fall I, AB 126, Z.787/788.

988 I*Fall I, AB 88, Z.651–653.

989 Meine Interpretationen fasse ich an dieser Stelle bereits stark zusammen, deshalb kann ich nicht alle Textpassagen darstellen, die für meine Deutungen relevant wurden. Stattdessen führe ich exemplarisch einige Ausschnitte aus dem Interview (I*Fall1) auf:
672 A. (AB 94): „((Verweist auf Bild 2)) [Hier malen die beiden zusammen.]
673 ((Verweist auf Bild 1)) Und hier sieht man eben wie jetzt XX . einer
674 der [Eigenname der Künstler*innen-Gruppe, EM] . ein . einem der Kinder Unterstütz/also Hilfe anbietet,
675 indem er das Holz festhält, damit er das/der Junge das aussägen
676 kann. Auch eben ne typische Situation . die Kinder . er . will hier was
677 sägen, okay, kannst du nicht allein . XX kommt und hält ihm als
678 Assistent die Platte fest."

990 I*Fall I, AB 86, Z.645 bis AB 88, Z.651:
645 A. (AB 86): „(...) hier sieht man eben XX, der große . bewunderte . Meister.
646
647 EM (AB 87): Hier das, Nummer 3 da. ((zeigt auf Bild und
648 kommentiert so die Bildauswahl zur späteren Zuordnung))
649 A. (AB 88): Ja. der sitzt und macht ne Vorzeichnung und die Kinder
650 gucken STAUNEND zu. Das ist ja einfach eine typische Situation bei
651 uns (...)."

finden.[991] Obwohl nur drei Fotos das Zusammenwirken von Künstler*innen und Kindern zeigen, könnten also alle vier Bilder für den Projektleiter charakteristisch für die *Beziehung dieser beiden Personengruppen* sein.
Die Art und Weise, wie er über die Bilder spricht, lässt noch weitere Interpretationen zu. Auffällig wird für mich zum Beispiel, dass A. in seinen Darlegungen alle abgebildeten Erwachsenen und ein Kind *mit ihren Namen benennt,* was für mich darauf hindeutet, dass er sie gut kennt und ihnen möglicherweise nahe steht. Hier könnte die *persönliche Beziehung zwischen dem Projektleiter und den dargestellten Personen* eine besondere Rolle spielen. Auffällig ist für mich außerdem, dass er die auf den Fotos sichtbar gewordenen Situationen wiederholt durch Äußerungen bzw. *Zitate der Kinder* beschreibt, als erinnere er sich genau, was sie in dem Moment sagten und dachten und würde das jetzt wörtlich wiedergeben.[992] Durch die ‚Kinderzitate' erhalten die abgebildeten Situationen m.E. aber auch eine spezifische ‚Geschichte' und eine gewisse Authentizität ‚im Namen der Kinder'. Besonders interessant sind m.E. die Kommentare des Projektleiters A. zum zweiten Bild, weil sich dort *Verschiebungen* in den Beschreibungen re-konstruieren lassen. Denn zunächst räumt der Projektleiter noch ein, dass er sich nicht mehr genau erinnere:

> „Ich weiß nicht mehr wie es <u>kam</u>, ob YY [Kind, EM] gefragt hat <u>komm</u> XX [Erwachsener], wir malen zusammen nen Bild ja. und eben nen besonders SCHÖNES . Hm deshalb mag ich dieses Bild so gerne."[993] (Zitat 1)

Während er sich später, als er noch einmal auf das Bild zu sprechen kommt, sicher zu sein scheint:

> „Hier war es bestimmt so YY [Kind] sagte: <u>Ach XX</u> [Erwachsener]. das ist so ein <u>tolles</u> Bild . kann ich MITMALEN?"[994] (Zitat 2)

Beiden Bildkommentaren ist gemein, dass der Projektleiter die Initiative zur gemeinsamen Arbeit jeweils dem Kind zuspricht.[995] Interessant ist außerdem, dass im ersten ‚Zitat' das Gemälde aus der Zusammenarbeit beider entstehen könnte, während der zweite Bildkommentar nahe legt, dass es das Kind ist, das sich dem Künstler anschließen und mitmalen möchte. Eine weitere Verschiebung wird für mich in der

991 „dies ist einfach ein [Eigenname der Künstler*innen, EM] -BILD." Fall I, AB 100, Z.700. Vgl. insgesamt I* Fall I, AB 100, Z.689 bis AB 116, Z.758.
992 Aufgrund der Anonymisierung habe ich alle Namen durch XX oder YY unkenntlich gemacht. Siehe zum Beispiel oben.
993 I*Fall I, AB 90, Z. 657 – 660.
994 I*Fall I, AB 126, Z. 787/ 788.
995 Im Vergleich der anderen Bildkommentare des Projektleiters kann die Initiative auch wechseln. Während die Zusammenarbeit auf den Bildern 2 und 3 laut den ‚Kinderzitaten' des Projektleiters von ihnen initiiert sei, beschreibt er für das erste Bild eine andere Dynamik. Dort sei es der Künstler gewesen, der dem Kind seine Hilfe/ Unterstützung anbiete. Vgl. I*Fall 1, AB 94, Z.673-676.

Frage deutlich, wer das Gemälde als ‚toll' empfindet. Im ersten Kommentar hebt der Projektleiter noch hervor, dass das Gemälde auf der Fotografie ihm besonders gefalle, während in seinem zweiten ‚Zitat' das Kind das Bild so gut fände, dass es mitmalen möchte.
Die Differenzen in den ‚Kinderzitaten' lassen mich dafür aufmerksam werden, dass es möglicherweise nicht so klar ist, wie die abgebildete Situation initiiert wurde, aber auch, wem das (entstandene) Gemälde nun gefallen könnte. Basierend auf den Aussagen des Projektleiters, dass es sich um *typische* Arbeitssituationen handle, ließe sich die anfangs eingeführte Deutung zuspitzen, dass die Fotos für den Projektleiter zu *Imagebildern*[996] zur Darstellung der Projektprinzipien werden. Für diese Interpretation spricht auch, dass A. – jeweils kurz bevor er die ‚Kinderzitate' zu den Bildern einbringt – allgemein über die Projektmerkmale spricht und dabei z. B. thematisiert, dass die Initiative zur gemeinsamen Arbeit i.d.R. von den Kindern ausginge.[997] Die Bildkommentare des Projektleiters (im Namen des Kinder) könnten zur Verdeutlichung dieser Projektprinzipien dienen, ohne dass die verwendeten Zitate auf die tatsächlich vor Ort stattgefundenen Gespräche referieren müssen. Durch die ‚Zitate der Kinder' kommt für mich *eine besondere Nähe der Kinder zu den Erwachsenen* zum Ausdruck, aber auch ihre *Begeisterung* und ihr *Interesse* an deren künstlerischer Arbeit.[998] Dem Projektleiter könnte die Hervorhebung

996 » Kapitel 10.3.1 Funktionen und Wirkungsweisen der Bilder (im Vergleich zur Sprache) für die Projektleiter*innen.

997 Folgende Aussagen des Projektleiters finden sich, kurz bevor er die ‚Kinderzitate' zu den Bildern aufführt:
Vor Zitat 1 (I*Fall1, AB 88):
651 A. (AB 88): „(...) UND es kommt eben dazu, dass . Kinder mit [Eigenname der Künstler*innen-Gruppe, EM] . auch
652 zusammen an einem Bild arbeiten, OHNE dass wir [Projektleiter und Mitarbeiter*innen] das irgendwie
653 VORGEBEN, ne."
Vor Zitat 2 (I*Fall1, AB 126):
780 A. (AB 126): „(...) entweder es
781 KOMMT vor, dass die Kinder . mit [Eigenname der Künstler*innen-Gruppe, EM] . zusammen an einer
782 Sache arbeiten ja. Das ist aber eigentlich . wenn, dann immer von den
783 Kindern gesteuert ja . Das ist nicht für unsere Vorgabe . heut malt ihr
784 mal mit .[Eigenname der Künstler*innen-Gruppe] zusammen ja. Auch die .[Eigenname der Künstler*innen-Gruppe] halten sich da
785 sehr zurück und lassen das eigentlich die Kinder steuern."

998 Als weiteres Beispiel für die Begeisterung und Bewunderung der Kinder kann etwa das ‚Kinderzitat' des Projektleiters zum dritten Bild gelesen werden (I*Fall1, AB 92):
669 A. (92): „ (...) hier wo die Kinder gucken ((mit
670 verstellter Stimme)) „ah, was macht der XX denn jetzt ne"
Auch an anderer Stelle kommt A. auf die Bewunderung und Anerkennung der Künstler*innen (mit Behinderung) durch die Kinder zu sprechen – wiederum ‚im Namen' der Kinder. Dort wird m.E. besonders deutlich, wie ‚nah' ihm diese Beziehung zwischen Kindern und Künstler*innen auch persönlich gehen könnte (I*Fall1, AB 70):
588 A. (70): „(...) Na ja, es gibt rührende, tolle Dinge
589 auch. Na ja, wenn ein Mädchen hier reinkommt und zu einem unserer
590 Künstler sagt: „Oh ich glaub Du bist der BESTE Künstler der Welt!"

dieser besonderen Beziehung zur Verdeutlichung der Projektprizipien wichtig sein ebenso wie der Aspekt, dass sich die Zusammenarbeit jeweils ohne ,Vorgabe' von Anderen finde und auf das Interesse der Kinder zurückgehe – die Kinder also nicht dazu angehalten werden.
Inwiefern sich diese Beziehung auf die Kinder und Künstler*innen konzentriert, lässt sich durch eine weitere Verschiebung vertiefend hinterfragen, die durch den Vergleich mit den visuellen Darstellungen möglich wird.[999] Denn anders als die ,Kinderzitate' mich vermuten lassen, blicken die Kinder nicht alle ,bewundernd' zu den Künstler*innen oder auf deren Werke. Das Kind, das im Bild 2 (B*Fall1.2) laut Angabe des Projektleiters ,mitmalen' möchte[1000], schaut in eine andere Richtung und blickt stattdessen in die Kamera/ zu den Bildbetrachter*innen. Auch auf dem Bild 3 (B*Fall1.3) sehen nicht beide Kinder zum Künstler, wie das Zitat des Projektleiters nahe legen könnte[1001], sondern ein Junge schaut wiederum zur Kamera bzw. zu den Betrachter*innen. Diese Diskrepanz eröffnet weitere Deutungsmöglichkeiten und die Frage, wen die Kinder durch die Kamera anschauen. Da der Projektleiter zu Beginn angegeben hatte, die Bilder selber aufgenommen zu haben, könnte sich der Blick der Kinder im *Moment der Aufnahme* auf den Projektleiter gerichtet haben.

„typische Situationen"[1002] ↔ „privater (...) Erinnerungsmoment"[1003]

Im weiteren Gesprächsverlauf habe ich das Interview zum Teil recht stark gelenkt, um mehr über die Hintergründe der Bildauswahl zu erfahren.[1004] Mein Nachfragen, aber auch meine darin enthaltenen Deutungen könnte auch eine Art ,Abwehr' oder ,Verteidigung' ausgelöst haben.[1005] Ich gehe zunächst auf diesen Aspekt ein, weil

591 Das ist einfach wunderschön."

999 Hier nehme ich einen Vergleich mit den visuellen Darstellungen bereits vorweg und vertiefe weitere Ergebnisse an späterer Stelle. » Kapitel 8.1.5 Fallinterner Vergleich visueller und sprachlicher Darstellungen zum Projekt 1.

1000 Vgl. I*Fall I, AB 126, Z. 787/ 788.

1001 Vgl. I*Fall1, AB 92, Z. 669/ 670.

1002 I*Fall I, AB 88, Z. 650.

1003 I*Fall I, AB 110, Z. 741.

1004 Im Gegensatz zu den Veröffentlichungen der Fotografien auf den Projekthomepages des zweiten und dritten Projekts waren die Fotografien des ersten Projekts auf einer anderen Seite veröffentlicht worden, die über das Projekt berichtete. (» Kapitel 6.1 Entstehung und Zusammensetzung der Bild-Ensembles der drei Fälle) Aus diesem Grund interessierte mich hier besonders, ob noch andere Personen an der Auswahl der Bilder beteiligt gewesen waren.

1005 Meine Fragen und Kommentare lenken das Interview relativ stark, was sicherlich zu kritisieren wäre. Ich kann an dieser Stelle die betreffende Passage nicht detailliert interpretieren, sondern nur einzelne Aspekte daraus aufgreifen, die für meine Frage, was ,typische' Bilder für den Projektleiter seien könnten, relevant werden. Dennoch veröffentliche ich die komplette Passage, um Einblicke in diese Gesprächsdynamik zu ermöglichen (I*Fall1, AB 105 – AB 112):
722 EM (AB105): „Ja, aber Sie haben sich ja doch hier ganz stark reduziert
723 in der Auswahl der Bilder. Oder waren das Vorgaben?
724 A. (AB106): Ich ne, also, ich ko/weiß nicht mehr ob ich . nur wenige
725 schicken sollte oder . Es hätte auch sein können, dass ich andere

er für meine Interpretationen relevant wird, bevor ich weitere Deutungsmöglichkeiten betrachte, um dem weiter nachzugehen, was für den Projektleiter ‚typische Bilder' zeigen und inwiefern sie für ihn auch ‚besonders schön' sein könnten. Auf meine Einschätzung hin, dass die Auswahl reduziert sei, und nach meiner Frage nach Vorgaben bei der Bildauswahl, thematisiert der Projektleiter drei andere Fotos aus dem weißen Ordner, die er auch hätte auswählen können. Zunächst bezieht er sich auf zwei Fotos, die jeweils einen Jungen zeigen. Auf den Fotos schauen sich die Jungen die Wandgestaltungen und Bilder im Flur bzw. im Treppenhaus an. Er vergleicht eines der beiden Bilder mit dem ausgewählten Foto 3 (B*Fall 1.3)[1006] und sagt dazu, dass es eher einen „private[n] (...) Erinnerungsmoment"[1007] zeige, der weniger „aussagekräftig"[1008] sei. Er spricht auch von einer *„spezifischen* Situation"[1009], die das Foto sichtbar mache. Das von A. thematisierte Foto könnte also eine Szene zeigen, die der Projektleiter (nur) für sich als interessant einstuft – als etwas, das ihn an einen bestimmten Moment erinnern könnte. An anderer Stelle, wenn der Projektleiter die ausgewählten Fotos thematisiert, spricht er hingegen wiederholt von *„typischen* Situationen".[1010] Dort soll vermutlich etwas

726 schicke, nur .
727 ((zeigt auf Bild aus dem Ordner/ Junge im Flur))
728 so nen Bild ist halt nicht so . ähm . aussagekräftig und nicht so
729 verständlich [für den ja].
730 EM (AB107): ((zeigt auf das Bild)) [Dieses hier meinen] Sie jetzt, hier
731 das Andere von Ihnen?
732 A. (AB108): ((zeigt Bild von Jungen im Treppenhaus))
733 Dies hier z. B. wenn ich das . so was schicken würde.
734 EM (AB109): Das wäre Ihnen . weil das/ weil da das Kind so/ nur im
735 Treppenhaus zu sehen ist?
736 A. (AB110): Na ja ich mein, ich finde,
737 ((zeigt auf Bild 3))
738 so was ist aussagekräftiger.
739 ((Zeigt auf Bild aus Ordner/ Junge im Flur))
740 Das ist mehr nen . privates oder für mich interessantes Erle/
741 Erinnerungsmoment ja . an eine bestimmte Situation.
742 ((Zeigt auf Bild 3))
743 Aber das ist irgendwie finde ich v( ) deutlicher . macht deutlicher. eh
744 was . bei uns . inhaltlich praktisch abgeht.
745 ((Zeigt anderes Bild aus Ordner auf dem Kind malt))
746 [Das hätte ich auch schicken können.]
747 EM (AB111): [Mh, um was es Ihnen geht, ja.]
748 A. (AB112): Eben . Sachen die für hier typisch sind.
749 ((Zeigt auf Bild aus Ordner/ Kind malt))
750 Das ist natürlich typisch, aber ich hab natürlich auch gern . Bilder
751 genommen, die . eben [Eigennamen der Künstler*innen-Gruppe, EM] und Kinder
zusammen zeigen ja."

1006 Dieses Foto zeigt einen Erwachsenen, an dessen linker und rechter Seite zwei Jungen stehen. Der Projektleiter hatte den Erwachsenen zuvor auch als „(...) große[n] . bewunderte[n] . Meister." bezeichnet. (I*Fall 1, AB 86, Z.645.)

1007 I*Fall I, AB 110, Z. 741.

1008 I*Fall I, AB 106, Z. 728.

1009 I*Fall I, AB 110, Z. 741 (kursiv, EM)

1010 Vgl. etwa I*Fall 1, AB 88, Z.650; AB 94, Z.676 (kursiv, EM).

sichtbar werden, dass sich im Projektalltag wiederholt ereignet und Projektmerkmale wiedergibt. Diese Deutung spricht also erneut dafür, dass es sich bei den ausgewählten Fotografien um ‚Symbolbilder' für den Projektleiter handeln könnte. Im Gegensatz zu den zunächst thematisierten (anderen) Fotos sei das letzte Bild, auf das A. dann zu sprechen kommt, allerdings wieder ‚typisch' für das Projekt.[1011] Doch er begründet anschließend, warum auch dieses Bild nicht zu seiner Auswahl zählte, denn er hätte „(...) natürlich auch gern . Bilder genommen, die . eben [Eigennamen der Künstler*innen-Gruppe, EM] und Kinder zusammen zeigen ja."[1012] Diese Aussage klingt für mich wie eine Zustimmung zu meiner vorherigen Deutung/ Unterstellung, auf die der Projektleiter m.E. zunächst mit einer Abgrenzung zur Schule reagiert hatte.[1013] Es bleibt zu fragen, ob die Form der Argumentation durch den Vergleich und das Abwägen mit anderen Bildern oder durch die Abgrenzung zur Schule auch als Reaktionen auf mein ‚Nachhaken' und meine zuvor geäußerte Zuschreibung verstanden werden können. Für meine Interpretation ist gleichwohl interessant, dass der Projektleiter hier wieder das

1011 Das dritte Bild zeigt ein Mädchen, das mit einem, mit Farbe bekleckssten Malkittel bekleidet ist und so aussieht, als würde es sehr konzentriert malen. Vor dem Mädchen sind viele Farbtöpfe mit Pinseln zu sehen. Der Projektleiter hatte zuvor anhand von ähnlichen Fotos ein Malen „mit Händen und Füßen" (I*Fall 1, AB 104, Z.718) erläutert, das ebenfalls für das Projekt typisch sei und sich auch als eine Art der ‚Hingabe' an die Malerei deuten ließe.

1012 I*Fall 1, AB 112 Z. 750/ 751.

1013 Meine Deutungen der Bilder flossen mehr oder weniger explizit auch in das Interview ein. Besonders auffällig wurde das zum Beispiel, wenn ich versucht habe, Inhalte zusammenzufassen und dabei meine Interpretationen sich ‚untergemischt' haben. Wie zum Bespiel an dieser Stelle, an der der Projektleiter m.E. durch den Vergleich mit der Schule eine Art ‚Abwehrreaktion' oder Abgrenzung gezeigt haben könnte. Das Beispiel ‚Schule' lässt sich zugleich als Gegenhorizont lesen zur Art des Involviert-Seins der Kinder:

A. (AB94): „((Verweist auf Bild 2)) [Hier malen die beiden zusammen.] ((Verweist auf Bild 1) Und hier sieht man eben wie jetzt XX . einer der [Eigenname der Künstler*innen-Gruppe, EM] . ein . einem der Kinder Unterstütz/ also Hilfe anbietet, indem er das Holz festhält, damit er das/der Junge das aussägen kann. Auch eben ne typische Situation . die Kinder . er . will hier was sägen, okay, kannst du nicht allein . XX kommt und hält ihm als Assistent die Platte fest.

EM (AB95): Hm mh . also dieses Gemeinsame wie auf 1/ bei den Bildern 1 und 2, das war für Sie wesentlich als Sie die ausgesucht haben, die Bilder?

A. (AB96): Ja, ich meine, ich habe eben ganz viele Bilder . Und ich hab eben besonders welche rausgesucht, die sehr deutlich zeigen was ich ja vorhin alles auch erzählt habe. Also wie sich unsere Arbeit hier gestaltet mit den Kindern. Und (4) Also wenn ich nen Lehrer in einer Klasse wär . würde ich vielleicht um das zu verdeutlichen was mache ich . nen Bild schicken wo ein Lehrer an der Tafel steht mit nem Stück Kreide und erhobenem Zeigefinger und die Kinder SCHLAFEN.

((E.M. lacht, A. dann auch))

EM (AB97): Das wäre für Sie so das Bild von Schule?

A.: (AB98) Na ja, das war ein bisschen überspitzt. Aber ich wollte einfach Bilder, die typisch für unseren Atelieralltag sind (...)."

'Typische' der ausgewählten Fotos thematisiert, während er z. B. ein anderes Bild als „private[n] (...) Erinnerungsmoment"[1014] einstuft. Weiterführend möchte ich fragen, ob die ausgewählten Fotos nicht auch besondere *Erinnerungsbilder* für ihn darstellen könnten, ohne dass er das explizit thematisiert.

„(...) besonders schöne Fotos"[1015] ↔ „Das ((zeigt auf Bild 3)) ist vom 15. Februar 1995."[1016]

Im Anschluss an die oben fokussierte Textpassage kamen wir auf die Aufnahmedaten der ausgewählten Bilder zu sprechen und die Antwort von A. überraschte mich. Denn wie sich herausstellte, stammen die Bilder hauptsächlich aus der Anfangszeit des Projekts und sind zum Zeitpunkt des Interviews fast 20 Jahre alt.[1017] Auf meine Frage, ob die Bilder im Laufe der Zeit entstanden seien, geht der Projektleiter jedes der vier Fotos durch, wobei er in der Zuordnung der Entstehungszeit m.E. am Anfang sehr präzise ist und bei den weiteren Bildern stufenweise weniger sicher sein könnte. Als erstes thematisiert er Bild 3 (B*Fall 1.3), zu dem er die Entstehungszeit bis auf den Tag genau nennen kann („15.Februar 1995")[1018] und den Entstehungskontext (es sei „[am] ersten Tag entstanden")[1019]. Zum zweiten Foto (B*Fall 1.2) gibt er das Entstehungsjahr an („1997")[1020] und beim ersten Foto (B*Fall 1.1) „glaube" er, es sei aus dem Jahr „1999".[1021] Bild 4 (B*Fall 1.4) könne er hingegen nicht mehr zuordnen.[1022] Auch wenn ich den Eindruck habe, dass

1014 I*Fall I, AB 110, Z. 741.

1015 I*Fall I, AB 86, Z. 640/ 641.

1016 I*Fall1, AB 118, Z.763/ 764.

1017 Meine Interpretationen basieren hier insbesondere auf folgender Textpassage (I*Fall1, AB 117 bis AB 124):

760 EM (AB117): „(...) Ähm, das heißt
761 diese Bilder sind eigentlich auch über die Jahre entstanden? [Die]
762 man jetzt hier sieht.
763 A. (AB118): [Ja] Das
764 ((zeigt auf Bild 3)) ist vom 15. Februar 1995
765 EM (AB119): [das Dritte.]
766 A. (AB120): [am] ersten Tag entstanden.
767 ((zeigt auf Bild 2)) das war 1997
768 EM (AB121): das Zweite, mhm.
769 A. (AB122): ((zeigt auf Bild 1)) das war glaube ich 1999. Und ((lacht))
770 EM (AB123): das Erste.
771 A. (AB124): Ja . ((zeigt auf Bild 4)) Hier könnte ich das Jahr nicht
772 mehr genau benennen, aber. Ich habe eben tausende von Bildern, die
773 über die Jahre entstanden sind.

1018 I*Fall 1, AB 118, Z.764.

1019 I*Fall 1, AB 120, Z.766.

1020 I*Fall I, AB 120, Z.767.

1021 I*Fall I, AB 122, Z.769.

1022 I*Fall I, AB 124, Z.771/ 772.
Es ist das einzige Bild, das keine Person ('direkt') zeigt. Auf dem Bild 4 (B*Fall 1.4) ist eine Staffelei mit einem großen Gemälde zu sehen, hinter dem ein Kind steht. Von dem Kind werden nur die Gummistiefel, ein Teil des Malkittels und seine Hände sichtbar. Möglicher-

er sich anschließend fast schon verteidigt, dieses Foto nicht datieren zu können, empfinde ich die Genauigkeit der anderen Angaben vor dem Hintergrund der lang zurückliegenden Aufnahmedaten als sehr erstaunlich. Als besonders interessant schätze ich den Aspekt ein, dass der Projektleiter zum Bild 3 (B*Fall 1.3) sogar noch den Aufnahmetag nennen kann – der Tag, an dem das Projekt begonnen habe. Möglicherweise ist dieses *Ereignis* für den Projektleiter so bedeutsam und einprägend, dass er noch immer das präzise Datum in Erinnerung hat. Eine weitere Deutungsmöglichkeit wäre aber auch, dass A. für die zum Zeitpunkt des Interviews erschienene Buchpublikation wiederum die Fotos ausgewählt hat. Möglicherweise wurden alle Entstehungsdaten der zusammengetragenen Fotos dafür gesammelt, denn einige der dort aufgeführten Projektbilder sind mit Datum versehen. Auch zwei Fotos des hier untersuchten Bild-Ensembles (B*Fall1.2 und B*Fall1.3) sind in der Buchpublikation abgebildet – diese beiden allerdings ohne Jahresangaben.[1023] Es bleibt zu fragen, warum der Projektleiter für die Internetdarstellung ausschließlich auf diese ‚alten' Fotografien zurückgreift und keine aktuellen Bilder des Projekts ausgesucht hatte. (Und warum er einen Teil dieser Fotos erneut für die neu erschienene Buchpublikation verwendet hat.) Möglicherweise hat das mit dem Status der Bilder als „(...) besonders <u>schöne</u> Fotos"[1024] zu tun. Ich vermute, dass sie für den Projektleiter nicht nur ‚typische Situationen' zeigen, sondern für ihn noch aus anderen Gründen ‚besonders schön' sein könnten. Diesen möglichen Motiven gehe ich nun nach – auch wenn der Projektleiter sie nur kurz anspricht.

„Hier ist es auch. hier. vorne drauf."[1025] ↔ „Das, dieses MUSTER . (...) sich in dem. äh ... in der <u>Jacke</u> des Mädchens <u>wieder findet</u>."[1026]

Wie bereits erwähnt, sind zwei der für die Internetdarstellung ausgewählten Fotos auch in der Buchpublikation zu finden. Bild 2 (B*Fall1.2) sei sogar auf dem Cover zu sehen, wie der Projektleiter mir im Interview mitteilt und sich über die prominente Setzung des Bildes freuen könnte.[1027] Deshalb vermute ich, dass er trotz seiner umfangreichen Bildersammlung wiederholt auf diese ‚alten' Fotos

weise kann der Projektleiter dieses Bild nicht weiter datieren, weil das Gesicht des Kindes verdeckt ist. Vielleicht ist das auch ein Grund dafür, dass er beginnt zu lachen, als er dieses Foto thematisiert.

1023 Die Fotos in der Buchpublikation sind nicht durchweg chronologisch angeordnet, sondern wechseln zum Teil zwischen neueren und älteren Aufnahmen, wie die Bildunterschriften deutlich machen. Die beiden Fotos, die ich in meiner Untersuchung analysiere, finden sich zum einen prominent auf dem Cover des Buches (Bild B*Fall1.2) und etwa in der Buchmitte (B*Fall1.3) wieder. Bild B*Fall1.3 ist eines von zwei Fotos (von insgesamt 28 Fotos mit Personen), das mit einem Zitat von einem Kind als Bildunterschrift kommentiert ist. Das abgedruckte Zitat unterscheidet sich von dem Zitat, das der Projektleiter im Interview einem Kind zugesprochen hatte.

1024 I*Fall I, AB 86, Z. 640/ 641.

1025 I*Fall I, AB 90, Z. 661.

1026 I*Fall I, AB 90, Z. 662/663.

1027 Vgl. I*Fall I, AB 90, Z. 661.

zurückgreift. Ich nehme an, dass die Fotos über die Jahre zu ‚Imagebildern' für das Projekt geworden sein könnten. Gleichzeitig könnte es sich aber auch um seine *Lieblingsfotos* handeln. Die Gründe, warum er das Bild 2 so gerne möge, thematisiert er hingegen nur sehr kurz. Dabei spricht er einerseits das Gemälde an, das darauf zu sehen sei,[1028] aber auch das ähnliche Muster, das sich in dem Oberteil des Kindes wiederhole.[1029] An dieser Stelle werden *gestalterische Anliegen* für mich wahrnehmbar, die zum Status als ‚besonders schön' und zur Auswahl des Bildes beigetragen haben könnten. Und noch an einer zweiten Stelle im Interview kommt der Projektleiter m.E. auf einen kompositorischen Aspekt seiner ‚besonders schönen' Fotos zu sprechen. Bild 4 (B*Fall1.4) sei für ihn einerseits ein ‚typisches' „XX-Bild" [Eigenname der Künstler*innengruppe] [1030] – möglicherweise aufgrund der besonderen Malweise.[1031] Später erweitert er m.E. aber diese Deutung und bezeichnet das Foto auch als „LAUFENDES Bild".[1032] Diese Bezeichnung begründet er nicht weiter, ich nehme aber an, dass hier wiederum eine *kompositorische Dopplung* bzw. ein gewisser ‚Bildwitz' zum Tragen kommen. Denn unter dem Gemälde auf der Staffelei, das möglicherweise ein Kind darstellt, werden die Beine eines Kindes sichtbar, das sich hinter dem Gemälde verstecken könnte. Gestalterische Interessen und der Wunsch des Projektleiters, ‚typische Situationen' zu zeigen, könnten an dieser Stelle verschmelzen – ähnlich wie das Kind hinter dem Gemälde zu einem Teil des Bildes wird. Möglicherweise kommt für A. darüber hinaus auch noch eine besondere Verbundenheit zwischen Produzent*in und Werk zum Ausdruck.[1033]

Zur Vertiefung meiner Interpretation, dass auch gestalterische Interessen die Bildauswahl des Projektleiters beeinflusst haben könnten, beziehe ich auch an dieser Stelle bereits Ergebnisse der Analysen der visuellen Darstellungen in meine Überlegungen ein. Denn durch einen Vergleich des Buchcovers mit dem Foto 2 des Bild-Ensembles fiel mir auf, dass es sich nicht um exakt das selbe Foto handelt. Ich vermute, dass die beiden Bilder kurz hintereinander aufgenommen wurden, denn sie zeigen die gleiche Situation – nur die Haltung des Mannes und die Pinselhaltung des Mädchens haben sich etwas verändert. Während das Coverbild hochkant zu

1028 I*Fall I, AB 90, Z. 658/ 659.

1029 Vgl. I*Fall I, AB 90, Z. 662/663.

1030 I*Fall 1, AB 100, Z. 700.

1031 Zu dieser Deutung vergleiche auch den ersten Abschnitt des Absatzes: „Ach XX . das ist so ein tolles Bild . kann ich MITMALEN?"↔ „(...) auch zusammen an einem Bild arbeiten, OHNE dass wir das irgendwie VORGEBEN, ne."

1032 I*Fall 1, AB 116, Z. 758.

1033 Das Malen ‚mit Händen und Füßen' habe ich bereits an anderer Stelle als ein chrakteristisches Projektmerkmal herausgearbeitet, dass der Projektleiter m.E. durch die Bildauswahl vermitteln wollte. Vgl. Abschnitt „typische Situationen" ↔ „privater (...) Erinnerungsmoment". Im nächsten Kapitel gehe ich auch vertiefend auf die Rolle der Kinder in dem Projekt ein und werde dort diesen Aspekt vertiefen. (Kinder als Künstler) » Kapitel 8.1.4 Das ‚Sprechen über das Projekt': „frei und selbstbestimmt" ↔ „ohne pädagogischen Überbau" ↔ Ermöglichen (...) und (...) erkennen, was sie machen wollen".

sehen ist, ist Bild 2 ein Querformat. Ich nehme an, dass die beiden Fotos in einer Reihe entstanden sind und der Projektleiter je nach Gestaltungsvorhaben auf verschiedene Formate zurückgreifen kann.

Zusammenfassung auffällig gewordener Orientierungen im ‚Sprechen über die Bilder' zum Fall 1

In der Art und Weise, wie der Projektleiter A. über seine Bilder spricht und wie er mit ihnen ‚umgeht', wurden für mich verschiedene Orientierungen auffällig, die ich hier zusammenfasse und bereits mit einigen Ergebnissen meiner visuellen Analysen ergänze, um meine Ergebnisse zu vertiefen:[1034]
Ein besonders markantes Merkmal des Bildumgangs des Projektleiters besteht für mich darin, dass er Fotos für die Darstellung auf den Webseiten ausgewählt hat, die fast 20 Jahre alt sind. Möglicherweise handelt es sich dabei um seine *Lieblingsbilder*, die er wiederholt oder bevorzugt zur Präsentation des Projekts verwendet. Seine Aussagen lassen vermuten, dass diese Fotos die *besondere Beziehung zwischen den Kindern und den Künstler*innen* für ihn sehr treffend zeigen und das Projekt auf besondere Weise *repräsentieren* (‚typische Situationen'). Durch seine Bildkommentare wird sogar das vierte Foto (B*Fall 1.4) für mich als eine ‚typische Situation' für die Beziehung zwischen Künstler*innen und Kindern ‚lesbar', auch wenn darauf nur ein Kind hinter einer Staffelei zu erahnen ist. Möglicherweise werden die ausgewählten Fotos für A. zu Symbolbildern für die Projektarbeit, aber auch zu *Identifikationsbildern* für seine eigene Tätigkeit. Denn in der Art und Weise, wie der Projektleiter über diese ‚typischen Situationen' spricht, finden sich m.E. noch weitere Auffälligkeiten, welche die oben genannten Deutungen stützen und weitere Funktionen der Bilder erahnen lassen. So verwendet A. bspw. wiederholt *‚Kinderzitate'*, durch welche die dargestellten Situationen m.E. eine gewisse Authentizität ‚im Namen' der Kinder erhalten und die Begeisterung und das Interesse der Kinder an den Arbeiten der Künstler*innen noch deutlicher werden lassen. Für mich entsteht der Eindruck, als erinnere sich der Projektleiter noch genau an die Aufnahmesituationen und an das, was die Kinder in dem Moment dachten. Da er die abgebildeten Erwachsenen und ein Kind mit Vornamen benennt, vermute ich, dass er die Personen gut kennt. Ich nehme an, dass die ausgewählten Bilder für ihn nicht nur ‚typische Situationen' zeigen, sondern auch *persönlich bedeutsame Funktionen* einnehmen – etwa wenn er sich an das präzise Entstehungsdatum eines Bildes erinnert, das am Tag des Projektbeginns entstanden sei. Möglicherweise sind diese Fotos *biografisch bedeutsam* für den Projektleiter und das langjährige Aufnehmen, Sammeln und Aufbewahren von Projektbildern erfüllt für A. nicht nur eine *dokumentierende Funktion*. Er bezeichnet die ausgewählten Fotos wiederholt

1034 In meinen Zusammenfassungen führe ich keine Quellenangaben mehr an, die ich in der Herleitung meiner Ergebnisse detailliert aufgeführt habe.

als ‚besonders schöne' Bilder, ohne detaillierter darauf einzugehen, was ihm daran gefalle. Durch die Analyse der Verschiebungen innerhalb der ‚Kinderzitate', aber auch durch den Vergleich mit den visuellen Darstellungen werden für mich noch weitere Deutungen möglich, warum ihm diese Bilder darüber hinaus ‚am Herzen liegen' könnten. So vermute ich, dass eine *besondere Beziehung zwischen den Kindern und dem Projektleiter* besteht, wie mich der direkte Blick der Kinder in die Kamera annehmen lässt (da A. die Bilder aufgenommen habe). Möglicherweise könnten die Fotos außerdem eine *besondere Beziehung des Projektleiters zu den Künstler*innen* für ihn zum Ausdruck bringen und ihre Malweise hervorheben, die er sehr schätze. Denn in seinen Bildkommentaren finden sich Hinweise, dass nicht nur ein Kind das dargestellte Gemälde besonders möge, sondern auch der Projektleiter. Darüber hinaus vermute ich, dass die ‚besonders schönen Fotos' für A. auch noch einen *hohen gestalterischen Wert* haben könnten, wie seine (kurzen) Kommentare zu den Dopplungen von Mustern oder Bildmotiven annehmen lassen. Möglicherweise haben diese kompositorischen Elemente im Aufbau der Fotografien ebenfalls die Bildauswahl des Projektleiters mit beeinflusst.

8.1.4 Das ‚Sprechen über das Projekt': „frei und selbstbestimmt"[1035] ↔ „ohne pädagogischen Überbau"[1036] ↔ „Ermöglichen (...) und (...) erkennen, was sie machen wollen"[1037]

In diesem Abschnitt konzentriere ich mich auf die Auswertung von Interviewpassagen, in denen sich der Projektleiter A. zur Zusammenarbeit im Projekt äußert. Aufgrund der spezifischen Projektstruktur sind dabei verschiedene Personengruppen beteiligt, von denen A. erzählt und die bei der Analyse bedeutsam werden – den Kindern, den Künstler*innen (mit Behinderung) und den Assistent*innen (zu denen sich A. zählt). Mich interessiert vor allem die Art und Weise, *wie* der Leiter des ersten Projekts über die *Zusammenarbeit der verschiedenen Personengruppen* spricht (zwischen den Kindern, Künstler*innen und Assistent*innen). Denn zur Re-Konstruktion von Vorstellungen des Projektleiters über Partizipation ist eine Analyse der verschiedenen Konstellationen notwendig, ebenso wie zur späteren Gegenüberstellung mit den Analyseergebnissen der visuellen Darstellungen.
In diesem Zusammenhang untersuche ich auch die Art und Weise, wie der Projektleiter über *seine Erfahrungen im Projekt* spricht und über seine Zusammenarbeit mit den Kindern erzählt. Wie im Kapitel 8.1.2 bereits angedeutet[1038], werden diese Aspekte besonders im letzten Teil des Interviews bedeutsam. Auffällig ist aber auch,

1035 I*Fall1, AB 68, Z. 558.
1036 I*Fall1, AB 10, Z. 77.
1037 I*Fall1, AB 58, Z. 369/ 370.
1038 » Kapitel 8.1.2 Informationen und erste Auffälligkeiten zum Interview mit dem Projektleiter A.

dass sich seine Erzählungen z. T. von den Beschreibungen der Projektprinzipien im ersten Interviewabschnitt unterscheiden.[1039]
Für meine Analysen habe ich Sequenzen ausgewählt, in denen die benannten Schwerpunkte thematisiert werden oder spezifische Fokussierungsmethapern für mich hervortreten. Gleichzeitig wurde ich aber auch auf wiederkehrende Abgrenzungen (Gegenhorizonte) aufmerksam, die zusätzlich dazu beitragen, Orientierungsmuster im Gesagten zu re-konstruieren und zu entfalten.[1040] Im Folgenden lege ich meine Analysen dar und begründe meine Interpretationen, bevor ich die herausgearbeiteten Orientierungen am Ende dieses Kapitels wieder kurz zusammenfasse.

Rahmungen der Zusammenarbeit

Wie der Projektleiter berichtet, bestehe die Kooperation zwischen den Künstler*innen mit Behinderung und den Grundschüler*innen seit 1995.[1041] Während das Projekt in den Anfängen noch stärker gestalterische Ziele fokussiert habe (z. B. die Gestaltung des Treppenhauses)[1042], sehe er den Schwerpunkt heute primär in der stetigen Zusammenarbeit zwischen den Kindern und den Künstler*innen:

> „[...] dass das WICHTIGE dieser Arbeitsalltag ist. Dieses Zusammenwirken von Kindern und [Eigenname der Künstler*innen-Gruppe]. Also das ist der höher/ der stärker wiegende Aspekt im Vergleich zu irgendwelchen gestalterischen Vorhaben."[1043]

Nach Aussage des Projektleiters sei das Kooperationsprojekt heute fester Bestandteil der Schulpraxis und im Schulcurriculum verankert.[1044] Insbesondere im dritten Teil des Interviews geht er auf die konkreten, organisatorischen Rahmungen ein, die ich hier kurz zusammenfasse, um die Struktur des Projekts zu verdeutlichen und weitere Interpretationen zu den Formen der Zusammenarbeit zu rahmen:
Die „Kontinuität" [1045] des Angebotes sei für den Projektleiter eine wesentliche Voraussetzung der Zusammenarbeit, sodass jedes Kind während der Grundschulzeit in zwei unterschiedlichen Jahrgangsstufen[1046] für einen Zeitraum von jeweils sechs Wochen die Gelegenheit erhalte, an dem Projekt teilzunehmen und die Künstler*innen (mit Behinderung) über einem längeren Zeitraum

1039 Dieser Interviewabschnitt zeichnet sich durch eine längere Erzählung aus (ca. 20min).
1040 Zu den Begrifflichkeiten der dokumentarischen Methode » Kapitel 4.4.4 Zur Analyse von Texten mit der dokumentarischen Methode.
1041 Vgl. I*Fall1, AB 4, Z. 17.
1042 Vgl. I*Fall1, AB 4, Z. 19.
1043 I*Fall1, AB 30, Z. 196 – 199.
1044 Vgl. I*Fall1, AB 184, Z. 1161/ 1162.
1045 I*Fall1, AB 176, Z. 1088.
1046 Auf diese Weise können die Kinder beispielsweise in der ersten und dritten oder in der zweiten und vierten Klasse an dem Projekt teilnehmen.

kennenzulernen.[1047] In Kleingruppen von ca. sechs bis acht Kindern würden sie parallel zum regulären Unterricht einmal pro Woche für 1,5 Stunden den Atelierraum der Künstler*innen besuchen, der sich neben dem Schulgebäude befinde.[1048] Nach ca. sechs Wochen wechsele die Gruppe, sodass es allen Schüler*innen der Klasse im Laufe eines Halbjahres möglich sei, in den Räumlichkeiten der Künstler*innen zu arbeiten.[1049] Auch die Anzahl der teilnehmenden Kinder sei für den Projektleiter A. entscheidend für die Konzeption des Angebotes, damit die Gruppe insgesamt aus etwa gleich vielen Kindern wie Künstler*innen bestehe.[1050] Denn nur so könne seiner Meinung nach gewährleistet werden, dass die Kinder individuell betreut werden können.[1051]

Um das Sprechen des Projektleiters über das Projekt zu analysieren, konzentriere ich mich zunächst auf seine Aussagen zur Tätigkeit der Kinder und untersuche davon ausgehend die Darstellungen und Rollenbeschreibungen der Künstler*innen und der Assistent*innen.

Zusammenarbeit/ Konstellationen: Kinder – Künstler*innen – Assistent*innen

„frei und selbstbestimmt"[1052] ↔ „ohne pädagogischen Überbau"[1053]

Aus der Analyse der Textpassagen geht hervor, dass es für A. besonders wichtig sein könnte, dass die Kinder selbstständig entscheiden können, was sie während der wöchentlichen Treffen im Atelierraum machen. Interessant ist für mich aber auch, dass der Projektleiter auch in diesen Interviewpassagen (ähnlich wie in den Bildkommentaren) wörtliche Rede einsetzt.[1054] Es könne vorkommen, dass die Kinder mit den Künstler*innen zusammenarbeiten, sie würden aber auch eigene Ideen mitbringen, die sie während der Projektzeit verwirklichen können. Die Zusammenarbeit mit den Künstler*innen sei kein zwingender Bestandteil des Konzepts,

1047 Vgl. I*Fall1, AB 168, Z. 1040-1057.
1048 Vgl. I*Fall1, AB 180, Z. 1105-1130.
1049 Vgl. I*Fall1, AB 174, Z. 1082.
1050 Vgl. I*Fall1, AB 162, Z. 995 – 999.
1051 Vgl. I*Fall1, AB 162, Z. 1000 – 1009.
1052 I*Fall1, AB 68, Z. 558.
1053 I*Fall1, AB 10, Z. 77.
1054 Vergleiche etwa folgende Interviewpassage (I*Fall1, AB 54, Z. 320-325):
320 A. (AB 54): „(...) Das kann sein, dass eines der Kinder ein Bild eines
321 [Eigenname der Künstle*innen-Gruppe] sieht und „ach toll sowas/ ich mache auch so ne schöne
322 Figur" . es kann aber auch sein, dass die Kinder völlig andere Dinge
323 machen. Das sie schon Ideen vom Schulhof oder von zuhause
324 mitgebracht haben und die im Prinzip nicht direkt was mit dem zu tun
325 haben, was die [Eigenname der Künstler*innen-Gruppe] machen und was sie hier sehen."

sondern ergäbe sich wenn, dann spontan und ausgehend von den Kindern. Wie A. berichtet, würden auch die Künstler*innen die Initiative der Kinder abwarten, wodurch er den Steuerungscharakter durch die Kinder m.E. zusätzlich betont. Ob es sich dabei um eine zugrundliegende Absprache mit den Künstler*innen handelt oder andere Gründe für ihre Zurückhaltung im Umgang mit den Kindern vorliegen, wird aus seinen Aussagen für mich allerdings nicht ersichtlich. [1055]
Der Projektleiter wiederholt mehrfach, dass die Kinder ihre Tätigkeiten vor Ort frei wählen könnten und keine spezifischen Aufträge oder Aufgabenstellungen erhielten. Vielmehr beschreibt er das Angebot bereits zu Beginn als „selbstbestimmt und ohne pädagogischen Überbau"[1056] und hebt später bspw. hervor, dass das „[...] was entsteht, GESTEUERT ist von den Kindern selbst"[1057]. Die Fokussierungsmetaphern *„frei und selbstbestimmt"*[1058] und *„ohne pädagogischen Überbau"*[1059] werden m.E. charakteristisch für seine Orientierung bezüglich der Rolle der Kinder und zur *Abgrenzung der Konzeption gegenüber schulischen Settings*. Der Eindruck entsteht, als können die Kinder alles umsetzen, worauf sie Lust haben. Für A. könnte dies eine Art des Lernens beinhalten, das er von schulischen Formen abgrenzt. Es gestatte auch den Assistent*innen dazuzulernen, indem sie selbst von dem überrascht würden, was passiere. Ihre Aufgabe bestehe darin, den Kindern Freiräume zu ermöglichen, damit sie ihre Kreativität ausleben könnten.[1060] Die Art und Weise, wie er das thematisiert, lässt mich auch darauf schließen, dass er Formen des wechselseitigen Lernens oder ‚freie' Betätigungen nicht als Arbeitsweisen der Schule verortet. Obwohl der Projektleiter auch von „Lernen" spricht, erwecken seine Aussagen für mich den Anschein, als verfolge sein Konzept *keine pädagogischen Intentionen*. Er grenzt es vom schulischen Lernen ab, das für ihn wahrscheinlich sehr negativ konnotiert ist: Es zeichne sich vornehmlich durch Zwang und vorgegebene Lernziele aus, indem von den Kindern erwartet werde, etwas Bestimmtes in einer vorgegebenen Struktur lernen zu

1055 Vgl. etwa I*Fall1, AB 126, Z. 780 – 785.
1056 I*Fall1, AB 10, Z. 77.
1057 I*Fall1, AB 58, Z. 410/411.
1058 I*Fall1, AB 68, Z. 558 (kursiv EM).
1059 I*Fall1, AB 10, Z. 77.
1060 I*Fall1, AB 68, Z. 557 – 568:
557 A. (AB 68): „Ach so, na ja, ich mein, das ist ja eigentlich wirklich das
558 worum es geht. Die Kinder machen frei und selbstbestimmt genau –
559 also mit all den Möglichkeiten, die die [Eigenname der Künstler*innen-Gruppe] auch haben – IHR DING,
560 das was sie wollen. Eben nicht jetzt mit gebundenen
561 Aufgabenstellungen oder einen/dem Anspruch die Kinder müssen
562 jetzt hier jetzt was lernen. Ich bin überzeugt, dass sie hier sehr viel
563 lernen; aber WIR AUCH. Und ähm, ohne eben dieses vorgegebene
564 Unterrichtsmuster: „heute lernen wir dies und dies", sondern wir
565 ermöglichen eben den Kindern hier in ungehemmter Weise die
566 Kreativität, ihre Kreativität praktisch frei zu lassen und laufen zu lassen
567 und zu entwickeln
568 und sind selbst überrascht, was da so entsteht."

müssen. Im Interview benennt er noch weitere Abgrenzungsbeispiele, die diesen Gegenhorizont verdeutlichen und weiter differenzieren.[1061]
Auch wenn in dem unten aufgeführten Beispiel wiederum „vorgegebene Strukturen" und eine „feste Führung" als Charakteristika des Gegenhorizonts „Schule" erneut re-konstruierbar werden, erweitern sich die Abgrenzungen m.E. durch schützende und abschirmende Funktionen pädagogischer Interventionen, die für A. möglicherweise auf der „Sorge" von Pädagog*innen gründen, die den Kindern keine Selbstständigkeit zugestehen würden. Anhand von Aussagen von „älteren Pädagogen" verdeutlicht der Projektleiter Unterschiede in der Zusammenarbeit mit den Kindern im Rahmen der Projektarbeit. Das Angebot mit den Künstler*innen (mit Behinderung) biete grundlegend andere Strukturen, welche darauf abzielen würden, die Kinder (richtig) zu fördern, ihnen selbständiges Lernen zuzutrauen und sie herauszufordern. Auch die Kinder wiederum seien dankbar für diese Ermunterung, würden das Angebot freudig annehmen und den Freiraum genießen. An dieser Stelle scheint der Projektleiter keinen Zweifel daran zu lassen, dass die Kinder sich eigenständig „behaupten" können.
Als er auf die Rolle der Assistent*innen zu sprechen kommt, habe ich den Eindruck, als verschiebe sich die Argumentation etwas, denn nun spricht A. von der *‚Unterstützung in der Freiheit'*, welche die Kinder bräuchten.[1062] Er sehe seine

1061 Vgl. etwa I*Fall1, AB 56, Z. 333 – 350:
333 A. (56): „(...) Ich habe
334 früher mal von – meist älteren – Pädagogen so die besorgte Frage
335 gehört: „Ja aber, das geht doch gar nicht, also Kinder gerade in dem
336 Alter, die brauchen doch eine vorgegebene Struktur und ne feste
337 Führung, genau zu wissen, was sie machen sollen und zu haben."
338 Und das/ also hier, dieser Raum, ist der Beweis, dass das nicht stimmt.
339 Die Kinder haben das hier mit (größter)/ oder tun es heute und
340 werden das auch in Zukunft tun, mit größter Begeisterung aufgefasst.
341 Und . es ist natürlich auch eine Herausforderung für sie hier, ja. Sie
342 sind es GEWOHNT im Unterricht genaue Vorgaben zu kriegen und
343 Anleitung und sie müssen eben hier ohne auskommen. Und wir
344 haben das auch prinzipiell so geregelt, die Lehrer kommen eben nicht
345 mit, die Kinder müssen eben sich hier praktisch für sich behaupten,
346 ohne dass eben diese lehrerliche, Lehrer/diese behütete Struktur/
347 Unterrichtsstruktur da ist.
348 Und äh das ist für die aber überhaupt kein Thema, das machen sie mit
349 größtem Vergnügen und sind froh, dass sie mal SO frei das machen können."

1062 I*Fall1, AB 58, Z. 402 – 411:
402 A. (AB 58): „(...) Und genau das ist eben auch unsere Aufgabe den Kindern
403 gegenüber. Zu gucken was wollen die machen, die sind natürlich
404 auch durch diese Vielfalt hier äh . berauscht und wissen manchmal
405 gar nicht „wo soll ich mit anfangen, ich möchte am liebsten das
406 machen und das auch noch und jenes".
407 Und ihnen da praktisch Hilfestellung zu geben und wenns nur ist
408 eben ihnen nen Holzbrett festzuhalten, das sie sägen wollen und
409 allein gehts so nicht so richtig.
410 Aber das eben was entsteht, GESTEUERT ist von den
411 Kindern selbst."

Aufgabe und die seiner Kolleg*innen primär darin, den Kindern zu helfen, damit sie aus der vorhandenen Materialvielfalt auswählen und ihre eigenen Ideen und Vorstellungen verwirklichen könnten. Diese Hilfestellung grenzt er m.E. gleichzeitig wieder ein, da die ‚Steuerung' weiterhin von den Kindern ausgehe.

In dem hier dargestellten ‚Bild des Kindes' bedarf es der Hilfe der Erwachsene (Assistent*innen) lediglich als Auswahlhilfe oder zur Unterstützung bei technischen Fragen. Es weiß, was es machen möchte, kann das artikulieren und ist engagiert. Andere Bespiele, in denen Kinder sich beispielsweise nicht durchsetzen können, sie andere stören, keine Interesse an gestalterischen Tätigkeiten mitbringen oder sich nicht trauen, werden in diesem Zusammenhang (zunächst) nicht genannt. Im Gegensatz zu den hier re-konstruierten Orientierungen thematisiert der Projektleiter an anderer Stelle m.E. ein abweichendes ‚Bild des Kindes'.[1063]

Abgrenzungen zum Schulischen werden in den Beschreibungen des Projektleiters zu einem zentralen Gegenhorizont, wie ich hier aufgezeigt habe. Dabei konnte ich verschiedenartige Motive des Pädagogischen re-konstruieren, die Kinder daran hindern würden, ‚frei und selbstbestimmt' in der Schule zu handeln. An einer Stelle thematisiert der Projektleiter jedoch (kurz) andere Erlebnisse mit dem ‚System Schule'. Als er auf die organisatorischen Rahmungen zu sprechen kommt, die notwendig seien, damit die Kinder im Laufe der Schulzeit mehrfach während der Unterrichtszeit im Atelier mitarbeiten können, kommt für mich ein anderes ‚Bild von der Schule' zum Ausdruck, das möglicherweise „(...) nicht mehr so (...)"[1064] ist, wie es der Projektleiter vielleicht sogar selbst erlebt hat und das sonst in seinen Beschreibungen als dominanter Abgrenzungshorizont re-konstruierbar wird.

Künstlerische Begabung ↔ „ermöglichen (...) und (...) erkennen, was sie machen wollen"[1065]

Die Rollenzuschreibungen der Beteiligten lassen sich weiter differenzieren durch Aussagen des Projektleiters zur Funktion der Assistent*innen gegenüber den Künstler*innen (mit Behinderung). Im Folgenden konzentriere ich mich deshalb auf Beschreibungen von A. zu diesen beiden Personengruppen, um Konstellationen zwischen allen Beteiligten nachvollziehbar werden zu lassen und Orientierungen des Projektleiters zu allen drei Personengruppen zu re-konstruieren.

1063 Vgl. etwa I*Fall1, AB 162, Z. 1000 – 1009 oder in meinen weiteren Darlegungen zum Begriff des „Ich-kann-ich-nicht-Kindes" den Abschnitt: „Und zu LERNEN, zu erkennen, was steckt da eigentlich hinter" ↔ „Ich-kann-ich-nicht-Kind" ↔ „diesen Panzer oder diese Abwehr praktisch zu durchdringen".

1064 Folgende kurze Aussage wird für diese Deutung relevant (I*Fall 1, AB 182):
A. (AB 182): (...) ist eben wie gesagt das
nicht mehr so, dass die da alle sitzen, ja wenn man mal drüben im
Unterricht guckt, das ist mehr so eine Wohnzimmer/oder die gehen
auch umher und unterhalten sich miteinander.

1065 I*Fall1, AB 58, Z. 369/ 370.

In dem untersuchten Textausschnitt[1066] hebt der Projektleiter m.E. ein kollegiales Verhältnis zu den Künstler*innen hervor, das auf einer gleichwertigen Stellung aller Mitarbeiter*innen innerhalb des Projekts beruhen würde. Als gemeinsame Verbindung benennt er ihre künstlerische Tätigkeit, bzw. ihre Positionierung als Künstler*innen.[1067] Gleichzeitig nimmt er aber auch eine Trennung vor, indem er zwischen „wir" („meine Kollegen und ich") und den Künstler*innen (mit Behinderung) differenziert. Auffällig wird für mich, dass er auch in diesem Zitat seine Aufgaben und die der (nicht-behinderten) Mitarbeitenden von pädagogischen oder therapeutischen Intentionen abgrenzt und (ähnlich wie in der Zusammenarbeit mit den Kindern) ihre Selbstständigkeit aber auch ihren Status als Künstler*innen betont. Die Künstler*innen seien auf keine Hilfe im gestalterischen Bereich angewiesen, vielmehr würde es ausreichen, ihnen Materialien zur Verfügung zu stellen. Während eine Assistenz im Malprozess als unnötig, beinah störend gelten könnte, zählt der Projektleiter andere Tätigkeiten auf, bei denen Hilfe notwendig oder auch legitim sein könnte. Es werden Bereiche angeführt, in denen ein Unterstützungsbedarf von Menschen mit Behinderung konstatiert wird – etwa in der Ausstellungsorganisation oder in der Sponsorenakquise.
Im Laufe des Gesprächs finden sich weitere Passagen, in denen mögliche Motive zu den Formen der Unterstützung zwischen Assistent*innen und Künstler*innen virulent werden. Obwohl der Projektleiter aufführt, dass sich das Verständnis von Menschen mit Behinderung im Laufe der Jahre gewandelt habe,[1068] könnte es ihm noch immer ausgesprochen wichtig sein, die *Anerkennung ihrer künstlerischen Begabung* zu betonen, die sich m.E. als eine Fokussierungsmetapher identifizieren lässt.[1069] Zugleich könnte das *Ermöglichen einer künstlerischen Tätigkeit*, bzw. das

1066 I*Fall1, AB 56, Z. 350 – 361:
350 A.: „[...] also wir, meine Kollegen und
351 ich, sind zunächst mal die KOLLEGEN DER [Eigenname der Künstler*innen-Gruppe], wir sind
352 alle selbst Künstler und kommen aus der künstlerischen Richtung. Wir sind
353 keine Pädagogen oder keine Erzieher oder keine Therapeuten
354 für die [Eigenname der Künstler*innen-Gruppe], brauchen die auch gar nicht. Wir sind Kollegen und
355 Assistenten, das heißt wir machen für die [Eigenname der Künstler*innen-Gruppe], das, was sie
356 aufgrund vielleicht ihrer Behinderung nicht können, z. B. Geld
357 besorgen, sich um Sponsoren kümmern, Ausstellungen organisieren,
358 Transporte, Bilderrahmen usw. und so fort. Und äh, das ist eben unser
359 Ding, die Bilder zu malen, das macht/können die allein, da brauchen
360 sie uns nicht für. Da würde es reichen wir machen die Tür auf, hier
361 habt Ihr Farben . macht."

1067 Aus Gründen der Übersichtlichkeit und Vertiefung wird das sich wiederholende Motiv des „Künstlerischen" separat behandelt.

1068 Vgl. etwa I*Fall1, AB 56, Z. 385.

1069 Vgl. etwa die folgende Interviewpassagen: I*Fall1, AB 58, Z. 368-372 sowie I*Fall1, AB 58, Z. 377-384.
368 A.: (AB 58): „Ja, unsere Aufgabe für die [Eigenname der Künstler*innen-Gruppe] ist eben ihnen das

Ausüben des Berufs des Künstlers/ der Künstlerin für Menschen mit Behinderung für den Projektleiter ein zentrales Motiv seiner Tätigkeit sein.

Ich vermute, dass er sich und seinen (nicht-behinderten) Kolleg*innen die Fähigkeit zugesteht, erkennen zu können, was die Künstler*innen machen möchten. Dieses Motiv des *„Erkennens, was sie machen wollen"* bezeichnet m.E. wiederum eine Fokussierungsmetapher, die ich in der späteren Analyse, bezogen auf seine Arbeit mit den Kindern, noch weiter vertiefen werde.[1070] Gleichzeitig wird für mich ein Changieren zwischen den Begriffen – zwischen dem Eigenname der Künstler*innen-Gruppe, den ‚Künstlern' und den ‚behinderten Künstlern' wahrnehmbar, als ob der Projektleiter nach der ‚richtigen' Wortwahl sucht und eine Benennung und Identifizierung der Künstler*innen als ‚Behinderte' für A. schwierig sein könnte. Eine Abgrenzung zwischen ‚normal' und ‚behindert', ‚Künstler' und ‚behinderter Künstler' könnte für ihn in der Beschreibung dennoch notwendig sein, wie auch die Analyse einer weiter Textpassage vermuten lässt.[1071] Auch in diesem Interviewausschnitt richtet sich der Fokus m.E. auf das Ermöglichen der künstlerischen Tätigkeit von Menschen mit Behinderung, während sich konkrete Formen der Unterstützung durch die Assistent*innen auf technische Hilfestellungen oder organisatorische Fragen beschränken. Sie könnten den Künstler*innen mit Behinderung hauptsächlich zur Seite stehen und vermutlich durch Beobachtungen erkennen, wie sie ihnen helfen können.

Obwohl sich der Fokus in dem oberen Abschnitt auf die Art und Weise gerichtet hat, wie der Projektleiter die Beziehungen zwischen den Künstler*innen und den

---

369 zu ermöglichen was sie grade machen, das zu erkennen was sie
370 machen wollen. Als Beispiel . also oft ist es den [Eigenname der Künstler*innen-Gruppe] aufgrund
371 ihrer Behinderung ja nicht so direkt möglich genau zu artikulieren . überhaupt Künstler zu werden.
[...]
377 Menschen mit Behinderung haben (zum Beispiel?) – zumindest
378 früher vor etlichen Jahren – noch viel eher so am Rande der
379 Gesellschaft sich befunden. Man hat ihnen nie zugetraut, was
380 Bestimmtes zu können oder eine Begabung zu haben. Sie galten als
381 pauschal unterbegabt sozusagen.
382 Und . die Idee, dass ein Künst/ein [Eigenname der Künstler*innen-Gruppe] als Künstler begabt/ also
383 ein behinderter Künstler begabt sein kann war nicht so in der Allgemeinheit verankert."

1070 Siehe Abschnitt: „Und zu LERNEN, zu erkennen, was steckt da eigentlich hinter" „Ich kann ich nicht – Kind"↔„diesen Panzer oder diese Abwehr praktisch zu durchdringen".

1071 I*Fall1, AB 58, 394 – 401.
394 A. (AB 58): „(...) Und das ist natürlich für uns der Hauptaspekt . den Menschen mit
395 Behinderung, die eine Begabung haben im künstlerischen Sinne, das
396 überhaupt zu ermöglichen.
397 Und eben ihnen insofern beizustehen, wenn wir sehen, gut
398 der will das machen und weiß aber nicht wie kann er das technisch
399 realisieren. Dass wir ihm dann die Möglichkeiten verschaffen und
400 wenn es irgendwie ein bestimmter Raum ist, wo es möglich ist Objekte
401 direkt an der Wand zu installieren oder so."

Assistent*innen beschreibt, gehe ich auch noch einmal auf das Verhältnis zwischen den Künstler*innen und den Kindern ein. Denn auch hier könnten die gestalterischen Fähigkeiten der Künstler*innen, die A. hervorgehoben hat, eine besondere Rolle spielen, wie etwa die Analyse des unten stehenden Textausschnittes mich annehmen lässt. [1072] Aufgrund ihrer künstlerischen Fähigkeiten könnten sie die Kinder ebenfalls unterstützen, sodass die Kinder doppelten Beistand in dem Projekt erfahren – sowohl von den Künstler*innen als auch von den Assistent*innen. Anschließend vergleicht der Projektleiter Künstler*innen und Kinder mit „berühmten Künstlern", die über das Privileg verfügen würden, eine Assistenz in Anspruch zu nehmen. Die Mitarbeiter*innen des Projekts würden den Künstler*innen und den Kindern assistieren und ihnen gleichzeitig ihre (künstlerischen) Tätigkeiten ermöglichen. Diese beiden Zuschreibungen – einerseits eine künstlerische Könnerschaft und andererseits die Notwendigkeit der Unterstützung – könnten für den Projektleiter widerspruchsfrei vereinbar sein.
Die besonderen, gestalterischen Kompetenzen der Künstler*innen (und Kinder) werden in den hier aufgeführten Zitaten m.E. mehrfach angesprochen. In dem Abschnitt „Das Künstlerische ↔ Akademisierung" werde ich diesen Aspekt noch vertiefend behandeln, weil ich vermute, dass er auf weitere, wesentliche Orientierungsmuster des Projektleiters A. verweisen könnte.

Gegenseitiges „Profitieren" ↔ Gesellschaftliche Randpositionen

Im Folgenden konzentriere ich mich weiter auf Aussagen des Projektleiters zum Verhältnis zwischen den Künstler*innen und den Kindern, wobei nun der Aspekt der Anerkennung bedeutsam wird. Denn A. beschreibt ihre Zusammenarbeit auch als ein gegenseitiges „Profitieren" [1073], das hervorragend zusammengehe, da beide Gruppen durch die gemeinsame Tätigkeit Anerkennung erfahren würden.[1074]

1072 I*Fall1, AB 56, Z. 362 – 366:
362 A. (AB 56): „(...) Und ähm . die Kinder stehen in der gleichen Situation, haben es aber
363 doppelt gut, weil die erhalten die Assistenz von den [Eigenname der Künstler*innen-Gruppe], die
364 im Gestalterischen natürlich sehr erfahren sind ja, und/und auch die
365 von uns Assistenten. Alle berühmten Künstler haben Assistenten und
366 die [Eigenname der Künstler*innen-Gruppe] und die Kinder eben auch."

1073 I*Fall1, AB 196, Z. 1217-18.

1074 Exemplarisch sei hier auf eine Textpassage verwiesen: I*Fall1, AB 62, Z. 479 – 489.
479 A. (AB 62): „(...) Das passt einfach toll zusammen und man lebts/erlebt es ja immer
480 wieder, dass die Kinder total auch begeistert sind von dem, was die
481 [Eigenname der Künstler*innen-Gruppe] machen und das ist ja auch für die [Eigenname der Künstler*innen-Gruppe] toll, welche
482 Anerkennung sie von den Kindern kriegen. Und im Gegenzuge die
483 Kinder, grade auch die, die NOCH im schulischen Alltag oft mit
484 Misserfolge/ also mit Misserfolgen konfrontiert sind, beispielsweise
485 aufgrund sprachlicher Schwierigkeiten, durch den
486 Migrationshintergrund oder so. Die erhalten hier eben volle
487 Anerkennung und nehmen Erfolge mit nach Hause,

Die Kinder würden die Künstler*innen für ihre Arbeiten bewundern und seien begeistert davon. Durch sie würden die Künstler*innen Anerkennung für ihr Arbeiten erfahren, wodurch sie ebenfalls profitierten. Auch die Kinder würden im Rahmen des Projekts uneingeschränkte Anerkennung erleben, die ihnen in anderen Situationen nicht zuteil werde. Als Abgrenzungen führt der Projektleiter wiederum Beispiele auf, die im schulischen Kontext angesiedelt sind und sich in diesem Fall auf Kinder konzentrieren, die über Handicaps verfügen oder aufgrund ihrer sozialen Herkunft benachteiligt werden. Sie würden durch das Projekt besonders profitieren, da ihnen dort die Gelegenheit eröffnet werde, das zu tun, was sie wollten und sie die entsprechende Hilfe erhielten. Der Projektleiter führt während des Interviews mehrere Beispiele auf, in denen er die Begeisterung der Kinder für die Malereien der Künstler*innen schildert. Sie lassen m.E. erkennen, dass die Bewunderung der Kinder für das Können der Künstler*innen für ihn eine starke persönliche Relevanz haben könnte.[1075] Ich habe den Eindruck, als sei der Projektleiter von Situationen dieser Art sehr berührt – sie stellen für ihn möglicherweise etwas Besonderes dar. In seinen Erzählungen werden sie m.E. zu ‚Herzstücken' des Projekts, die er selber ausgesprochen schätzt und sich für die Zusammenarbeit zu wünschen scheint.
Während ich anhand der Orientierungsmuster im Abschnitt „frei und selbstbestimmt ↔ ohne pädagogischen Überbau" ein ‚Bild vom Kind' re-konstruieren konnte, in dem die Eigeninitiative von Kindern betont wird, verändern sich m.E. die Beschreibungen des Projektleiters in diesen Passagen. Auch seine Darstellungen der Künstler*innen, in denen ich zuvor eine Hervorhebung ihrer Eigenständigkeit bezüglich ihrer künstlerischen Tätigkeit im Abschnitt „Künstlerische Begabung" ↔ „ermöglichen (...) und erkennen, was sie machen wollen" vermutet habe, verschieben sich an dieser Stelle. Nun tritt m.E. eine, von A. thematisierte gesellschaftliche „Randposition" von Kindern und Künstler*innen stärker in den Fokus seiner Erzählungen. Dieser könne allerdings innerhalb des Projekts aufgrund der gegenseitigen Anerkennung ‚entgegengewirkt' werden. [1076] Während die

488 weil sie genau das machen können – und die entsprechende
489 Unterstützung erhalten – was sie machen wollen. (...)."

1075 Vgl. etwa I*Fall1, AB 70, Z. 588 – 591:
588 A. (AB 70): „(...) Na ja, es gibt rührende, tolle Dinge
589 auch. Na ja, wenn ein Mädchen hier reinkommt und zu einem unserer
590 Künstler sagt: „Oh ich glaub, Du bist der BESTE Künstler der Welt!"
591 Das ist einfach wunderschön."

1076 Folgende Passage fasst m.E. einige der oben genannten Aspekte noch einmal zusammen und verweist zugleich auf die ‚entgegenwirkende' Funktion des Projekts (I*Fall1, AB 196, 1219 – 1237):
1219 A. (AB 196): „(...) Ich mein, beide gehören ja auch irgendwo noch einer/
1220 oder Menschen auch mit Behinderung, da hat sich ja viel entwickelt;
1221 aber irgendwo stehen sie ja doch in einer gewissen Weise in einer
1222 Randposition gesellschaftlich noch.
1223 Und die Kinder . in irgendeiner Hinsicht natürlich auch, sie
1224 sind besonders abhängig noch von denen, die ihnen vorgeben was

Künstler*innen aufgrund ihrer Behinderung auch heute noch als benachteiligt gelten würden, sieht der Projektleiter die „Randposition" der Kinder durch ihre Abhängigkeit von den Weisungen Erwachsener begründet. Er benennt weitere Beispiele, in denen er als Abgrenzungshorizont wiederum die Schule aufführt und auf Marginalisierungen durch „sprachliche Schwierigkeiten" oder einen „Migrationshintergrund" verweist. Die *Schule als dominanter Gegenhorizont* in den Projektdarstellungen habe ich bereits an verschiedenen Stellen herausgearbeitet.[1077] Im Folgenden vertiefe ich einen weiteren Gegenhorizont, den der Projektleiter verwendet, um die Projektarbeit zu beschreiben. Dabei wird das ‚Künstlerische' relevant, das er von einer ‚Akademisierung' abzugrenzen scheint.

Das Künstlerische ↔ Akademisierung

In der Analyse der Rollenzuschreibungen zwischen Kindern und Künstler*innen habe ich bereits herausgearbeitet, dass der Projektleiter beide Personengruppen als Künstler*innen beschreibt.[1078] Besonders markant wird diese Zuschreibung m.E. in einem bereits thematisierten Textausschnitt, in dem A. Kinder und Künstler*innen mit „berühmten Künstlern" vergleicht, die Assistenten hätten.[1079] Um die Art der Unterstützung darzustellen, welche die Künstler*innen von den (nicht-behinderten) Mitarbeitenden erfahren, grenzt der Projektleiter die Rolle der Assistent*innen von „Pädagogen", „Erziehern" oder „Therapeuten" ab, wodurch für mich erneut eine Ablehnung des Pädagogischen zum Ausdruck kommt.[1080]
Als ich A. im Laufe des Gespräches zu den Gründen für die Bezeichnung des Projekts als „Schule der [Eigenname der Künstler*innen-Gruppe]" befrage, zeigt

1225 zu tun ist. Und ähm . die [Eigenname der Künstler*innen-Gruppe] werden/ also erleben eben die
1226 Begeisterung und die Bewunderung der Kinder: „ach was ihr Tolles
1227 gemalt habt!" Und sehen/also die [Eigenname der Künstler*innen-Gruppe] haben ja irgendwie ne
1228 Art Vorbildfunktion . für die Kinder.
1229 Und . also die Kinder lernen Menschen mit Behinderung kennen, als
1230 Leute die was Tolles machen und die sie bewundern und die ihnen
1231 was vermitteln, die ihnen helfen oder ihnen Tipps geben können
1232 oder direkt assistieren und ihnen helfen, was zu verwirklichen.
1233 Und . andererseits haben die Kinder, die aufgrund schul/ z. B.
1234 sprachlicher Schwierigkeiten oder ihres Migrationshintergrundes oder
1235 sonst welcher familiärer Situationen, die oft noch Misserfolge in der
1236 Schule haben, die haben hier volle Anerkennung und
1237 Erfolgserlebnisse. Das finde ich eben eine besonders wichtige Sache."

1077 Vgl. etwa I*Fall1, AB 62, Z. 479 – 490.

1078 Siehe Abschnitt: Künstlerische Begabung „Ermöglichen und erkennen, was sie machen wollen".

1079 I*Fall1, AB 56, Z. 365 – 366.

1080 Vgl. I*Fall1, AB 56, Z. 352 – 354.

sich diese Orientierung m.E. noch deutlicher.[1081] Der Begriff symbolisiere für ihn eine Art „Künstlertradition", die er wiederum vom schulischen Lernen abgrenzt. Seine Begründung lässt vermuten, dass er die Künstler*innen (mit Behinderung) als autorisierte Meister verstanden sehen will, die eine eigene Künstlerschule bilden. Durch den Verweis auf die „Alten Meister" werden für mich Assoziationen zu Meister-Schüler-Beziehungen möglich, die Parallelen zur geschilderten Beziehung zwischen den Künstler*innen und den Kindern erlauben könnten.[1082]
Ich nehme an, dass die Künstler*innen ihre künstlerischen Fertigkeiten nach Auffassung des Projektleiters nicht erlernen mussten sondern über eine spezifische Begabung verfügen. Diese scheint für A. von Natur aus gegeben zu sein, wie ein bereits thematisiertes Zitat vermuten lässt.[1083] Und auch den Kindern sei das „*Künstlerische*" inhärent, da sie eine spezifische kindliche Kreativität besitzen würden.[1084] Hier zeigt sich für mich eine weitere Fokussierungsmetapher, die einen zentralen Stellenwert für A. einnehmen könnte, wie auch die Analyse einer anderen Textpassage vermuten lässt. [1085] Der Projektleiter betont die Parallelen

1081 Folgende Textpassage ist hier zum Beispiel interessant (I*Fall1, AB 142, Z. 836 – 842):
836 A. (AB 142): „Also wir sind hier in der SCHULE DER [Eigenname der Künstler*innen-Gruppe].
837 Das ist der Überbegriff. Schule versteht sich also nicht in diesem Fall
838 als LEHRANSTALT, Einrichtung . im Sinne von Lesen, Rechnen
839 Schreiben lernen . sondern wir/im Sinne einer
840 KÜNSTLERTRADITION . Es gibt ja auch die Schule der .
841 Alten Meister, die Schule Raffaels oder so, um ein bisschen
842 hochgegriffen jetzt das zu vergleichen."

1082 Wie bereits an anderer Stelle herausgearbeitet wurde, können Kinder im Rahmen des Projekts von den Fähigkeiten der Künstler*innen lernen und werden gleichzeitig von ihren Arbeiten ‚inspiriert'. Vgl. etwa I*Fall1, AB 10, Z. 79.

1083 I*Fall1, AB 58, Z. 379 – 384.
379 A. (AB 58): „(...) Man hat ihnen nie zugetraut, was
380 Bestimmtes zu können oder eine Begabung zu haben. Sie galten als
381 pauschal unterbegabt sozusagen.
382 Und . die Idee, dass ein Künst/ein [Eigenname der Künstler*innen-Gruppe] als Künstler begabt/ also
383 ein behinderter Künstler begabt sein kann war nicht so in der Allgemeinheit verankert."

1084 I*Fall1, AB 40, 229 – 231.
229 A. (AB 40): „Na ja . also wichtig ist uns, dass es nicht um Schule im
230 Sinne von schulischem Lernen geht, sondern um freie Kreativität und
231 das Künstlerische, das jedem Kinde auch zu eigen ist."

1085 Meine weiteren Re-Konstruktionen beziehen sich auf die Analyse der folgender Textpassage (I*Fall1, AB 62, Z. 458 – 471):
458 A. (AB 62): „Ja, also das Interesse an der Kunst der [Eigenname der Künstler*innen-Gruppe] ist
459 eigentlich ein ähnliches wie das Interesse an der Kunst der Kinder.
460 Denn die Herangehensweise an gestalterische Arbeiten oder
461 Tätigkeiten . mit dieser Spontanität und Offenheit, ohne die Angst,
462 diese sprichwörtliche Angst vor der weißen Leinwand, die ist bei den
463 Kindern ganz ähnlich wie bei den [Eigenname der Künstler*innen-Gruppe].
464 Die [Eigenname der Künstler*innen-Gruppe] haben eben keine schulischen oder
465 akademischen Hintergründe WIE MAN WAS RICHTIG MALT oder
466 irgendwelche perspektivischen Regeln im Kopf. Sondern die müssen

zwischen Kindern und Künstler*innen, die er m.E. an ihrer „Kunst" festmacht. Ihr gelte sein besonderes Interesse – auch wenn er wiederum nicht konkret von sich in ich-Form spricht. Das Vorgehen der Kinder und Künstler*innen zeichne sich durch „Spontanität und Offenheit" aus, die keine „Angst" aber auch keine „akademischen Regeln" kenne. Da sie nicht wissen, was akademisch als „richtig" gelte, seien sie in der Lage, im Gestaltungsprozess offener vorzugehen und würden keine „Angst vor der weißen Leinwand" kennen. Mögliche Orientierungsmuster werden für mich im weiteren Gesprächsverlauf noch transparenter, als der Projektleiter als Gegenbeispiel „akademische Maler" benennt und dabei vermutlich auch seine eigenen Erfahrungen anspricht.[1086]Während akademische ausgebildete Maler*innen in ihrem Schaffen gehemmt seien, würden Kinder und Künstler*innen (mit Behinderung) diese „Bedenken" nicht teilen. Für ihr Vorgehen „ohne Reue" würden sie deshalb von den (akademischen) Künstler*innen „beneidet" – wahrscheinlich auch von A., wie er nur kurz anspricht, was auf seine persönliche Betroffenheit verweisen könnte. Während der Projektleiter A. im Interview kaum von sich selber sprach, äußerte er im weiteren Gesprächsverlauf sein persönliches Interesse an den Malereien der Kindern und Künstler*innen und berichtete, dass er früher selbst eine Malschule für Kinder geleitet hätte – eine der wenigen biografischen Aussagen von A. [1087]

Im Anschluss werden seine Erzählungen m.E. wieder allgemeiner. Er verweist auf ein, seiner Meinung nach weit verbreitetes Phänomen in der Kunst, wonach sich Künstler*innen an den Malereien von Kindern orientieren würden.[1088] Zur Veran-

467 auf ihre Kreativität und ihre gestalterischen Fähigkeiten zurückgreifen,
468 wenn sie was zu Papier bringen wollen. Und ihren eigenen Weg finden,
469 das zu machen, der natürlich jeder – glücklicherweise –
470 akademischen Regel spottet. Dadurch sind die Bilder ja so
471 interessant."

1086 I*Fall1, AB 62, Z. 472 – 478.
472 A. (AB 62): „Also akademische Maler haben ja oft /also ich kenn viele, ich gehöre
473 auch äh/kenne viele die die [Eigenname der Künstler*innen-Gruppe] gern beneiden
und sagen:
474 „Ach, ich würde das auch gerne können, so spontan und OHNE Reue
475 und ohne Bedenken ist das richtig. Oder kann ich das überhaupt so
476 machen, ist das/oder hat das schon mal jemand gemacht." Diese
477 ganzen Bedenken, die man mit sich rumträgt, das ist den [Eigenname der
Künstler*innen-Gruppe]
476 fern und den Kindern ebenso."

1087 I*Fall1, AB 62, Z. 492 – 496:
492 A. (AB 62): „[...] die Malerei von Kindern hat
493 mich immer ebenso sehr interessiert wie die von . äh Menschen mit
494 Behinderungen. Ich hatte auch früher selbst eine Malschule für Kinder,
495 da war nur der Aspekt der [Eigenname der Künstler*innen-Gruppe] noch nicht in dem
Sinne drin
496 enthalten."

1088 I*Fall1, AB 62, Z. 499 – 505:
499 A. (AB 62): „[...]Und ich meine, ganz viele Künstler haben immer wieder – oder
500 tun das auch immer wieder – sich auf Kindermalereien bezogen oder

schaulichung oder zur Bekräftigung seiner Aussagen benennt er als Beispiel Picasso, dem es nicht gelungen sei, zur kindlichen Malerei zurückzufinden. Das Beispiel eines berühmten, autorisierten Künstlers bekräftig m.E. seine Aussagen zur Vorbildfunktion von „Kindermalereien", an denen sich akademische Künstler*innen zwar orientieren können, die sie jedoch niemals erreichen würden. Es entsteht der Eindruck, dass akademische Künstler*innen aufgrund ihres Wissens und ihrer Ausbildung nicht mehr zurückgelangen können zur kindlichen Ursprünglichkeit und natürlichen Kreativität, die für sie gleichwohl das primäre Ziel darstelle. Während die Schule im ersten Teil meiner Analysen als dominanter Gegenhorizont re-konstruierbar wurde, könnte nun eine *‚Akademisierung' der ausgebildeten Künstler*innen* einen *Gegenhorizont* darstellen. Ich vermute, dass der Projektleiter die ‚ursprüngliche' Herangehensweise der Künstler*innen mit Behinderung und der Kinder bewundert, die ihm nicht mehr möglich sein könnte.

„Ich möchte und werde es immer genau so weiter machen"[1089] ↔ „aber trotzdem entwickelt sich was"[1090]

Wie ich bereits angedeutet habe, spricht der Projektleiter in den bislang thematisierten Zitaten selten von sich selbst und verwendete meist Formulierungen wie „wir" oder „man", wenn er das Konzept des Projekts erläutert oder die Aufgaben der Assistent*innen beschreibt. Im Interview finden sich auch nur wenige Passagen, in denen er eigene biografische Angaben macht, wie im letzten Abschnitt kurz erwähnt. Erst zum Schluss des Gesprächs ändern sich seine Äußerungen und er beginnt sehr persönlich und vornehmlich in „ich"-Form zu erzählen. Seine Antworten auf meine Frage, was er aus der langjährigen Projektzeit mitnehme oder was er sich für die Zukunft des Projekts wünschen würde, erlauben m.E. die Re-Konstruktion verschiedener, zum Teil ambivalenter Orientierungen, auf die ich mich im Folgenden konzentriere.[1091] Ich beginne mit dem *professionellen Selbstverständnis des Projekt-*

501 die irgendwie als Vorbild für sich genommen.
502 Ich/Picasso hat glaube ich mal (gesagt?), mit 14 hat er gemalt wie
503 Raphael, und er hat aber sein Leben lang gebraucht wieder da
504 hinzufinden, wie die Kinder malen. Aber das hat
505 er gar nicht geschafft ... in Wirklichkeit."

1089 I*Fall1, AB 162, Z.935/ 936.

1090 I*Fall1, AB 162, Z.958.

1091 Meine Re-Konstruktionen in den folgenden Abschnitten konzentrieren sich hauptsächlich auf die erste Textpassage nach meiner Frage (I*Fall1, AB 162), die ich unten in Ausschnitten aufzeige und in den weiteren Abschnitten ergänze. Zur Verdeutlichung meiner Argumentation gehe ich allerdings in der Analyse nicht immer chronologisch vor und nehme zum Teil auch Bezug auf weitere Textausschnitte.
931 EM (AB 161} „WAS nehmen Sie Besonderes daraus [langjährige Projektzeit] mit
932 oder was würden Sie sich auch noch wünschen für . für das
933 Projekt . für die Zukunft?
934 A. (AB162): IMMER NEUE SPONSOREN. ((lacht)) Kriegen wir auch.
935 Nein . ich äh kann nicht sagen was ich mir wünsche. Ich möchte und
936 werde es immer genau so weiter machen und . es ist einfach . ich

leiters, um Motive für die Zusammenarbeit mit den Kindern weiter zu untersuchen und gehe hier u. a. auch noch einmal auf seine künstlerische Ausrichtung ein. Zunächst äußert A. mit einem Lachen, dass er sich „IMMER NEUE SPONSOREN" wünsche.[1092] Ich vermute deshalb, dass das Projekt auf Finanzierungen durch Sponsoren angewiesen ist, um fortbestehen zu können. Der Projektleiter führt diesen Punkt allerdings nicht weiter aus, sondern fügt nur hinzu „Kriegen wir auch", als bestehe daran kein Zweifel.[1093]
Im weiteren Gesprächsverlauf wird für mich ein *Changieren* deutlich zwischen dem Wunsch, alles „(...) immer genau so weiter [zu] machen" [1094] und seinem Anliegen, zu lernen und die eigenen Fähigkeiten zu erweitern,[1095] was ich im Folgenden nach und nach vertiefen werde. Ich nehme an, dass es dem Projektleiter einerseits wichtig ist, dass sich die Projektstruktur nicht verändert,[1096] während er andererseits die Notwendigkeit hervorhebt, „Dass es nicht stillstehen bleibt sondern sich ENTWICKELT."[1097] Neben seiner eigenen Weiterentwicklung als Projektleiter, die er zuvor angesprochen hat, könnten noch weitere Aspekte für ihn wichtig sein, die er an dieser Stelle allerdings nicht benennt und sondern sich nur sehr allgemein ausdrückt. Folgende Äußerung wird für mich dabei besonders

937 verstehe das eben SELBST auch als meine künstlerische Arbeit.
938 Gut, ich produziere im Allgemeinen nicht selbst oder ich/wenn die
939 Kinder mal mich mal bei irgendetwas mitmachen lassen oder mich
940 bitten mitzumachen, das ist sehr schön.
941 Aber es ist eben meine, und das ist eben auch ne finde ich kreative
942 oder gestalterische Arbeit . Aufgabe das so zu gestalten wie es läuft
943 und das zu ermöglichen. Da gehört natürlich auch die Einfühlung
944 dazu, die natürlich mit den Jahren auch wächst. Es gibt natürlich auch
945 mal Streit oder so, oder Missstimmigkeiten oder Unklarheiten und
946 viele Dinge – ich könnte jetzt im Moment kein Beispiel nennen, aber
947 ich glaube Sie wissen, was ich meine – die kommen nicht sofort zum
948 Ausdruck und sind vielleicht anders GEMEINT.
949 Und zu LERNEN, zu erkennen, was steckt da eigentlich hinter oder
950 was war es, das geht natürlich nur, wenn man es
951 wirklich mit Haut und Haaren macht und mit/das auch machen will,
952 sich dafür total interessiert. Und . das eigentlich immer weiter zu
953 entwickeln, meine Fähigkeit, das GUT zu machen, zu leiten oder zu
954 moderieren oder wie auch immer. Und da selbst immer wieder dazu
955 zu lernen. Dass es nicht stillstehen bleibt sondern sich ENTWICKELT.
956 Obwohl ich nicht sagen kann, in welcher Form es sich entwickelt, weil
957 die Projektstruktur ist immer die gleiche geblieben ist, und so soll es
958 auch bleiben; aber trotzdem entwickelt sich was (5).
959 Und solange das gegeben ist und es spricht nichts dagegen, gegen
960 dass es das auch immer sein wird, wünsche/habe ich jetzt keine
961 speziellen Wünsche was sollte noch anders sein.
962 Ich möchte es so gerne immer weiter machen können."

1092 I*Fall1, AB 162, Z.934.
1093 I*Fall1, AB 162, Z.934.
1094 I*Fall1, AB 162, Z.935/ 936.
1095 Vgl. etwa I*Fall1, AB 162, Z.954/ 955.
1096 Vgl. I*Fall1, AB 162, Z. 957.
1097 I*Fall1, AB 162, Z. 955.

auffällig, an die sich eine markante lange Pause anschließt – möglicherweise ein Hinweis auf das Nicht-Gesagte.

> „Obwohl ich nicht sagen kann, in welcher Form es sich entwickelt, weil die Projektstruktur ist immer die gleiche geblieben ist, und so soll es auch bleiben; aber trotzdem entwickelt sich was (5)." [1098]

Im weiteren Gesprächsverlauf spricht A. über die Entwicklungen der Kinder und der Künstler*innen (mit Behinderung), die auf besondere Weise durch das Projekt angeregt werden könnten. Ein Motiv, das er in ähnlicher Form bereits vorher als Motiv für die Projektstruktur thematisiert hatte.[1099] Möglicherweise bezieht sich die oben aufgeführte Äußerung auch auf diesen Aspekt. Die herausgearbeitete Orientierung zwischen ‚Kontinuität und Entwicklung' könnte aber auch andere Hintergründe habe und beispielsweise an den eingangs geäußerten Wunsch nach Sponsoren anschließen oder andere Aspekte umfassen, die an dieser Stelle nicht sagbar werden.

„ich verstehe das eben SELBST auch als meine künstlerische Arbeit"[1100] ↔ eben auch ne finde ich kreative oder gestalterische Arbeit . Aufgabe (...) das zu ermöglichen"[1101]

Zur Vertiefung des professionellen Selbstverständnisses des Projektleiters wird m.E. in dem eingangs aufgeführten Textausschnitt auch noch einmal die künstlerische Ausrichtung von A. relevant, die sich allerdings von den bisher herausgearbeiteten Orientierungen unterscheidet. Wie bereits dargelegt, habe ich eine Positionierung des Projektleiters als Künstler bereits im ersten Interviewabschnittes re-konstruiert.[1102] Dort führt er m.E. seine künstlerischen Tätigkeiten jedoch nicht weiter aus.[1103] Auch seine mögliche Ablehnung einer ‚Akademisierung' und die Bewunderung für die Kunst der Künstler*innen mit Behinderung und der Kinder, habe ich bereits angesprochen.[1104]

1098 I*Fall1, AB 162, Z.956 – 958.
1099 » Abschnitt: Gegenseitiges „Profitieren" ↔ Gesellschaftliche Randpositionen.
1100 I*Fall1, AB 162, Z.936/ 937.
1101 I*Fall1, AB 162, Z.941/ 942.
1102 Vgl. I*Fall1, AB 56, Z.350 – 352.
» Abschnitt Künstlerische Begabung ↔ „Ermöglichen und erkennen, was sie machen wollen" in diesem Kapitel.
1103 Auch in meinen Analysen zum ‚Sprechen über den Partizipationsbegriff' wurde für mich das ‚partizipatorische' Kunstverständnis' des Projektleiters nicht ganz deutlich. » Kapitel 7.1 Fallausschnitt zum Projekt 1: „Es ist Kunst"
Die hier untersuchte Textpassage eignet sich m.E. auch, um die dort zusammengefassten Überlegungen weiterführend zu befragen.
1104 Vgl. Abschnitt: Das Künstlerische ↔ Akademisierung.

In dem hier analysierten Gesprächsabschnitt geht er gleich zu Anfang detaillierter auf sein künstlerisches Selbstverständnis ein, denn er äußert nun, dass er das Projekt als seine „künstlerische Arbeit" verstehe und führt dies anschließend weiter aus.[1105] Ich habe den Eindruck, dass ihn diese Tätigkeit sehr erfüllt, denn er bezeichnet es nicht nur als seine „Arbeit", sondern als seine „Aufgabe"[1106] – was möglicherweise auch als *,Lebensaufgabe'* gedeutet werden könnte. Weitere Äußerungen des Projektleiters lassen auch auf sein *besonderes Engagement* und seine *Begeisterung* für die Projektarbeit schließen, wenn er später beispielsweise sagt, es sei notwendig, Tätigkeiten „mit Haut und Haaren"[1107] zu machen oder wenn er im weiteren Gesprächsverlauf etwa berichtet, er sei extra in die Nähe des Projektstandortes gezogen und es sei ihm wichtig, auch über das Projekt hinaus Kontakt zu den involvierten Menschen zu haben.[1108] Auch die Tatsache, dass er gleich auf sein künstlerisches Selbstverständnis zu sprechen kommt, nachdem er geäußert hatte, dass er nicht sagen könne, was er sich wünsche und alles so weitermachen möchte,[1109] lässt mich darauf schließen, dass er mit seiner Arbeit sehr zufrieden ist und sich stark damit *identifiziert*.
Der Projektleiter A. bezeichnet seine Tätigkeit als „kreative oder gestalterische Arbeit . Aufgabe", die für ihn darin bestehe alles „(...) so zu gestalten wie es läuft und das zu ermöglichen."[1110] Ich gehe davon aus, dass er das *Kooperationsprojekt als sein künstlerisches Werk* versteht (s.o.), was er von klassischen künstlerischen Produkten abgrenzt.[1111] In dem aufgeführten Zitat werden zudem zwei Ebenen für mich wahrnehmbar. Zum einen vermute ich, dass der Projektleiter sich für die erfolgreiche Durchführung oder Organisation des Projekts zuständig fühlt.[1112] Zum andern könnte er sich aber auch für dessen Ermöglichung verantwortlich sehen, die an eine spezifische Fähigkeit der „Einfühlung" gebunden sei.[1113] Das *Motiv des ,Ermöglichens'* habe ich bereits an verschiedenen Stellen gestreift[1114] und werde diesen Aspekt im Folgenden noch weiter vertiefen.

„Und zu LERNEN, zu erkennen, was steckt da eigentlich hinter"[1115] ↔ „Ich-kann-ich-nicht-Kind"[1116] ↔ „diesen Panzer oder diese Abwehr praktisch zu durchdringen"[1117]

1105 I*Fall1, AB 162, Z. 937.
1106 I*Fall1, AB 162, Z. 941/ 942.
1107 I*Fall1, AB 162, Z. 951.
1108 I*Fall1, AB 162, Z. 977 – 983.
1109 I*Fall1, AB 162, Z. 935/ 936.
1110 I*Fall1, AB 162, Z. 942/ 943.
1111 I*Fall1, AB 162, Z. 938.
1112 Vgl. auch I*Fall1, AB 162, Z. 953/ 954.
1113 I*Fall1, AB 162, Z. 943.
1114 Vgl. etwa Abschnitt: Künstlerische Begabung ↔ „Ermöglichen und erkennen, was sie machen wollen".
1115 I*Fall1, AB 162, Z. 949.
1116 I*Fall1, AB 196, Z. 1255.
1117 I*Fall1, AB 200, Z. 1269/ 1270.

Die Fähigkeit der *„Einfühlung"* könnte für den Projektleiter eine zentrale Voraussetzung seiner Tätigkeit darstellen.[1118] Außerdem vermute ich, dass es ihm ein Anliegen ist, seine *Kenntnisse in diesem Bereich auch zukünftig weiter auszubauen*, wenn er die Notwendigkeit oder den Wunsch hervorhebt, weiterhin „(....) zu LERNEN, zu erkennen, was steckt da eigentlich hinter".[1119] In dem hier untersuchten Gesprächsabschnitt bezieht sich das Einfühlen wahrscheinlich auf ein *‚Erkennen'* möglicher Gründe, z. B. für Unstimmigkeiten, die *nicht immer gleich ersichtlich* seien.[1120]

Das Motiv des ‚Erfassens was dahinter steckt' habe ich in ähnlicher Form bereits im ersten Teil des Interviews als eine zentrale Orientierung herausgearbeitet. Dort sprach der Projektleiter von einem *‚Erkennen was andere machen möchten',* als er *Formen der Unterstützung für die Künstler*innen durch die Assistent*innen* aufführte.[1121] Auch dabei thematisierte er ein ‚Ermöglichen'[1122] und bezog sich vermutlich primär auf das Ausüben des Berufs des Künstlers/ der Künstlerin für Menschen mit Behinderung. Im letzten Teil des Interviews, als A. von seiner *Zusammenarbeit mit den Kindern* spricht, wird m.E. diese Orientierung (Erkennen und ermöglichen, was Andere machen wollen) erneut virulent. In diesem Gesprächsabschnitt konnte ich noch weitere Motive herausarbeiten, die zur Vertiefung und Ausdifferenzierung beitragen können:

Auf meine Frage hin, was bislang im Interview noch nicht thematisiert worden sei, fasst A. zunächst wesentliche Aspekte der Konzeption noch einmal zusammen und betont bspw., dass jedes Kind bei den Künstler*innen willkommen sei und niemand genötigt werde mitzumachen, wenn er oder sie nicht wolle.[1123] Daraufhin berichtet er von seinem Umgang mit Kindern, die nicht mitmachen wollen und bezeichnet sie auch als *„Ich-kann-ich-nicht-Kinder"*[1124]. Bereits in der Einleitung dieser Gesprächssequenz werden m.E. wesentliche Orientierungsmuster deutlich.[1125] Charakteristisch für die beschriebenen Kinder scheint zu sein, dass

1118 I*Fall1, AB 162, Z. 943/ 944.

1119 I*Fall1, AB 162, Z. 949.

1120 Vgl. I*Fall1, AB 162, Z. 944 – 948.

1121 Die Assistent*innen würden erkennen, was die Künstler*innen vorhaben (und möglicherweise nicht alleine umsetzen können) und könnten ihnen durch technische oder organisatorische Hilfestellungen zur Seite stehen.
» Abschnitt: Künstlerische Begabung ↔ „Ermöglichen und erkennen, was sie machen wollen" oder I*Fall1, AB 58, Z. 398/ 399.

1122 I*Fall1, AB 58, Z. 369.

1123 Vgl. I*Fall1, AB 196, Z. 1237 – 1240.

1124 I*Fall1, AB 196, Z. 1256.
Wie der Projektleiter im Interview aufführt, stamme der Begriff nicht von ihm – doch er sei zentral für ihn geworden. Vgl. I*Fall1 , AB 196, Z.1254.

1125 Folgender Interviewausschnitt liegt meinen Deutungen hier zugrunde (I*Fall1, AB 196):
1245 A. (AB 196): „Aber ICH erlebe eben eher, dass einige Kinder, die nichts machen,
1246 sich das nicht zutrauen und Angst vor Misserfolgen haben: „Ich kann
1247 das nicht." Ich bin – wie ich vorhin schon sagte – gegen irgendwie

sie sich nicht „zutrauen" würden mitzumachen und „Angst vor Misserfolgen" hätten.[1126] Wie er in der Einleitung bereits anspricht, hätten sie meist spezifische „Verhaltensauffälligkeiten"[1127], was sich in seinen weiteren Erzählungen bestätig.[1128] Zugleich sei die Zusammenarbeit mit diesen Kindern für den Projektleiter aber auch besonders spannend oder reizvoll.[1129]
Das Motiv des ‚Sich-nicht-Trauens' findet sich m.E. wiederholt und könnte die favorisierte Begründung des Projektleiters sein, wenn Kinder nicht mitmachen möchten.[1130] Die Kinder dennoch zum Mitmachen zu bewegen, bezeichnet A. als „besonders starke Herausforderung"[1131], der er sich möglicherweise gerne stellt. Durch viel Unterstützung und Ermutigung versuche er, „(...) diese/ diesen Panzer oder diese Abwehr praktisch zu durchdringen"[1132] – was für mich zu einer sehr starken Fokussierungsmetapher wird.[1133] Der Projektleiter könnte davon ausgehen, dass sich diese Kinder abschirmen oder schützen und er diese Barrikade durch „viel Vertrauen"[1134] aufbrechen oder überwinden könne, wie auch eine weitere

1248 solche Schlagworte (...)
[...]
1253 aber ich habe AUCH so einen Begriff, der sich
1254 entwickelt hat, der kommt aber nicht von mir, den ich aber lustig finde.
1255 Das ist/ Das nenne ich „ich-kann-ich-nicht-Kind".
1256 Es gibt ein paar oder hat schon einige „ich-kann-ich-nicht-Kinder" hier
1257 gegeben, die mich dann auch dann eigentlich immer ganz besonders
1258 auch interessiert haben. Es waren meistens Kinder,
1259 die irgendwelche besonderen Verhaltensauffälligkeiten hatten (...)."

1126 I*Fall1, AB 196, Z. 1246.

1127 I*Fall1, AB 196, Z. 1259.

1128 Später erzählt der Projektleiter A. von drei ‚Ich kann ich nicht Kindern', die alle drei Handicaps hätten oder sozial benachteiligt seien, etwa aufgrund von „motorischen Schwierigkeiten" (I*Fall1, AB 210, Z. 1417) oder ihrer „familiären Situation" (I*Fall1, AB 200, Z. 1279).

1129 Vgl. I*Fall1, AB 196, Z. 1257/ 1258.

1130 Meine weiteren Interpretationen beziehen sich auf diesen Gesprächsabschnitt (AB 200, I*Fall1):
1266 A. (AB 200): „(...) wo ICH
1267 eben das Gefühl hatte gut, wenn der nichts macht, dann traut er sich
1268 nicht. Und das ist dann für mich eine besonders starke
1269 Herausforderung, so diese/ diesen Panzer oder diese
1270 Abwehr praktisch zu durchdringen. Und das geht natürlich nur mit
1271 ganz viel Zuwendung und ganz viel Vertrauen, das sich gegenseitig
1272 aufbauen muss. Und . da muss natürlich erst mal dafür begriffen
1273 haben, der verweigert nichts, sondern er traut sich oder sie, je
1274 nachdem, traut sich nicht."

1131 I*Fall1, AB 200, Z. 1268/ 1269.

1132 I*Fall1, AB 200, Z. 1269/ 1270.

1133 Den Begriff und die Bedeutung der *Fokussierungsmetapher* im Rahmen der dokumentarischen Methode habe ich im vierten Kapitel dargelegt. » Kapitel 4.4.4 Zur Analyse von Texten mit der dokumentarischen Methode.

1134 I*Fall1, AB 200, Z. 1271.

Interviewstelle vermuten lässt.[1135] Dort spricht er auch von einen „Bann"[1136], der die Kinder umgäbe, der sich allerdings immer gelöst habe – auch wenn es Zeit gebraucht hätte.[1137]

Eine besondere Funktion komme dabei den Künstler*innen zu, da sie dazu beitragen würden, dass die Kinder ihre Abschirmung aufgeben.[1138] Das gemeinsame Malen könne demnach dazu anregen, dass die Kinder ihre Hemmungen überwinden. Denn die Zusammenarbeit würde den Kindern die Angst nehmen, etwas falsch zu machen, wie A. weiter aufführt.[1139] Im Interview lassen sich weitere Gründe für mögliche ‚Blockaden' der Kinder ausmachen, von denen ich vermute, dass sie auch in einem *Bezug stehen zu den eigenen künstlerischen Erfahrungen des Projektleiters*.[1140] In dem Interviewabschnitt kommt für mich wiederum eine ‚Angst vor der weißen Leinwand' zum Ausdruck, die auf ein Charakteristikum ‚akademischer Künstler' hinweisen und auf Orientierungen des Projektleiters schließen lassen könnte, die ich bereits herausgearbeitet habe. Auch der von ihm angesprochene „Mut, ein Bild zu Ende zu bringen"[1141] könnte auf seinen künstlerischen Erfahrungen gründen und weniger auf eine kindliche Gestaltungsweise hindeuten.

Das Bild des ‚Ich-kann-ich-nicht-Kindes' des Projektleiters wirkt auf mich wie ein Erklärungsmodell, das wenig Spielraum für weitere Deutungen lässt. Dem stehen

---

1135 I*Fall1, AB 200, Z. 1298-1302:
1298 A. (200): „(...) aber ich sorge auch dafür, dass auch DIESER JUNGE oder DIESES
1299 MÄDCHEN trotzdem hier seinen Platz hat und das Gefühl hat, ist hier
1300 willkommen. Und ich glaube, ich hab es noch nie erlebt, dass nicht
1301 IRGENDWIE dieser Bann sich dann noch im Laufe der Zeit, ob das
1302 nun Wochen, Tage oder Monate dauerte, AUFBRACH sozusagen."

1136 I*Fall1, AB 200, Z. 1301.

1137 I*Fall1, AB 200, Z. 1301/ 1302.

1138 I*Fall1, AB 200, Z. 1275-1277:
1275 A. (200): „Und da ist auch ganz oft ein ganz schöner, praktisch, Anstoß, das zu
1276 überwinden, wenn ein solches Kind mit einem [Eigenname der Künstler*innen-Gruppe] zusammen
1277 malt."

1139 I*Fall1, AB 200, Z. 1285-1288:
1285 A. (200): „ (...) Und es war ganz klar, da hatte sie das
1286 Gefühl gut, da bin ich nicht alleine verantwortlich, der macht das ja
1287 auch, wenn ich da hier falsch mache, dann ist es ja nicht nur meine
1288 Schuld."

1140 Im Abschnitt Das Künstlerische ↔ Akademisierung habe ich dazu erste Orientierungen herausgearbeitet, die m.E. hier vertieft werden können. Meine weiteren Interpretationen beziehen sich auf folgende Interviewpassage (AB 202, I*Fall1):
1327 A. (202): „Das ist auch, finde ich verständlich, wenn man ein Bild anfängt, die
1328 ersten Striche hat, ja dann ist man erst Mal so ein bisschen enttäuscht
1329 und hat auch das Gefühl, „Mensch ich muss noch SO viel machen bis
1330 es irgendwie schön aussieht". Es zeigt ja auch einen hohen Anspruch
1331 an sich selbst, wenn man den Mut hat ein Bild zu ende zu bringen. Es
1332 muss aber auch gut werden und „ach nee, das schaffe ich sowieso nicht", also lässt es lieber gleich."

1141 AB 202, Z. 1331.

aber m.E. auch Aussagen des Projektleiters gegenüber, in denen er hervorhebt, dass es ihm besonders wichtig sei, individuell auf die Kinder einzugehen, die Gründe für ihre Weigerung jeweils separat zu hinterfragen und „(...) nie stereotyp nach einem Muster [zu] reagiere[n]."[1142] Seine Beschreibungen zum ‚Ich-kann-ich-nicht-Kind' bilden für mich auch einen Kontrast zu den Gesprächspassagen, in denen A. die Notwendigkeit der stetigen Weiterentwicklung angesprochen hatte.[1143] Darin finden sich erneut Aussagen, in denen er seine eigene Entwicklung reflektiert und eine „(...) viel stärkere Sensibilität und ein viel stärkeres Gespür"[1144] als seine Stärken beschreibt. Anhand von drei Beispielen erläutert er m.E. sehr detailliert seine Versuche, die Kinder zu motivieren und sie zur eigenständigen Tätigkeit zu bewegen. Dabei lege er großen Wert darauf, sie nicht zu überfordern sondern langsam ihr Vertrauen aufzubauen und sie über das Zusehen zur Mitarbeit zu animieren.[1145] Auch Lob und stetiger Zuspruch seien zentrale Mittel, mit denen er in seinen Erzählungen die Kinder zur Mitarbeit anzuregen versucht[1146] – damit sie nicht „wieder entmutigt"[1147] werden. Wenn der Projektleiter davon erzählt, wie die drei Kinder dazu bewegt werden konnten, selber ästhetisch-künstlerisch tätig zu sein, steht m.E. weniger das gemeinsame Malen mit den Künstler*innen im Vordergrund, das den ‚Bann' durchbreche, sondern vielmehr das geduldige Vorgehen und Eingehen des Projektleiters auf die Interessen und Wünsche der Kinder.[1148]

1142 I*Fall1, AB 202, Z. 1308/ 1309.
Der hier hinzugezogene Interviewabschnitt lautet (I*Fall1, AB 202):
1307 A. (AB 202): „Ich versuche nie – oder das ist
1308 eben für mich wichtig – dass ich nie stereotyp nach einem Muster
1309 reagiere. Sondern ich versuche wirklich immer zu erkennen, was
1310 steckt wirklich dahinter. NICHT ALLES, was jemand macht, ist das was
1311 es macht oder er macht."

1143 Vgl. I*Fall1, AB 162, Z. 949 – 954.

1144 I*Fall1, AB 202, Z. 1314/ 1315.
Folgender Interviewausschnitt schließt sich an (I*Fall1, AB 202):
1311 A. (AB 202): „(...) da weiß
1312 ich z. B. dass ich mich da im Laufe der Jahre STARK entwickelt habe.
1313 dass ich das früher – ja natürlich, jeder lernt oder sollte es – dass ich
1314 das auch erst mal erkennen musste und dass ich da ne viel
1315 stärkere Sensibilität und ein viel stärkeres Gespür – was steckt wirklich
1316 dahinter, was ist wirklich hinter dieser Aussage oder dieser Handlung,
1317 äh . versteckt sich da oder was ist damit wirklich gemeint. Und da
1318 finde ich eigentlich auch besonders spannend."

1145 Vgl. etwa I*Fall1, AB 202, Z. 1362 – 1364.

1146 I*Fall1, AB 202, Z. 1347 – 1350.

1147 I*Fall1, AB 212, Z. 1496.

1148 Für weitere Interpretationen wäre zu fragen, inwiefern die Zusammenarbeit mit dem Projektpartner (Deutsche Telekom AG Initiative) den Begriff des ‚Ich kann ich nicht Kindes' auch noch mitgeprägt hat. Denn der Sponsor des Projekts wird mit dem Titel „Ich kann was" in der Projektpublikation aufgeführt und am Ende seiner Erzählung, als sich ein Kind etwas zutraute – kommt der Projektleiter auch auf ein Schild zu sprechen, das diese Aufschrift trägt.

Zusammenfassung auffällig gewordener Orientierungen im ‚Sprechen über das Projekt' zum Fall 1

Auf den letzten Seiten habe ich die Herleitung meiner Ergebnisse zum ‚Sprechen über das Projekt' im Interview mit dem Projektleiter A. sehr ausführlich dargestellt, um mein analytisches Vorgehen und den facettenreichen Fall darzustellen. Diese detaillierte Betrachtung lässt m.E. *verschiedenartige und z. T. ambivalente Orientierungen aber auch Abgrenzungen* deutlich werden, die ich an dieser Stelle in stark gebündelter Form zusammenfasse:[1149]
Die Fokussierungsmetaphern ‚frei und selbstbestimmt' und ‚ohne pädagogischen Überbau' verweisen m.E. auf zentrale Orientierungen des Projektleiters A. im ‚Sprechen über das Projekt'. Ich nehme an, dass es ihm ein wichtiges Anliegen ist, dass die Kinder während der Projektarbeit selber entscheiden können, was sie machen wollen, und dass ihre Tätigkeiten keinen pädagogischen Ansprüchen unterliegen. Wie ich re-konstruieren konnte, werden schulische Settings in seinen Beschreibungen zu einem zentralen Gegenhorizont, denn er kommt wiederholt auf Formen schulischen Lernens zu sprechen, die für ihn vermutlich sehr negativ konnotiert sind und von denen er die Projektarbeit deutlich abgrenzt. Möglicherweise beruhen diese Abgrenzungen (auch) auf eigenen Schulerfahrungen des Projektleiters, wie mich einige Äußerungen annehmen lassen.
Die Aufgabe der Assistent*innen im Projekt (zu denen sich A. zähle) bestehe vornehmlich darin, die Kinder darin zu unterstützen, was sie machen wollen. Dabei scheint das Motiv des ‚Ermöglichens' für den Projektleiter sehr bedeutsam zu sein. Ich vermute verschiedene Ebenen, auf denen dieses Motiv zum Tragen kommt. Ein ‚Ermöglichen', was die Künstler*innen (mit Behinderung) und die Kinder künstlerisch umsetzen möchten, könnte für ihn eine wesentliche Aufgabe der Assistent*innen in der Projektarbeit sein. Beiden Personengruppen (den Kindern und den Künstler*innen mit Behinderung) scheint er spezifische künstlerische Fähigkeiten und Begabungen zuzugestehen, für deren Anerkennung er sich möglicherweise besonders einsetzt – auch um ihren ‚gesellschaftlichen Randpositionen' entgegenzuwirken. Der Aspekt der Anerkennung ist für den Projektleiter vermutlich auch in der Beziehung zwischen den Kindern und den Künstler*innen zentral, denn er erwähnt eine ‚gegenseitige' Anerkennung, die beide Personengruppen durch die Zusammenarbeit erfahren würden. Seine Beispiele aus der Projektarbeit lassen darüber hinaus vermuten, dass die Künstler*innen von den Kindern im Projekt viel Anerkennung für ihre künstlerischen Arbeiten erhalten. In diesem Zusammenhang werden für mich wieder ‚Zitate im Namen der Kinder' auffällig, die der Projektleiter auch zur Beschreibung der Projektprinzipien anhand der Fotografien verwendet hat.

1149 In meinen Zusammenfassungen zentraler Orientierungen gebe ich keine Quellenangaben mehr an, die ich in den Herleitungen meiner Ergebnisse ausführlich dargestellt habe.

In seinen Beschreibungen der besonderen künstlerischen Fähigkeiten der Kinder und Künstler*innen kommt für mich ein zweiter Gegenhorizont zum Tragen, denn der Projektleiter grenzt ihre ‚ursprüngliche' künstlerische Herangehensweise von einer Akademisierung ausgebildeter Künstler*innen ab. Ich habe den Eindruck, dass A. die Kinder und Künstler*innen mit Behinderung für diese Fähigkeit bewundert und nehme an, dass seine Abgrenzung zur ‚Akademisierung' (auch) auf eigenen Erfahrungen beruhen könnten, wie einige seiner Beschreibungen vermuten lassen. Zwar bezeichnet der Projektleiter bereits im ersten Teil des Interviews die Assistent*innen auch als Künstler*innen, doch erst im Laufe des Gesprächs wird sein künstlerisches Selbstverständnis für mich deutlicher, als er detaillierter über seine eigene Position im Projekt spricht. In diesem Zusammenhang beschreibt er die Projektarbeit auch als sein künstlerisches Werk, das er auch als eine Art ‚Lebensaufgabe' verstehen könnte, denn ich habe den Eindruck, dass er sich sehr dafür engagiert und sich stark damit identifiziert.
Als ich den Projektleiter auf seine Zukunftswünsche angesprochen habe, konnte ich ein Changieren re-konstruieren zwischen dem Wunsch, die Projektarbeit in gewohnter Form immer weiterführen zu können und seinem Anliegen, seine Fähigkeiten weiterzuentwickeln und dazuzulernen. Als besondere Fähigkeit im Projekt, die er gerne weiter ausbauen würde, zählt er vermutlich eine Art ‚Einfühlung', die m.E. an das bereits thematisierte Motiv des ‚Ermöglichens' anschließt. Ihm sei es wichtig zu lernen, was ‚dahinter steckt', um Kinder fördern zu können. Dabei erzählt er mir von Kindern, die sich nicht trauen würden und bezeichnet sie auch als ‚Ich-kann-ich-nicht-Kinder'. Ich nehme an, dass ihn die Zusammenarbeit mit diesen Kindern besonders reizen könnte und es eine Herausforderung für ihn darstellen könnte, den ‚Panzer zu knacken' oder die ‚Hemmungen' zu durchbrechen, damit sie sich etwas zutrauen. Seine Erzählungen, wie er die Kinder zur ästhetisch-künstlerischen Arbeit ermutigt, lassen ein großes Engagement und viel Geduld erahnen. Gleichzeitig stehen die Beschreibungen des Projektleiters dieses ‚Typus' von Kindern für mich auch in einem Widerspruch zu weiteren Aussagen, nachdem es ihm wichtig sei, nicht stereotyp vorzugehen und die Kinder jeweils individuell zu fördern. Auch die ersten Aussagen des Projektleiters über die Fähigkeiten der Kinder, ‚frei und selbstbestimmt' im Projekt zu agieren, als er die Projektprinzipien beschreibt, bilden für mich einen Kontrast zu seinen Erzählungen über die ‚Ich-kann-ich-nicht-Kinder'.
Für mich stellt sich die Frage, inwiefern die von A. verwendeten Charakterisierungen der Kinder und Künstler*innen (mit Behinderung) in einem Zusammenhang stehen könnten mit den Erfahrungen des Projektleiters während seiner Schulzeit oder auch in seiner künstlerischen Ausbildung, die er als Abgrenzungen häufig hinzuzieht. Möglicherweise könnten diese Erfahrungen auch zur Bezeichnung der ‚Ich-kann-ich-nicht-Kinder' beigetragen haben.

8.1.5 Fallinterner Vergleich visueller und sprachlicher Darstellungen zum Projekt 1

In diesem Kapitel konzentriere ich mich auf *Gemeinsamkeiten und Unterschiede im Vergleich der visuellen und sprachlichen Darstellungen* des ersten Projekts. Dazu bringe ich *markante Ergebnisse aus den verschiedenen Analyse-Ebenen* zusammen. Durch die Gegenüberstellung der unterschiedlichen Darstellungsformen gehe ich impliziten Orientierungen und affektiven Dimensionen weiter nach, um Vorstellungen über Partizipation des Projektleiters A. zu re-konstruieren.

Zunächst beginne ich mit auffällig gewordenen *Parallelen* in den visuellen und sprachlichen Darstellungen – insbesondere mit der starken Nähe zu den beteiligten Personen, auf die ich aufmerksam wurde. Wie ich im sechsten Kapitel ausgeführt habe, zeichnen sich die Fotos des ersten Bild-Ensembles durch eine besondere Nahsicht aus. Nicht nur die abgebildeten Kinder und Erwachsenen sind aus kurzer Distanz zu sehen und ‚auf Augenhöhe' dargestellt, sondern auch der Kamerablick ist auf ‚Augenhöhe' mit den Abgebildeten zu verorten. Es entsteht für mich der Eindruck, dass ich als Betrachterin ganz nah am Geschehen und an den Personen ‚dran' bin. Wie mir der Projektleiter im Gespräch erzählt, habe er die Fotos selber aufgenommen. Ich kann also davon ausgehen, dass er bei den abgebildeten Situationen anwesend war und ich vermute, dass er die Kameraposition extra eingenommen hat.
Auch die Art und Weise, wie A. über die Bilder spricht, verweist m.E. auf eine gewisse Nähe. Er benennt die dargestellten Erwachsenen und ein Kind mit ihren Namen, weshalb ich annehme, dass er sie gut kennt. In meinen Analysen habe ich auch das Phänomen genauer beleuchtet, dass der Projektleiter beim ‚Sprechen über die Bilder' als auch beim ‚Sprechen über das Projekt' Formulierungen verwendet, die den Eindruck erwecken, als zitiere er die Kinder und wüsste genau, was sie im Moment der Aufnahme oder in dem erzählten Erlebnis dachten oder was sie tuen wollten. Im *Kontrast* dazu steht für mich allerdings, dass die ausgewählten Fotos zum Zeitpunkt des Interviews fast 20 Jahre alt sind, wie mir der Projektleiter im Laufe des Gespräches erzählt. Außerdem wurde ich durch den Vergleich der ‚Kinderzitate' und der Fotos auf *Unterschiede und Widersprüche* aufmerksam, durch die ich meine Deutungen zusätzlich erweitern konnte. Während bspw. ein Bildkommentar des Projektleiters A. eine Bewunderung der Jungen für den mit abgebildeten Künstler nahelegt, wird durch die Bildanalyse für mich deutlich, dass ein Junge zur Kamera und vermutlich zum Projektleiter schaut. Für mich stellt sich die Frage, ob das Bild nicht auch einen Hinweis geben könnte auf eine besondere Beziehung zwischen diesen beiden Personen. Inwiefern wird der Projektleiter hier zu einem wichtigen Bestandteil der abgebildeten Szene, obwohl er auf dem Foto nicht sichtbar wird? Auch ein zweites Foto dieses Bild-Ensembles zeichnet sich m.E. durch einen auffälligen Blickkontakt zwischen Kind und Kamera/ Betrachter*in aus, was sich deutlich

von den Bild-Ensembles des zweiten und dritten Projekts unterscheidet. Interessant ist in diesem Zusammenhang außerdem, dass auf keinem der vier Bilder ein Assistent oder eine Assistentin zu sehen ist, zu denen sich A. auch zähle und deren Aufgaben im Projekt er mir im Interview schildert. Die Projektarbeit, die durch die Fotos gezeigt wird, scheint sich hingegen auf das ‚Miteinander' und die Beziehung zwischen Kind(ern) und Künstler*in zu konzentrieren. Hier stellt sich mir die Frage, ob das Zeigen von unterstützenden Tätigkeiten der Assistent*innen den Fokus von dieser Beziehung lenken würde und ein Zeigen ihrer ‚eigenständigen' künstlerischen Herangehensweise verhindern würde. Auffällig wird für mich in diesem Zusammenhang außerdem, dass sich in dem Bild-Ensemble keine Fotos finden, auf denen Kinder alleine agieren, während der Projektleiter m.E. im Interview ihr ‚freies und selbstbestimmtes' Handeln hervorhebt. Seine Bildkommentare lassen vermuten, dass auch das eine Foto, auf dem nur ein Kind hinter einer Staffelei zu erahnen ist, für den Projektleiter zu einem Sinnbild für die Zusammenarbeit zwischen den Kindern und den Künstler*innen geworden sein könnte.
A. erwähnt mehrfach im Interview, dass die Fotos ‚typische Situationen' zeigen würden und auch seine Bildkommentare thematisieren m.E. in erster Linie Projektprinzipien. Warum diese Bilder für ihn auch ‚besonders schön' zu sein scheinen, begründet er hingegen kaum. In meinen Analysen zum ‚Sprechen über die Bilder' konnte ich anhand von einigen ‚Randbemerkungen' verschiedene Aspekte herausarbeiten, die dafür sprechen könnten, dass ihm diese Fotos auch besonders ‚am Herzen liegen' (z. B. als wichtige biografische Erinnerungsbilder und als Dokumente der Identifikation). Über den Vergleich der Fotografien mit den kurzen Kommentaren zur Bildgestaltung wurde es mir zudem möglich, meine Vermutung zu untermauern, dass auch Besonderheiten in der Bildkomposition dazu beitragen könnten, dass A. diese ‚alten' Fotos als ‚besonders schön' empfindet und sie wiederholt zur Präsentation des Projekts einsetzt. Die Gegenüberstellung lässt ein gestalterisches Interesse an der Bildauswahl für mich deutlich werden, das der Projektleiter im Interview m.E. nicht thematisiert. Stattdessen bezeichnet er im Laufe des Gesprächs das gesamte Projekt als seine künstlerische Arbeit, was im Sinne einer gesellschaftlich ‚wirksamen' Kunst verstanden werden könnte – einem Kunstverständnis, das für mich bei seiner (sehr knappen) Thematisierung des Partizipationsbegriffs anklingt. Seine späteren Ausführungen könnten möglicherweise an diesem Verständnis anschließen, wenn er ein ‚Ermöglichen' der künstlerischen Arbeit und die Zusammenarbeit zwischen Kindern und Künstler*innen mit Behinderung als seine ‚kreative oder gestalterische Aufgabe' bezeichnet. Hier ließe sich vertiefend fragen, inwiefern die ausgewählten Fotografien in diesem Zusammenhang auch Teil seines künstlerischen (Lebens-)Werkes werden.

8.2 Fall 2: Künstlerische Rahmung ↔ nicht „korrumpieren"[1150] lassen

8.2.1 Einführende Fragen an den Fall 2 ausgehend von den bisherigen Annäherungen

Auch diese Falldarstellung beginne ich damit, aus meinen (Zwischen-)Ergebnissen der Annäherungen, den *Analysen des Bild-Ensembles* (» Kapitel 6) sowie den Untersuchungen zum *Sprechen über den Partizipationsbegriff* (» Kapitel 7), Fragen an mögliche Partizipationsvorstellungen der Projektleiterin B. voranzustellen: *Meine Analysen des zweiten Bild-Ensembles (B*Fall2) eröffnen verschiedene Deutungsmöglichkeiten über denkbare Motive in der Auswahl der Bilder. So könnte es der Projektleiterin B. wichtig gewesen sein, einen Einblick in die Projektarbeit und die Zusammenarbeit vor Ort zu geben. Die Art und Weise, wie die Personen auf den einzelnen Bildern interagieren, unterscheiden sich allerdings deutlich und erlauben m.E. keine übergeordnete Zuordnung zu einer spezifischen ‚Partizipationsform'. Die starke Hervorhebung der Raumgestaltungen könnte auf ein weiteres Auswahlmotiv der Bilder verweisen, was für mich die Frage aufwirft zum Verhältnis der Personendarstellungen zum Zeigen des Raums, aber auch zur Rolle der gestalterischen Rahmung zur Zusammenarbeit vor Ort* (» Kapitel 6.4.1).[1151] *Meine Re-Konstruktionen der Aussagen der Projektleiterin zum Partizipationsbegriff lassen verschiedene, möglicherweise ambivalente Orientierungen vermuten. Ich habe den Eindruck, dass eine Steuerung der Projektarbeit für B. zentral ist, um eine spezifische künstlerische Qualität in den Arbeiten zu erzielen. Gleichzeitig könnte ihre wiederholte Argumentation gegen eine ‚uneingeschränkte' Mitbestimmung aber auch auf einen konkurrierenden Anspruch an Partizipation hindeuten, Andere stärker zu beteiligen (oder beteiligen zu müssen). Es ließe sich fragen, inwiefern verschiedenartige Partizipationsverständnisse hier zusammenwirken oder vielleicht sogar entgegenwirken.*

Auch diese Fragen vertiefe ich durch weitere Auswertungen, indem ich Ergebnisse der anderen Untersuchungsebenen hinzuziehe. Ich beginne wieder mit einer kurzen Zusammenfassung des Interviews (» Kapitel 8.2.2), bevor ich mich darauf konzentriere, *wie die Projektleiterin die Bilder thematisiert* (» Kapitel 8.2.3), und *wie sie über das Projekt spricht* (» Kapitel 8.2.4). Abschließend bringe ich die Ergebnisse der unterschiedlichen Untersuchungsebenen zusammen und vergleiche die visuellen und sprachlichen Darstellungen der Projektleiterin B. (» Kapitel 8.2.5).

1150 I*Fall 2, AB 33, Z. 301.

1151 » Kapitel 6.4.1 Zusammenfassung möglicher handlungsleitender Orientierungen in der Bildauswahl der Projektleiter*innen.

8.2.2 Informationen und erste Auffälligkeiten zum Interview mit der Projektleiterin B.

Das Interview mit der Projektleiterin B. fand im September 2013 in den Räumlichkeiten des Projekts statt und dauerte insgesamt 1h47min. Im Vorfeld hatte ich die Leiterin des zweiten Projekts ebenfalls schriftlich über mein Vorhaben informiert (» Kapitel 5.2.1)[1152]. Auf ihren Wunsch hin telefonierten wir zusätzlich, da sie gerne mehr über meine Forschung erfahren wollte, bevor sie zusagte.

Als ich am Tag des Interviews vor Ort ankam, führte sie mich als erstes durch die Räumlichkeiten. Dabei erzählte sie mir von der Entwicklung des Projekts und der Gestaltung der Räume, sodass ich das Audioaufnahmegerät bereits zu diesem Zeitpunkt eingeschaltet habe. Anders als bei den beiden anderen Gesprächen begann das Interview also, ohne dass ich meine ‚Einstiegsfrage' gestellt habe (Wie kam es zum Projekt XX? Bitte erzählen Sie davon.) Und auch der weitere Gesprächsverlauf zeichnete sich dadurch aus, dass die Projektleiterin mir ihr Projekt und ihre Arbeitsprinzipien ausführlich erläuterte und mir ihr Partizipationsverständnis darlegte, ohne dass ich dies durch meine Fragen schon ins Gespräch gebracht hatte. Die auffällig andere Gesprächsdynamik in diesem Interview wird auch Thema in meinen Auswertungen.[1153]

Das Interview lässt sich insgesamt in drei Abschnitte aufteilen. Der erste, mit Abstand größte Teil dauerte ca. 1 Stunde und 15 Minuten. In diesem Abschnitt sprach die Projektleiterin sehr ausführlich über die Arbeit im Projekt, ihre Arbeitsweise und das ‚übergreifende' Projektkonzept. Auf meine Nachfrage hin thematisierte sie in diesem Abschnitt auch das Teilprojekt, dessen visuelle Darstellungen ich in meine Untersuchung einbeziehe (ab ca. 35 Minuten). In meine Untersuchung zum ‚Sprechen über das Projekt' habe ich Ausschnitte aus beiden Teilen dieses Abschnittes einbezogen, da sie jeweils zentrale Passagen über Formen der Zusammenarbeit enthalten (» Kapitel 8.2.4).

Als zweiten Gesprächsabschnitt bezeichne ich einen etwa 20-minütigen Teil, in dem die Projektleiterin B. unterschiedliche Formen der visuellen Darstellung in ihrem Projekt thematisierte. Dieser Abschnitt begann mit meiner Frage zu den Bildern des Teilprojekts auf der Homepage und ist gekennzeichnet durch eine stärkere Gesprächsführung meinerseits. Zur Analyse des ‚Sprechens über die Bilder' (» Kapitel 8.2.3) konzentriere ich meine Analyse auf Passagen aus diesem Abschnitt.

1152 » Kapitel 5.2.1 Vorbereitung und Durchführung der Interviews.

1153 So thematisierte die Projektleiterin B. bereits zu Beginn (2min45sec) den Partizipationsbegriff und ihr Verständnis von Zusammenarbeit, bevor ich danach gefragt habe. Und im weiteren Gespräch kommt sie wiederholt darauf zurück, um mir ihre Arbeitsprinzipien vor dem Hintergrund der Partizipationsfrage zu erläutern (» Kapitel 7.2 Fallausschnitt zum Projekt 2: „einer hat trotzdem meistens den Hut auf") Obwohl ich in meiner Forschung die Interaktionsebene zwischen Interviewten und Forscherin nicht explizit untersuche, komme ich in diesem Fall mehrfach darauf zurück. Denn in dem Gespräch wird m.E. das *Gesagte als Zwischenergebnis zwischen der Projektleiterin und mir* auf besondere Weise wahrnehmbar und ‚spielt' in meine Untersuchung hinein.

In dem letzten, etwa zehnminütigen Gesprächsabschnitt erzählte die Projektleiterin von einzelnen Jugendlichen, die im Projekt mitarbeiten. Zur Analyse möglicher ‚Beweggründe' für die Zusammenarbeit mit den Kindern und Jugendlichen werden auch aus diesem Abschnitt für mich einzelne Passagen zentral (» Kapitel 8.2.4).

8.2.3 Das ‚Sprechen über die Bilder': „Minimallösungen"[1154] ↔ „Die Künstler sind schreckliche Strategen, das ist ja logisch. Klar."[1155]

Um die Art und Weise des ‚Sprechens über die Bilder' zu untersuchen, habe ich meine Analysen auf den zweiten Gesprächsabschnitt konzentriert, in dem die Projektleiterin B. auf die Fotos und andere Darstellungsformen des Projekts eingegangen ist. Besonders die erste Sequenz in diesem Teil, nachdem ich sie auf die Gestaltung der Homepage angesprochen hatte, wurde für meine Untersuchung wichtig. Die dort herausgearbeiteten Orientierungen habe ich durch die Analyse weiterer Sequenzen aus diesem Gesprächsabschnitt vertieft. Auch hier werden für mich wieder *Amivalenzen* deutlich, die m.E. auf *verschiedenartige Ansprüche und Funktionen in der Verwendung der Bilder* schließen lassen. Dabei wird für mich z. B. ein hoher gestalterischer Anspruch ebenso wahrnehmbar wie die Notwendigkeit einer einfachen, pragmatischen Handhabung des Darstellungsmediums ‚Homepage'. Im Folgenden lege ich meine Analysen dar, die ich am Ende dieses Kapitels zusammenfasse.

„Minimallösungen"[1156] ↔ „eine einfache Oberfläche zu schaffen, die verständlich ist und die so viel wie möglich an Qualität wiedergibt"[1157]

Nachdem ich die Projektleiterin B. auf die Gestaltung der Homepage angesprochen habe, entgegnete sie mir lachend, über Gestaltung ließe sich viel sagen und fügte ohne Lachen hinzu, es seien „Minimallösungen"[1158]. Hier deutet sich für mich bereits eine Ambivalenz an zwischen dem künstlerischen Anspruch als Expertin für Gestaltung und der pragmatischen Notwendigkeit, eine einfache Lösung zu benutzen, was sie an anderen Stellen später weiter ausführt.[1159] Den Begriff der

---

1154 I*Fall2, AB 177, Z.1303.
1155 I*Fall2, AB 263, Z.1635/ 1636.
1156 I*Fall2, AB 177, Z.1303.
1157 I*Fall2, AB 177, Z.1305 – 1307.
1158 I*Fall2, AB 177, Z.1303.
1159 Meine hier aufgeführten Deutungen basieren auf folgender Textpassage:
EM (AB 176): (...) Sie hatten ja schon am Telefon kurz was zur Homepage gesagt; aber mich würde jetzt trotzdem generell noch mal interessieren gestalten Sie die Homepage oder.
B. (AB 177): Ne, also das ist ähm/na ja, also ich meine gestalterisch kann man da wirklich viel zu sagen und das ähm ((B. lacht)) ((ohne Lachen weiter)) sagen wir mal so – das sind Minimallösungen. Also Gestaltungsfragen würde man gerne, wenn man im Stadtteil als Künstler arbeitet, mehr betreuen und begleiten, bzw. selber herstellen. Da fehlt total für die Zeit, d.h. man versucht eine einfache Oberfläche zu

'Minimallösung' verwendete sie im Laufe des 20minütigen Gesprächsabschnittes über die Darstellungen des Projekts auffällig oft (insgesamt vier Mal) und erläutert danach mit unterschiedlichen Akzentuierungen, warum diese Lösung nicht optimal sei.[1160] In ihren weiteren Ausführungen wird einerseits deutlich, dass sie es bedauert, nicht mehr Zeit für Gestaltungsfragen der Außendarstellung des Projekts investieren zu können. Zugleich lassen ihre anschließenden Aussagen aber auch klare Gestaltungskriterien der Internetpräsentation für mich wahrnehmbar werden, wenn sie hinzufügt, die Oberfläche solle „verständlich sein" und „so viel wie möglich an Qualität [wiedergeben, EM]".[1161] Diese beiden Aspekte vertiefe ich in meinen Ergebnisdarstellungen anhand von Textpassagen, in denen sie sich detaillierter zu den Einzelbildern äußert. Doch zunächst komme ich auf die bereits thematisierte Ambivalenz zurück.

„Also ich hätts natürlich gerne viel komplexer und würde auch gerne haben dass mehr darüber geschrieben wird"[1162] ↔ „gibt doch ganz gut wieder"[1163]

Im weiteren Gesprächsverlauf konnte ich Bestrebungen nach höherwertigen Gestaltungen der Homepage, aber auch nach mehr Aufmerksamkeit für die künstlerische Arbeit re-konstruieren,[1164] die mir auch an anderen Stellen des Interviews aufgefallen sind.[1165] Dem Wunsch nach mehr Komplexität und Anerkennung folgt allerdings dann eine Passage, die ich als Einwand deute, dass die Homepage dennoch geeignet sei.[1166] Diese Aussage steht für mich in meinem Widerspruch

1307 schaffen, die verständlich ist und die so viel wie möglich an Qualität
1308 wiedergibt."

1160 Nachdem sie den Begriff zu Anfang nutzte, wiederholte sie ihn gleich danach noch mal, als wolle sie ihre Aussage bekräftigen. (I*Fall2, AB 177, Z.1312). In dieser Passage ging die Projektleiterin anschließend auf die fehlende Zeit ein, die Homepage komplexer zu gestalten. Im weiteren Gespräch kam sie noch zwei Mal darauf zu sprechen als „Minimalform" (I*Fall2, AB 213, Z.1434) sowie als „Minimallösung" (I*Fall2, AB 241, Z.1532). Beide Male nutzte sie den Begriff als sie mir erzählte, dass noch Fotos auf der Homepage fehlen würden.

1161 I*Fall2, AB 177, Z.1307/ 1308.

1162 I*Fall2, AB 177, Z.1309/ 1310.

1163 I*Fall2, AB 177, Z.1313/ 1314.

1164 Die Projektleiterin sagte weiter (I*Fall2, AB 177):
1309 B. (AB 177): „Also ich hätts natürlich gerne viel komplexer und würde auch gerne
1310 haben dass mehr darüber geschrieben wird (...)."

1165 Im Abschnitt 213 erläuterte die Projektleiterin B. etwa (I*Fall2, AB 213):
1437 B. (AB 213): „Man hätte gerne mehr Zeit um das in ne gute Form zu bringen, dann
1438 würde man auch wieder b e r ü h m t e r und wichtiger . in der Kunstwelt."
Auffällig wird für mich in diesen Aussagen die Verwendung des neutralen Pronomens 'man', als spreche die Projektleiterin sehr allgemein. Im Anschluss an diesen Satz grenzt sie sich m.E. ab und zeigt einen anderen Fokus auf (I*Fall2, AB 213, Z.1439-1441):
1439 B. (AB 213): „Manche Kollegen sind da bestimmt schlauer. Bei mir ist es so, ich bin
1440 auch wirklich an den Kontakten und an dem Sozialen interessiert, dass
1441 ich manche Sachen dann auch schleifen lasse."

1166 Die Projektleiterin äußerte im Anschluss (I*Fall2, AB 177):
1311 B. (AB 177): „(...) Aber das ist wirklich

zum zuvor Gesagten und zu der wiederholt geäußerten Formulierung, es handle sich um eine ‚Minimallösung'. Auch zu einem späteren Zeitpunkt im Interview lässt sich eine ähnliche Struktur re-konstruieren, indem die Projektleiterin zunächst ein mögliches Defizit in der Projektdarstellung anspricht, bevor sie danach andere Prioritäten aufzeigt und äußert, dass sie eigentlich mit der Darstellung der Homepage zufrieden sei.[1167] Ich vermute, dass diese Form der Argumentation nicht nur auf ‚konkurrierende' Ansprüche verweist (hochwertige Gestaltung ↔ Anerkennung ↔Notwendigkeit einer pragmatischen Lösung), sondern möglicherweise auch als eine Art der ‚*Verteidigung'* der eigenen Arbeit gedeutet werden kann. Zunächst vertiefe ich die erneut wahrnehmbar gewordene Ambivalenz durch die Analyse weiterer Gesprächspassagen, bevor ich darauf eingehe, was die Projektleiterin als ‚gut wiedergegeben' bewertet und wie sie über die einzelnen Bilder der Homepage spricht.

„Schwachstelle"[1168] ↔ „Also ich kann dem auch nicht ganz gerecht werden"[1169]

Eine Gesamtanalyse des Gesprächsverlaufs des zweiten Interviewabschnittes lässt für mich ein gewisses ‚Unbehagen' der Projektleiterin deutlich werden, dass ich sie auf die Gestaltung der Homepage angesprochen habe und an mehreren Stellen vertiefend nachfrage. Denn die Art und Weise des (Miteinander-)Sprechens änderte sich in diesem Abschnitt und meine Fragen könnten für B. unangenehm

1312 ne Minimallösung und ich bin da auch nicht total mit zufrieden; aber ich
1313 finde jetzt erstmal von dem was/wenn ich das als Projekt sehe, gibt es
1314 doch ganz gut wieder was auch entsteht oder entstanden ist oder wie
1315 gearbeitet wird und wie komplex es – sagen wir mal – als 1 Projekt jetzt
1316 auch da ist nä. (...)".

1167 Ausschnitt aus einem späteren Gesprächsabschnitt, ohne dass die Passage an dieser Stelle komplett analysiere:
1531 „B. (AB 241): [Das sind alle die?/ja okay.]
1532 Da fehlen ganz/also so ist das . Minimallösung. Also man hätte übers.
1533 *Projekt XX*, /und das taucht jetzt z. T. auch wieder hier nicht mehr auf.
1534 Das ist schon ein neues Projekt und manche Sachen sind dann einfach
1535 nur in meinem Computer und nirgendwo anders. Oder im Vortrag, nä.
1536 Ist so, man macht da absolut Kompromisse, das ist wirklich heftig. Aber
1537 wenn ich mich künstlerisch weiter entwickeln will und wenn ich auch bei
1538 meinen eigenen künstlerischen Formen bleiben will, und nicht nur was
1539 nur noch zitieren und wiederholen will, muss ich irgendwo Abstriche
1540 machen, das passiert oft in der Darstellung nach außen.
1541 EM (AB 242): Ja, ja... klar. das .. [(?)]
1542 B. (AB 243): [Ich finde das jetzt nicht schlimm], ich
1543 finde dass das ein ganz guter Auftritt ist. Ich hab da gar nicht son
1544 Problem mit. Mir gefällt vielleicht die erste Seite nicht so gut und da
1545 könnten neue/könnten lustige/mehr Kästchen sein."

1168 I*Fall2, AB 213, Z.1436.

1169 I*Fall2, AB 213, Z.1433/1434.

gewesen sein.[1170] Während dieses ‚Unbehagen' für mich vornehmlich durch die Interviewstruktur zum Ausdruck kommt, spricht die Projektleiterin dies in einer Gesprächspassage m.E. auch an.[1171] Ich deute ihre Aussagen so, dass sie nicht gerne über Darstellungen ihrer Arbeit, insbesondere über die Homepage, spricht, denn das sei für sie eine „Schwachstelle". [1172] Vermutlich kann sie nicht in dem gewünschten Maße die Stärken ihrer Arbeit deutlich machen. Ihre Aussage zuvor, „Also ich kann dem auch nicht ganz gerecht werden"[1173], bezieht sich möglicherweise nicht nur auf die ‚fehlenden Zeichnungen', über die wir zuvor gesprochen hatten, sondern könnte auch auf *implizite Erwartungen oder Wertungen* verweisen, *die sie (auch) von meiner Seite* aus vermuten könnte. Für diese Deutung würde auch sprechen, dass die Projektleiterin im Laufe unseres Gesprächs noch weitere Formen der Projektdarstellung aufführt, möglicherweise um (stattdessen) deren andere Qualitäten hervorzuheben. Diese ‚alternativen Darstellungsformen' erwähnt sie erst, nachdem wir über die Fotos der Homepage gesprochen haben. Deshalb knüpfe ich zunächst noch einmal an den Gesprächsanfang an, in dem die Projektleiterin auch auf die Bilder der Webseite zu sprechen kommt.

„eine einfache Oberfläche zu schaffen, die verständlich ist und die so viel wie möglich an Qualität wiedergibt"[1174] ↔ „gibt es doch ganz gut wieder was (...) entstanden ist oder wie gearbeitet wird und wie komplex es (...) ist"[1175]

Nachdem die Projektleiterin zu Beginn die Gestaltungskriterien ‚Verständlichkeit' und ‚Wiedergabe von Qualität' genannt hatte,[1176] erläutert sie m.E. im weiteren Gespräch, warum die Gestaltung der Homepage gelungen sei. Diese Äußerungen können möglicherweise auch als Bewertung oder Kommentierung der oben genannten Aspekte verstanden werden, wenn sie sagt, die Projektdarstellung „(...) gibt es doch ganz gut wieder was (...) entstanden ist oder wie gearbeitet

1170 Bei der Analyse konnte ich zum Beispiel re-konstruieren, dass die Projektleiterin zwar äußerte, ob ich weitere Fragen hätte. Die Art und Weise, wie sie das thematisiert, könnte allerdings auch drauf hindeuten, dass sie keine weiteren Fragen zu diesem Themenfeld beantworten möchte. (Vgl. etwa I*Fall2, AB215 oder AB267)

1171 Folgende Gesprächspassage liegt dieser Deutung zugrunde (I*Fall2, AB213):
1430 B. (AB 213): [Die ganz wunderbar ist] und die wir auch als Plakat
1431 haben. Ist nicht drauf ne. Hab ich vergessen nä.
1432 ((B. lacht))
1433 ((ohne Lachen weiter)) Also ich kann dem auch nicht ganz gerecht
1434 werden. Ich sag ja, die Webseite ist ne Minimalform, deshalb viel über
1435 Darstellung in Partizipativ oder in Kunstprojekten im Stadtteil zu reden
1436 ist eher die Schwachstelle."

1172 I*Fall2, AB 213, Z.1436.

1173 I*Fall2, AB 213, Z.1433/1434.

1174 I*Fall2, AB 177, Z.1305 – 1307.

1175 I*Fall2, AB 177, Z.1313-1316.

1176 Vgl. I*Fall2, AB 177, Z.1307/ 1308.

wird und wie komplex es (...) ist".[1177] ‚Verständlichkeit' könnte sich demnach auf das Zeigen der Projektarbeit beziehen und ‚Qualität' würde ein Zeigen komplexer Arbeitsformen beinhalten. Anschließend geht sie die einzelnen Bilder in chronologischer Reihenfolge durch und thematisiert anhand der Fotografien ihre Arbeitsweise im Projekt, die entstandenen Produkte mit den Kindern, aber auch die unterschiedlichen künstlerischen Umsetzungen.[1178] Die Bilder kommentiert sie dabei in unterschiedlichem Umfang und kommt im weiteren Gespräch auf einzelne Bilder noch einmal zurück, um ihr Konzept und das Arbeiten vor Ort daran zu verdeutlichen.[1179]

„XX hat s t u n d e n l a n g hier diese Drei/Sechsecke und die Kreise mit aufgeklebt"[1180] (Bild 3) ↔ „wie Bruce Nauman"[1181] (Bild 6)

Neben den erwähnten Erläuterungen anhand der Fotografien sind mir die Kommentierungen von zwei Fotografien aufgefallen, denn dort thematisierte die Projektleiterin B. andere Aspekte. Anhand der beiden Fotografien erzählt sie von spezifischen Situationen und berichtet ausführlicher von den Hintergründen der Aufnahme. Während die Art und Weise des Sprechens über das dritte Bild[1182] z. B. die *Beziehungsebene* (insbesondere zu einer Teilnehmerin) stärker berührt, kommt in den Beschreibungen zum sechsten Bild[1183] der *künstlerische Anspruch* der Projektleiterin für mich besonders zum Tragen:
Die Kommentare zum *dritten Bild* beginnen mit einer kurzen Charakterisierung, was das Foto darstelle (‚Herstellung des Raumes')[1184] und einer Zuordnung der abgebildeten Personen (‚Clubmitglieder'),[1185] ähnlich wie die Projektleiterin auch die anderen Bilder thematisiert hatte. Danach stellt sie allerdings die einzelnen Personen z. T. namentlich vor und erzählt von ihnen.[1186] Interessant ist für mei-

1177 I*Fall2, AB 177, Z.1313-1316.

1178 So zeige Bild 2 (B*Fall2.2) beispielsweise „Wie man auch dann dort arbeitet" (I*Fall2, AB 179, Z.1319) bzw. u. a. ein ‚dreidimensionales Bauen' (Vgl. I*Fall2, AB 221, Z.1462) während Bild 6 (B*Fall2.6) zeige, „dass wir auch mit ganz anderen Formen [Tanz, EM] arbeiten" (I*Fall2, AB 203, Z.1386).

1179 Während sie beispielsweise zum ersten Foto zunächst nur sagte, es zeige den „Gesamtraum" (I*Fall2, AB 177, Z.1316), kommt die später noch einmal darauf zurück, um die Funktion und Gestaltung des Raumes und der dort sichtbaren Gegenstände vor dem Hintergrund ihres Konzeptes und der jeweiligen Nutzung genauer zu beschreiben (AB 223, Z.1466 – Ab 227, Z.1482).

1180 I*Fall2, AB 189, Z.1343/ 1344.

1181 I*Fall2, AB 203, Z.1343/ 1392.

1182 B*Fall2.3.

1183 B*Fall2.6.

1184 „Hier ist die Herstellung wie eben der Raum gestaltet wird." (I*Fall2, AB 181, Z.1324)

1185 „Das sind dann wieder eher die Mitglieder des Clubs (...)." (I*Fall2, AB 183, Z.1326)

1186 Folgende Interviewpassage thematisiere ich hier (I*Fall2, AB 187):
1333 B. (AB 187): „ (...) Und das sind z. B. welche die auch öfter einfach
1334 als Jugendliche mit gearbeitet haben und immer wieder gekommen sind.
1335 XX hat sehr lange hier einfach gesessen und ihr eigenes

ne Analysen auch, dass sie nicht nur auf die beiden Jugendlichen im Raum zu sprechen kommt, sondern noch von zwei weiteren Personen berichtet, die im Moment der Aufnahme außen am Fenster tätig gewesen seien, ohne dass sie auf dem Foto direkt sichtbar werden.[1187] Deshalb nehme ich an, dass sich die Projektleiterin noch gut an die Aufnahmesituation erinnert. Von einer Jugendlichen berichtet sie etwas länger und das Gesagte lässt für mich unterschiedliche Ebenen deutlich werden, wobei eine gewisse *,Verbundenheit'* und ein *,Verbreitungsgedanke'* m.E. dominieren:[1188] Bereits als die Projektleiterin B. die einzelnen Personen vorstellt, wird für mich deutlich, dass es sich um eine Art *,Weggefährtin'* handeln könnte, die das Projekt über einen längeren Zeitraum besucht und dort mitgearbeitet hat.[1189] Außerdem habe die junge Frau der Projektleiterin bei der Fenstergestaltung „stundenlang" geholfen.[1190] Ich re-konstruiere aus dem Gesagten, dass die Leiterin mit der jungen Frau auf besondere Weise verbunden sein könnte aufgrund der langjährigen ,Treue' zum Projekt, aber auch wegen ihrer ausdauernden Unterstützung bei der Fenstergestaltung. Bei genauerer Betrachtung des Fotos fällt außerdem auf, dass die Jugendliche in die Kamera schauen könnte. Möglicherweise ein weiterer Hinweis auf eine ,Verbundenheit'. Gleichzeitig könnte diese ,Bezug' auch (noch) inhaltlich, über die verbindende Beschäftigung mit Architektur gedeutet werden. Die Projektleiterin ist vielleicht

1336 Architekturmodell gebaut und YY hat eben die Kugel unten
1337 mitgebaut und später eben beim Projekt ZZ mit als junger Assistent
1338 gearbeitet. Und draußen sind die da an der Fassade das ist der
1339 Mitarbeiter den wir haben und ein Junge und die kleben immer grade
1340 diese Schriften da an."

1187 In meinen Bildanalysen waren mir die beiden Personen nicht aufgefallen, die höchstens als Schatten durch die Fenstergestaltungen hindurch wahrnehmbar werden.

1188 Neben diesen Ebenen kommt die Projektleiterin B. an dieser Stelle auch wieder auf ,Partizipationsaspekte' zu sprechen, um ihren Ansatz zu verdeutlichen und sich zugleich abzugrenzen. Im Kapitel 7.2 bin ich bereits auf diese Gesprächsstrukturen eingegangen und greife sie an dieser Stelle nicht noch einmal auf. » Kapitel 7.2 Fallausschnitt zum Projekt 2: „einer hat trotzdem meistens den Hut auf"
Meine folgenden Deutungen beziehen sich auf diese Passage (I*Fall2, AB 189 – AB 191):
1343 B. (AB 189): „[Und sie hat] z.B:/XX hat s t u n d e n l a n g hier diese
1344 Drei/Sechsecke und die Kreise mit aufgeklebt. Also ohne/ wir haben
1345 auch nen paar Leuten nen Job gegeben, aber die hat ganz/und das sind
1346 dann Einzelne, die haben einfach Lust was zu machen und die muss
1347 man dann festhalten. Das wird man nie mit ner Gruppe schaffen. da ist
1348 der große Partizipationsgedanke, und ich . bewege einen h a l b e n
1349 Stadtteil dazu Kunst zu machen, ist illusorisch ja. Also so funktioniert das
1350 nicht, sondern wenn sie das über 2 Jahre – war die hier -
1351 EM (AB 190): XX, da
1352 B. (AB 191): XX. Wir versuchen, sie später zu unterstützen. Sie
1353 wird bestimmt anfangen Architektur zu studieren und dann ist sie eine
1354 der wenigen türkischen Studentinnen und dann geht sie da rein und
1355 dann vermittelt sies dann vielleicht wieder den türkischen Kollegen und
1356 das hat ne andere Qualität so."

1189 Vgl. I*Fall 2, AB 187, Z.1333-1340.

1190 I*Fall2, AB 189, Z.1343.

stolz auf das Interesse der Jugendlichen an Architektur und auf die Aussicht, sie könnte später ein Studium in diese Richtung beginnen. Zusätzlich wird für mich ein gewisser ‚Verbreitungsgedanke' als Motiv der Projektleiterin für ihre Arbeit wahrnehmbar, nicht nur die junge Frau für Architektur zu begeistern, sondern über deren zukünftige Tätigkeit als Architektin weitere Menschen zu erreichen, die keinen oder weniger Zugang zur Architektur haben.

Die Art und Weise, wie die Projektleiterin über das *sechste Bild* spricht, lässt für mich andere Motive hervortreten. Denn dort wird m.E. der *künstlerische Anspruch der Leiterin an die ‚Qualität' der Arbeit und der entstandenen Produkte* besonders bedeutsam.[1191]

Das Zeigen von verschiedenartigen, künstlerischen Arbeitsweisen als ein Indiz für die Qualität der Arbeit habe ich als mögliches Motiv in der Bildauswahl bereits herausgearbeitet.[1192] Auch an dieser Stelle, beim Sprechen über das sechste Bild,

1191 Meine weiteren Deutungen beziehen sich auf diese Passage (I*Fall2 AB203-207):

B. (AB 203): „[Und da] Na ja, das zeigt einfach noch mal dass wir auch mit ganz anderen Formen arbeiten und dass wir aus ner einfachen Form des miteinander Tanzens und was haben wir selber gemacht, wir wollten erst mit nem Tänzer arbeiten und der ist dann ausgefallen und dann haben wir gedacht das machen wir jetzt selber und dann ist es g a n z /fast so .. wie heißt der, ich bin so schlecht mit Künstlernamen, weil ich nicht mehr in diesem ganzen Kunstkontext arbeite, ich weiß genau wie/Bruce Nauman . Er hat so ne Installation gemacht, da kommt immer einer in den Raum rein und läuft so lang und das ist zu Beckett. Warten auf Godot. Und genau das passiert hier eigentlich auch, die Kinder gehen immer hier rein und laufen auf den Waben lang und versuchen immer diese Acht zu laufen, die die Bienen machen um den andern zu verdeutlichen wo die neue Bienenweide ist. Und das haben wir auch gemacht. Einer ist die Köni/ also einer ist die Spürbiene, fliegt hier rein, macht die Acht auf
EM (AB 204): In der Wabe.
B. (AB 205): In der W a b e , läuft auf dem Boden lang und dann richtet sich dieser Tanz in eine bestimmte Richtung aus und läuft in eine bestimmte Ecke. Und da gibts dann immer Süssigkeiten. ((SR lacht)) ((ohne Lachen weiter)) Also und das haben die dann im Tanz . alle tanzen und s e h e n plötzlich einer macht immer dasselbe und dann machen die plötzlich/sollten alle dasselbe auch nachmachen. Das hat ziemlich lange gedauert; aber dann hatten sies.
Und haben dasselbe wie die Bienen gemacht.
EM (AB 206): Jetzt auf dem 6. Bild.
B. (AB 207): Genau. Und dann laufen sie in eine bestimmte Richtung und dann wissen die da ist jetzt meine Bienenweide.
Und das ist dann als Video wieder aufgenommen und dann wurde das hier im Museum gezeigt."
EM (AB 208): Ah, ja.
B. (AB 209): D.h. dieses Erlebnis was die hatten, muss ich jetzt nicht/ kann ich jetzt nicht jeden Tag hier mit den Kindern in Gruppen herstellen sondern dann sehen sie es so. Also man wechselt dann die künstlerische Form."

1192 Vgl. Abschnitt „eine einfache Oberfläche zu schaffen, die verständlich ist und die so viel wie möglich an Qualität wiedergibt" ↔ „gibt es doch ganz gut wieder was (...) entstanden ist oder wie gearbeitet wird und wie komplex es (...) ist".

beginnt die Projektleiterin B. damit, dieses Auswahlkriterium anzusprechen, da hier eine „ganz andere[ ] Form[ ]"[1193] (Tanzen) sichtbar werde. Im weiteren Verlauf berichtet sie von den Entstehungshintergründen der Tanzszenen, wobei für mich ein gewisser *Stolz auf das Endergebnis der Projektarbeit* deutlich wird. Diese Zufriedenheit resultiert m.E. nicht nur darauf, dass sie das Projekt anders als geplant mit einer Kollegin selber durchgeführt hatte,[1194] sondern bezieht sich insbesondere auf die *Qualität des Ergebnisses*, indem sie den entstandenen Tanz mit einer Arbeit eines renommierten Künstlers (Bruce Nauman) vergleicht.[1195] Ihre Beschreibungen des Tanzes geben außerdem Auskunft darüber, dass die Kinder konkreten Handlungsanweisungen der Leiterinnen gefolgt seien, die sie häufig geübt haben, bis sie es verstanden hatten. Ich nehme an, dass die Leiterinnen eine spezifische Choreografie (und möglicherweise auch ein konkretes Ergebnis) vor Augen hatten, die von den Kindern umgesetzt wurden. Im Vergleich zu den Kommentaren zum Bild 3 werden hier verschiedenartige Formen der Mitarbeit in den unterschiedlichen Projektformaten deutlich, die von eher selbständigen Arbeiten der Jugendlichen (Clubmitgliedern)[1196] bis hin zu stark angeleiteten Formen der Projektarbeit in den thematisch orientierten Teil-Projekten reichen.[1197] Interessant ist für meine Analyse außerdem die Aussage der Projektleiterin B., durch die Videoaufnahme des Tanzes, die später im Mitmachmuseum zu sehen war, anderen Kindern „das Erlebnis" zeigen zu wollen. Hier wäre zu fragen, inwiefern das durch eine Video möglich ist, oder ob die Aufzeichnung des Tanzes nicht stärker das gelungene Ergebnis festhalten und für Andere sichtbar machen sollte. Auch an anderer Stelle argumentiert die Projektleiterin noch einmal ähnlich.[1198] Auffällig ist aber auch, dass sie in beiden Fällen direkt davor auch noch von inhaltlichen Aspekten des Projektthemas spricht, die durch den Tanz den mitwirkenden Kindern vermittelt werden sollten. Deshalb kann ich mir vorstellen, dass das ‚Erlebnis', das sie durch das Video vor Ort anderen Kindern zeigen wollte, sich möglicherweise außerdem auch auf eine *inhaltliche Vermittlung* der dargestellten Szenen beziehen soll.

1193 I*Fall 2, AB 203, Z.1386.

1194 Vgl. I*Fall 2, AB 203, Z.1388–1390.
Die Projektleiterin spricht an dieser Stelle wiederholt von „wir", vermutlich weil sie dieses Projekt in Kooperation mit einer Kollegin durchgeführt hat, wie sie mir an anderer Stelle im Interview erzählte.

1195 Vgl. I*Fall 2, AB 203, Z.1392.

1196 Vgl. I*Fall2, AB 187, Z.1335/ 1336.

1197 Die Projektleiterin hatte mir im ersten Teil des Interviews von den verschiedenen Formaten in ihrem künstlerischen Projekt erzählt, die von einem wöchentlichen, offenen' Angeboten (Clubmitglieder) bis hin zu thematischen (Teil-)Projekten reichen. » auch Kapitel 5.1.4 Kurzbeschreibung der ausgewählten Projekte (vor dem Hintergrund ihrer Anonymisierung).

1198 Dort sagte sie zur Auswahl der Tanzfotos: „ der [Tanz, EM] musste da unbedingt rein, damit es so ne runde Geschichte ist was das Erlebnis ist, das [Projekt XX] gemacht zu haben." (I*Fall2, AB 239, Z.1523-1525.)

„Die Künstler sind schreckliche Strategen, das ist ja logisch. Klar."[1199] ↔ „Und das ist ne künstlerische Strategie. Und die würde vielleicht nen Schulprojekt nicht machen"[1200]

Bei der Analyse der Projektbilder war mir besonders die Fenstergestaltung des Projektraumes aufgefallen und die spezifische Anordnung und Bearbeitung der Fotografien, durch welche die Fensterfront m.E. stark hervorgehoben wird.[1201] Die Projektleiterin B. spricht diesen Aspekt im Interview nicht an, sondern thematisiert die Fenstergestaltung in anderen Zusammenhängen. So beschreibt sie darüber z. B. unterschiedliche thematische Ausrichtungen der einzelnen Angebote[1202] oder sie berichtet von verschiedenen Projektphasen des im Innenraum abgebildeten ‚Mitmachmuseums'.[1203] Während des Interviews thematisiere ich dann auch meine Beobachtungen und spreche meine Deutungen der Fotos an (Betonung der Raumgestaltung). Daraufhin bestätigt B. meine Vermutung, was sie anschließend mit der Notwendigkeit einer großflächigen Fenstergestaltung begründet und ihre künstlerische Strategie deutlich macht.[1204] In dieser Passage positioniert

---

1199 I*Fall2, AB 263, Z.1635/ 1636.

1200 I*Fall2, AB 265, Z.1651/ 1652.

1201 » etwa Kapitel 6.3.5 Orte und Räumlichkeiten.

1202 Zum Bild 4 (B*Fall2.4: Außenfassade) vgl. etwa I*Fall2, Ab195, Z.1360-1365.

1203 Zum Bild 1 (B*Fall2.1: Innenraumansicht) vgl. etwa I*Fall2, AB 219, 255 und 227.

1204 Auszug aus der Sequenz, auf die sich meine Deutungen beziehen (I*Fall 2, AB 260-265):

1629 EM (AB 260): (...) die Fotos zurück,
1630 weil, ich hatte auch noch so den Eindruck, dass auch noch so
1631 gestalterische Aspekte hinzu kamen
1632 B. (AB 261): [Klar.]
1633 EM (AB 262): bei den Foto/ bei der Auswahl
1634 der Fotos.
1635 B. (AB 263): Die Künstler sind schreckliche Strategen, das ist ja logisch.
1636 Klar.
1637 ((EM lacht))
1638 ((B. lacht und sagt)) kann man doch erkennen.
1639 EM (AB 264): Ja. ja. Also jeweils farb[(?) und so]
1640 B. (AB 265): [Natürlich], also ich/na ja, bei
1641 dem Schaufenster ist es schon so, das ist ein Eyecatcher, das muss auch
1642 sein. Also leider sind wir, bevor wir/als wir angefangen haben war diese
1643 Baustelle nicht, d.h. man konnte immer auf der Straße hier langfahrn und
1644 hat sofort zack auf diese Ecke geguckt. Und wenn man im Stadtraum so
1645 ist und wichtig sein will, oder ne bestimmte Zusammenarbeit mit
1646 Nachbarn und Bewohnern der Stadt haben will, dann macht man
1647 natürlich sein Schaufenster „S c h a u f e n s t e r groß" ja. D.h. wenn ich
1648 ein Ornament aufn Fenster schaff werde ich das nicht so klein machen
1649 sondern werd ich das einfach deutlich und klar machen. das wär ja
1650 dumm das nicht zu tun.
1651 Und das ist ne künstlerische Strategie. Und die würde vielleicht nen
1652 Schulprojekt nicht machen weil, die würde dann immer nur die Produkte
1653 zeigen, was sie denn getan haben und ganz stolz sagen ach, das haben
1654 wir getan. Und wir sagen erst mal. Kunstwerk geht mit dem . Produkt,
1655 was man unter Beteiligung zusammen hergestellt hat, zusammen. Es
1656 gibt keine Trennung da. D.h. es gibt verschiedene Ebenen, es ist wie so

sie sich m.E. besonders deutlich als Künstlerin und hebt ihr (*Gesamt-)Kunstwerk* und ihr Vorgehen hervor, das sie nicht von der Arbeit mit den Menschen und den hergestellten Produkten trenne.[1205] Auch die Form der Abgrenzung, die B. in diesem Zusammenhang aufführt, dass Schulen stattdessen nur die Produkte zeigen würden, ist für meine Analysen sehr interessant. Denn auf diese Weise wird für mich deutlich, dass es der Projektleiterin nicht nur um eine spezifische Qualität geht, die in den Arbeiten mit den Kindern (siehe Bsp. Tanz) hergestellt werden soll, sondern dass sie damit möglicherweise auch ihr künstlerisches Werk ‚repräsentieren' und ihre künstlerische Rahmung der Projektarbeit zeigen möchte.

„es geht ja nicht nur um nen Kunstpublikum oder Lehrerpublikum in Ihrem Fall sondern es geht einfach auch um das was der Teinehm/ die Beteiligten mitnehmen ja, und was sie davon haben. Ich finde das genau so wichtig"[1206]

Während des Interviews erzählt die Projektleiterin B. auch von *anderen Darstellungsformen* des Projekts, die sie neben der Homepage nutzen würde. [1207] Bei diesen alternativen Medien handle es sich größtenteils um Flyer, Schilder oder Plakate, welche die Kinder entweder selber herstellen und in ihrem Stadtteil verbreiten würden oder die von der Projektleiterin (z. T. mit Zeichnungen der Kinder) angefertigt würden und von den Beteiligten, z. B. als Erinnerung und zum Wiedererkennen genutzt werden könnten.[1208] Sie nennt viele unterschiedliche Beispiele und erläutert mir deren Herstellungsweise und Funktionen. Dieser Gesprächsabschnitt ist im Vergleich relativ lang und wird durch das oben aufgeführte Zitat mit eingeleitet. Ihre Aussagen stehen für mich in einem *Kontrast* zu den zuvor geäußerten künstlerischen Ambitionen.[1209] Denkbar wäre, dass für die Projektleiterin *unterschiedliche Motive* in der Projektdarstellung wichtig werden – je nach Verwendungszweck und Einsatzort der Medien. Hier ließe sich aber auch fragen, ob diese Aufzählungen darüber hinaus nicht auch als eine Art ‚Gegengewicht' zu den zuvor geäußerten Gestaltungskriterien der Homepage interpretiert werden könnte. Vielleicht verweist diese Argumentation wieder auf

1657 ne Klaviatur, manche ist ganz tief und ganz langsam und bedächtig und
1658 manche sind dadadadada d o n g , dadadadada d o n g , ne. Und das
1659 ist dann bestimmt d o n g. so.
1660 Und das muss man spielen können diese Klaviatur."

1205 Vgl. I*Fall 2, AB 265, Z.1654 – 1660.

1206 I*Fall2, AB 245, Z.1557-1560.

1207 Zur besseren Lesbarkeit meiner Argumentation gehe ich hier nicht chronologisch nach dem Interviewtranskript vor. Die Interviewpassage, die ich im Folgenden thematisiere, liegt zwischen den Kommentierungen der Projektleiterin zu den Projektbildern und meiner Nachfrage zu gestalterischen Entscheidungen bei der Auswahl der Fotos.

1208 Vgl. I*Fall2, AB 245 – AB 253, Z.1555-1615.

1209 „Also ich hätts natürlich gerne viel komplexer und würde auch gerne haben dass mehr darüber geschrieben wird" (I*Fall2, AB 177, Z.1309/ 1310).

eine Form der ‚Verteidigung'? Möglicherweise können diese Aussagen auch vor dem Hintergrund repräsentationskritischer Überlegungen im Kontext ‚partizipatorischer Kunstprojekte' verorten werden (ähnlich wie im dritten Fall), auch wenn die Projektleiterin B. das im Interview nicht thematisiert hat. Diese Fragen und Interpretationen eröffnen weitere Deutungsmöglichkeiten, ohne dass mögliche ‚Gründe' der Bildauswahl hier abschließend beantwortet werden sollen. Auffällig wird in dem oben aufgeführten Zitat, dass die Projektleiterin B. mich wiederum als Lehrerin adressiert und die Formulierung ‚Beteiligte' präferiert, statt die Kinder und Jugendlichen als Teilnehmer*innen zu bezeichnen, was möglicherweise ein größeres Maß an Mitbestimmung vermittel soll.

Zusammenfassung auffällig gewordener Orientierungen im ‚Sprechen über die Bilder' zum Fall 2

Die Art und Weise, wie die Projektleiterin B. über die Fotos und die Gestaltung der Webseite spricht, zeichnet sich m.E. durch einige ambivalente Aussagen und ein Changieren zwischen verschiedenen Positionen aus. Ich habe den Eindruck, dass unterschiedliche Ansprüche an die visuelle Darstellung des Projekts hier in einem Kontrast zueinander stehen könnten. Darüber hinaus könnte es aber auch sein, dass die Antworten der Projektleiterin als eine Art ‚Verteidigung' ihrer Vorgehensweise gedeutet werden können – möglicherweise auch als Reaktion auf meine Nachfragen zur Gestaltung der Webseite. Im Folgenden fasse ich die oben herausgearbeiteten Orientierungen und die wahrnehmbar gewordenen Ambivalenzen zusammen, die im ‚Sprechen über die Bilder' zum Fall 2 für mich zentral geworden sind:[1210]

Nachdem ich die Projektleiterin B. auf ihre Webseite angesprochen habe, wird in ihren Antworten für mich ein hoher künstlerischer Anspruch wahrnehmbar und eine Positionierung als Expertin für Gestaltung. Dieser Anspruch an die Qualität ihrer künstlerischen Arbeiten und an deren Präsentation steht möglicherweise in einem Kontrast zu der Entscheidung, ein einfaches Web-Format zu benutzen, das eine schnelle und pragmatische Nutzung erlaubt. In diesem Zusammenhang bezeichnet B. die Web-Präsentation wiederholt auch als ‚Minimallösung' und begründet anschließend, warum diese nicht optimal sei. Ich vermute, dass sie dennoch spezifische Kriterien für die Gestaltung der Webseite vor Augen hat, wenn sie beschreibt, die Präsentation solle ‚verständlich sein und so viel wie möglich an Qualität wiedergeben'. Was genau die Projektleiterin unter diesen Aspekten verstehen könnte, konnte ich durch die Analyse weiterer Interviewpassagen vertiefen. Ich nehme an, dass sich ‚Verständlichkeit' auf das Zeigen der Projektinhalte

1210 In meinen Zusammenfassungen führe ich keine Quellenangaben mehr an, die ich in der Herleitung meiner Ergebnisse detailliert aufgeführt habe.

bezieht, während ‚Qualität' das Zeigen unterschiedlicher, komplexer künstlerischer Herangehensweisen beinhalten könnte.
Die weiteren Aussagen der Projektleiterin lassen für mich einerseits den Wunsch nach ausgefeilteren Präsentationen und nach mehr Anerkennung ihrer künstlerischen Arbeit wahrnehmbar werden. Gleichzeitigt merkt sie aber auch an, dass die Webseite das Projekt ‚doch ganz gut wiedergebe'. Diese Äußerungen stehen für mich erneut in einem Kontrast zum zuvor Gesagten. Die Projektleiterin könnte mit der Form der Darstellung zufrieden sein, obwohl sie vorher mögliche Defizite in der Gestaltung anspricht. Ich vermute, dass hier verschiedenartige Ansprüche zusammenkommen (hochwertige Gestaltung ↔ Anerkennung ↔ Notwendigkeit einer pragmatischen Lösung). Möglicherweise könnte das Changieren zwischen verschiedenen Positionen (unzureichende Darstellung ↔‚gibt doch ganz gut wieder') auch als eine Art der ‚Verteidigung' der eigenen Arbeit gedeutet werden kann. Hier ließe sich fragen, inwiefern diese Form der Argumentation auch vor dem Hintergrund der Interviewsituation und meiner Nachfragen zur Gestaltung interpretiert werden muss. Für diese Überlegungen spricht auch, dass ich ein gewisses Unbehagen re-konstruieren konnte, dass B. im Interview an einer Stelle m.E. sogar thematisiert. Möglicherweise könnte sie auch Erwartungen oder Wertungen von meiner Seite aus vermuten, die Einfluss auf ihre Einschätzungen haben. Dies wird auch vor dem Hintergrund relevant, dass ich im Laufe des Interviews die Projektleiterin auf meine Deutungen der Bilder angesprochen habe, denn ich vermutete eine Hervorhebung der künstlerischen Gestaltung des Raumes. Daraufhin bestätigt sie meine Vermutungen und macht m.E. gleichzeitig ihr Vorgehen als künstlerische Strategie stark und grenzt es von schulischen Kontexten ab. Im Laufe des Gesprächs führt sie dann noch weitere Darstellungsformen an (z. B. Flyer oder Poster), die sich stärker an die Beteiligten des Projekts richten würden. Neben einer Breite an verschiedenartigen Präsentationsformen und Verwendungszwecken, auf die die Projektleiterin m.E. hinweist, ließe sich wiederum fragen, ob das Nennen der ‚Alternativen' hier auch als eine Art ‚Verteidigung' ihrer Vorgehensweise in der Gestaltung der Webpräsentation gedeutet werden kann – möglicherweise auch als Antwort auf meine Zuschreibungen und Nachfragen.
In dem Gespräch geht die Projektleiterin auch auf die einzelnen Bilder der Homepage ein, wobei sich die Art und Weise unterscheidet, wie sie die Fotos thematisiert. Für mich werden unterschiedliche Funktionen der Fotos re-konstruierbar, die neben einer Darstellung der Projektpraxis vor Ort und der Repräsentation des Gesamtkunstwerkes auch Formen der Sichtbarmachung und Erinnerung an spezifische Personen implizieren könnten. Dabei wird eine besondere Verbundenheit mit einigen Abgebildeten für mich wahrnehmbar, aber auch der Anspruch der Projektleiterin an die künstlerische Qualität der dargestellten Ergebnisse. B. schildert in diesem Zusammenhang einzelne Situationen, die verschiedenartige Formen der Mitarbeit in den unterschiedlichen Projektformaten vermuten lassen.

Diese reichen wahrscheinlich von eher selbständigen Arbeiten der Jugendlichen (Clubmitgliedern) bis hin zu stark angeleiteten Formen der Projektarbeit in den thematisch orientierten Teil-Projekten.

8.2.4 Das ‚Sprechen über das Projekt': „Wenn die mit dem umgehn können was ich will, dann kann ich auch damit umgehn was sie wollen."[1211] ↔ „Dialogisches Arbeiten"[1212] ↔ „Offenheit"[1213]

Meine Analysen zum ‚Sprechen über das Projekt' konzentrieren sich auf den ersten und letzten Interviewteil mit der Projektleiterin B. und beleuchten die Art und Weise, wie sie über die Zusammenarbeit mit den Kindern und Jugendlichen spricht und sich selbst und die anderen Personen thematisiert. In diesem Kapitel bündle ich meine Ergebnisdarstellungen stärker und hebe markante Orientierungen hervor, ohne unterschiedliche Facetten aufzuzeigen (» Kapitel 5.3.2).[1214] Gleichwohl werden auch hier Ambivalenzen und Abgrenzungen für mich auffällig, die ich dabei skizziere – etwa in der Art und Weise, wie die Projektleiterin das Verhältnis zwischen ihrem künstlerischen Ansatz und den Anknüpfungspunkten der Kinder und Jugendlichen beschreibt oder wie sie ihre Arbeitsweise in Abgrenzung zum (Kunst-)Unterricht darstellt.

Künstlerisch-architektonische Rahmung ↔ Öffnungen

Bereits die Aussagen der Projektleiterin am Anfang des Interviews, als sie mich durch die Räumlichkeiten führt und von der Entwicklung des Projekts berichtet, lassen m.E. ihre *Positionierung als Künstlerin* und ihren *künstlerisch-architektonischen Schwerpunkt* deutlich werden. So beginnt sie beispielsweise davon zu erzählen, dass die erste Gestaltung der Projekträumlichkeiten in Kooperation mit zwei Architekten entstanden sei und als Installation den kompletten Raum umfasste.[1215] Dabei begründet sie die Gestaltungen nicht nur durch ihr Interesse an „dekonstruktiver Architektur"[1216], sondern auch als Abgrenzung zu Projekten „(...) im schulischen oder sozialen Bereich"[1217], was ich später noch vertiefen werde. Die Wahrnehmung des Projekts als *ihr künstlerisches Werk* ist ihr vermutlich sehr wichtig, was ich wiederholt im Interview re-konstruieren konnte.[1218] Und ich nehme an, dass B. die Zusammenarbeit mit den Kindern und Jugendlichen als Teil ihres Werkes versteht.

1211 I*Fall 2, AB 31, Z. 261 – 263.
1212 I*Fall 2, AB 21, Z. 172.
1213 I*Fall 2, AB 171, Z. 1269.
1214 » Kapitel 5.3.2 Generierung und Fokus der Ergebnisdarstellungen.
1215 Vgl. I*Fall 2, AB 5, Z.12-18.
1216 I*Fall 2, AB 7, Z.43.
1217 I*Fall 2, AB 11, Z.58 /59.
1218 So habe ich beispielsweise in meinen Re-Konstruktionen zum ‚Sprechen über die Bilder' bereits herausgearbeitet, dass die Projektleiterin vermutlich ein großes Interesse daran hat, dass mehr über ihre künstlerische Arbeit geschrieben wird (vgl. I*Fall 2, AB 11, Z. 1310).

In diesem ersten Abschnitt spricht sie davon, dass sie bereits in ihre anfänglichen Planungen einbezogen habe, dass die Jugendlichen „(...) wieder da r e i n k o m m e n . also das [ihr Werk, EM] auch sozusagen zu öffnen."[1219] Die künstlerische Arbeit der Projektleiterin dient vermutlich als rahmende Form, zu der Kinder und Jugendlichen hinzukommen können. An anderer Stelle spricht B. auch von einer rahmenden „Struktur", die sie schaffe und bezieht sich in ihrer Argumentation beispielsweise auf künstlerische-architektonische Positionen wie von Yona Friedman, um ihr Verständnis von Zusammenarbeit zu verdeutlichen.[1220] Im Laufe des Interviews werden für aber auch noch andere, mögliche Motive und Beweggründe für die Arbeit mit den Kindern und Jugendlichen re-konstruierbar, die ich nun darlege.

„Wenn die mit dem umgehn können was ich will, dann kann ich auch damit umgehn was sie wollen."[1221] ↔ „Anknüpfungspunkte"[1222] ↔ „Spielball der Ansprüche von außen"[1223]

Während die Projektleiterin zunächst die Entwicklung des Projekts stark über die Gestaltung der Räumlichkeiten beschreibt, die sie mir zu Beginn des Interviews zeigt, spricht sie kurze Zeit später einige ‚Auslöser' an, die dem Projekt vorausgegangen seien.[1224] In diesem Zusammenhang berichtet sie u. a. von spezifischen Erlebnissen, die sie hatte, noch bevor sie die Idee für das künstlerische (Stadtteil-) Projekt entwickelt habe. Sie erzählt von Jugendlichen, die in ihr (anderes) Atelier gekommen seien und sich für ihre Arbeit dort interessiert hätten, was möglicherweise entscheidend zur Entstehung der Projektidee beigetragen hat. Dabei beschreibt sie m.E. sehr eindrücklich ihre Überlegungen für eine Projektkonzeption, die eigene Ansprüche und Bedürfnisse ebenso berücksichtigen soll wie die Interessen der Kinder und Jugendlichen:

> „Und dann hab ich mir gedacht das ist ja interessant, wenn die mit dem umgehn könn was ich will, dann kann ich auch damit umgehn was sie wollen. Und das find ich schon ganz wichtig, weil ich lasse mich als Künstlerin nicht raus. Und daraus ist dann ne Idee entstanden/okay, ich mache etwas wo ich selber drin bin, was ich gerne tun will und gucke aber dass es Anknüpfungspunkte gibt was sie [die Kinder und Jugendlichen, EM] wollen"[1225]

1219 I*Fall 2, AB 11, Z.62 /63.
1220 Vgl. etwa folgende Passage (I*Fall 2, AB 31, Z. 268 – 272.
B. (AB 31): „(....) Das heißt ich schaffe eigentlich
ne Struktur und man kann selber etwas tun was man selber tun will, weil
jeder ist/also man muss Yona Friedman lesen und muss sich damit
beschäftigen wie Individualität und Gruppe funktionieren und
Beteiligungsprozesse."
1221 I*Fall 2, AB 31, Z. 261 – 263.
1222 I*Fall 2, AB 31, Z. 268.
1223 I*Fall 2, AB 37, Z. 318.
1224 I*Fall 2, AB 29, Z. 244 ff.
1225 I*Fall 2, AB 31, Z. 261 – 268.

Das *„Eigene"* und das *„Außen"* werden für mich zu zentralen Fokussierungsmetaphern, die Re-Konstruktionen markanter Orientierungen erlauben.[1226] Einerseits scheint es für die Projektleiterin wesentlich zu sein, weiterhin als Künstlerin tätig zu sein und ‚sich nicht zu verlieren' in der Zusammenarbeit mit den Kindern und Jugendlichen. Neben dem *Schutz des Eigenen* werden in ihren Aussagen für mich auch starke *Abwehrhaltungen gegen Ansprüche von außen* deutlich. Während B. die Notwendigkeit hervorhebt, die Zusammenarbeit mit den Kindern und Jugendlichen gut zu planen, damit das Eigene nicht in den Ansprüchen der Anderen ‚untergehe', nutzt sie auch Abgrenzungen zur „Sozialarbeit"[1227] oder zur „Jugendarbeit"[1228], um ihre Positionierung als ‚Künstlerin' deutlich zu machen und ‚Eigenes' und ‚Außen' zu unterscheiden.[1229]
Im weiteren Gespräch thematisiert sie dann verschiedenartige „Ansprüche von außen" durch Förder- oder Kooperationsstrukturen, denen gegenüber sie ihre künstlerische (Projekt-)Arbeit „verteidigen" müsse.[1230] Dabei berichtet sie auch davon, dass sie erst im Laufe der Zeit eine „Stärke" und „Klarheit" entwickelt habe, um ihren Ansatz deutlich zu machen.[1231] Die Art und Weise, wie B. darüber spricht, lässt vermuten, dass sie des Öfteren einen „Rückschlag" [1232] erleben musste und den Schutz ihrer „künstlerischen Herangehensweise"[1233] als besondere Herausforderung wahrnimmt. Sie greift eine Formulierung einer anderen Autorin auf und spricht davon nicht zum „Spielball von Ansprüchen von außen"[1234] werden zu wollen, was m.E. eine gewisses Ausgeliefert-Sein, aber auch den Wunsch nach

1226 Folgender Abschnitt ist für meine Re-Konstruktionen auch bedeutsam (I*Fall 2, AB 29):
247 B. (AB 29): „(...) und ich hab gemerkt, die F o r m
248 wie man zusammen arbeitet ist halt wichtig/dass sich genau zu
249 überlegen, ansonsten ist man entweder kein Künstler mehr und macht
250 immer Sozialarbeit oder man beschäftigt sich nur mit dem Außen und
251 man will aber sein Eigenes auch haben."

1227 I*Fall 2, AB 29, Z. 250.

1228 I*Fall 2, AB 31, Z. 282.

1229 Vgl. auch I*Fall 2, AB 31:
277 B. (AB 31) Und dann hab ich gedacht gut, wenn die was interessiert was ich
278 machen will, dann verlier ich mich auch nicht da drin. Dann mach ich
279 eben nicht was für etwas, sondern ich mache vielleicht etwas für einen
280 Prozess, der sich miteinander gestaltet. Natürlich schaff ich dann
281 trotzdem erstmal nen Kunstraum und sage hier wird Kunst gemacht und
282 nicht Jugendarbeit."

1230 I*Fall 2, AB 37, Z. 320 – 326.

1231 Folgender Interviewausschnitt wird m.E. zur Re-Konstruktion der oben aufgeführten Orientierungen besonders relevant (I*Fall 2, AB 41, Z. 342 – 347):
342 B. (AB 41): „[Genau, musste erst mal], bzw. musste auch erst mal
343 selber rausfinden wie das gehen kann ja.
344 Also wie man so ne Stärke also bzw. so ne Klarheit entwickelt und sagt
345 das mach ich und das mach ich auch nicht. Ich werde mich nicht auf
346 jedes Sportfest bei Euch stellen weil dann rufen die immer an und sagen
347 bastelt Ihr mal mit den Kindern; aber wir basteln nicht mit den Kindern."

1232 I*Fall 2, AB 37, Z. 322.

1233 I*Fall 2, AB 37, Z. 319.

1234 I*Fall 2, AB 37, Z. 318.

‚Selbstbestimmung' sehr deutlich zum Ausdruck kommen lässt. Auch an anderer Stelle werden starke ‚Bedrohungen des Eigenen' für mich re-konstruierbar, wenn die Projektleiterin bspw. davon spricht, sie wolle sich nicht „(...) von den Ansprüchen, die von außen an einen herangetragen werden, sei es von Geldgebern oder auch aus dem Sozialen oder Bildungsraum nicht k o r r u m p i e r e n [lassen, EM] (...)".[1235]

„Raumerlebnis"[1236] ↔ „Erlebnisraum"[1237] ↔ etwas „verstehen"[1238]

Eine Konsequenz, mit diesen Ansprüchen umzugehen, könnte in der Aufteilung der Projektarbeit bestehen, wie die Aussagen der Projektleiterin vermuten lassen.[1239] Denn B. unterscheidet anschließend zwischen ‚finanzierten' Projekten, zu denen auch das hier untersuchte Teilprojekt gezählt werden kann, und dem ‚freien' Arbeitstreff einmal pro Woche, der weniger Ansprüchen von außen unterliege (» Kapitel 5.1.4).[1240] Obwohl sich die Arbeitsweisen in den jeweiligen Projektformaten vermutlich unterscheiden, fasse ich im Folgenden einige Motive oder Ziele zusammen, die wahrscheinlich für die Zusammenarbeit der Projektleiterin mit den Kinder und Jugendlichen in allen Projektformen gelten. Dabei werden verschiedenartige Aspekte für mich re-konstruierbar:

Insbesondere im ersten Teil, als die Projektleiterin über ihre Raumgestaltungen spricht, betont sie m.E. ein spezifisches *„Raumerlebnis"*[1241], das sie durch ihre künstlerischen Installationen für die Kinder und Jugendlichen schaffen wolle. Im Laufe des Interviews wiederholt sie dann mehrfach, dass sie durch ihre Arbeit „Erlebnisräume"[1242] ermöglichen wolle. Während dieser Begriff die Art des ‚Erlebnisses' offenlässt und verschiedenartige Formen des Erlebens beinhalten kann, habe ich den Eindruck, dass die Projektleiterin sehr konkrete Ziele damit verbindet. In ihren Projektdarstellungen wird für mich deutlich, dass sie ein großes Interesse daran hat, (künstlerisch-architektonische) Inhalte zu vermitteln.[1243] B. beschreibt

1235 I*Fall 2, AB 33, Z. 299 – 301.

1236 I*Fall 2, AB 11, Z. 69.

1237 I*Fall 2, AB 41, Z. 366

1238 I*Fall 2, AB 21, Z. 168.

1239 Vgl. I*Fall 2, AB 33:
305 B. (AB 33): „(...) Und deshalb haben wir das hier als so
306 ne kleine Oase auch gehalten und relativ anspruchsfrei gehalten, d.h.
307 die Projekte die finanziert sind die sind teilweise außerhalb und die sind
308 dann auch repräsentativer; aber wir haben hier Freiheit. ((lacht))".

1240 » Kapitel 5.1.4 Kurzbeschreibung der ausgewählten Projekte – vor dem Hintergrund ihrer Anonymisierung

1241 I*Fall 2, AB11, Z. 69.

1242 Vgl. etwa I*Fall 2, AB 41, Z. 366; AB 77, Z. 605 oder AB 165, Z. 1244.

1243 Das Vermitteln von Inhalten als Motiv für die Projektarbeit wird beispielsweise in diesem Ausschnitt für mich re-konstruierbar:
165 B. (AB 21): „(...) Das waren junge Erwachsene und die hatten Lust
166 was zu machen und dann hab/auch mit mir und dann hab ich gesagt
167 okay, wenn Ihr was machen wollt, dann müsst Ihr aber auch was hörn

ihren Ansatz auch als „(...) Verschränkung zwischen diesem Prinzip (...) was zu erfinden und gleichzeitig aber auch was [zu, EM] verstehen"[1244]. Ich vermute, dass das *Vermitteln von spezifischen Inhalten* für sie einen zentralen Stellenwert in ihrem Projekt einnimmt und mit einem (Raum-)Erleben oder Erfindungen im künstlerisch-architektonischen Bereich einhergeht.
Wenn sie von einzelnen Jugendlichen spricht, die sich durch ihr besonderes künstlerisches Können oder ihr Interesse an dem Projekt auszeichnen, wird für mich ein gewisser *Stotz* auf ihre Arbeit wahrnehmbar, aber auch der Wunsch, Menschen für Architektur und Kunst zu begeistern, die möglicherweise wenig *Zugang* dazu hatten oder haben.[1245] Die Projektleiterin thematisiert im Laufe des Interviews mehrfach Herausforderungen, die durch die besondere räumliche Lage des Projektstandortes in einer multikulturellen Nachbarschaft in einem sozialbenachteiligten Stadtteil für sie entstehen würden. Besonders im letzten Interviewteil, wenn sie über schwierige, familiäre Situationen einzelner Kinder und Jugendliche spricht, wird für mich ihr großes Engagement und ihr starkes Interesse re-konstruierbar, diese Kinder und Jugendlichen *zu fördern und zu unterstützen*.[1246]

„durch Bildung nicht verbildet"[1247] ↔ „Kindlichkeit" des Künstlers[1248]

Während die Projektleiterin ihre Arbeit m.E. mit einem spezifischen Vermittlungsanspruch verbindet und sich für bessere Bildungschancen ausspricht, verändert sich ihre Argumentation, wenn sie darüber spricht, wie sie künstlerische Verfahren vermittelt. Dort habe ich den Eindruck, dass sie ein weniger umfangreiches Vorwissen der Projektteilnehmer*innen auch als „Vorteil" gedeutet.[1249] Ihre Aussagen beziehen sich dabei auf zeichnerische Verfahren, bei denen es notwendig sei, den

168 so, also dann gehts auch um Inhalte."

1244 I*Fall 2, AB 89, Z. 716/ 717.

1245 So berichtet die Projektleiterin bspw. von einer Jugendlichen mit türkischen Wurzeln, die mehr als zwei Jahre im Projekt mitgearbeitet hat und vermutlich einmal Architektur studieren wird. Aus dieser Interviewpassage belege ich nur einen Ausschnitt:
1352 B. (AB 191): „[XX]. Wir versuchen, sie später zu unterstützen. Sie
1353 wird bestimmt anfangen Architektur zu studieren und dann ist sie eine
1354 der wenigen türkischen Studentinnen und dann geht sie da rein und
1355 dann vermittelt sies dann vielleicht wieder den türkischen Kollegen und
1356 das hat ne andere Qualität so."

1246 Etwa wenn die Projektleiterin darüber spricht, wie sie ein Mädchen unterstützt, das trotz großem Interesse aufgrund ihrer familiären Situation nicht im Projekt mitarbeiten kann. Vgl. I*Fall 2, AB 281, Z. 1780ff.

1247 I*Fall 2, AB 71, Z. 542.

1248 I*Fall 2, AB 19, Z. 141.

1249 Folgender Interviewausschnitt ist dafür m.E. besonders relevant:
537 B. (AB 71): „(...) und der Vorteil von den s o g e n a n-
538 n t e n bildungsfernen Kindern wie auch immer, ob sie noch so sind, es
539 gibt ja große Debatten darüber. Bei XY [einer Tagung, EM] habe ich mich da ja noch
540 mal ziemlich lautstark dagegen gewehrt, dass Kinder bildungsfern sind,
541 weil das ist Quatsch. Es ist aber so, dass viele Kinder nicht/ hier im
542 Stadtteil durch Bildung nicht verbildet sind."

„Kopf weg[zulassen, EM]“.[1250] Ähnlich wie der Projektleiter A. könnte auch die Projektleiterin B. ein Vorwissen für bestimmte künstlerische Gestaltungsprozesse als *hinderlich* einstufen. Auch in einem weiteren Aspekt vermute ich Parallelen zwischen den beiden Fällen, da beide Projektleiter*innen in ihren Darstellungen das ‚Künstlerische' und das ‚Kindliche' zusammenbringen, was ein weiteres Motiv in der Zusammenarbeit darstellen könnte. Wie ich re-konstruieren konnte, spricht sich der Projektleiter A. gegen eine ‚Akademisierung' aus und betont „(...) das Künstlerische, das jedem Kinde auch zu eigen ist“.[1251] Während die Projektleiterin B. m.E. die *„Kindlichkeit“*[1252] *von Künstler*innen* hervorhebt, um Anknüpfungspunkte zwischen ihrer Arbeit und den Vorgehensweisen oder Interessen der Kinder aufzuzeigen.[1253] Dabei könnte die ‚künstlerische Qualität' der Arbeiten der Kinder ein Anreiz für die Zusammenarbeit für sie sein, aber auch die Motivation der Kinder, die sie aus ihren Projekten ziehen würden.[1254]

„Dialogisches Arbeiten“[1255] ↔ Vermittlung von Inhalten und künstlerischer Qualität

Im Interview bezeichnet die Projektleiterin B. ihre Arbeitsweise mit den Kindern und Jugendlichen wiederholt als *„dialogisches Arbeiten“*.[1256] Ich vermute, dass sie diesen Begriff nicht aus didaktischen Konzepten wie bspw. vom „dialogischen Lernen“[1257] abgeleitet hat, weil sie dazu keinen Bezug herstellt und sich im Gespräch eher von pädagogischen Theorien abgrenzt.[1258] Vielmehr nehme ich an, dass hier wiederum Anknüpfungspunkte zwischen ihrer Arbeit und den Interessen der Kinder und Jugendlichen gemeint sein könnten – wobei die Aussagen für mich auch widersprüchlich sind. Denn die Situationen, die B. als ‚dialogisches

1250 I*Fall 2, AB 71, Z. 536.
1251 I*Fall 1, AB 40, Z. 231.
1252 I*Fall 2, AB 19, Z. 141.
1253 Vergleiche etwa folgenden Interviewausschnitt (I*Fall 2, AB 19):
B. (AB 19): (...) Also der Künstler hat ja selber diese
Kindlichkeit und dann kann man das u m d r e h e n und auch davon
ausgehen dass das Kind sich auch gerne das anguckt was konstruktiv
oder von der Bauform, als Skulptur insgesamt gut ist und das funktioniert
auch wirklich sehr gut.“
1254 Anhand der Beschreibung einer Kinderzeichnung werden diese Orientierungen für mich besonders deutlich (I*Fall 2, AB 73):
B. (AB 73): Zum Beispiel. ((lauter)) Ist wie Ludwig/ wie Ernst
Ludwig Kirchner vor 1908 irgendwie mit ganz schönen Hervorhebung
von Scheinwerfer, Anzeigentafel und dem Feld; aber ist ne
Kinderzeichnung. ((wieder normal)) Hat er das gezeichnet macht das
irgendwie fertig und sagt dann so „ H a c h , das war mein schönster Tag
im Jugendzentrum.“ Und d i e s e Kombination aus dem zusammen
ergibt eigentlich das was du zu tun hast. Also so.“
1255 I*Fall 2, AB 21, Z. 172.
1256 Vgl. etwa I*Fall 2, AB 21, Z. 172 oder AB 61, Z. 484.
1257 Vgl. etwa Ruf, Keller, Winter (Hg.) (2008): Besser lernen im Dialog.
1258 Vgl. etwa I*Fall 2, AB 173, Z. 1280 – 1282.

Arbeiten' beschreibt, zielen m.E. weniger auf einen Austausch als auf die Vermittlung konkreter Inhalte und verweisen auf eine starke Lenkung seitens der Projektleiterin.[1259] In meinen Re-Konstruktionen zum ‚Sprechen über den Partizipationsbegriff' im Kapitel 7.2 habe ich bereits dargelegt, dass B. das ‚dialogische Arbeiten' als alternative Bezeichnung verwendet, um ihre Arbeitsweise zu charakterisieren.[1260] Dabei macht sie m.E. sehr deutlich, dass sie den ‚Hut aufhabe' im Projekt und das den Kindern und Jugendlichen auch vermittle. ‚Dialogisch' könnte in diesem Zusammenhang bedeuten, nicht nur Anknüpfungspunkte zu schaffen und die Interessen der Kinder und Jugendlichen einzubeziehen, sondern ihre Vorgaben und ihre künstlerischen Ansprüche den Teilnehmer*innen gegenüber *‚offenzulegen'*. Dazu zählt vermutlich auch, dass sie einen hohen künstlerischen Qualitätsanspruch in den Arbeiten vertritt und spezifische künstlerische Strategien vermitteln möchte, was sie mehrfach im Interview thematisiert.[1261] B. spricht in diesem Zusammenhang von einer ‚Offenheit' in ihrem Vorgehen – im Gegensatz zu partizipatorischen Ansätzen. [1262]
Im Gesprächsverlauf verwendet die Projektleiterin häufig das Wort ‚Offenheit', um ihre Arbeitsweise zu charakterisieren – aber auch abzugrenzen. Im Folgenden gehe ich auf markante Abgrenzungen zur Schule und zum Kunstunterricht ein, die sie z. T. auch in einen Zusammenhang bringt mit dem Begriff der ‚Offenheit'.

Künstlerisches Wissen und künstlerische Strategien ↔ kein Basteln ↔ In der Schule anregen „(...) Neues hinzunehmen. Und nicht nur bei dem zu bleiben was man tut."[1263]

Bereits zu Beginn des Interviews hebt die Projektleiterin m.E. sehr deutlich ihre künstlerischen Herangehensweisen hervor und distanziert ihr Projekt von Angeboten der Jugendarbeit oder von ‚Bastelangeboten'. Die Unterscheidung zwischen ihrem Kunstprojekt und ästhetisch-praktischen ‚Kreativkursen' scheint für sie

1259 So verwendet B. zum Beispiel den Begriff des ‚dialogischen Arbeitens', als sie das Interesse von Jugendlichen an ihrer Arbeit beschreibt, auf das von ihrer Seite aus die Vermittlung von Inhalten folge (I*Fall2, AB 21, Z. 165 – 172). Auch in einem anderen Beispiel, als die Projektleiterin den Kindern konkrete Anweisungen zur Vermittlung von Zeichentechniken gibt („lass mal Deinen Kopf weg und mach's mal so, wie Du's wirklich machen würdest", I*Fall 71, Z.536/ 537), bezeichnet sie dieses Vorgehen als Dialog.
An anderer Stelle, als B. gemeinsame Arbeitssituationen an einem runden Tisch beschreibt, die für mich stärker eine ‚dialogische Struktur' vermuten lassen, betont sie m.E. abschließend erneut ihre inhaltliche Ausrichtung, die sie in die Arbeiten der Kinder und Jugendlichen „transformiere" (I*Fall 2, AB 111, Z. 870/ 871): „Und was mach ich/ transformier ich sozusagen dann da rein was die [die Kinder und Jugendlichen, EM] machen."

1260 » Kapitel 7.2 Fallausschnitt zum Projekt 2: „einer hat trotzdem meistens den Hut auf".

1261 Vgl. etwa I*Fall 2, AB 157, Z. 1175.

1262 Vgl. etwa I*Fall 2, AB 21, Z. 183 – 185.
Im Kapitel 7.2 habe ich die oben genannten Aspekte bereits ausführlicher re-konstruiert.

1263 I*Fall 2, AB 171, Z. 1265 – 1267.

zentral zu sein.[1264] Zusätzlich zu diesen Abgrenzungen distanziert B. ihre Arbeit aber auch mehrfach von Schule und Kunstunterricht.[1265] Diese Unterscheidungen werden für meine Analyse ebenfalls interessant, weil sie weitere Interpretationen zum Selbstverständnis der Projektleiterin erlauben. Auch hier werden ambivalente Bestimmungen für mich auffällig:

Als Abgrenzung zum Kunstunterricht führt B. bspw. auf, dass sie „(...) einen anderen Handlungsrahmen schafft (...)" und über „(...) ein breiteres künstlerisches Handeln" verfüge, das eine „Vielfalt" erlaube.[1266] Anschließend macht sie m.E. ihr umfassendes architektonisches Wissen und ihre ‚Sicherheit im Umgang mit Dingen' an einem Beispiel deutlich und vergleicht dies mit einer eingeschränkteren Herangehensweise von Kunstlehrenden.[1267] Sie gehe aber nicht davon aus, dass Kunstunterricht „schlecht" sei, sondern sie wolle ihn „bereichern" durch „andere Wege und andere Prozesse".[1268] Ich nehme an, dass die Projektleiterin ein großes Interesse daran hat, durch ihre Projekte Kunstunterricht zu verbessern und andere Herangehensweisen zu ermöglichen.[1269] Im Rückschluss wird m.E. aber auch ein Verbesserungspotenzial re-konstruierbar, das B. sieht – sowohl in Bezug auf den Unterricht als auch bezogen auf das (künstlerische) ‚Wissen' der Lehrenden.

In ihren Beschreibungen werden für mich Ambivalenzen wahrnehmbar, die ich *zwischen ‚Offenheit' und ‚Bewahrung des Eigenen'* verorte. Denn einerseits spricht sich die Projektleiterin m.E. für eine „Vielfalt"[1270] im Unterricht aus und hebt eine erforderliche „Offenheit"[1271] von Künstler*innen hervor. Gleichzeitig thematisiert sie aber auch mehrfach die Notwendigkeit, dass Künstler*innen „(...)

1264 Vgl. auch den Abschnitt: „Wenn die mit dem umgehn können was ich will, dann kann ich auch damit umgehn was sie wollen." ↔ „Anknüpfungspunkte" ↔ „Spielball der Ansprüche von außen"

1265 An dieser Stelle ließe sich wiederum das Verhältnis zwischen der Projektleiterin und mir im Interview näher analysieren, denn ich werde von ihr als Kunstpädagogin und Didaktikerin adressiert. In meinen Darstellungen des Vergleichsfalls führe ich diesen Aspekt jedoch nicht weiter aus, um mich auf das Aufzeigen von Orientierungen zu konzentrieren, die für mich besonders markant geworden sind.

1266 Folgender Interviewausschnitt wird hier relevant (I*Fall 2, AB 75, Z. 565 – 570):
565 B. (AB 75): „Der Unterschied zum Kunstunterricht ist einfach, dass man einen
566 anderen Handlungsrahmen schafft und sich dessen sehr bewusst ist.
567 Und dass man bei seinen künstlerischen Strategien bleibt, die . natürlich
568 ein breiteres künstlerisches Handeln als Wissen mitbringen und die die
569 Vielfalt zulassen können weil sie auch ne Sicherheit besteht darin mit
570 Dingen umzugehen."

1267 Vgl. I*Fall 2, AB 75, Z. 570 – 584.

1268 I*Fall 2, AB 75, Z. 584 – 587.

1269 Die Projektleiterin B. führt einige ihrer Projekte im Rahmen des Kunstunterrichts in Kooperation mit Lehrenden durch, von denen sie mir auch im Interview berichtete. Vgl. etwa I*Fall 2, AB 157, Z. 1149 – AB 159, Z. 1204.

1270 I*Fall 2, AB 75, Z. 569.

1271 Folgende Passage macht dies m.E. deutlich (I*Fall 2, AB 171, Z. 1267 – 1269):
1267 B. (AB 171): „(...) Weil ich denke ein
1268 Künstler ist wirklich sehr, sehr gut und kann sozusagen in die Schule in
1269 die Bildung wieder hinein wirken wenn er sehr große Offenheit hat."

bei [ihren, EM] künstlerischen Strategien bleib[en]" [1272] sollen, wohingegen sie bei Lehrenden eine „Offenheit" anregen wolle, „(...) Neues hinzunehmen. Und nicht nur bei dem zu bleiben was man tut".[1273] Ihre Aussagen implizieren für mich den starken Wunsch, das eigene künstlerische Handeln zu bewahren und es (ohne Veränderungen) an Andere zu vermitteln (es „hinzunehmen"). Möglicherweise sind die Erfahrungen, die B. in ihrer künstlerischen Ausbildung oder während ihrer Tätigkeit als Künstlerin gemacht hat, so bedeutsam („wahr" und „richtig), dass sie diese gerne weiter- und in der Schule zurückgeben möchte.[1274]

Zusammenfassung auffällig gewordener Orientierungen im ‚Sprechen über das Projekt' zum Fall 2

Die oben herausgearbeiteten Orientierungen sowie die dabei für mich wahrnehmbar gewordenen Ambivalenzen und Abgrenzungen fasse ich nun kurz zusammen:[1275]

Bereits die Aussagen der Leiterin B. zu Beginn des Interviews, als sie von der Entstehung des Projekts und den anfänglichen Rauminstallationen erzählt, lassen m.E. ihre Positionierung als Künstlerin und ihr Interesse an (dekonstruktiver) Architektur sehr deutlich werden. Wie ich re-konstruieren konnte, könnte sie die Projektarbeit als ihr künstlerisches Werk verstehen, das sie für Kinder und Jugendliche öffne. Dabei spricht sie auch davon, eine ‚rahmende Struktur' zu schaffen, die Anknüpfungspunkte ermögliche.

Die Entscheidung, ihre künstlerische Arbeit mit der Zusammenarbeit mit Kindern und Jugendlichen zu verbinden, begründet sie u. a. anhand eines Erlebnisses, als Jugendliche zu ihr kamen und sich für ihre Arbeiten interessierten. In diesem Zusammenhang beschreibt sie m.E. sehr eindrücklich ihre Überlegungen für eine Projektkonzeption, die eigene Ansprüche und Bedürfnisse ebenso berücksichtigen soll wie die Interessen der Kinder und Jugendlichen. ‚Das Eigene nicht im Außen zu verlieren' wird für mich zu einer zentralen Fokussierungsmetapher in diesem Fall. Ich vermute, dass es der Projektleiterin sehr wichtig ist, das Eigene zu schützen, denn ich nehme gleichzeitig auch eine starke Abwehrhaltung gegenüber Forderungen von außen wahr – etwa von Geldgeber*innen oder Kooperationspartner*innen.

1272 I*Fall 2, AB 75, Z. 567, vgl. auch AB 171, Z. 1270.

1273 I*Fall 2, AB 171, Z. 1265 – 1267.

1274 Auch folgende Interviewpassage wird für diese Interpretation bedeutsam (I*Fall 2, AB 149, Z. 1099 – 1102):

1099 B. (AB 149): „(...) D.h. wieder der Dialog, den wir
1100 selber erfahren haben und den wir auch als wahr rausgefunden haben -
1101 künstlerisches Handeln was wir als richtig empfinden – wie wir das
1102 wieder in Schule zurück vermitteln können."

1275 In meinen Zusammenfassungen zentraler Orientierungen gebe ich keine Quellenangaben mehr an, die ich in den Herleitungen meiner Ergebnisse ausführlich dargestellt habe.

Nicht zum ‚Spielball der Ansprüche von außen' zu werden, könnte für B. sehr bedeutsam sein.
In der Art und Weise, wie die Projektleiterin über die Projektarbeit spricht, konnte ich verschiedene Projektziele und Motive re-konstruieren. So nehme ich an, dass das Vermitteln von künstlerisch-architektonischen Inhalten einen zentralen Stellenwert für sie einnimmt und mit einem (Raum-)Erleben oder Erfindungen im künstlerisch-architektonischen Bereich einhergeht. Andere für Architektur und Kunst zu begeistern, die möglicherweise wenig Zugang dazu hatten, könnte für sie ein wichtiges Motiv in ihrer Arbeit sein. Gleichzeitig konnte ich auch ein großes Engagement und ihr starkes Interesse re-konstruieren, die Kinder und Jugendlichen durch ihr Projekt zu fördern und zu unterstützen.
Während sich die Projektleiterin für bessere Bildungschancen in ihrem Stadtteil einzusetzen scheint, spricht sie andererseits von einem Vorteil, wenn die Kinder und Jugendlichen nicht ‚verbildet' seien. Dabei bezieht sie sich auf die Vermittlung spezifischer künstlerischer Verfahren, für die ein Vorwissen aus ihrer Sicht möglicherweise hinderlich sein könnte. Ähnlich wie der Projektleiter A. thematisiert auch die Projektleiterin B. künstlerische Fähigkeiten, die sie in Verbindung bringt mit kindlicher Kreativität. Ich nehme an, dass die ‚Kindlichkeit des Künstlers' für B. einen weiteren Anknüpfungspunkt für ihre Zusammenarbeit mit Kindern und Jugendlichen darstellen könnte.
Im Laufe des Gespräches bezeichnet die Projektleiterin ihren Ansatz auch als ‚dialogisches Arbeiten', wobei ambivalente Bestimmungen für mich auffällig werden. Zum einen vermute ich, dass damit wieder Anknüpfungspunkte zwischen ihrer Arbeit und den Interessen der Kinder und Jugendlichen gemeint sein könnten. Andererseits zeichnen sich die Situationen, die B. als ‚dialogisches Arbeiten' beschreibt, jedoch durch eine starke Lenkung seitens der Projektleiterin und der Vermittlung ‚ihrer' Inhalte aus. Obwohl ihre Aussagen für mich eine deutliche Steuerung wahrnehmbar werden lassen, spricht B. von einer ‚Offenheit', die ihr Ansatz impliziere. Denn sie würde ihre Ansprüche an die Teilnehmenden ‚offenlegen' – im Gegensatz zu partizipatorischen Ansätzen, womit sie m.E. ihr Vorgehen abgrenzt. Im Laufe des Gespräches werden für mich noch andere Abgrenzungen und Ambivalenzen wahrnehmbar. So scheint es der Projektleiterin wichtig zu sein, ihre künstlerische Rahmung zu betonen und ihre Projektarbeit von Bastelangeboten oder Kreativkursen zu unterscheiden. Auch eine Abgrenzung zur Schule und zum Kunstunterricht könnte für sie bedeutsam sein, wobei sie wahrscheinlich auch ein großes Interesse daran hat, ihr Wissen dort einzubringen. In diesem Zusammenhang werden für mich Orientierungen wahrnehmbar, die ich zwischen ‚Offenheit' und ‚Bewahrung des Eigenen' charakterisiere. Die Projektleiterin hebt m.E. die ‚Offenheit' von Künstler*innen hervor und plädiert gleichzeitig für eine Öffnung von Lehrenden/ Schule. Bei der Vermittlung ihres künstlerischen Wissens sei es ihr hingegen wichtig, beim ‚Eigenen' zu bleiben. Ich vermute, dass ihre Erfahrungen

als Künstlerin so bedeutsam für sie geworden sind, dass sie diese gerne (unverändert) weitergeben möchte.

8.2.5 Fallinterner Vergleich visueller und sprachlicher Darstellungen zum Projekt 2

An dieser Stelle konzentriere ich mich wieder auf den *Vergleich der visuellen und sprachlichen Darstellungen* zum zweiten Projekt. Ich fasse *Gemeinsamkeiten und Unterschiede* zusammen und stelle *markante Ergebnisse* aus den Untersuchungen der unterschiedlichen Darstellungsformen gegenüber, um impliziten Orientierungen und affektiven Dimensionen weiter nachzugehen und Vorstellungen über Partizipation der Projektleiterin B. auf die Spur zu kommen.
Zunächst ein methodischer Hinweis: Während ich in den fallinternen Gegenüberstellungen der *beiden anderen Fälle* auffällig gewordene Parallelen zwischen visuellen und sprachlichen Darstellungen aufführe, bevor ich Unterschiede beleuchte, lässt sich diese Trennung im zweiten Fall m.E. nicht so klar durchführen. Dies mag dem Umstand geschuldet sein, dass ich bereits in den ‚Einzelauswertungen' der verschiedenen Analyse-Ebenen starke Ambivalenzen und mehrdeutige Interpretationen herausgearbeitet habe, in denen ein ‚Changieren' zwischen verschiedenen Positionen für mich markant geworden ist. Deshalb beschreibe ich in diesem Abschnitt meine analytischen Überlegungen noch stärker als Bewegungen zwischen möglichen Gemeinsamkeiten und Unterschieden:

Wie ich in den Analysen des zweiten Bild-Ensembles dargelegt habe (» Kapitel 6), lassen sich die abgebildeten Interaktionsformen auf den Projektfotografien m.E. keiner spezifischen ‚Partizipationsform' zuordnen. So finden sich bspw. Gruppensituationen, in denen die abgebildeten Personen einer gemeinsamen Tätigkeit nachgehen könnten (Tanzen/ Theater), als auch Fotos, auf denen die Dargestellten unterschiedliche Handlungen ausführen, ohne dass ein ‚Miteinander' für mich im Zentrum steht. Auch in der Projektarbeit könnten unterschiedliche Arbeitsweisen und Interaktionsformen bedeutsam werden, wie die Erzählungen von B. über die Zusammenarbeit im offenen Angebot und in den finanzierten Teilprojekten vermuten lassen. Während die Projektleiterin allerdings ihre inhaltliche Lenkung im Interview m.E. sehr stark macht, wird dieser Aspekt für mich auf den Fotos nicht so deutlich.[1276] Zwar enthält das Bildensembles auch Fotografien, auf denen B. gut zu erkennen ist, (und unterscheidet sich damit vom ersten und dritten Bildensemble). Doch die abgebildeten Situationen zeigen m.E. eher eine partnerschaftliche

1276 Insbesondere als die Projektleiterin über das hier untersuchte Teilprojekt spricht, wird für mich eine starke Lenkung wahrnehmbar, wenn sie berichtet, wie die Kinder Bewegungsabläufe wiederholt geübt hätten, bis sie es verstanden hatten.

Beziehung[1277] oder wie die Projektleiterin im Hintergrund agiert,[1278] statt sie als ‚Leiterin' oder ‚Lehrende' zu zeigen, die eine Gruppe anleitet oder etwas vorführt. Demgegenüber wird für mich der künstlerische Anspruch der Projektleiterin, den ich im Interview re-konstruieren konnte, auch auf den Fotos wahrnehmbar. Ich sehe eine Gemeinsamkeit in der Art und Weise, wie B. ihren künstlerischen Ansatz in der Projektarbeit als ‚rahmende Struktur' beschreibt und der von ihr entworfenen Raumgestaltung, die das Geschehen auf den Bildern zu rahmen scheint. Während die künstlerische Gestaltung und die Inszenierung des Raumes für mich in den Bild-Analysen sehr auffällig werden, thematisiert B. allerdings andere Gründe für die Bildauswahl. Im Gespräch beschreibt sie die Projektdarstellung wiederholt als ‚Minimallösung', während sie andererseits erwähnt, dass die Webseite das Projekt ‚ganz gut' zeige.
Als ich sie später auf die Raumgestaltungen anspreche, hebt die Projektleiterin m.E. ihre strategisches Vorgehen hervor und betont ihre künstlerische Strategie – fast als hätte ich sie mit meiner Nachfrage ‚ertappt'. Möglicherweise könnte mein ‚Nachhaken' dabei eine Art Verteidigungshaltung gefördert haben, die ich auch an anderen Stellen im Interview re-konstruieren konnte. So lässt sich m.E. eine zentrale Orientierung im ‚Sprechen über das Projekt' als ‚Schutz des Eigenen vor Ansprüchen von außen' charakterisieren. Hier ließe sich weiter fragen, ob die ‚Abwehr- und Verteidigungstendenzen', die ich auch im ‚Sprechen über die Bilder' sowie im ‚Sprechen über den Partizipationsbegriff' herausarbeiten konnte, kennzeichnend für die impliziten Handlungsorientierungen sein könnten und inwiefern sie auch in einem spezifischen Zusammenhang stehen könnten mit der Interviewsituation, den thematisierten Bildern oder Begriffen. In den folgenden Kapiteln werde ich diesen Fragen noch weiter nachgehen.
Zunächst komme ich aber noch einmal auf den Vergleich der visuellen und sprachlichen Darstellungen zurück, durch den ich mögliche Funktionen der Bilder für die Projektleiterin erweitern konnte. Neben dem Zeigen der ‚komplexen' Projektarbeit und der künstlerischen Raumgestaltungen wurde ich auf einen weiteren Aspekte durch die Gegenüberstellung aufmerksam, den ich stärker auf einer Beziehungsebene ansiedeln würde. Besonders in den Bildkommentaren zu einem Foto (B*Fall 2.5) wird für mich die persönliche Beziehung zu einer dargestellten Person auffällig. Möglicherweise ist diese junge Frau auch die einzige Person, die direkt in die Kamera schauen könnte.[1279] Hier ließe sich fragen, inwiefern es für

1277 Auf dem fünften Bild (B*Fall 2.5) könnte die Projektleiterin zusammen mit einem Mädchen eine Gruppe anführen. Durch ihre gebeugte Körperhaltung in Richtung des Mädchens wird für mich allerdings stärker eine mögliche Gesprächssituation zwischen den beiden Personen betont, als eine ‚Lenkung' der Gruppe.

1278 Auf dem letzten Bild (B*Fall 2.6) wird die Projektleiterin durch die Spiegelwand im Raum im Bildhintergrund sichtbar. Sie könnte von dieser Position aus die Kinder im Vordergrund anleiten. Durch die Spiegelung und die weite Distanz wird für mich jedoch nicht ganz klar, ob die Kinder auf die Projektleiterin oder auf eine andere Person im Hintergrund ausgerichtet sein könnten.

1279 Im Gegensatz zu den beiden Fotografien des ersten Bild-Ensembles, die durch die starke Nahsicht einen Blickkontakt zwischen Kindern und Fotograf/ Betrachter*in auffällig werden lassen, ist ein möglicher Blickkontakt auf dem Foto des zweiten Bild-Ensembles schwerer auszumachen.

B. auch wichtig gewesen sein könnte, besondere ‚Weggefährt*innen' durch die Projektdarstellung zu zeigen.
Interessant ist für meine Analysen aber auch, dass dieses Foto spezifische Erinnerungen an die dargestellte Situation wachzurufen scheint. Die Projektleiterin spricht in diesem Zusammenhang nicht nur von den abgebildeten Personen, sondern erzählt auch von zwei Personen, die sich zum Zeitpunkt der Aufnahme außen, vor dem Fenster befunden hätten. Eine Bildanalyse lässt hingegen nur die Silhouette einer Person erahnen, die mir in meiner ersten Bilduntersuchung nicht aufgefallen war. Dieses Beispiel macht für mich besonders deutlich, wie Aspekte aus dem Erleben vor Ort, die für mich auf den Fotos nicht sichtbar werden, bei der Projektleiterin im ‚Sprechen über die Bilder' reaktiviert werden könnten.

8.3 Fall 3: Szenische Aufladungen ↔ „Und IMMER gehts drum zu überlegen ähm . was ist jetzt das Richtige"[1280]

8.3.1 Einführende Fragen an den Fall 3 ausgehend von den bisherigen Annäherungen

Die (Zwischen-)Ergebnisse meiner Annäherungen an den Fall aus der *Analyse des Bild-Ensembles* (» Kapitel 6) und aus der Analyse zum *‚Sprechen über den Partizipationsbegriff'* (» Kapitel 7), erlauben wiederum erste Fragen an mögliche Partizipationsvorstellungen der Projektleiterin C.:
*Durch meine Analysen des Bild-Ensembles (B*Fall3) wurde ich aufmerksam auf starke szenische Aufladungen der Fotografien und die Darstellungen gemeinschaftlicher, themenbezogener Events. Hier wäre etwa zu fragen, inwiefern die Projektleiterin C. ein Interesse an einem spezifischen Erscheinungsbild des Projekts hat und ihre künstlerischen ‚Inszenierungen' von Gemeinschaft zeigen wollte. Und welche Rolle könnten dabei die abgebildeten Menschen* für sie *einnehmen? Während ich in den visuellen Darstellungen starke szenische Setzungen vermute, zeichnet sich das ‚Sprechen über den Partizipationsbegriff' für mich u. a. durch einen gewissen Zwiespalt aus, der aus einer intensiven inhaltlichen Auseinandersetzung hervorgegangen sein könnte. Hier ließe sich weiter fragen, inwiefern es für die Projektleiterin eine Herausforderung darstellen könnte, im Projekt das ‚Richtige' zu tun und ihre Arbeitsschritte genau zu durchdenken, vor der Einsicht, dass sie die hohen Ansprüche, die mit ‚partizipatorischen' Praxen für sie verbunden sein könnten, nicht erfüllen kann.*

Ich vertiefe meine Auswertungen, indem ich im Folgenden weitere Ergebnisse aus meinen Analysen hinzuziehe. Zunächst beginne ich mit einer kurzen Zusammen-

1280 I*Fall3, AB35, Z.311/ 312.

fassung des Interviews (» Kapitel 8.3.2), bevor ich mich darauf konzentriere, *wie die Projektleiterin C. die Bilder thematisiert* (» Kapitel 8.3.3) und *wie sie über das Projekt spricht* (» Kapitel 8.3.4). Im Gegensatz zum Vergleichsfall 2 (» Kapitel 8.2) habe ich hier die Darlegung am Material auf Wunsch der Projektleiterin reduziert und verwende stattdessen nur einzelne Zitate, um einen Bezug herzustellen. Im letzten Abschnitt (» Kapitel 8.3.5) gehe ich dann auf Unterschiede und Gemeinsamkeiten ein, die ich durch den *Vergleich der visuellen und sprachlichen Darstellungen* herausarbeiten konnte.

8.3.2 Informationen und erste Auffälligkeiten zum Interview mit der Projektleiterin C.

Das Interview zum dritten Projekt dauerte insgesamt 1h39min und fand im September 2013 in einem Büroraum in der Nähe des Wohnortes der Projektleiterin C. statt, den ich für diesen Termin organisiert hatte. Nach meiner schriftlichen Anfrage hatte sich C. bereiterklärt, an meiner Untersuchung teilzunehmen und wir hatten uns im Vorfeld auf diesen Ort verständigt. (» Kapitel 5.2.1)[1281]
Auch dieses Interview hatte ich in halbstrukturierter Form geplant mit ‚offenen' und stärker lenkenden Frageanteilen. Im Vergleich zu den beiden anderen Interviews wird für mich allerdings auffällig, dass dieses Gespräch weniger Erzählpassagen enthält, in denen die Projektleiterin C. über die Arbeit im Projekt und die Zusammenarbeit mit einzelnen Personen gesprochen hat. Stattdessen wechseln sich Frage- und Antwortpassagen in diesem Interview stärker ab.
Ähnlich wie im Interview mit dem Projektleiter A. begann auch dieses Gespräch mit meiner ‚Einstiegsfrage', wie das Projekt entstanden sei. Daraufhin erzählte mir C. von dem Kunst-am-Bau-Wettbewerb und ihrer Projektkonzeption, mit der sie einen Wettbewerb gewonnen hatte, um in einem Park auf der Überdachung einer Autobahn über mehrere Jahre hinweg (2003-2010) künstlerisch tätig zu sein (» Kapitel 5.1.4).[1282] Sie beschrieb mir ihre Projektidee, begründete wie sie dazu gekommen war und berichtete auf meine Nachfrage hin auch von bedeutsam gewordenen Rahmenbedingungen, wie etwa der ‚spannungsvollen' Zusammenarbeit mit dem Amt für Stadtplanung.
Nach etwa 13 Minuten habe ich die Projektleiterin auf den Partizipationsbegriff angesprochen, woraufhin sie mir ihre Überlegungen zum Begriff und zur Zusammenarbeit im Projekt darlegte und vor dem Hintergrund kunstwissenschaftlicher Bezüge begründete. Diese, etwa sechsminütige Sequenz habe ich bereits separat analysiert (» Kapitel 7.3).[1283] Im Anschluss daran kamen wir auf weitere Aspekte der

1281 » Kapitel 5.2.1 Vorbereitung und Durchführung der Interviews.
1282 » Kapitel 5.1.4 Kurzbeschreibung der ausgewählten Projekte – vor dem Hintergrund ihrer Anonymisierung.
1283 » Kapitel 7.3 Fallausschnitt zum Projekt 3: „dass man letztendlich da nicht rauskommt, ohne sich in irgendeiner Form die Finger schmutzig zu machen".

Projektarbeit zu sprechen und C. berichtete häufig in Abgrenzung oder im Vergleich zu einem (Anschluss-)Projekt, an dem sie zum Zeitpunkt des Interviews arbeitete. Etwa 30 Minuten nach Gesprächsbeginn habe ich die Projektleiterin zur Darstellung des untersuchten Projekts auf dem Blog befragt, was sie ausführlich beantwortette und woraufhin wir über verschiedene Formen der Präsentation und Kommunikation des Projekts ins Gespräch gekommen sind. Dieser Interviewabschnitt dauert insgesamt etwas mehr als 30 Minuten und ist im Vergleich zu den Antworten der Projektleiter*innen A. und B. zu diesem Bereich wesentlich ausführlicher.
Im letzten, etwas 35-minütigen Interviewteil habe ich mögliche Veränderungen im Laufe der Projektarbeit aber auch Wünsche für die zukünftige Arbeit angesprochen, was die Projektleiterin wiederum häufig im Vergleich zum (Anschluss-) Projekt beantwortet hat, an dem sie zum Zeitpunkt des Interviews arbeitete.[1284]

8.3.3 Das ‚Sprechen über die Bilder': „Imagebilder"[1285] ↔ „ohne jemanden irgendwie zu diffamieren"[1286]

Die Art und Weise wie C. die Fotos im Interview thematisiert, unterscheidet sich m.E. deutlich von den beiden anderen Projektleiter*innen. Denn sie spricht sehr ausführlich über ihre Gestaltungsabsichten und wir unterhalten uns auffällig lange über verschiedene Darstellungsformate ihres Projekts. Gleichzeitig werden auch hier für mich *Ambivalenzen* im ‚Sprechen über die Bilder' deutlich, die auf verschiedenartige Funktionen der Fotos für die Projektleiterin hindeuten können. Ich konzentriere mich nun auf die Darlegung markanter Orientierungen, bevor ich am Ende dieses Kapitels meine Ergebnisse weiter bündle.

„Imagebild[er]"[1287] ↔ Unvorhersehbares

Charakteristisch für die Bildbeschreibungen der Projektleiterin C. ist m.E. eine klare Formulierung und starke Hervorhebung ihrer gestalterischen Überlegungen, die den jeweiligen Fotos zugrunde liegen. Während die Projektleiter*innen A. und B. ihr gestalterisches Interesse an den Bildern gar nicht oder nur indirekt thematisieren und vornehmlich die abgebildeten Menschen und Situationen im Kontext der Projektprinzipien beschreiben, geht C. detailliert auf die einzelnen Fotos ein und erläutert ihre jeweilige, beabsichtigte Bildkomposition. Auf meine Frage zur Auswahl der Bilder äußert sie als erstes, dass diese Fotos bewusst inszeniert seien,

1284 Das hier untersuchte Projekt wurde im Diskurs als ‚partizipatorisches Kunstprojekt' bezeichnet, weshalb ich mich (u. a.) für die Untersuchung dieser Arbeit entschieden habe. » Kapitel 5.1.3 Projektsammlung, Ableitung und Begründung der Auswahlkriterien
Das (Anschluss-)Projekt der Projektleiterin C. wurde damals hingegen nicht als ‚partizipatorisches Kunstprojekt' diskutiert.
1285 I*Fall3, AB 101, Z. 647.
1286 I*Fall3, AB 95, Z. 627/ 628.
1287 I*Fall3, AB 101, Z. 647.

um „(...) möglichst viel über das Projekt zu erzählen (...)".[1288] Deshalb nehme ich an, dass die Projektleiterin durch die Inszenierungen der Bilder *verdichtete, visuelle Projekterzählungen* erzeugen wollte, deren absichtsvolle Gestaltung sie sofort anspricht. Während die Fotos der anderen Fälle größtenteils von den jeweiligen Projektleiter*innen selber aufgenommen worden waren, erzählt mir C., dass sie einen Fotografen beauftragt hatte.[1289] Zwar übergab sie damit die Aufgabe der ‚Dokumentation' an einen Dritten, doch vermutlich ohne die *Kontrolle über das Dargestellte* zu verlieren. Denn im Interview berichtet sie mir, dass sie die Bildmotive im Vorfeld überlegt und genau festlegt habe, was der Fotograf aufnehmen solle.[1290] Sie hätte die Bilder bereits vor Beginn des Projekts als Teil ihres Konzeptes geplant, damit man „(...) diese Veränderung oder Verwandlung auch sieht", die ein wesentlicher Aspekt ihres Projekts gewesen wären.[1291] Es sei „Teil [ihres] Konzeptes (...) <u>bestimmte</u> Bilder" [1292] zu erzeugen. Ich nehme an, dass ihre künstlerische Tätigkeit vor Ort eng mit einer spezifischen Art von Bildern verbunden ist, die zugleich Teil ihrer künstlerischen Arbeit werden. Im Gesprächsverlauf bezeichnet C. die abgebildeten Fotografien auch als „Imagebild[er]"[1293] oder „Hauptbild[er]"[1294], die wahrscheinlich *eine bestimmte, von ihr festgelegte Erscheinung der abgebildeten Situationen wie auch ihres künstlerischen Gesamtwerkes* vermitteln sollen. Diese inszenierten Fotos werden zur ‚Repräsentation' des Projekts für die Projektleiterin vermutlich besonders bedeutsam und könnten es auf spezifische Weise *‚symbolisieren'*, was ich auch daraus schließe, dass C. diese „Hauptbilder" z. B. auch für Poster verwendete, die Teil eines jährlichen Rundschreibens waren, das an Haushalte in der Nachbarschaft des Parks gesendet wurde. [1295]

Auch der Entstehungszeitpunkt der ‚Imagebilder' kann für meine Deutungen wichtig sein, da die Projektleiterin m.E. unterschiedliche Gestaltungsschwerpunkte daran ausmacht. Sie differenziert etwa spezifische „Abschlussbilder"[1296] (B*Fall3.8 und B*Fall3.9) oder „Ergebnisfoto[s]"[1297] (B*Fall3.3), die zum Ende der

1288 I*Fall3, AB 79, Z. 565.

1289 Vgl. I*Fall3, AB 79, Z. 566 – 570.

1290 Vgl. ebd.

1291 I*Fall3, AB 141, Z. 786/ 787.
Im nächsten Abschnitt gehe ich darauf noch genauer ein.

1292 I*Fall3, AB 79, Z. 556/ 557.

1293 I*Fall3, AB 101, Z. 647.

1294 I*Fall3, AB 249, Z.1142.

1295 Vgl. I*Fall3, AB 249, Z. 1140 bis AB 251, Z. 1148.
Die besondere, repräsentative Stellung der „Hauptbilder" für die Projektleiterin wird für mich bspw. auch daran deutlich, dass sie diese Fotos von „Prozessfotos" (I*Fall 3, AB 251, Z. 1148) abgrenzt. Die „Prozessfotos" haben wahrscheinlich eine andere Funktion, was für mich besonders im Gespräch über die *alternative Darstellung* des Anschlussprojekts wahrnehmbar wird. Denn dort spricht C. von einer „Tagebuchstruktur" dieser Webpräsentation (I*Fall 3, AB 243, Z. 1117) und einer „familiären Bedeutung" (ebd. Z.1120) der Fotos, die sie wahrscheinlich für die Projektteilnehmer*innen einnehmen sollen.

1296 I*Fall3, AB 79, Z. 569.

1297 I*Fall3, AB 91, Z. 600.

jährlichen Projektphasen im Park aufgenommen worden seien bzw. einen Endpunkt markieren sollen, von Bildern, die am Anfang entstanden seien (B*Fall3.4 und B*Fall3.6).[1298] Während die ‚Abschlussbilder' von der Projektleiterin geplante Höhepunkte der Projektarbeit vor Ort illustrieren könnten, wie das „gemeinsame Essen"[1299] (B*Fall3.8) oder das abschließende „große[] Feuerwerk"[1300] (B*Fall3.9), vermute ich, dass die Bilder aus den Anfangsphasen (noch) eine andere Funktion im Kontext ihres künstlerischen Konzeptes übernehmen. Ich habe den Eindruck, als würden sie für die Projektleiterin stärker *zwischen sichtbaren und späteren, auf den Bildern nicht-sichtbaren, Entwicklungen* changieren. Denn ausgehend von diesen Fotos (B*Fall3.4 und B*Fall3.6) beschreibt sie Kippmomente innerhalb des Projekts, die entscheidend zur Kontaktaufnahme und Mitarbeit von Anwohner*innen und Kindern und Jugendlichen beigetragen hätten. Als Auslöser dieser Situationen identifiziert sie die von ihr inszenierten Elemente, das weiße Pferd und die Kamele und Akrobaten im Park.[1301] Besonders Bild B*Fall3.4 könnte dabei eine Schlüsselrolle einnehmen, da das Pferd ein Interesse der Menschen hervorgerufen habe, mit dem die Projektleiterin nicht gerechnet habe.[1302] Interessant ist allerdings, dass das von ihr inszenierte Pferd abgebildet wurde – und nicht das sich anschließende Treiben rund um die Pferdekoppel.[1303] Ein Teil ihrer Begründung, warum sie das Pferd alleine abgebildet habe, verweist m.E. wiederum auf seine besondere (unvorhersehbare) Wirkung, die es im Projekt hatte,[1304] während die Projektleiterin anschließend kompositorische Aspekte anspricht.[1305] Ich nehme an, dass diese „Anfangsbilder" für C. auch *unplanbare Momente* im Projekt widerspiegeln, die jedoch in einem Zusammenhang stehen zu ihren eigenen gestalterischen Impulsen.

Raumgestaltung ↔ Bildhaftes Zeigen der beteiligten Personen

Im weiteren Gesprächsverlauf begründet die Projektleiterin die alleinige Darstellung des Pferdes im Park auch vor dem Hintergrund ihres Interesses an Raumgestaltungen.[1306] Dieser „Raumgedanke"[1307] wird m.E. von C. wiederholt als zentrales Element ihrer Arbeit im Interview thematisiert und sei auch für die Komposition

1298 Vgl. etwa I*Fall3, AB 79, Z. 571.
1299 I*Fall3, AB 177, 908.
1300 I*Fall3, AB 179, 912.
1301 Vgl. etwa I*Fall3, AB 283, Z.1280 – 1291.
1302 Vgl. etwa I*Fall3, AB 287, Z.1298 – 1302.
1303 Im Rahmen anderer Projektpräsentationen (z. B. im Projektkatalog) zeigte die Projektleiterin C. auch Bilder der anschließenden Entwicklungen vor Ort. Zur Präsentation dieses Projekts auf dem Blog habe sie sich jedoch auf ‚Hauptbilder' beschränkt. Vgl. auch I*Fall3, AB 233, Z.1083 – 1088.
1304 I*Fall3, AB 101, Z. 645/ 646.
645 C. (AB 101): „Bei dem Pferd fand ich es einfach so spektakulär, dass
646 er da so als Solitär alleine ist und alles . verändert, ne."
1305 I*Fall3, AB 101, Z. 647 – 651.
1306 Vgl. I*Fall3, AB109, Z. 662-665.
1307 I*Fall3, AB109, Z. 664.

der Bilder elementar gewesen. Dabei wird für mich auffällig, dass die Projektleiterin hauptsächlich von dem Ort und ihren Gestaltungszielen bezüglich des Raumes spricht und weniger konkrete Situationen vor Ort anhand der Bilder beschreibt, wie die Projektleiter*innen A. und B. dies getan hatten. Wie ich re-konstruieren konnte, konzentrieren sich ihre Bildkommentare vornehmlich auf *gestalterische Absichten* bezüglich des dargestellten Ortes und sind gekoppelt mit *kunstwissenschaftlichen Bildassoziationen*, wobei die abgebildeten Menschen Teil dieser *Bildideen* zu werden scheinen:
Zu den markanten Aussagen zu den Motiven der Bildauswahl zählt für mich beispielsweise, dass es ihr wichtig gewesen sei, eine bestimmte „Atmosphäre"[1308] wiederzugeben und eine „Verwandlung"[1309] zu zeigen. In diesem Zusammenhang berichtet sie auch, dass eine ‚Verwandlung' und ein ‚Wiedererkennen des Raumes' für sie „Vorgabe[ ]" [1310] gewesen seien. Da sie zuvor von ihrer Konzeptidee gesprochen hatte, ‚Imagebilder' für das Projekt zu entwickeln[1311], vermute ich, dass es sich hierbei um ihre ‚Vorgaben' für diese Bilder handelt, die Teil ihres Konzeptes und vermutlich dort festgehalten waren, und weniger um Bedingungen von außen – etwa durch die Projektausschreibung.[1312]
C. erwähnt außerdem spezifische Bildassoziationen, die den Eindruck erwecken, als hätten sie ebenfalls zu ihren konkreten Raum- und Bildgestaltungen beigetragen. Sie scheinen *zwischen distanzierter Bildbetrachtung und subjektiven Empfindungen* zum Geschehen vor Ort zu wechseln, wie ich zunächst anhand eines Beispiels verdeutlichen möchte:
Als Bildideen für das Foto B*Fall3.8 spricht die Projektleiterin sowohl das „Ornamentale[]"[1313] der Kreisform an, die durch die entfernte Perspektive auf die abgebildeten Personen erzielt werden solle, als auch „die Geschichte von Asterix und Obelix".[1314] Diese zunächst distanziert anmutenden Bildassoziationen zum Dargestellten aus perspektivischer und motivischer Sicht werden durch Erzählungen eingerahmt, die eine sehr emotionale Verbindung zum Geschehen vor Ort vermuten lassen. So erwähnt die Projektleiterin (u. a.) die Absurdität des Vorhabens und die gleichzeitige „dörfliche Atmosphäre" [1315] ebenso wie den Zusammenhalt der Menschen, die ihr wichtig gewesen seien. Bild B*Fall3.8 könnte für sie diese Gegensätze spiegeln. Trotz einer gewissen Trostlosigkeit, die C. auf das mäßige Wetter, den störenden Baukran und die ungemütliche Fläche

1308 I*Fall3, AB 95, Z. 629.
1309 I*Fall3, AB 141, Z. 738.
1310 I*Fall3, AB 141, Z. 787.
1311 Vgl. auch den Abschnitt „Imagebild[er]" ↔ Unvorhersehbares.
1312 In meiner Bildanalyse wurde ich aufmerksam auf wiederkehrende Raumelemente wie das rote Backsteingebäude, die eine Wiedererkennbarkeit des Ortes in den Fotografien möglich werden lassen, ebenso wie die Verwandlung des Ortes durch seine szenischen Inszenierungen – etwa als Zirkusmanege oder Filmset.
1313 I*Fall3, AB111, Z. 678.
1314 I*Fall3, AB111, Z. 692.
1315 I*Fall3, AB111, Z. 683.

zurückführt, strahle das Bild für sie eine „Wärme" aus, die sie daran besonders möge.[1316] **Für mich werden** Parallelen möglich zur angesprochenen „Geschichte von Asterix und Obelix". Sowohl im Projekt der Leiterin C. als auch in den Erzählungen von Asterix und Obelix könnten eine besondere Gemeinschaft und die Verteidigung einer vermeintlich ausweglosen Situation im Zentrum stehen. Wie C. berichtet, lautete das Thema für diese Projektphase „Eintopf inklusive"[1317] und zielte auf den Gemüseanbau und das gemeinsame Zubereiten und Verspeisen der Ernteerträge auf der „unwirklich[en]"[1318] Fläche ab. Obwohl sie die Hintergründe und eine mögliche Ausweglosigkeit des Unternehmens nicht näher erläutert, vermute ich, dass sie damit den Gemüseanbau auf dem Deckel einer Autobahn in diesem „unwirklichen" Park anspricht. Die Reglementierungen des Projekts und die langjährigen Auseinandersetzungen um den Ort lassen für mich Analogien möglich werden zur räumlichen Situation des Gallierdorfes inmitten des römischen Hoheitsgebietes.[1319] Beide Flächen scheinen von einem kontinuierlichen Kampf um ihr Bestehen geprägt zu sein, die sich im Fokus divergierender Interessensverbände befinden und fortwährenden Grenzüberschreitungen ausgesetzt sein könnten. Während in den Geschichten um Asterix und Obelix die Dorfgemeinschaft dem feindlichen Anliegen mit Zusammenhalt und einem Zaubertrank begegnet, hebt die Projektleiterin C. die Gemeinschaft der Menschen und die „Verwandlung und Verzauberung" [1320] des Ortes hervor.

Künstlerische Bilder ↔ Diffamierung der dargestellten Menschen

Als weitere Besonderheit, auf die ich durch die Beschreibungen von C. aufmerksam wurde, lässt sich die ausgesprochen *kontrollierte Darstellung der Personen* beschreiben. Schon zu Beginn ihrer Bildkommentierungen spricht die Projektleiterin auch diesen Aspekt explizit an, indem sie zunächst hervorhebt:

> „Und ähm . ja . das äh ... ((atmet hörbar)) Im Grunde . was mir selber aufgefallen ist, was mir auch immer wieder auffällt, und worauf ich auch ACHTE, ist, dass ich ähm . relativ wenig . lachende Kinderaugen . auf den Fotos habe."[1321]

Aufgrund dieser **Äußerungen** vermute ich, dass sie die Bildkompositionen bewusst auf die Art und Weise der Darstellung der Menschen, insbesondere der

1316 I*Fall3, AB113, Z. 698.
1317 I*Fall3, AB111, Z. 682.
1318 I*Fall3, AB111, Z. 673.
1319 Bereits zu Beginn des Interviews hatte mir die Projektleiterin von den Protesten der Anwohner*innen gegen den Bau einer Autobahn erzählt, aber auch von dem „Trauma", das dieser „Einschnitt" durch die Autobahn ausgelöst habe. Vgl. I*Fall 3, AB 5, Z. 30 – 43. Im Abschnitt ‚Sprechen über das Projekt' greife ich diese Aspekte noch einmal auf, um Motive und Ziele der Projektarbeit weiter zu beleuchten.
1320 I*Fall3, AB 141, Z. 783/ 784.
1321 I*Fall3, AB 91, Z. 606 – 609.

Kinder, überprüft. Das schwere Atmen vor dem Gesagten könnte meine Annahme unterstützen, dass für sie dieser Aspekt besonders ‚schwer wiegt'. Bilder mit „lachende[n] Kinderaugen" würde sie vermeiden und begründet dies mit „(...) Publikationen (...) von Firmen die mit Kindern/ Kinderglück ihr Geld machen (...)".[1322] Eine ‚Vermarktung' der Abgebildeten ist für C. vermutlich ein heikles Thema – dieses Vorgehen sei ihr auch „zu billig" [1323]. Sie versuche es demgegenüber „anders [zu] transportieren"[1324] und erläutert ihre kontinuierliche Suche nach geeigneten Bildern folgendermaßen:

> „Das/ Es macht/also ich bin seit . ja seit Beginn des Projekts eigentlich immer damit beschäftigt wie kann ich nen Bild machen äh . ohne jemanden irgendwie zu diffamieren, ohne äh /also den allen gerecht zu werden, dass man aber trotzdem sieht wie die Atmosphäre war usw. das ist gar nicht so unkompliziert." [1325]

Ich gehe davon aus, dass die Bildkompositionen auch von ihren Bemühungen geprägt sind, die abgebildeten Personen nicht zu diskreditieren, wobei die Vermittlung einer spezifischen Atmosphäre ihr vornehmliches Ziel sein könnte. Die im Kreis sitzenden Menschen auf Bild B*Fall3.8 ließen sich auch vor diesem Hintergrund deuten. Denn die ‚entfernte Perspektive' auf die abgebildeten Personen erschwert eine Identifikation einzelner. Gleichzeigt erzeugt die kreisförmige Anordnung der Menschen m.E. den Eindruck von Gemeinschaft und einer ‚geselligen' Atmosphäre im Park.

Besonders die Bildbeschreibungen zur Abbildung B*Fall3.5 lassen für mich aber auch *Ambivalenzen* deutlich werden innerhalb des Verhältnisses *zwischen Bildassoziationen, dem Zeigen einer spezifischen Atmosphäre und dem Bemühen einer sensiblen Darstellung der beteiligten Personen*, das der Bildkomposition möglicherweise zugrunde lag. Zu diesem Foto **äußert** die Projektleiterin zunächst, dass sie an ein „impressionistisches Aquarell"[1326] als Bildideen zur Illustration des Projekts gedacht habe. Diese Idee könnte in einem Zusammenhang mit dem Projektthema stehen, in dem es um eine Verwandlung des Parks durch das Anpflanzen von 1200 Blumen und Setzlingen ging, wie sie mir berichtet.[1327] Sie habe ein spezifisches Bild im Sinn gehabt, wobei sich C. im Gespräch nur daran erinnert, dass es sich um ein „bekanntes Bild" [1328] handele, ein „Frühstück"[1329] oder ein „Picknick"[1330] von

1322 I*Fall3, AB 95, Z. 620/ 621.
1323 I*Fall3, AB 95, Z. 624.
1324 I*Fall3, AB 95, Z. 625.
1325 I*Fall3, AB 95, Z. 626 – 630.
1326 I*Fall3, AB 147, Z. 804.
1327 Vgl. I*Fall3, AB 147, Z. 805 -807.
1328 I*Fall3, AB 149, Z. 815/ 816.
1329 I*Fall3, AB 149, Z. 815.
1330 I*Fall3, AB 149, Z. 816.

„Manet"[1331] oder „Monet"[1332]. Ihre Bildidee könnte sich dabei vor allem auf die langen Kleider der Frauen im Park konzentrieren. Diese seien von der ursprünglichen Bildassoziation erhalten geblieben und sie habe die weißen „Kostüme"[1333] extra für die abgebildeten Personen besorgt. Ihre Hinweise erleichtern mir eine Zuordnung des Fotos zu der angedeuteten Bildvorlage, denn m.E. nur die Frauen auf dem Bild *Frühstück im Grünen* von Claude Monet aus dem Jahr 1865 tragen lange Kleider. Auf dem gleichnamigen Gemälde von Edouard Manet aus dem Jahr 1863 sind die Frauen hingegen nackt dargestellt. Es gilt als Vorläufer für Monets Arbeit, aber auch als skandalöser Zeitzeuge, da das Zeigen von Nacktheit ohne mythologische Einbettung scheinbar einem Affront gleichkam. Monet machte das Motiv hingegen ‚gesellschaftsfähig', indem er die Damen bekleidet darstellte.[1334] Diese kunstwissenschaftlichen Hintergrundinformationen sollen insofern von Bedeutung sein, als dass das ‚Ankleiden' der abgebildeten Personen auch im Projekt der Leiterin C. eine entscheidende Bedeutung einnehmen könnte. Denn für die Projektleiterin würde das Weiß der Kleider „REINHEIT"[1335] und „ZERBRECHLICHKEIT"[1336] symbolisieren und einen Kontrast erzeugen zum verdreckten Zustand des Parks, sodass „(...) kein Mensch mehr an Hunde. Hundescheiße bei dem Bild [denkt]".[1337] Dem vermutlich heruntergekommenen und schlechten ‚Image' des Parks stelle C. ein neues „Imagebild"[1338] entgegen, das eine andere Atmosphäre abbilden solle. Diese Gedanken sind wahrscheinlich für die Bildkomposition vorrangig gewesen. Der zuvor angesprochene Aspekt der ‚Diffamierung' der Dargestellten wurde von ihr hingegen nicht thematisiert. Ich nehme an, dass die Projektleiterin in der ‚Verkleidung' der dargestellten Personen keine problematische Darstellung der Beteiligten sieht. Dass das Foto B*Fall3.5 auch als Inszenierung von z. B. ‚Jungfräulichkeit' gelesen werden kann und für eine kunstdidaktisch geprägte Rezipientin wie mich in Verbindung gebracht werden könnte mit Bildern der ‚Musischen Erziehung', mit Fotos reformpädagogischer Bewegungen aber auch mit nationalsozialistischen Bildmotiven – für diese Deutungen finden sich in den Beschreibungen der Projektleiterin C. keine Hinweise. Auch partizipationskritische Diskurse, die (z. B.) eine Betonung des ‚Gemeinschaftlichen'[1339] verurteilen, was man auch diesem Bild unterstellen könnte, wurden von ihr nicht thematisiert. Ihre Kommentare lassen keinerlei Bezüge zu

1331 I*Fall3, AB 151, Z. 819.
1332 I*Fall3, AB 151, Z. 820.
1333 I*Fall3, AB 149, Z. 813.
1334 Vgl. etwa Kropmanns (23.01.2018): Edouard Manet – Das Frühstück im Grünen.
1335 I*Fall3, AB 153, Z. 827.
Die Großschreibung geht hier auf eine Betonung im Transkript zurück, ähnlich wie die weiteren Hervorhebungen von Zitaten in dieser Auswertung.
1336 I*Fall3, AB 153, Z. 829.
1337 I*Fall3, AB 153, Z. 828.
1338 I*Fall3, AB 101, Z. 647.
1339 Vgl. etwa Kravagna (1998): Arbeit an der Gemeinschaft; Nancy (2004): singulär plural sein.
» Kapitel 6.4.2 Zwischenreflexion der motivischen Bestimmungen – Partizipation ‚zeigen'?

diesen Themenfeldern erkennen, auch wenn sie an anderer Stelle/ in anderen Zusammenhängen gezielt auf partizipationskritische Positionen zurückgreift, wie ich bereits ausgeführt habe.[1340]

Sprachliche Distanzierung ↔ Getroffen sein durch die Bilder

Wie ich bereits in der Analyse angedeutet habe, spricht C. kaum über konkrete Personen, die auf den Fotos dargestellt sind. Auf meine Frage, welche Fotos sie besonders möge, geht sie als erstes auf Bild B*Fall3.7 ein und thematisiert nur bei diesem Foto einzelne, abgebildete Personen.[1341] Später äußert sie zu diesem Bild auch, dass die Verwandlung und Wiedererkennbarkeit des Ortes dort am wenigsten gegeben sei.[1342] Daraus schließe ich, dass hier andere Aspekte von Bedeutung sein könnten, die C. im Gegensatz zu den bereits dargestellten Gestaltungsabsichten anderer Fotos allerdings für mich diffuser verbalisiert. Ein Vergleich der Fotos des Bild-Ensembles macht deutlich, dass dieses Foto zu den wenigen Bildern **zählt**, die Einzelpersonen erkennbar werden lassen. Auch die Projektleiterin erläutert zunächst „(...) da hat man mal jemand ganz im Vordergrund, da hat man auch son paar Stars . mal, die man sieht (...)"[1343], bevor sie einige Personen namentlich benennt.

Interessant ist für mich an ihren weiteren Äußerungen, dass sie dann auf die kulturellen Hintergründe einzelner „Hauptpersonen" [1344] eingeht, die trotz „ethnische[r] Kontraste"[1345] auf diesem Bild versammelt seien. Auf diese Beobachtung habe sie XX [ein Autor, der auch über das Projekt geschrieben hat, EM] aufmerksam gemacht, wie sie in diesem Zusammenhang berichtet. [1346] Für mich entsteht der Eindruck, als sei es ihr wichtig hervorzuheben, dass nicht sie die Urheberin dieser Beobachtung sei, obwohl sie die Deutung teilen und sich möglicherweise auch über das Zusammenkommen verschiedener Kulturen und Ethnien freuen könnte. Möglicherweise schützt sich die Projektleiterin auf diese Weise auch vor einem Vorwurf der ‚Diffamierung' der Dargestellten, indem sie diese Verantwortung für die Bilddeutung abgibt.[1347] Die weiteren Gründe, die sie nennt, warum ihr dieses

1340 Vgl. etwa meine Analysen ‚zum Sprechen über den Partizipationsbegriff' » Kapitel 7.3 Fallausschnitt zum Projekt 3: „dass man letztendlich da nicht rauskommt, ohne sich in irgendeiner Form die Finger schmutzig zu machen".

1341 Vgl. I*Fall3, AB 117, Z. 707 – 711.

1342 Vgl. I*Fall3, AB 141, Z. ...

1343 I*Fall3, AB 117, Z. 708/ 709.

1344 I*Fall3, AB 119, Z. 725.

1345 I*Fall3, AB 117, Z. 712.

1346 Vgl. I*Fall3, AB 117, Z. 711/ 712.

1347 Wie ich in meinen Analysen zum ‚Sprechen über den Partizipationsbegriff" dargestellt habe (» Kapitel 7.3), beschäftigt sich die Projektleiterin C. seit Jahren auch mit kritischen Positionen zur Partizipation. Ich nehme an, dass eine mögliche Abgabe der Verantwortung für diese Bildinterpretation auch vor dem Hintergrund repräsentationskritischer Ansätze im Rahmen der ‚Partizipationsdebatte' gedeutet werden kann.

Bild gefalle, bleiben hingegen allgemeiner formuliert, scheinen aber auch Aspekte des gemeinsamen Arbeitens zu umfassen.[1348]
Auch im weiteren Gesprächsverlauf kommt sie noch einmal auf den Umstand zu sprechen, dass das Bild für sie Unterschiedliches vereine. Diese sehr allgemein bleibenden Aussagen beziehen sich wahrscheinlich auf die zuvor aufgezählten Mitarbeiter*innen und teilnehmenden Kinder des Projekts und schließen wiederum mit einem kunstwissenschaftlichen Vergleich ab, der eine weitere Distanzierung zur dargestellten Szene schaffen könnte.[1349]
Auffällig ist insgesamt, dass die Projektleiterin meine Frage, was sie an den Bildern möge, weniger differenziert beantwortet, als sie vorher ihre Gestaltungsabsichten für die Fotos dargelegt hatte. Ihre Stimme wird wahrnehmbar leiser und verhaltener und es finden sich einige Passagen, in denen sie nach Worten zu suchen scheint und viele Pausen und Wortkorrekturen deutlich werden. Es könnte ihr leichter fallen, konkrete Gestaltungsabsichten zu formulieren und Zusammenhänge zwischen Ortsgestaltungen und Bildassoziationen zu beschreiben, die eine stärkere Distanzierung erlauben, als Worte dafür zu finden, was ihr an den Bildern besonders gefalle – was sie berühren könnte.

Zusammenfassung auffällig gewordener Orientierungen im ‚Sprechen über die Bilder' zum Fall 3

An dieser Stelle bündle ich zentrale Orientierungen und konzentriere mich auf das Aufzeigen mehrdeutiger Bestimmungen im ‚Sprechen über die Bilder' der Projektleiterin C.:[1350]
Besonders auffällig wird für mich, wie differenziert sie ihre Gestaltungsabsichten und Auswahlkriterien zu den einzelnen Fotos thematisiert und ihre Inszenierungen begründet. Wie C. mir im Interview berichtet, sei es Teil ihres Konzeptes gewesen, ‚bestimmte Bilder' **für jedes Projektjahr zu erzeugen, die als ‚Hauptbilder**' und ‚Imagebilder' dienen sollten. Denn ihr Konzept habe das Ziel verfolgt, über diese Fotos die ‚Veränderungen und Verwandlungen' im Park zu zeigen. Ich vermute, dass ihr eine *spezifische Erscheinungsform der Bilder sehr wichtig ist und Teil ihres künstlerischen Gesamtwerks* sein könnte. Obwohl sie wahrscheinlich alle Bildkom-

---

1348 Vgl. etwa folgende Passage (I*Fall3, AB 117, Z. 715 – 717):
C. (AB 117): „Und da ist irgendwie alles so . versammelt auf dem Bild
und ähm . es ist so ne disparate und trotzdem aber irgendwie finde ich,
sehr konzentrierte Situation."

1349 Auch hier gebe ich einen kurzen Ausschnitt wieder, der für meine Deutungen zentral wird (I*Fall3, AB 123, Z. 738 – 741):
C. (AB 123): „ „(...) das findet sich alles jetzt hier an
dieser Stelle mal ne fürn . Moment.
Und jeder hat was . hat was zu tun da drin in dem Ganzen, in dem Bild.
Ich finde das hat so was von nem Tableau irgendwie ein bisschen."

1350 In dieser Zusammenfassung gebe ich keine Quellenangaben für meine Re-Konstruktionen mehr an, die ich in der Herleitung meiner Ergebnisse aufgezeigt habe.

positionen genau geplant hat und die Fotos einer bestimmten Choreografie folgen, könnten einige Bilder zusätzlich auch für *unplanbare und nicht-sichtbare Momente innerhalb des Projekts* stehen. Denn anhand dieser Fotografien erzählt mir die Projektleiterin von ‚Kippmomenten' **während der Projektarbeit, mit denen sie nicht gerechnet habe und die auf den Bildern nicht** sichtbar werden.
C. beschreibt mir im Interview detailliert ihre *‚Bildideen'*, die der Gestaltung der einzelnen Fotos zugrunde liegen würden, während sie kaum von konkreten Situationen vor Ort spricht. Neben Überlegungen zur *Raumgestaltung* thematisiert sie dabei mehrfach auch ihre *kunstwissenschaftlich-orientierten Bildassoziationen*, die zur Komposition der Bilder beigetagen hätten. Möglicherweise werden die dargestellten Menschen Teil dieser ‚Bildideen'.
Neben den kunstwissenschaftlichen Vergleichen, die m.E. eine gewisse Distanzierung zum Dargestellten ermöglichen, werden für mich aber auch sehr emotionale Verbindungen erahnbar. Vergleiche mit dem Gallierdorf bei Asterix und Obelix könnten auf einen Zusammenhalt und den ‚gemeinsamen Kampf' um die Parkfläche hindeuten, die für die Projektleiterin bedeutsam geworden sind. Als ich sie im Laufe des Interviews frage, was sie besonders an den Fotos möge, habe ich den Eindruck, dass es ihr deutlich schwerer fällt, dies zu beantworten. Hier ließe sich fragen, ob die Bilder sie möglicherweise auch auf eine Art berühren, was sie nicht so leicht versprachlichen kann.
Die präzise Planung und Gestaltung der Fotos wirkt auf mich sehr *kontrolliert* und steht möglicherweise auch in einem Zusammenhang mit dem Anspruch der Projektleiterin, die abgebildeten Personen *nicht ‚diffamieren'* zu wollen. Dass sie dabei die Menschen für ihre Bildideen stark *in Szene setzt*, scheint für sie hingegen kein Problem darzustellen.

8.3.4 Das ‚Sprechen über das Projekt': Raumestaltung durch die Menschen ↔ „gemeinsame Erinnerungen (...) erschaffen"[1351] ↔ „die Veränderung in die eigene Kontrolle oder in die eigene Regie nehmen"[1352]

In diesem Kapitel gehe ich der Frage nach, wie die Projektleiterin C. über das Projekt spricht und sich selbst und die anderen Personen thematisiert. Dabei konzentrieren sich meine Analysen auf den Beginn und den letzten Teil des Interviews, die für diese Fragestellung m.E. besonders relevant werden (» Kapitel 8.3.2).[1353]
Zur Darlegung meiner Ergebnisse in diesem Vergleichsfall beschränke ich mich wieder auf markante Orientierungen und Ambivalenzen, ohne verschiedenartige Facetten aufzuzeigen (» Kapitel 5.3.2)[1354]. Dabei werden für mich zum Beispiel

1351 I*Fall 3, AB 9, Z. 78/ 79.
1352 I*Fall 3, AB 5, Z.48/ 49.
1353 » Kapitel 8.3.2 Informationen und erste Auffälligkeiten zum Interview mit der Projektleiterin C.
1354 » Kapitel 5.3.2 Generierung und Fokus der Ergebnisdarstellungen.

unterschiedliche Ziele in der Projektbeschreibung auffällig, aber auch Abgrenzungen zu anderen Kunstverständnissen und die Sorge, ‚falsch einsortiert' zu werden.

Positionierung als ausgewähltes Kunstprojekt ↔ Rahmungen und Hürden des langjährigen Projekts

Auf meine Frage, wie es zu dem Projekt gekommen sei, beginnt die Projektleiterin von den Hintergründen der Ausschreibung des Kunstprojekts und der zugrundliegenden Aufgabe zu erzählen, einen „(...) sogenannten Masterplan zu überlegen für nen Zeitraum von zehn Jahren ähm. wo man sukzessive den/in dem Park arbeitet".[1355] Ihre Beschreibungen lassen Rahmungen, aber auch Hürden des Wettbewerbes für mich deutlich werden, der nach der Fertigstellung eines Parks über einer Autobahnüberdachung und im Zuge des damit einhergehenden „Sanierungsprozesses"[1356] ausgelobt worden sei. Zugleich wird eine Positionierung des Projekts als ausgewähltes Kunstprojekt für mich wahrnehmbar, bei dessen Ausschreibung sich C. mit ihrem künstlerischen Konzept „durchgesetzt" habe.[1357]

Konzeptionelle Rahmung durch die Künstlerin ↔Projekt für die Anwohner*innen ↔ Raumgestaltung durch die Menschen

Im Laufe des Interviews beschreibt die Projektleiterin u. a., wie ihr Gestaltungskonzept entstanden sei. Dazu habe sie sich zunächst vor Ort ein Bild gemacht und aus ihren Erzählungen wird für mich re-konstruierbar, wie sich C. darum bemühte, sich in die Anwohner*innen *‚einzufühlen'* und diese Überlegungen zum *Ausgangspunkt ihrer Gestaltungen* zu machen. In diesem Zusammenhang spricht sie mehrfach von einem „Trauma"[1358], das die Menschen durch die Baumaßnahmen erlebt haben könnten, was auf starke Verletzungen der Anwohner*innen hindeutet, von denen die Projektleiterin ausgehen könnte. Dem wolle sie ein Konzept entgegensetzen, das es den Menschen ermögliche, „(....) die Veränderung in die eigene Kontrolle (...) [zu, EM] nehmen".[1359] Ihr Interesse, durch ihr Kunstprojekt *etwas für die Menschen vor Ort zu entwickeln,* kommt auch an anderen Stellen für mich zum Ausdruck. Möglicherweise könnte sie es als ihre Aufgabe oder sogar als ihre *Pflicht als Künstlerin* verstehen, wie ich aus ihren Aussagen schließe.[1360]

1355 I*Fall 3, AB 3, Z.20/ 21.

1356 I*Fall 3, AB 3, Z.17.

1357 I*Fall 3, AB 3, Z.26.

1358 Vgl. etwa I*Fall 3, AB 5, Z.39/ 40, als die Projektleiterin C. sagt: „(...) Das ist ja ein unglaublicher Einschnitt. Und ich habe mich so gefragt was ist das fürn TRAUMA für son Kiez."
Zur ‚traumatischen' Situation im Park vgl. etwa auch I*Fall 3, AB 13, Z.121 – 128.

1359 I*Fall 3, AB 5, Z.48/ 49.

1360 Vgl. etwa folgenden Auszug (I*Fall 3, AB 23, 204 – 206):
204 C. (AB23): „(...) Weil . ich fand es irgendwie auch unfair, wenn man da hingeht . als
205 Künstler und man hat all/viele Möglichkeiten im Kopf und denkt
206 sich ne, aber mein Konzept äh ist jetzt nicht speziell für euch."

Als weiteres, mögliches Motiv in der Arbeit der Projektleiterin habe ich bereits in meinen Analysen zum ‚Sprechen über die Bilder' ein starkes Interesse an der *künstlerischen Gestaltung des Raumes* herausgearbeitet, das hier m.E. auch zum Tragen kommt – wenn auch mit einer etwas anderen Gewichtung. Besonders eine Passage wird für meine Auswertung relevant, in der das Verständnis von C. für mich greifbarer wird, was ‚Raumgestaltung' für sie umfassen kann.[1361] Denn dort thematisiert sie die *Nutzung des Raumes durch die Menschen als grundlegende Form von Gestaltung*, was sie in einem späteren Beispiel über das Aufspannen von Regenschirmen als Gestaltungselemente im öffentlichen Raum m.E. noch untermauert.[1362] Einerseits könnte die Projektleiterin also das Ziel verfolgt haben, dass der Park (überhaupt) genutzt wird, gleichzeitig könnte sie die Nutzung durch die Menschen aus künstlerischer Perspektive vor dem Hintergrund der dadurch entstehenden Veränderungen des Raumes interessieren.

„Veränderung in die eigene Kontrolle oder in die eigene Regie nehmen"[1363] ↔ „gemeinsame Erinnerungen (...) erschaffen"[1364] ↔ „Werkstattleiterin"[1365] ↔ „dass man äh zusammen etwas nur schaffen kann"[1366]

Die Art und Weise, wie die Projektleiterin über ihre Ziele in der Projektarbeit spricht, lässt für mich *unterschiedliche, auch ambivalente Motive* wahrnehmbar werden. Zu Beginn, als sie von dem „unglaubliche[n] Einschnitt"[1367] durch den Autobahnbau spricht, beschreibt sie m.E. eine *Ermächtigung der Anwohner*innen* als ein Projektziel. Es sei an der Zeit, dass die Menschen die „(...) Veränderung [wieder mehr] in die eigene Kontrolle oder in die eigene Regie nehmen".[1368] Kurze Zeit später habe ich den Eindruck, dass sich ihre Darstellung der Projektziele ein wenig verändern, wenn sie davon spricht, dass es ihr Anliegen gewesen sei, „(...)gemeinsame Erinnerungen zu erschaffen für die/ für die Anwohner. Ähm . also praktisch wie ne neue Geschichte zu erzählen".[1369] In dieser Aussage klingt für mich an, dass

Auch im Kapitel 7.3 konnte ich bereits eine ähnliche Orientierung re-konstruieren. » Kapitel 7.3 Fallausschnitt zum Projekt 3: „dass man letztendlich da nicht rauskommt, ohne sich in irgendeiner Form die Finger schmutzig zu machen"

1361 Aufgrund der Relevanz dieser Passage für meine Analysen, gebe ich hier noch einmal ein etwas längeres Zitat der Projektleiterin C. daraus wieder (I*Fall 3, AB 5, Z.51 – 55):
51 C. (AB 5): „(...) also . wodraufs mir ankommt ist . man
52 sollte ja n Gestaltungsprojekt äh Konzept entwickeln und ähm . ich hab
53 gedacht, GESTALTUNG, was ist Gestaltung von einem PARK wenn er
54 nicht benutzt wird, da ist der erste Schritt ja erst mal dass er benutzt wird.
55 Und dadurch . entsteht ja schon ne Gestaltung."

1362 Vgl. I*Fall 3, AB 5, Z. 56 – 60.

1363 I*Fall 3, AB 5, Z. 48/ 49.

1364 I*Fall 3, AB 9, Z. 78/ 79.

1365 I*Fall 3, AB 37, Z. 321

1366 I*Fall 3, AB 39, Z. 351/ 352.

1367 I*Fall 3, AB 5, Z. 39.

1368 Vgl. das Zitat aus der Überschrift dieses Abschnittes I*Fall 3, AB 9, Z. 78/ 79.

1369 I*Fall 3, AB 5, Z. 78 – 80.

sich C. als *Initiatorin* für die *Herstellung von Erinnerungen* verstehen könnte, die verschiedene Menschen miteinander teilen sollen. Zu dieser ‚neuen Geschichte', die sie dem Park verleihen wolle, zählen vermutlich auch seine „Veränderung und Verwandlung"[1370], was sie im weiteren Verlauf des Interviews thematisiert, als wir über die Projektbilder sprechen. Wahrscheinlich sollen die von ihr geplanten und inszenierten ‚Imagebilder' zur Herstellung der Erinnerungen und zur Konservierung der Geschichten beitragen.[1371]
Später, als sie mir ihren „Arbeitsbegriff" der „Werkstatt" in Abgrenzung zum Partizipationsbegriff beschreibt, formuliert sie m.E. sehr bestimmt, dass sie sich als „Werkstattleiterin" verstehe.[1372] Ich vermute, dass für sie unmissverständlich ist, dass sie die Leitung inne hat und verantwortlich ist für die Konzeption, Gestaltung und Koordination des Projekts. Wie ich im Kapitel 7 bereits dargelegt habe, betont sie im Interview aber auch die Zusammenarbeit und den Input der Anwohner*innen in dem Projekt, was für sie keinen Kontrast darzustellen scheint.[1373] Im Vergleich mit dem damals aktuellen Projekt wird für mich noch einmal deutlich, dass das ‚gemeinsame Erschaffen' mit den Teilnehmer*innen für C. ebenfalls ein zentrales Motiv ihrer Arbeit sein könnte.[1374]
Neben ihrer Position als Werkstattleiterin thematisiert sie im Laufe des Interviews weitere ‚Rollen'. Sie erzählt mir von einigen Menschen, die über die Jahre im Projekt eine „(...) eigene Rolle gefunden"[1375] hätten – an einer der wenigen Stellen, an der sie über einzelne Personen spricht. Ich nehme an, dass die Projektleiterin diese Prozesse im Vorfeld nicht geplant hatte, denn ihre Beschreibungen klingen für mich wie eine nachträgliche Reflexion von Findungsprozessen im Projekt.

Langjährige Vorausplanung der Projektkonzeption ↔ Anpassung an Situation ↔ Anstöße durch die Kinder und Jugendlichen ↔ Unvorhersehbare Entwicklungen im Projekt

Im Interview erfahre ich von den Hintergründen zur Entstehung und Durchführung des Projekts, die weitere Re-Konstruktionen über die ‚Rollen' der Beteiligten erlauben. So erzählt mir die Projektleiterin bspw., dass sie die Projektkonzeption für *fünf Jahre im Voraus* geplant habe und dort „Grundideen" wie die jährlichen, thematischen Schwerpunkte bereits festgelegt habe, bspw. den Besuch des weißen Pferdes.[1376] Gleichzeitig sei es jedoch während der dreiwöchigen Projektzeit auch

1370 I*Fall 3, AB 141, Z. 786/ 787.
1371 » Kapitel 8.3.3 Das ‚Sprechen über die Bilder': „Imagebilder" ↔ „ohne jemanden irgendwie zu diffamieren"
1372 I*Fall 3, AB 37, Z. 316 – 325.
1373 » Kapitel 7.3 Fallausschnitt zum Projekt 3: „dass man letztendlich da nicht rauskommt, ohne sich in irgendeiner Form die Finger schmutzig zu machen"
1374 I*Fall 3, AB 39, Z. 348 – 355.
1375 I*Fall 3, AB 59, Z. 489.
1376 Vgl. I*Fall 3, AB 25, Z. 212 – 218.

zu Anpassungen gekommen, „(...) an das, was äh passiert vor Ort".[1377] Ihre Aussagen lassen für mich einerseits die Rolle von C. als Projektleiterin deutlich werden, die die künstlerischen Interventionen im Park konzipiert und vorgibt. Gleichzeitig wird für mich aber auch wahrnehmbar, dass Änderungen an manchen Stellen für C. notwendig geworden sind. Aufgrund des Beispiels, dass die Projektleiterin anschließend nennt, vermute ich, dass einige ihrer Ideen zu „strenge Sachen"[1378] für die Anwohner*innen gewesen sein könnten und sie deshalb während der Projektzeit vor Ort noch andere Elemente hinzugefügt hat. Diese Form der ‚Anpassung' beschreibt sie auch als *„ongoing-Forschungsprozess"*[1379], weshalb ich annehme, dass die kontinuierliche Erprobung, Weiterentwicklung und möglicherweise auch Revidierung ihrer Konzeptionen Teil ihres künstlerischen Selbstverständnisses sind. Denn C. berichtet bspw. auch von Planungen, die nicht funktioniert hätten. Dabei werden z. T. auch große Schwierigkeiten für mich erahnbar, mit der komplizierten Situation vor Ort umzugehen, wenn die Projektleiterin an einer Stelle resümierend beschreibt, „(...) das war alles irgendwie verbrannte Erde."[1380]

Als eine Folge des ‚Annäherungsprozesses' lässt sich m.E. die verstärkte Zusammenarbeit mit Kindern und Jugendlichen beschreiben. Während C. das Projekt zunächst „für alle"[1381] geplant habe, hätte sich vor Ort gezeigt, dass hauptsächlich Kinder, Jugendliche und Hundebesitzer*innen den Park nutzten.[1382] In diesem Zusammenhang beschreibt sie u. a. wie die Kinder und Jugendlichen auf sie zugekommen seien und „(...) immer irgendetwas machen" wollten.[1383] Ihre weiteren Aussagen lassen vermuten, dass diese Erlebnisse für die Projektleiterin ausschlaggebend waren, um „Workshop"[1384]-Angebote für die Kinder und Jugendlichen als Teil des künstlerischen Projekts hinzuzunehmen. Im Laufe des Gespräches beschreibt sie auch noch andere *Situationen, die vor Ort (ungeplant) passiert seien und die in der Folge Teil ihres Projekts bzw. auch ihres Anschlussprojekts geworden wären.*[1385] Insbesondere als wir über ein Foto sprechen (dem ‚weißen Pferd'), von dem ausgehend die Projektleiterin von einer unvorhersehbaren Entwicklung im

1377 I*Fall 3, AB 25, Z. 219/ 220.
1378 I*Fall 3, AB 29, Z. 237.
1379 I*Fall 3, AB 25, Z. 222.
1380 I*Fall 3, AB 23, Z. 196.
1381 I*Fall 3, AB 23, Z. 180.
1382 I*Fall 3, AB 23, Z. 186/ 187.
1383 I*Fall 3, AB 23, Z. 200.
1384 I*Fall 3, AB 23, Z. 208.
1385 So erzählt die Projektleiterin B. bspw. von Erlebnissen im Park, als das weiße Pferd dort zu sehen war. Junge Mädchen hätten nun den Ort genutzt, um dort Aufführungen zu machen. Der Park bzw. der öffentliche Raum als „Bühne" sei daraufhin ein zentraler Aspekt ihrer weiteren Arbeit geworden. Vgl. I*Fall 3, AB 331, Z. 1452 – 1468.

Projekt berichtet,[1386] wird für mich das *'Überrascht werden'* als ein weiteres Motiv und als ein Anreiz in der Projektarbeit re-konstruierbar.[1387]

Konzeptionelle Überlegungen und Projektreflexionen ↔ wenig Erzählungen über einzelne Personen oder Situationen

Auch wenn die Projektleiterin an einigen Stellen im Interview von Situationen vor Ort berichtet, um bspw. aus den dortigen Erfahrungen Konsequenzen für ihre Projektkonzeption zu beschreiben, finden sich im Vergleich zu den Interviews mit den Projektleiter*innen A. und B. auffällig wenig Erzählungen über Erlebnisse und die Zusammenarbeit mit einzelnen Personen. Dies könnte zum einen darin begründet sein, dass zum Zeitpunkt des Interviews der Abschluss des langjährigen Projekts bereits drei Jahre zurück liegt. Denkbar ist auch, dass sich C. auf die Darstellung und Reflexion ihres Konzeptes konzentriert hat, während sie die Darstellung der Workshop-Arbeit mit den Kindern und Jugendlichen den Expert*innen vorbehält, die sie für diese Angebote eingestellt habe.[1388] Für diese Deutung würde auch sprechen, dass sie ihre konzeptionellen Überlegungen häufig im Vergleich mit dem damals aktuellen Projekt thematisiert, um diese zu begründen oder abzugrenzen.[1389] Ohne die Frage nach möglichen Gründen abschließend beantworten zu können, sei an dieser Stelle festzuhalten, dass für mich sowohl im ‚Sprechen über die Bilder' als auch im ‚Sprechen über das Projekt' eine starke Fokussierung auf konzeptionelle und gestalterische Aspekte wahrnehmbar wird.

„Ich BRAUCH dann schon äh ne Rückmeldung"[1390] ↔ „wo man sich irgendwie falsch einsortiert fühlt und damit/das nen großen Schmerz auslöst"[1391]

Während ich herausgearbeitet habe, dass sich die Projektleiter*innen A. und B. in den Interviews häufig von Schule oder (Kunst-)Unterricht abgrenzen, thematisiert die Projektleiterin C. nur an einer Stelle, dass sie sich nicht als Kunstvermittlerin verstehe, ohne das weiter zu begründen oder begründen zu müssen.[1392] Auch sie

1386 » Kapitel 8.3.3 Das ‚Sprechen über die Bilder': „Imagebilder" ↔ „ohne jemanden irgendwie zu diffamieren".

1387 Im Anschluss an ihre Erzählungen über die ‚überraschende' Entwicklung in dem Projektjahr, resümiert die Projektleiterin (I*Fall 3, AB 283, Z. 1289 – 1291):
1289 C. (AB 283) „(...) Also das was mich ja an diesen ganzen Projekten noch immer hält ist, dass .
1290 das man ja immer überrascht wird und was passiert, womit man nicht
1291 gerechnet hat."

1388 Vgl. I*Fall 3, AB 37, Z. 326 – 334.

1389 Vgl. etwa I*Fall 3, AB 331, Z. 1442 – 1447.

1390 I*Fall 3, AB 409, Z. 1748.

1391 I*Fall 3, AB 409, Z. 1770/ 1771.

1392 Die Projektleiterin C. äußert nur dazu (I*Fall 3, AB 393, Z. 1704): „Ich seh mich ja auch nicht als Kunstvermittlerin."

verwendet *Abgrenzungen* in dem Gespräch, um ihre Position deutlich zu machen, die allerdings stärker *‚innerhalb' des Kunstfeldes* angesiedelt zu sein scheinen. So beschreibt sie bspw., dass es ihr nicht ausreichen würde, Kunst zu machen, ohne dafür „Rückmeldung"[1393] durch Andere zu erfahren – „(...) von andern Künstlern, äh von. von Leuten, die Kunsthistoriker sind . von. von allen möglichen . verschiedenen Leuten dazu . wie die das sehen."[1394] Sie betont m.E. die Notwendigkeit, ihre Arbeiten zu „diskutieren"[1395], aber auch den „Gewinn"[1396], der es für sie sei, wenn sie es schaffe, ihre Projekte bekannt zu machen und in den Diskurs zu bringen.[1397] Für mich wird ein starkes Interesse an der (kritischen) Reflexion ihrer Arbeiten wahrnehmbar, ebenso wie an deren Wahrnehmung und Diskussion im Kunstdiskurs.
Im Anschluss an die oben analysierte Passage geht C. noch auf ein weiteres Beispiel ein, das ich auch als eine Form der Abgrenzung deute – auch wenn die Projektleiterin dabei nicht direkt über ihre Erfahrungen spricht, sondern sich auf Aussagen von Studierenden beziehen könnte.[1398] Während ihrer Arbeit als Dozentin an einer Kunsthochschule habe sie mit Studierenden zusammengearbeitet, die ebenfalls Kunstprojekte durchführen, die „(...) in gesellschaftlichen Zusammenhängen wirksam werden".[1399] Sie berichtet von *Momenten der ‚Grenzüberschreitung',* in denen die Studierenden befürchten würden, dass ihre Arbeit nicht mehr als Kunst wahrgenommen werde.[1400] In diesem Zusammenhang spricht C. auch von einem „großen Schmerz"[1401], der dadurch entstehe, dass „(...) man sich irgendwie falsch einsortiert fühlt."[1402] Für mich wird nicht ganz deutlich, wer diesen Schmerz empfinden könnte, da die Projektleiterin eine sehr allgemeine Formulierung benutzt. Da sie zuvor über die Studierenden gesprochen hat, wäre anzunehmen, dass sich diese Aussage auch auf sie bezieht. Gleichzeitig vermute ich aber, dass die Projektleiterin nicht nur die

1393 I*Fall 3, AB 409, Z. 1748.
1394 I*Fall 3, AB 409, Z. 1749/ 1750.
1395 I*Fall 3, AB 409, Z. 1755.
1396 I*Fall 3, AB 409, Z. 1758.
1397 Vgl. I*Fall 3, AB 409, Z. 1751 – 1759.
1398 Da die hier angesprochene Passage für meine Deutungen wieder zentral wird, gebe ich einen größeren Ausschnitt daraus wieder (I*Fall 3, AB 409, Z. 1764 – 1775):
1764 C. (AB 409): „(...) ich SPÜRTE aber da auch immer bei den .
1765 bei den Studierenden dass es äh/dass es immer noch diese/obwohl die viel
1766 jünger sind . wie alt sind die . was weiß ich 25 . trotzdem immer noch diese .
1767 diese kleine . Grenze gibt, wo das plötzlich so Knick macht und man sich fragt
1768 AH . OH GOTT; ist das überhaupt noch KUNST was ich mache? Ist das nicht
1769 vielleicht was ganz anderes? Und wo diese/ich weiß nicht was das genau ist,
1770 hab ich immer noch nicht rausgefunden . aber . mh . wo man sich irgendwie
1771 falsch einsortiert fühlt und damit/das nen großen Schmerz auslöst. so.
1772 Ja . und ich glaube, dass so dieses/dass ich dann selber . zumindest Texte
1773 schreibe, die das beschreiben und dass ich relativ VIEL zu Vorträgen
1774 gegangen bin und sowas . das hat auch damit zu tun, dass das einfach
1775 äh . das gehört zu der Arbeit dann dazu."
1399 I*Fall 3, AB 409, Z. 1763.
1400 Vgl. I*Fall 3, AB 409, Z. 1766 – 1769.
1401 I*Fall 3, AB 409, Z. 1771.
1402 I*Fall 3, AB 409, Z. 1770/ 1771.

Erfahrungen der Studierenden anspricht, wenn sie bspw. beschreibt, dass es ihnen „immer"[1403] noch so gehe und sie „trotzdem"[1404] noch so empfinden würden. An dieser Stelle könnte sich C. auf den langanhaltenden Diskurs um ‚partizipatorische Kunst' beziehen, in dem seit den 1970er-Jahren eine ‚Vermischung' von Kunst und Sozialarbeit, aber auch von Kunst und Pädagogik diskutiert wird.[1405] Möglicherweise könnte die Projektleiterin aber auch eigene Erfahrungen beschreiben, ohne das direkt zu thematisieren. Denn im Anschluss spricht sie wieder in Ich-Form und beschreibt m.E. ihre *Strategien*, wie sie mit dem ‚Schmerz' umgehen konnte. Dazu zählt vermutlich eine *intensive theoretische Auseinandersetzung* mit den künstlerischen Projekten und die Reflexion der eigenen Arbeit in Form von Texten und Projektbeschreibungen. Auch in diesen Aussagen kommt für mich darüber hinaus zum Ausdruck, dass die Projektleiterin diese Form der Diskussion und Reflexion als unerlässlichen Teil ihrer künstlerischen Arbeit begreifen könnte.

Zusammenfassung auffällig gewordener Orientierungen im ‚Sprechen über das Projekt' zum Fall 3

Im Folgenden fasse ich die oben herausgearbeiteten Orientierungen noch weiter zusammen und hebe Ergebnisse hervor, die für mich zentral geworden sind:[1406]
Die Projektleiterin C. positioniert ihre Arbeit m.E. deutlich als Kunstprojekt, dessen Leitung sie inne habe und für dessen Konzeption sie verantwortlich sei. Die Art und Weise, wie sie über ihre Arbeit spricht, ermöglicht mir Einblicke in die organisatorische Rahmung des langjährig angelegten Projekts und in ihre konzeptionellen Überlegungen zur künstlerischen Arbeit in einem Park, der auf der Überdachung einer Autobahn angelegt worden war. Dabei werden *verschiedene und z. T. ambivalente Motive* für die Projektarbeit für mich wahrnehmbar, die für die Projektleiterin C. bedeutsam geworden sein könnten:
So vermute ich z. B. ein *starkes künstlerisches Interesse an der Gestaltung des öffentlichen Raumes*, die für C. mit einer Nutzung durch die Menschen vor Ort verbunden zu sein scheint. Gleichzeitig könnte es aber auch ein Anliegen oder vielleicht sogar eine Verpflichtung der Projektleiterin gegenüber den Anwohner*innen gewesen sein, ein *Projekt für die Menschen* zu entwickeln, die nach dem langwierigen Prozess um den Bau der Autobahn ihrer Einschätzung nach ‚traumatisiert' gewesen seien. In diesem ‚Zusammenhang betont sie auch, dass es an der Zeit gewesen sei, dass die Menschen in ‚Eigenregie' Veränderungen im Park vornehmen können. Andererseits positioniert sich C. aber auch unmissverständlich als Leiterin

1403 Vgl. I*Fall 3, AB 409, Z. 1765.
1404 I*Fall 3, AB 409, Z. 1766.
1405 » auch Kapitel 2.4 Künstlerisch-ästhetische Wendungen sowie Kapitel 3.1 Partizipatorische Kunst (mit Kindern und Jugendlichen).
1406 In meinen Zusammenfassungen zentraler Orientierungen gebe ich keine Quellenangaben mehr an, die ich in den Herleitungen meiner Ergebnisse ausführlich dargestellt habe.

des Projekts, die konkrete Themenschwerpunkte und Veränderungen im Park für einen Zeitraum von fünf Jahren im Voraus entwickelt habe – im Rahmen des Kunstwettbewerbes. Diese verschiedenartigen Ausrichtungen, Veränderungen in Eigenregie der Anwohner*innen zu ermöglichen und Veränderungen durch die ihre künstlerischen Interventionen anzustoßen und neue ‚Geschichten' hervorzubringen, scheinen für die Projektleiterin keine Gegensätze darzustellen. Vielmehr nehme ich an, dass die *Zusammenarbeit mit anderen Menschen Teil ihres* künstlerischen *Selbstverständnisses ist, wozu auch ‚Anpassungen' ihres Konzeptes vor Ort zählen könnten*. In diesem Zusammenhang spricht sie auch von einem fortlaufenden Forschungsprozess in ihrer Arbeit, der Auswirkungen auf weitere Entwicklungen habe. Inwiefern dabei auch ‚grundsätzliche' Veränderungen ihres Konzeptes denkbar wären – sowohl aus der Perspektive der Künstlerin als auch aus der Perspektive der Jury, die das Projekt seit der Auslobung begleitet hat, wird von C. nicht thematisiert und muss an dieser Stelle offen bleiben. Ihre Beispiele, wie die Workshopangebote für Kinder und Jugendliche, die nach deren Anregung hinzugekommen seien, lassen Erweiterungen bestehender Konzeptionen vermuten. Ich nehme an, dass C. auch andere ihrer Projekte detailliert im Voraus plant und konzipiert, gleichzeitig scheint es aber auch eine Herausforderung oder ein Anreiz für sie in dieser Arbeit zu sein, mit unvorhersehbaren Situationen umzugehen.
Auffällig wird für mich in der Analyse des Interviews, dass die Projektleiterin C. relativ viel über ihre konzeptionellen Überlegungen spricht und die Entwicklungen vor Ort rückblickend reflektiert, während sie weniger über persönliche Begegnungen mit einzelnen Menschen spricht. Die *Diskussion und Reflexion ihrer Projekte* ist für sie vermutlich ebenfalls ein wichtiger Bestandteil ihrer Arbeit und Teil ihres künstlerischen Selbstverständnisses. Im Interview spricht sie auch davon, dass sie die ‚Rückmeldung brauche' und betont m.E. die *Notwendigkeit einer Auseinandersetzung im Diskurs*. In diesem Zusammenhang wird auch ein ‚Abgrenzungsbeispiel' für meine Re-Konstruktionen interessant, in dem C. von einem ‚Schmerz' spricht, der dadurch entstehe, wenn man sich ‚falsch einsortiert fühle'. Ich nehme an, dass sie hier von der Gefahr oder auch von ihren Erfahrungen spricht, nicht mehr als Künstlerin wahrgenommen zu werden, wenn Kunstprojekte in soziale Kontexte intervenieren. Hier sei es für sie auch hilfreich, in einen Diskurs und in eine theoriegeleitete Reflexion ihrer Arbeiten zu treten.

8.3.5 Fallinterner Vergleich visueller und sprachlicher Darstellungen zum Projekt 3

In diesem Kapitel bringe ich wieder *markante Ergebnisse aus den verschiedenen Analyse-Ebenen* zusammen. Ich konzentriere ich mich auch hier auf *Gemeinsamkeiten und Unterschiede*, die für mich im *Vergleich der visuellen und sprachlichen Darstellungen des dritten Projekts* auffällig geworden sind. Durch die Gegenüberstellung der verschiedenen Darstellungsformen versuche ich impliziten Orientierungen und affektiven Dimensionen weiter nachzugehen, um Vorstellungen über Partizipation der Projektleiterin C. zu untersuchen, die sich einer direkten Re-Konstruktion widersetzen.

Die Ergebnisse der Analysen der visuellen und sprachlichen Darstellungen lassen für mich einige *,Parallelen'* wahrnehmbar werden in der Art und Weise, wie die Bilder gestaltet sind und wie die Projektleiterin darüber spricht. So besteht eine markante Gemeinsamkeit für mich bspw. in der starken szenischen Aufladung der Fotografien und ihrer detaillierten Inszenierung, von der die Projektleiterin auch im Interview berichtet. Die präzise komponierten Bilder ,passen' m.E. zu der genauen Beschreibung, wie mir die Projektleiterin ihre ,Bildideen' schildert und ihre Gestaltungsabsichten und Auswahlkriterien begründet. Sowohl der visuelle Eindruck als auch die Aussagen der Projektleiterin lassen vermuten, dass es ihr sehr wichtig ist, eine spezifische visuelle Erzählung ihres Kunstprojekts zu erzeugen und nach außen zu vermitteln. Eine ,Verzauberung' oder ,Verwandlung' des Ortes, was C. (u. a.) als Projektziele beschreibt, werden für mich bspw. durch die Kostümierungen der abgebildeten Menschen erahnbar, durch die eine Szene etwas ,Allegorisches' erhält. Dabei ,belegen' die Bilder m.E. auch das künstlerische Interesse der Projektleiterin, durch die Menschen den Raum zu gestalten, was sie im Interview an anderer Stelle ebenfalls thematisiert. Die Fotos, die größtenteils in Vogelperspektive aufgenommen wurden, ermöglichen ein Wiedererkennen des Parks, was C. als ein weiteres Gestaltungsziel im Interview anspricht.

In meinen Analysen der einzelnen Untersuchungsebenen wurde ich bereits auf ambivalente und widersprüchliche Orientierungen oder Deutungen aufmerksam. An dieser Stelle richtet sich mein Fokus auf auffällig gewordene *Unterschiede oder Ambivalenzen zwischen visuellen und sprachlichen Darstellungen*, die ich hier kurz zusammenfasse:
Besonders im ,Sprechen über den Partizipationsbegriff' wird für mich wahrnehmbar, wie kritisch die Projektleiterin die (verschiedenen) Darstellungen ihres Projekts betrachtet und sich vermutlich sehr darum bemüht, geeignete Präsentationsformen zu finden – auch um Andere nicht zu ,diffamieren'. Die starken Inszenierungen der Menschen in ihren Fotografien scheinen demgegenüber für C. keinen Widerspruch darzustellen. Dass ihre künstlerischen Setzungen aus repräsentationskritischer Perspektive auch kritisch betrachtet werden könnten, wird von ihr nicht thematisiert. Durch die wiederholten Kreismotive und durch verbindende Kostümierungen der abgebildeten Personen vermitteln die Fotografien für mich auch etwas ,Gemeinschaftliches' bzw. einen Zusammenhalt, der von der Projektleiterin nicht explizit als Gestaltungsziel oder Auswahlkriterium der Bilder beschrieben wird. Demgegenüber klingt dieser Aspekt für mich in ihren Bildassoziationen zu ,Asterix und

Obelix' an und könnte auch in den von ihr formulierten Projektzielen bedeutsam sein (,gemeinsam etwas erschaffen').
Wie ich im Kapitel ,Sprechen über das Projekt' herausgearbeitet habe, thematisiert die Projektleiterin C. im Interview verschiedene und für mich z. T. ambivalente Projektziele. Der Vergleich mit den visuellen Darstellungen des Projekts regt m.E. dazu an, diese Deutungen weiter zu hinterfragen. So steht eine Aussage der Projektleiterin, dass es an der Zeit sei, dass die Anwohner*innen Veränderungen im Park in die eigene Hand nehmen, für mich (auch) in einem Kontrast zu den, von der Künstlerin inszenierten, ,Imagebildern'. Dort scheinen die Menschen Teil ihrer künstlerischen Arbeit zu werden, deren thematischen Rahmen sie festgelegt habe. Ein anderes Projektziel, dass C. im Interview beschreibt, bestehe darin, ,gemeinsame Erinnerungen' zu schaffen. Hier ließe sich fragen, welche Funktionen die ,Imagebilder' in diesem Kontext für die Projektleiterin übernehmen. Wollte sie über die Fotos auch Erinnerungen ermöglichen und vielleicht sogar ,steuern' oder ,neue Geschichten' des Parks konservieren?
Wie ich abschließend an einem Beispiel detaillierter darstellen werde, werden gerade Bilder und Aussagen für meine Interpretationen interessant, die sich auffällig von den anderen visuellen und sprachlichen Darstellungen unterscheiden. Denn sie tragen m.E. dazu bei, mögliche Ambivalenzen weiter auszudifferenzieren:
Auf meine Frage hin, welches Foto die Projektleiterin besonders möge, thematisiert sie als erstes das Bild vom ,Filmdreh' (B*Fall 3.7). Wie aus der visuellen Analyse deutlich wird, unterscheidet sich dieses Foto von den anderen Bildern des Ensembles, denn die Menschen sind dort deutlicher zu erkennen (während die anderen Bilder aus einer stärkeren Vogelperspektive aufgenommen wurden). Im Interview nennt die Projektleiterin einige Namen der dargestellten Personen, erzählt (kurz) von ihnen und beschreibt ihre Aufgaben im Projekt, als sie auf das Foto zu sprechen kommt. Damit unterscheidet sich m.E. die Art und Weise, wie sie das Foto thematisiert deutlich von ihren anderen Bildkommentaren. Wie ich im ,Sprechen über die Bilder' herausgearbeitet habe, verändert sich auch ihr Tonfall und ihre Aussagen werden für mich etwas ,diffuser', als wäre es schwerer für sie in Worte zu fassen als in ihren Kommentaren zu den anderen Bildern, in denen sie mir ausführlich ihre ,Bildideen' oder Gestaltungsabsichten schildert. Neben einer persönlichen Beziehung zu den abgebildeten Personen, die für mich hier wahrnehmbar wird, könnte die hier sichtbar werdende Form des Miteinanders für die Projektleiterin von besonderer Bedeutung sein. Ich vermute, dass das Einnehmen der ,eigenen Rolle' in ihrem Projekt und das Interagieren miteinander für C. hier zentral sein könnten. Denn die abgebildeten Personen posieren zwar gemeinsam für ein Foto, aber jede/r scheint dabei eine andere Aufgabe zu übernehmen. Parallelen werden für mich möglich, zwischen der Visualisierung der Personen, die in verschiedenen Positionen an dem

Geschehen beteiligt sind[1407] und den Aussagen der Projektleiterin über (vermutlich unerwartete) Entwicklungen, als die Menschen in der langjährigen Zusammenarbeit ihre ‚eigene Rolle' im Projekt gefunden hätten. Möglicherweise lässt sich an dieser Stelle ihr Projekt als große Inszenierung beschreiben, an der viele unterschiedliche Akteur*innen beteiligt sind, die ‚zusammen getrennt' agieren. Die Projektleiterin thematisiert im Interview verschiedene Ziele, die m.E. gerade in ihrer Ambivalenz interessante Rückschlüsse auf unterschiedliche Orientierungen erlauben und verschiedenartige Ebenen der Projektarbeit betreffen könnten. Gleichzeitig vermute ich, dass das hier thematisierte Bild einen Hinweis darauf geben kann, welche Form der Zusammenarbeit sie besonders berührt hat und für sie zentral geworden sein könnte.

1407 Zu sehen sind bspw. ein Kameramann und ein Junge mit Regieklappe im Vordergrund, eine junge Schauspielerin in der Bildmitte, die von Kindern mit Lichtreflektoren und einem Fotografen gerahmt wird, während im Hintergrund weitere Personen sichtbar werden – u. a. auch die Projektleiterin C.

9 Fallübergreifende Vergleiche: Auffälligkeiten in den Falldarstellungen[1408]

Eine erste, *komparative Gegenüberstellung von (Zwischen-)Ergebnissen* stand bereits in meinen Annäherungen im Zentrum, als ich die Bild-Ensembles der drei Projekte (» Kapitel 6) sowie die Fallausschnitte aus den drei Interviews zum ‚Sprechen über den Partizipationsbegriff' (» Kapitel 7) separat betrachtet und reflektiert habe. Diese ersten Analysen wurden zu Ausgangspunkten für meine anschließenden *fallinternen Darstellungen* (» Kapitel 8), in denen ich die Ergebnisse der verschiedenen Analyseebenen pro Projekt vorgestellt und miteinander verglichen habe. Dazu habe ich weitere Ergebnisse aus meinen Interview-Analysen (‚Sprechen über die Bilder' sowie ‚Sprechen über das Projekt') einbezogen und diese mit meinen ersten (Zwischen-) Ergebnissen in Beziehung gesetzt. Diese ausführlichen, fallinternen Darstellungen fasse ich in diesem Kapitel komparativ zusammen, indem ich *zentral gewordene Auffälligkeiten im Vergleich der drei Fälle* fokussiere. Ich frage nach Verbindungen und Unterschieden in der Gegenüberstellung und konzentriere mich auf spezifische *Aspekte*, um meine Ergebnisse weiter zuzuspitzen und stärker eine Meta-Perspektive einzunehmen. [1409]

Im Kapitel 9.1 hebe ich *Orientierungen* hervor, die m.E. in den Fällen *dominant* geworden sind. Diese Ergebnisse orientieren sich an der Terminologie der dokumenatrischen Methode und befragen implizite Denk- und Handlungsmuster, die ich über eine Analyse der Art und Weise, wie die Projektleiter*innen ihre Arbeiten zeigen und darüber sprechen, wiederholt re-konstruieren konnte. In einem nächsten Schritt differenziere ich meine Ergebnisse durch *starke Ambivalenzen* weiter aus, auf die ich im Vergleich der visuellen und sprachlichen Darstellungen aufmerksam wurde (» Kapitel 9.2). Über diese Ambivalenzen nähere ich mich möglichen widersprüchlichen Ansprüchen und affektiven Dimensionen im Prozess der Bedeutungsgenerierung an, welche in die herausgearbeiteten Orientierungen ‚hineinspielen' könnten. Im Kapitel 9.3 fasse ich dann *mögliche Auswahlmotive und Funktionen der Bilder* für die Projektleiter*innen in den Darstellungen der Arbeiten zusammen, die meine Re-Konstruktionen erneut ergänzen, indem ich nicht-sagbar gewordenen Motiven in der Zusammenarbeit mit den Kindern weiter

1408 Ähnlich wie in den Gegenüberstellungen der visuellen und sprachlichen Darstellungen pro Fall (» Kapitel 8.1.5; 8.2.5; 8.3.5) gebe ich in diesen Kapiteln keine Quellenangaben mehr an, die ich in den vorausgegangenen Ergebnisdarlegungen bereits detailliert aufgeführt habe.

1409 Die hier thematisierten Aspekte reflektiere und vertiefe ich im zehnten Kapitel, wo ich u. a. auch näher darauf eingehe, was ich unter ‚Auffälligkeiten' verstehe und deren methodische und methodologische Funktionen betrachte. » Kapitel 10.2.3 Symptome und Auffälligkeiten sowie Kapitel 10.3.3 Symptome oder Sinthome?

nachgehe und die Beziehung zu den Beteiligten über Formen des Bildumgangs befrage. Während das Ambivalente und Widersprüchliche zwischen visuellen und sprachlichen Darstellungen so zu einem zentralen Ansatzpunkt meiner Forschungen wird, um im Sinne einer indirekten Empirie Momente des Entzugs zu berücksichtigen, beleuchte ich in einer letzten Vertiefung im Kapitel 9.4 im Kontrast dazu auffällig gewordene *Abgrenzungen*. Ich konzentriere mich auf die sprachliche Ebene und arbeite ‚Gegenhorizonte' heraus, um deren Funktionen in meinen Falldarstellungen in den Blick zu nehmen und im weiteren Forschungsverlauf separat zu berücksichtigen. Im Kapitel 9.5 bündle ich schließlich *mögliche Motive und Beweggründe für die Zusammenarbeit* mit den Kindern und Jugendlichen und betrachte Unterschiede und Gemeinsamkeiten in den Fällen. Auf diese Weise fasse ich Vorstellungen von ‚Partizipation' zusammen, die weit über Begriffsdefinitionen hinausgehen, indem ich re-konstruierbar gewordene Selbstverständnisse der Projektleiter*innen in der Zusammenarbeit mit Anderen aufzeige und verschiedenartige Ansprüche befrage, die sie in den Projekten ‚antreiben' könnten, die über das Sagbar-Gewordene hinausreichen.

9.1 Fokus I: Dominante Orientierungen im Fallvergleich

An dieser Stelle fokussiere ich zunächst Analyseergebnisse im Anschluss an die dokumentarische Methode. Ich konzentriere mich auf den Vergleich handlungsleitender Orientierungen, auf die ich in meinen Analysen wiederholt aufmerksam geworden bin. Diese Orientierungen bezeichne ich als ‚dominant', weil ich sie mehrfach und auf unterschiedlichen Analyse-Ebenen re-konstruieren konnte und es sich möglicherweise um zentrale, implizite Deutungs- und Handlungsmuster handelt. In der Terminologie der dokumentarischen Methode bezeichnet man diese ähnlichen Orientierungsmuster auch als ‚Homologien'. Über das Herausarbeiten von Homologie soll es möglich werden, implizites Wissen zu re-konstruieren, auf dem die Aussagen der Untersuchten beruhen und das zu ihrer Bildauswahl beigetragen haben könnte.[1410] Ich fasse diese wiederkehrenden Strukturen zusammen und verdeutliche sie anhand von exemplarischen Analyseergebnissen, indem ich Gemeinsamkeiten und Unterschiede im Vergleich der Fälle betrachte:
Ein verbindendes Element in der komparativen Gegenüberstellung besteht für mich bspw. in dem Aspekt, dass es allen drei Projektleiter*innen wichtig zu sein scheint, über die Fotografien zentrale Projektprinzipien zu zeigen. Doch sowohl die Art und Weise, wie sie ihre Arbeiten visuell darstellen als auch die Art und Weise, wie sie darüber sprechen, unterscheiden sich m.E. deutlich und lassen nicht nur unterschiedliche Schwerpunkte in den Projekten, sondern auch verschieden-

1410 Vgl. etwa Przyborski, Wohlrab-Sahr (2014): Qualitative Sozialforschung. S. 26 oder » Kapitel 4.4.1 Die dokumentarische Methode nach Ralf Bohnsack.

artige Orientierungen der Projektleiter*innen vermuten. Wie ich im Kapitel 6, im Vergleich der Bild-Ensemble der drei Fälle,[1411] herausgearbeitet habe, sind auf fast allen Projektbildern mehrere Personen dargestellt – allerdings in verschiedenartigen Konstellationen und aus unterschiedlicher Perspektive aufgenommen. Besonders die Fälle 1 und 3 bilden für mich hierbei starke Kontraste. Während die Fotos des ersten Bild-Ensembles prozesshafte 1:1 oder 1:2 Situationen zwischen Kindern und Erwachsen aus nächster Nähe zeigen, zeichnen sich die Fotografien des dritten Bild-Ensembles m.E. durch das Zeigen von inszenierten Gruppenevents aus, die aus einer Vogelperspektive aufgenommen wurden und den Ort des Geschehens ebenfalls prominent sichtbar werden lassen. Gleichzeitig werden für mich *innerhalb* der Fälle Parallelen wahrnehmbar im ‚Zeigen der Projektprinzipien' und im ‚Sprechen über das Projekt'. Denn nicht nur die Fotografien des ersten Bild-Ensembles stellen m.E. über die Kameraperspektive eine starke Nähe zu den abgebildeten Personen her, auch in den sprachlichen Darstellungen des Projektleiters A. kommt für mich eine besondere Beziehung zu den Abgebildeten zum Ausdruck. Er benennt viele der dargestellten Personen mit Namen und spricht über sie, als wüsste er genau, was sie zum Zeitpunkt der Aufnahme dachten. Auch an anderen Stellen im Interview verwendet der Projektleiter A. Beschreibungen als würde er die Kinder zitieren. Zu erkennen, was Andere beschäftigen könnte, um sie zu unterstützen, scheint für ihn eine zentrale Kompetenz in der Projektarbeit zu sein. Während A. einerseits hervorhebt, seine Fähigkeiten in diesem Bereich stetig weiterentwickeln zu wollen, lassen seine Beschreibungen der ‚Ich-kann-ich-nicht-Kinder', aber auch eine Konzentration auf einen bestimmten ‚Typ' Kind oder ein spezifisches ‚Erklärungsmodell' vermuten.

Im Gegensatz dazu stehen für mich die visuellen und sprachlichen Darstellungen der Projektleiterin C. Die dort auffällig gewordene Kameraperspektive erzeugt m.E. nicht nur eine Entfernung zu den dargestellten Personen, sondern auch die Art und Weise, wie C. über die Fotografien spricht, lässt eine gewisse Distanz vermuten. Wie ich re-konstruieren konnte, thematisiert sie primär ihre künstlerischen Gestaltungsabsichten und kaum einzelne Personen, als ich sie auf die Bilder anspreche. Die ausführlichen Beschreibungen ihrer kompositorischen Überlegungen ebenso wie ihre kunstwissenschaftlich geprägten Bildassoziationen erzeugen m.E. einen Abstand zum dargestellten Geschehen. Und auch an anderen Stellen im Interview konnte ich ähnliche Strukturen re-konstruieren, in der Art und Weise, wie die Projektleiterin C. bspw. ihre Auseinandersetzung mit dem Partizipationsbegriff beschreibt oder ihr künstlerisches Selbstverständnis thematisiert.

Durch die komparative Gegenüberstellung der beiden Fälle werden also sehr gegensätzliche wiederkehrende Orientierungen der Projektleiter*innen wahrnehmbar. Während für mich im ersten Fall eine besondere *Nähe* zu den Beteiligten

1411 » Kapitel 6.4.1 Zusammenfassung möglicher handlungsleitender Orientierungen in der Bildauswahl der Projektleiter*innen.

bedeutsam wird, die auf ein ‚Erkennen' ihrer Bedürfnisse und ihre Unterstützung zielt, zeichnet sich der dritte Fall m.E. durch eine auffällige *Distanz* der Projektleiterin aus, die ich sowohl auf sprachlicher als auch auf visueller Ebene re-konstruiert habe. Auch im zweiten Fall werden Parallelen für mich erkennbar zwischen den Projektbildern und der Art und Weise, wie die Projektleiterin B. über das Projekt spricht. Denn sowohl auf den Fotos als auch im Gespräch mit B. kommt für mich eine *Betonung des eigenen künstlerischen Ansatzes* zum Ausdruck, der die Projektarbeit mit den Kindern und Jugendlichen zu rahmen scheint. Obwohl ich auch diese Gemeinsamkeit als markant einstufe, ist sie m.E. weniger ‚deutlich' wahrnehmbar als in den anderen Fällen, was ich auf die starken Ambivalenzen zurückführe, die ich in diesem Fall re-konstruieren konnte und die eine ‚eindeutige' Zuordnung erschweren. Trotzdem konnte ich in der Interview-Analyse wiederholt Strukturen re-konstruieren, die eine Hervorhebung, aber auch einen *Schutz des ‚Eigenen'* als markante Orientierung im Sprechen der Projektleiterin vermuten lassen – etwa in der Art und Weise, wie die Projektleiterin über die Zusammenarbeit mit den Kindern und Jugendlichen spricht oder wie sie ihre Position in Abgrenzung zur Jugendarbeit oder zum Kunstunterricht darstellt.
Die hier stark zusammenfassende Beschreibung der ‚dominanten Orientierungen' verweist auf verschiedenartige implizite Denk- und Handlungsweisen, die den Vorstellungen über ‚Partizipation' der Projektleiter*innen zugrunde liegen könnten. Auf einer abstrahierenden Ebene bezeichne ich sie im erst Fall als *‚Projektion'*, im zweiten Fall als *‚Verteidigung'* und im dritten Fall als *‚Distanzierung'*, um wiederkehrende Orientierungsmuster zu charakterisieren, welche die Darstellungen der Zusammenarbeit mit den Kindern leiten könnten. Im Kapitel 10.1.1 gehe ich diesen Überlegungen weiter nach, indem ich die wissenstheoretisch verorteten Orientierungen vor dem Hintergrund von Waldenfels Erfahrungskonzeption phänomenologisch wende und die hier abstrahierten Bezeichnungen weiter ausführe und begründe.[1412]
Gleichzeitig möchte ich betonen, dass die skizzierten Orientierungen in meiner Arbeit nicht der Typenbildung dienen, sondern in den nächsten Abschnitten weiter befragt werden. Wenn ich von ‚dominanten Orientierungen' der Projektleiter*innen spreche, sind diese Ergebnisse kontextgebunden und als Re-Konstruktionen zu betrachten. Die Ergebnisse dieser Untersuchungen spiegeln meine Perspektive in der Auseinandersetzung mit dem Material wider. Das ist mir wichtig noch einmal hervorzuheben (» Kapitel 4.3.2).[1413] Die herausgearbeiteten Orientierungen zielen nicht auf eine „repräsentative ‚Typisierung'" der re-konstruierten Fallstrukturen, die auch Andrea Sabisch in ihrer Disseration problematisiert.[1414] Vielmehr frage ich nach dem *exemplarischen* Charakter dieser (Zwischen-)Ergebnisse, die ich im

1412 » Kapitel 10.1.1 Orientierungen: Phänomenologische Wendung.
1413 » Kapitel 4.3.2 Re-Konstruktionen und Un-Möglichkeiten des Benennens.
1414 Sabisch (2007): Inszenierung der Suche. S. 206.
» auch Kapitel 5.3.2 Generierung und Fokus der Ergebnisdarstellungen.

nächsten Abschnitt weiter ausdifferenziere (» Kapitel 9.2). Für die weitere didaktische Wendung meiner Ergebnisse bleibt zu klären, inwiefern die hier auffällig gewordenen Orientierungen ‚Projektion', ‚Distanzierung' und ‚Verteidigung' eine Auseinandersetzung über Vorstellungen von Partizipation bereichern und zu Reflexionsanlässen über die Zusammenarbeit mit Anderen werden können. Dazu werde ich im zehnten Kapitel Konstitutionen zwischen Eigenem und Fremdem in den Blick nehmen, um meine Ergebnisse aus phänomenologischer und bildungstheoretischer Perspektive zu vertiefen und auf ihre didaktischen Potenziale hin zu beleuchten (» Kapitel 10.1.4).[1415]
Im Prozess meiner Ergebnisdarstellung und -generierung verstehe ich die hier herausgearbeiteten ‚dominanten Orientierungen' als notwendige Pointierung meiner Re-Konstruktionen, um davon ausgehend affektive Ebenen zu befragen und in meine Untersuchung einzubeziehen, die jenseits des Sagbar-Gewordenen angesiedelt sind und sich einer (direkten) Identifikation widersetzen (» Kapitel 4.3).[1416]
Indem ich im Folgenden *starke Ambivalenzen* hervorhebe, die für mich im Vergleich zwischen den visuellen und sprachlichen Darstellungen wahrnehmbar wurden, erweitere ich die oben skizzierten Ergebnisse durch den Blick auf Mehrdeutiges und Widersprüchliches. Ich fokussiere die strukturbildende Funktion von Medien und betone eine Verflechtung zwischen Sagbarem/ Nicht-Sagbarem und Sichtbarem/ Nichtsichtbarem, um pathische und diastatische Dimensionen im Prozess der Bedeutungskonstitution in meine Analysen einzukalkulieren. An dieser Stelle tritt also die phänomenologische Ausrichtung meiner Forschung prominent in den Vordergrund, indem ich danach frage, was sicht entzieht (» Kapitel 4.2.3).[1417]

9.2 Fokus II: Starke Ambivalenzen im Fallvergleich

Während ich im letzten Abschnitt ‚dominante Orientierungen' zusammengefasst habe, die ich wiederholt in den visuellen und sprachlichen Darstellungen re-konstruieren konnte, zeichnen sich die drei Fälle auch durch auffällige *Ambivalenzen* aus. Diese Ambivalenzen werden in meiner Untersuchung zentral, weil sie die herausgearbeiteten ‚Homologien' hinterfragen und ergänzen.
In meinen Darlegungen der (Zwischen-)Ergebnisse im sechsten, siebten und achten Kapitel bin ich diesem Aspekt detailliert nachgegangen, denn die hier thematisierten Fälle werden m.E. durch Ambivalenzen auf besondere Weise charakterisiert. Dabei lassen sie ihren „Facettenreichtum"[1418] deutlich werden, aber sie weisen m.E.

1415 » Kapitel 10.1.4 Zusammenfassung und didaktische Wendungen I: Wie die Anderen (sprachlich) darstellen?

1416 » Kapitel 4.3 Verortungen im Feld rekonstruktiver Sozialforschung.

1417 » Kapitel 4.2.3 Zwischen visuellen und sprachlichen Darstellungen, durch Bilder und Sprache: Überlegungen zu einer indirekten Empirie.

1418 Przyborski, Wohlrab-Sahr (2014): Qualitative Sozialforschung. S.412.
» auch Kapitel 5.3.2 Generierung und Fokus der Ergebnisdarstellungen.

auch über das hinaus, was sagbar geworden ist. Durch das Aufzeigen mehrdeutiger Bestimmungen werden verschiedenartige Motive und widersprüchliche Ansprüche erahnbar, die in die oben thematisierten Orientierungen ‚hineinspielen' könnten. Hier erweitere ich also meine Theoriebezüge und frage nicht vorrangig nach ‚impliziten Wissen' und ‚handlungsleitenden Orientierungen', die das Sehen und Sprechen leiten, sondern betone aus phänomenologischer Perspektive Prozessen der Bedeutungskonstitution *in* und *durch* visuelle und sprachliche Darstellungen, die sich durch Momente des Entzugs auszeichnen (» Kapitel 4.2.3; 4.3).[1419]

Im Folgenden zeige ich starke *Ambivalenzen* auf, die ich in den *unterschiedlichen Analyse-Ebenen* ausmachen konnte, bevor ich *Ambivalenzen zwischen den visuellen und sprachlichen Darstellungen* beschreibe, die für mich im Vergleich besonders bedeutsam geworden sind.

Starke Ambivalenzen innerhalb der Analyse-Ebenen

Wie meine Analysen gezeigt haben, lassen sich mehrdeutige Bestimmungen und Widersprüche sowohl auf visueller als auch auf sprachlicher Ebene ausmachen. Ich beginne wiederum mit markanten Ambivalenzen in den visuellen Darstellungen, bevor ich auffällig gewordene Ambivalenzen in den sprachlichen Darstellungen thematisiere.
Zu den Gemeinsamkeiten im *Vergleich der drei Bild-Ensembles* zählt für mich bspw., dass der Großteil der Fotos mehrere Menschen zeigt, während keine Einzelpersonen zu sehen sind. Das legt für mich die Vermutung nahe, dass unterschiedliche Formen des Interagierens und Zusammenarbeitens in allen drei Projekten gezeigt werden sollen. Doch die Gegenüberstellung der Bilder macht noch weitere Bestimmungen und mehrdeutige Interpretationen möglich. So ließen sich die Fotos des ersten und zweiten Bild-Ensembles auch als momenthafte Einblicke in die Projektarbeit beschreiben, während andere Bildelemente auf eine gezielte Komposition oder ein spezifisches gestalterisches Interesse bei der Bildauswahl hindeuten. Diese ambivalenten Bestimmungen lassen die *Polysemie und Vieldeutigkeit visueller Darstellungen* erahnbar werden.[1420] Im Rahmen meiner Bildanalysen werden verschiedene Motive in der Bildauswahl denkbar, sodass ich möglicherweise von unterschiedlichen Ansprüchen und Orientierungen im ‚Zeigen' der Projekte ausgehen kann (» Kapitel 6.4.1).[1421]

1419 » Kapitel 4.2.3 Zwischen visuellen und sprachlichen Darstellungen, durch Bilder und Sprache: Überlegungen zu einer indirekten Empirie sowie Kapitel 4.3 Verortungen im Feld rekonstruktiver Sozialforschung.

1420 » Kapitel 4.2.3 Zwischen visuellen und sprachlichen Darstellungen, durch Bilder und Sprache: Überlegungen zu einer indirekten Empirie.

1421 » Kapitel 6.4.1 Zusammenfassung möglicher handlungsleitender Orientierungen in der Bildauswahl der Projektleiter*innen.

Auch in meinen Re-Konstruktionen der *sprachlichen Darstellungen* wurde ich auf Mehrdeutiges oder Widersprüchliches aufmerksam, was gleichsam daran erinnert, dass auch Sprache nicht eindeutig gelesen werden kann.[1422] Durch die thematisch orientierte Untersuchung der Interviews konnte ich die Art und Weise des Sprechens auf *unterschiedlichen Analyse-Ebenen* betrachten und später miteinander vergleichen, um affektiven Dimensionen im Gesagten nachzugehen. Dazu habe ich das ‚Sprechen über die Bilder', das ‚Sprechen über das Projekt' sowie das ‚Sprechen über den Partizipationsbegriff' zunächst getrennt voneinander analysiert. Auch hier gehe ich noch einmal kurz auf die einzelnen Untersuchungsebenen im komparativen Vergleich ein und hebe starke Ambivalenzen hervor:
Die Art und Weise, wie die Projektleiter*innen über den *Partizipationsbegriff* sprechen, habe ich als Annäherung separat beleuchtet und im komparativen Vergleich diskutiert, denn sie unterscheidet sich m.E. deutlich von den weiteren Interviewabschnitten (» Kapitel 7.4.1).[1423] In allen drei Interviews konnte ich unterschiedliche Begriffsdeutungen ausmachen, die möglicherweise in einem Kontrast zueinander stehen. Während die Projektleiter*innen aus (unterschiedlichen) ästhetisch-künstlerischen Perspektiven sprechen, könnte ein demokratisch-orientiertes Partizipationsverständnis für sie dennoch relevant sein. Auffällig wurde für mich auch die stark argumentative oder ablehnende Struktur in diesen Interviewabschnitten, was ich (u. a.) auf die moralischen Ansprüche des Partizipationsbegriffs und die Interviewsituation zurückgeführt habe (» Kapitel 7.4.2).[1424] Die wahrnehmbar gewordenen Ambivalenzen im ‚Sprechen über den Partizipationsbegriff' könnten zudem Hinweise auf konkurrierende Motive in der Zusammenarbeit mit den Kindern und Jugendlichen geben – Überlegungen, die ich durch meine Analysen zum *‚Sprechen über die Projekte'* vertiefen konnte. Auf dieser Analyse-Ebene wurden ambivalente Beschreibungen der Projektziele für mich deutlich, aber auch widersprüchliche Aussagen zu den Formen der Zusammenarbeit und zum Selbstverständnis der Projektleiter*innen, was ich exemplarisch an einigen Beispielen aufzeige. Während die Äußerungen des Projektleiters A. im ersten Fall einerseits darauf schließen lassen, dass das ‚freie und selbstbestimmte' Handeln der Kinder für ihn ein zentrales Arbeitsprinzip darstellt, welches die Unterstützung durch Andere nahezu überflüssig machen könnte, konnte ich im weiteren Gesprächsverlauf auch andere Motive re-konstruieren. Demnach könnte ein besonderer Anreiz in der Projektarbeit für ihn darin bestehen, (benachteiligten) Kindern zu helfen und ihnen zur ‚Emanzipation' zu verhelfen. Auch in den Aussagen der Projektleiterin B.

1422 Bereits im Kapitel 4.3.2 habe ich auf die ‚unausweichliche Vagheit' der Sprache (Garfinkel) verwiesen, da nicht nur die ‚Polysemie' der Bilder (Barthes) Herausforderungen für die Forschungen stellt. » Kapitel 4.3.2 Re-Konstruktionen und Un-Möglichkeiten des Benennens. Vgl. auch z. B. Przyborski, Wohlrab-Sahr (2014): Qualitative Sozialforschung. S. 28.

1423 » Kapitel 7.4.1 Gemeinsamkeiten und Unterschiede in den herausgearbeiteten Orientierungen zum ‚Sprechen über den Partizipationsbegriff'.

1424 » Kapitel 7.4.2 Zwischenreflexion möglicher ‚Wirkungsweisen' des Partizipationsbegriffs in den Interviews.

wurden für mich Widersprüche deutlich. So beschreibt sie ihre Arbeitsform bspw. als ‚dialogisches Arbeiten', was m.E. den Fokus stark auf den Austausch lenkt. Gleichzeitig werden für mich aber auch prägnante inhaltliche Ansprüche wahrnehmbar, die eine starke Lenkung seitens der Projektleiterin vermuten lassen. Im dritten Fall sind es wiederum verschiedenartige Projektziele, über die die Projektleiterin C. spricht, in denen ich ambivalente Ansprüche an die Projektarbeit vermute. So sagt sie bspw., dass es ihr wichtig sei, wenn die Menschen ‚die Veränderungen in die eigene Regie nehmen', während sie sich andererseits als Regisseurin des Projekts zu begreifen scheint. Diese widersprüchlichen Aussagen könnten auf mögliche Sinnkonflikte oder konkurrierende Ansprüche in der Zusammenarbeit mit den Kindern und Jugendlichen verweisen, die ich im zehnten Kapitel noch stärker aus theoriegeleiteter und didaktischer Perspektive beleuchte.[1425]
Auch in meinen Analysen zum *‚Sprechen über die Bilder'* wurde ich auf Ambivalenzen oder Unterschiede aufmerksam. So wurde für mich beispielsweise deutlich, dass der Projektleiter A. das Zeigen von ‚typischen Situationen' als Ziel der Bildauswahl ausführlicher beschreibt, während es womöglich schwerer für ihn in Worte zu fassen war, warum diese Bilder auch ‚besonders schön' seien. Eine starke Ambivalenz im ‚Sprechen über die Bilder' der Projektleiterin B. besteht für mich z. B. in dem Changieren zwischen einer Beschreibung der Webseite als ‚Minimallösung' und der Feststellung, dass sie das Projekt doch ‚ganz gut' darstelle. Und in den Aussagen der Projektleiterin C. sticht für mich besonders hervor, dass sie einerseits die gezielte Gestaltung der ‚Imagebilder' sehr ausführlich thematisiert, während es ihr andererseits wichtig zu sein scheint, die abgebildeten Menschen nicht zu ‚diffamieren' – ohne dies auf ihre Inszenierungen zu beziehen. In diesen Analysen werden für mich besonders Unterschiede in der Art und Weise des ‚Sprechens über die Bilder' interessant und die Frage, was sagbar wird im Gegensatz zu dem, was möglicherweise nicht zur Sprache kommt. Diesen Fokus konnte ich durch Vergleiche der visuellen und sprachlichen Darstellungen vertiefen und erweitern.

Starke Ambivalenzen im Vergleich der visuellen und sprachlichen Darstellungen

Durch die Gegenüberstellung der Fotos und Interviewaussagen bin ich der Frage nachgangen, wie etwas sichtbar und sagbar wurde, um auch dem auf die Spur zu kommen, was womöglich nicht-sichtbar oder nicht-sagbar wurde. Auch an dieser Stelle hebe ich einige markante Ambivalenzen hervor, auf die ich dabei aufmerk-

1425 » Kapitel 10 Reflexionen und Wendungen der Untersuchungsergebnisse: Re-Konstruktionen von Vorstellungen über Partizipation zwischen Selbst und Anderen, durch visuelle und sprachliche Darstellungen.

sam wurde, ohne alle Ergebnisse aus meinen Falldarstellungen wiederzugeben (» Kapitel 8.1.5; 8.2.5; 8.3.5).[1426]

Im *ersten Fall* konnte ich bspw. Unterschiede zwischen den visuellen und sprachlichen Darstellungen ausmachen, durch die ich meine Deutungen möglicher Motive für die Projektarbeit hinterfragen oder ergänzen konnte. Dazu zählt etwa der auffällig gewordene Blickkontakt der Kinder in die Kamera, der einen Hinweis auf eine besondere Beziehung der dargestellten Personen zum Projektleiter geben könnte, auch wenn A. auf den Fotos selber nicht sichtbar wurde und im Interview dies nicht explizit thematisiert hat. Auch meine Vermutung, dass zur Bildauswahl des Projektleiters A. auch ein gestalterisches Interesse beigetragen haben könnte, stütze ich auf meine visuellen Analysen – weniger auf seine Aussagen, in denen das nur fragmentarisch auftaucht, ohne dass A. es weiter ausführt.

Durch den Vergleich mit den visuellen Darstellungen konnte ich im *zweiten Fall* ambivalente Aussagen zur Bildauswahl anders betrachten oder gegeneinander abwägen. Ich denke z. B. an meine Re-Konstruktionen, in denen ich ein ‚Changieren' der Projektleiterin B. zwischen ‚Minimallösung' und zufriedenstellender Gestaltung der Webseite im Interview herausarbeiten konnte. Die Ergebnisse meiner visuellen Analysen legen nahe, dass die Projektleiterin B. die Fotos gezielt angeordnet und in einem Fall sogar digital bearbeitet hat, was für eine durchdachte Gestaltung sprechen würde. Dadurch treten der Projektraum und die rahmende Gestaltung der Projektleiterin für mich in den Vordergrund. Möglicherweise wollte das die Projektleiterin im Gespräch nicht explizit betonen. Dies unterstützt m.E. meine These, dass der auffällige Wechsel in der Argumentation auch vor dem Hintergrund der Interviewsituation betrachtet werden muss und möglicherweise auf eine Art ‚Verteidigung' der Vorgehensweise mir gegenüber hindeutet.

Im *dritten Fall* wurde eine Diskrepanz zwischen meinen Bildinterpretationen und den Bildbeschreibungen der Projektleiterin C. für mich besonders deutlich. Insbesondere bei einem Foto, den ‚tanzenden Mädchen und Frauen in weißen Kleidern', unterschieden sich meine Bildwahrnehmungen und die Bildassoziationen von C. erheblich. Während die Aussagen der Projektleiterin über ihre Bilder einerseits eine Erweiterung meiner Interpretationen ermöglichten, wurde für mich gleichzeitig aber auch eine Lücke wahrnehmbar zwischen ihren stark künstlerisch orientierten Bildassoziationen und den zuvor geäußerten Zielen zur Bildauswahl, die für mich eher repräsentationskritische Aspekte umfassen. Auch hier erlaubte mir die Gegenüberstellung, ambivalente Aussagen und Interpretationen abzuwägen und meine Deutungen ‚in Bewegung' zu halten.

Die komparative Darstellung der herausgearbeiteten Ambivalenzen sowohl innerhalb als auch zwischen visuellen und sprachlichen Darstellungen verdeutlicht noch einmal mein methodisches Vorgehen. Ich bin Mehrdeutigem und

1426 » Kapitel 8.1.5; 8.2.5; 8.3.5 zu den Fallinternen Vergleichen der Untersuchungsergebnisse der visuellen und sprachlichen Darstellungen zum Projekt 1, 2 und 3.

Widersprüchlichem nachgegangen, auf das ich durch den Vergleich der verschiedenen Analyse-Ebenen aufmerksam wurde. Unterschiedliche Deutungen wurden möglich, indem ich Sichtbar- und Sagbar-Gewordenes auch danach befragt habe, was sich möglicherweise entzieht. Diesen zentralen Stellenwert der auffällig gewordenen Ambivalenzen für meine Analysen werde ich im Kapitel 10.2.1 aus methodisch-methodologischer Perspektive weiter vertiefen.[1427] Dabei deutet sich auch ein bildungstheoretischer und didaktischer Stellenwert der thematisierten Ambivalenzen an, der Fragen aufwirft – etwa inwiefern Widersprüchliches und Mehrdeutiges dazu beitragen kann, Sebstverständnisse in der Zusammenarbeit mit Kindern und Jugendlichen (anders) zur Sprache zu bringen und eine Veränderung impliziter Denk- und Handlungsweisen zu unterstützen (» Kapitel 10.1.4).[1428] Über die Analyse ambivalenter Bestimmungen wurde es mir möglich, ‚dominante Orientierungen' zu hinterfragen und auszudifferenzieren, was ich in den folgenden Abschnitten noch stärker inhaltlich bündle, um dem auf die Spur zu kommen, was die Leiter*innen in ihren Projekten ‚antreiben' könnte. Auch für diese Ergebniszusammenfassungen werden Ambivalenzen also weiterhin zentral, ohne dass ich sie explizit in den Überschriften benenne. Denn erst durch das Herausarbeiten mehrdeutiger Bestimmungen in der Analyse der visuellen und sprachlichen Darstellungen konnte ich widersprüchlichen Motiven in der Bildauswahl (» Kapitel 9.3) und resümierend in der Zusammenarbeit mit den Kindern und Jugendlichen (» Kapitel 9.5) nachgehen, die affektiven Dimensionen in der Untersuchung mitdenken. Dieser Prozess der Verdichtung zeichnet sich zugleich durch notwendige Einordnungen und Reduktionen aus, durch die eine Identifizierung komplexer Motive der Zusammenarbeit erst möglich wurde.

Im Folgenden konzentriere ich mich auf eine komparative Zusammenfassung möglicher Auswahlmotive und Funktionen der Bilder für die Projektleiter*innen, die ich durch meine Analysen re-konstruieren konnte. Durch eine Untersuchung des Bildumgangs gehe ich verschiedenartigen Motiven in der Zusammenarbeit mit den Kindern nach, die über das Sagbar-Gewordene hinausreichen.

9.3 Mögliche Auswahlmotive und Funktionen der Bilder

Beim ‚Sprechen über die Bilder' thematisieren allen drei Projektleiter*innen Prinzipien ihrer Arbeit, die sie vermutlich durch die ausgewählten Fotos visualisieren wollten.[1429] Doch was könnte die Bildauswahl noch beeinflusst haben? Ich vergleiche erneut Ergebnisse meiner sprachlichen Analysen mit Auffälligkeiten der

1427 » Kapitel 10.2.1 Ambivalenzen II: Diskrepante Deutungen und konkurrierende Motive.
1428 » Kapitel 10.1.4 Zusammenfassung und didaktische Wendungen I: Wie die Anderen (sprachlich) darstellen?
1429 » etwa Kapitel 9.1 Fokus I: Dominante Orientierungen im Fallvergleich.

visuellen Darstellungen und frage danach, was nicht zur Sprache kam. Dabei konzentriere ich mich auf eine Zusammenfassung der herausgearbeiteten Motive und verdichte meine bisherigen Ergebnisse, ohne meine Interpretationen erneut zu begründen.[1430] Ich betrachte re-konstruierbar gewordene Formen des Bildumgangs und frage nach Funktionen der Bilder, die über eine ‚Repräsentation' oder ‚Dokumentation' der Arbeiten hinausgehen, um die Beziehung zu den Beteiligten zu beleuchten.

Meine Analysen in den drei Falldarstellungen lassen vermuten, dass die Projektleiter*innen sehr unterschiedlich bei der Bildauswahl vorgegangen sind. Wie ich re-konstruieren konnte, verfügt der *Projektleiter A.* vermutlich über eine große Bildersammlung und sammelt seit vielen Jahren Projektfotos. Die ausgewählten Bilder stechen wahrscheinlich für ihn daraus hervor, nicht nur weil sie für ihn ‚typische Situationen' zwischen Kindern und Künstler*innen zeigen und für das Projekt besonders *repräsentativ* sein könnten, sondern auch, weil die Bilder für A. *persönlich und biografisch bedeutsam* sein könnten – auch wenn er das selber kaum thematisiert. Ich nehme an, dass der Projektleiter einige seiner *Lieblingsbilder* (‚besonders schöne Fotos') ausgewählt hat, denn er scheint diese Fotos wiederholt zu verwenden, obwohl sie fast 20 Jahre alt sind. Seine Bildkommentare lassen außerdem vermuten, dass A. die verwendeten Fotos damals selber aufgenommen hat und sich möglicherweise noch an einige Umstände zum Zeitpunkt der Aufnahme erinnert (‚Bild vom ersten Tag des Projekts') bzw. diese Bilder einen besonderen Erinnerungswert für ihn haben könnten. Wie ich herausgearbeitet habe, scheint er sich insgesamt stark mit dem Projekt und den beteiligten Personen zu identifizieren, wozu auch die Projektfotos beitragen könnten. Obwohl er selber auf den ausgewählten Bildern nicht sichtbar wird, konnte ich nicht nur auf sprachlicher Ebene eine besondere Beziehung zu den abgebildeten Personen re-konstruieren. Die Kameraposition ‚auf Augenhöhe' mit den Dargestellten, aber auch der auffällige Blickkontakt legen für mich die Frage nahe, ob der Projektleiter zu einem, nicht-sichtbaren Teil der dargestellten Situationen geworden sein könnte. Ein weiterer Aspekt, der durch meine Analysen für mich wahrnehmbar wurde, betrifft den *künstlerischen Status der Bilder*. Ich vermute, dass A. die Fotos auch aus gestalterischer Perspektive interessant findet, was zu ihrer Auswahl beigetragen haben könnte. Diese Interpretation stütze ich zum einen auf einzelne Bildelementen, die eine besondere Komposition vermuten lassen, aber auch auf kurze Bildkommentare des Projektleiters diesbezüglich. Hier ließe sich fragen, ob die Fotos nicht sogar als ein ‚materialisierter' Teil seiner künstlerischen Arbeit verstanden werden können. Denn in der Interviewanalyse wurde für mich deutlich,

1430 Vergleiche dazu meine ausführlichen Falldarstellungen im achten Kapitel. Insbesondere in den Gegenüberstellungen der sprachlichen und visuellen Darstellungen pro Fall bringe ich bereits unterschiedliche Analyseergebnisse in Verbindung zueinander. » Kapitel 8.1.5; 8.2.5; 8.3.5.

dass A. die Projektarbeit als sein künstlerisches (Lebens-)Werk verstehen könnte, das er ‚mit Haut und Haaren' ausführe.
Die *Projektleiterin B.* des zweiten Falls scheint ebenfalls über einen gewissen Bildfundus (Festplatte) zu verfügen, aus dem sie einzelne Fotos zur Veröffentlichung auf der Homepage ausgewählt habe, wie sie mir im Interview erzählt. Doch ihre Form des Bildumgangs unterscheidet sich m.E. deutlich vom ersten Fall. Obwohl sie z. B. einräumt, sie hätte auch andere Bilder zeigen können, vermute ich, dass sie spezifische Gestaltungsideen verfolgt hat. Aus ihren Äußerungen schließe ich, dass es ihr u. a. wichtig gewesen sein könnte, die künstlerische ‚Qualität' ihrer Projektarbeit zu zeigen und unterschiedliche künstlerische Strategien sichtbar zu machen, mit denen die Kinder in ihrem Projekt gearbeitet haben. Gleichzeitig nehme ich aufgrund der Bild-Reihenfolge und der farblichen Bearbeitung eines Fotos an, dass es ihr darüber hinaus ein Anliegen war, durch die Fotos ihre *Gestaltung der Projekträume* und ihre *künstlerische Rahmung* hervorzuheben. Die Projektleiterin B. hat dies nicht explizit thematisiert, bestätigte aber meine Vermutung, bevor sie m.E. ihr Vorgehen als künstlerische Strategie starkmachte. Dieses ‚Changieren' in der Argumentation wurde für mich in diesem Fall besonders auffällig, was ich auch als eine Art ‚Verteidigung' ihrer Gestaltung (bzw. ihrer Projektarbeit) mir gegenüber deute. Obwohl B. aus meiner Perspektive ihren künstlerischen Fokus und ihre künstlerische Rahmung auch über die Fotos sehr deutlich macht, könnte es ihr andererseits unangenehm gewesen sein, dass ich sie darauf angesprochen habe. Weiter ließe sich fragen, inwiefern die abgebildeten Personen auf den ausgewählten Fotos zu einem Teil ihrer künstlerischen Gestaltung werden. Neben diesen Deutungen wurde für mich aber auch ein anderer Aspekt re-konstruierbar, der Hinweise auf Funktionen der Bilder geben könnte. Als sie über ein Foto spricht, auf dem langjährige Mitarbeiter*innen zu sehen seien, beginnt auch sie von den Personen zu erzählen. Ich vermute, dass es *Erinnerungen* an eine spezifische Situation wachruft und dazu beiträgt, dass B. näher auf die dargestellten Personen eingeht. Dabei wurde für mich u. a. ein starkes Interesse an der Förderung der Jugendlichen deutlich, aber auch an der ‚Verbreitung' (ihrer) architektonischen Ideen.
Auch die Art und Weise des Bildumgangs der *Projektleiterin C.* unterscheidet sich m.E. von den ersten beiden Fällen. In meiner Zusammenfassung konzentriere ich mich allerdings stärker auf die Ebene der sprachlichen Darstellung, da C. sehr detailliert von ihrer Bildauswahl berichtet und dabei m.E. gerade die Momente der Sprachlosigkeit interessant werden.
Wie sie mir im Interview erzählt, handelt es sich bei den ausgewählten Fotos auf der Webseite um ‚Hauptbilder' oder ‚Imagebilder', die sie für jedes Projektjahr bereits im Vorfeld geplant und präzise inszeniert habe. Im Gegensatz zu den anderen Leiter*innen beschreibt sie mir sehr ausführlich ihre kompositorischen Überlegungen und Gestaltungsziele pro Bild. Dabei wird für mich ein *strategischer,*

künstlerischer Einsatz der Bilder wahrnehmbar, der zugleich einen äußerst *metaphorischen Bildumgang* einschließt. Die Projektleiterin berichtet mir nicht nur von verschiedenen Bildassoziationen, die zur Grundlage der Bild-Gestaltungen und Inszenierungen vor Ort wurden. Sie erzählte mir auch, dass sie beabsichtigt habe, durch die Bilder eine bestimmte Atmosphäre wiederzugeben. Die inszenierten Bilder erhalten hier m.E. eine besondere *symbolische Aufladung* und scheinen Teil ihres künstlerischen Konzeptes zu sein. Mit Blick auf die Beziehung zu den Beteiligten ließe sich weiterführend fragen, inwiefern die dargestellten Personen auch Teil der künstlerischen Inszenierungen geworden sind. Und welche Annahmen liegen der geäußerten Idee der Projektleiterin C. zugrunde, diese szenisch aufgeladenen *‚Imagebilder'* zur Herstellung von Erinnerungen und zur Konservierung ‚neuer Geschichten' über den Projektort einsetzen zu wollen?
Neben diesen Ebenen des Bildumgangs werden für meine Untersuchungen möglicher Funktionen der Fotos auch in diesem Fall markante Unterschiede im ‚Sprechen über die Bilder' interessant, die m.E. Hinweise auf weitere Motive in der Bildauswahl, aber auch in der Zusammenarbeit im Projekt geben. Während die vornehmlich konzeptionellen und kompositorischen Überlegungen der Projektleiterin aus meiner Perspektive eine gewisse *Distanz* zum Geschehen vor Ort schaffen, wurden für mich bei einigen Bildkommentaren stärker *affektive Dimensionen* wahrnehmbar. Als sie mir bspw. anhand von zwei Bildern von ‚Kippmomenten' erzählt, mit denen sie nicht gerechnet habe, wird für mich die Überraschung der Projektleiterin und ihr Interesse an unplanbaren Situationen in der Projektarbeit rekonstruierbar, die zunächst konträr erscheinen zu ihren künstlerischen Planungen und Inszenierungen. Als C. dann über ein Bild spricht, dass sie besonders möge, wird für mich ein emotionales Getroffen-Sein am deutlichsten. Im Vergleich zu den anderen Bildkommentaren entsteht der Eindruck, als fehlen ihre dabei die Worte. Wie ich in meinen Analysen dargelegt habe, handelt es sich um das einzige Bild, bei dessen Thematisierung die Projektleiterin auch näher auf einzelne Personen eingeht. Möglicherweise könnte das Foto für C. auf besondere Weise für eine Form des Miteinanders stehen, die sich im Laufe der Projektzeit entwickelt hat und von der Leiterin sehr geschätzt wird – vielleicht sogar, weil eine Form der Nähe und der Zusammenarbeit entstanden ist, welche die geplanten Inszenierungen auf der Beziehungsebene entscheidend erweitert haben.
In diesem Abschnitt habe ich verschiedene re-konstruierbar gewordene Formen des Bildumgangs in den einzelnen Fällen gebündelt und mögliche Funktionen der Fotos hervorgehoben. Durch die Fotos wurden Erzählungen über die Beteiligten und Erinnerungen an spezifische Situationen wachgerufen, durch die ich meine Interpretationen über mögliche Motive in der Zusammenarbeit ergänzen und Selbstverständnisse der Projektleiter*innen weiter befragen konnte. Insbesondere die Passagen wurden für meine Analysen interessant, in denen sich das ‚Sprechen über die Bilder' wahrnehmbar veränderte und ich Ambivalentem nachgehen

konnte. Für die Generierung meiner Untersuchungsergebnisse wurde aber auch hier der Vergleich zwischen visuellen und sprachlichen Darstellungen wichtig, um auf diesem Weg affektiven Dimensionen nachzugehen.
Auch diese Ergebnisse werde ich wieder im zehnten Kapitel reflektieren und Funktionen der Bilder vertiefend beleuchten. Dazu betrachte ich den Stellenwert der Bilder als Übergangsdinge und Substitute, um die hier zusammengefassten Ergebnisse auf inhaltlicher und methodisch-methodologischer Ebene weiter zu diskutieren (» Kapitel 10.3.1; 10.3.2).[1431] Ich vertiefe theoriegeleitet die Frage, inwiefern die re-konstruierbar gewordenen Formen des Bildumgangs Hinweise auf die Beziehung der Projektleiter*innen zu den Beteiligten liefern können, die über das Sagbare hinausgehen und mediale Vermittlungen von Selbst und Anderen in den Blick nehmen. Dabei charakterisiere ich die hier herausgearbeiten Funktionen des Bildhaften auf einer Meta-Ebene als *‚Imagebilder'*, und *‚Dokumentationsbilder'* aber auch als *‚Erinnerungsbilder'* oder *‚Identifikationsbilder'*. Diese Überlegungen werden auch für didaktische Kontexte relevant, um den Status des Bildhaften in der Beziehung zu Anderen reflexiv werden zu lassen und repräsentationskritische Betrachtungen zu ergänzen. Denn ein sensibler Bildumgang und eine Thematisierung der medialen Verfassheit von Erfahrungen auch aus phänomenologischen Perspektiven können m.E. auf besondere Weise dazu beitragen, eine Reflexion von Partizipationsverständnissen anzuregen (» Kapitel 10.5.1).[1432]

9.4 Fokus III: Markante Abgrenzungen im Fallvergleich

Bislang habe ich vorrangig Widersprüchliches und Mehrdeutiges thematisiert, auf das ich in meinen Analysen aufmerksam wurde und das wesentlich dazu beigetragen hat, die herausgearbeiteten ‚domanianten Orientierungen' auszudifferenzieren und unterschiedliche Formen des Bildumgangs herauszuarbeiten. Dabei wurden Ambivalenzen insbesondere im Vergleich visueller und sprachlicher Darstellungsformen zentral, um Motiven für die Zusammenarbeit mit Kindern und Jugendlichen auf die Spur zu kommen. In diesem Abschnitt verändere ich meinen Fokus, indem ich mich nun auf die sprachliche Ebene konzentriere, um ‚markante Abgrenzungen' hervorzuheben und diese im komparativen Vergleich darzustellen.[1433] Ich fasse in der Terminologie der dokumentarischen Methode

1431 » Kapitel 10.3.1 Funktionen und Wirkungsweisen der Bilder (im Vergleich zur Sprache) für die Projektleiter*innen sowie Kapitel 10.3.2 Funktionen und Wirkungsweisen der Bilder (im Vergleich zur Sprache) in meinen Analysen.

1432 » Kapitel 10.5.1 Wie die Anderen (visuell) darstellen?

1433 Die herausgearbeiteten Gegenhorizonte werden an dieser Stelle nicht noch einmal in den verschiedenen Facetten vorgestellt. Detaillierte Darlegungen der hier thematisierten Abgrenzungen sind in den einzelnen Falldarstellungen zum ‚Sprechen über das Projekt' in folgenden Abschnitten zu finden:
Fall 1, » Kapitel 8.1.4:

,Gegenhorizonte' zusammen, welche die Projektleiter*innen verwendet haben, um ihre Projekte und die Zusammenarbeit mit den Kindern zu beschreiben. Diese Bündelung erscheint mir zum einen interessant, weil die Leiter*innen vorrangig negative Gegenhorizonte nutzten, um ihre Arbeit zu charakterisieren bzw. wurde dadurch das Besondere ihrer Arbeiten (des Künstlerischen) als positiver Gegenhorizont beschreibbar. Zugleich soll die Zusammenfassung dazu betragen, in einer späteren Vertiefung im zehnten Kapitel mögliche Funktionen dieser Abgrenzungen innerhalb der Fälle sowohl inhaltlich, aber auch methodisch-methodologisch und didaktisch zu wenden. Auch diese separate Darstellung verstehe ich als *einen* Bestandteil meiner Ergebnisse, die ich im Kapitel 9.5 abschließend verdichte.

Insbesondere im ersten und im zweiten Fall wurden starke *Abgrenzungen vom Schulischen oder Pädagogischen* für mich deutlich, die m.E. unterschiedlich gelagert sind:

Wie ich herausgearbeitet habe, betont der *Projektleiter A.* das ,freie und selbstbestimmte' Arbeiten der Kinder in seinem Projekt, das er wiederholt von schulischen Formen des Lernens abgrenzt, die ein ,selbstgesteuertes' Handeln für ihn vermutlich nicht erlauben. Auch wenn er bspw. hervorhebt, dass die Projektarbeit ,ohne pädagogischen Überbau' sei und ohne vorgegebene Aufgabenstellungen auskomme, nehme ich an, dass er diese Eigenschaften der Schule zuordnet. Gleichzeitig wird für mich wahrnehmbar, dass seine Projektarbeit keinen pädagogischen oder didaktischen Prinzipen folgt oder folgen muss und keine spezifischen Aufträge an die Kinder vorgibt. In den Aussagen des Projektleiters A. wird die Schule als ein zentraler Gegenhorizont für mich re-konstruierbar, der eine Abgrenzung ermöglicht und eine Hervorhebung der eigenen Projektprinzipien erlaubt. Eine Differenz entsteht zwischen der Arbeit im Projekt und dem Schulalltag der Kinder, die während der Unterrichtszeit dort mitarbeiten. Einige Anmerkungen am Rande lassen mich zudem vermuten, dass die Abgrenzungen zum Pädagogischen auch auf Erfahrungen von A. beruhen könnten, die er während seiner eigenen Schulzeit erlebt hat. Auch an anderer Stelle konnte ich im Interview Hinweise finden, dass die von dem Projektleiter thematisierten Abgrenzungen (auch) in einem Zusammenhang stehen könnten mit seiner eigenen Ausbildung. Auf seine Abgrenzungen des Künstlerischen zu einer Akademisierung komme ich noch zurück.

Auch die *Projektleiterin B.* grenzt sich m.E. im Interview wiederholt von pädagogischen Angeboten ab. Neben der Schule erwähnt sie mehrfach die Jugendarbeit, die vermutlich beide zentrale Kooperationspartner*innen in ihren Projekten

---

- „frei und selbstbestimmt" ↔ „ohne pädagogischen Überbau"
- Das Künstlerische ↔ Akademisierung

Fall 2, » Kapitel 8.2.4:

- Künstlerisches Wissen und künstlerische Strategien ↔ kein Basteln ↔ In der Schule anregen „(...) Neues hinzunehmen. Und nicht nur bei dem zu bleiben was man tut."

Fall 3, » Kapitel 8.3.4:

- „Ich BRAUCH dann schon äh ne Rückmeldung" ↔ „wo man sich irgendwie falsch einsortiert fühlt und damit/das nen großen Schmerz auslöst"

darstellen.[1434] Dabei scheint es ihr wichtig zu sein, dass ihre Arbeitsweise als künstlerisches Arbeiten wahrgenommen wird, das sich durch ein spezifisches Wissen, spezielle Strategien und einen besonderen inhaltlichen Anspruch auszeichnet. Wie ich re-konstruieren konnte, differenziert sie ihr Vorgehen von Bastelangeboten oder von Arbeitsformen im Kunstunterricht, die wahrscheinlich aus ihrer Perspektive nicht diese künstlerischen Qualitäten bieten können. Auch in diesem Fall wurde für mich ein Gegenhorizont wahrnehmbar, der zugleich die Besonderheiten der Projektarbeit von B. hervortreten lässt. Darüber hinaus wurden für mich noch andere Aspekte deutlich, die ebenfalls zur Abgrenzung beitragen könnten. Dazu zählt zum einen die auffällig gewordene Orientierung im ‚Sprechen über das Projekt', die eigene Arbeit vor Ansprüchen von außen zu schützen und zu bewahren. Außerdem konnte ich aber auch eine Tendenz re-konstruieren, das eigene künstlerische Wissen zu vermitteln und zu verbreiten. Die Abgrenzung der eigenen Projektarbeit gegenüber schulischen Angeboten ließe sich vor diesem Hintergrund möglicherweise auch als die Beschreibung eines Desiderates deuten, das die Projektleiterin durch ihr Wissen und Können füllen möchte.
Während ich im ersten und zweiten Fall Abgrenzungen zur Schule oder zum Pädagogischen mehrfach re-konstruieren konnte, thematisiert die *Projektleiterin C.* nur an einer Stelle sehr kurz, dass sie sich nicht als Kunstvermittlerin verstehe. Ansonsten differenziert sie ihre Projektarbeit nicht von pädagogischen Angeboten. Dies könnte möglicherweise in einem Zusammenhang damit stehen, dass ihr Projekt im Rahmen einer Ausschreibung für Kunstprojekte ausgewählt wurde, was sie zu Beginn des Interviews anspricht. Eine Abgrenzung von pädagogischen Formaten ist deshalb für sie vielleicht nicht so relevant. Möglicherweise trägt auch der Umstand dazu bei, dass C. für die Workshop-Arbeit mit den Kindern und Jugendlichen Expert*innen eingestellt hat, wie sie mir im Interview erzählt. Auch wenn die Projektleiterin im dritten Fall Abgrenzungen zum Pädagogischen nicht anspricht, vermute ich, dass eine ‚richtige Einordnung' ihrer Arbeit ihr dennoch sehr wichtig ist. Wie ich über das Beispiel von Studierenden herausgearbeitet habe, das C. im Interview thematisiert, könnte es auch für sie von großer Bedeutung sein, dass ihre Arbeit als Kunst wahrgenommen und nicht ‚falsch einsortiert' wird – wobei sie dabei m.E. offen lässt, was das Andere wäre. Ihr Verweis auf den Kunstdiskurs, den sie zuvor angesprochen hatte, legt für mich aber nahe, dass hier Abgrenzungen zur Sozialarbeit oder zum Pädagogischen gemeint sein könnten. Eine weitere Abgrenzung, die sie an anderer Stelle explizit anspricht, ließe sich auch als ‚Bestätigung' des künstlerischen Status ihrer Arbeiten deuten. Dabei betont die Projektleiterin m.E. eine Differenz zu anderen Kunstprojekten, die sich nicht dem Diskurs stellen würden, während sie die ‚Rückmeldung brauche'. Hier stellt

1434 In dem hier untersuchten Teilprojekt arbeitete die Projektleiterin mit Kindern aus einem Jugendzentrum zusammen. In den Erzählungen während des Interviews thematisierte sie aber auch konkrete Kooperationsprojekte mit Schulen.

sich mir die Frage, inwiefern ein Rückbezug auf oder eine Auseinandersetzung mit theoretischen (kunstwissenschaftlichen) Positionen auch als eine Form der ‚Distanzierung' beschrieben werden kann, wie ich die ‚dominante' Orientierung im dritten Fall bezeichnet habe.

Neben den Unterscheidungen zwischen dem Künstlerischen und dem Pädagogischen komme ich noch kurz auf eine weitere Abgrenzung zu sprechen, die ich vor allem im ersten Fall re-konstruieren konnte. Für mich wird dort eine Betonung der *‚natürlichen' Kreativität* der Kinder (und Künstler*innen mit Behinderung) wahrnehmbar, die der Projektleiter A. einer Akademisierung ausgebildeter Künstler*innen entgegenstellt. Diese Unterscheidung trägt m.E. wieder dazu bei, die Projektprinzipien und deren besondere Rahmung hervorzuheben. Gleichzeitig konnte ich in meiner Falldarstellung aber auch verschiedene Motive herausarbeiten, die diese Zuschreibungen gestärkt haben könnten. Dazu zählen für mich z. B. das Engagement von A. für mehr gesellschaftliche Anerkennung von Künstler*innen mit Behinderung oder Erfahrungen des Projektleiters während seiner eigenen Ausbildung als Künstler oder im Rahmen seiner künstlerischen Tätigkeit, die zu einer ‚Bewunderung' der künstlerischen Arbeitsweise der Künstler*innen mit Behinderung und der Kinder beigetragen haben könnten.

Im zweiten Fall wird eine Abgrenzung zwischen ‚natürlicher' Kreativität und Akademisierung m.E. nicht relevant. Dennoch werden für mich Parallelen in möglichen Motiven für die Zusammenarbeit mit den Kindern deutlich. Die Projektleiterin B. spricht von einer ‚Kindlichkeit der Künstler', die sie mit den Kindern verbinden würde. Sie könnte möglicherweise eine wichtige Parallele für B. bilden, die ihre Zusammenarbeit mit den Kindern auch motiviert. Auch im ersten Fall vermute ich ein Interesse des Projektleiters A. an der Kreativität der Kinder, die ihn zur Zusammenarbeit motivieren könnte. Ich nehme an, dass dort allerdings eher der Wunsch nach einer ‚Rückkehr' zur kindlichen Kreativität im Vordergrund stehen könnte.

Die hier thematisierten Abgrenzungen erfüllen unterschiedliche Funktionen in den Darstellungen der Projektleiter*innen, aber auch für mein methodisches Vorgehen. Über eine Differenzierung der eigenen Projektarbeit gegenüber ‚pädagogischen' Formaten wurde eine Hervorhebung der besonderen Merkmale der ‚künstlerischen' Arbeiten möglich, die möglicherweise auch zur Markierung von Alleinstellungsmerkmalen dient. Die re-konstruierten Gegenhorizonte geben mir Hinweise darauf, wie die Projektleiter*innen ihre Arbeit verstehen und was sie möglicherweise sogar ausschließen. Durch die Abgrenzungen wurde es mir möglich, ihr künstlerisches Selbstverständnis näher zu beleuchten und mögliche Motive in der Zusammenarbeit mit den Kindern und Jugendlichen zu befragen. Zugleich eröffnen die Ergebnisse aber auch Fragen – etwa zur Notwendigkeit von Abgrenzungen in einem Interview, das von mir (einer Kunstpädagogin) geführt wurde. Insbesondere in meinen Analysen zum zweiten Fall habe ich wiederholt auf re-konstruierbar gewordene Ambivalenzen hingewiesen, die auch auf meine

Anwesenheit als Gesprächspartnerin zurückgeführt werden könnten. Auch ließe sich fragen, inwiefern die hier sagbar gewordenen Abgrenzungen an dominante Diskurse anknüpfen, die eine Legitimation der eigenen Arbeit und des sagbar gewordenen Partizipationsverständnisses zulassen. Diese und weitere Fragen vertiefe ich im zehnten Kapitel durch Theoriebezüge, um Funktionen von Abgrenzungen sowohl inhaltlich als auch auf methodisch-methodologischer und didaktischer Ebene zu betrachten. Mit Blick auf unterschiedliche Partizipationsformen gehe ich u. a. der Frage nach, inwiefern Abgrenzungen auch als notwendige Bestimmungen betrachtet werden können, die in der Zusammenarbeit mit Anderen unerlässlich werden (» Kapitel 10.1.2).[1435]

9.5 Mögliche Motive und Beweggründe in der Zusammenarbeit mit den Kindern und Jugendlichen

Im Laufe meiner Untersuchungen konnte ich verschiedene Motive herausarbeiten, die für die Projektleiter*innen in der Zusammenarbeit mit den Kindern und Jugendlichen von Bedeutung sein könnten. Im Rahmen meiner fallübergreifenden Vergleiche in diesem Kapitel habe ich bereits einige Aspekte in der Gegenüberstellung thematisiert. Abschließend fasse ich noch einmal mögliche Motive und Beweggründe zusammen, die für mich zentral geworden sind, und frage nach Gemeinsamkeiten und Unterschieden in den Fällen. Die stark komprimierende Form dieser Konklusion hat zur Folge, dass der insbesondere im achten Kapitel aufgezeigte Facettenreichtum der Fälle – gerade durch das Aufzeigen der vielfältigen Ambivalenzen – an dieser Stelle eine notwendige ‚Zu-Richtung' erfährt. Dabei soll der fragende Status meiner Ergebnisse nicht in Vergessenheit geraten.
Markante Gemeinsamkeiten bestehen für mich beispielsweise darin, dass ich in allen drei Fällen ein *starkes Interesse an der Zusammenarbeit* mit Anderen herausarbeiten konnte und vermutlich alle drei Leiter*innen ihr *Projekt als Teil ihrer künstlerischen Arbeit* verstehen – auch wenn diese Aspekte m.E. pro Fall sehr unterschiedlich gelagert sind. Die Art und Weise, wie der Projektleiter A. im *ersten Fall* über das Projekt spricht, sich zu den Fotos äußert, aber auch die Projektarbeit visualisiert, eröffnen für mich die Frage, inwiefern seine Darstellungen beeinflusst sein könnten von seinen *eigenen Erfahrungen* während seiner Schulzeit und in seiner künstlerischen Ausbildung. Wie ich dargelegt habe, hebt er das ‚freie und selbstbestimmte' Arbeiten der Kinder wiederholt hervor, das ohne festgelegte Aufgabenstellungen und ohne ‚pädagogischen Überbau' auskomme. Möglicherweise steht die Projektarbeit damit (u. a.) in einem Kontrast zu seinen Schulerfahrungen. Ausgehend von seinen Erzählungen zu den ‚Ich-kann-ich-nicht-Kindern' konnte ich andererseits re-konstruieren, dass es für A. eine besondere Herausforderung

1435 » Kapitel 10.1.2 Abgrenzungen: Notwendige Unterscheidungen.

sein könnte, Kinder zu unterstützen, die sich nicht trauen würden oder gehemmt seien. Auch hier stellt sich mir die Frage, ob es Parallelen zu seinen Erfahrungen in künstlerischen Prozessen geben könnte, was seine Beschreibungen für mich nahe legen. Insgesamt habe ich den Eindruck, dass das Motiv, anderen zu helfen, damit diese ihre (künstlerischen) Ideen umsetzen können, für den Projektleiter A. in der Zusammenarbeit mit den Kindern (und den Künstler*innen mit Behinderung) von großer Bedeutung sein könnte. Dabei konnte ich gleichzeitig auch eine gewisse Bewunderung für die ‚freie' künstlerische Arbeit beider Gruppen re-konstruieren, die für A. in einem Gegensatz stehen könnte zur ‚Akademisierung' ausgebildeter Künstler*innen. Ich vermute, dass sich der Projektleiter stark mit dem Projekt und den Beteiligten identifiziert und diese Tätigkeit dort als seine künstlerische (Lebens-) Aufgabe begreifen könnte.
Im *zweiten Fall* wird die Hervorhebung des Projekts als eigene künstlerische Arbeit durch die Projektleiterin B. für mich noch deutlicher. Sowohl in den visuellen als auch in den sprachlichen Darstellungen wird ihr künstlerisch architektonischer Schwerpunkt für mich wahrnehmbar, der die Projektarbeit vermutlich rahmt. Für B. scheint es ein zentrales Motiv in ihrer Arbeit zu sein, die eigenen künstlerischen Interessen in dem Projekt verwirklichen zu können bzw. eine Verbindung zu schaffen zu den Interessen der Kinder und Jugendlichen. Ein weiteres Motiv sehe ich in der Vermittlung ihres künstlerischen Wissens und ihrer Erfahrungen, die sie vermutlich an andere weitergeben möchte – sowohl an die Teilnehmer*innen ihrer Projekte als auch in Kooperationen, zum Beispiel im Rahmen des Kunstunterrichts. Ich nehme an, dass sie dabei einen hohen Anspruch hat an die künstlerische Qualität ihrer eigenen Konzeption ebenso wie an die Qualität der Arbeiten der Kinder und Jugendlichen. Darüber hinaus konnte ich aber auch ein starkes Interesse re-konstruieren, (benachteiligte) Kinder und Jugendliche zu unterstützen und sich durch ihr Kunstprojekt im Stadtteil einzubringen. Das eigene Projekt vor den Ansprüchen von außen zu beschützen oder es zu verteidigen, könnte für B. eine besondere Herausforderung darstellen. Aus ihren Erzählungen schließe ich, dass es für die Projektleiterin nicht immer einfach gewesen sein könnte, ihre Projektkonzeption anderen verständlich zu machen. Die starken Abgrenzungen z. B. von ‚Bastelangeboten' könnten in diesem Zusammenhang dazu beitragen, den besonderen, künstlerischen Schwerpunkt ihrer Arbeit hervorzuheben. Sowohl die Projektdarstellungen des Projektleiters A. als auch der Projektleiterin B. ließen sich m.E. auch als eine Art Gegenentwurf zu Schule oder Jugendarbeit interpretieren. Zugleich könnte für beide Projektverantwortlichen eine besondere ‚künstlerische' Verbindung zu den Beteiligten bestehen, auch wenn diese m.E. unterschiedlich gelagert zu sein scheint – in der ‚Kindlichkeit des Künstlers' (Projektleiterin B.) bzw. in der ‚natürlichen' Begabung der Kinder (Projektleiter A.).
Während in den ersten beiden Fällen die Leiter*innen die Zusammenarbeit mit den Kindern und Jugendlichen auf verschiedene Art und Weise beschreiben und

dabei auch konkrete Situationen im Projekt thematisieren, geht die Projektleiterin C. im *dritten Fall* m.E. kaum darauf ein. Stattdessen schildert sie mir ausführlich ihr künstlerisches Konzept, dessen organisatorische Rahmung und die damit verbundenen Ziele. Auffällig wurde für mich aber auch der reflexive, kunstwissenschaftlich orientierte Blick auf die eigene Projektkonzeption und die künstlerische Arbeit im Park, die zum Zeitpunkt des Interviews schon eine längere Zeit abgeschlossen war. Eine Positionierung als Künstlerin wurde für mich sehr deutlich, die den konzeptionellen Rahmen für das langjährige Projekt geschaffen und die ‚Regie' vor Ort übernommen hat. Während ich einerseits ein starkes künstlerisches Interesse an der Raumgestaltung re-konstruieren konnte, verweisen die von ihr thematisierten Projektziele aber auch auf Motive in der Projektarbeit, die sich noch mehr auf die Anwohner*innen bezogen haben könnten. Dabei wurden sehr ambivalente Beschreibungen für mich wahrnehmbar. So vermute ich bspw., dass es C. auch wichtig war, ein Projekt für die Menschen vor Ort zu schaffen und sie dabei zu unterstützen, ‚Veränderungen in die eigene Kontrolle oder in die eigene Regie [zu] nehmen' – auch wenn dies m.E. einen Kontrast darstellt zu dem wahrnehmbar gewordenen Anspruch der Projektleiterin, die ‚Regisseurin' des Projekts zu sein. Auch ließe sich fragen, inwiefern diese Ziele mit ihren weiteren Anliegen in Verbindung stehen könnten, durch das Projekt (gemeinsame) Geschichten und Erinnerungen für die Anwohner*innen zu schaffen. Wie mir C. im Interview mitgeteilt hat, habe sie die Installationen und künstlerischen Inszenierungen im Park bereits lange im Voraus geplant und für einen Zeitraum von fünf Jahren festgelegt. Ihren Überlegungen sei dabei der Versuch vorausgegangen, sich im Vorfeld in die Anwohner*innen und die Situation vor Ort einzufühlen. Trotz ihrer künstlerischen Vorgaben und Vorausplanungen waren es aber möglicherweise gerade die unvorhersehbaren Situationen in der Zusammenarbeit mit den Beteiligten vor Ort, die sie rückblickend an der Projektarbeit gereizt haben könnten. Auffällig wird für mich in diesem Fall auch, dass die Projektleiterin C. keine Projektziele thematisiert, die in einem speziellen Zusammenhang stehen mit den Kindern und Jugendlichen. Möglicherweise ist das dem Umstand geschuldet, dass sie das Ziel verfolgt habe, sich mit dem Projekt an alle Anwohner*innen des Parks zu wenden. Vielleicht überließ sie diese Überlegungen auch den anderen ‚Expert*innen', die sie für die Workshop-Angebote mit den Kindern und Jugendliche eingestellt hatte. Hier ließe sich aber auch fragen, ob ein Zusammenhang bestehen könnte zu dem re-konstruierbar gewordenen Wunsch der Projektleiterin C., dass ihr Projekt nicht falsch ‚einsortiert' und als Kunst wahrgenommen werde.
Die hier zusammengefassten möglichen Motive liefern m.E. interessante Hinweise zum Selbstverständnis der Projektleiter*innen, aber auch über denkbare Beweggründe in der Zusammenarbeit mit den Kindern und Jugendlichen. Dabei wurde deutlich, dass sich alle drei Projektleiter*innen als Künstler*innen verstehen, auch wenn sie ihr künstlerisches Werk und ihre Rolle in den Projekten verschiedenartig

zu definieren scheinen. Auch die Formen der Zusammenarbeit mit den Kindern und Jugendlichen unterscheiden sich wahrscheinlich erheblich ebenso wie die Projektziele, welche die Projektleiter*innen verfolgen könnten. In den folgenden Kapiteln gehe ich diesen Motiven aus theoretischen Perspektiven weiter nach, um Bestimmungen zwischen ‚Eigenem' und ‚Anderem' zu reflektieren und die hier re-konstuierten Vorstellungen über Formen der Zusammenarbeit zu vertiefen.

10 Reflexionen und Wendungen der Untersuchungsergebnisse: Re-Konstruktionen von Vorstellungen über Partizipation *zwischen* Selbst und Anderen, *durch* visuelle und sprachliche Darstellungen

Wie können nun die Ergebnisse meiner Analysen eingeordnet oder theoretisch hinterfragt werden, um zu einer Theoriebildung beizutragen und Überlegungen für die Praxis abzuleiten? Ließen sich die dargestellten Formen der Projektarbeit im ersten Fall als ,echte' Partizipation bezeichnen, weil der Projektleiter A. [u. a.] das ,freie und selbstbestimmte' Handeln der Kinder hervorhebt und eine Zusammenarbeit ,auf Augenhöhe' zwischen Kindern und Künstler*innen zeigen könnte? Und müsste dann im Rückschluss die Zusammenarbeit im zweiten Fall als ,Scheinpartizipation' deklariert werden, weil die Projektleiterin B. den Kindern und Jugendlichen vermutlich [u. a.] inhaltliche Vorgaben macht und sie auf den Fotos zu einem Teil ihrer künstlerischen Arbeit werden könnten? In meinen Ergebnisdarstellungen wurden verschiedenartige Interpretationen möglich, die diesen Einordnungen entgegenstehen. Ambivalentes und Widersprüchliches kam zur Sprache.
Wie ich im zweiten Kapitel herausgearbeitet habe, gehe ich in meiner Forschung von einem ,weiten' Partizipationsbegriff aus (» Kapitel 2.5)[1436] und frage danach, inwiefern Vorstellungen über Partizipation re-konstruiert werden können. Mit diesem methodisch-methodologischen Schwerpunkt wurde der Vergleich zwischen visuellen und sprachlichen Darstellungen für meine Untersuchungen zentral, durch den ich verschiedenartige Deutungen generieren und einander gegenüberstellen konnte, um dem nachzugehen, was sich einer direkten Rekonstruktion widersetzt (» Kapitel 4.2.3).[1437] Für diese Form der indirekten Empirie bediene ich mich in meiner Arbeit unterschiedlicher Theoriefelder. Ich habe das Analyseinstrumentarium der dokumenatrischen Methode nach Bohnsack genutzt und erweitert, um ,dominante', implizite Orientierungen zu beleuchten und darüber hinaus affektiven Dimensionen in Sinnbildungsprozessen weiter nachzugehen (» Kapitel 4.3).[1438] Im vierten Kapitel habe ich den phänomenologisch orientierten Theorierahmen meiner Untersuchung aufgespannt, der an Überlegungen von Bernhard Waldenfels und Andrea Sabisch anschließt (» Kapitel 4.2).[1439] Dabei richtet sich mein Fokus nicht auf ein ,autonomes Subjekt', welches Herr seiner Taten ist – oder wie Sönke Ahrens und Michael Wimmer kritisch hervorheben, das zum „(...) Täter [werde, EM] hinter dem Tun, der selbst diejenigen Existenzvollzüge steuern könne, denen er sein

1436 » insbesondere Kapitel 2.5 Zusammenfassung: Plädoyer für einen weiten Partizipationsbegriff.
1437 » Kapitel 4.2.3 Zwischen visuellen und sprachlichen Darstellungen, durch Bilder und Sprache: Überlegungen zu einer indirekten Empirie.
1438 » Kapitel 4.3 Verortungen im Feld rekonstruktiver Sozialforschung.
1439 » Kapitel 4.2 Theoriegeleitete Vertiefungen: Erfahrungen zwischen Selbst und Anderen, Sichtbarem und Sagbarem.

Sein verdankt".[1440] Aus phänomenologischer Perspektive betone ich stattdessen ein geteiltes Selbst, das aus einer wechselseitigen Be- und Entzogenheit zwischen Eigenem und Fremden hervorgeht, wie es Waldenfels auch im Anschluss an psychoanalytische Positionen vertritt.[1441] Vor dem Hintergrund dieser Theorieannahmen werden nicht nur pathische und responsive Dimensionen von Erfahrungsprozessen zentral. Auf methodischer Ebene geraten auch Zuordnungen ins Schwanken und ein rekonstruierbarer ,Dokumentsinn' wird fragwürdig (» Kapitel 4.3.2; 4.4.1).[1442]
Im Folgenden gehe ich den Ergebnissen meiner Untersuchung nach und knüpfe an die oben genannten Überlegungen an, die ich mit weiteren theoriegeleiteten Reflexionen ergänze. Ich beleuchte *Aspekte*, auf die ich durch meine empirischen Analysen aufmerksam wurde und befrage deren Tragweite, um Vorstellungen über Partizipation zu re-konstruieren. Dabei verdichten sich inhaltliche und methodisch-methodologische Reflexionen wechselseitig und tragen zur Einordnung und theoriebildenden Wendung meiner Ergebnisse bei:
Im Kapitel 10.1 betrachte ich die herausgearbeiteten Orientierungen, Abgrenzungen und Ambivalenzen im Hinblick auf Konstitutionen zwischen Selbst und Anderen und befrage unumgängliche Prozesse der ,Selbstauslegung im Anderen' (Schäfer/ Wimmer). In diesem Zusammenhang geraten Formen der Aneignung des Fremden (» Kapitel 10.1.1), notwendige Unterscheidungen (» Kapitel 10.1.2) und konflikthafte Bestimmungen (» Kapitel 10.1.3) in den Blick, die ich anschließend aus didaktischer Perspektive wende (» Kapitel 10.1.4). Dazu thematisiere ich den besonderen Stellenwert des Ambivalenten im Kontext von Bildungsprozessen und beleuchte Möglichkeiten, Vorstellungen über Partizipation zu verändern bzw. ,in Bewegung' zu halten.
Der methodisch-methodologische Schwerpunkt meiner Forschungsfrage spiegelt sich im nächsten Abschnitt wider. Denn im Kapitel 10.2 reflektiere ich Un-Möglichkeiten meines methodischen Vorgehens, indem ich die Funktion von Ambivalenzen in meiner Forschung genauer betrachte (» Kapitel 10.2.1), Vergleichen von visuellen und sprachlichen Darstellungen nachgehe (» Kapitel 10.2.2) und die für mich wahrnehmbar gewordenen Auffälligkeiten im Hinblick auf den Symptombegriff (Sabisch/ Waldenfels) befrage (» Kapitel 10.2.3).
Auch im Kapitel 10.3 vertiefe ich meine Untersuchungsergebnisse, indem ich noch stärker auf die mediale Verfasstheit von Erfahrungen eingehe. Während ich im Kapitel 10.1 bereits Prozesse der ,Selbstauslegung im Anderen' angesprochen habe, die meist auf sprachlicher Ebene verortet waren, konzentriere ich mich nun auf eine Reflexion der Funktionen und Wirkungsweisen der Bilder für die Projektleiter*innen (» Kapitel 10.3.1) sowie auf methodisch-methodologischer

1440 Ahrens, Wimmer (2012): Partizipation. Versprechen. Probleme. S. 22.
1441 » Kapitel 4.2 Theoriegeleitete Vertiefungen: Erfahrungen zwischen Selbst und Anderen, Sichtbarem und Sagbarem.
1442 » Kapitel 4.3.2 Re-Konstruktionen und Un-Möglichkeiten des Benennens sowie Kapitel 4.4.1 Die dokumentarische Methode nach Ralf Bohnsack.

Ebene im Rahmen meiner Analysen (» Kapitel 10.3.2). Diese zweifache, theoriegeleitete Wendung lässt die ‚doppelte Differenz' besonders deutlich werden, der ich in dieser Forschung nachgehe, indem ich Vorstellungen von Anderen (den Projektleiter*innen) über die Zusammenarbeit mit Anderen (den Kindern und Jugendlichen) untersuche. Ich greife den Symptombegriff erneut auf und frage nach möglichen Anschlüssen an Lacans ‚Sinthome' (» Kapitel 10.3.3).
Während die Kapitel 10.1 bis 10.3 der Reflexion meiner Untersuchungsergebnisse dienen und Anschlüsse für eine Theoriebildung aufzeigen, fasse ich in den letzten beiden Abschnitten Potenziale und Grenzen meiner Untersuchung zusammen. Im Kapitel 10.4 stehen methodisch-methodologische Reflexionen im Vordergrund, indem ich meine Überlegungen zum Forschungsansatz und den herausgearbeiteten Ergebnissen bündle (» Kapitel 10.4.1; 10.4.2) und Herausforderungen sowohl auf der Darstellungsebene (» Kapitel 10.4.3) als auch bezogen auf mein Forschungsdesign (» Kapitel 10.4.4) thematisiere.
Abschließend (» Kapitel 10.5) wende ich meine Untersuchungsergebnisse noch einmal aus didaktischer Perspektive und zeige weitere Anregungen auf. Anknüpfend an meine Frage im ersten Teil der didaktischen Wendungen (» Kapitel 10.1.4) beleuchte ich nun Anstöße aus meiner Forschung für eine Reflexion visueller Darstellungen von Anderen (» Kapitel 10.5.1). Vor dem Hintergrund meiner Forschungsergebnisse thematisiere ich Möglichkeiten, über Vorstellungen von ‚Partizipation' ins Gespräch zu kommen (» Kapitel 10.5.2) und lege Anknüpfungspunkte für Professionalisierungsdebatten dar (» Kapitel 10.5.3).

10.1 Konstitutionen zwischen Eigenem und Fremdem: Selbstauslegungen im Anderen

Ich beginne die mehrperspektivische Reflexion meiner Untersuchungsergebnisse, indem ich zunächst an Auffälligkeiten in den Falldarstellungen anknüpfe, die ich im neunten Kapitel fallübergreifend betrachtet habe. Denn in meinen Analysen, in denen ich die Art und Weise untersucht habe, wie die Projektleiter*innen über ihre Projekte sprechen und wie sie die Projektarbeit zeigen, konnte ich unterschiedliche Orientierungen durch die Analyse wiederkehrender Strukturen (Homologien) in den Fällen herausarbeiten (» Kapitel 4.4).[1443] Die re-konstruierbar gewordenen ‚dominanten' Orientierungsmuster habe ich als ‚Projektion' (Fall 1), als ‚Verteidigung' (Fall 2) und als ‚Distanzierung' (Fall 3) bezeichnet (» Kapitel 9.1).[1444] Zu Beginn frage ich danach, inwiefern diese impliziten Denk- und Handlungsmuster phänomenologisch gewendet und in Verbindung gebracht werden können mit Bernhard Waldenfels´ responsiver Phänomenologie. Inwiefern werden sie als

1443 » Kapitel 4.4 Arbeiten mit der dokumentarischen Methode
1444 » Kapitel 9.1 Zusammenfassender Vergleich dominanter Orientierungen.

Formen des ‚Antwortens auf das Fremde' interpretierbar? Bevor ich anschließend die herausgearbeiteten Orientierungen, Abgrenzungen und Ambivalenzen im Hinblick auf Bestimmungen des ‚Eigenen' und des/ der ‚Anderen' vertiefe und Prozesse der ‚Selbstauslegung im Anderen' beleuchte, um diese Überlegungen schließlich didaktisch zu wenden.

10.1.1 Orientierungen: Phänomenologische Wendung

Wie ich im Kapitel 4.3 aufgezeigt habe, bediene ich mich in meiner Untersuchung unterschiedlicher Theoriefelder.[1445] Die handlungsleitenden Orientierungen, die ich mithilfe der dokumentarischen Methode analysiert habe, befragen das implizite, konjunktive Wissen der Projektleiter*innen, wobei die von Ralf Bohnsack weiterentwickelte Methode u. a. an Überlegungen von Karl Mannheim oder Pierre Bourdieu anknüpft (» Kapitel 4.4.1).[1446] Meine Ergebnisse nutze ich nun, um sie vor dem Hintergrund phänomenologischer Überlegungen zu betrachten, die nach der ‚Struktur' von Erfahrungen fragen. Ich wechsle also von einer *wissens*theoretischen zu einer phänomenologischen Perspektive, indem ich die mediale Verfasstheit von *Erfahrungen* betone und ihren responsiven Charakter hervorhebe (» Kapitel 4.3).[1447] Mit Andrea Sabisch gehe ich aber davon aus, dass „[d]as implizite Wissen insofern zur Voraussetzung von Verstehensleistungen und damit auch zur Erfahrung des Anderen [wird], da es wie ein Movens wirkt: es motiviert und organisiert eine Handlung, einen Akt oder eine Praxis im Vollzug",[1448] Vor diesem Hintergrund beleuchte ich die herausgearbeiteten Orientierungen als mögliche Hinweise auf Formen des ‚Umgangs' der Projektleiter*innen mit (Fremd-)Erfahrungen und erweitere dazu meine Bezüge zu Waldenfels´ Erfahrungskonzeption, die ich im vierten Kapitel eingeführt habe (» Kapitel 4.2).[1449] Wie ich dort dargelegt habe, lässt sich der Prozess der Bedeutungsgenerierung als reponsives Geschehen *zwischen* Selbst und Anderen beschreiben, das durch den Einbruch des Fremden in Bewegung gerate. Dabei war es mir wichtig hervorzuheben, dass Erfahrungsprozesse phänomenologisch betrachtet nicht primär intentional und zielgerichtet gedacht werden können, sondern mit Waldenfels als ein „(...) ein-dringliches Ereignis, das sich selbst entgleitet",[1450] beschrieben werden können. Diese Prozesse zwischen Pathos und Response sowie die daraus resultierenden Beziehungen zwischen Selbst und Anderen/m, die sich erst in ihrer Be- und Entzogenheit konstituieren, habe ich dort ebenfalls erläutert. An dieser

1445 » Kapitel 4.3 Verortungen im Feld rekonstruktiver Sozialforschung.
1446 » Kapitel 4.4.1 Die dokumentarische Methode nach Ralf Bohnsack.
1447 » etwa Kapitel 4.3 Verortungen im Feld rekonstruktiver Sozialforschung.
1448 Sabisch (2007): Inszenierung der Suche. S. 111.
1449 » Kapitel 4.2 Theoriegeleitete Vertiefungen: Erfahrungen zwischen Selbst und Anderen, Sichtbarem und Sagbarem
1450 Waldenfels (2002): Bruchlinien der Erfahrung. S. 193.

Stelle richtet sich mein Fokus auf Formen des „Antwortens auf den Anspruch des Fremden"[1451], die nach Waldenfels von einer „Vernichtung des Fremden"[1452] über eine „Aneignung des Fremden"[1453] bis hin zu „kreativen Antworten"[1454] reichen, die es ermöglichen würden, dass Fremdes in bestehende Ordnungen eindringen und ‚neuer' Sinn entstehen könne. Hier stellt sich mir die Frage, inwiefern die Art und Weise, wie die drei Projektleiter*innen über ihre Projekte und die Zusammenarbeit mit den Kindern und Jugendlichen sprechen und wie sie diese zeigen, Hinweise auf *Aneignungen des Fremden* erlauben? Waldenfels versteht darunter eine „(...) Form der Abwehr [...], die das Fremde zu wahren verspricht, indem sie [die Aneignung, EM] es verarbeitet und absorbiert".[1455]

Um meine Überlegungen zu verdeutlichen, vertiefe ich Waldenfels Verständnis des Fremden, wie ich es im vierten Kapitel eingeführt habe, vor dem Hintergrund meiner Untersuchungsergebnisse. Wie bereits erwähnt, differenziert der Autor verschiedenartige Fremdheitsgrade, die unsere Erfahrungen beeinflussen würden. Während das radikal Fremde als das „Außer-ordentliche"[1456] alle vorhandenen Ordnungen übersteige und nicht zugänglich sei, könne ein relativ Fremdes bereits „(...) auf bestimmte Standorte (bezogen)"[1457] werden. Kategorisierungen werden denkbar, die Differenzierungen erlauben und (eigene) Positionierungen ermöglichen – etwa als Erwachsener im Gegensatz zum Kind, als Künstler*in im Gegensatz zur/ zum Lehrer*in, etc. Diese Einordnungen sind m.E. elementar, denn sie erlauben Bestimmungen des Eigenen und des Anderen. Doch sie schließen auch Erfahrungsmöglichkeiten aus, die diese Zuordnungen übersteigen. Damit enthalte jede Ordnung einen „Moment der *Gewaltsamkeit*", da „(...) aufgrund ihres selektiven Charakters bestimmte Ansprüche verletzt (...)" würden, wie Waldenfels konstatiert.[1458] Denn der Prozess der Einordnung erfordere ein „Gleichmachen des Nichtgleichen".[1459]

Wenn die drei Projektleiter*innen über die Zusammenarbeit mit den Kindern und Jugendlichen sprechen, nehmen sie notwendige Bestimmungen des Eigenen und des Anderen/ der Anderen vor, die zur Grundlage ihrer Arbeit werden. Oder, um es noch allgemeiner mit Waldenfels zu formulieren: „(Ohne) (...) Bedeutungsstrukturen und Zielrichtungen (...) (gäbe) es kein Was, kein Wozu und kein Wer (...)."[1460] Gleichzeitig sind damit m.E. aber auch Formen der ‚Aneignung des Fremden' verbunden, die ich im Folgenden näher beleuchte. Dazu nehme ich Bezug auf die

1451 Waldenfels (1997a): Topographie des Fremden. S.50.
1452 Ebd., S.48.
1453 Ebd., S.48.
1454 Ebd., S.54.
1455 Ebd., S.48.
1456 Waldenfels (1997b): Phänomenologie des Eigenen und des Fremden. S. 72.
1457 Ebd., S. 65.
1458 Waldenfels (2002): Bruchlinien der Erfahrung. S. 259 (kursiv im Original).
1459 Ebd., S. 259.
1460 Ebd., S. 256.

herausgearbeiteten Orientierungen aus meinen Fallvergleichen (» Kapitel 9.1)[1461]: Die für mich ‚dominant' gewordene Orientierung im *ersten Fall* habe ich als ‚Projektion' bezeichnet, denn die Art und Weise, wie der Projektleiter A. über das Projekt spricht, lässt m.E. vermuten, dass er von eigenen Erfahrungen während seiner Schulzeit oder seiner künstlerischen Ausbildung ausgehen könnte, die in seine Beschreibungen der Zusammenarbeit mit den Kindern hineinfließen. Im *zweiten Fall* hatte ich die ‚dominant' gewordene Orientierung als eine Art der ‚Verteidigung' umschrieben, da in den Erzählungen und visuellen Darstellungen der Projektleiterin B. für mich eine Betonung des Eigenen auffällig wird, das sie möglicherweise weitergeben, aber auch vor den Ansprüchen anderer schützen möchte. Ich nehme an, dass es ihr z. B. wichtig ist, ihre künstlerischen Interessen mit den Interessen der Kinder und Jugendlichen zu verbinden, aber auch ihr Wissen und Können an andere zu vermitteln und nach außen hin zu ‚verteidigen'. Im *dritten Fall* habe ich als ‚dominante' Orientierung Formen der ‚Distanzierung' herausgearbeitet. Diese werden für mich zum Beispiel auffällig in den inszenierten Fotografien, aber auch in der Art und Weise, wie die Projektleiterin C. über das Projekt und die Bilder spricht und dabei auf kunstwissenschaftliche Positionen Bezug nimmt.[1462] Für mich stellt sich die Frage, inwiefern diese Orientierungen in den drei Fällen als „Antworten auf den Anspruch des Fremden"[1463] gedeutet werden können, die nach Waldenfels zur „Aneignung des Fremden" [1464] beitragen und als Formen der „Abwehr"[1465] charakterisiert werden können. Ließen sich die hier beschreibbar gewordenen impliziten Denk- und Handlungsweisen (‚Projektion', ‚Verteidigung' und ‚Distanzierung') als verschiedene Arten der *„Rückführung des Fremden auf Eigenes"*[1466] bezeichnen? Exemplarisch greife ich noch einmal einzelne Fragmente aus meinen Fällen auf, um mögliche ‚Eingliederungen' daran deutlicher werden zu lassen:[1467] Wie zum Beispiel im *ersten Fall*, wenn der Projektleiter A. Formen der ‚Arbeitsverweigerung' wiederholt damit zu erklären scheint, dass die Kinder sich nicht trauen würden. Wobei ich vermute, dass er auch selber Erfahrungen in künstlerischen Prozessen gemacht hat, in denen diese Gefühle relevant wurden. Oder im *zweiten Fall*, wenn die Projektleiterin B. etwa beschreibt, dass es für sie wichtig gewesen sei, dass die Kinder und Jugendlichen Interesse an ihrer künstlerischen Arbeit hätten, als Voraussetzung dafür, dass sie sich auf die Zusammenarbeit mit ihnen einlassen könne. Diese Bedingung scheint für sie

1461 » Kapitel 9.1 Fokus I: Dominante Orientierungen im Fallvergleich.

1462 Ich verweise an dieser Stelle auf die Dissertation von Virginia Thielicke, die *Antworten auf Aufführungen* von Studierenden der Theaterpädagogik untersucht hat. Auch sie befragte die mit der dokumentarischen Methode herausgearbeiteten Orientierungen vor dem Hintergrund von Waldenfels´ Erfahrungskonzeption. Dabei arbeitete sie u. a. „annähernde und distanzierende Formen des Relativierens von Fremdem" heraus. Vgl. Thielicke (2016): Antworten auf Aufführungen. S. 208 ff.

1463 Waldenfels (1997a): Topographie des Fremden. S.50.

1464 Waldenfels (1997b): Phänomenologie des Eigenen und des Fremden. S. 75.

1465 Ebd., S. 75.

1466 Ebd., S. 75 (kursiv im Original).

1467 Vgl. meine detallierten Falldarstellungen im achten Kapitel.

zentral zu sein, damit sie Eigenes (ihr Wissen und Können) an andere weitergeben kann, das sie vor Forderungen von außen ‚schützen' möchte. Oder im *dritten Fall*, wenn die Projektleiterin C. mir ihre kunstwissenschaftlich geprägten Bildideen für die Fotografien schildert, bei denen ich den Eindruck habe, dass die Beteiligten zu einem Teil ihrer künstlerischen Inszenierungen werden. Während sich in den Interviews des ersten und zweiten Falls viele Beispiele finden, in denen die Projektleiter*innen über die Beteiligten sprechen und Formen der ‚Aneignung' oder ‚Eingliederung' des Fremden für mich wahrnehmbar werden, thematisiert die Projektleiterin C. kaum einzelne Personen. Stattdessen scheint sie sich auf die Beschreibung ihres künstlerischen Konzeptes zu konzentrieren. Was ich mit ‚Distanzierung' umschrieben habe, ließe sich m.E. auch als eine Form der Aneignung bezeichnen, die zur Abwehr des Fremden ‚dienen' könnte. Im Anschluss an die Psychoanalytikerin Beate Hofstadtler wäre zu diskutieren, ob es sich dabei um eine Art der „Rationalisierung" handeln könnte, was sie als eine „Abwehroperation des Ichs" charakterisiert.[1468]
Wenn die Leiter*innen in den Interviews über ihre Zusammenarbeit mit den Kindern und Jugendlichen (bzw. den weiteren Beteiligten) sprechen, beinhalten diese Aussagen unweigerlich auch Zuschreibungen über ihre eigne Rolle. Auch die formulierten Projektziele gründen m.E. auf diesen Einordnungen und erlauben Hinweise darauf, wie die Projektleiter*innen die Beteiligten sehen könnten und was sie durch das Projekt für sie ermöglichen wollen. Wie ich in meinen Analysen aufgezeigt habe, thematisieren die Leiter*innen dabei sehr unterschiedliche Ziele, die sich an die Beteiligten richten und ihnen verschiedene Möglichkeiten eröffnen sollen – wie z. B. zum ‚freien und selbstbestimmten' Arbeiten im Projekt (Fall 1), zum Erlernen spezifischer künstlerischer Inhalte (Fall 2) oder zur Mitgestaltung an neuen Erinnerungen an einen Park (Fall 3). Gleichzeitig werden aber auch unterschiedliche Rollenverständnisse der Leiter*innen in der Zusammenarbeit mit den Kindern und Jugendlichen für mich wahrnehmbar, die von einer ‚Assistenten-Tätigkeit' (Fall 1) über eine ‚Anleiterin' (Fall 2) bis hin zu einer ‚Regisseurin' (Fall 3) reichen.[1469]
In den Interviews werden verschiedene Vorstellungen über die Anderen (hier: die Kinder und Jugendlichen bzw. die Beteiligten im Projekt) und die eigene Rolle im Projekt re-konstruierbar, die auf notwendigen Annahmen basieren. Wie Waldenfels hervorhebt, seien diese Vorstellungen dabei niemals frei von Projektionen und Introjektionen.[1470] In der Beschreibung „als jemand" werde dessen/deren Alterität relativiert und von unseren Einordnungen geprägt:

> „Für Anderes besagt dies, daß der/die Andere und das Andere sich voneinander absondern, daß der/die Andere uns *als jemand* begegnet, der oder die einen be-

1468 Hofstadler (2012): forschen – entdecken – erzählen, S.52.
1469 Wie ich in meinen Analysen herausgearbeitet habe, finden sich neben den hier genannten Projektzielen und Rollenverständnissen noch weitere und z. T. sehr ambivalente Bestimmungen, auf die ich in meiner Reflexion noch separat eingehe.
1470 Vgl. Waldenfels (2002): Bruchlinien der Erfahrung. S. 269.

> stimmten Bereich bewohnt, einer bestimmten Gruppe zugehört, einen sozialen Status einnimmt, eine bestimmte Rolle übernimmt. Die Andersheit dieses anderen (a) ist eine relative. Sie baut sich auf aus unseren eigenen Wünschen, Vorstellungen, Erwartungen und Deutungen."[1471]

Dieser Jemand wird nun also bestimmbar und dessen/deren Alterität (unzugängliche Fremdheit) wird abgeschwächt durch Formen der Aneignung. Während Waldenfels einerseits die Notwendigkeit von Projektionen und Introjektionen betont, warnt er m.E. aber auch davor, diese Identifikationsprozesse *nicht dualistisch* zu denken als Vorgänge zwischen zwei abgeschlossenen Instanzen (Selbst und Andere/s).[1472] Wie ich im vierten Kapitel ausgeführt habe, geht der Autor von einem *wechselzeitigen Be- und Entzug* durch die Sprengkraft des Fremden aus, die in verschiedenen Dimensionen der Erfahrung wirksam werde, „(...) als Spaltung meines leiblichen Selbst und als dessen zwischenleibliche Verdopplung im Anderen sowie als Über- und Unterschreitung jeglicher Ordnungsgrenzen".[1473] Das gegenseitige Angewiesensein ebenso wie der Entzug, der Selbst und Andere/s charakterisiere, werden auch in der Bildungstheorie zu zentralen Faktoren, um Erfahrungsprozesse zu beleuchten, wie etwa bei den Erziehungswissenschaftlern Alfred Schäfer und Michael Wimmer. Auch sie heben hervor, „(...) dass es sich bei Aussagen über Andere und Fremdes um Interpretationen und Konstruktionen handelt, nicht um sie selbst als solche" und betonen damit die „originäre Unzugänglichkeit des Fremden".[1474] Gleichzeitig verweisen sie auf einen Entzug, der sich auch auf das ‚Eigene' auswirke:

> „Mit der Unzugänglichkeit des Anderen ist die Unzugänglichkeit des Eigenen, das sich aus der Perspektive des Anderen heraus konstituiert, verbunden. Wenn – anders gesagt – Eigenes und Fremdes Konzepte sind, die sich nur im Lichte des jeweils anderen angeben lassen, dann ist damit das Thema eines Selbst bezeichnet, das sich nur über die Auslegung im Anderen gewinnt."[1475]

Die Bezeichnung *Selbstauslegung im Anderen*, die Schäfer und Wimmer auch für eine Publikation gewählt haben, nutze ich als Überschrift für die Reflexion meiner Ergebnisse, weil sich darunter m.E. verschiedene Phänomene subsumieren lassen, die ich hier untersuche. Auf diese Weise frage ich danach, inwiefern die in diesem Abschnitt reflektierten Orientierungen, die ich mit Waldenfels' ‚Antworten auf den Anspruch des Fremden' in Verbindung gebracht habe, um verschiedene Formen der

1471 Ebd., S. 269 (kursiv im Original).
1472 Vgl. etwa Waldenfels (2019): Erfahrung, die zur Sprache drängt. S. 277.
1473 Waldenfels (2002): Bruchlinien der Erfahrung. S. 11.
» auch Kapitel 4.2.1 Zwischen Selbst und Anderen, Eigenem und Fremdem: Zur Phänomenologie der Erfahrung.
1474 Wimmer, Schäfer (2006): Einleitung. Zwischen Fremderfahrung und Selbstauslegung. S. 10.
1475 Ebd., S. 11.

‚Aneignung' des Fremden zu diskutieren, auch als ‚Selbstauslegung im Anderen' beschrieben werden können. Inwiefern werden Beschreibungen des ‚Eigenen' erst über eine Auslegung im Anderen in meinen Fällen möglich? In den hier thematisierten Zuschreibungen, z. B. eines ‚freien und selbstbestimmten' Handelns der Kinder und einer assistierenden Tätigkeit des Projektleiters (Fall 1), deuten sich diese Auslegungen m.E. bereits an. Anhand von verschiedenen Vorstellungen von Kindheit machen Wimmer und Schäfer auf Prozesse der ‚Selbstauslegung im Anderen' aufmerksam, die unweigerlich auch in (pädagogische) Beziehungen hineinwirken würden:

> „Repräsentationen des Kindes als Vorstellungen, Darstellungen und Stellvertretungen (vgl. Derrida 1982) machen es verfügbar und berechenbar, selbst da, wo es als selbsttätiges Wesen repräsentiert wird."[1476]

Die beiden Autoren heben nicht nur „gewalttätige Züge"[1477] dieser Konstitutionsprozesse von Kindheit hervor, was m.E. Parallelen zu Waldenfels' Hinweis auf den „Moment der *Gewaltsamkeit*"[1478] erlaubt, der Prozessen der Einordnung inhärent sei. Sie verweisen auch auf das Wechselverhältnis zwischen Selbst und Anderen, das sich sowohl durch einen Entzug des Anderen, als auch durch einen Selbstentzug auszeichne. Mit Bezug auf den Pädagogen und Psychoanalytiker Siegfried Bernfeld beschreiben sie die daraus resultierende Problematik folgendermaßen:

> „(...) dass nämlich Wahrnehmung und Verständnis von Kindern seitens Erwachsener den Kraftlinien einer Auslegung folgt, die zum einen immer mit einer Auslegung des Selbst im Anderen verschränkt ist. Diese Selbstauslegung ist jedoch nicht voraussetzungslos, denn sie vollzieht sich im Schatten und in Funktion einer dem Subjekt selbst entgehenden Selbstfremdheit."[1479]

Dabei weisen Wimmer und Schäfer u. a. darauf hin, dass der ‚Blick' von Pädagog*innen auf Kinder immer auch von der eigenen Kindheit und verdrängten Erfahrungen geprägt sei.[1480] Insbesondere im ersten Fall habe ich die Art und Weise, wie der Projektleiter A. über die Kinder und die Projektarbeit spricht mit möglichen Erfahrungen in seiner Schulzeit oder während seiner künstlerischen Ausbildung in Verbindung gebracht. Und auch die Projektdarstellungen der Projektleiterin B. lassen mich vermuten, dass ihre Beschreibungen der Projektziele in einem Zusammenhang stehen könnten mit Erfahrungen, welche sie während ihrer Schulzeit oder ihrer Kunststudiums gemacht hat. Für diese Interpretationen wurden auch die von ihnen genannten Abgrenzungen interessant, auf die ich im Folgenden eingehe.

1476 Ebd., S. 14.
1477 Ebd., S. 14.
1478 Waldenfels (2002): Bruchlinien der Erfahrung. S. 259.
1479 Wimmer, Schäfer (2006): Einleitung. Zwischen Fremderfahrung und Selbstauslegung. S. 16.
1480 Vgl. ebd., S. 15 f.

10.1.2 Abgrenzungen: Notwendige Unterscheidungen

Während ich im letzten Abschnitt die herausgearbeiteten ‚dominanten Orientierungen' phänomenologisch gewendet habe, betrachte ich nun Funktionen von ‚Abgrenzungen' aus weiteren Perspektiven. Im Analyseprozess der dokumentarischen Methode ist die Frage nach den sich im Material dokumentierenden Gegenhorizonten ein wichtiger Auswertungseschritt, um Orientierungsrahmen ‚abzustecken' und handlungsleitende Orientierungen zwischen Abgrenzung (negativer Gegenhorizont) und Zustimmung (positiver Gegenhorizont) zu rekonstruieren.[1481] Auch wenn ich in meiner Untersuchung ebenfalls Abgrenzungen beleuchte, unterscheidet sich mein Vorgehen und das Ziel meiner Analysen (» Kapitel 4.3.2).[1482] Im neuten Kapitel habe ich ‚markante Abgrenzungen' separat dargestellt, um die darüber beschreibbar gewordenen Einordnungen der eigenen Arbeit zu bündeln (» Kapitel 9.4).[1483] Im Folgenden frage ich danach, inwiefern es sich dabei aus bildungstheoretischer Perspektive um notwendige (sprachliche) Unterscheidungen handelt, die durch Prozesse der Aneignung und Projektion begleitet werden. Anschließend betrachte ich die wahrnehmbar gewordenen Abgrenzungen mit kunstpädagogischen Positionen, um historisch gewachsene Dichotomien zwischen dem Künstlerischen und dem Pädagogischen aufzuzeigen, welche diese Unterscheidungen in wirkmächtige Diskurse einbetten. Bevor ich schließlich die thematsierten Abgrenzungen auch im Hinblick auf die Interviewsitutation hin befrage (zwischen den Interviewten und mir), um die re-konstruierbar gewordenen Positionierungen zur Disposition zustellen.
Zur Reflexion knüpfe ich erneut an Überlegungen von Wimmer und Schäfer zur ‚Selbstauslegung im Anderen' an. Denn beide Autoren thematisieren Prozesse der Unterscheidung, die mit notwendigen Bestimmungen von Selbst und Anderen/m verbunden seien:

> „Eine solche Selbstauslegung im Anderen impliziert eine Grenzziehung: Der Andere muss anders sein, damit das Selbst sich davon unterscheiden kann. Ein solches ‚Othering' mag dabei durchaus unterschiedlichen Perspektiven gehorchen, die von der Abwertung des Anderen bis zu einer religiösen Erhöhung reichen können."[1484]

1481 Vgl. Kleemann, Krähnke, Matuschek (2013): Interpretative Sozialforschung. S. 161.
Am Beispiel der Auswertung von Gruppendiskussionen betonen die Autoren den zentralen Stellenwert positiver und negativer Gegenhorizonte im Auswertungsprozess der dokumentarrischen Methode – gemeinsam mit inhärenten ‚Enaktivierungspotenzialen', die als Wahrscheinlichkeiten der Verwirklichung der herausgearbeiteten Orientierungen gedeutet werden können:
„Positive bzw. negative Gegenhorizonte spannen zusammen mit dem Enaktierungspotenzial gleichsam den Kosmos der Orientierungen auf, die der Gruppe eigen sind." (Ebd.)

1482 » Kapitel 4.3.2 Re-Konstruktionen und Un-Möglichkeiten des Benennens.

1483 » Kapitel 9.4 Fokus III: Markante Abgrenzungen im Fallvergleich.

1484 Wimmer, Schäfer (2006): Einleitung. Selbstauslegung im Anderen. S. 11/12.

In diesem Zitat deutet sich m.E. bereits an, dass verschiedene, z. T. unbewusste Motive in die Prozesse des ‚Otherings' hineinfließen können, wie ich sie im letzten Abschnitt mit Bezug zu Waldenfels z. B. als notwendige Projektionen und Introjektionen charakterisiert habe.[1485] Gleichzeitig verweisen Wimmer und Schäfer aber auch auf eine Spannweite möglicher Formen der Abgrenzung, die im Gegenzug Positionierungen des ‚Eigenen' beeinflusse:

> „Die Abwertung des Anderen konstituiert die Erhöhung des eigenen Selbst ebenso wie im umgekehrten Extrem die Sakralisierung des Anderen einen Horizont eröffnet, der von den Möglichkeiten der Selbstkritik und -erniedrigung bis zu lohnenden Perspektiven eines Selbstopfers für eben jenen sakralisierten Anderen reicht."[1486]

Insbesondere in meinen Analysen zum ersten und zweiten Fall konnte ich verschiedene Dimensionen der ‚Abgrenzung' re-konstruieren, die etwa von einer Bewunderung der ‚unbefangenen' Kunst der Kinder (Fall 1) bis hin zu einer Abwertung des Pädagogischen (Fall 1 und 2) reichen. Hier ließe sich fragen, inwiefern diese Abgrenzungen dazu beitragen, das Besondere des eigenen Projekts benennbar werden zu lassen und die eigene Position im Gegensatz zu einem Anderen zu relativieren. Diese Überlegungen verdeutliche ich kurz exemplarisch an den oben genannten Analyseergebnissen, ohne die Spannweite aller herausgearbeiteten Abgrenzungen hier noch einmal aufführen zu können.[1487] Durch die Gegenüberstellung mit schulischen Angeboten, die in den Interviews der Projektleiter*innen A. und B. meist negativ konnotiert zu sein scheinen, werden m.E. die Besonderheiten ihrer Projekte hervorgehoben und erhalten eine gewisse Aufwertung. So vermute ich, dass der Vergleich mit pädagogischen Zwängen im Unterricht (Fall 1) zu einer stützenden Kontrastfolie wird, um das ‚freie und selbstbestimmte' Arbeiten im Projekt zu würdigen. Und im zweiten Fall erfährt die Projektarbeit m.E. eine Erhöhung, indem die Projektleiterin B. die Qualität ihrer künstlerischen Angebote betont, die auf einem breiteren künstlerischen Wissen und Können basieren würden, als Kunstunterricht bzw. Kunstlehrer*innen dies leisten könnten. Neben diesen Tendenzen der Abwertung des Anderen bzw. Aufwertung des Eigenen, finden sich aber auch gegenteilige Beschreibungen. So konnte ich im ersten Fall eine mögliche Bewunderung der künstlerischen Tätigkeit der Kinder (und der Künstler*innen mit Behinderung) re-konstruieren, die vermutlich in einem Kontrast steht zum eigenen ‚akademischen' künstlerischen Tun, das m.E. dadurch eine gewisse Kritik erfährt, das aber auch zum Anlass werden könnte, das Andere zu erhöhen. In meinen Analysen konnte ich Hinweise finden, dass

1485 Auch Wimmer und Schäfer merken in ihrem Artikel an, dass „(...) dieses ‚Othering' „(...) eine (wohl meist nicht durchschaute) Auslegung des eigenen Selbst (impliziert)." Ebd., S. 12.

1486 Ebd., S. 12.

1487 Eine detaillierte Darlegung der herausgearbeiteten Abgrenzungen findet sich in meinen Falldarstellungen im achten Kapitel sowie in gebündelter Form in meinen fallübergreifenden Vergleichen » Kapitel 9.4 Fokus III: Markante Abgrenzungen im Fallvergleich

die wahrnehmbar gewordenen Abgrenzungen in einem Zusammenhang stehen könnten mit Erfahrungen, welche die Projektleiter*innen in ihrer eigenen Schulzeit oder in ihrer künstlerischen Ausbildung machen konnten. Das dort Erlebte könnte einen zentralen Bewertungshorizont bilden, vor dem die eigene Vermittlungspraxis kommunizierbar wird. Neben diesen Motiven werden aber auch andere Aspekte denkbar, die zur Darstellung dieser Dichotomien beigetragen haben könnten. Denn die re-konstruierbar gewordenen Kontraste von ‚Kunst und Pädagogik' ebenso wie die Gegenüberstellung der ‚freien kindlichen Kreativität' im Gegensatz zu einer ‚Akademisierung' erinnern an Diskurse, die bis heute ihre Wirkkraft nicht verloren zu haben scheinen. Ein kurzer Einblick in kunstpädagogische Forschungen soll an dieser Stelle ausreichen, um auf die kulturelle Prägung dieser Unterscheidungen zu verweisen.
Anlässlich des kunstpädagogischen Kongresses 2012 in Dresden reflektiert Wolfgang Legler aus historischer Perspektive den ersten „Kunsterziehungstag", der 1901 ebenfalls in Dresden stattfand.[1488] Für meine Überlegungen ist dabei besonders interessant, dass er auf einen *Konflikt zwischen Künstlern und Lehrern* während dieser Tagung zu sprechen kommt, der verschiedene Vorstellungen über die Vermittlung von Kunst aufzeige:[1489]

> „Inhaltlich wurde immer wieder deutlich, dass die Museumleute und Kunsthistoriker, besonders aber die anwesenden Künstler z. T. ganz andere Vorstellungen als die Lehrer davon hatten, wie die Kunst bzw. Formen künstlerischer Arbeit mit Kindern und Jugendlichen in Berührung gebracht werden können."[1490]

Obwohl der Kunsterziehungstag u. a. das Ziel verfolgt habe, den Zeichen- und Kunstunterricht der damaligen Zeit zu reformieren, sei keine Einigung möglich gewesen – eine Kontroverse, die noch heute wirksam sei:

> „Aber der weitere Verlauf der Debatte erlaubte keine weitere Annäherung und es gibt immer wieder Anzeichen dafür, dass dieser 1901 erstmalig thematisierte Konflikt zwischen Kunst und Pädagogik bis heute schwelt."[1491]

In seinen Ausführungen verortet Legler den ersten Kunsterziehungstag vor dem Hintergrund damaliger Reformbewegungen, zu denen auch ein *neuer Blick auf die ‚Kunst der Kinder'* gezählt habe. Er thematisiert in diesem Zusammenhang z. B. die gleichnamige Publikation des Kunsthistorikers Corrado Ricci („L'arte dei bambini") aus dem Jahr 1887, in der Zeichnungen und Malereien von Kindern erstmals eine

1488 Vgl. Legler (2013): Dresden 1901, 1912 und 2012. S. 23-38.
1489 Legler nutzt im Zusammenhang mit dem ‚Kunsterziehungstag' von 1901 nur männliche Bezeichnungen, da vermutlich keine Frauen bei dieser Tagung involviert waren. Vgl. ebd., S. 31.
1490 Ebd., S. 31.
1491 Legler (2013): Dresden 1901, 1912 und 2012. S. 32.

Würdigung erfahren hätten als andere Formen der Welterschließung.[1492] Zur Idee eines Kunsterziehungstages habe aber auch die Hamburger Ausstellung „Das Kind als Künstler" beigetragen, die 1898 von der „Lehrervereinigung zur Pflege der künstlerischen Bildung in Hamburg" initiiert worden sei und eine große Wirkkraft ausgestrahlt habe.[1493] Zur Entdeckung der ‚Kunst der Kinder' ließen sich noch weitere Publikationen anführen, die über die Jahrhundertwende hinausreichen und maßgeblich zu einer Hervorhebung der künstlerischen Fähigkeit der Kinder beitrugen, wie z. B. der von dem Kunsthistoriker Gustav Friedrich Hartlaub 1922 veröffentlichte Band „Der Genius im Kinde".[1494] Auch ließen sich viele Beispiele angeben, in denen Künstler*innen Bezug nehmen auf die Kunst der Kinder, um deren schöpferische Kraft hervorzuheben – ähnlich wie in meinen Fallbeispielen, in denen z. B. die Projektleiterin B. die Zeichnung eines Kindes mit den Arbeiten Ernst Ludwig Kirchners vergleicht.[1495]
Ähnlich wie die Zuschreibung des ‚Kindes als Künstler' scheint auch der Konflikt zwischen ‚Kunst' und ‚Pädagogik' noch heute im Sprechen über die künstlerische Arbeit mit Kindern wirkmächtig zu sein, wie z. B. die Forschungen von Carmen Mörsch und Ute Pinkert vermuten lassen. Denn auch sie kommen zu dem Schluss, dass Oppositionen zwischen Kunst/ Künstler*in und Schule noch heute relevant seien:

> „Künstlerinnen und Künstler in Schulen und anderen Bildungssettings wurden und werden – von sich und anderen – als Gegenbild der Institutionen und ihren festgefahrenen Strukturen entworfen."[1496]

Ihre Analysen beziehen sie sich auf zwei verschiedene Projekte zu unterschiedlichen Zeitpunkten, als Künstler*innen in Bildungsinstitutionen tätig waren. Dabei konnten die Autorinnen auch fast 30 Jahre nach dem ersten Modellversuch *Künstler und Schulen* (1976) noch ähnlich Intentionen für die Arbeit in dem Projekt *Kinder machen Kunst mit Medien* (2004) ausmachen. Ein Zitat aus den Untersuchungen aus den 1970er-Jahren eröffnet m.E. auch Parallelen zu den Motiven, die ich im ersten und zweiten Fall herausarbeiten konnte, wenn die Künstler*innen dort z. B. davon sprechen „(...) ein Mindestmaß an selbsttätiger, selbstbestimmter Aktivität in die Schule zurückzuholen" oder als Ziel angeben, die Projektarbeit „(...) zu den Inhalten unserer Arbeit in Beziehung [zu] setzen."[1497] Auch in diesen Darstellungen

---

1492 Vgl. ebd., S. 26.
1493 Ebd., S. 26.
1494 Die Publikation von Hartlaub ging auf eine Ausstellung von Kinderzeichnungen in Mannheim zurück und erschien in mehreren Fassungen. Vgl. etwa Hartlaub (1930): Der Genius im Kinde.
1495 » Kapitel 8.2.4 Das ‚Sprechen über das Projekt': „Wenn die mit dem umgehn können was ich will, dann kann ich auch damit umgehn was sie wollen." ↔ „Dialogisches Arbeiten" ↔ „Offenheit".
1496 Mörsch, Pinkert (2006): Transformative Wirkung künstlerischer Strategien in sozialen Feldern. S.534.
1497 Folgendes Zitat der Künstler*innen ist im Text von Mörsch und Pinkert enthalten: »Es ist unser Ziel, wenigstens ein Mindestmaß an selbsttätiger, selbstbestimmter Aktivität in die Schule zurückzuholen: indem wir auf die unmittelbaren Lebenserfahrungen der Schüler

dient die Schule m.E. als negativ konnotierte Kontrastfolie, die zur Aufwertung der eigenen Praxis beitragen könnte.[1498]
Formen des Vergleichens und Abgrenzens, in denen sich Selbst und Andere konstituieren, habe ich an dieser Stelle aus bildungstheoretischer und kunstpädagogischer Perspektive betrachtet, um unumgängliche Prozesse der ‚Selbstauslegung im Anderen' zu thematisieren, aber auch kulturell gewachsene Dichotomien aufzuzeigen. Gleichzeitig sei daran erinnert, dass die hier thematisierten Prozesse der Unterscheidung auch im Hinblick auf das Forschungssetting und die Interviewsituation betrachtet werden müssen. Ich habe die Interviews als Kunstpädagogin und wissenschaftliche Mitarbeiterin einer (kunst-)pädagogischen Forschungseinrichtung geführt und die Projektleiter*innen als Expert*innen für ‚partizipatorische' Kunstprojekte adressiert (» Kapitel 5.2.1).[1499] In dieser spezifischen Situation haben sich meine Gesprächspartner*innen als Künstler*innen positioniert, mir von ihrer Projektarbeit berichtet und sich von (kunst-)pädagogischen Ansätzen abgegrenzt. Dass dieses Setting die Gesprächsinhalte stark beeinflusst hat, habe ich insbesondere im zweiten Fall wiederholt thematisiert und in meinen Re-Konstruktionen problematisiert (» etwa Kapitel 7.2; 8.2.3).[1500] Prozesse der ‚Selbstauslegung im Anderen' müssen deshalb auch in Interviewsituationen zwischen Forschenden und Interviewten bedacht und mit reflektiert werden. Im Anschluss an den Kunstpädagogen und Psychoanalytiker Karl-Josef Pazzini (mit Bezug auf Lacans „Che vuoi") verstehe ich das Gesagte immer auch als Antwort an mich als Interviewerin im Sinne eines „Was willst Du mir? Was willst Du, dass ich für Dich bin".[1501] Phänomenologisch gewendet verweise ich auf meine Überlegungen zum Ineinander von Bedeuten und Begehren, die eindeutige Zuordnungen zwischen Aussage und Aussagendem*r ebenfalls fragwürdig werden lassen (» Kapitel 4.2.2).[1502] Bezogen auf den hier diskutierten Aspekt der ‚Abgrenzung' bleibt abschließend festzuhalten, dass unumgängliche Prozesse der ‚Selbstauslegung im Anderen' auch in Forschungsprozessen einkalkuliert werden müssen.

(...) zurückgreifen. Indem wir all dies zu den Inhalten unserer Arbeit in Beziehung setzen. Indem wir das Erleben von Schule selbst zum Gegenstand von Lernen machen. Indem wir zeigen, dass Lernen nicht isoliertes Pauken zu sein braucht. Sondern dass es gerade gemeinsamer Umgang mit den Gegenständen, aktive selbstbestimmte Aneignung der Wirklichkeit sein muss. Die nicht nur ihrer selbst willen geschieht. Die vermittelt werden kann, im Dialog mit anderen erst ihr Gewicht erhält« Aus: Mörsch, Pinkert (2006): Transformative Wirkung künstlerischer Strategien in sozialen Feldern. S.535, zitiert nach Akademie Remscheid 1978, o. S., Mörsch 2005.

1498 Ergänzend zu den im Text genannten Positionen verweise ich noch auf eine Publikation von Anna Harding aus dem Jahr 2005, in der auch sie ähnliche Motive aufführt für die Zusammenarbeit von Künstler*innen mit Kindern und Jugendlichen. Vgl. Harding (2005): introduction. magic moments. S. 7 f.

1499 » Kapitel 5.2.1 Vorbereitungen und Durchführung der Interviews.

1500 » etwa Kapitel 7.2 Fallausschnitt zum Projekt 2: „einer hat trotzdem meistens den Hut auf" oder Kapitel 8.2.3 Das ‚Sprechen über die Bilder': „Minimallösungen" ↔ „Die Künstler sind schreckliche Strategen, das ist ja logisch. Klar."

1501 Vgl. Pazzini (2006): Couch und Sessel, S. 22.

1502 » Kapitel 4.2.2 Zwischen visuellen und sprachlichen Darstellungen, durch Bilder und Sprache: Überlegungen zu einer indirekten Empirie.

Sie erfordern nicht nur eine kritische Betrachtung notwendiger Unterscheidungen und kulturell gewachsener Positionierungen, sondern bedürfen einer Reflexion des gewählten Untersuchungssettings und der darin wirksamen Machtverhältnisse, um das eigene Forschungsverständnis kritisch in den Blick zu nehmen. Im Kapitel 10.4.4 komme ich darauf zurück.[1503]

10.1.3 Ambivalenzen I: Konflikthafte Bestimmungen

Wie im letzten Abschnitt verdeutlich wurde, können Formen der Abgrenzung mit Wimmer und Schäfer als „Grenzziehung" [1504] zwischen Selbst und Anderen beschrieben werden, ohne dass dabei von abgeschlossen Instanzen ausgegangen werden kann. Während bei diesen Analysen sagbar gewordene Unterscheidungen und Zuordnungen des ‚Eigenen' und des ‚Anderen'/ der ‚Anderen' im Fokus standen, konzentriere ich mich nun auf re-konstruierbar gewordene Ambivalenzen, die sich m.E. gerade dadurch auszeichnen, dass sie auf verschiedenartigen und zum Teil für mich widersprüchlichen Darstellungsformen beruhen. Im Kapitel 9.2 habe ich wahrnehmbar gewordene Ambivalenzen innerhalb und zwischen visuellen und sprachlichen Darstellungen gebündelt, die dazu beitragen sollen, dem auf die Spur zu kommen, was sich entzieht.[1505] Das Mehrdeutige oder Widersprüchliche wird in meiner Forschung also *einerseits* aus methodischer Perspektive relevant, denn es trägt dazu bei, meine Interpretationen ‚in Bewegung' zu halten und die herausgearbeiteten ‚dominanten Orientierungen' weiter auszudifferenzieren (» Kapitel 9.2).[1506] Diesen Gedanken gehe ich im Kapitel 10.2 weiter nach, wo ich mein methodisches Vorgehen in der Gegenüberstellung von visuellen und sprachlichen Darstellungen vertiefe.[1507] Aus bildungstheoretischer Perspektive eröffnete eine Auseinandersetzung mit ambivalenten Darstellungsformen *andererseits* wichtige Anknüpfungspunkte an die Frage, wie es zu Veränderungen von Erfahrungen kommen kann. Bevor ich dazu Verschiebungen oder Brüche zwischen visuellen und sprachlichen Darstellungen näher betrachte, richtet sich mein Fokus noch mal auf die sprachliche Ebene. Denn das Widersprüchliche und Paradoxe, das dort für mich zum Ausdruck kam, ist durchaus Teil pädagogischer Beziehungen, wie ich zunächst aufzeigen möchte:

1503 » etwa Kapitel 10.4.4 Herausfordernde und weiter zu entwickelnde Aspekte des Forschungssettings.

1504 Schäfer, Wimmer (2006): Selbstauslegung im Anderen. S. 12.

1505 Die Ergebnisse des Kapitels 9.2 Fokus II: Starke Ambivalenzen im Fallvergleich gehen als Zusammenfassungen aus den Ergebnisdarstellungen im sechsten, siebten und achten Kapitel hervor, in denen ich jeweils Zwischenüberschriften gewählt habe, die Mehrdeutiges durch Pfeile ↔ kennlich gemacht haben. Inbesondere im achten Kapitel lassen sich die sichtbar gemachten Ambivalenzen detaillert nachverfolgen. » Kapitel 8 Falldarstellungen: Vergleich der sprachlichen und visuellen Darstellungen pro Projekt.

1506 » Kapitel 9.2 Fokus II: Starke Ambivalenzen im Fallvergleich.

1507 » Kapitel 10.2 Re-Konstruktionen zwischen Sichtbarem und Sagbarem: Un-Möglichkeiten meines methodischen und methodologischen Vorgehens

Dazu knüpfe ich an die für mich widersprüchliche Zielformulierungen für die Zusammenarbeit mit den Kindern und Jugendlichen in meinen Fällen an, die ich bildungstheoretisch verorte. Diese ambivalenten Bestimmungen erlauben m.E. Verbindungen zur „paradoxale[n] Grundstruktur pädagogischen Denkens und Handelns“ [1508], wie sie bspw. Michael Wimmer thematisiert – auch wenn die Projektleiter*innen selber ihr Vorgehen von pädagogischen Tätigkeiten unterscheiden. Wie zum Beispiel im ersten Fall, in dem der Projektleiter A. einerseits angibt, dass für ihn das ‚freie und selbstbestimmte' Handeln der Kinder im Projekt wichtig sei (im Gegensatz zu vorgegebenen Aufgaben in der Schule), das scheinbar keiner Unterstützung bedarf, während er andererseits ein großes Interesse daran haben könnte, in gewissen Situationen zu intervenieren und Kindern zu helfen, damit sie sich ‚trauen' künstlerisch zu arbeiten. Oder im zweiten Fall, in dem die Projektleiterin B. ein ‚dialogisches Arbeiten' mit den Kindern und Jugendlichen hervorhebt, während sie in ihren Projekten zugleich starke inhaltliche Vorgaben zu machen scheint und die Vermittlung ihres künstlerischen Wissens ein wichtiges Motiv für die Projektarbeit für sie sein könnte. Auch im dritten Fall wurden für mich ambivalente Aussagen zu den Projektzielen wahrnehmbar, wenn die Projektleiterin C. bspw. davon spricht, dass es ihr wichtig sei, dass die Menschen ‚die Veränderungen in die eigene Regie nehmen', während sie sich andererseits als Regisseurin des Projekts begreift. Die unterschiedlichen Aussagen lassen verschiedene Arbeitsformen in den Projekten vermuten, die von einer ‚Freiheit' reichen, alles machen zu können, bis hin zum ‚Zwang', konkrete Vorgaben der Projektleiter*innen zu erfüllen. Diese Formulierung habe ich bewusst zugespitzt, um an den vielzitierten Ausspruch Kants[1509] zu erinnern und auf eine grundlegende Ambivalenz pädagogischen Handelns zu verweisen, die auch Wimmer thematisiert.[1510] Mit Blick auf erziehungswissenschaftliche Theorien kommt er zu folgendem Schluss:

> „Betrachtet man die gegenwärtige Theorielandschaft hinsichtlich des Erziehungsbegriffs, zeigt sich eine Spaltung pädagogischer Positionen in solche, die eher dem Zwangspol und solche, die eher dem Freiheitspol zuneigen. Wenn Zwang und Freiheit die Pole darstellen, die das Feld pädagogischer Theorien unter Spannung halten, könnte man entlang dieser Achse die verschiedenen Erziehungstheorien eintragen, angefangen von solchen, die den Adressaten autoritär als manipulierbares Objekt betrachten, über diejenigen Ansätze, die versuchen, zwischen Zwang und Freiheit eine Art Balance herzustellen, wie z. B. die an Interaktion und Kommunikation orientierten Erziehungstheorien, bis hin zu denjenigen Positionen, die sich

1508 Wimmer (2007): Wie dem Anderen gerecht werden? S. 176.
Außerdem möchte ich auf Publikationen von Werner Helsper verweisen, der ebenfalls zu dieser Thematik arbeitet. Vgl. etwa Helsper (1998): Pädagogisches Handeln in den Antinomien der Moderne.

1509 In seiner Vorlesung zur Pädagogik formulierte Immanuel Kant 1803 die vielzitierte Frage „Wie kultiviere ich die Freiheit bei dem Zwange?“. Vgl. Kant (1803/ 1982): Über Pädagogik. S. 711.

1510 Vgl. Wimmer (2007): Wie dem Anderen gerecht werden? S. 176.

> immer weiter von jeglicher Form der Fremdsteuerung distanzieren, wie z. B. einige reformpädagogische Konzepte oder die antiautoritäre Pädagogik der 1960er- und 1970er-Jahre bis hin zur Antipädagogik, die jede Form von pädagogischer Intentionalität ablehnt und damit vorgibt, den Freiheitspol erreichen zu können. Doch keine der Erziehungstheorien entkommt der Paradoxie vollständig. Sie bleibt bestehen und schlägt durch auf die konkreten Handlungsprobleme in Form von sich selbst jeweils negierenden Doppelanweisungen: Führen und Wachsenlassen, Binden und Freigeben, Unterstützen und Gegenwirken, Belohnen und Bestrafen, Bewahren und Verändern, Fordern und Fördern, Festlegen und Offenhalten, Verstehen und Widerlegen. Das Dilemma ist unvermeidbar."[1511]

In den oben aufgeführten Beispielen aus meinen Analysen werden m.E. ambivalente Bestimmungen wahrnehmbar, die ich in Anlehnung an Wimmer ebenfalls als Pole beschreibe, z. B. zwischen ‚Freigeben und Intervenieren' (Fall1), ‚Austauschen und Anleiten' (Fall 2) sowie zwischen ‚Freigeben und Steuern' (Fall 3). Hier ließe sich fragen, inwiefern es sich dabei um „sich selbst jeweils negierende [..] Doppelanweisungen"[1512] handelt, die auf mögliche Sinnkonflikte in der Zusammenarbeit mit den Kindern und Jugendlichen (bzw. den Beteiligten im Projekt) verweisen. Und wie lassen sich die thematisierten Sinnkonflikte produktiv wenden? In seinem Text *Wie dem Anderen gerecht werden?* beleuchtet Wimmer Umgangsweisen mit pädagogischen Paradoxien, die sich nicht auflösen ließen. Er argumentiert aus dekonstruktivistischer Perspektive und regt dazu an, Paradoxien stattdessen gezielt zu nutzen.[1513] Seine Überlegungen laden dazu ein, unvermeidbare Prozesse der ‚Selbstauslegung im Anderen' zu reflektieren und un-mögliche Bestimmungen des Anderen/ der Anderen vorzunehmen. Ich verwende den Begriff des ‚Un-Möglichen' hier im Anschluss an Wimmer, der damit Paradoxa nicht im Hinblick auf „(...) das Unwirkliche [...], sondern [als, EM] eine andere Möglichkeit des Möglichen" charakterisiert.[1514]
Mit Blick auf die spezifische ‚Medialität der Erfahrung' (» Kapitel 4.2.2)[1515] werden ambivalente Darstellungsformen aber noch auf einer weiteren Ebene relevant. Denn sie führen zur Frage zurück, wie Veränderungen bestehender Ordnungen gedacht werden können. Inwiefern können die thematisierten Formen der ‚Aneignung des Fremden' (» Kapitel 10.1.1)[1516] umgewandelt oder verschoben werden? Aus phänomenologischer Perspektive kann nur dann von einer (veränderten) Erfahrung gesprochen werden, wenn es zu einem Bruch kommt – wenn etwas Neues und Unerwartetes das Gewohnte durchkreuzt, wie es bspw. Meyer-Drawe

1511 Ebd., S. 176.
1512 Ebd., S. 176.
1513 Vgl. ebd., S. 177.
1514 Ebd., S. 182.
1515 » Kapitel 4.2.2 Medien als Zwischeninstanzen und Zwischendinge: Zur Medialität der Erfahrung.
1516 » Kapitel 10.1.1 Orientierungen: Phänomenologische Wendung.

und Waldenfels hervorheben.[1517] Können Ambivalenzen und Widersprüche in den Darstellungsformen diese Erfahrungsprozesse unterstützen? Dazu schließe ich erneut an Überlegungen von Sabisch zur medialen Verfasstheit von Bildungsprozessen an:

> „Während bildungstheoretisch nur die *grundlegenden* Umbrüche von Figuren des Selbst- und Weltverhältnisses von Erfahrungen geltend gemacht werden, wäre zu fragen, ob von der Medialität her gedacht nicht auch unbedeutendere, kleinere *Bildungen* und schwächere Umbrüche zur Reflexion herangezogen werden sollten, um den Übergang zwischen medialen Erfahrungskonstellationen und den Durchgang (im Sinne des *dia/per* nach Mersch), also die intermediale und intermodiale Dimension zu beleuchten."[1518]

Mit dem Fokus auf „schwächere Umbrüche"[1519] geraten mediale Verschiebungen ins Visier, wie sie beispielsweise in ambivalenten Aussagen zutage treten. Ein sensibler Umgang damit kann m.E. dazu beitragen, dass Ordnungen der Erfahrung brüchig werden und Neuordnungen oder „kreative Antworten"[1520], wie Waldenfels sie bezeichnet, sich anbahnen. Während ich in diesem Kapitel die sprachliche Ebene fokussiert und exemplarisch widersprüchliche Zielformulierungen der Projektleiter*innen thematisiert habe, verweise ich auf weitere Ergebnisse meiner Untersuchung, in denen ich starke Ambivalenzen auch zwischen den visuellen und sprachlichen Analyseebenen herausgearbeitet habe. (» Kapitel 9.2)[1521] Sie ermöglichten es mir, ‚dominante Orientierungen' in meinen Fällen weiter auszudifferenzieren und lenkten den Blick auf affektive Dimensionen in Sinnbildungsprozessen. (» Kapitel 10.3.2)[1522] Kleine, aber aus bildungstheoretischer Perspektive bedeutsame Verschiebungen wurden wahrnehmbar, die wiederkehrende Orientierungsmuster durchkreuzen. In meinen Fällen wurde dies z. B. deutlich, als die Projektleiterin C. plötzlich anders über ein Foto sprach und der Eindruck entstand, als würde sie um Worte ringen. Während sie die meisten Fotos eher distanziert aus einer kunstwissenschaftlichen Perspektive kommentierte. (» Kapitel 10.3.1)[1523] Gerade in der Auseinandersezung mit Bildern sehe ich didaktische Potenziale, um Verschiebungen oder kleinere Brüche anzuregen, wie ich in meinen didaktischen Anregungen im letzten Kapitel weiter ausführen werde. (» 10.5.1)[1524]

1517 Vgl. Meyer-Drawe (2008): Diskurse des Lernens. S. 188 ff. Waldenfels (2002): Bruchlinien der Erfahrung. S. 241 ff.
1518 Sabisch (2018a): Bildwerdung. S. 36 (kursiv im Original).
1519 Ebd., S. 36
1520 Waldenfels (1997a): Topographie des Fremden. S.54.
1521 » Kapitel 9.2 Fokus II: Starke Ambivalenzen im Fallvergleich.
1522 » weiterführend Kapitel 10.3.2 Funktionen und Wirkungsweisen der Bilder (im Vergleich zur Sprache) in meinen Analysen.
1523 » weiterführend Kapitel 10.3.1 Funktionen und Wirkungsweisen der Bilder (im Vergleich zur Sprache) für die Projektleiter*innen.
1524 » weiterführend Kapitel 10.5.1 Wie die Anderen (visuell) darstellen?

10.1.4 Zusammenfassung und didaktisches Fazit I: Wie die Anderen (sprachlich) darstellen?

Um Vorstellungen über Partizipation zu re-konstruieren, habe ich in meiner Forschung nicht nur danach gefragt, was die Projektleiter*innen unter ‚Partizipation' verstehen, sondern ich habe die Art und Weise genauer untersucht, WIE sie die Projekte und die Zusammenarbeit mit den Kindern und Jugendlichen (visuell und sprachlich) darstellen. Meine Untersuchung ging somit über eine Begriffsbestimmung hinaus und befragte das dargestellt Verhältnis zu den weiteren Projektakteur*innen, indem auch affektive Dimensionen (im Sinne einer indirekten Empirie) ausgelotet wurden. Mein Ziel war es, dem nachzugehen, was die Projektleiter*innen in der Zusammenarbeit ‚antreiben' könnte (» Kapitel 4.5).[1525] Die re-konstruierbar gewordenen ‚Vorstellungen von Partizipation' beziehen sich also weniger auf sagbar gewordene Begriffsbestimmungen (» 7.4.2)[1526], sondern resultieren aus einer Analyse der verschiedenen Darstellungsformen der Projektleiter*innen über das Verhältnis zu den anderen (Kindern und Jugendlichen). Im Kapitel 10.1 habe ich einzelne Aspekte aus meiner Untersuchung herausgegriffen, um die wahrnehmbar gewordenen Phänomene vor dem Hintergrund theoretischer Positionen zu reflektieren und als notwendige Konstitutionsprozesse zwischen Eigenem und Fremdem beschreibbar zu machen. Dabei habe ich auch nach kulturellen Einbettungen gefragt, mögliche Anschlüsse an pädagogische Diskurse beleuchtet und Potenziale von ambivalenten Darstellungsformen aus bildungstheoretischer Perspektive vertieft. Im Folgenden fasse ich diese Überlegungen noch einmal kurz zusammen, bevor ich in einem ersten didaktischen Fazit ‚Un-Möglichkeiten' thematisiere, dem Fremden zu begegnen und Andere sprachlich darzustellen.

Unzugänglichkeit ↔ Bestimmungen, Aneignungen, Projektionen

Bestimmungen des Eigenen und der Anderen (hier: der Kinder und Jugendlichen), wie ich sie in meinen Analysen re-konstruieren konnte, können mit Waldenfels als notwendige Ausrichtungen beschrieben werden, die ein Handeln überhaupt erst möglich machen. Doch diese Prozesse werden durchkreuzt durch die Unzugänglichkeit der Anderen ebenso wie durch die eigene Unzugänglichkeit. Denn ‚Selbst' und ‚Andere' können nach Waldenfels nicht als abgeschlossene Instanzen verstanden werden, sondern konstituieren sich aus ihrer gegenseitigen Be- und Entzogenheit: Weder bin ich ‚Herr im eigenen Haus' noch kann ich die Anderen

1525 » etwa Kapitel 4.5 Zusammenfassende Überlegungen zum Untersuchungsdesign der empirischen Forschung.

1526 » Kapitel 7.4.2 Zwischenreflexion möglicher ‚Wirkungsweisen' des Partizipationsbegriffs in den Interviews.

in ihrer Fremdheit erfassen. Durch Bestimmungen werden Andere *als Andere* erkennbar, sodass diesen Einordnungen etwas Gewalthaftes anhafte, da die uneinholbare Fremdheit der Anderen relativiert werde. Die in meiner Untersuchung herausgearbeiteten ‚dominanten' Orientierungen habe ich in Anlehnung an Waldenfels im Hinblick auf (unbewusste) Prozesse der Aneignung und Projektionen befragt, durch die sich Andere vor dem Hintergrund des Eigenen konstituieren. Mit Wimmer und Schäfer habe ich diese Einordnungen auch als ‚Selbstauslegungen im Anderen' betrachtet. (» Kapitel 10.1.1)[1527]

Bestimmungen ↔ Abgrenzungen

Auch die auffällig gewordenen Abgrenzungen in meiner Untersuchung habe ich bezogen auf notwendige Bestimmungen reflektiert und sie mit Wimmer und Schäfer als Formen der ‚Grenzziehung' bezeichnet, die wiederum als Prozesse der ‚Selbstauslegungen im Anderen' verstanden werden können. Dabei betonen auch diese Autoren den relationalen Charakter von Prozessen des ‚Otherings', die gleichzeitig Positionierungen des Eigenen hervorbringen würden. Durch Bezüge zu Forschungen aus dem kunstpädagogischen Kontext (Legler, Mörsch und Pinkert) habe ich die Wirkmacht kultureller Prägungen hinterfragt, die zu den herausgearbeiteten Abgrenzungen und Positionierungen beigetragen haben könnten. In diesem Zusammenhang habe ich aber auch mögliche Abgrenzungsprozesse im Rahmen des Interviews thematisiert, die für eine Reflexion meiner Ergebnisse bedeutsam wurden. (» Kapitel 10.1.2)[1528]

Ambivalente Bestimmungen

Ambivalente Bestimmungen wurden in meinen Analysen zentral, um Vorstellungen über Partizipation in Form einer ‚indirekten Empirie' nachzugehen. Dazu habe ich zunächst ambivalente Zielformulierungen über die Zusammenarbeit mit den Kindern und Jugendlichen (bzw. mit den Projekt-Beteiligten) thematisiert, die für mich widersprüchliche Aussagen enthalten. Ich habe nach Parallelen zur ‚paradoxalen Grundstruktur pädagogischen Denkens und Handelns' gefragt, wie sie z. B. Wimmer hervorhebt, um mögliche Sinnkonflikte in der Zusammenarbeit mit Kindern und Jugendlichen aus erziehungswissenschaftlicher Perspektive zu verorten und auf deren grundsätzlichen Charakter zu verweisen. Anknüpfend an Wimmers Überlegungen zum Umgang mit Paradoxien habe ich seinen Vorschlag aufgegriffen, ‚un-mögliche' Bestimmungen des Anderen/ der Anderen vorzunehmen. Denn dieser dekonstruktivistische Ansatz eröffnet m.E. Möglichkeiten, dem Paradoxon des undarstellbaren Anderen nachzugehen und didaktische Überlegungen anzuschließen.

1527 » Kapitel 10.1.1 Orientierungen: Phänomenologische Wendung.
1528 » Kapitel 10.1.2 Abgrenzungen: Notwendige Unterscheidungen.

Mit Bezug zu Sabisch habe ich anschließend Potenziale von Ambivalenzen zwischen visuellen und sprachlichen Darstellungen im Hinblick auf die spezifische ‚Medialität der Erfahrung' betrachtet und nach Möglichkeiten der Veränderung von Ordnungen gefragt. Ich habe ambivalente Bestimmungen als mediale Verschiebungen charakterisiert, die auf „schwächere Umbrüche"[1529] in Erfahrungsprozessen hindeuten können. Auch in meinen Fällen wurden diese Verschiebungen wahrnehmbar, wenn vereinzelte Darstellungen ‚dominanten Orientierungen' entgegenliefen. Dabei konnte ich sowohl innerhalb als auch zwischen visuellen und sprachlichen Darstellungen Widersprüchlichem nachgehen und Orientierungen weiter ausdifferenzieren. Die Arbeit mit ambivalenten Darstellungsformen erscheint mir aber auch für die Anbahnung von Bildungsprozessen besonders ertragreich, um vertiefend der Frage nachzugehen, wie Formen der ‚Aneignung des Fremden' verändert werden können. (» Kapitel 10.1.3)[1530] Dazu verbinde ich im Folgenden die Ansätze von Wimmer und Sabisch vor dem Hintergrund meiner Untersuchungsergebnisse und skizziere weiterführende didaktische Potenziale.

Didaktische Herausforderungen: Paradoxe Aufforderungen und mediale Verschiebungen als produktiver Umgang mit Ambivalentem

Die oben zusammengefassten Überlegungen implizieren verschiedenartige Herausforderungen im Umgang mit Anderen[1531], die (nicht nur) für pädagogische Kontexte relevant werden und als *paradoxe Aufforderungen* beschrieben werden können. Dazu zählt für mich z. B. die Notwendigkeit, unabdingbare Einordnungen und Bestimmungen des Eigenen und der Anderen/ des Anderen zur Sprache zu bringen, um diese hinterfragen zu können und durch die Versprachlichung in Bewegung zu halten. Auch ist es m.E. erforderlich, Abgrenzungen zu verbalisieren, um Positionierungen vorzunehmen und diese wiederum zur Disposition stellen zu können. *Mediale Verschiebungen*, wie sie durch ambivalente Darstellungsformen zum Ausdruck kommen, können Neuordnungen von Erfahrungen anbahnen und den Fokus auf kleinere Umbrüche lenken. Gerade diesen scheinbar widersprüchlichen Aussagen sollte m.E. in pädagogischen Settings besondere Aufmerksamkeit geschenkt werden, ohne diese durch (be-)wertende Deutungen ‚stillzustellen'. Voraussetzung für diese Prozesse ist eine Versprachlichung des Erfahrenen *in* bzw. *durch* die Veränderungen erst ihren Ursprung nehmen können.[1532]

1529 Sabisch (2018a): Bildwerdung. S. 36.

1530 » Kapitel 10.1.3 Ambivalenzen I: Konflikthafte Bestimmungen.

1531 Entgegen der üblichen Schreibweise nutze ich hier bewusst die Großschreibung, um einen gegenseitigen Be- und Entzug hervorzuheben.
» Kapitel 4.2.1 insbesondere den Abschnitt ‚Zwischen Selbst und Anderen, mit Bezug zum Dritten'

1532 Wie ich im Kapitel 10.3 weiter vertiefe, werden Medien wie Sprache und Bilder als Übergangsdinge und Substitute für meine Überlegungen ebenfalls zentral, um (Neu-)Positionierungen zu ermöglichen. » Kapitel 10.3 Zur medialen Vermittlung und Konstitution von Selbst und Anderen: Übergangsdinge und Substitute.

Neben der Verbalsierung eigener Erfahrungen (z. B. aus Projekten mit Kindern und Jugendlichen), können theoretische Vertiefungen Bildungsprozesse unterstützen und eine notwendige Abstraktionsebene herstellen, um in eine Differenz zum bisher Erfahrenen gehen zu können. Um Bestimmungen des Eigenen und der Anderen/ des Anderen zu problematisieren, halte ich es für sinnvoll, theoriegeleitet eine Auseinandersetzung über darin enthaltene Un-Möglichkeiten anzustoßen, wie sie bspw. Wimmer aus pädagogischer Perspektive formuliert hat.[1533] Auf diese Weise wird es möglich, unauflösliche Paradoxien aufzuzeigen und darüber in ein Gespräch zu kommen, ohne schließende Bewertungen in den Vordergrund zu stellen, die Prozessen der Reflexion m.E. entgegenstehen und Abwehrreaktionen erzeugen können. Dies erachte ich insbesondere dann für erforderlich, wenn Prozesse der Projektion des Eigenen und Formen der Aneignung des Fremden zur Debatte stehen, wie ich sie auch in meinen Falldarstellungen vermute. Stattdessen plädiere ich für eine gleichermaßen theoriegeleitete wie praktische Auseinandersetzung mit Vorgängen der ‚Selbstauslegung im Anderen', in der die Wirkmacht unbewusster Prozesse in der wechselseitigen Be- und Entzogenheit von Selbst und Anderen Beachtung findet und als konstituierende Elemente von Erfahrungsprozessen betrachtet wird.[1534]

Eine Aufarbeitung von historisch gewachsenen Dichotomien zwischen ‚Kunst' und ‚Pädagogik' oder von Zuschreibungen von ‚Künstler*innen' und ‚Kindern' kann m.E. dazu beitragen, auch kulturell geprägte Konstruktionen aufzudecken und eine Reflexion wiederkehrender Strukturen anzuregen.[1535] Dazu gehört für mich auch, historisch tradierten Ansprüchen und Wirkungsversprechen von Kunstprojekten mit Kindern und Jugendlichen nachzugehen, um wirkmächtige Zuschreibungen und Anforderungen zu beleuchten, die m.E. ein Sprechen über diese Projekte noch heute beeinflussen.[1536] Die Ergebnisse meiner Untersuchung lassen vermuten, dass Erfahrungen während der Schulzeit oder im Rahmen der künstlerischen Ausbildung Tendenzen der Abgrenzung verstärken und zur Kontrastfolie werden können, um das Besondere der eigenen Vermittlungspraxis beschreibbar zu machen. Eine Auseinandersetzung mit der Schul- bzw. Ausbildungsbiografie, ebenso wie mit

1533 Vgl. auch Wimmer (2006): Dekonstruktion von Erziehung.

1534 Neben der bereits thematisierten, gleichnamigen Publikation von Schäfer und Wimmer (2006) verweise ich exemplarisch noch auf Karl-Josef Pazzini, der den Einfluss der Übertragung in pädagogischen Prozessen hervorgehoben hat. Vgl. etwa Pazzini (2011): Kann man Übertragung sehen?

1535 Ergänzend zu den bereits thematisierten Publikationen von Legler (2012) sowie Mörsch und Pinkert (2006) aus dem Kontext der Kunstpädagogik verweise ich hier noch auf die jüngsten Forschungen von Carmen Mörsch. Vgl. Mörsch (2017): Die Bildung der Anderen mit Kunst.; Mörsch (2019): Die Bildung der A_N_D_E_R_E_N durch Kunst.

1536 Im Feld der ‚partizipatorischer' Kunstprojekte mit Kindern und Jugendlichen stehen detaillierte Untersuchungen von Wirkungsversprechen m.E. noch aus. Gleichwohl sehe ich interessante Anknüpfungspunkte zu weiteren Positionen aus kunstwissenschaftlichen Diskursen oder Diskursen der Ästhetischen Bildung, auf die ich hier nur exemplarisch verweisen kann: Vgl. etwa Kravagna (1998): Arbeit an der Gemeinschaft.; Warstat (2010): Wirkungsästhetiken des Festes und ihre Aporien.; Dietrich (2009): Ästhetische Bildung zwischen Markt und Mythos.

unterschiedlichen, pädagogischen Denktraditionen kann dazu beitragen, diese liebgewordenen Unterscheidungen in Frage zu stellen und andere Formen der Positionierung möglich zu machen. [1537] Doch das Problem der Unverfügbarkeit bleibt auch dabei bestehen – erlaubt keine gesicherte Position. An dieser Stelle knüpfe ich noch einmal an die oben thematisierten Paradoxien pädagogischen Handelns an, um ein Wissen um das „Nicht-Wissen" oder „Nicht-wissen-Können" stark zu machen, das Wimmer im Anschluss an Benner thematisiert.[1538] Wissen und Nicht-wissen-Können werde auf diese Weise gleichzeitig denkbar, auch wenn das ‚Nicht-Wissen' noch keine Lösung auf die Frage bereithalte, wie wir den anderen gerecht werden können vor dem Hintergrund der gegenseitigen Be- und Entzogenheit.[1539] Stattdessen plädiert Wimmer dafür, den „paradoxale[n] Double-bind" auszuhalten:

> „Um ihnen [den Kinder, EM] gerecht werden zu können, muss der paradoxale Double-bind ausgehalten werden, praktisch wie theoretisch, weil er in seiner Unauflöslichkeit auf die Möglichkeit einer Unmöglichkeit verweist, auf der die Möglichkeit von Erziehung selbst beruht, sodass die Paradoxie ausgehalten werden muss, damit sich Erziehung überhaupt ereignen kann."[1540]

Die *Frage der Verantwortung*, die Wimmer in seinem Artikel *Wie dem Anderen gerecht werden?* aufwirft, erhält in meiner Arbeit eine zentrale Bedeutung. Denn sie betrifft grundlegende Fragen im Umgang mit den (unverfügbaren) Anderen, die im Kapitel 10.5.2 aus didaktischer Perspektive weiter vertiefe.[1541]
Von einer bildungstheoretischen Auseinandersetzung wechsle ich nun auf die methodisch-methodologische Ebene meiner Arbeit, denn Probleme, die sich vor dem Anspruch einer Alterität ergeben, die Selbst und Andere durchkreuzen, kommen auch hier zum Tragen. Zuschreibungen zwischen mir als Forscherin und den Projektleiter*innen als Beforschte geraten dabei ebenso ins Wanken. Auch auf dieser Ebene werden Ambivalenzen in den Darstellungsformen zentral, um Un-Möglichkeiten meines Vorgehens reflektierend in den Blick zu nehmen.

1537 Hier erscheint mir der Ansatz von Kirstin Westphal und Teresa Bogerts gewinnbringend, die das Spannungsverhältnis zwischen Kunst und Pädagogik in ihrer Untersuchung eines Ausbildungsprogramms für Kunst- und Kulturschaffende im Anschluss an Mörsch produktiv gewendet haben. Dazu haben sie Verbindungen hergestellt zwischen den herausgearbeiteten Bildungsverständnissen der Künstler*innen und verschiedenen pädagogischen Ansätzen. Vgl. Westphal, Bogerts (2019): Kunstschaffende im Spannungsgefüge von Kunst und Bildung. S. 209 ff. Darüber hinaus kann aber auch eine Reflexion der eigenen Erfahrungen in unterschiedlichen Bildungsinstitutionen (wie z. B. Schule und Kunsthochschule) eine Reflexion gewohnter Bestimmungen anregen.

1538 Wimmer (2007): Wie dem Anderen gerecht werden? S. 155.

1539 Vgl. ebd., S. 167 ff.

1540 Ebd., S. 177.

1541 » Kapitel 10.5.2 ‚Partizipation' jenseits von Autonomie und Ganzheit.

10.2 Re-Konstruktionen *zwischen* Sichtbarem und Sagbarem: Un-Möglichkeiten meines methodischen und methodologischen Vorgehens

> „Die Paradoxie einer solchen Forschung soll nicht verschwiegen werden. Sie zielt auf das Unzugängliche und wird doch zu symbolischen Codierungen führen. Auch sie wird typisieren – wenn auch Formen des Umgangs mit der unaufhebbaren Differenz, in die Menschen immer schon verstrickt sind. Das Bewusstsein der Paradoxie ihres Vorgehens aber ist zugleich das, was auch der bildungstheoretischen Reflexion empfohlen wurde."[1542]

Wie wird es also aus empirischer Perspektive möglich, eine Annäherung an das Unzugängliche zu denken und „Formen des Umgangs mit der unaufhebbaren Differenz [zu finden, EM], in die Menschen immer schon verstrickt sind"?[1543] Der Erziehungswissenschaftlicher Alfred Schäfer arbeitet daran, „liebgewordene Fronten"[1544] zwischen Bildungstheorie und empirischer Bildungsforschung in einen Dialog zu bringen, um eine andere Art der Empirie zu entwerfen, was sich für meine methodisch-methodologischen Überlegungen als sehr gewinnbringend erwies. Ähnlich wie die bereits thematisierten Positionen (» Kapitel 4.2.3)[1545] beleuchtet auch er Potenziale von Brüchen (hier vornehmlich als „Brüchen im Gesagten" oder „Unsicherheiten" im Sprechen[1546]), hinterfragt ‚Wirklichkeitsverständnisse' und thematisiert den problematischen Status der erhobenen Aussage, wenn diese zum Ausgangspunkt von Persönlichkeitszuschreibungen werde.[1547]

> „Ein solcher Glaube vertraut auf das symbolische Ordnungssystem der Sprache und schiebt die Einsicht zur Seite, dass sich in den Äußerungen von Menschen Imaginäres mit symbolischen Codierungen, etwa das Wunschdenken nach einer singulären Identität und deren Angabe in allgemeinen Typisierungen, vermischt. Diese Mischung ein Stück weit zu reflektieren – gleichgültig, ob man dies sprachphilosophisch entlang der Differenz von Aussage und Ausgesagtem, psychoanalytisch entlang der Trias von Realem, Symbolischem und Imaginärem oder kulturtheoretisch über das Muster der Selbstauslegung im Anderen tut –, trägt Zweifel an die Vorstellung von ‚Wirklichkeit', von geäußerter wie interpretierter oder rekonstruierter Wirklichkeit, heran, die als solche wiederum zu jenen Problemen der ‚Wirklichkeit von Bildung' zurückführen."[1548]

1542 Schäfer (2006): Bildungsforschung. S. 95.
1543 Ebd., S. 95.
1544 Ebd., S. 86.
1545 » Kapitel 4.2.3 Zwischen visuellen und sprachlichen Darstellungen, durch Bilder und Sprache: Überlegungen zu einer indirekten Empirie.
1546 Schäfer (2006): Bildungsforschung. S. 104.
1547 Vgl. ebd., S. 89.
1548 Ebd., S. 89.

Kritisch ließe sich nun anmerken, dass auch ich in meinen Untersuchungen (u. a.) von sprachlichen Äußerungen der Projektleiter*innen ausgehe, um darüber Vorstellungen über Partizipation zu re-konstruieren und mögliche Motive für die Zusammenarbeit mit den Kindern und Jugendlichen zu hinterfragen. Im letzten Kapitel habe ich bereits Prozesse der ‚Selbstauslegung im Anderen' anhand von Untersuchungsergebnissen thematisiert und dabei z. B. Typisierungen in Form von Unterscheidungen und Abgrenzungen beleuchtet, die im ‚Sprechen über die Projekte' mitwirken. Diese können auf historisch gewachsene Diskurse zurückgeführt werden, lassen sich aber auch im Hinblick auf Interaktionsprozesse zwischen den interviewten Projektleiter*innen und mir (als Interviewerin) befragen. Insbesondere in der Auswertung meiner Forschungsergebnisse zum zweiten Fall bin ich darauf eingegangen.[1549]
Im Bewusstsein einer Paradoxie der empirischen Forschung, die Unverfügbares beleuchtet und gleichzeitig wieder Zuschreibungen hervorbringt, verwende ich in meiner Forschung unterschiedliche ‚Werkzeuge', um eine Lücke oder Leerstelle zu markieren und ‚meine' Konstruktionsleistung zu betonen, die ebenfalls nie ganz bei sich sein kann (» Kapitel 4.2.1; 4.3.2).[1550] Ich spreche von Re-Konstruktionen und nutze unterschiedliche Formen der Annäherung, um wahrnehmbar gewordene Phänomen unter verschiedenen Gesichtspunkten zu betrachten (» Kapitel 5.3.2).[1551] Zentrales Element meiner Forschung ist dabei der Vergleich von visuellen und sprachlichen Darstellungen, die ich in Anlehnung an Sabisch als verschiedenartige Modi der Bedeutungsgenerierung verstehe.[1552] In meinen Analysen bin ich auf Brüche und Widersprüche zwischen den verschiedenen Darstellungsformen aufmerksam geworden, die m.E. dazu beitragen können, dem nachzugehen, was die Projektleiter*innen in ihrer Arbeit antreiben könnte – ohne dass ich es abschließend fassen kann. Sie ermöglichen es mir, durch die Gegenüberstellung diskrepanter Deutungen meine Interpretationen zu erweitern und mögliche konkurrierende Motive herauszuarbeiten (» Kapitel 10.2.1) sowie mein Involviert-Sein zu hinterfragen (» Kapitel 10.2.3). Im Folgenden gehe ich diesen Interpretationsprozessen nach und frage danach, inwiefern die herausgearbeiteten Ambivalenzen dazu beitragen konnten, Vorstellungen über Partizipation zu re-konstruieren – im Spannungsfeld zwischen Sichtbarem und Sagbarem, zwischen den Befragten und mir als Forscherin.

1549 » Kapitel 8.2 Fall 2: Künstlerische Rahmung ↔ nicht „korrumpieren" lassen.

1550 » Kapitel 4.2.1 Zwischen Selbst und Anderen, Eigenem und Fremdem: Zur Phänomenologie der Erfahrung sowie Kapitel 4.3.2 Re-Konstruktionen und Un-Möglichkeiten des Benennens.

1551 » Kapitel 5.3.2 Generierung und Fokus der Ergebnisdarstellungen.

1552 Vgl. Sabisch (2018a): Bildwerdung. S. 33. sowie folgende Kapitel meiner Arbeit: » Kapitel 4.2.3 Zwischen visuellen und sprachlichen Darstellungen, durch Bilder und Sprache: Überlegungen zu einer indirekten Empirie sowie Kapitel 4.4.3 Modifikation II: Indirekte Empirie durch den ‚Einbezug' des Nicht-Sichtbaren und Nicht-Sagbaren

10.2.1 Ambivalenzen II: Diskrepante Deutungen und konkurrierende Motive

Charakteristisch für meinen Forschungsprozess ist eine Gegenüberstellung der Ergebnisse verschiedener Analyse-Ebenen, durch die ich meine Deutungen miteinander vergleichen konnte. Die analytische Trennung meines Forschungsmaterials machte es mir zunächst möglich, visuelle Darstellungen (Bild-Ensembles) und sprachliche Darstellungen (Interviews) separat zu beleuchten und innerhalb der Interviews thematische Untersuchungen vorzunehmen (‚Sprechen über den Partizipationsbegriff', ‚Sprechen über die Bilder' sowie ‚Sprechen über das Projekt'). Die Ergebnisse dieser verschiedenen Analyse-Ebenen habe ich durch fallübergreifende und fallinterne Vergleiche herausgearbeitet und im Laufe meines Auswertungsprozesses kontinuierlich in Beziehung zueinander gesetzt (» Kapitel 4.3.3; 5.3).[1553] Wie ich im Kapitel 9.2 aufgezeigt habe, wurde ich dabei auf Ambivalenzen und widersprüchliche Aussagen aufmerksam – sowohl innerhalb der einzelnen Analyse-Ebenen als auch im Vergleich der visuellen und sprachlichen Darstellungen.[1554] Dort habe ich u. a. beschrieben, wie *Differenzen im Gesagten, Unterschiede im Sprechen über bestimmte Themen* oder *Diskrepanzen zwischen meinen Bilddeutungen und den Bildkommentaren der Projektleiter*innen* dazu beigetragen haben, meine Interpretationen in Bewegung zu halten, verschiedenartige Deutungen gegenüberzustellen und gegeneinander abzuwägen. Zunächst bleibe ich auf sprachlicher Ebene, um den Status des ‚Diskrepanten' noch präziser zu betrachten. Dabei gehe ich mit Schäfer davon aus, „(...) dass das Gesagte keine logisch kohärente Ganzheit bilden muss (...)"[1555] und befrage ebenfalls „(...) die Möglichkeit des Erscheinens von Aussagen, die logisch nicht stimmig sein müssen, die aber für den Sprecher dennoch als sinnvoller Zusammenhang erscheinen"[1556] können. Der Fokus auf eine ‚Stimmigkeit' eröffnet die Frage nach dem jeweiligen ‚Bewertungshorizont', vor dem ich als Forscherin Aussagen bzw. Interpretationen als ambivalent einstufe. Was Schäfer vor dem Hintergrund der Erforschung pädagogischer Selbstverständnisse konstatiert, ließe sich also auch im Hinblick auf meine Forschung kritisch befragen:

> „Der Interpret wird zur Rekonstruktion auf den vorgeblichen Besitz rationaler Ordnungsmuster als Gradmesser und eine vermeintliche objektive Interpretation sowie eine vermeintliche rationale Überlegenheit in der Bestimmung des Pädagogischen verzichten müssen – was nicht immer leicht ist, hat sich doch der (pädagogische) Interpret längst selbst an die symbolischen Muster gewöhnt, in denen die päda-

1553 » Kapitel 4.3.3 Daten-Triangulation von visuellen und sprachlichen Darstellungen sowie Kapitel 5.3 Fokus und Chronologie der Auswertungsschritte und Ausdifferenzierungen im Darstellungsprozess.

1554 » Kapitel 9.2 Fokus II: Starke Ambivalenzen im Fallvergleich.

1555 Schäfer (2006): Bildungsforschung. S. 104.

1556 Ebd., S. 105.

> gogische Imagination sich als akzeptabel darstellt. Dass diese vom pädagogischen Forscher vertreten werden, weiß der Interviewte und gewinnt damit ein Motiv, sich in ihnen auszulegen."[1557]

Er verweist in diesem Zusammenhang auf das Problem der Gegenübertragung,[1558] das sich m.E. in Forschungssituationen nicht vermeiden lässt, in denen Beforschte und Forschende beteiligt sind. Auch wenn meine Untersuchung andere Schwerpunkte verfolgt, wurde ich in meiner Ergebnisauswertung wiederholt auf Passagen aufmerksam, die sich durch auffällige Gesprächsstrukturen zwischen mir und den Interviewten auszeichnen und im Hinblick auf mögliche Prozesse der Übertragung/ Gegenübertragen vertiefend untersucht werden könnten. Insbesondere im zweiten Fall habe ich Abschnitte hervorgehoben, die m.E. markante Interaktionen zwischen mir und der Projektleiterin B. aufweisen und habe in der Interpretation meiner Ergebnisse auch darauf Bezug genommen (» Kapitel 8.2.3; 8.2.4).[1559] Hier wird besonders deutlich, dass das Gesagte auch vor dem Hintergrund der Interviewsituation reflektiert werden muss ebenso wie die daraus hervorgegangenen Ergebnisse. Denn jede Aussage ist immer an jemanden gerichtet und verweist zugleich auf das Nicht-Sagbare (» Kapitel 4.2.3).[1560] Prozesse der ‚Selbstauslegung im Anderen' werden auch in der Interviewsituation wirkmächtig (» Kapitel 10.1.2).[1561]

Durch die Analyse unterschiedlicher Gesprächspassagen und den Vergleich von Aussagen zu verschiedenen Themen habe ich Gemeinsamkeiten und Unterschiede ‚im Sprechen' herausgearbeitet und untersucht, inwiefern sich ähnliche Muster finden und wo sich das Sprechen für mich wahrnehmbar verändert. Neben einer Betrachtung der WAS-Ebene wurde dabei die WIE-Ebene, die Art und Weise des Sprechens, relevant, um impliziten Handlungsmustern nachzugehen (» Kapitel 4.4.1)[1562]. Als ‚dominante' Orientierungen habe ich dabei wiederkehrende Strukturen (‚Homologien') bezeichnet, die ich mehrfach und themenunabhängig in meinen Analysen re-konstruieren konnte. Durch die wahrnehmbar gewordenen Ambivalenzen habe ich die herausgearbeiteten impliziten Denk- und Handlungsweisen vertiefend beleuchtet und habe nach weiteren, möglicherweise *konkurrierenden Motiven* gefragt, die in der Darstellung der Zusammenarbeit mit den Kindern und Jugendlichen und der Bildauswahl eine Rolle gespielt haben könnten.

1557 Ebd., S. 105.

1558 Vgl. ebd., S. 105.

1559 » etwa Kapitel 8.2.3 Das ‚Sprechen über die Bilder': „Minimallösungen" ↔ „Die Künstler sind schreckliche Strategen, das ist ja logisch. Klar." sowie Kapitel 8.2.4 Das ‚Sprechen über das Projekt': „Wenn die mit dem umgehn können was ich will, dann kann ich auch damit umgehn was sie wollen." ↔ „Dialogisches Arbeiten" ↔ „Offenheit".
Vor dem Hintergrund der gegenseitigen Be- und Entzogenheit zwischen mir als Forscherin und den Interviewten ließen sich auch die beiden anderen Fälle noch vertiefend befragen.

1560 » Kapitel 4.2.3 Zwischen visuellen und sprachlichen Darstellungen, durch Bilder und Sprache: Überlegungen zu einer indirekten Empirie.

1561 » Kapitel 10.1.2 Abgrenzungen: Notwendige Unterscheidungen.

1562 » Kapitel 4.4.1 Die dokumentarische Methode nach Ralf Bohnsack.

Mein Fokus richtet sich also nicht (mehr) auf das Herausarbeiten von ‚Homologien', sondern mich interessten ambivalente Darstellungsformen, um affektiven Dimensionen und pathischen Momenten in Sinnbildungsprozessen nachzugehen (» Kapitel 4.3.2).[1563] An dieser Stelle unterscheidet sich also mein Vorgehen von den Analyseschritten der dokumentarischen Methode.[1564] Wie ich im Anschluss an Waldenfels deutlich gemacht habe, verstehe ich Erfahrungsprozesse, in denen etwas als etwas (bzw. jemand als jemand) wahrnehmbar und beschreibbar wird, als ein *Ineinander von Bedeuten und Begehren* (» Kapitel 4.2).[1565] Doch dieses responsive Geschehen ist flüchtig und der Versuch es zu fassen, kommt notwendigerweise zu spät. Denn das Wovon des Getroffenseins lässt sich nicht erfassen. Mit Sabisch habe ich deshalb im Kapitel 4.2.3 eine indirekte Empirie stark gemacht, die Hinweisen nachgeht, die auf pathische Dimensionen im Erfahrungsgeschehen hindeuten können.[1566] Insbesondere durch den Vergleich von visuellen und sprachlichen Darstellungen gehe ich *möglichen* Motiven in der Zusammenarbeit mit den Kindern und Jugendlichen nach, ohne dass ich abschließend re-konstruieren kann, was die Projektleiter*innen dazu bewogen hat. Ich frage nach mutmaßlichen Beweggründen, was zugleich eine Un-Möglichkeit meiner Forschung beschreibt.

10.2.2 Vergleiche von visuellen und sprachlichen Darstellungen in meiner Untersuchung

Wie kann also etwas re-konstruierbar werden, das sich dem Sagen und Zeigen entzieht? Über den Vergleich der sprachlichen und visuellen Darstellungen bin ich der Frage nachgegangen, was jeweils *sagbar* und *sichtbar* wurde und habe untersucht, wie die Projektleiter*innen über ihre Arbeiten sprechen und wie sie diese zeigen. Die Gegenüberstellung der Ergebnisse meiner Interview- und Bildanalysen ermöglichte mir aber auch Rückschlüsse auf das, was möglicherweise *nicht sagbar und sichtbar* wurde, indem ich Gemeinsamkeiten und Unterschiede zwischen den Darstellungsformen beleuchtet habe. In diesem Prozess habe ich die Ergebnisse meiner Bild- und Interviewanalysen kontinuierlich miteinander verglichen:

1563 » Kapitel 4.3.2 Re-Konstruktionen und Un-Möglichkeiten des Benennens.

1564 Mit Blick auf die Analyseschritte der dokumentarischen Methode ließe sich hier kritisch entgegnen, dass auch diese Methode auf Ambivalentes eingeht, indem sie „Orientierungsdilemma" in der Analyse berücksichtigt. (Przyborski, Wohlrab-Sahr (2014): Qualitative Sozialforschung. S. 302) Anders als in meiner Forschung stehen dabei jedoch Fragen nach Umsetzungsmöglichkeiten der herausgearbeiteten Orientierung bzw. ihr mögliches „Enaktivierungspotential" im Vordergrund. (Ebd.) Dazu wird der Orientierungsrahmen genauer beleuchtet, um zu untersuchen, ob sich nur ein negativer oder positive und negative Horizonte [finden, EM], die einander ausschließen." (Ebd.)

1565 » Kapitel 4.2 Theoriegeleitete Vertiefungen: Erfahrungen zwischen Selbst und Anderen, Sichtbarem und Sagbarem.

1566 » Kapitel 4.2.3 Zwischen visuellen und sprachlichen Darstellungen, durch Bilder und Sprache: Überlegungen zu einer indirekten Empirie.

So sprachen die Projektleiter*innen anhand der Bilder z. B. über Situationen im Projekt, wodurch ich Einblicke in die Arbeit vor Ort erhalten konnte, die über das Sichtbare auf den Fotos hinausgingen und es mir ermöglichten, verschiedenartige Motive für die Projektarbeit herauszuarbeiten. Wie zum Beispiel im zweiten Fall, in dem die Projektleiterin B. anhand von zwei Bildern etwas ausführlicher von der Projektarbeit erzählte, wobei in den Bildkommentaren zu einem Foto die Beziehungsebene zu den dargestellten Personen für mich auffällig wurde, während die Bildkommentare zu dem anderen Foto für mich eher ihren inhaltlichen Fokus deutlich werden ließen.[1567] Die Projektleiter*innen thematisierten im Gespräch über die Bilder aber auch Aspekte, die für mich auf den Fotos anders sichtbar wurden. So zum Beispiel im ersten Fall, in dem der Projektleiter A. die abgebildeten Situationen über ‚Zitate der Kinder' beschrieben hat und so möglicherweise Projektprinzipien veranschaulichen wollte, während meine Bildanalysen noch andere Motive zur Bildauswahl nahe legten.[1568] Durch *Diskrepanzen zwischen meinen Bilddeutungen und den Bildkommentaren der Projektleiter*innen* wurde es mir möglich, meine Interpretationen zu hinterfragen und mögliche Motive für die Projektarbeit zu erweitern. Meine Bildinterpretationen erlaubten mir dabei z. T. Rückschlüsse auf mögliche Motive, die von den Projektleiter*innen in den Interviews nicht zur Sprache kamen oder für mich in einem Kontrast zu ihren Aussagen standen (» Kapitel 9.2; 9.3). [1569] Auf diese Weise wurden die visuellen Darstellungen in meiner Untersuchung zu Vergleichshorizonten, um meine Deutungen zu hinterfragen und auszudifferenzieren.

Des Weiteren wurden *auffällige Veränderungen im ‚Sprechen über die Bilder'* für meine Analysen relevant, die ich wiederum mit meinen anderen Analyseergebnissen abgeglichen habe. Dabei wurde ich vor z. B. auf Passagen aufmerksam, die für mich *Momente der Sprachlosigkeit* signalisiert haben. Wie bspw. im dritten Fall, in dem die Projektleiterin C. ihre Gestaltungsabsichten auf den Fotos m.E. sehr differenziert dargelegt hat, während es für sie vermutlich schwieriger war zu formulieren, was sie an einem Foto besonders möge.[1570]

Diese wahrnehmbar gewordenen Differenzen und markanten Veränderungen in der Art und Weise, wie die Projektleiter*innen über das Projekt und die Beteiligten gesprochen und wie sie diese gezeigt haben, wurden für mich zum Anlass, meine Deutungen weiter zu befragen, um Vorstellungen über Partizipation nachzugehen und implizite Beweggründe für die Zusammenarbeit mit den Anderen zu hinter-

1567 Vgl. meine Deutungen im zweiten Fall, die ich im » Kapitel 8.2.3 in folgendem Abschnitt thematisiere: „XX hat s t u n d e n l a n g hier diese Drei/Sechsecke und die Kreise mit aufgeklebt" (Bild 3) ↔ „wie/Bruce Nauman" (Bild 6).

1568 Diese Beobachtungen beziehen sich z. B. im ersten Fall im » Kapitel 8.1.3 insbesondere auf den Abschnitt: „Ach XX . das ist so ein tolles Bild . kann ich MITMALEN?" ↔ „(...) auch zusammen an einem Bild arbeiten, OHNE dass wir das irgendwie VORGEBEN, ne."

1569 » Kapitel 9.2 Fokus II: Starke Ambivalenzen im Fallvergleich oder Kapitel 9.3 Mögliche Auswahlmotive und Funktionen der Bilder.

1570 » Kapitel 8.3.3 den Abschnitt: Sprachliche Distanzierung ↔ Getroffen sein durch die Bilder.

fragen. Die Auffälligkeiten wurden zu *Spuren*, denen ich durch weitere Vergleiche meiner Untersuchungsergebnisse gefolgt bin. Auf diese Weise wurde ein *Oszillieren* zwischen verschiedenen Deutungen möglich, das Hans-Jörg Rheinberger als konstitutiv für Forschungsprozesse beschreibt:

> „Bei der Produktion von Spuren ist ein ständiges Spiel von Anwesenheit/ Abwesenheit im Gange, insofern jedes Graphem die Unterdrückung eines anderen ist. Will man *eine* Spur hervorheben, ist man gezwungen, eine andere zu verwischen. Im laufenden Forschungsprozeß steht normalerweise nicht gleich fest, welches der möglichen Signale verstärkt und welches unterdrückt werden sollte. Daher muß zumindest für eine gewisse Zeit das Spiel von Anwesenheit/ Abwesenheit reversibel gehalten werden. Epistemische Dinge müssen zwischen verschiedenen Zuschreibungen oszillieren können."[1571]

Ähnlich wie Rheinberger würde auch ich die Untersuchung von Spuren in meiner Forschung als ein ‚Spiel von Anwesenheit/ Abwesenheit' beschreiben. Allerdings betone ich den pathischen Untergrund des wahrnehmbar Gewordenen und frage nach affektiven Wirkungen der Medien, denen ich über die herausgearbeiteten Ambivalenzen nachgehe. In diesen *komplexen Prozessen des In-Beziehung-Setzens der Ergebnisse der verschiedenen Auswertungsebenen* frage ich nach einem Zusammenwirken von Bildern und Sprache in den Fällen, aus dem heraus ich meine Deutungen im Fallvergleich akzentuieren und fallintern spezifizieren konnte. Doch wie lassen sich nun Ergebnisse einer Forschung verorten, die aus verschiedenen Aufmerksamkeiten und vielfältigen Vergleichen hervorgegangen sind? An dieser Stelle komme ich auf Andrea Sabischs Überlegungen zu einer indirekten Empirie zurück, in der sie über das Herausarbeiten von Symptomen Wirkungen des Pathischen „(...) jenseits des Direkten und positiv Beschreibbaren"[1572] befragt.

10.2.3 Symptome und Auffälligkeiten

Im Kapitel 4.2.3 habe ich den indirekten Ansatz von Sabisch vorgestellt, der für die Konzeption meiner Untersuchung zentral wurde.[1573] In Auseinandersetzung mit Waldenfels und Didi-Huberman entwickelte sie Überlegungen für eine indirekte Herangehensweise, um (Bild-)Erfahrungsprozessen auf die Spur zu kommen. Dabei bezog Sabisch auch psychoanalytische Positionen ein, um nach Potenzialen einer „phänomenologischen Symptombildung" zu fragen.[1574] Über das Herausarbeiten von Symptomen beleuchtete sie Fremderfahrungen angesichts des Visuellen, die

1571 Rheinberger (1997): Dimensionen der Darstellung in der Praxis des wissenschaftlichen Experimentierens. S. 244 f.
1572 Sabisch (2018a): Bildwerdung. S. 68.
1573 » Kapitel 4.2.3 Zwischen visuellen und sprachlichen Darstellungen, durch Bilder und Sprache: Überlegungen zu einer indirekten Empirie.
1574 Sabisch (2018a): Bildwerdung. S. 76.

sich einem Sagen entziehen, und fokussierte mögliche „(...) Knotenpunkte und Sinnkonflikte"[1575] als Spuren des Entzugs. In ihren Auswertungen wurden dabei unterschiedliche Symptome beschreibbar, die sie als „Abwehrmechanismen im und am Visuellen", als „Prozesse des *Ver*sprechens und *Ver*sehens" oder als „verkörperte[] Zeigegesten und widerständige[] zeichnerische[] Artikulationsweisen" charakterisierte.[1576] Inwiefern werden nun diese Überlegungen zur epistemischen Funktion von Symptomen für meine Untersuchungen relevant? Während Sabisch in ihren Analysen nach Prozessen der Bildwerdung fragt, gehe ich der Frage nach, inwiefern Vorstellungen von Partizipation durch visuelle und sprachliche Darstellungen re-konstruiert werden können. Durch diese methodisch-methodologische Fragerichtung geraten nicht nur Bedeutungsprozesse durch Bilder und Sprache in den Fokus, auch meine Re-Konstruktionen stehen zur Disposition. Ich gehe dem nach, was für mich in den Analysen der visuellen und sprachlichen Darstellungen *auffällig* wurde und beleuchte Unterschiede und Gemeinsamkeiten zwischen den Darstellungsformen. Die dabei wahrnehmbar gewordenen Ambivalenzen eröffnen Fragen nach möglichen ‚Sinnkonflikten' und konkurrierenden Motiven in den Projektdarstellungen. Sie zeugen aber auch von ‚meiner' Erfahrungsarbeit in der Re-Konstruktion des Gesagten und Gezeigten und verweisen darauf, welche Widersprüche und Differenzen ich wahrgenommen habe. Anhand von Symptomen zeigt Sabisch auf, „(...) wie sich eine Erfahrungsarbeit verschiebt und umwandelt, sich auf eine andere Ebene verlagert oder durch einen anderen Aspekt eine neue Bedeutung erlangt".[1577] Auch meine Re-Konstruktionen habe ich im Hinblick auf Verschiebungen und Umwandlungen betrachtet, die durch den Vergleich der visuellen und sprachlichen Darstellungen angeregt wurden. Ähnlich wie Sabisch habe ich dabei eine „fragende[] und spekulierende[] Haltung"[1578] eingenommen, um Sinngebungsprozessen nachzugehen, die sich selbst entgleiten. Dennoch spreche ich in meiner Arbeit vornehmlich von Auffälligkeiten statt von Symptomen, um den Fokus auf ‚meine' Aufmerksamkeiten zu lenken in der Auseinandersetzung mit den visuellen und sprachlichen Darstellungen der Projektleiter*innen. Durch den Vergleich der verschiedenen Darstellungsformen bin ich auf Ambivalenzen aufmerksam geworden, die für mich zum Anlass wurden, affektiven Dimensionen nachzugehen. Ich konnte *unterschiedliche Arten des Sprechens* über die Bilder und die Projektarbeit re-konstruieren und *verschiedenartige Formen des Bildumgangs* herausarbeiten, anhand derer ich Motive in der Bildauswahl und in der Zusammenarbeit mit den Kindern und Jugendlichen befragt habe (» Kapitel 9.3; 9.5).[1579]

1575 Ebd., S. 14.
Sabisch bezieht sich hier auch auf Ausführungen von Didi-Huberman zur Ersatzbildung. Didi-Huberman (2000): Vor einem Bild. S. 191.

1576 Sabisch (2018a): Bildwerdung. S. 386.

1577 Ebd., S. 386.

1578 Ebd., S. 15.

1579 » Kapitel 9.3 Mögliche Auswahlmotive und Funktionen der Bilder sowie Kapitel 9.5 Mögliche Motive und Beweggründe in der Zusammenarbeit mit den Kindern und Jugendlichen.

Im folgenden Kapitel reflektiere ich zunächst mögliche Wirkungsweisen und Funktionen von Bildern (im Vergleich zur Sprache) für die Projektleiter*innen aber auch in meinen Analysen, bevor ich noch einmal auf die Frage zurückkomme, inwiefern die auffällig gewordenen Strukturen in den visuellen und sprachlichen Darstellungen als ‚symptomatische Antworten' in der Begegnung mit Anderen verstanden werden können. Dazu stelle ich abschließend mein Vorgehen vor dem Hintergrund von Lacans Ansatz zum *Sinthom* zur Disposition.

10.3 Zur medialen Vermittlung und Konstitution von Selbst und Anderen: Übergangsdinge und Substitute

Um Wirkungen *in* und *durch* Bilder(n) und Sprache in den untersuchten Fällen zu befragen, knüpfe ich noch einmal an Überlegungen von Waldenfels und Sabisch zur Medialität von Erfahrungen an, wie ich sie im Kapitel 4.2.2 eingeführt habe.[1580] Dort habe ich die grundlegende Bedeutung von Medien vorgestellt, wie sie Waldenfels formuliert, „(...) wenn alles, was uns erscheint, stets nur indirekt *in einem anderen* erscheint, wenn Medien also an der Ermöglichung von Erfahrungen beteiligt sind und nicht bloß der Wiedergabe und Weitergabe vorgegebener Erfahrungsgehalte dienen".[1581] Ausgangspunkt dieser Überlegungen war dabei ein Differenzierungsgeschehen im Erfahrungsprozess, wenn „(...) sich jemandem *etwas als etwas* zeigt",[1582] in dem Bedeuten (signifikative Differenz) und Begehren (appetitive Differenz) miteinander verwoben seien. Waldenfels spricht auch von einem gebrochenen Zusammenhang: „Auffassen-als-etwas und Begehren-in-etwas gehen ineinander über; Begehrenswertes erhält Bedeutung, Bedeutsames wird affektiv aufgeladen."[1583] Dieser Prozess des Bedeutens, der von einem Begehren mitbestimmt werde, sei wiederum medial vermittelt. Wenn *jemand als jemand* wahrnehmbar oder beschreibbar wird, ist er/sie/* also immer medial konstituiert.[1584] Unser Aufmerken finde „Halt und Gestalt" [1585] in medialen Zwischeninstanzen, Verkörperungen *als* mediale Zwischendinge können entstehen. Alles was wir wahrnehmen, ist demnach medial vermittelt und erhält z. B. als Bild oder Name eine spezifische Bedeutung und Wirkung. Am Beispiel des Bildes habe ich den „Prozeß der Verbildlichung" bei Waldenfels thematisiert, indem „(...) Bildloses *im Bild* sichtbar wird und (...) es *durch das Bild hindurch* affektive Wirkungen

1580 » Kapitel 4.2.2 Medien als Zwischeninstanzen und Zwischendinge: Zur Medialität der Erfahrung.
1581 Waldenfels (2004): Phänomenologie der Aufmerksamkeit. S. 128 (kursiv im Original).
1582 Waldenfels (1999/2015): Vielstimmigkeit der Rede. S. 121 (kursiv im Original).
1583 Waldenfels (2015): Sozialität und Alterität. S. 269.
1584 Vgl. ebd., S. 274.
Waldenfeld spricht in diesem Zusammenhang auch von Substituten als eine Form der Ersatzbildung, „(....) durch die nicht bloß etwas ersetzt wird, das uns trifft, sondern *jemand*, der oder die sich an uns wendet (...)". Ebd., S. 274 (kursiv im Original).
1585 Waldenfels (2004): Phänomenologie der Aufmerksamkeit. S. 162.

hervorruft".[1586] Wie ich im vierten Kapitel deutlich gemacht habe, bescheinigt er den Zwischendingen eine „eigene Zug- und Schwerkraft", die „(...) über ihre Bedeutungsstruktur hinaus [ginge, EM]" und mich insbesondere in der Beziehung zum Anderen (a) interessiert.[1587] Das führt mich zu der Frage, inwiefern in meinen Fällen mediale ‚Zugkräfte' erahnbar wurden, die zu Konstitutionen zwischen Selbst und Anderen im Gesagten und Gezeigten beigetragen haben.

10.3.1 Funktionen und Wirkungsweisen der Bilder (im Vergleich zur Sprache) für die Projektleiter*innen

An dieser Stelle wird wiederum der Vergleich der visuellen und sprachlichen Darstellungen für meine Überlegungen zentral, durch den ich mögliche ‚Wirkkräfte' in meiner Untersuchung befragen konnte. Im Kapitel 10.1 habe ich bereits Prozesse der (sprachlichen) Auslegung im Anderen in meinen Fällen thematisiert und auf auffällige Abgrenzungen im Sprechen hingewiesen (» Kapitel 10.1.2)[1588] sowie konflikthafte Bestimmungen angesprochen (» Kapitel 10.1.3)[1589]. Mit einem Zitat des Erziehungswissenschaftlers Manuel Zahn erinnere ich an die formierende Funktion von Sprache, die zur Spaltung des Subjekts beiträgt (moi und je » Kapitel 4.2.1)[1590] und die notwendige Verkennung des Anderen/ der Anderen unterstützt:

> „Medien sind vielmehr als *Zwischeninstanzen* zu beschreiben, welche die Bildung des individuellen Subjekts, die Erfahrungen und Zugänge zu Welt und Selbst zuallererst ermöglichen. Aber damit ist jeder identifizierende Bezug auf die Welt und das Selbst gleichsam Entzug von Identität, da die Medialität zwischen Subjekt und Welt tritt als etwas, das dem Subjekt vorausgeht, es dezentriert und formiert. Dessen Welt- und Selbstverhältnisse sind damit nur als eine Auslegung im medialen Anderen, den es immer wieder verkennt, denkbar."[1591]

Zahn spricht in diesem Zitat gleichwohl nicht nur von der Sprache, sondern er thematisiert Medien im Allgemeinen, um ihre Funktionen vor dem Hintergrund eines Identitätskonzeptes zu befragen, das nur medial denkbar werde und auf den ‚medialen Anderen' angewiesen sei.

In meinen Untersuchungen habe ich kontinuierlich miteinander verglichen, *wie die Projektleiter*innen über die Kinder und Jugendlichen sprechen und wie sie diese zeigen, wie sie ihre Bilder thematisieren und wie sie mit den Fotos umgehen,* um darüber die Beziehung zu den Anderen zu hinterfragen. Nun knüpfe ich daran

---

1586 Waldenfels (2015): Sozialität und Alterität. S. 274 (kursiv im Original).
1587 Ebd., S. 250.
1588 » Kapitel 10.1.2 Abgrenzungen: Notwendige Unterscheidungen.
1589 » Kapitel 10.1.3 Ambivalenzen I: Konflikthafte Bestimmungen.
1590 » Kapitel 4.2.1 Zwischen Selbst und Anderen, Eigenem und Fremdem: Zur Phänomenologie der Erfahrung.
1591 Zahn (2012): Ästhetische Film-Bildung. S. 27 (kursiv im Original).

an, um die ‚Wirkkraft' der Bilder bzw. des Bildhaften für die Projektleiter*innen vor dem Hintergrund von Subjektbildungsprozessen zu reflektieren und zu abstrahieren. Ich beleuchte mögliche *Funktionen* der Bilder, die ich in den Fällen re-konstruieren konnte (» Kapitel 9.3)[1592], die ich als *Imagebilder, Dokumentationsbilder, Erinnerungsbilder* und *Identifikationsbilder* charakterisiere und zunächst analytisch trenne, auch wenn sie in einer Beziehung zueinander stehen. Die hier verwendeten Begriffe habe ich überwiegend aus den Interviews abgeleitet, um sie nun aus theoretischer Perspektive zu befragen und ‚Zugkräften' des Visuellen weiter nachzugehen. Dabei verweisen die Bezeichnungen nicht auf einzelne Artefakte, sondern können als *Ebenen des Bildhaften* verstanden werden, die sich je nach Fokus anders überlappen.[1593]

Imagebilder: Zeigen von Projektprizipien und -inhalten

Ich beginne zunächst damit, welche Wirkungsabsicht die Projektleiter*innen den Fotos zur Darstellung der Projekte *zugesprochen* haben – was in den Interviews explizit wurde.[1594] Dazu konzentriere ich mich in einem ersten Schritt auf die *Bildkommentare* und beleuchte verbalisierte Aussageabsichten zu den ausgewählten Fotografien, die ich als ‚Imagebilder' zusammenfasse.[1595] Denn auf meine Frage, warum die Projektleiter*innen die Fotos ausgewählt haben, antworteten sie meist in Hinblick auf Außenwirkung der Bilder. So hätte der Projektleiter A. die Bilder ausgesucht, weil sie ‚typische Situationen' für das Projekt zeigen (» Kapitel 8.1.3)[1596]. Anhand der Fotos thematisierte er Projektprinzipien, welche die Bilder für ihn darstellten. Wie ich herausgearbeitet habe, scheint ihm dabei das Zeigen der partnerschaftlichen Beziehung zwischen den Kindern und den Künstler*innen wichtig gewesen zu sein ebenso wie das Sichtbarmachen des Interesses und der Bewunderung der Kinder für die Arbeiten der Künstler*innen.[1597] Die ausgewählten Fotos wären für ihn besonders ‚aussagekräftig' und ‚verständlich' – im Gegensatz

1592 » Kapitel 9.3 Mögliche Auswahlmotive und Funktionen der Bilder.

1593 Meine folgenden Überlegungen gehen primär aus den Ergebnissen meiner Analysen hervor. Analogien zu den, im Kapitel 4.2.3 einführend dargestellten ‚Struktureigenschaften' von Bildern werden z. T. möglich, auch wenn ich hier primär ihren Status als ‚Übergangsinstanzen' befrage.

1594 Aus analytischen Gründen trenne ich Funktionen, welche die Projektleiter*innen den Bildern im Kontext der Projektdarstellungen zusprechen von weiteren, möglichen Bildfunktionen, die ich im Laufe meiner Untersuchung herausarbeiten konnte.

1595 Wie bereits erwähnt, habe ich diese Bezeichnung primär aus meiner empirischen Untersuchung abgeleitet, um diese Ebene von weiteren Funktionen des Bildhaften zu unterscheiden. Unter den Begriff des ‚Imagebildes' fasse ich also zunächst nur die verbalisierten Wirkungsabsichten der Projektleiter*innen.

1596 » Kapitel 8.1.3 Das ‚Sprechen über die Bilder': „Die Fotos habe ich <u>alle hier</u> noch drin." ↔ „typische Situationen" ↔ „besonders schöne Fotos".

1597 » Kapitel 8.1.3 etwa den Abschnitt „<u>Ach XX</u> . das ist so ein <u>tolles</u> Bild . kann ich MITMALEN?" ↔ „(...) auch <u>zusammen</u> an einem Bild arbeiten, <u>OHNE</u> dass wir das irgendwie <u>VORGEBEN</u>, ne."

etwa zu Bildern, die er eher als ‚private Erinnerungsmomente' einstufte.[1598] Auch die Projektleiterin B. hat Fotos ausgewählt, die ihr Projekt ‚treffend' visualisieren sollten (» Kapitel 8.2.3).[1599] Dabei scheint es ihr wichtig gewesen zu sein, dass die Bilder (bzw. die Homepage) wiedergab(en), „(...) was (...) entstanden ist oder wie gearbeitet wird und wie komplex es (...) ist."[1600] Ich konnte re-konstruieren, dass die Kriterien ‚Verständlichkeit' und ‚Wiedergabe von Qualität' für die Projektleiterin B. bei der Bildauswahl vermutlich bedeutsam wurden, wobei sie darunter das Zeigen der Projektinhalte sowie der komplexen, künstlerischen Arbeitsformen in ihrem Projekt verstanden haben könnte.[1601] Nachdem ich die für mich auffällig gewordenen Fenstergestaltungen und die Ornamente auf den Fotos angesprochen hatte, thematisierte sie auch ‚strategische', gestalterische Überlegungen, um das Projekt als ihre künstlerische Arbeit sichtbar zu machen.[1602] Während die Projektleiter*innen A. und B. ihre Aussageabsichten durch die Fotos nur kurz ansprachen und meine Nachfragen insbesondere im zweiten Fall zu Widerständen geführt haben könnten[1603], erläuterte mir die Projektleiterin C. sehr ausführlich ihre Gestaltungsziele und die von ihr geplanten Funktionen der Bilder (» 8.3.3).[1604] Auf meine Frage zur Auswahl der Fotos machte sie sofort deutlich, dass die Bilder bewusst künstlerisch inszeniert gewesen seien, um „(...) möglichst viel über das Projekt zu erzählen (...)".[1605] In diesem Zusammenhang bezeichnete sie die Fotos selber als ‚Imagebilder', die sie bereits in der Projektplanung als Bestandteil ihres künstlerischen Konzeptes vorgesehen hätte.[1606] Im Interview thematisierte sie darüber hinaus verschiedene Wirkungsabsichten durch die Bilder. So sei es ihr bspw. wichtig gewesen, durch die Fotos eine bestimmte ‚Atmosphäre' zu transportieren und eine ‚Verwandlung' des ursprünglich verschmutzen und verwahrlosten Parks sichtbar zu machen.[1607] Auch ihre Absicht, durch das Projekt ‚andere Erinnerungen' für die Parkanwohner*innen zu schaffen, war wahrscheinlich eng gekoppelt an die Entstehung und Verbreitung der ‚Imagebilder', die auch in der Nachbarschaft

---

1598 » Kapitel 8.1.3 den Abschnitt „typische Situationen" ↔ „privater (...) Erinnerungsmoment"
1599 » Kapitel 8.2.3 Das ‚Sprechen über die Bilder': „Minimallösungen" ↔ „Die Künstler sind schreckliche Strategen, das ist ja logisch. Klar."
1600 I*Fall2, AB 177, Z.1313-1316.
1601 » Kapitel 8.2.3 den Abschnitt „eine einfache Oberfläche zu schaffen, die verständlich ist und die so viel wie möglich an Qualität wiedergibt" ↔ „gibt es doch ganz gut wieder was (...) entstanden ist oder wie gearbeitet wird und wie komplex es (...) ist".
1602 » Kapitel 8.2.3 den Abschnitt „Die Künstler sind schreckliche Strategen, das ist ja logisch. Klar." ↔ „Und das ist ne künstlerische Strategie. Und die würde vielleicht nen Schulprojekt nicht machen".
1603 » Kapitel 8.2.3 den Abschnitt „Schwachstelle" ↔ „Also ich kann dem auch nicht ganz gerecht werden".
1604 » Kapitel 8.3.3 Das ‚Sprechen über die Bilder': „Imagebilder" ↔ „ohne jemanden irgendwie zu diffamieren".
1605 I*Fall3, AB 79, Z. 565.
1606 » Kapitel 8.3.3 den Abschnitt „Imagebild[er]" ↔ Unvorhersehbares.
1607 » Kapitel 8.3.3 den Abschnitt Raumgestaltung ↔ Bildhaftes Zeigen der beteiligten Personen.

verteilt worden seien.[1608] Auch wenn die Projektleiter*innen im ersten und zweiten Fall die ausgewählten Fotos nicht explizit als Imagebilder bezeichnet hatten, lassen die oben thematisieren Bildkommentare m.E. darauf schließen, dass die Projektfotos bestimmte Erscheinungsbilder der Projekte vermitteln und projektspezifische Schwerpunkte transportieren sollten. Auch die wiederholte Verwendung der Bilder, wie sie auch im ersten Fall deutlich wurde,[1609] legt für mich nahe, dass die Fotos zu Imagebildern der Projekte geworden sein könnten.
Während ich an dieser Stelle zunächst Bedeutungen zusammengefasst habe, welche die Projektleiter*innen durch die Fotos in der Kommunikation nach außen vermitteln wollten, ließe sich kritisch fragen, was im Interview nicht sagbar wurde. Gab es noch andere ‚Wirkungsabsichten' durch die Fotos? Und was könnte die Bildauswahl der Projektleiter*innen noch beeinflusst haben? Die verbalisierten Aussageabsichten ‚deckten' sich zwar zum Teil mit den Ergebnissen meiner Annäherungen an die Bild-Ensembles der drei Fälle (» Kapitel 6).[1610] Denn auch für mich wurden bspw. die ‚Begegnungen auf Augenhöhe' zwischen den Kindern und den Erwachsenen im ersten Bild-Ensembles auffällig ebenso wie die szenischen Aufladungen der Projektfotos des dritten Falls (» Kapitel 6.4.1).[1611] Gleichzeitig vermitteln die Fotos für mich aber auch Aspekte, die von den Projektleiter*innen anders oder gar nicht angesprochen worden waren. In meinen Analysen hatte ich Bildmotive der drei Bild-Ensembles miteinander verglichen und mögliche Zeigeabsichten kritisch hinterfragt, wobei mein Sehen der Fotos auch stark von partizipationskritischen Diskursen geprägt war (» Kapitel 6.4.2).[1612]
Durch den Vergleich der sprachlichen und visuellen Darstellungen und der Formen des Bildumgangs konnte ich im Laufe meiner Analysen weitere Funktionen der Bilder re-konstruieren, die über die verbalisierten Zeigeabsichten hinausgehen und nach weiteren ‚Wirkkräften' der Bilder für die Projektleiter*innen fragen. Im Folgenden nährere ich mich diesen Ebenen an und beleuchte schrittweise weitere Funktionen der Fotografien.

Dokumentationsbilder: Beweis und Ver-Gegenwärtigung

Unter der Bezeichnung ‚Dokumentationsbilder' verlagert sich mein Fokus, indem Fotografien als ‚Beweise' und ‚Ver-Gegenwärtigung' der Projektarbeit stärker ins Zentrum rücken. Sowohl auf der Bildebene wie auch in den Bildkommentaren konnte ich dieser Funktion nachgehen:

1608 » Kapitel 8.3.3 den Abschnitt „Imagebild[er]" ↔ Unvorhersehbares.

1609 » Kapitel 8.1.3 den Abschnitt „Hier ist es auch. hier. vorne drauf." ↔ „Das, dieses MUSTER . (...) sich in dem. äh ... in der Jacke des Mädchens wiederfindet."

1610 » Kapitel 6 Annäherung I: Die Bild-Ensembles im Vergleich.

1611 » Kapitel 6.4.1 Zusammenfassung möglicher handlungsleitender Orientierungen in der Bildauswahl der Projektleiter*innen.

1612 » Kapitel 6.4.2 Zwischenreflexion der motivischen Bestimmungen – Partizipation ‚zeigen'?

Durch den motivischen Vergleich der drei Bild-Ensembles (» Kapitel 6.3)[1613] wurde ich auf *Bildmotive* aufmerksam, die mich vermuten ließen, dass eine Dokumentation des prozesshaften Arbeitens vor Ort zumindest für die Auswahl der Bild-Ensemble zum ersten und zweiten Fall auch bedeutsam gewesen sein könnte. Denn die Fotos ermöglichen [u. a.] momenthafte Einblicke in die Projektarbeit und in Formen des Interagierens zwischen den abgebildeten Personen[1614] und vermitteln eine bestimmte „(...) Gewissheit des »es ist so gewesen«"[1615], wie ich im Anschluss an Michel und Barthes den ‚idexikalischen' Charakter von Fotografien beschrieben habe (» 4.2.3).[1616] Auch in den *Bildkommentaren* fanden sich Äußerungen der Projektleiter*innen, die auf eine gewisse ‚Beweiskraft' der Fotos hinweisen, die ihnen [nicht nur] bei der Auswahl wichtig gewesen sein könnte. Ich denke dabei z. B. an den Projektleiter A., der über eine große Bilder-Sammlung zur ‚Projektdokumentation' verfügte und dessen Kommentare im Angesicht der Bilder für mich z. T. den Eindruck erweckt haben, als könnte er sich genau an die ‚dokumentierten' Situationen auf den Fotografien erinnern (» Kapitel 8.1.3).[1617] Prozesse der Vergegenwärtigung wurden hier m.E. relevant, auf die ich in meinen Überlegungen zum Erinnerungsbild weiter eingehe. Waldenfels charakterisiert Bilder in diesem Zusammenhang als *Fernbilder*, die „(...) Ferne in Nähe [ ] verwandeln und derart [ ] ver-gegenwärtigen, was nicht gegenwärtig ist".[1618] Die Vergegenwärtigung würde durch *Spuren* geleitet, die insbesondere Fotografien und Filmen nahe seien,[1619], indem sie auf Abwesendes verweisen:

> „Ein Foto ist kein Fernbild, weil es einen Abwesenden darstellt, sondern weil es jemanden – und sei es mich selbst, der ich in den Spiegel schaue, und sei es dich selbst, der du vor mir stehst – als abwesend darstellt."[1620]

Während Fotografien also einerseits eine gewisse ‚Beweiskraft' implizieren, zeugen sie zugleich von einer Abwesenheit und Ferne, die nicht aufhebbar sei. Diese Un-Möglichkeit der Vergegenwärtigung ist es, die mich hier besonders interessiert, wenn ich den Status des ‚Dokumentarischen' der Bilder für die Projektleiter*innen kritisch befrage und weiteren, möglichen Funktionen der Fotografien nachgehe.

1613 » Kapitel 6.3 Motivischer Vergleich der drei Bild-Ensembles.
1614 » etwa Kapitel 6.3.3 Tätigkeiten und Kleidungen der Personen.
1615 Michel (2006): Bild und Habitus. S. 19.
Michel nimmt Bezug auf Barthes (1989): Die helle Kammer. S. 117.
1616 » Kapitel 4.2.3 Zwischen visuellen und sprachlichen Darstellungen, durch Bilder und Sprache: Überlegungen zu einer indirekten Empirie insbesondere den Abschnitt ‚Visuelle und sprachliche Darstellungen als Untersuchungsgegenstand'.
1617 » Kapitel 8.1.3 Das ‚Sprechen über die Bilder': „Die Fotos habe ich alle hier noch drin." ↔ „typische Situationen"↔„besonders schöne Fotos".
1618 Waldenfels (2010): Sinne und Künste im Wechselspiel. S. 92.
1619 Vgl. ebd., S. 92.
1620 Waldenfels (2001): Spiegel, Spur und Blick. S. 25.

Dabei beleuchte ich in meinen Fällen ein Wirken *in* und *durch* Bilder ‚jenseits des Bildrahmens':

> „Haben wir es hier nicht mit Bildern zu tun, die sich mit der unmöglichen Aufgabe abmühen, etwas ins Bild zu bringen, was jeden Bildrahmen sprengt?"[1621]

Erinnerungsbilder: Übergangsdinge und Überlagerungen

In meinen Analysen konnte ich verschiedenste Hinweise herausarbeiten, dass die ausgewählten Fotos für die Projektleiter*innen auch zu ‚Erinnungsbildern' geworden sein könnten, die nicht nur in den Interviews für meine Untersuchungen bedeutsam wurden, sondern auch in der Bildauswahl für die Projektleiter*innen eine Rolle gespielt haben könnten. Ich nutze den Begriff des ‚Erinnerungsbildes' hier zunächst als Umschreibung, um Prozesse des *Erinnerns durch Fotos* zu thematisieren, bevor ich den Begriff vor dem Hintergrund phänomenologischer Positionen weiter vertiefe. Dazu knüpfe ich an Prozesse der Ver-Gegenwärtigung an, die ich im letzten Abschnitt (‚Dokumentationsbilder') bereits angesprochen habe und hier weiter wenden möchte.
Durch den Einbezug der Projektfotos in die Interviews veränderte sich das ‚Sprechen über die Projekte' merklich. Prozesse des Erinnerns als medialisierte Erfahrung wurden für mich z. B. deutlich, wenn die Projektleiter*innen anhand der Bilder über die abgebildeten Personen sprachen oder von den Entstehungskontexten der Fotos erzählten. Wie zum Beispiel im ersten Fall, in dem der Projektleiter A. die Personen auf den Fotos noch mit Namen kannte und die Entstehungsdaten der Bilder aufzählen konnte, obwohl die Fotos zum Zweitpunkt des Interviews fast 20 Jahre alt waren.[1622] Möglicherweise verweisen die Fotografien für ihn auf besonders *einprägsame* Ereignisse, denn bei einem Bild konnte er sich sogar noch an den Tag der Aufnahme erinnern, das am ersten Tag des Projekts entstanden sei. Oder im zweiten Fall, als die Projektleiterin B. anhand eines Fotos von Hintergründen zur Entstehung der Fensterfront erzählte und auf die beiden, im Innenraum abgebildeten Personen näher einging, sie beim Namen nannte und von ihrer Verbindung zu ihnen berichtete.[1623] Dabei wurde für mich re-konstruierbar, dass es sich bei den abgebildeten Personen um langjährige Weggefährt*innen handeln könnte, zu denen die Projektleiterin B. im Laufe der Zeit eine besondere Verbindung aufgebaut hatte. Ihre Erzählungen zu dem Bild erlaubten mir aber auch ‚Einblicke' in den Entstehungskontext des Fotos, indem B. weitere Personen ansprach, die bei

1621 Waldenfels (2010): Sinne und Künste im Wechselspiel. S. 97.

1622 » Kapitel 8.1.3 zum Beispiel die Abschnitte „Ach XX . das ist so ein tolles Bild . kann ich MITMALEN?" ↔ „(...) auch zusammen an einem Bild arbeiten, OHNE dass wir das irgendwie VORGEBEN, ne." sowie „(...) besonders schöne Fotos" ↔ „Das ((zeigt auf Bild 3)) ist vom 15. Februar 1995."

1623 » Kapitel 8.2.3 den Abschnitt „XX hat s t u n d e n l a n g hier diese Drei/Sechsecke und die Kreise mit aufgeklebt" (Bild 3) ↔ „wie/Bruce Nauman" (Bild 6).

der ‚abgebildeten' Situation mitgeholfen hätten. Erst durch diese Beschreibungen wurde ich auf Umrisse weiterer Personen aufmerksam, die sich zum Zeitpunkt der Aufnahme auf der Außenseite der Fensterfront befanden haben und die mir in meinen Bildanalysen bis dahin nicht aufgefallen waren.[1624] Für mich wurde dieses Foto deshalb zu einem Beispiel dafür, wie sich Sehen und Nicht-Sehen überlagern, wie Sabisch Prozesse der Bildwerdung mit Bezug auf Waldenfels und Husserl beschreibt und auf ‚Vor- und Nach-Zeichnungen' von Nicht-Gesehenem im Gesehenem bzw. von Gesehenem im Nicht-Gesehenem verweist, wie sie auch in ‚Erinnerungsbildern' zum Tragen kommen würden.[1625] Die Auffaltung der zeitlichen Dimension, die über das konkrete Projekt hinausgeht, wurde für mich in der medialisierten Erfahrung pro Foto spürbar. Als die Projektleiter*innen über ihre Fotos sprachen und anhand der Bilder (vergangene) Situationen aus dem Projekt thematisierten, wurden auch noch andere Überlagerungen und Differenzen für mich auffällig. Bemerkenswert fand ich zum Beispiel die Erzählungen der Projektleiterin C., die anhand der Fotos auch von unvorhersehbaren Situationen im Projekt berichtete, womit sie im Vorfeld, während der Projektkonzeption, nicht gerechnet hätte.[1626] Wie ich herausgearbeitet habe, könnten diese ‚Kippmomente' für sie im Projekt sehr bedeutsam gewesen sein. Während sich C. dafür entschieden hatte, den ‚Auslöser' dieser unvorhersehbaren Situation als ‚Imagebild' zu zeigen – ein fast mythisch wirkendes weißes Pferd, wurde das Foto im Rahmen meiner Untersuchung von Erzählungen der Projektleiter*innen überlagert, in denen sie mir von den sich bildenden Menschenmassen berichtete – die nicht auf dem Foto sichtbar waren. Die hier aufgeführten Beispiele lassen eine emotionale Betroffenheit der Projektleiter*innen re-konstruierbar werden, die durch die Fotos und das Erzählen von den ‚abgebildeten' Personen und Situationen erst zum Ausdruck kam. Aus dieser Perspektive wäre zu fragen, inwiefern die thematisierten Fotos für die Projektleiter*innen zu Andenken geworden sind, die eine spezifische affektive ‚Bindekraft' besitzen und mit Waldenfels als „Übergangsdinge" zu den Anderen beschrieben werden können:

> „Beispiele für **Übergangsfiguren** und **Übergangsdinge**, mittels derer die affektive Berührung zum Anderen zu dauerhaften Bindungen führt, sind uns mehrfach begegnet. Dazu gehören Liebespfänder, Gedenkzeichen, Andenken, Geschenke (...)."[1627]

Daran schließt sich für mich die Frage an, inwiefern die Bilder in meiner Untersuchung als medialisierte Erfahrungen auf eine begehrte Partizipation hindeuten und auf eine Lücke zum Anderen verweisen, die sie gleichzeitig überbrücken. Indem ich die Projektleiter*innen auf ihre Vorstellungen von Partizipation angesprochen

1624 Vgl. B*Fall 2.3.
1625 Vgl. Sabisch (2018a): Bildwerdung. S. 57.
1626 » Kapitel 8.3.3 den Abschnitt „Imagebild[er]" ↔ Unvorhersehbares.
1627 Waldenfeld (2015): Sozialität und Alterität. S. 274.

habe, wurden die Bilder vermutlich zu einem Teil der Antwort und deuten auf etwas, das so nicht beantwortbar war und in diese Leerstelle ‚eingesprungen' ist. Die affektiven Aufladungen der Bilder für die Projektleiter*innen, die in den thematisierten Beispielen zentral wurden, wurden in meinen Analysen bis an die Grenzen einer Versprachlichung re-konstruierbar. Auch dafür möchte ich Beispiele aufführen, auf die ich in meinen Untersuchungen aufmerksam wurde. Dazu zählt für mich etwa das Ringen um Worte, als ich die Projektleiterin C. gefragt habe, welches der Bilder sie besonders möge.[1628] Während sie zuvor ihre Gestaltungsabsichten anhand der einzelnen Bilder detailliert beschrieben hatte, schien es ihr deutlich schwerer zu fallen, in Worte zu fassen, weshalb ein Foto für sie besonders sei. Ein anderes markantes Beispiel konnte ich im ersten Fall re-konstruieren. Denn der Projektleiter A. wiederholte mehrfach im Interview, dass die ausgewählten Fotos für ihn auch ‚besonders schön' seien.[1629] Während er anhand der Bilder erklärte, weshalb sie für ihn ‚typische Situationen' zeigen würden, blieben seine Aussagen, warum sie ‚besonders schön' seien, fragmentarisch. Das Getroffensein, das in diesen Beispielen für mich besonders wahrnehmbar wurde, kann mit Sabisch und Waldenfels auf eine spezifische ‚Wirkkraft' von Bildern zurückgeführt werden:

> „Durch Bilder werden wir in ein Begehren verwickelt und diese Affektion, die als Selbst- und Fremdaffektion, als Be- und Entzug zu denken ist, zeigt sich »in einem leiblichen Getroffensein« (Waldenfels 2004, S. 221)"[1630]

Im Laufe meiner Analysen bin ich diesen Spuren durch den Vergleich der visuellen und sprachlichen Darstellungen weiter nachgegangen, um affektive Dimensionen zu beleuchten, die sich einer Versprachlichung widersetzen. Bevor ich im Abschnitt ‚Identifikationsbilder' diesen Ergebnissen weiter nachgehe, widme ich mich noch einmal der Funktion der ‚Erinnerungsbilder', um eine weitere Ebene aufzuzeigen, die in meinen Analysen auffällig wurde. Dazu komme ich auf ein Beispiel aus dem ersten Fall zurück, das auch für meine folgenden Überlegungen bedeutsam wurde, in dem der Projektleiter A. sich scheinbar noch genau an die ‚abgebildete' Situationen erinnerte.[1631] Er kommentierte die Fotos, indem er die dargestellten Kinder ‚zitierte', als könne er ihre Perspektive wiedergeben oder wüsste noch genau, was sie zum Zeitpunkt der Aufnahme dachten. Ein Vergleich zwischen seinen Aussagen und den visuellen Darstellungen ließ für mich allerdings Differenzen deutlich werden. In meinen Analysen habe ich danach gefragt, inwiefern diese Unterschiede damit begründet werden könnten, dass der Projektleiter A. anhand

1628 » Kapitel 8.3.3 den Abschnitt Sprachliche Distanzierung ↔ Getroffen sein durch die Bilder.
1629 » Kapitel 8.1.3 den Abschnitt „(...) besonders schöne Fotos" ↔ „typische Situationen".
1630 Sabisch (2018a): Bildwerdung, S. 62 f.
1631 » Kapitel 8.1.3 zum Beispiel die Abschnitte „Ach XX . das ist so ein tolles Bild . kann ich MITMALEN?" ↔ „(...) auch zusammen an einem Bild arbeiten, OHNE dass wir das irgendwie VORGEBEN, ne."

der Fotos Projektprinzipien thematisierte und diese womöglich durch die ‚Kinderzitate' verdeutlichen wollte. Auch ließe sich kritisch einwenden, dass A. auch in anderen Gesprächsabschnitten ‚Zitate' verwendete, es sich also möglicherweise um eine spezifische Art des Sprechens handeln könnte.[1632] An dieser Stelle möchte ich noch einmal auf den Aspekt der ‚Ver-Gegenwärtigung' zurückkommen, den ich im Abschnitt ‚Dokumentationsbilder' bereits angesprochen habe. Dort habe ich die Un-Möglichheit des Vergegenwärtigens thematisiert, die ich nun im Hinblick auf den Prozess des Erinnerns vertiefen möchte. Denn aus phänomenologischer Perspektive könne das Erinnern nicht mit einer Wiederholung gleichgesetzt werden, wie bspw. Waldenfels hervorhebt:

> „Wiedererinnerung, die auf einen Anspruch antwortet, ist keine bloße Wiederholung von etwas, das einmal war oder noch sein könnte, sondern ein *Wiederantworten* auf etwas, das erneut etwas zu sagen und zu tun gibt."[1633]

Das, was in die Erinnerung vordringt sei „selektiv" und abhängig von den jeweiligen Ansprüchen, sodass ein „(...) reines Erinnern (...), bei dem nichts Erinnerungswürdiges verloren geht",[1634] als Illusion bezeichnet werden kann. Mit Bezug zu Husserl betont auch die Kulturwissenschaftlerin Iris Därmann eine Differenz zur „Reproduktion" und charakterisiert das ‚Erinnerungsbild' durch seine Un-Möglichkeit der Vergegenwärtigung:

> „(....) kann die Wiedererinnerung nicht mehr den Anspruch darauf erheben, eine schlichte, »bildmäßige *Reproduktion*« *der* Vergangenheit zu liefern, wie sie in Tat und Wahrheit gewesen ist; ohne dass alles »ins Bild getreten« wäre, bringt sie stattdessen unter dem affektiven »Zuzug« des je Gegenwärtigen eine »tendenziöse« und eigentümlich »produktive« *Darstellung von* Vergangenheit in der kombinatorischen Arbeit der Erinnerungsbilder hervor. Gemäß der von Husserl auch hier wiederholten Forderung, dass die Erinnerung keineswegs als »innere Abbildung«, sondern als »pure Vergegenwärtigung« zu denken sei, vermag der unablässig ins Spiel gebrachte Begriff des Erinnerungsbildes folglich nicht mit der in der »gewöhnlichen Bildauffassung« vorherrschenden »abbildenden Verähnlichung« zusammentreffen. »‚Bild von' besagt hier nicht Abbild« einer vergangenen Wirklichkeit; Husserls Rede vom kombinierten Erinnerungsbild kann vielmehr nichts anderes als die »‚Erzeugung' eines Bildes« im Sinne der Darstellung des Ungegenwärtigen heißen."[1635]

Diese Überlegungen habe ich hier ausgeführt, um Potenziale des Erinnerns durch Bilder hervorzuheben, die nicht in einer Wiederholung des Vergangenen liegen, sondern vielmehr den Fokus darauf lenken, welche Ansprüche in die Erinnerungsbilder hineinspielen könnten, ohne dass diese auf Vergangenes reduziert werden

1632 » Kapitel 8.1.4 den Abschnitt „frei und selbstbestimmt" ↔ „ohne pädagogischen Überbau"
1633 Waldenfels (1994): Antwortregister. S. 394 (kursiv im Original).
1634 Ebd., S. 394.
1635 Därmann (2001): Wenn Gedächtnis Erinnerungsbild wird. S. 198 (kursiv im Original).

können oder sich auf Gegenwärtiges zurückführen lassen. Diesen Ansprüchen gehe ich nun weiter nach, um einem Begehren nachzuspüren, das durch die Bilder wirkt und danach zu fragen, inwiefern die ausgewählten Projektfotografien für die Projektleiter*innen auch zu Identifikationsbildern geworden sein könnten.

Identifikationsbilder: Veränderte Zeitlichkeit und Nahtstelle

Wenn ich an dieser Stelle von Identifikationsbildern spreche, beleuchte ich die Wirkkraft der Bilder im Hinblick auf Identifikationsprozesse in meinen Fällen. Ich frage nach einer bildenden Funktion durch Fotografien, die über ihre Funktion als Erinnerungsbild[n]er hinausgeht und zur Konstitution zwischen Selbst und Anderen beigetragen haben könnte. Durch den Vergleich der Art und Weise, wie die Projektleiter*innen über sich und die Anderen gesprochen und wie sie diese gezeigt haben, konnte ich komplexen Identifikationsprozessen insbesondere im ersten Fall ein Stück weit nachgehen. Gleichwohl muss der Versuch, diese Spuren nachzuzeichnen und mögliche Identifikationsprozesse durch die Bilder hier aufzuzeigen, fragmentarisch bleiben.
Eine Besonderheit des ersten Falls besteht für mich z. B. darin, dass der Projektleiter A. wiederholt ‚alte' Fotos zur visuellen Darstellung des Projekts verwendet hatte, die zum Zeitpunkt des Interviews fast 20 Jahre alt waren.[1636] Im letzten Abschnitt habe ich bereits meine Vermutung dargelegt, dass die Bilder besonders einprägsame Erlebnisse für ihn ‚festgehalten' haben könnten. An dieser Stelle gehe ich exemplarisch noch einmal auf ein Foto genauer ein, das A. sofort nannte, nachdem ich ihn auf die Aufnahmedaten der Bilder angesprochen hatte und das er mehrfach im Interview thematisierte. Welche Ansprüche könnten durch dieses Foto noch heute wirksam sein, das am ersten Projekttag aufgenommen worden sei („Das ((zeigt auf Bild 3)) ist <u>vom 15. Februar 1995</u>"[1637])? Um diese Frage zu beantworten, habe ich die Aussagen des Projektleiters wiederholt mit diesem und weiteren Bild(ern) verglichen. Dabei wurde für mich zum Beispiel auffällig, dass A. das Foto als ‚typische Situation' thematisierte, vermutlich um die Bewunderung der Kinder für den Künstler (mit Behinderung) zu veranschaulichen – während das Bild für mich noch andere Deutungen erlaubte. Im Interview kam er zweimal auf diese ‚typische Situation' zurück und seine Bildkommentare ließen jeweils annehmen, dass beide Jungen, die auf dem Foto abgebildet waren, den „große[n], bewunderte[n] Meister"[1638], der zwischen ihnen saß, anschauen würden bzw. genau beobachten würden, was er in dem Moment zeichnete.[1639] Ein Vergleich

1636 » Kapitel 8.1.3 z. B. den Abschnitt „(...) besonders <u>schöne</u> Fotos" ↔ „Das ((zeigt auf Bild 3)) ist <u>vom 15. Februar 1995</u>."
1637 I*Fall 1, AB 118, Z.763/ 764.
1638 I*Fall 1, AB 86, Z.645.
1639 Meine Deutungen beziehen sich hier auf folgende Ausschnitte:
645 A. (AB 86): (...) hier sieht man eben XX, der große . bewunderte . Meister.
646

zwischen sprachlicher und visueller Darstellung ergab für mich allerdings, dass nur ein Junge auf die Zeichnung oder den Stift des Mannes schaute, während der andere Junge im Moment der Aufnahme in die Kamera blickte. Hier wird für mich die Responsivität von Bildern besonders wahrnehmbar, indem sie selektiv bzw. fokussiert wahrgenommen werden können (» Kapitel 10.3.3).[1640] Eine ähnliche Differenz konnte ich zwischen den Bildkommentaren und einem weiteren Bild ausmachen. Auch dort schaute das Mädchen nicht auf das Gemälde, sondern in Richtung des Projektleiters, der auch diese Situation fotografiert hatte.[1641] Dies führte mich zu der Frage, inwiefern A. selber zu einem Teil der ‚abgebildeten' Situation und des Blickgeschehens geworden war. Inwiefern hatte seine Position im Projekt, die er zunächst nur am Rande angesprochen und als ‚assistierend' beschrieben hatte, in den Fotos eine andere Stellung erhalten? Diesen Spuren bin ich in meinen weiteren Vergleichen der visuellen und sprachlichen Darstellungen im ersten Fall nachgegangen und habe die Beziehung des Projektleiters zu den Beteiligten vertiefend beleuchtet, aber auch seine Rolle im Projekt hinterfragt. Auffällig gewordene kompositorische Besonderheiten der Fotografien, wie die Doppelungen eines Musters[1642] oder die Doppelung in der Anordnung zwischen Personen und Wassergläsern,[1643] ließen mich aufmerksam werden für mögliche künstlerische Anliegen des Projektleiters, die ich später mit seinen Aussagen zu seiner Rolle im Projekt in Beziehung gebracht habe. Auf diese Weise konnte ich meine Deutungen Schritt für Schritt vertiefen und mögliche Projektionen des Projektleiters auf die Kinder und Künstler*innen (mit Behinderung) beleuchten und hinterfragen, inwiefern A. das Projekt als sein künstlerisches Werk und seine (Lebens-)Aufgabe verstehen könnte, anderen eine künstlerische Tätigkeit zu ermöglichen.[1644] Obwohl die Materialität der Fotos inzwischen mehr als 20 Jahre alt ist, vermute ich, dass der Anspruch der von diesen Bildern für den Projektleiter A. ausgehen könnte, existenziell geworden ist und noch heute ‚trägt'. Durch die Bilder konnte etwas ‚festgehalten' werden, dass für den Projektleiter möglicherweise so bedeutsam wurde, dass die Fotos ihre Aktualität nicht verloren haben.

647 EM (AB87): Hier das, Nummer 3 da. ((zeigt auf Bild und
648 kommentiert so die Bildauswahl zur späteren Zuordnung))
649 A. (AB88): Ja. der sitzt und macht ne Vorzeichnung und die Kinder
650 gucken STAUNEND zu. Das ist ja einfach eine typische Situation bei
651 uns (...).
Sowie:
668 A. (AB 92): (...) Das sind ja verschiedene .
669 MOMENTE ((verweist auf Bild 3)) hier wo die Kinder gucken ((mit
670 verstellter Stimme)) „ah, was macht der XX denn jetzt ne".

1640 » auch Kapitel 10.3.2 Funktionen und Wirkungsweisen der Bilder (im Vergleich zur Sprache) in meinen Analysen

1641 » Kapitel 8.1.3 den Abschnitt „Ach XX . das ist so ein tolles Bild . kann ich MITMALEN?" ↔ „(...) auch zusammen an einem Bild arbeiten, OHNE dass wir das irgendwie VORGEBEN, ne."

1642 B*Fall 1.2.

1643 B*Fall 1.3.

1644 » Kapitel 8.1.5 Fallinterner Vergleich visueller und sprachlicher Darstellungen zum Projekt 1.

Meine Überlegungen zum Begehren möchte ich nun weiter ausdifferenzieren, indem ich auf das Blickgeschehen eingehe. Als Blick verstehe ich dabei nicht vorrangig ein Angeblickt-Werden durch eine andere Person, wie ich es anhand der beiden Projektfotografien durch den Blick der Kinder zum Projektleiter bzw. zu den Betrachter*innen thematisiert habe. Auch wenn ich auf die subjektbildende Funktion des Angeschaut-Werdens durch andere Personen/ Spiegeleffekte hier ausdrücklich hinweise.[1645] Stattdessen folge ich an dieser Stelle auf einer allgemeineren Ebene im Anschluss an Lacan einem Chiasmus zwischen Auge und Blick, um das hervorzuheben, was uns durch das Bild hindurch anblickt und ein Begehren in Gang setzt.[1646] Wie wirkmächtig dieses Blickgeschehen sein und zur Konstitution des Selbst beitragen kann, darauf verweist zum Beispiel Waldenfels, wenn er dessen übergreifende Funktion anspricht:

> „Blicke können schließlich auf das Hier des Betrachters übergreifen, seine Position erschüttern bis hin zu dem Punkt, wo die Rollen sich umkehren, so daß wir – wie Lacan anmerkt – selbst zum Tableau werden (Lacan 1973, S. 121, dt. S. 113)."[1647]

Der fremde Blick, der durch das Bild hindurch wirke und sich in die Betrachter*innen einschreibe – sie selber zum Tableau werden lasse, beginne anderswo und mische sich in unser Sehen ein, wie Waldenfels hervorhebt.[1648] Er spricht in diesem Zusammenhang auch von einem „(...) antwortenden Blick, der nicht im Eigenen beginnt",[1649] was den pathischen Charakter des Sehens deutlich werden lässt. Die These Sabischs, dass „Bildwerdung und Subjektbildung [...] wechselseitig miteinander verwoben [seien, EM]",[1650] wird m.E. anhand der thematisierten Identifikationsbilder besonders virulent. Die hier angesprochenen Fotos dienen nicht nur als Erinnerungsbilder, sie ermöglichen darüber hinaus eine andere Zeitlichkeit. Mit der Erziehungswissenschaftlerin Käte Meyer-Drawe gehe ich davon aus, dass sich das Ich über Erinnerungsbilder konstituiere, wobei sie im Anschluss an Lacan eine veränderte Zeitlichkeit im Prozess der Subjektbildung hervorhebt:

> „Für Lacan ist deshalb die zeitliche Dimension von Subjektivität entscheidend. Dabei ergibt sich die Grundstruktur der Geschichtlichkeit des Subjekts aus dem *futur antérieur* (2. Zukunft), nämlich dessen, was das Ich gewesen sein wird. Die Zukunftsform einer abgeschlossenen Erinnerung verdeutlicht, daß das Ich niemals ganz bei sich sein kann. Das Ich konstituiert sich fortwährend aus Erinnerungsbildern, die vor uns liegen. Es handelt sich um eine »antizipierte Nachträglichkeit« (Weber, Rückkehr zu Freud, S. 12). Die zweite Zukunft weist auf eine gespaltene Zeitlichkeit, auf eine Spaltung des Unbewußten, die unüberwindlich bleibt. In dieser Spaltung realisiert

1645 Vgl.etwa Meyer-Drawe (2016): Wenn Blicke sich kreuzen.
1646 Lacan (1987): Die vier Grundbegriffe der Psychoanalyse. S. 73 ff.
1647 Waldenfels (1999): Sinnesschwellen. S. 144.
1648 Vgl. ebd., S. 146.
1649 Ebd., S. 147.
1650 Sabisch (2018a): Bildwerdung. S. 11.

> sich ein Ich, das nur in der Spaltung, in der Differenz existiert, für das Identität nur als Differenz gegeben ist."[1651]

In ihrem Buch *Illusionen von Autonomie. Diesseits von Ohnmacht und Allmacht des Ich* beleuchtet auch Meyer-Drawe eine Spaltung des Ichs, die sich nicht schließen ließe und spricht sich gegen starre Konstrukte von Identität aus, die sie anhand verschiedener Theoriebezüge dekonstruiert. Ich-Entwicklung werde dabei gerade durch jene Differenz „(...) von *je* und *moi* (Lacan), Es, Ich und Über-ich (Freud), *I* und *me* (Mead) (...)" herausgefordert und konstituiere sich „(...) stets nur in der Spannung von Vergangenheit und antizipierter Zukunft (...)".[1652]
Der Erziehungswissenschaftler und Psychoanalytiker Karl-Josef Pazzini untersucht in seinem Buch *Bildung vor Bildern* das Potenzial ‚einfallender Bilder' für Bildungsprozesse und kommt dabei auch auf die Halt gebende Funktion von Bildern zu sprechen. Im Anschluss an Jacques-Alain Miller und Jacques Lacan thematisiert er Bilder als „Nahtstelle, Naht, Vernähung, Narbe", indem er dem französischen Begriff der „Suture" weiter nachgeht.[1653] Seine Überlegungen werden für meine Reflexionen ebenfalls interessant, weil die Metapher der ‚Naht' oder ‚Narbe' die konstituierende Funktion von Bildern m.E. sehr treffend umschreibt, die sich in den Körper einzeichnen und Spuren hinterlassen. Das gespaltene ‚Ich' werde durch einen Faden zusammengehalten, ohne dass die entstehende Naht eine ‚vollständige' Ganzheit herstellen könne:[1654]

> „Das durch die Einlassung in die Sprache gespaltene Subjekt – vom Anderen her bestimmt, gehalten und gezogen, dem die Sprache in Gänze nie zur Verfügung stehen wird – versucht immer wieder zumindest temporär diese Spaltung zu überwinden. In der Not einer Öffnung, eines Loches, eines Fehlens, das sich nicht von selber zur Ganzheit schließt, wird es z. B. durch Bilder zusammengehalten, die bei ihrer Einbindung kleinere Perforationen setzen, über einen Faden von Signifikanten, die ihre Wirkung im Realen tun, nämlich den Körper angreifen, Gefühle entstehen lassen. Der Faden geht durch und durch."[1655]

Hier ließe sich noch einmal rückblickend fragen, inwiefern die thematisierten Fotos in meinen Fällen dazu beitragen haben, auf ein Begehren oder einen Mangel zu antworten und eine Ganzheit zu erzeugen, ohne die Lücke vollständig schließen zu können. Inwiefern wurden durch die Bilder Vorstellungen von sich erfüllender Partizipation konstituiert, welche in die Lücke zum Anderen ‚einspringen' und Spaltungen überbrücken?

1651 Meyer-Drawe (2000): Illusionen von Autonomie. S. 122 (kursiv im Original).
1652 Ebd., S. 122 (kursiv im Original).
1653 Pazzini (2015): Bildung vor Bildern. S. 169.
1654 Vgl. ebd., S. 169.
1655 Ebd., S. 169.

In diesem Abschnitt habe ich mich exemplarisch auf Beispiele aus dem ersten Fall bezogen, weil Prozesse des Identifizierens mit den Anderen durch Bilder für mich dort besonders wahrnehmbar wurden. Doch auch die Fotos der beiden anderen Fälle ließen sich auf ihre (subjekt-)bildenden Funktionen befragen – etwa für das künstlerische Selbstverständnis der Projektleiter*innen oder im Hinblick auf Identifizierungsprozesse mit den abgebildeten Personen, wie ich sie in meinen Falldarstellungen angesprochen habe (» Kapitel 8.2.5; 8.3.5).[1656]
Um mögliche Wirkkräfte der Bilder für die Projektleiter*innen zu reflektieren, habe ich in diesem Kapitel verschiedene Funktionen der Fotos thematisiert, die von einer Darstellung/ Kommunikation der Projekte für Andere ‚nach außen' (Imagebilder) bis zu konstituierenden Dimensionen für die Projektleiter*innen ‚nach innen' (Identifikationsbilder) reichen. Dazu wurde der Umgang mit einer *doppelten Differenz* notwendig – zwischen dem, was die Bilder für die Projektleiter*innen ‚bedeuten' könnten und meinen Re-Konstruktionen der visuellen und sprachlichen Darstellungen, über die ich versucht habe, Rückschlüsse auf mögliche Funktionen der Bilder für die Projektleiter*innen zu ziehen (» Kapitel 10.2.2).[1657] Die sich dabei für mich ‚zeigenden' *Verschiebungen*, die ich auch in diesem Abschnitt angesprochen habe, vertiefe ich im Folgenden noch stärker aus methodischer Perspektive, um das Potenzial der Bildern im Zusammenspiel zwischen Simultaneität und Sukzession in meinen Analysen zu thematisieren.[1658] Denn gerade die Polysemie und Vieldeutigkeit der Bilder erlaubte es mir, verschiedene Deutungen gegenüberzustellen und unterschiedliche Funktionen der Fotografien für die Projektleiter*innen herauszuarbeiten.

10.3.2 Funktionen und Wirkungsweisen der Bilder (im Vergleich zur Sprache) in meinen Analysen

Die Projektfotos wurden in meiner Untersuchung zu wichtigen Gegenhorizonten[1659], mit denen ich die Ergebnisse meiner sprachlichen Analysen kontrastieren und vergleichen konnte. Zum Beispiel, wenn die Projektleiter*innen Aspekte in ihren Bildkommentaren angesprochen hatten, die ich so in meinen Bildanalysen

1656 » etwa Kapitel 8.2.5 Fallinterner Vergleich visueller und sprachlicher Darstellungen zum Projekt 2 sowie Kapitel 8.3.5 Fallinterner Vergleich visueller und sprachlicher Darstellungen zum Projekt 3.

1657 » auch Kapitel 10.2.2 Vergleiche von visuellen und sprachlichen Darstellungen in meiner Untersuchung.

1658 » Kapitel 11 Methodische und methodologische Wendungen: Potenziale und Grenzen meines empirischen Vorgehens.

1659 Den Begriff des ‚Gegenhorizonts' aus der Terminologie der dokumentarischen Methode habe ich z. B. im Kapitel 4.4.4 auf sprachlicher Ebene eingeführt. » Kapitel 4.4.4 Zur Analyse von Texten mit der dokumentarischen Methode
An dieser Stelle konzentriere ich mich auf das Potenzial von Bildern (im Vergleich zur Sprache), um medienspezifische Eigenarten zu thematisieren, die in meiner Untersuchung zum Tragen kamen.

(bzw. den Untersuchungen der Bild-Ensembles) nicht gesehen hatte. Oder anders herum – wenn für mich in den Bildanalysen bestimmte Aspekte auffällig geworden waren, die ich dann vor dem Hintergrund der Aussagen der Projektleiter*innen betrachtet habe. Durch die Fotografien wurde es mir möglich, unterschiedlichen Deutungen nachzugehen und ambivalente Bestimmungen anhand der Bilder zu befragen. Dass die visuellen Darstellungen diese Wendungen und Verschiebungen erlaubten und sogar beförderten, kann mit ihrer Vieldeutigkeit in Verbindung gebracht werden, die ich im Kapitel 4.2.3 bereits angeprochen habe.[1660] In Ergänzung zu den dort aufgeführten Positionen nehme ich nun Bezug auf den Kunstwissenschaftler Gottfried Boehm, um eine spezifische Form zu vertiefen, wie Bilder ‚Sinn' erzeugen, die sich von der Sprache unterscheide:

> „Bilder enthalten stets mehr Verbindungspotential ihrer Einzelelemente, als es für das Ablesen ihres bloßen »Inhaltes« notwendig wäre. Die Komplexität möglicher Kontexte, die zwischen allen auf einem Bilde unterscheidbaren einzelnen Gegebenheiten regiert, ist gewissermaßen unendlich, d. h. dem Begriffe nach unausschöpfbar und im strikten Sinne sprachunfähig. Erst damit sind wir beim Ereignischarakter des Bildes angelangt: denn dem Angebot möglicher anschaulicher Konjunktionen im Bilde kann nur ein Sehen gerecht werden, welches sich aus der starren Funktion des Konstatierens und des Überblickens befreit und die dynamischen Konnexe des Bildes wahrzunehmen versteht."[1661]

Um den ‚Ereignischarakter' des Bildes näher zu beschreiben, differenziert Boehm zwei verschiedene „Momente" des Sehens, die im Sehen zusammenwirken würden.[1662] Während das sukzessive Sehen ein Wiedererkennen von Einzelelementen fokussiere, versteht er unter einem simultanen Sehen die Wahrnehmung der visuellen Ganzheit des Bildes, die sich in ihrer Komplexität gleichsam entziehe.[1663] Dieses „Wechselverhältnis zwischen Simultaneität und Sukzession"[1664] bezeichnet er auch als *ikonische Differenz,* die das Sehen antreibe und immer neue Konstellationen eröffne.

> „Wir sehen immer neue Wege, auf denen sich das Bild zur Simultaneität »integriert« und aus ihr, auf dem Rückweg, in die Sukzession »differenziert«. Mehr noch: auch die gleichen Wege der Anschauung erweisen sich immer wieder als neu. Beides deutet daraufhin, daß die ikonische Differenz in gleichem Maße Sinn präsentiert, wie sie ihn zurückhält, verstummen läßt."[1665]

1660 » Kapitel 4.2.3 Zwischen visuellen und sprachlichen Darstellungen, durch Bilder und Sprache: Überlegungen zu einer indirekten Empirie insbesondere den Abschnitt ‚Visuelle und sprachliche Darstellungen als Untersuchungsgegenstand'.

1661 Boehm (1996): Bildsinn und Sinnesorgane. S. 156.

1662 Vgl. ebd., S. 160.

1663 Vgl. ebd., S. 163.

1664 Ebd., S. 161.

1665 Ebd., S. 162.

Aus dem Wechselspiel von Simultaneität und Sukzession resultiere eine „Spannung" und ein „(...) ihr nachfolgendes und andauerndes Wahrnehmungsinteresse", ohne dass die ikonische Differenz aufzuheben wäre.[1666] Stattdessen charakterisiert Boehm sie als Verbindung und Trennung:

> „Wie zwingend die ikonische Differenz (simultan – sukzessiv) *verbindet,* läßt sich daran ablesen, daß wir gar nicht umhin können, das einzelne Element unter dem Horizont des Ganzen zu sehen, wie zwingend sie aber auch *trennt,* erkennen wir daran, daß sich die bildliche Simultanwahrnehmung nur kurz aufrechterhalten läßt, es einer kaum zu leistenden Anstrengung bedarf, sich anschauend aus der Sukzession herauszuhalten bzw. nicht in sie zurückzusinken."[1667]

Boehms Beschreibungen des Simultanen und Sukzessiven als oszillierende Momente des Sehens erlauben eine Reflexion meines Forschungsprozesses, in dem ich versucht habe, die Projektfotografien stetig zu befragen. Über erste Annäherungen habe die Bilder im komparativen Vergleich als Bild-Ensemble untersucht (» Kapitel 6).[1668] Meine Analysen waren dabei motivisch ausgerichtet, d.h. ich habe verschiedene Bildelemente herausgelöst und im Vergleich der Bild-Ensembles jeweils separat betrachtet. Die Untersuchung der einzelnen Motive hat mich zu unterschiedlichen und z. T. ambivalenten Interpretationen geführt, denen ich später in den Falldarstellungen weiter nachgegangen bin. Bereits diese motivisch ausgerichteten Annäherungen, in denen ich erste Deutungen vertiefen aber auch in Frage stellen konnte, lassen sich m.E. aus einem Wechselspiel zwischen Sukzession und Simultaneität beschreiben. Im weiteren Forschungsprozess wurden die Ergebnisse der visuellen Analysen zu Gegenhorizonten, die ich wiederholt herangezogen habe, um die Ergebnisse meiner sprachlichen Analysen damit zu vergleichen. In diesem Prozess wurden ein Hin- und Her möglich, zwischen meinen Bilddeutungen und den Bildkommentaren der Projektleiter*innen, das dazu beigetragen hat, dass ich die Bilder z. T. anders wahrnehmen konnte. Gerade durch das Beispiel im Fall 1 und der Überbetonung des beobachteten Zeigens kann in dieser Spanne zwischen Simultaneität und Sukzession m.E. begreifbar gemacht werden. Die Bilder wurden aber auch zu punktuellen ‚Prüfsteinen', vor denen ich die Aussagen der Projektleiter*innen abgeglichen habe. Dieses Hin- und Her lässt sich auch aus zeitlicher Perspektive als Vor- und Zurück beschreiben, indem die Untersuchung der ‚Bedeutungsräume' der Bilder über den Vergleich von unterschiedlichen Bildelementen ein Oszillieren zwischen „(...) simultanem Ausgriff und sukzedierender Bewegung"[1669] angeregt hat. Dabei bin ich immer wieder auf die Bilder zurückgekommen und habe meine Deutungen daran befragt.

1666 Ebd., S. 163.
1667 Ebd., S. 163 (kursiv im Original).
1668 » Kapitel 6 Annäherung I: Die Bild-Ensembles im Vergleich
1669 Boehm (2011): Ikonische Differenz. S. 175.

Wenn Andrea Sabisch hervorhebt, dass „(...) je nach Medialität [...] nicht nur *anderes* zum Thema [wird], es wird auch *andersartig*, d. h. in anderen Ordnungen organisiert und inszeniert"[1670], so wurde dies in meiner Untersuchung sowohl auf inhaltlicher wie auf methodischer Ebene bedeutsam. Ich konnte verschiedene Funktionen und Wirkungsweisen der Bilder für die Projektleiter*innen in meinen Fällen herausarbeiten, die ich im letzten Abschnitt als Imagebilder, Dokumentationsbilder, Erinnerungsbilder und Identifikationsbilder charakterisiert habe.[1671] Ich habe Konstitutionen zwischen Selbst und Anderen als mediale Prozesse beleuchtet und bin den Projektfotografien als Übergangsinstanzen zu den Anderen nachgegangen. Auch dabei wurde die besondere Zeitlichkeit der Bilder zum Thema, indem ich danach gefragt habe, inwiefern Vergangenes und Aktuelles in den Bildern einen Niederschlag gefunden hat und Ansprüche durch die Bilder offengehalten wurden, die konstituierend wirkten und sogar existenziell geworden sein könnten. In diesem Abschnitt habe ich dann Bewegungen zwischen Sukzession und Simultaneität in der Bildwahrnehmung hervorgehoben, um das spezifische Potenzial der Bilder in meiner Untersuchung zu reflektieren und zu abstrahieren. Auch dabei habe ich eine besondere Zeitlichkeit der Bilder angesprochen, die aus einem Oszillieren zwischen Einzelelement und Gesamtheit im Sehen hervorgeht und ein Vor- und Zurück im Wahrnehmungsprozess erlaubt.
Auch wenn sich Boehms kunstwissenschaftlicher Ansatz von phänomenologischen Bildtheorien z. T. unterscheidet, werden für mich Anknüpfungspunkte möglich. Etwa wenn Boehm ein Wechselverhältnis thematisiert, das „(...) präsentierend und a-präsentisch zugleich (...)"[1672] sei, indem „[d]as „Unausdrückliche [...] die Wahrnehmungswege offen [hält, EM]".[1673] Oder in seinem Zusammendenken zwischen ‚Bildsinn' und ‚Sinnesorgan', indem er nicht nur auf die besondere Struktur von Bildern eingeht, die auf spezifische Weise ‚Sinn' erzeugen, sondern auch die leibliche Dimension des Sehens berücksichtigt:

> „Das Auge ist so imstande und gezwungen, seine leibliche Ausstattung ins Spiel zu bringen, es durchmißt die ikonische Differenz mit seiner eigenen Sinnesenergie, deren Spuren, Wege und Blickbahnen Muster von Beziehungen herausbilden, die Sinn evozieren, auch abbildliche oder wiedererkennbare Elemente, die die Tendenz haben, sich zu verselbständigen."[1674]

1670 Sabisch (2018b): Responsivität und Medialität in Bildungs- und Erfahrungsprozessen. S. 116 (kursiv im Original).
» Kapitel 4.2.3 Zwischen visuellen und sprachlichen Darstellungen, durch Bilder und Sprache: Überlegungen zu einer indirekten Empirie

1671 » Kapitel 10.3.1 Funktionen und Wirkungsweisen der Bilder (im Vergleich zur Sprache) für die Projektleiter*innen

1672 Boehm (1996): Bildsinn und Sinnesorgane. S. 163.

1673 Ebd., S. 164.

1674 Ebd., S. 164.

Es werden Verbindungen möglich zu phänomenologischen Ansätzen, wie z. B. von Waldenfels, der „(...) einen Überschuß des Sehens im Gesehenem"[1675] als Blickgeschehen beschreibt, um pathische Dimensionen im Prozess der Bildwerdung hervorzuheben, wie ich sie im letzten Abschnitt thematisiert habe. Auch Prozesse der Bedeutungsgenerierung *in* und *durch* Bilder(n), wie sie Sabisch in Anlehnung an Waldenfels und Mersch betont und die für meine Forschungskonzeption grundlegend wurden (» Kapitel 4.2.2)[1676], lassen m.E. Anknüpfungspunkte an Boehms Ansatz eines dynamischen Sehprozesses zu.
Für meine Untersuchung war der Vergleich zwischen visuellen und sprachlichen Darstellungen entscheidend, um verschiedenartige Deutungen herauszuarbeiten und dem nachzugehen, was sich entzieht. Erst auf diese Weise wurde es möglich, das Nicht-Sichtbare und das Nicht-Sagbare als eine Form der indirekten Empirie in meine Forschung einzukalkulieren (» Kapitel 4.2.3).[1677] Im Folgenden reflektiere ich mein Vorgehen durch weiterführende, theoriegeleitete Überlegungen zum ‚Status' meiner Interpretationen.

10.3.3 Symptome oder Sinthome?

In den letzten Abschnitten bin ich den Potenzialen der Bilder (im Vergleich zur Sprache) nachgegangen, während ich nun abschließend noch einmal auf die Frage zurückkomme, inwiefern die auffällig gewordenen Strukturen in den visuellen und sprachlichen Darstellungen, die ich im zehnten Kapitel aus theoretischen Positionen diskutiert habe, als ‚symptomatische Antworten' gedeutet werden können (» Kapitel 10.2.2)[1678]? Inwiefern tragen sie dazu bei, medialen Konstitutionen zwischen Selbst und Anderen aus empirischer Perspektive nachzugehen? Dazu bündle ich meine Überlegungen zu den Funktionen visueller und sprachlicher Darstellungen in meiner Untersuchung, um diese vor dem Hintergrund von Lacans Ansatz zum *Sinthom* zur Disposition zu stellen:
Mit Waldenfels und Sabisch habe ich die mediale Verfasstheit von Erfahrungen hervorgehoben, nach der alles, was wir wahrnehmen medial vermittelt sei und stets nur indirekt erfahrbar werde – wenn etwas *als etwas* sichtbar oder sagbar werde (» Kapitel 4.2.2).[1679] Um das Differenzierungsgeschehen und dessen pathischen Untergrund zu verdeutlichen, spricht Waldenfels auch von Ersatzbildungen (hier als „Supplemente" und „Substitute"), die als „*originäre* Form der Stellvertretung" des Unersetzlichen verstanden werden können, „(...) wenn *etwas* zu ersetzen ist, das uns affiziert" (Supplemente) oder „(...) wenn *jemand*, ersetzt wird, der oder

1675 Waldenfels (1999): Sinnesschwellen. S. 147.
1676 » Kapitel 4.2.2 Medien als Zwischeninstanzen und Zwischendinge: Zur Medialität der Erfahrung.
1677 » Kapitel 4.2.3 Zwischen visuellen und sprachlichen Darstellungen, durch Bilder und Sprache: Überlegungen zu einer indirekten Empirie.
1678 » Kapitel 10.2.3 Symptome und Auffälligkeiten.
1679 » Kapitel 4.2.2 Medien als Zwischeninstanzen und Zwischendinge: Zur Medialität der Erfahrung.

die sich an uns wendet" (Substitute).[1680] In meinen Analysen habe ich danach gefragt, wie die Projektleiter*innen sich selbst und die Anderen sprachlich und visuell darstellen, um affektiven Dimensionen in diesen Sinnbildungsprozessen nachzugehen und Vorstellungen über Partizipation zu re-konstruieren. Anhand dieser Ergebnisse habe ich die Funktionen von Sprache und Bildern in Prozessen der Selbstauslegung im Anderen weiterführend beleuchtet und Medien als Zwischeninstanzen zum Anderen (a) thematisiert. Ich habe danach gefragt, inwiefern sie unserem Aufmerken „Halt und Gestalt" [1681] geben und welche medialen ‚Wirkkräfte' in meinen Fällen wirksam geworden sein könnten. Dabei habe ich in den letzten Abschnitten insbesondere mediale ‚Zugkräfte' von Bildern (im Vergleich zur Sprache) beleuchtet, die zur Konstitution zwischen Selbst und Anderen beigetragen haben könnten und habe die Funktion der Bilder (im Vergleich zur Sprache) in meinen Analysen reflektiert.

Während Sabisch in ihren Untersuchungen an den Symptombegriff von Waldenfels anschließt und Fremderfahrungen im Angesicht des Visuellen nachgeht, habe ich im Kapitel 10.2.3 den Fokus darauf gelenkt, was mir durch die Analysen aufgefallen ist und Verschiebungen in ‚meiner' Erfahrungsarbeit thematisiert.[1682] Auch klang bereits an, inwiefern die Erinnerungsbilder mit Blick auf ein vermutetes Begehren weitergedacht werden könnten. Im Folgenden schließe ich an diese Überlegungen an und frage danach, inwiefern das, was für mich in den visuellen und sprachlichen Darstellungen auffällig wurde, dennoch als ‚symptomatisch' bezeichnet werden kann. Sowohl Waldenfels als auch Sabisch sprechen sich für ein Begriffsverständnis jenseits des Pathologischen aus, denn Symptome würden „(...) auf indirekte Weise Phänomene der Bodenlosigkeit, der Leere, des Entzugs anzeigen, die jeder Erfahrung den Stempel einer Fremderfahrung aufdrücken, indem sie alles Normale mit Anormalen durchsetzen."[1683] Obgleich ich mich dieser Definition anschließe und ausdrücklich pathologisierende Deutungen ausschließe, verweist diese Beschreibung m.E. auf das Problem der Grenzziehung, wenn Normales und Anormales ineinander übergehen und den Betrachter*innen-Standpunkt konfrontieren. Auch Waldenfels konstatiert eine „Zwiespältigkeit von Symptomen" und gibt zu bedenken, inwiefern „(...) der alte Streit zwischen Logos und Pathos, zwischen Ratio und Affekt [darin, EM] fortlebt (...)".[1684] Sein responsiver Ansatz durchkreuzt stattdessen diese Dichotomien, indem er einen „(...) pathische[n] Überschuss [hervorhebt, EM], der Antworten provoziert (...)".[1685]

1680 Waldenfels (2015): Sozialität und Alterität. S. 272 (kursiv im Original).
1681 Waldenfels (2004): Phänomenologie der Aufmerksamkeit. S. 162.
1682 » Kapitel 10.2.3 Symptome und Auffälligkeiten.
1683 Waldenfels (2015): Sozialität und Alterität. S. 279, vgl. auch Sabisch (2018a): Bildwerdung. S. 75 f.
» auch Kapitel 4.2.3 Zwischen visuellen und sprachlichen Darstellungen, durch Bilder und Sprache: Überlegungen zu einer indirekten Empirie.
1684 Waldenfels (2015): Sozialität und Alterität. S. 281.
1685 Ebd., S. 282.

In meiner Untersuchung habe ich durch den Vergleich visueller und sprachlicher Darstellungen Ambivalenzen herausgearbeitet, um affektiven Dimensionen in Sinngebungsprozessen nachzugehen. Auf der Suche nach dem Spezifischen ‚symptomatischer' Antworten und vor dem Hintergrund der Frage, wie diese empirisch und theoretisch noch gefasst werden können, führte mich die Reflexion meines Vorgehens schließlich zu Jacques Lacan, an den ich nun anschließe, auch wenn sich meine Auseinandersetzung noch am Anfang befindet und ich seinen Ansatz hier nicht detailliert nachzeichnen kann. [1686] Dennoch möchte ich erste Überlegungen zur Disposition stellen, um meine Untersuchungsergebnisse weiter zu verorten: Lacans Positionen wurden für mich interessant, weil er sowohl der Bedeutung der Sprache als auch der Bedeutung der Bilder in ‚Subjektbildungsprozessen' eine besondere Beachtung geschenkt hat[1687], während er darüber hinaus dem Phänomen des Symptoms nachgegangen ist.[1688] Die menschliche Psyche konstituiere sich laut Lacan in einem ‚Zusammenwirken' von drei Ordnungen/ Registern (dem Realen, dem Symbolischen und dem Imaginären), die eng miteinander verbunden seien.[1689] Insbesondere in seinen späteren Arbeiten widmete er sich der Untersuchung von Knotentheorien, um darüber seine Überlegungen nicht nur zu veranschaulichen, sondern sie als „(...) nichtmetaphorische[ ] Möglichkeit zur Untersuchung der symbolischen Ordnung und deren Interaktionen mit dem Realen und dem Imaginären (...)"[1690] einzuführen. Für das Zusammenwirken der drei Register beschäftigte er sich mit den Eigenschaften eines Borromäischen Knotens, um die „(...) gegenseitige Abhängigkeit der drei Ordnungen – des Realen, des Symbolischen und des Imaginären (...)" zu betonen, aber auch „(...) die Gemeinsamkeiten dieser drei Ordnungen [zu untersuchen, EM]."[1691] Anhand des Borromäischen Knotens werden also komplexe Beziehungen zwischen den drei Registern beschreibbar, wobei die Überschneidungen der Ringe auch darauf hinweisen, dass jede Ordnung zugleich Elemente der anderen Ordnungen enthalte – wie zum Beispiel das imaginäre Symbolische oder das symbolische Imaginäre.[1692] Werden Bilder dem Register des Imaginären und Sprache dem Register des Symbolischen zugeordnet, erlaubt dieses Modell nicht nur das komplexe Zusammenwirken zwischen Symbolischem, Imaginärem und Realem im ‚psychischen Apparat' zu beschreiben, sondern verweist auch auf symbolische und reale Dimensionen in Bildern bzw. imaginäre und reale Dimensionen in der Sprache.[1693] So ließen sich meine Untersuchungen,

1686 Ich danke an dieser Stelle Prof. Dr. Karl-Josef Pazzini für die anregenden Einblicke in die Überlegungen Lacans im Rahmen von kunstpädagogischen Vorlesungen und Kolloquien, die für mich zum Anlass wurden, mich weiter mit diesem psychoanalytischen Ansatz auseinanderzusetzen.

1687 Vgl. etwa Lacan (1973): Das Spiegelstadium als Bildner der Ichfunktion (1949).

1688 Lacan (2017): Das Sinthom. Das Seminar, Buch XXIII (1975–1976).

1689 Vgl. etwa Evans (2002): Wörterbuch der Lacanschen Psychoanalyse. S. 213 f.

1690 Ebd., S. 64.

1691 Ebd., S. 64 f.

1692 Vgl. etwa Nemitz (12.10.2013): Wie borromäisch ist Lacans borromäischer Knoten?

1693 Vgl. etwa Evans (2002): Wörterbuch der Lacanschen Psychoanalyse. S. 299.

etwa zu den Wirkungsweisen der Bilder in meinen Fällen im Kapitel 10.3.1, diesbezüglich noch weiter vertiefen. Mein Versuch, über die Analyse der sprachlichen und visuellen Darstellungen, affektiven Dimensionen des Getroffen-Seins auf die Spur zu kommen und einem Begehren nachzugehen, das die Projektleiter*innen in ihrer Arbeit mit den Kindern und Jugendlichen ‚antreiben' **könnte**, muss dabei notwendigerweise ‚unvollständig' bleiben. Denn Lacans psychisches Modell betont nicht nur ein Wirken des Unbewussten, sondern verweist m.E. auch eindrücklich auf das „Unerkennbare" und „nicht Assimilierbare", wie es im Register des Realen seinen Ort findet.[1694] Hier schließt sich die Frage an, ob mein Versuch, mich dem nicht Erkennbaren über visuelle und sprachliche Darstellungen zu nähern mit Lacans Verständnis des ‚Sinthoms' in Verbindung gebracht werden kann? Wie viele der von ihn verwendeten Begriffe, erfuhr auch dieser Terminus eine Wendung in Lacans Werk – durch eine Verschiebung vom ‚Symptom' zum ‚Sinthom', wie Luke Thurston im *Wörterbuch der Lacanschen Psychoanalyse* schreibt:

> „Die Verschiebung von der Betrachtung des Symptoms als Botschaft, die durch den Hinweis auf das »wie eine Sprache« strukturierte Unbewußte entschlüsselt werden kann, hin zum Verständnis des Symptoms als einer Spur der spezifischen Weise des Genießens des Subjekts, gipfelt in der Einführung des Terminus »Sinthom«."[1695]

Die Definition von Thurston verdeutlicht, dass mit dem Fokus auf das ‚Sinthom' das „Genießen[ ] des Subjekts"[1696] in den Vordergrund rückt, während mein Untersuchungsziel darin bestand, mich dem ‚Begehren' anzunähern. Trotz dieser wichtigen Unterscheidung wird das ‚Sinthom' für die Einordnung meiner Untersuchungsergebnisse wichtig, um ihren ‚Status' zu befragen. Wie Thurston ausführt, könne das Sinthom als eine Art vierter Ring verstanden werden, der Symbolisches, Reales und Imaginäres zusammenhalte. Er bezeichnet das Sinthom auch als „(...) Kern des Genießens, der gegen die Wirksamkeit des Symbolischen immun (...)" und „nicht-definierbar" sei.[1697] Das Sinthom sei das, „(...) was »einem erlaubt zu leben«, indem es eine einzigartige Organisation des Genießens bereithält".[1698] Lacan habe sich mit dem Werk von James Joyces auseinandergesetzt und dieses „(...) als ein erweitertes Sinthom gelesen (...), dessen Hinzufügen zum Borromäischen Knoten (...) dem Subjekt den Zusammenhalt erlaubt".[1699] Mit Bezug zu Lacans ‚Sinthom' richtet sich der Fokus nicht nur auf das Zusammenwirken von

1694 Ebd., S. 253.
1695 Thurston (2002): Sinthome (sinthome). S. 274.
1696 Ebd., S. 274.
1697 Thurston (2002): Sinthome (sinthome). S. 274.
Vor dem Hintergrund des ‚Nicht-Definierbaren' ähnelt das ‚Sinthom' dem Realen und wird von einigen Autor*innen in Verbindung gebracht. Vgl. Nemitz (27.12.2018): X. Zur Sitzung vom 13. April 1976.
Als weiterer Ring, neben dem Realen, erfährt er m.E. aber eine andere Funktion.
1698 Thurston (2002): Sinthome (sinthome). S. 274.
1699 Ebd., S. 275.

Symbolischen, Imaginären und Realen, sondern ein Phänomen wird thematisierbar, das diese drei Register zusammenhält, ohne dass es beschreibbar werden kann. Dies führte mich zu der Frage, ob die visuellen und sprachlichen Darstellungen der Projektleiter*innen als ‚symptomatische Antworten' verstanden werden können, wenn ihre Analyse es mir erlaubte, auf ein Sinthom hinzudeuten. Inwiefern können die re-konstruierbar gewordenen Ambivalenzen und Verschiebungen zwischen den visuellen und sprachlichen Darstellungen als Spuren interpretiert werden, deren ‚Nachlese' ein Sinthom erahnbar werden lässt, das erst in der Rückschau einen ‚Sinn' erhält. Denn wie Slavoj Žižek anmerkt, werde „[d]er Sinn des Symptoms [...] von der Analyse nicht aufgedeckt, sondern konstruiert".[1700] Vor dem Hintergrund dieser Überlegungen möchte ich abschließend hervorheben, dass das Heraus*bilden* von Symptomen, wie Sabisch es beschreibt, immer auch auf der Darstellungsebene betrachtet werden muss, um deren Konstruktion durch die Forschenden in den Blick zu nehmen.[1701] Mein methodischer Ansatz, durch den Vergleich von visuellen und sprachlichen Darstellungen dem Nicht-Identifizierbaren nachzugehen und meine Re-Konstruktionen daraufhin zu befragen, verstehe ich als einen solchen Versuch, den ich nun noch einmal zusammenfasse und Grenzen meiner Forschung reflektiere.

10.4 Methodisch-methodologische Zusammenfassungen und Wendungen: Potenziale und Grenzen meiner Forschung

Der methodisch-methodologische Fokus meiner Untersuchung, der bereits in meiner Forschungsfrage deutlich wird, zog sich als roter Faden durch meine Forschung. Indem ich danach gefragt habe, inwiefern Vorstellungen über Partizipation *re-konstruiert* werden können, wurden *Un-Möglichkeiten* der Erforschung von Sinngenerierungen zum Thema meiner Arbeit. Im Folgenden gehe ich meinen Überlegungen zum Untersuchungsaufbau und den herausgearbeiteten Ergebnissen nach, um Potenziale und Grenzen meines empirischen Vorgehens in den Blick zu nehmen. Ich beginne zunächst mit Zusammenfassungen meines Forschungsansatzes (» Kapitel 10.4.1) und der von mir entworfenen Untersuchungsschritte (» Kapitel 10.4.2), um ihre Tragweite für empirische Forschungen auszuführen. Bevor ich anschließend Herausforderungen auf der Darstellungsebene (» Kapitel 10.4.3) sowie Herausforderungen und denkbar gewordene Erweiterungen meines Forschungssettings (» Kapitel 10.4.4) vertiefe.

1700 Žižek (1991): Liebe Dein Symptom wie Dich selbst! S. 9.
1701 Vgl. etwa Sabisch (2018a): Bildwerdung. S. 14 f.

10.4.1 Zusammenfassende Überlegungen zum Forschungsansatz

Meine Forschung habe ich vor dem Hintergrund phänomenologischer und bildungstheoretischer Positionen verortet und an Überlegungen von Sabisch und Waldenfels u. a. zur Notwendigkeit einer *indirekten Empirie* angeschlossen (» Kapitel 4.2.3).[1702] Pathische Dimensionen des Erfahrungsgeschehens, die sich einer Re-Konstruktion entziehen, wurden dabei ebenso Teil meiner Rahmung, wie die gegenseitige Be- und Entzogenheit von Selbst und Anderen, die ein autonomes Subjekt in Frage stellen und Fragen zur Urheberschaft hervorrufen (» Kapitel 4.2)[1703]. Die Medialität von Erfahrungen, die Sabisch im Anschluss an Waldenfels und Mersch in ihrer Forschung stark macht (» Kapitel 4.2.2)[1704], wurde auch in meiner Untersuchung zu einem zentralen Ansatz, indem ich Prozessen der Sinngenerierung *in* und *durch* Bilder(n) und Sprache nachgegangen bin. Während die empirische Bildungsforschung noch immer stark von der Sprache ausgeht, um Verhältnisse zwischen Selbst, Welt und Anderen zu untersuchen, habe ich zusätzlich Projektfotografien in meine Analyse einbezogen – in der Annahme, dass medienspezifische Besonderheiten eine Triangulation unterstützen (» Kapitel 4.2.2; 4.3.3).[1705] Mein Untersuchungsaufbau zielte darauf, durch die Analyse unterschiedlicher, medialer Darstellungsformen Erfahrungsprozessen in ihrem nicht einholbaren Entzug nachzugehen und wahrnehmbar gewordene Strukturen im Gesagten und Gezeigten zu vergleichen.[1706] Neben einem inhaltlichen Interesse wurde deshalb vor allem die Art und Weise bedeutsam, *wie* die Projektleiter*innen über die Zusammenarbeit mit den Kindern und Jugendlichen gesprochen und *wie* sie diese gezeigt haben, um Vorstellungen über Partizipation auf die Spur zu kommen und Konstitutionsprozesse *zwischen* Selbst und Anderen, *durch* visuelle und sprachliche Darstellungen zu befragen. Zur Auswertung der Interviews und Bild-Ensembles habe ich mich an methodischen und methodologischen Überlegungen der dokumentarischen Methode nach Bohnsack orientiert, die ich für meine Untersuchung modifiziert habe, um implizite Denk- und Handlungsweisen der Projektleiter*innen zu beleuchten (» Kapitel 4.4).[1707] Dabei wurde eine Reflexion der Differenzen und Anknüpfungspunkte zwischen diesem sozialwissenschaftlichen Ansatz und meinen phänomenologischen und bildungstheoretischen Rahmun-

1702 » Kapitel 4.2.3 Zwischen visuellen und sprachlichen Darstellungen, durch Bilder und Sprache: Überlegungen zu einer indirekten Empirie.

1703 » Kapitel 4.2 Theoriegeleitete Vertiefungen: Erfahrungen zwischen Selbst und Anderen, Sichtbarem und Sagbarem.

1704 » Kapitel 4.2.2 Medien als Zwischeninstanzen und Zwischendinge: Zur Medialität der Erfahrung.

1705 » Kapitel 4.2.2 Medien als Zwischeninstanzen und Zwischendinge: Zur Medialität der Erfahrung sowie Kapitel 4.3.3 Daten-Triangulation von visuellen und sprachlichen Darstellungen.

1706 » Kapitel 4.2.3 Zwischen visuellen und sprachlichen Darstellungen, durch Bilder und Sprache: Überlegungen zu einer indirekten Empirie.

1707 » Kapitel 4.4 Arbeiten mit der dokumentarischen Methode.

gen an verschiedenen Stellen bereits zum Thema (» Kapitel 4.3; 10.1.1).[1708] Zwar habe ich in meiner Untersuchung ‚dominante Orientierungen' herausgearbeitet (» Kapitel 9.1)[1709], die ich jedoch anschließend durch die Analyse ambivalenter Darstellungsformen weiter ausdifferenziert habe (» Kapitel 9.2)[1710]. Diese Form der indirekten Empirie (» Kapitel 4.2.3)[1711] ermöglichte ein Einkalkulieren des Nicht-Sagbaren oder -Sichtbarem und lenkte den Fokus auf Ambivalentes -statt auf Homologien und wiederkehrende Orientierungsmuster (» Kapitel 4.3).[1712] Ich habe verschiedene und z. T. konkurrierende Deutungen beleuchtet, um dem nachzugehen, was die Projektleiter*innen in der Zusammenarbeit mit den Kindern und Jugendlichen ‚antreiben' könnte.

In meiner Forschung habe ich den Begriff der *Re-Konstruktion* stark gemacht (» Kapitel 4.3.2)[1713], der nicht nur mein Involviert-Sein in der Konstruktion der Untersuchungsergebnisse betont, sondern auf unbewusste Prozesse und Leerstellen im Forschungsprozess hindeutet – zwischen mir und den Anderen, zwischen Sichtbarem und Sagbarem.[1714] Die enge Verbindung zwischen meinen inhaltlichen Analysen und deren methodisch-methodologischen Herausforderungen habe ich im Laufe meiner Forschung wiederholt herausgearbeitet und aufeinander bezogen, was sich insbesondere im zehnten Kapitel widerspiegelt, in dem ich die Reflexion meiner Auswertungsergebnisse mit einer theoriegeleiteten Betrachtung meines methodischen Vorgehens gekoppelt habe (» Kapitel 10.3.1; 10.3.2).[1715]

10.4.2 Zusammenfassende Überlegungen zu den Untersuchungsschritten und herausgearbeiteten Ergebnissen

In meiner Arbeit habe ich der Darstellung meines Forschungsprozesses viel Platz eingeräumt, um meine Re-Konstruktionen nachvollziehbar zu machen und zugleich (auch hier) mögliche Leerstellen anklingen zu lassen. Dazu habe ich im fünften Kapitel erläutert und begründet, wie ich zur Auswahl der untersuchten Projekte gekommen bin, wie ich die Daten erhoben und das verwendete Material

1708 » etwa Kapitel 4.3 Verortungen im Feld rekonstruktiver Sozialforschung sowie Kapitel 10.1.1 Orientierungen: Phänomenologische Wendung.

1709 » Kapitel 9.1 Fokus I: Dominante Orientierungen im Fallvergleich.

1710 » Kapitel 9.2 Fokus II: Starke Ambivalenzen im Fallvergleich.

1711 » Kapitel 4.2.3 Zwischen visuellen und sprachlichen Darstellungen, durch Bilder und Sprache: Überlegungen zu einer indirekten Empirie.

1712 » etwa Kapitel 4.3 Verortungen im Feld rekonstruktiver Sozialforschung.

1713 » etwa Kapitel 4.3.2 Re-Konstruktionen und Un-Möglichkeiten des Benennens.

1714 Hier beziehe ich mich nicht nur auf die Projektleiter*innen als Beforschte, sondern unterstreiche die konstitutive Funktion von Sprache und Bildern als Zwischeninstanzen, um auf chiastische Prozesse im Gesagten und Gezeigten zu verweisen und die Medialität der Erfahrungen hervorzuheben.

1715 Vgl. etwa meine Reflexionen zur ‚doppelten Differenz' » Kapitel 10.3.1 Funktionen und Wirkungsweisen der Bilder (im Vergleich zur Sprache) für die Projektleiter*innen sowie im Kapitel 10.3.2 Funktionen und Wirkungsweisen der Bilder (im Vergleich zur Sprache) in meinen Analysen.

für meine Analysen aufbereitet habe. Ich habe Analyseschritte thematisiert, die in meinem Forschungsprozess wichtig wurden, in späteren Ergebnisdarstellungen z. T. aber nicht mehr sichtbar blieben. Bereits auf dieser Ebene habe ich notwendige Übersetzungen und Auslassungen angesprochen, die zur Herausbildung meiner Ergebnisse beigetragen haben, ebenso wie unbewusste Prozesse, die sich einer Rekonstruktion des Forschungsprozesses entziehen.[1716]

Die anschließende Darstellung meiner Untersuchungsergebnisse erstreckte sich in dieser Arbeit über vier Kapitel hinweg und ist als fortlaufende Befragung meiner Interpretationen zu verstehen, was für empirische Untersuchungen ungewöhnlich sein mag und für Leser*innen eine Herausforderung sein kann. Ich habe die visuellen und sprachlichen Analysen detailliert aufgeführt und in verschiedenen Arbeitsschritten einander gegenübergestellt. Dabei habe ich Gemeinsamkeiten und Unterschiede herausgearbeitet, um darüber meine Deutungen wiederholt zu betrachten. Die Gegenüberstellung der verschiedenen Auswertungsebenen ermöglichte mir ein ‚Abwägen' der z. T. ambivalenten Interpretationen und regte dazu an, meine Deutungen ‚in Bewegung' zu halten. Folgende Analyseschritte wurden dabei im Einzelnen relevant:

Über Annäherungen im sechsten und siebten Kapitel habe ich erste (Zwischen-) Ergebnisse dargelegt und Fragen für meine weiteren Untersuchungen generiert. Während ich im sechsten Kapitel meine Analysen der Bild-Ensembles vorgestellt habe, um zu untersuchen, wie die Projektleiter*innen ihre Arbeiten zeigen, habe ich mich im siebten Kapitel darauf konzentriert, was sie wie über den Partizipationsbegriff in den Interviews gesagt haben. In den anschließenden Falldarstellungen im achten Kapitel habe ich zunächst herausgearbeitet, was die Projektleiter*innen wie über die Fotos und über ihre Projekte ausgesagt haben, bevor ich die Ergebnisse meiner sprachlichen Analysen den Untersuchungsergebnissen der visuellen Darstellungen gegenübergestellt habe. Auf diese Weise wurde es möglich, verschiedenartige und z. T. konkurrierende Deutungen aufzuzeigen. Während ich in diesem Kapitel sehr detailliert vorgegangen war, um meine Re-Konstruktionen fallintern in verschiedenen Analyseschritten aufzuzeigen, habe ich im neunten Kapitel meine Ergebnisse fallübergreifend zugespitzt. Ich habe Auffälligkeiten thematisiert, die in meinen Untersuchungen im komparativen Vergleich bedeutsam geworden sind. Dazu zählten ‚dominante Orientierungen', ‚starke Ambivalenzen' und ‚markante Abgrenzungen', deren Analyse es mir erlaubte, Auswahlmotive für die Bilder genauer zu betrachten und mögliche Beweggründe für die Arbeit mit den Kindern und Jugendlichen zusammenfassend zu bündeln. Das vergleichende Vorgehen ermöglichte mir, die herausgearbeiteten Aspekte im zehnten Kapitel vertiefend zu betrachten, und nach ihren Funktionen zu fragen – vor dem Hintergrund einer indirekten Empirie, die das Nicht-Identifizierbare und die eigene Be- und Entzogenheit mitdenkt. Auch dies verweist auf mein

1716 » Kapitel 5 Re-Konstruktionen zwischen Erhebungs- und Auswertungsschritten.

methodisch-methodologisches Interesse, Un-Möglichkeiten der Re-Konstruktion von Vorstellungen zu befragen, anstatt ausgehend von den untersuchten visuellen und sprachlichen Darstellungen eine Typologie der wahrnehmbar gewordenen Orientierungen zu entwerfen. An dieser Stelle komme ich noch einmal auf den Erziehungswissenschaftler Alfred Schäfer zurück, dessen Überlegungen zum Spannungsverhältnis von Bildungstheorie und empirischer Bildungsforschung für meine Arbeit an verschiedenen Stellen bedeutsam wurde.

> „[So, EM] (...) erscheint es aber aus bildungstheoretischer Sicht unbefriedigend, wenn man auf eine Einheitskonzeption des Subjekts als hinter seinen Aussagen stehendem Grund verzichtet und sich auf die Textgestalt konzentriert. Auch eine Konzentration auf den (Interview-)Text, die als solche (bei aller Multiplikation von Lesarten und dokumentarisch-kontextorientierter Interpretation) darauf zielt, typisierende Zurechnungen hervorzubringen, die wiederum stimmig und rational nachvollziehbar, weil begründet, erscheinen, ist – trotz Reflexionsvorbehalt und Latenzprämisse, die das Subjekt einklammert – ergänzungsbedürftig. Es kann nicht nur um eine gegen das Sagen immunisierte und objektivierte Gestalt des Gesagten gehen, die man dann wiederum dem Subjekt als ‚eigentlich Gesagtes' zurechnet, sondern zusätzlich wären die Brüche im Gesagten, etwa die Verschränkungen von Imaginärem und Symbolischen, oder auch die Unsicherheiten, die immer neuen Einsätze daraufhin zu lesen, inwieweit sich in ihnen ein Verhältnis des Äußernden zur Differenz von Selbst und Geäußertem zeigt."[1717]

Ich verstehe das Zitat von Schäfer als eine Plädoyer dafür, trotz des ‚Zurechnungsproblems' durch die gegenseitige Be- und Entzogenheit von Selbst und Anderen, das Fragen der Autor*innenschaft hervorruft, auch in der empirischen Bildungsforschung nicht auf die Untersuchung von ‚subjektiven' Sinnbildungsprozessen zu verzichten. Doch dazu bedarf es anderer Forschungsprämissen. Ziel sollte nicht das Stimmige und klar Fassbare sein, sondern gerade das Widersprüchliche und Mehrdeutige wird aus diesem Blickwinkel m.E. interessant. Während Schäfer vorschlägt „(...) Brüche im Gesagten" oder „Unsicherheiten" in sprachlichen Darstellungen zu befragen, um einem „(...) Verhältnis des Äußernden zur Differenz von Selbst und Geäußertem" nachzugehen,[1718] verstehe ich meine Forschung als Anregung, neben dem Medium der Sprache auch Bilder in diese Befragung einzubeziehen und Verschiebungen und Ambivalenzen in den Re-Konstruktionen zu betrachten. Denn das Potenzial des Bildhaften sehe ich gerade darin, dass Bilder zum Ort für Widersprüchliches werden können, weil sie nicht festlegen, sondern „Räume des Nicht-Identischen" öffnen, wie es Ursula Brandstätter hervorhebt.[1719] Ich betone mein Involviert-Sein in diesen Forschungsprozess und stelle zur Disposition, inwiefern die Verbindungen, die ich zwischen den herausgearbeiteten Auffälligkeiten auf

1717 Schäfer (2006): Bildungsforschung. S. 104.
1718 Ebd., S. 104.
1719 Brandstätter (2013): Erkenntnis durch Kunst. S. 39

visueller und sprachlicher Ebene herstellen konnte, um dem Nicht-Identifizierbaren nachzugehen, als Sinthom verstanden werden kann.

Wenn ich nun aus dieser Perspektive meine Auswertungsschritte und deren Abduktionen noch einmal zusammenfassend aufgreife, schärft sich der Blick dafür, wie gewinnbringend die Gegenüberstellung verschiedener medialer Darstellungsformen aus methodisch-methodologischer Sicht ist, um dem auf die Spur zu kommen, was sich entzieht:

Um Vorstellungen über Partizipation zu re-konstruieren, habe ich visuelle und sprachliche Darstellungen der Projektleiter*innen in meine Untersuchung einbezogen. Mithilfe des Analyseinstrumentariums der dokumentarischen Methode, das ich für meine Untersuchung modifiziert habe, habe ich zunächst dominante *Orientierungen* zusammengefasst, die sich für mich sowohl auf sprachlicher als auch auf visueller Ebene zeigten. Neben markanten *Abgrenzungen*, auf die ich auf sprachlicher Ebene aufmerksam wurde, und die mir das Herausarbeiten von Gegenhorizonten ermöglichten (aber auch auf mein Involviert-Sein zurückverwiesen), wurden starke *Ambivalenzen* innerhalb und zwischen den Darstellungsformen für meine Auswertung bedeutsam, durch die ich meine Interpretationen weiter ausdifferenzieren konnte. Im Vergleich mit den Ergebnissen der untersuchten Interviews wurden die Bilder zu ‚Prüfsteinen' und Gegenhorizonten in meinem Interpretationsprozess. So habe ich ambivalente Deutungen auf sprachlicher Ebene durch das Hinzuziehen der Bilder befragt, ebenso wie ich mehrdeutige Interpretationen auf visueller Ebene und auffällig gewordene Bildelemente vor dem Hintergrund der Ergebnisse der sprachlichen Analysen beleuchtet habe. Mein Arbeitsprozess zeichnete sich durch zahlreiche Vergleiche aus, in denen ich die Ergebnisse der sprachlichen und der visuellen Untersuchungen fallintern und fallübergreifend zueinander in Beziehung gesetzt habe. Dieses vergleichende Vorgehen im Rahmen der dokumentarischen Methode stellt für mich ein zentrales Instrument dar, um der ‚Standortgebundenheit' der Forschenden entgegenzuwirken und das Potenzial der Unterschiede und Gemeinsamkeiten, die in und durch verschiedene(n) Darstellungsformen wahrnehmbar wurden, wirksam werden zu lassen – ohne pathische Dimensionen aus dem Auge zu verlieren und Prozesse der Übertragung/ Gegenübertragung zwischen Forschenden und Beforschten auszublenden.

Durch den differenzierten Vergleich der visuellen und sprachlichen Darstellungen wurden in meinen Analysen medienspezifische Besonderheiten relevant, die wesentlich zur Herausbildung divergenter Deutungen beigetragen und Widersprüchliches unterstützt haben. Insbesondere die Polysemie der Bilder habe ich als Potenzial genutzt, um mehrdeutigen Bestimmungen und Wechselverhältnisse zwischen Simultaneität und Sukzession nachzugehen. Ausgehend von einer genuinen Medialität der Erfahrung (Waldenfels, Sabisch) habe ich danach gefragt, inwiefern die untersuchten visuellen und sprachlichen Darstellungen als Zwischeninstanzen wirksam wurden, die zu Konstitutionen zwischen Selbst und Anderen beigetragen haben. Ich habe anhand der Untersuchungsergebnisse Funktionen der Sprache im Kontext einer ‚Selbstauslegung im Anderen' beleuchtet und mein eigenes Involviert-Sein reflektiert, bevor ich später mögliche Funktionen der Bilder für die Projektleiter*innen untersucht habe und Prozessen des Ver-gegenwärtigens und Erinnerns durch Bilder nachgegangen bin. Dadurch konnte ich meine Interpretationen so weit fortführen, dass ich Funktionen der Bilder als Identifikationsbilder herausschälen konnte, durch die ein Begehren aufrechterhalten werden könnte – in der Beziehung zum Anderen. Somit rückte die zentrale Frage in den Blick, inwiefern die Bilder dazu beitragen haben könnten, die Trennung durch den wechselseitigen Be- und Entzug zwischen Selbst und Anderen zu überbrücken und (zumindest temporär) eine Verbindung bzw. ‚Ganzheit' als ‚gelingende Partizipation' herzustellen. Innerhalb dieses vielschichtigen Interpretationsprozesses, durch den Vergleich der visuellen und sprachlichen Darstellungen, konnte ich ‚Vorstellungen über Partizipation' auf unterschiedlichen Ebenen nachgehen. Ich habe Differenzen befragt zwischen dem, was für mich explizit wurde und dem, was implizit geworden sein könnte. Ich habe Ambivalenzen und Verschiebungen betrachtet und bin auf diese Weise möglichen Motiven und Ansprüchen nachgegangen, um mich dem zu nähern, was sich einer Bestimmung widersetzt. Das Erkennen dieser Herausforderungen und denkbar gewordener Erweiterungen meines empirischen Vorgehens sowie ihr forschungsadäquater Umgang damit bilden ein eigenes Forschungsdesiderat und sollen in den folgenden beiden Unterkapiteln differenziert werden.

10.4.3 Herausforderungen auf der Darstellungsebene

Der Prozess der Ergebnisgenerierung, der von komplexen Auswertungsprozessen und Vergleichen gekennzeichnet war, in denen ich meine Deutungen wiederholt befragt habe, lässt sich kaum linear darstellen, wie es eine Verschriftlichung der Forschung nahelegt. Im fünften Kapitel habe ich darauf bereits hingewiesen und einen Einblick in meine Auswertungsschritte aufgezeigt, die einer schriftlichen Darstellung meiner Ergebnisse vorausgegangen sind.[1720] Um meinen Interpretationsprozess so weit wie möglich transparent zu machen und dessen Komplexität ein Stück weit zu erhalten, habe ich meinen (Zwischen-)Ergebnissen vier Kapitel gewidmet, die ich in ihrer notwendigen Kleinschrittigkeit den Leser*innen zumute. Doch nicht nur die Chronologie der Sprache und mein Involviert-Sein in die Generierung der Ergebnisse, das auch unbewusst wirksam wurde, können als Grenzen in der Darlegung meiner Untersuchungsergebnisse beschrieben werden. Da ich mich aus forschungsethischen Gründen für eine Anonymisierung der

1720 » Kapitel 5.3.2 Generierung und Fokus der Ergebnisdarstellungen.

Projekte entschieden habe, hatte dies auch weitreichende Konsequenzen auf der Darstellungsebene meiner Forschung:
Bei den von mir untersuchten Arbeiten handelt es sich um künstlerische Projekte mit Kindern und Jugendlichen, die im Diskurs eine gewisse Bekanntheit erlangt haben. Mir war es wichtig, dem Renommee dieser Arbeiten und den Projektverantwortlichen nicht zu schaden. Denn gängige Förderpraktiken, auf die auch diese Projekte angewiesen sind, orientieren sich m.E. weiterhin an wirkmächtigen Partizipationsversprechen, die ich in dieser Untersuchung auch kritisch beleuchte (» Kapitel 5.1.1).[1721] Das Problem einer Anonymisierung der Arbeiten kollidierte in meiner Forschung auf besondere Weise mit dem Wiedererkennungswert der Projektfotografien, die ein zentrales Element meiner Untersuchung wurden (» Kapitel 4.2.3).[1722] Deshalb habe ich mich dazu entschieden, die analysierten ‚Imagebilder' als Bild-Ensembles nur im Anhang der Buchpublikation sichtbar zu machen.[1723] Diese Lösung stellt den Versuch dar, eine Nachvollziehbarkeit meiner empirischen Ergebnisse weiterhin zu gewährleisten. Gleichzeitig wird aber auch deutlich, dass eine Auseinandersetzung über den Umgang mit Bildmaterial – insbesondere mit Fotografien – in der empririschen Forschung weiterhin aussteht. In meiner Forschung wurde die Vieldeutigkeit der Bilder, aber auch ihr indexikalischer Charakter (der Eindruck des ‚Es ist so gewesens'/Barthes) für die Analysen zentral (» Kapitel 4.2.3).[1724] Überzeichnungen oder andere Formen der Verfremdung, wie sie bspw. in der Kunstpädagogik Verwendung finden,[1725] wäre hier nicht zielführend gewesen, denn sie hätten das Erscheinungbild der Fotografien entscheidend verändert. Stattdessen habe ich die Polysemie der Bilder und ihren responsiven Charakter in meiner Arbeit hervorgehoben und als methodische Blickschärfung genutzt. Meine Analysen der Bild-Ensembles fokussierten, was für mich auf den Bildern sichtbar wurde und wie ich die herausgearbeiteten Strukturen eingeordnet habe. Die visuellen Darstellungen wurden in meiner Forschung zu Gegenhorizonten, die ich punktuell zu Rate gezogen habe, um meine Interpretationen der sprachlichen Darstellungen zu befragen. Ich bin Unterschieden zwischen meinen Deutungen und der Art und Weise nachgegangen, wie die Projektleiter*innen über die Fotos und ihr Projekt gesprochen haben. Dabei habe ich auch Verschiebungen markiert in ‚meinen' Bildinterpretationen, die durch die Aussagen der Projektleiter*innen angeregt wurden. Hier ließe sich kritisch einwenden, inwiefern meine Deutungen der Fotografien bereits zum unbewussten Bestandteil der Interviews wurden. Denn

1721 » Kapitel 5.1.1 Vorab I: Anonymisierung der Projekte und Forschungsverständnis.

1722 » Kapitel 4.2.3 Zwischen visuellen und sprachlichen Darstellungen, durch Bilder und Sprache: Überlegungen zu einer indirekten Empirie.

1723 Aufgrund der Anoyinisierung der Projekte und aus Datenschutzgründen sind die Bild-Ensembles nicht im Anhang der digitalen Publikation enthalten.

1724 » Kapitel 4.2.3 insbesonder den Abschnitt „Visuelle und sprachliche Darstellungen als Untersuchungsgegenstand".

1725 Vgl. etwa Mörsch, Schade, Vögele (Hg.) (2018): Kunstvermittlung zeigen; Bader (2019): Zeichnen – Reden – Zeigen.

auch mein Blick auf die Bilder hat sich nicht nur während der Interviews, sondern gerade auch während des Forschens kontinuierlich geändert. In meinen Analysen habe ich diese Überlegungen gestreift, ohne meine Untersuchung darauf zu konzentrieren. So habe ich etwa auf mögliche Prozesse der Übertragung/ Gegenübertragung zwischen den Interviewten und mir hingewiesen, deren Nachspüren einen anderen Forschungsfokus markiert hätte. Dennoch halte ich eine Untersuchung dieser Schwerpunkte in der empirischen Bildungsforschung für ebenso erforderlich wie ein stärkeres Bewusstsein und eine intensivere Reflexion des Involviert-Seins von Wissenschaftlicher*innen in ihre Forschungen. Die Überlegungen von Beate Hofstadler, die aus psychoanalytischer Perspektive die qualitative Sozialforschung befragt, sind hier für mich wegweisend.[1726] Sie hat darauf hingewiesen, dass das Einschreiben der Forschenden in ihre Untersuchungen nicht erst auf der Ebene der Interpretation des Untersuchungsmaterials beginne.[1727] Vielmehr ließe sich meine Forschung von der formulierten Fragestellung bis zu den Reflexionen meiner Forschungsergebnisse daraufhin befragen. Die gegenseitige Be- und Entzogenheit zwischen Eigenem und Fremdem und die Medialität der Erfahrung, wie ich sie in meiner Arbeit im Anschluss an Waldenfels und Sabisch hervorgehoben habe, konfrontieren die empirische Forschung mit grundsätzlichen Fragen der Verantwortung. Denn Bestimmungen und Zuschreibungen werden fraglich und Chiasmen geraten in den Blick. Positionierungen als Selbst und Andere werden ebenso fragil wie der Status von Aussagen und Bildern. Statt Fragen nach der Autor*innenschaft nun gänzlich zu verbannen, plädiere ich für einen produktiven Umhang mit den Un-Möglichkeiten, wie ich sie im Kapitel 10.1.4 im Anschluss an Wimmer bereits auf didaktischer Ebene angesprochen habe.[1728] Aus methodischer und methodologischer Perspektive bedeutet das für mich, einem Wissen um das Nicht-wissen-Können in empirischen Forschungen Platz einzuräumen. Dies kann m.E. verschiedene Aspekte der Forschung berühren, wie z. B. die Ebene des Sprachgebrauchs und den Umgang mit Zuschreibungen. Dabei werden Bestimmungen auch weiterhin notwendig, doch die Art und Weise, wie sie verbalisiert werden, kann auf ihre notwendige Re-Konstruktion verweisen. Dazu zählt im Wesentlichen auch eine Forschungspraxis, die nicht (nur) nach dem Typisierbaren fragt, sondern Widersprüche und Brüche in den Blick nimmt und die mediale Verfasstheit von Erfahrungsprozessen in ihren pathischen und responsiven Dimensionen befragt. Verflechtungen zwischen Forschenden, Untersuchungsmaterial und Beforschten können zum Thema werden, ohne die eigene Positioniertheit zu verleugnen. Das Mitwirken des Unbewussten und die Alterität des/der Anderen müssten entsprechend methodisch mehr Gehör finden, auch ohne zum Forschungsschwerpunkt zu werden. Das verstärkte Bewusstsein dafür, was per se innerhalb eines Forschungs-

1726 Vgl. Hofstadler (2012): forschen – entdecken – erzählen.
1727 Vgl. ebd., S. 30ff.
1728 » Kapitel 10.1.4 Zusammenfassung und didaktisches Fazit I: Wie die Anderen (sprachlich) darstellen?

prozesses ein blinder Fleck bleiben muss und per se gar nicht gewusst werden kann, speist sich aus der Anerkennung einer spezifischen Wissenschaftstheorie und -praxis. Diese kultiviert eine fragende Haltung und eine längere Zeitspanne wird notwendige Voraussetzung, um das noch Unbekannte und überraschend sich Zeigende überhaupt aufzuspüren, um ihm nachgehen zu können.

10.4.4 Herausfordernde und weiterzuentwickelnde Aspekte des Forschungssettings

Im Rückblick auf den Forschungsprozess werden auch herausfordende und weiter zu entwickelnde Aspekte meines Forschungssettings wahrnehmbar, die ich vereinzelt bereits in der Darstellung der Untersuchung gestreift habe und nun weiter vertiefen möchte. Dazu zählen für mich zum Beispiel Fragen nach impliziten Machtverhältnissen in dem von mir konzipierten Untersuchungsdesign, die es kritisch zu reflektieren gilt. Stationen meiner Forschung wie die Projektauswahl oder die Ansprache und Einbindung der Projektleiter*innen geraten in den Fokus, aber auch der von mir entwickIte Auswertungsprozess lässt sich kritisch diskutieren (» Kapitel 5.1; 5.2; 10.1.2).[1729]..
Auch wenn Vorstellungen über ‚Partizipation' in meiner Arbeit zum Thema wurden, habe ich diese Untersuchung nicht als ‚gemeinschaftliche' Forschung mit den Co-Akteur*innen konzipiert.[1730] Ich habe das Forschungsdesign entworfen und habe als wissenschaftliche Mitarbeiterin einer (kunst-)pädagogischen Forschungsinstitution die Projektleiter*innen angesprochen und sie als Expert*innen für ‚partizipatorische Kunst' adressiert und interviewt, bevor ich die Materialanalysen eigenständig durchgeführt habe, um schließlich die Ergebnisse meiner Forschung als Dissertation einzureichen. Diese Rahmungen lassen sich kritisch hinterfragen und verweisen zugleich auf den spezifischen Entstehungskontext dieser Arbeit. Sie zeugen zum Teil auch von meinem Status als ‚Forschungsanfängerin', denn diese Untersuchung war das erste größere Forschungsprojekt, das ich entworfen und durchgeführt habe. Insbesondere in der Reflexion der Ansprache der Projektleiter*innen habe ich das bereits in den Fußnoten mit thematisiert (» Kapitel 5.2.1).[1731]
Meine Untersuchung war bewusst nicht als ‚partizipatorische Forschung' angelegt, denn das Problem der Un-Möglichkeit einer Rekonstruktion, das dieser Arbeit zugrunde liegt, würde (vor dem Hintergrund der hier thematisierten Theorieannahmen) auch dann weiterhin bestehen. Dennoch zeichnet sich meine Arbeit durch eine besondere Sensibilität für die gegenseitige Be- und Entzogenheit von Forscherin und Interviewten aus, wie ich im letzten Abschnitt noch einmal zusammengefasst habe. Über den Vergleich der visuellen und sprachlichen Darstellungen

1729 » Kapitel 5.1 Untersuchungskorpus und Auswahlkriterien der Projekte; Kapitel 5.2 Datenerhebung und Transkription sowie Kapitel 10.1.2 Abgrenzungen: Notwendige Unterscheidungen.
1730 Vgl. etwa Von Unger (2014): Partizipative Forschung. S. 1 ff.
1731 » Kapitel 5.2.1 Vorbereitungen und Durchführung der Interviews.

der Projektleiter*innen habe ich mich ihren Perspektiven angenähert und das nicht Rekonstruierbare in meine Forschung einkalkuliert (» Kapitel 4.2.3).[1732] ‚Un-Möglichkeiten' empirischer Forschungen und unumgängliche Prozesse der Selbstauslegung im Anderen kamen zur Sprache, die in demokratietheoretisch orientierten Diskursen um ‚Partizipation' und ‚partizipative Forschung' möglicherweise weniger präsent sind. Gedanken zum Begriff der ‚Partizipation' führe ich in meinen didaktischen Überlegungen weiter aus (» Kapitel 10.5.2).[1733] Gleichwohl soll die Notwendigkeit einer machtkritischen Reflexion des Forschungssettings damit nicht in Frage gestellt werden, ebenso wenig wie die Notwendigkeit einer kritischen Betrachtung von Prozessen der Übertragung/ Gegenübertragung zwischen Forscherin und Interviewten (» Kapitel 10.4.3).

Um die Rahmungen meiner Forschung auch auf weiteren Ebenen zu beleuchten, gehe ich im Folgenden einzelnen Stationen detaillierter nach und zeige weiterzuentwickelnde Aspekte des Forschungssettings auf, die im Rückblick auf den Forschungsprozess denkbar geworden sind. Dazu beginne ich noch einmal bei der Genese des Untersuchungsdesigns:

Meiner empirischen Untersuchung ging ein mehrperspektivischer Rechercheprozess voraus, in dem sich meine Forschungsfrage herauskristallisierte. Durch die Auseinandersetzung mit ‚partizipatorischen' Kunstprojekten mit Kindern und Jugendlichen wurde ich aufmerksam auf verschiedene Formen der Projektdarstellung und deren rekonstruierbaren Vorannahmen. Fragen der Sichtbarkeit und der Sichtbarmachung traten in den Vordergrund, für die ich zunächst Positionen der Visual Studies herangezogen habe. Da jedoch die Perspektiven der Projektleiter*innen an Bedeutung gewannen ebenso wie responsive Dimensionen in (Bild-)Erfahrungsprozessen, um Vorstellungen über Partizipation zu untersuchen, konzentrierte ich mich stärker auf phänomenologische Ansätze. Die vorausgegangenen Betrachtungen prägten gleichwohl meine Perspektive und flossen auf unterschiedlichen Ebenen in meine Untersuchung ein. Wie zum Beispiel in die Auswahl der Projekte, bei der sich ein Auswahlkriterium [u. a.] auf die visuelle Darstellung der Arbeiten in Online-Portalen bezog (» Kapitel 5.1.3).[1734] Ich habe mich ferner für kontrastierende Projekte entschieden, die [neben anderen Differenzen] auf visueller Ebene für mich Unterschiede deutlich werden ließen. Auch diese Auswahlentscheidungen lassen sich kritisch beleuchten. So können z. B. die ausgesuchten Fotos im Hinblick auf ein Begehren weiter befragt werden, in das sie mich als Forscherin und Kunstpädagogin verwickelt haben. In den Analysen wurde ‚meine' Perspektiven auf die Bilder deutlich, um mich gleichzeitig davon zu distanzieren und mich auf motivischer Ebene den Fotos der Bild-Ensembles

1732 » Kapitel 4.2.3 Zwischen visuellen und sprachlichen Darstellungen, durch Bilder und Sprache: Überlegungen zu einer indirekten Empirie.

1733 » Kapitel 10.5.2 ‚Partizipation' jenseits von Ganzheit und Autonomie.

1734 » Kapitel 5.1.3 Projektsammlung, Ableitung und Begründung der Auswahlkriterien.

anzunähern (» Kapitel 6).[1735] Mithilfe der dokumentarischen Methode, die ich für meine Analysen im Hinblick auf ein vergleichendes Sehen modifiziert habe (» Kapitel 4.4.6)[1736], wurde es mir möglich, Strukturen und Auffälligkeiten innerhalb der Bild-Ensembles herauszuarbeiten, die für meine weiteren Interpretationen bedeutsam wurden. Durch dieses bildhaft nachjustierte Analyseinstrument konnte ich einen nötigen Abstand zum Material herstellen. Diese Distanz galt es im Wechsel mit meiner eigenen kunstpädagogisch geprägten Positioniertheit im Blick auf die Bilder auszuloten. Dabei habe ich z. B. eigene Bildassoziationen angesprochen und ‚Vor-Bilder' aus (kunst-)pädagogischen Darstellungen thematisiert, die meine Sicht auf die Fotos mitbestimmt haben (» Kapitel 8.3.3).[1737] Oder ich habe die analysierten Motive und herausgerarbeiten Strukturen der Bild-Ensembles vor dem Hintergrund meiner vorherigen Beschäftigung mit partizipationskritischen Diskursen reflektiert (» Kapitel 6.4.2).[1738]
Ein vergleichendes Vorgehen durch die Analyse von Bild-Ensembles und die Untersuchung der Mehrdeutigkeiten der Fotografien, wie sie in meiner Untersuchung anklang, stellt für mich eine Möglichkeit dar, den Fokus vom Einzelbild auf die Pluralität von Bildern und in Konsequenz auf deren Phänomenalität zu lenken.[1739]
In zukünftigen Forschungssettings gilt es, diese Wechselbeziehung zwischen Forschenden und Gegenstand gerade im Bereich der Bildwirkungen weiter zu verfolgen und auch die Ergebnisse der Bildanalysen daraufhin zu befragen und mit den formulierten Auswahlkriterien zu vergleichen. Auch der Einsatz der Bilder kann noch weiter ausdifferenziert werden, denn es kann davon ausgegangen werden, dass je nach medialer und materieller Disponiertheit jede Bildsorte differente Ergebnisse produziert. Ein Beispiel aus meiner Forschungspraxis dafür ist mein Umgang mit webbasierten Bildern. In den Interviews habe ich Ausdrucke der Webseiten verwendet, während ich in meinen Auswertungen vornehmlich mit den umgewandelten Bild-Ensembles gearbeitet habe (» Kapitel 5.2.2).[1740] Dies ist dem Umstand geschuldet, dass sich auch durch die Interviews mein Forschungsanliegen weiter klärte. Danach habe ich meine Auswertungen noch stärker auf die Bilder fokussiert, ohne ihre Einbindung in die Webseiten zu verfolgen. Die Nutzung der Bild-Ensembles in den Interviews hätte wahrscheinlich deren Veröffentlichungskontext ein Stück weit zurücktreten zu lassen. Jedoch war mir zum Zeitpunkt der Interviews dieser distanzierende Rahmen durch den erstellten Netzausdruck wichtiger, auch wenn die Projektleiter*innen selbst den Forschungsrahmen sprengten. Indem sie zum Interview bereits Fotomaterial bereitgelegt hatten (Fall1) oder zusätzliche Bilder

1735 » Kapitel 6 Annäherung I: Die Bild-Ensembles im Vergleich.
1736 » Kapitel 4.4.6 Modifikation III: Bild-Vergleiche und Bild-Ensembles.
1737 » etwa Kapitel 8.3.3 Das ‚Sprechen über die Bilder': „Imagebilder" ↔ „ohne jemanden irgendwie zu diffamieren"
den Abschnitt Künstlerische Bilder ↔ Diffamierung der dargestellten Menschen.
1738 » Kapitel 6.4.2 Zwischenreflexion der motivischen Bestimmungen – Partizipation ‚zeigen'?
1739 Vgl. Ganz, Thürlemann (2010): Das Bild im Plural.
1740 » Kapitel 5.2.2 Aufbereitung und Umwandlung des Datenmaterials.

hinzuzogen, als wir über die visuellen Projektdarstellungen sprachen (Fall2), wurde es möglich, dass sie mit ‚ihren' Fotos auf ‚meine' Fotos antworteten. Insbesondere im zweiten Fall fand dies auch Eingang in meine Ergebnisse und ich habe z. B. kritisch beleuchtet, inwiefern meine Fragen und Deutungen zu den Fotos auf der Webseite bei der Projektleiterin B. eine Form der Abwehr erzeugt haben könnten, sodass sie andere Bilder hinzugenommen oder darauf verwiesen hat. Prozesse der Übertragung/ Gegenübertragung wurden in diesem Fall für mich am stärksten spürbar (» Kapitel 8.2.3).[1741] Für weitere Forschungen wäre es interessant, diesen Verflechtungen intensiver nachzugehen, aber auch ein ‚Antworten mit Bildern' noch stärker zu forcieren und in den Untersuchungsaufbau einzubeziehen. Eine Möglichkeit sehe ich z. B. darin, die Forschungsteilnehmer*innen zu bitten, zum Interview Fotos ihrer Projekte mitzubringen – statt ausgewählte Fotos ‚vorzulegen'. Möglicherweise ließen sich so Abwehrtendenzen, wie ich sie in meinen Fällen beobachten konnte, lindern und eine Freude am Erzählen mit und durch Fotos nutzen, wie ich es besonders im ersten Fall beobachten konnte. Dieses Verfahren würde auch eine Vorab-Interpretation der Bilder durch die Forschenden – wie es Teil meiner Untersuchung war – ein Stück weit zurückstellen.
Umgekehrt kann eine Frage in Bildform wiederum ein nonverbales Kommunikationsfeld eröffnen, das die Möglichkeiten der Sprache sprengt und im Gegensatz zu Gesten und sonstigen nonverbalen Zwischentönen auffordert, aber aufgrund seiner formalen Verfasstheit verfügbar bleibt. Dieses fragende und responsive Potenzial habe ich dadurch erhalten, dass nicht sämtliche Bilder herangezogen wurden. Mein Untersuchungsansatz war so konzipiert, dass ich mich auf ausgewählte Online-Darstellungen konzentriert habe, ohne weitere und z. T. unterschiedliche, visuelle Darstellungen der Projekte, z. B. in Buchpublikationen, in meine Analyse einzubeziehen. Da die Untersuchung der Perspektive der Projektleiter*innen auf diese ausgewählten Bilder für mich vorrangig war, bin ich ihren Veröffentlichungskontexten nicht intensiver nachgegangen. Auch die Anonymisierung der Projekte hat dazu noch einmal beigetragen. Eine Öffnung des Forschungssettings, indem in den Interviews die mitgebrachten Fotos der Projektleiter*innen zentral werden, könnte auch diesen Herausforderungen begegnen. An diese Überlegungen schließen sich weitere mögliche methodische Erweiterungen zum Einsatz der Bilder an. So wäre z. B. die Gewichtung des Verhältnisses zwischen Bild und Text (je nach Forschungsfrage und -material) variierbar. Obwohl ich Fotos in die Untersuchung einbezogen habe, dominierte in meinen Analysen eine Auseinandersetzung mit den sprachlichen Darstellungen der Projektleiter*innen über das Projekt und ihre Bilder. Die Fotografien erhielten in meiner Forschung die Rolle von Gegenhorizonten, vor denen ich meine Deutungen befragen konnte. Ein stärkerer Fokus auf das ‚Antworten mit Bildern' in folgenden Forschungen könnte dem Bildhaften noch mehr Gewicht verleihen und nicht-sprachlichen Prozessen mehr Aufmerksamkeit

1741 » Kapitel 8.2.3 Das ‚Sprechen über die Bilder'

schenken. Statt Audioaufnahmen würden sich dann videografische Verfahren der Aufzeichnung anbieten, um z. B. Gesten, Körperhaltungen und weiteren nicht-sprachlichen Formen des Bildumgangs während des Interviews nachgehen zu können.[1742]

Um meinen Forschungsansatz bezogen auf die schwerpunktmäßige Analyse der sprachlichen Darstellungen weiter zu vertiefen, komme ich noch einmal auf mein Auswertungsverfahren zurück. Dabei habe ich die Äußerungen der Projektleiter*innen zunächst extra thematisch getrennt (» Kapitel 5.3).[1743] Diese analytische Trennung ermöglichte es mir, Unterschiede und Gemeinsamkeiten im ‚Sprechen über das Projekt' und im ‚Sprechen über die Bilder' zu vergleichen, wodurch ich z. B. mögliche Funktionen der Fotos für die Projektleiter*innen beleuchten konnte. Während diese beiden Analyse-Ebenen in meiner Untersuchung in den Falldarstellungen zentral wurden (» Kapitel 8)[1744], habe ich meine Untersuchungsergebnisse zum ‚Sprechen über den Partizipationsbegriff' als Annäherungen genutzt (» Kapitel 7).[1745] Durch das Herausarbeiten auffällig gewordener Ambivalenzen habe ich nach konkurrierenden Ansprüchen gefragt und normative Aufladungen des Partizipationsbegriffs zur Disposition gestellt (» Kapitel 7.4.2).[1746] Ähnlich wie in meinen Annäherungen zu den Bild-Ensembles (» Kapitel 6)[1747] wurden die Ergebnisse dieser Analyseebene zu einem Zwischenschritt, um Fragen für die weitere Untersuchung zu generieren. In weiteren Forschungen ließe sich auch den dort auffällig gewordenen Phänomenen weiter nachgehen und z. B. das ‚Aufeinander'-Antworten und die für mich wahrnehmbar gewordenen ‚Absicherungsprozesse' zwischen Interviewerin und Beforschten weiterführend betrachten, wie ich sie insbesondere im zweiten Fall re-konstruieren konnte. Darüber hinaus könnten Entstehungskontexte und mögliche Einflussfaktoren durch Anforderungen der Förderprogramme, durch welche die Projekte finanziert werden konnten, noch stärker in die Untersuchung der Antworten einbezogen werden. Diese Herausforderungen und möglichen Erweiterungen, wie ich sie kurz skizziert habe, tragen zur Reflexion und Einordnung meiner Ergebnisse bei (» etwa Kapitel 9).[1748] Gleichzeitig markieren sie aber auch andere Forschungsschwerpunkte und verweisen auf Unterschiede im Forschungsdesign. Denn in meiner Untersuchung wurden widersprüchliche Deutungen, wie ich sie bspw. durch meine Analysen zum ‚Sprechen über den Partizipationsbegriff' re-konstruieren konnte, zu Spuren,

1742 In meiner Forschung hatte ich mich gegen diese Form der Aufzeichnung entschieden, die auch sensible Gespräche blockieren und Abwehrreaktionen verstärken kann.

1743 » Kapitel 5.3 Fokus und Chronologie der Auswertungsschritte und Ausdifferenzierungen im Darstellungsprozess.

1744 » Kapitel 8 Falldarstellungen: Vergleich der sprachlichen und visuellen Darstellungen pro Projekt.

1745 » Kapitel 7 Annäherung II: Das ‚Sprechen über den Partizipationsbegriff' im Vergleich.

1746 » Kapitel 7.4.2 Zwischenreflexion möglicher ‚Wirkungsweisen' des Partizipationsbegriffs in den Interviews.

1747 » Kapitel 6 Annäherung I: Die Bild-Ensembles im Vergleich.

1748 » etwa Kapitel 9 Fallübergreifende Vergleiche: Auffälligkeiten in den Falldarstellungen.

denen ich in weiteren Analysen vertiefende nachgegangen bin, um Vorstellungen über Partizipation zwischen Sichtbarem und Sagbarem zu befragen.
Obwohl ich im Vorfeld meiner empirischen Erhebung unterschiedliche Formen der Zusammenarbeit aufgrund der Projektbeschreibungen und der veröffentlichten Fotos vermutet habe, was auch zu einem Auswahlkriterium der Arbeiten wurde (» Kapitel 5.1),[1749] bestand mein Untersuchungsziel nicht darin, einen ‚Überblick' über Vorstellungen von Partizipation im Feld der künstlerischen Projekte mit Kindern und Jugendlichen zu erzeugen oder die herausgearbeiteten Ergebnisse vor dem Hintergrund einer ‚richtigen' Partizipation zu bewerten. Vielmehr konnte ich mit meiner Forschungsarbeit dazu beitragen zu zeigen, inwiefern Vorstellungen über Partizipation überhaupt re-konstruiert werden können. Ich habe beleuchtet, was im Forschungsprozess durch visuelle und sprachliche Darstellungen explizit werden kann und habe mögliche implizite Denk- und Handlungsweisen befragt (» Kapitel 6; 7; 8).[1750] Ich konnte Mehrdeutiges und Widersprüchliches sichtbar werden lassen, Abgrenzungen aufzeigen und habe mich über den Vergleich der visuellen und sprachlichen Darstellungen denkbar gewordenen Motiven für die Bildauswahl und möglichen Beweggründen für die Arbeit mit den Kindern und Jugendlichen angenähert, die ich im neunten Kapitel zusammengefasst habe.[1751] Meine Ergebnisse konnte ich vor dem Hintergrund theoretischer Positionen einordnen und als Konstitutionsprozesse *in* und *durch* Bilder(n) und Sprache beschreibbar werden lassen. Dazu habe ich Funktionen der visuellen und sprachlichen Darstellungen analysiert und ihren Status als ‚Übergangsinstanzen' zwischen Selbst und Anderen befragt (» Kapitel 10.1; 10.3).[1752] Insbesondere durch die vertiefende Interpretation meiner Untersuchungsergebnisse zum ersten Fall konnte ich Funktionen von Bildern nachgehen, die dazu beigetragen haben könnten, die Trennung durch den wechselseitigen Be- und Entzug zwischen Selbst und Anderen zu überbrücken und (zumindest temporär) eine Verbindung bzw. ‚Ganzheit' als ‚gelingende Partizipation' herzustellen (» Kapitel 10.3.1).[1753] Diese Reflexion und theoretische Verortung meiner Auswertungsergebnisse war eng verbunden mit einer Reflexion meines methodisch-methodologischen Vorgehens, um Un-Möglichkeiten meines Ansatzes herauszuarbeiten und mitzudenken (» Kapitel 10.2).[1754] Ich bin Verflechtungen nachgegangen zwischen Bedeuten und

1749 » Kapitel 5.1 Untersuchungskorpus und Auswahlkriterien der Projekte.

1750 » Kapitel 6 Annäherung I: Die Bild-Ensembles im Vergleich; » Kapitel 7 Annäherung II: Das ‚Sprechen über den Partizipationsbegriff' im Vergleich; » Kapitel 8 Falldarstellungen: Vergleich der sprachlichen und visuellen Darstellungen pro Projekt.

1751 » Kapitel 9 Fallübergreifende Vergleiche: Auffälligkeiten in den Falldarstellungen.

1752 » Kapitel 10.1 Konstitutionen zwischen Eigenem und Fremdem: Selbstauslegungen im Anderen; Kapitel 10.3 Zur medialen Vermittlung und Konstitution von Selbst und Anderen: Übergangsdinge und Substitute.

1753 » Kapitel 10.3.1 Funktionen und Wirkungsweisen der Bilder (im Vergleich zur Sprache) für die Projektleiter*innen.

1754 » etwa Kapitel 10.2 Re-Konstruktionen zwischen Sichtbarem und Sagbarem: Un-Möglichkeiten meines methodischen und methodologischen Vorgehens.

Begehren, ohne das, was die Projektleiter*innen ‚antreiben' könnte, endgültig bestimmen zu können. Meine Auseinandersetzungen wurden geprägt von einer doppelten Differenz bzw. gegenseitigen Be- und Entzogenheit: Durch die Analyse von visuellen und sprachlichen Darstellungen habe ich nach Vorstellung von Partizipation der Anderen (Projektleiter*innen) über die Zusammenarbeit mit Anderen[1755] (Kindern und Jugendlichen) geforscht.

10.5 Weitere Anregungen und didaktisches Fazit II

Im Folgenden gebe ich meiner Forschungsarbeit eine letzte Wendung, indem ich deren Gegenstand noch einmal aus einer didaktischen Perspektive beleuchte. Inwiefern können die hier zusammengetragenen Überlegungen für (kunst-)pädagogische Kontexte ‚nutzbar' gemacht werden und welche Anknüpfungspunkte sehe ich? Ich gehe weiteren Aspekten meiner Untersuchung als kritische Anregungen nach, um Potenziale meiner Forschung für anschließende Untersuchungen in Vermittlungskontexten aufzuzeigen.

Im ersten didaktischen Fazit meiner theoriegeleiteten Ergebnisreflexionen habe ich Bildungspotenziale in der Beschäftigung mit Ambivalentem herausgearbeitet, aber auch notwendige Abgrenzungen hinterfragt. Ich habe mich für eine Auseinandersetzung mit Vorgängen der ‚Selbstauslegung im Anderen' ausgesprochen, in der die Wirkmacht unbewusster Prozesse in der wechselseitigen Be- und Entzogenheit von Selbst und Anderen Beachtung findet und als konstituierendes Element von Erfahrungsprozessen betrachtet wird (» Kapitel 10.1.4).[1756] Während sich meine Überlegungen stark auf sprachliche Bestimmungen konzentrierten, fokussiere ich im ersten Abschnitt Funktionen und Wirkungsweisen von Bildern. Ich knüpfe noch einmal an die aus meinen Forschungsergebnissen entwickelte Frage an, wie Andere dargestellt werden können und frage danach, inwiefern Konstitutionsprozesse *in* und *durch* Bilder(n) aus didaktischer Perspektive reflektiert werden können (» Kapitel 10.5.1).

Im zweiten Abschnitt kontextualisiere ich meine Untersuchungsergebnisse vor dem Hintergrund von Partizipationsdiskursen und beleuchte Herausforderungen, die eine gegenseitige Be- und Entzogenheit zwischen Selbst und Anderen für ein Verständnis von ‚Partizipation' stellt, welches jenseits autonomer Subjekte angesiedelt ist (» Kapitel 10.5.2). Abschließend komme ich auf weitere Anknüpfungspunkte für Professionalisierungsdebatten zu sprechen und konzentriere mich auf Diskurse

---

1755 Entgegen der üblichen Schreibweise nutze ich hier und im folgenden Text bewusst die Großschreibung, um einen gegenseitigen Be- und Entzug hervorzuheben.
» Kapitel 4.2.1 insbesondere den Abschnitt ‚Zwischen Selbst und Anderen, mit Bezug zum Dritten'

1756 » Kapitel 10.1.4 Zusammenfassungen und didaktisches Fazit I: Wie die Anderen (sprachlich) darstellen?

zur Weiterbildung von Künstler*innen, wie sie insbesondere in jüngster Zeit verstärkt gefördert wurden, um von dort aus die Tragweite meiner Ergebnisse auch für (kunst-)pädagogische Ausbildungen zusammenzufassen (» Kapitel 10.5.3).

10.5.1 Wie die Anderen (visuell) darstellen?

Die öffentliche Darstellung von künstlerischen oder (kunst-)pädagogischen Projekten mit Kindern und Jugendlichen, z. B. in Form von Webauftritten, ist heute zu einem wichtigen Bestandteil der Projektarbeit geworden. ‚Dokumentationen' dienen nicht nur zur internen Verwendung, sondern werden zunehmend als Beweis- oder Legitimationsmittel bedeutsam. Bereits in ihrem Artikel aus dem Jahr 2005 hat Carmen Mörsch z. B. auf „(...) die Abhängigkeit der Kunstvermittlung von ihrer Dokumentation" hingewiesen, die u. a. wichtig für die „(...) ökonomische Reproduktion und Legitimierung von Vermittlungsprogrammen [sei, EM], als an Fördereinrichtungen adressierte Belege für deren soziale und bildende Wirkung."[1757] Es ist anzunehmen, dass das Sichtbarwerden, die öffentliche Präsenz aber auch die Belegfunktion der Bilder heute noch mehr Gewicht erhalten haben. Auch wenn ich mit Mörsch darüber übereinstimme, dass die Art und Weise, wie Projektarbeiten sichtbar gemacht werden, einer stetigen Reflexion und Auseinandersetzung bedürfen, fokussierte meine Forschung andere Ebenen. Ich habe nicht die „(...) allgegenwärtigen und universalisierenden Narrative, die von diesen Bildern hergestellt werden"[1758] analysiert. Vielmehr habe ich pathische Dimensionen in Sinngebungsprozessen untersucht und (u. a.) mögliche Funktionen der Bilder für die Projektleiter*innen beforscht, um Vorstellungen über Partizipation zu re-konstruieren. Dimensionen des Bildhaften, die dabei thematisiert wurden, können sich einer Versprachlichung widersetzen und verweisen auf unbewusste Prozesse jenseits des Sagbaren. Auch diese Prozesse bedürfen m.E. einer Reflexion, um die ‚Wirkmacht' der Bilder in der Beziehung zum Anderen unter die Lupe zu nehmen. Aber dafür ist ein sensibler Bildumgang an den Grenzen des Identifizierbaren notwendig, den ich vor dem Hintergrund meiner Untersuchungsergebnisse noch einmal verdeutlichen möchte:

Mit Projektverantwortlichen über ihre Projektfotos ins Gespräch zu kommen kann herausfordernd sein (» Kapitel 10.4.4).[1759] Denn Bilder nehmen unterschiedliche Funktionen ein, wie ich in meiner Untersuchung aufzeigen konnte. Von einer Darstellung nach außen und dem Anspruch, wie die eigene Arbeit von anderen wahrgenommen werden soll, bis hin zu persönlich-biografischen Bezügen können

---

1757 Mörsch (2018/ 2005): Application. Vorschlag für ein Projekt mit Jugendlichen über Formen ihrer Sichtbarkeit in der Galerie. S.49.

1758 Ebd., S.49.

1759 » Kapitel 10.4.4 Herausfordernde und weiter zu entwickelnde Aspekte des Forschungssettings.

die Fotos den Projektverantwortlichen ‚ans Herz gewachsen sein' (» 10.3.1)[1760]. Das Zeigen der Bilder birgt ein gewisses Risiko, denn sie erlauben durch ihre Offenheit unterschiedliche ‚Lesarten' und können zugleich verschiedenartige Affekte auslösen. In meinen Analysen zum ‚Sprechen über die Bilder' wurden unterschiedliche Reaktionen auf die von mir mitgebrachten Projektfotos re-konstruierbar, die von einer Abwehr bis zu einem ‚Berührt-Sein' zeugen. Ich denke zum Beispiel an die Antworten der Projektleiterin B., der es vermutlich unangenehm war, dass ich sie auf die Bilder angesprochen und z. T. mit meinen ‚Lesarten' konfrontiert habe (» 8.2.3).[1761] Auch die sehr detaillierten, kunstwissenschaftlich orientierten Bildbeschreibungen der Projektleiterin C. habe ich als eine Form der Abwehr diskutiert, während es weitere Gesprächspassagen gab, in denen eine affektive Verwicklung für mich zum Ausdruck kam, als sie in ihren Beschreibungen fast nach Worten suchte (» 8.3.3).[1762] Diese Beispiele verdeutlichen noch einmal die Notwendigkeit einer sensiblen Thematisierung der Bilder, um responsiven Dimensionen des Bildhaften nachzuspüren und möglicherweise auch auf verschiedene Funktionen der Bilder für die Projektverantwortlichen zu sprechen zu kommen. Ein Antworten auf Fotos mit anderen Fotos könnte den Fokus dabei auch auf nichtsprachliche Dimensionen lenken.

Dass das Zeigen der eigenen Projektfotos auch ein Bedürfnis sein kann und Erzählungen über das Projekt anregt, wurde besonders im ersten Fall deutlich (» 8.1.3).[1763] Hier hatte der Projektleiter extra eine große Sammelmappe mit Fotos zum Interview bereitgelegt und erzählte mir anhand der Bilder von dem Projekt. Im Gegensatz zum dritten Fall sind hier die Fotos sehr identitätsstiftend und werden zum Kommunikationsinstrumente: durch ihr Potenzial, Vergangenes ‚wachzurufen' und zu ver-gegenwärtigen. Dies kann m.E. in Studium und Praxis noch stärker genutzt werden, um z. B. in einen Austausch über unterschiedliche Erfahrungen zu kommen. Dabei sollten Bilder nicht nur zum ‚Erzählanlass' werden. Hier könnten sich zum Beispiel Gespräche über unterschiedliche Formen des ‚Festhaltens' von Situationen und des Umgangs mit Bildern anschließen, auch um ein Nachdenken über Un-Möglichkeiten der Vergegenwärtigung anzuregen.

Im ersten didaktischen Fazit meiner theoriegeleiteten Ergebnisreflexionen habe ich die Notwendigkeit von Einordnungen und Positionierungen angesprochen, um überhaupt mit Anderen künstlerisch und/oder (kunst-)pädagogisch arbeiten zu

1760 » Kapitel 10.3.1 Funktionen und Wirkungsweisen der Bilder (im Vergleich zur Sprache) für die Projektleiter*innen.

1761 » Kapitel 8.2.3 Das ‚Sprechen über die Bilder': „Minimallösungen" ↔ „Die Künstler sind schreckliche Strategen, das ist ja logisch. Klar."

1762 » Kapitel 8.3.3 Das ‚Sprechen über die Bilder': „Imagebilder" ↔ „ohne jemanden irgendwie zu diffamieren" .

1763 » Kapitel 8.1.3 Das ‚Sprechen über die Bilder': „Die Fotos habe ich alle hier noch drin." ↔ „typische Situationen" ↔ „besonders schöne Fotos".

können (» Kapitel 10.1.4).[1764] Gleichwohl müssen diese Bestimmungen die Anderen zwangläufig verfehlen, weshalb ich dafür plädiert habe, scheinbar sicheres Wissen um ein „Nicht-wissen-Können"[1765] zu befragen. Meine Überlegungen bezogen sich zumeist auf sprachliche Bestimmungen, auf die ich in meinen Analysen aufmerksam geworden war. An dieser Stelle komme ich noch einmal darauf zurück, um die dort verhandelten Fragen noch stärker auf die Bild-Ebene zu konzentrieren. Was bedeutet es, wenn wir „(...) immerzu ›in Bildern‹ oder ›durch Bilder hindurch‹ wahrnehmen (...)"?[1766] Wenn wir Bilder brauchen, um uns unserer Selbst und der Anderen zu vergewissern?[1767] Diese Fragerichtungen erinnern daran, dass das, was wir sehen, geprägt ist von Vorgängigem und Zukünftigem. Und sie verweisen darauf, dass Prozesse des Identifizierens über Bilder erfolgen, die von Projektionen begleitet werden und ein Begehren wachhalten. In meinen Fällen bin ich diesen Prozessen ein Stück weit nachgegangen und habe dabei auch ihre existenzielle Dimension thematisiert (» 10.3.1).[1768] Diese ‚sichernde' Funktion der Bilder gilt es m.E. anzuerkennen, ohne ein ‚Anderssehen' zu stark zu forcieren oder notwendige Projektionen anhand der Fotos direkt zu thematisieren. Theoriegeleitete Reflexionen über Bilder (und Sprache) als Übergangsinstanzen und Substitute können hier eine gewisse Distanz schaffen, um das Angewiesen-Sein, aber auch das notwendige Verfehlen der Anderen durch visuelle und sprachliche Darstellungen zum Thema zu machen. Konstitutionsprozesse *in* und durch Bilder(n) und Sprache können auf diese Weise in (kunst-)pädagogischen Ausbildungen thematisiert werden, um die ‚Wirkmacht' von visuellen und sprachlichen Darstellungen anzusprechen, die unseren Erfahrungen „Halt und Gestalt" [1769] geben. Eine weitere Möglichkeit, einen gewissen Abstand zu den eigenen Projektbildern herzustellen, sehe ich z. B. in der Beschäftigung mit visuellen Darstellungen von (partizipatorischen) Projekten mit Kindern und Jugendlichen aus historischer Perspektive. Über eine geschichtliche Rückschau kann es möglich werden, unterschiedliche Formen von Projektdarstellungen aufzuzeigen und verschiedenartige Visualisierungen von Projektverantwortlichen und Beteiligten zu thematisieren, um eine Auseinandersetzung über Zuschreibungen und mediale Konstitutionen anzuregen. Repräsentationskritische Positionen können dabei bereichernd sein, auch um über andere, von der Norm abweichende Darstellungsformen ins Gespräch zu kommen, wie sie bspw. Carmen Mörsch und Stephan Fürstenberg formuliert haben.[1770] Gleichwohl plädiere ich

---

1764 » Kapitel 10.1.4 Zusammenfassungen und didaktisches Fazit I: Wie die Anderen (sprachlich) darstellen?

1765 Wimmer (2007): Wie dem Anderen gerecht werden? S. 155.

1766 Waldenfels (2004): Phänomenologie der Aufmerksamkeit. S. 210. Vgl. auch Sabisch (2018a): Bildwerdung. S. 57.

1767 Vgl. Zirfas, Jörissen (2007): Phänomenologien der Identität, S. 158.

1768 » Kapitel 10.3.1 Funktionen und Wirkungsweisen der Bilder (im Vergleich zur Sprache) für die Projektleiter*innen.

1769 Waldenfels (2004): Phänomenologie der Aufmerksamkeit. S. 162.

1770 Mörsch, Fürstenberg (2018): Kulturvermittlung machtkritisch dokumentieren. S.405 ff.

mit meiner Forschung für eine Auseinandersetzung mit affektiven Dimensionen des Bildhaften, die weitere (Be-)Deutungen eröffnen und persönliche Motive für die Bildauswahl in den Blick nehmen. Wichtig wäre es aus meiner entwickelten Perspektive, nicht vorrangig nach alternativen Darstellungen zu fragen, die ein ‚besser' implizieren können, sondern die Un-Möglichkeit, Andere überhaupt ‚adäquat' darstellen zu können, zum entscheidenden Thema werden zu lassen. Wenn Projektionsprozesse als unumgänglicher Bestandteil in der Zusammenarbeit mit Anderen zur Sprache kommen können und mediale Vermittlungen in den Fokus geraten, eröffnen sich m.E. weitere Möglichkeiten, über Formen der visuellen und sprachlichen Darstellung der Anderen (anders) nachzudenken.

10.5.2 ‚Partizipation' jenseits von Ganzheit und Autonomie

Im Folgenden spitze ich meine Überlegungen noch stärker auf den Partizipationsbegriff zu. Was passiert, wenn diese Bezeichnung ‚ins Spiel kommt' und was gilt es in didaktischen Kontexten zu beachten? Wie kann es möglich werden, über Vorstellungen von Partizipation ins Gespräch zu kommen?
In meinen Analysen zum ‚Sprechen über den Partizipationsbegriff' wurde deutlich, wie das Ansprechen dieses Themas ambivalente Reaktionen und Abwehr auslösen kann (» Kapitel 7).[1771] Formulierungen wie, ‚man müsste' oder ‚man sollte', wie ich sie beispielsweise im zweiten Fall wiederholt re-konstruieren konnte (» Kapitel 7.2)[1772], verweisen auf eine normative Ebene und den Anspruch einer ‚richtigen' Partizipation, die es zu erfüllen gilt. Rechtfertigungen oder ‚Absicherungstendenzen' können die Folge sein, besonders dann, wenn die eigene Arbeitsweise einem Ideal widerspricht, wonach z. B. alle Teilnehmer*innen mitentscheiden oder vielleicht sogar das Projekt selber steuern können ‚sollten'. Obgleich die Projektleiterinnen B. und C. Gründe äußerten, warum sie sich gegen den Begriff ausgesprochen haben und weitere Positionen nannten, um ihre Arbeitsweise zu erläutern, ‚schwang' in den Gesprächen etwas mit, das diese Positionierung riskant werden ließ (» Kapitel 7.2 sowie 7.3)[1773]. „(...) [M]an [komme, EM] letztendlich da nicht raus [...], ohne sich in irgendeiner Form die Finger schmutzig zu machen"[1774], lautete etwa eine Einschätzung der Projektleiterin C. zur Verwendung des Partizipationsbegriffs. Mit Ahrens und Wimmer habe ich auf die ‚demokratische' Grundierung des Terminus verwiesen und dessen ‚moralische Überlast' thematisiert (» Kapitel 7.4).[1775] Denn kritische Äußerungen über ‚Partizipation'

1771 » Kapitel 7 Annäherung II: Das ‚Sprechen über den Partizipationsbegriff' im Vergleich
1772 » Kapitel 7.2 Fallausschnitt zum Projekt 2: „einer hat trotzdem meistens den Hut auf".
1773 » Kapitel 7.2 Fallausschnitt zum Projekt 2: „einer hat trotzdem meistens den Hut auf" sowie Kapitel 7.3 Fallausschnitt zum Projekt 3: „dass man letztendlich da nicht rauskommt, ohne sich in irgendeiner Form die Finger schmutzig zu machen".
1774 I*Fall3, AB33, Z. 285-287.
1775 » Kapitel 7.4.2 Zwischenreflexion möglicher ‚Wirkungsweisen' des Partizipationsbegriffs in den Interviews.

können die Gefahr bergen, ‚Mitbestimmung' und demokratische Grundrechte in Frage zu stellen. Dies gilt es m.E. zu bedenken, wenn der Partizipationsbegriff zur Sprache kommt, um unterschiedliche Formen der Zusammenarbeit thematisierbar zu machen. Auch wenn sich die ‚Wirkkraft' des Begriffs weiterhin in Gesprächen niederschlägt, kann eine kritische Auseinandersetzung mit seinen unterschiedlichen Konnotationen dazu beitragen, verschiedene Ebenen zwischenmenschlicher Beziehungen zu befragen. Vor dem Hintergrund der hier verhandelten phänomenologischen und bildungstheoretischen Positionen lässt sich erahnen und kritisch beleuchten, was über den Begriff eigentlich (noch) konstruiert wird. Kann es durch ‚Partizipation' möglich werden, den Anderen ‚gerecht' zu werden und sich nicht schuldig zu machen? Aus diesen Perspektiven kann nicht von einem autonomen Subjekt gesprochen werden, vielmehr geraten Prozesse des Verkennens und die Notwendigkeit des ‚Nicht-wissen-Könnens' in den Blick. In meinem ersten didaktischen Fazit bin ich diesen Überlegungen im Anschluss an Schäfer und Wimmer bereits nachgegangen, an die ich noch einmal anschließe (» Kapitel 10.1.4).[1776].. Ich konnte Prozesse der ‚Selbstauslegung im Anderen' ansprechen und auf (notwendige) Projektionen hinweisen, die in die Beziehung zum Anderen hineinfließen. Wenn ‚Vorstellungen über Partizipation' zur Sprache kommen, werden nicht nur Bestimmungen notwendig, sondern immer auch unbewusste Prozesse wirksam, die Darstellungen von uns selbst und den Anderen prägen. Diesen Prozessen gänzlich auf die Spur zu kommen, ist nicht möglich. Gleichwohl können einzelne Aspekte artikulierbar und reflektierbar werden. So können z. B. (notwendige) Positionierungen und Abgrenzungen im Hinblick auf den Partizipationsbegriff diskutiert werden und Bestimmungen des Eigenen und der Anderen in den Fokus geraten. Erfahrungen während der eigenen Schulzeit und der künstlerischen Ausbildung können beleuchtet und (unterschiedliche) Motive für die Zusammenarbeit mit Kindern und Jugendlichen zum Thema werden. Aber auch Ansprüche von außen und Anforderungen an die Projekte können im Hinblick auf die jeweiligen Partizipationsverständnisse befragt werden, um mögliche Diskrepanzen aufzuzeigen. Wichtig erscheint mir vor allem, Formen des Austauschs zu ermöglichen, in denen Widersprüchliches und verschiedenartige Beweggründe für die Zusammenarbeit mit Kindern und Jugendlichen artikuliert werden können und unterschiedliche Partizipationsvorstellungen einen Raum erhalten. Denn gerade die Auseinandersetzung mit dem Ambivalenten birgt m.E. besondere Bildungspotenziale (» Kapitel 10.1.4).[1777]

Erst mithilfe so einer Blickschärfung kann es möglich werden, komplexen Interaktionsprozessen in ihrer Vielschichtigkeit nachzugehen und auch nach unbewussten Prozessen zu fragen. Wenn ‚Partizipation' auch als unhintergehbare

1776 » Kapitel 10.1.4 Zusammenfassungen und didaktisches Fazit I: Wie den Anderen (sprachlich) darstellen?

1777 » Kapitel 10.1.4 Zusammenfassung und didaktisches Fazit I: Wie die Anderen (sprachlich) darstellen?

Be- und Entzogenheit zwischen Selbst und Anderen verstanden werden kann, geraten Vorstellungen von Ganzheit und Autonomie ins Wanken, die Fragen nach der Verantwortung neu stellen (» Kapitel 10.1).[1778] Eindeutige Zuordnungen werden fragwürdig und Unbewusstes gerät in den Fokus, das unbestimmbar und unkontrollierbar bleibt. Regeln des Miteinanders, wie z. B. die im zweiten Kapitel thematisierten ‚Partizipationsstufen' bieten Orientierungen und lenken den Fokus auf Rechte und Pflichten, um Formen demokratischer Partizipation zu ermöglichen (» Kapitel 2.3).[1779] Doch sie können einen grundlegenden Entzug in zwischenmenschlichen Beziehungen nicht aufheben. Anleitungen für ‚gelingende' Partizipation werden stattdessen aus dieser Perspektive fragwürdig. Auch diese Partizipationsbestrebungen gilt es zu ergründen. Verantwortung bedeutet dann, Wissen um das ‚Nicht-wissen-Können' (Wimmer) zu erweitern und Unbewusstes anzuerkennen. Mit Käte Meyer-Drawe kann diese Antinomie des Partizipationsbegriffs noch weiter zugespitzt werden. Wie sie plädiere ich dafür, dem „Zweifel" an Autonomie mehr Gewicht zu schenken, ohne Fragen der Urheberschaft auszublenden:

> „Zweifel an umfassenden Möglichkeiten von Autonomie legitimieren nicht Heteronomie, sondern zielen auf ein neues Verständnis der Strukturen menschlicher Existenz, das die Möglichkeiten in der Differenz der Lebensextreme aufsucht und nicht an einen Ort verbannt, der zwar makellos, aber unerreichbar ist."[1780]

Meyer-Drawe spricht sich dafür aus, „(...) Subjektivität weiterhin als kritische Kategorie (...) zu bewahren (...)"[1781], allerdings ohne diese als „Einheit" zu denken:

> „Dem zentrierten, triumphierenden Subjekt wird nicht das total zerstreute entgegengesetzt, sondern der machtvollen Einheit die Differenz, belastet mit dem Risiko der Kontingenz, befreit zu einer Vielfalt möglicher Transformationen der »Differenz der Zeiten« (Foucault). Muster dieses Ichs ist nicht mehr das klare, wache Bewußtsein, sondern der Leib, in dem Bewußtsein und Körper ein Geflecht bilden, in dem sich Fremdes und Eigenes, Vergangenes und Zukünftiges, Materielles und Ideelles, Soziales und Individuelles durchdringen."[1782]

Auch aus didaktischer Perspektive kann es nicht darum gehen, ‚Subjektivität' so weit in Frage zu stellen, dass Auseinandersetzungen über Verantwortung obsolet werden. Vielmehr verstehe ich meine Forschung als einen klärenden Beitrag dazu, dem Ambivalenten und Widersprüchlichen in visuellen und sprachlichen

1778 » Kapitel 10.1 Konstitutionen zwischen Eigenem und Fremdem: Selbstauslegungen im Anderen
1779 » Kapitel 2.3 Partizipation von Kindern und Jugendlichen: Rechtliche Verankerungen und Formen der Beteiligung
1780 Meyer-Drawe (2000): Illusionen von Autonomie. S. 152.
1781 Ebd., S. 152.
1782 Ebd., S. 153.

Darstellungen mehr Aufmerksamkeit zu schenken und unbewussten Prozessen in Konstitutionen zwischen Selbst und Anderen mehr Gewicht zu verleihen.

10.5.3 Ausblick: Anknüpfungspunkte für Professionalisierungsdebatten

In jüngster Zeit werden Weiterbildungsangebote für Künstler*innen, die mit Kindern und Jugendlichen zusammenarbeiten, verstärkt gefördert (» Kapitel 3.2).[1783] Insbesondere durch das Inkrafttreten der „Richtlinien zur Förderung von Entwicklungs- und Erprobungsvorhaben zur pädagogischen Weiterbildung von Kunst- und Kulturschaffenden"[1784] des Bundesministeriums für Bildung und Forschung (BMBF) entstanden zahlreiche Weiterbildungsprogramme mit dem Ziel, Künstler*innen in der Bildungsarbeit zu professionalisieren. Doch die Ausgangslage erscheint unklar. Auch Joachim Ludwig und Helmut Ittner konstatieren in der Einleitung des zweiten Sammelbandes, der im Rahmen dieser Weiterbildungsbemühungen entstanden ist, dass „[...] der geringe Forschungsstand zum pädagogisch-künstlerischen Wissen und Handeln von Kunst- und Kulturschaffenden im Feld der Ästhetischen Bildung [überraschend ist]."[1785]
Das Ziel dieser Forschung bestand darin, ‚Partizipationsverständnisse' von Künstler*innen zuallererst zu untersuchen, die über eine langjährige Erfahrung in der Zusammenarbeit mit Kindern und Jugendlichen verfügen, und danach zu fragen, inwiefern Vorstellungen über Partizipation re-konstruiert werden können. Ich habe Projektverantwortliche sogenannter ‚partizipatorischer Kunstprojekte' interviewt, die verschiedenen Arbeitsfeldern zugeordnet werden können – vom Kunstfeld über die Stadtteilarbeit bis hin zur Bildungsarbeit. Denn (partizipatorische) Kunstprojekte mit Kindern und Jugendlichen finden in unterschiedlichen Bereichen statt und können auf eine lange Tradition zurückblicken – auch wenn es bislang nur wenige Forschungen dazu gibt (» Kapitel 3).[1786] Auch wenn meine Untersuchung Anregungen für künstlerische und (kunst-)pädagogische Weiterbildungen eröffnet, sehe ich ihr Potenzial zunächst einmal darin, für Erfahrungen zu sensibilisieren, die Projektverantwortliche in diesem Feld ‚mitbringen': Vorstellungen über Arbeitsweisen mit Kindern und Jugendlichen werden thematisch. Diese Ergebnisse mögen ‚gängigen', demokratisch-orientierten Partizipationsverständnissen teilweise entgegenlaufen, doch sie eröffnen einen Einblick in das, was für die Projektleiter*innen im Laufe der Zusammenarbeit in mehrerlei Hinsicht bedeutsam wurde – ob künstlerisch, sozial oder empathisch. Sie zeugen von ihrem großen Engagement in der Projektarbeit und verschiedenen Wegen der Umsetzung, um

1783 » Kapitel 3.2 Zusammenarbeit von Künstler*innen mit Kindern und Jugendlichen.
1784 Vgl. BMBF (29. Juli 2013): Bekanntmachung.
1785 Ludwig, Ittner (2019): Einleitung. Forschung zum pädagogisch-künstlerischen Wissen und Handeln. S. 1.
1786 » Kapitel 3 ‚Partizipatorische' Kunstprojekte mit Kindern und Jugendlichen: Skizzen zum Forschungsstand und zum Untersuchungsfeld.

eigene Interessen und Interessen der Anderen (Kinder und Jugendliche) zu verbinden. Verschiedenartige Beweggründe für ihre Arbeit wurden re-konstruierbar – von einer Positionierung im Kunstfeld bis hin zur Wissensvermittlung oder Ermächtigung der Kinder und Jugendlichen. Unterschiedliche Bewegungen zu den Anderen wurden zum Thema – z. B. in der Art und Weise, wie die Projektleiter*innen ihre Projektziele begründeten und von Erlebnissen oder Beobachtungen sprachen. Durch den Vergleich der visuellen und sprachlichen Darstellungen habe ich mögliche (implizite) Ansprüche und Bedürfnisse der Projektleiter*innen untersucht und bin unbewussten Prozessen in Sinngenerierungen nachgegangen (» etwa Kapitel 9.5).[1787] Diese Erkenntnisse erlauben Aussagen über Vorstellungen von Partizipation, ohne dass diese eindeutig ‚typisierbar' wären. Stattdessen gerieten Abgrenzungen auf sprachlicher Ebene (» Kapitel 9.4)[1788] sowie Ambivalenzen und Widersprüche (innerhalb von und zwischen) sprachlichen und visuellen Darstellungen in den Blick (» Kapitel 9.2 und 10.3.1)[1789], über die ich dem auf die Spur zu kommen versuchte, was die Projektleiter*innen in ihrer Arbeit ‚antreiben' könnte. Bei der Reflexion meiner Ergebnisse vor dem Hintergrund theoretischer Positionen wurden visuelle und sprachliche Darstellungen als ‚Übergangsinstanzen' (Waldenfels) zum Anderen/ zu den Anderen wahrnehmbar. Dabei wurden auch Funktionen der Bilder relevant, die ich u. a. als ‚Identifikationsbilder' bezeichnet habe, die auf eine begehrte Partizipation hindeuten und in eine Lücke ‚einspringen', die so im Interview auf sprachlicher Ebebe nicht zu beantworten war (» Kapitel 10.3.1).[1790] Meine Standortgebundenheit, dass die Antworten der Projektleiter*innen immer in einem Zusammenhang zu sehen sind mit der Interviewsituation und dass sie durch Prozesse der Übertragung/ Gegenübertragung gekennzeichnet sind, habe ich in dieser Arbeit mehrfach betont und in die Reflexion einbezogen, auch wenn sich mein Forschungsfokus nicht explizit darauf richtete.
Resümiere ich die wichtigen Ergebnisse meiner Untersuchung, liegen sie vor allem in folgenden Punkten: Sie befördern die kritische Diskussion über Formen der Interaktion jenseits autonom handelnder Subjekte (» Kapitel 10.5.2).[1791] Und sie nehmen das Problem in den Blick, wie eine Darstellbarkeit der Anderen aussehen könnte, in der die Medialität von Erfahrungen ins Zentrum rückt. (» etwas Kapitel 10.1.4; 10.5.1).[1792] Eine theoriefundierte Reflexion der eigenen Praxis ist dabei unerlässlich,

1787 » etwa Kapitel 9.5 Mögliche Motive und Beweggründe in der Zusammenarbeit mit den Kindern und Jugendlichen.
1788 » Kapitel 9.4 Fokus III: Markante Abgrenzungen im Fallvergleich.
1789 » Kapitel 9.2 Fokus II: Starke Ambivalenzen im Fallvergleich sowie Kapitel 10.3.1 Funktionen und Wirkungsweisen der Bilder (im Vergleich zur Sprache) für die Projektleiter*innen.
1790 » Kapitel 10.3.1 Funktionen und Wirkungsweisen der Bilder (im Vergleich zur Sprache) für die Projektleiter*innen.
1791 » Kapitel 10.5.2 ‚Partizipation' jenseits von Ganzheit und Autonomie
1792 » etwa Kapitel 10.1.4 Zusammenfassungen und didaktisches Fazit I: Wie den Anderen (sprachlich) darstellen? sowie Kapitel 10.5.1 Wie die Anderen (visuell) darstellen?

wie sie bspw. auch Kristin Westphal und Teresa Bogerts vorgeschlagen haben.[1793] Neben der Möglichkeit, die eigene Arbeitsweise mit unterschiedlichen Bildungstraditionen in Verbindung zu bringen, sollten m.E. aber auch verschiedenartige Partizipationsverständnisse Gehör finden und Ambivalentes zum Thema werden können. Ich plädiere deswegen dafür, visuelle und sprachliche Darstellungen der Projektleiter*innen über die Zusammenarbeit mit Kindern und Jugendlichen künftig zum Ausgangspunkt von Fortbildungen werden zu lassen – in der Gewissheit der notwendigen Entzogenheit von Erfahrungsprozessen und vor dem Hintergrund bildungswirksamer, medialer Verschiebungen. Eine kritische (Aus-)Bildungspraxis, welche die wechselseitige Be- und Entzogenheit zur Sprache bringt, beinhaltet für mich bedingend aber auch, Zielvorgaben von Weiterbildungsprogrammen ebenso wie Annahmen der Lehrenden vor dem Hintergrund von (unbewussten) Konstitutionsprozessen zwischen Selbst und Anderen in die Reflexion einzubeziehen. Auch wenn ich meine Untersuchungsergebnisse an dieser Stelle vor dem Hintergrund von Professionalisierungsdebatten für Künstler*innen zusammengefasst habe, trägt deren Reichweite über diesen Diskurs hinaus und sollte m.E. auch in (kunst-)pädagogischen Ausbildungen zum Thema werden.

1793 Vgl. Westphal, Bogerts (2019: Kunstschaffende im Spannungsgefüge von Kunst und Bildung. S. 209 ff.

Anhang

Literaturverzeichnis

Aden, Maike (2013): Das Mantra Partizipation. Sein heimlicher Lehrplan als Herausforderung für die Kunstpädagogik. In: Burkhardt, Sara; Meyer, Torsten; Urlaß, Mario (Hg.): Kunst Pädagogik Partizipation. Buch 03. convention. Ergebnisse und Anregungen. München: kopaed, S.51-57.

Agamben, Giorgio (2003): Die kommende Gemeinschaft. Berlin: Merve.

Alloa, Emmanuel (2011): Das durchscheinende Bild. Konturen einer medialen Phänomenologie. Zürich: Diaphanes.

Ahrens, Sönke; Wimmer, Michael (2012): Partizipation. Versprechen. Probleme. Paradoxien. In: Brenne, Andreas; Sabisch, Andrea; Schnurr, Ansgar (Hg.): Kunst Pädagogik Partizipation. Buch 02. revisit. Kunstpädagogische Handlungsfelder. München: transcript, S. 19-39.

Arnstein, Sherry (1969): A Ladder of Citizen Participation. In: Journal of the American Planning Association, 35/4, S. 216-224.

Bader, Nadia (2019): Zeichnen – Reden – Zeigen. Wechselwirkungen zwischen Lehr-Lern-Dialogen und Gestaltungsprozessen im Kunstunterricht. München: kopaed.

Bader, Nadia; Johns, Stefanie; Krauß, Lennart (09.01.2020): HOW TO ARTS EDUCATION RESEARCH? Wissenspraxen zwischen Kunst und Bildung. CFP für eine Tagung, die am 2./3.07.2020 an der Staatlichen Kunstakademie in Karlsruhe stattfindet. Online verfügbar unter: https://howtoaer.com/cfp/ (letzter Zugriff 05.02.2020).

Barthes, Roland (1989): Die helle Kammer. Bemerkungen zur Photographie. Frankfurt am Main: Suhrkamp.

Barthes, Roland (1990): Rhetorik des Bildes. In: Ders. (1990): Der entgegenkommende und der stumpfe Sinn. Frankfurt am Main: Suhrkamp, S. 28-46.

Barthes, Roland (2000/1968): Der Tod des Autors. In: Jannidis, Fotis; Lauer, Gerhard; Martinez, Matias; Winko, Simone (Hg.): Texte zur Theorie der Autorschaft. Reclam Verlag: Stuttgart, S. 185 – 193 (franz. Originaltext 1968).

Bartl, Angelika; Hoenes, Josch; Mühr, Patricia; Wienand, Kea (Hg.) (2011): Sehen – Macht – Wissen ReSaVoir. Bilder im Spannungsfeld von Kultur, Politik und Erinnerung. Bielefeld: transcript.

Bartl, Angelika (2012): Andere Subjekte. Dokumentarische Medienkunst und die Politik der Rezeption. Bielefeld: transcript.

Bellenbaum, Rainer; Buchmann, Sabeth (2007): Partizipation mit Rancière betrachtet. In: Das Magazine des Instituts für Theorie, Züricher Hochschule der Künste, Nr. 10/11 (Dezember 2007), S. 29-34.

Besand, Anja (Hg.) (2012): Politik trifft Kunst: zum Verhältnis von politischer und kultureller Bildung. Bonn: Schriftenreihe der Bundeszentrale für Politische Bildung.

Betz, Tanja; Gaiser, Wolfgang; Pluto, Liane (2010): Partizipation von Kindern und Jugendlichen. In: Dies. (Hg.): Partizipation von Kindern und Jugendlichen. Forschungsergebnisse, Bewertungen, Handlungsmöglichkeiten. Schwalbach/Ts.: Wochenschau Verlag, S. 11-31.

Bishop, Claire (2004): Antagonism and Relational Aesthetics. In: October 2004, No. 110, S. 51-75.

Bishop, Claire (Hg.) (2006): Participation. Documents of Contemporary Art. London, Cambridge: Whitechapel/MIT Press.

Bishop, Claire (2012): Artificial hells: participatory art and the politics of spectatorship. London, New York: Verso.

Blümle, Claudia; von der Heiden, Anne (Hg.) (2005): Blickzähmung und Augentäuschung. Zu Jacques Lacans Bildtheorie. Zürich/Berlin: Diaphanes.

BMBF (Bundesministerium für Bildung und Forschung) (29. Juli 2013): Bekanntmachung – des Bundesministeriums für Bildung und Forschung von Richtlinien zur Förderung von Entwicklungs- und Erprobungsvorhaben zur pädagogischen Weiterbildung von Kunst- und Kulturschaffenden. Online verfügbar unter URL: https://www.bmbf.de/foerderungen/bekanntmachung-872.html (letzter Zugriff 17.01.2020).

Boehm, Gottfried (1994): Die Wiederkehr der Bilder. In: Ders. (Hg.): Was ist ein Bild? München: Wilhelm Fink, S. 11–38.

Boehm, Gottfried (1994) (Hg.): Was ist ein Bild? München: Wilhelm Fink.

Boehm, Gottfried (1996): Bildsinn und Sinnesorgane. In: Stöhr, Jürgen (Hg.): Ästhetische Erfahrung heute. Köln: DuMont, S. 148 – 165.

Boehm, Gottfried (2011): Ikonische Differenz. In: Rheinsprung 11. Zeitschrift für Bildkritik. S. 170-178.

Boehm, Gottfried (2014): Bildbeschreibung. Über die Grenzen von Bild und Sprache. In: Müller, Michael R.; Raab, Jürgen; Soeffner, Hans-Georg (Hrsg.): Grenzen der Bildinterpretation. Wiesbaden: Springer VS, S. 15-37 (zuerst erschienen in Boehm/Pfotenhauer 1995, S. 23 – 40).

Böhme, Katja (2021): Bilder – Blicke – Reflexion: Auslegungen fotografischer Bilder als professionsspezifische Reflexionspraxis in der künstlerischen Lehrer_innenbildung. Online verfügbar unter URL: https://www.kunstakademie-muenster.de/fileadmin/media/Website_2018/publikationen/2021/Dissertation_Boehme.pdf (letzter Zugriff: 18.09.21)

Bohnsack, Ralf (2006): Die dokumentarische Methode der Bildinterpretation in der Forschungspraxis. In: Marotzki, Winfried; Niesyto, Horst (Hg.): Bildinterpretation und Bildverstehen. Methodische Ansätze aus sozialwissenschaftlicher, kunst- und medienpädagogischer Perspektive. Wiesbaden: Springer VS, S.45-75.

Bohnsack, Ralf (2007): ‚Heidi': Eine exemplarische Bildinterpretation auf der Basis der dokumentarischen Methode. In: Bohnsack, Ralf; Nentwig-Gesemann, Iris; Nohl, Arnd-Michael (Hg.): Die dokumentarische Methode und ihre Forschungspraxis. Grundlagen qualitativer Sozialforschung, Wiesbaden: Springer VS, S. 325-340.

Bohnsack, Ralf (2008): Rekonstruktive Sozialforschung. Eine Einführung in qualitative Methoden. Opladen & Farmington Hills: Barbara Budrich, 7.Auflage.

Bohnsack, Ralf (2011): Qualitative Bild- und Videointerpretation. Die dokumentarische Methode. Opladen & Farmington Hills: Barbara Budrich, 2., durchgesehene und aktualisierte Auflage.

Bohnsack, Ralf (2012): Orientierungsschemata, Orientierungsrahmen und Habitus. Elementare Kategorien der Dokumentarischen Methode mit Beispielen aus der Bildungsmilieuforschung. In: Schittenhelm, Karin (Hg.): Qualitative Bildungs- und Arbeitsmarktforschung. Grundlagen, Perspektiven, Methoden. Springer VS: Wiesbaden, S. 119-153

Bourriaud, Nicolas (2002): Relational Aesthetics. Les presses du réel: Dijon.

Brandstätter, Ursula (2013): Erkenntnis durch Kunst. Theorie und Praxis der ästhetischen Transformation. Böhlau: Wien u. a.

Brinkmann, Malte; Buck, Marc Fabian, Rödel, Severin Sales (Hg.) (2017): Pädagogik – Phänomenologie. Verhältnisbestimmungen und Herausforderungen. Wiesbaden: Springer VS.

Brinkmann, Malte (Hg.) (2019): Phänomenologische Erziehungswissenschaft von ihren Anfängen bis heute. Eine Anthologie. Wiesbaden: Springer VS.

Brockhaus (2006): Enzyklopädie in 30 Bäden. Band 21 (PARAL-POS). Leipzig und Mannheim: F.A. Brockhaus, 21., völlig neu bearbeitete Auflage.

Bundesministerium für Familie, Senioren, Frauen und Jugend (2010): Qualitätsstandards für die Beteiligung von Kindern und Jugendlichen. Allgemeine Qualitätsstandards und Empfehlungen für die Praxisfelder Kindertageseinrichtungen, Schule, Kommune, Kinder- und Jugendarbeit und Erzieherische Hilfen. Berlin.

Busse, Klaus-Peter (2004): Bildumgangsspiele: Kunst unterrichten. Dortmunder Schriften zur Kunst. Studien zur Kunstdidaktik. Band 2, Norderstedt: Books on Demand.

Club of Rome (1979): Das menschliche Dilemma. Zukunft und Lernen. Molden: Wien und München.

Därmann, Iris (2001): Wenn Gedächtnis Erinnerungsbild wird: Husserl und Freud. In: Boehm, Gottfried (Hg.): Homo Pictor. München und Leipzig: Saur Verlag, S. 187-204.

DGfE (2006): Anonymisierung von Daten in der qualitativen Forschung: Probleme und Empfehlungen – In: Erziehungswissenschaft 17 (2006) 32, S. 33-34. Online abrufbar unter: https://www.pedocs.de/volltexte/2012/1069/pdf/DGfE_32_2006_Anonymisierung_D_A.pdf (Letzter Zugriff: 14.04.2019)

DGfE (2010): Ethik-Kodex der Deutschen Gesellschaft für Erziehungswissenschaft (DGfE). In Kraft getreten durch Veröffentlichung im DGfE-Mitteilungsheftes „Erziehungswissenschaft" Heft 41 (Jahrgang 21, 2010). Online abrufbar unter URL: https://www.dgfe.de/fileadmin/OrdnerRedakteure/Satzung_etc/Ethikkodex_2016.pdf (letzter Zugriff: 14.04.2019)

Dietrich, Cornelie (2009). Ästhetische Bildung zwischen Markt und Mythos. In: Westphal, Kirsten; Liebert, Wolf-Andreas (Hg.): Gegenwärtigkeit und Fremdheit: Wissenschaft und Künste im Dialog über Bildung. Weinheim und München: Juventa Verlag, S. 39-54.

Dietrich, Cornelie; Krinninger, Dominik; Schubert, Volker (2013): Einführung in die Ästhetische Bildung. Weinheim und Basel: Beltz Juventa, 2., durchgesehene Auflage.

Dreher, Jochen (2012): Zur Konzeption einer Angewandten Phänomenologie. Einleitung des Herausgebers. In: Ders. (Hg.) (2012): Angewandte Phänomenologie. Spannungsverhältnis von Konstruktion und Konstitution. Wiesbaden: Springer VS, S. 9-22.

Eco, Umberto (2002): Das offene Kunstwerk. Frankfurt am Main: Suhrkamp (ital. 1962).

Emde, Overwien (2013): Zur Partizipation von Kindern und Jugendlichen. In: Brenne, Andreas; Griebel, Christina; Urlaß, Mario (Hg.): Kunst Pädagogik Partizipation. Buch 04. MitEinAnder. Zur Praxis einer partizipatorischen Kunstpädagogik in der Grundschule. München: kopaed, S. 59-66.

Evans, Dylan (2002): Wörterbuch der Lacanschen Psychoanalyse, Wien: Turia & Kant.

Feldhoff, Silke (2009a): Zwischen Spiel und Politik. Partizipation als Strategie und Praxis in der bildenden Kunst. Dissertation eingereicht am 20.02.2009 an der Fakultät Bildende Kunst der Universität der Künste Berlin. Online veröffentlicht unter: opus4.kobv.de/opus4-udk/files/26/Feldhoff_Silke.pdf (Letzter Zugriff 29.05.2012)

Feldhoff, Silke (2009b): Formen partizipatorischer Praxis in der Kunst. Begriffe, Entwicklungen, Typen – eine Standortbestimmung. In: van den Berg, Jörg /Columbus Art Foundation (Hrsg.): Frank Bölter. Katalog. Leipzig: revolver verlag, S. 157-173.

Fellmann, Ferdinand (2015): Phänomenologie zur Einführung. Hamburg: Junius Verlag, 3., vollständig überarbeitete Auflage.

Fischer-Lichte, Erika; Sollich, Robert; Umathum, Sandra; Warstat, Matthias (Hg.): Auf der Schwelle – Kunst, Risiken und Nebenwirkungen. München: Wilhem Fink Verlag.

Flick, Uwe (2008): Triangulation. Eine Einführung. Wiesbaden: VS Verlage, 2.Auflage.

Flick, Uwe (2014): Qualitative Sozialforschung. Eine Einführung. Reinbek bei Hamburg: Rowohlt, 6.Auflage.

Fiske, John (1990): Introduction to Communication Studies, London/New York: Methuen.

Friebertshäuser, Barbara; Von Felden, Heide; Schäffer, Burkhard (2007): Erziehungswissenschaftliche Perspektiven auf das Verhältnis von Bildern und Texten (Einleitung). In: Ebd. (Hg.): Bild und Text. Methoden und Methodologien visueller Sozialforschung. Opladen: Barbara Budrich, S. 7–18.

Friebertshäuser, Barbara; Von Felden, Heide; Schäffer, Burkhard (Hg.) (2007): Bild und Text. Methoden und Methodologien visueller Sozialforschung. Opladen: Barbara Budrich.

Fürstenberg, Stephan (2012): Repräsentation und Repräsentationskritik im Feld der visuellen Kultur. Fokus Kunstvermittlung. Eine virtuelle Lernplattform. Art Education Research 6/2012, online document, URL: https://blog.zhdk.ch/iaejournal/2012/12/08/n6_repraesentation-und-repraesentationskritik-im-feld-der-visuellen-kultur-fokus-kunstvermittlung-eine-virtuelle-lernplattform/ (letzter Zugriff 14.04.2018)

Fürstenberg, Stephan (2013): Geordnete Körper, verkörperte Ordnung – Über visuelle und sprachliche Repäsentationsmuster von Kunstvermittlung. In: Art Education Research No. 7/2013.

Gaffer, Yvonne; Liell, Christoph (2013): Handlungstheoretische und methodologische Aspekte der dokumentarischen Interpretation jugendkultureller Praktiken. In: Bohnsack, Ralf; Nentwig-Gesemann, Iris; Nohl, Arnd-Michael (Hg.): Die dokumentarische Methode und ihre Forschungspraxis. Grundlagen qualitativer Sozialforschung, Springer VS: Wiesbaden, S. 196-221, 3., aktualisierte Auflage.

Ganz, David; Thürlemann, Felix (2010): Zur Einführung. Singular und Plural der Bilder. In: Dies. (Hg.): Das Bild im Plural. Mehrteilige Bildformen zwischen Mittelalter und Gegenwart. Berlin: Reimer Verlag, S. 7-38.

Ganz, David; Thürlemann, Felix (Hg.) (2010): Das Bild im Plural. Mehrteilige Bildformen zwischen Mittelalter und Gegenwart. Berlin: Reimer Verlag.

Gemeinschaftsaktion »Niedersachsen – Ein Land für Kinder« (Hg.) (2002): Beteiligung von Kindern und Jugendlichen. Eine Arbeitshilfe für die Praxis. Hannover.

Gesser, Susanne; Handschin, Martin; Jannelli, Angela; Lichtensteiger, Sibylle (Hg.) (2012): Das partizipative Museum. Zwischen Teilhabe und User Generated Content. Neue Anforderungen an kulturhistorische Ausstellungen. Bielefeld.

Gladi , Mladen (2007): Todeswerk. Jean-Luc Nancys Kritik der Gemeinschaft. In: Das Magazine des Instituts für Theorie, Züricher Hochschule der Künste, Nr 10/11, S. 35-39 .

Glaser, Barney; Strauss, Anselm (1968): Time for Dying. Chicago: Aldine.

Glauner, Max (2016): Get involved! Partizipation als künstlerische Strategie, deren Modi Interaktion, Kooperation und Kollaboration und die Erfahrung eines „Mittendrin-und-draußen". In: Kunstforum International: GET INVOLVED. Partiziaption als künstlerische Strategie. Hrsg. von Max Glauner, Band 240, Juni-Juli 2016, S. 31-55.

Görner, Veit (2005): Der Betrachter als Akteur. Partizipationsmodelle in der frühen Kunst des 20. Jahrhunderts. Online abrufbar URL: http://webdoc.sub.gwdg.de/ebook/dissts/Braunschweig/Goerner2006.pdf (letzter Zugriff: 13.04.2019)

Halbfass, Wilhelm; Onnasch, Ernst-Otto (2001): Vorstellung. In: Ritter, Joachim; Gründer, Karlfried; Gabriel, Gottfried (Hg.): Historisches Wörterbuch der Philosophie. Band 11. Basel: Schwabe & Co AG, S. 1227 – 1228.

Hall, Stuart (1980/1999): Kodieren/ Dekodieren. In: Bromley, Roger; Göttlich, Udo; Winter, Carsten (Hg.): Cultural Studies. Grundlagentexte zur Einführung. Lüneburg, S. 92 – 110.

Hartlaub, Gustav Friedrich (1930): Der Genius im Kinde. Ein Versuch über die zeichnerische Anlage des Kindes. Breslau: Hirt, 2. erweiterte Auflage.

Hartnuß, Birger; Maykus, Stephan (2006): Mitbestimmen, mitmachen, mitgestalten. Entwurf einer bürgerschaftlichen und sozialpädagogischen Begründung von Chancen der Partizipations- und Engagementförderung in ganztägigen Lernarrangements. Beiträge zur Demokratiepädagogik, Eine Schriftenreihe des BLK-Programms „Demokratie lernen & leben", Berlin. Online verfügbar unter URL: https://www.pedocs.de/volltexte/2008/252/pdf/Hartnu_Maykus.pdf, (letzter Zugriff: 25.01.2020)

Haß, Ulrike (2005): Das Drama des Sehens. Auge, Blick und Bühnenform. München: Wilhelm Fink.

Helbig, Saskia; Wieczorek, Wanda (2012): Dokumentation. Über Lebenskunst.Schule. Online verfügbar URL: http://www.ueber-lebenskunst.org/schule/data/doc/UeberLebenskunst-Schule.pdf (letzter Zugriff: 17.01.2020).

Helsper, Werner (1998): Pädagogisches Handeln in den Antinomien der Moderne. In: Krüger, Heinz-Hermann; Helsper, Werner (Hg.): Einführung in Grundbegriffe und Grundfragen der Erziehungswissenschaft. Opladen: Leske + Budrich, 3. durchgesehene Auflage, S. 15-34.

Heßler, Martina; Mersch, Dieter (2009): Bildlogik oder Was heißt visuelles Denken? In: Dies. (Hg.): Logik des Bildlichen. Zur Kritik der ikonischen Vernunft. Bielefeld: transcript, S. 8-62.

Hoffmann, Volker (2005): Wie man sich wehrt. Über einige Motive der Kinder- und Jugendkulturarbeit und ihre Behinderung in den 70er Jahren. (Statement zum Symposium ‚Inventing the wheel – das Rad erfinden', Berlin 18./19.11. 2005) Ehemals verfügbar unter URL: http://ngbk.de/development/images/stories/PDF/Inventing_the_wheel/volkerhoffmann.pdf (letzter Zugriff: 30.12.2012).

Hoffmann-Riem, Christa (1998): Das adoptierte Kind. Familienleben mit doppelter Elternschaft. München: Fink, 4. unveränderte Auflage.

Hofstadler, Beate (2012): forschen – entdecken – erzählen. Zur Anwendung der Psychoanalyse für die Qualitative Forschung. Eine Einführung. Wien: Löcker.

Holzbrecher, Alfred; Tell, Sandra (2006): Jugendfotos verstehen. Bildhermeneutik in der medienpädagogischen Arbeit. In: Marotzki, Winfried; Niesyto, Horst (Hg.): Bildinterpretation und Bildverstehen. Methodische Ansätze aus sozialwissenschaftlicher, kunst- und medienpädagogischer Perspektive. Wiesbaden: VS Verlag, S. 107-119.

IBA Hamburg (Hg.) (2010): Kreativität trifft Stadt. Zum Verhältnis von Kunst, Kultur und Stadtentwicklung im Rahmen der IBA Hamburg. Berlin.

Imdahl, Max (1996): Cézanne – Bracque – Picasso. Zum Verhältnis zwischen Bildautonomie und Gegenstandssehen. In: Boehm, Gottfried (Hg.): Max Imdahl, Gesammelte Schriften, Band 3: Reflexion – Theorie – Methode. Frankfurt am Main: Suhrkamp, S. 300-380.

Jergus, Kerstin (2020): Partizipation. In: Weiß, Gabriele; Zierfas, Jörg (Hg.): Handbuch Bildungs- und Erziehungsphilosophie. Wiesbaden: VS Verlag, S. 453 – 465.

Jochum, Catharina (2022): Das unbemerkte Wissen und Können der Laien. Bildpraxis und Bilderfahrung von Laienkünstlerinnen. Eine qualitativ-rekonstruktive Studie. Erlangen: FAU University Press.

Johns, Stefanie (2021): Vom Zwischen aus. Weisen bildreflexiver Annäherungen an Bilderfahrung in Wissenschaft, Kunst und Vermittlung. München: kopaed.

Jörissen, Benjamin; Marotzki, Winfried (2009): Medienbildung – Eine Einführung. Theorie – Methoden – Analysen. Bad Heilbrunn: Klinkhardt.

Kaase, Max (1994): Partizipation. In: Holtmann, Everhard (Hg.): Politik-Lexikon. München: Oldenbourg, S. 442 – 445.

Kämpf-Jansen, Helga (2002): Ästhetische Forschung. Wege durch Alltag, Kunst und Wissenschaft. Köln: Salon Verlag, 2. Auflage.

Kant, Immanuel (1803/1982): Über Pädagogik. In: Ders.: Werkausgabe. Bd. XII. Hg. von Wilhelm Weischedel. Frankfurt am Main: Suhrkamp, S. 691-761.

Kehl, Anne (2002): Die Bildung der Vorstellung. Grundlagen für Theater und Pädagogik. Bad Heilbrunn: Julius Klinkhardt.

Kelle, Udo; Kluge, Susann (1999): Vom Einzelfall zum Typus. Fallvergleich und Fallkontrastierung in der qualitativen Sozialforschung. Opladen: Leske u. Budrich.

Kemp, Wolfgang (1996): Kunstwerk und Betrachter: Der rezeptionsästhetische Ansatz In: Belting, Hans et al. (Hg.): Kunstgeschichte – Eine Einführung. Berlin: Reimer, S. 247-265.

Kemp, Wolfgang (2003): Rezeptionsästhetik. In: Pfisterer, Ulrich (Hg.): Metzler-Lexikon Kunstwissenschaft: Ideen, Methoden, Begriffe. Stuttgart, S. 314-319.

Keuchel, Susanne; Werker, Bünyamin (Hg.) (2018): Künstlerisch-pädagogische Weiterbildungen für Kunst- und Kulturschaffende. Innovative Ansätze und Erkenntnisse, Band 1 Praxis, Wiesbaden: VS Verlag.

Kleemann, Frank; Krähnke, Uwe; Matuschek, Ingo (2013): Interpretative Sozialforschung. Eine Einführung in die Praxis des Interpretierens. Wiesbaden: VS Verlag, 2., korrigierte und aktualisierte Auflage.

Kleine-Benne, Birte (24.04.2009): Seminar: Die Kunst der Partizipation – von den 50er Jahren bis heute. Online abrufbar unter URL: http://www.bkb.eyes2k.net/uniHH09/lessons.html, (letzter Zugriff 20.08.2018)

Knauer, Raingard; Sturzenhecker , Benedikt (2005): Partizipation im Jugendalter. In: Hafeneger, Benno; Jansen, Mechthild M.; Niebling, Torsten (Hg.): Kinder- und Jugendpartizipation. Im Spannungsfeld von Interessen und Akteuren. Opladen: Barbara Budrich, S. 63–94.

Knüfer, Carl (1999): Grundzüge der Geschichte des Begriffs ‚Vorstellung' von Wolff bis Kant. Hildesheim, Zürich, New York: Georg Olms Verlag.

Kokemohr, Rainer (2007): Bildung als Welt- und Selbstentwurf im Anspruch des Fremden. Eine theoretisch-empirische Annäherung an eine Bildungsprozesstheorie. In: Koller, Hans-Christoph; Marotzki, Winfried; Sanders, Olaf (Hg.): Bildungsprozesse und Fremdheitserfahrung. Bielefeld: transcript, S. 13-68.

Koller, Hans-Christoph (2012): Bildung anders denken. Einführung in die Theorie transformatorischer Bildungsprozesse. Stuttgart: Kohlhammer.

König, Armin (08.12.2009). Partizipation – vom Kampfbegriff zur pragmatischen Inanspruchnahme aktiver Bürger. Journal politische Partizipation (online), URL: https://nbn-resolving.org/urn:nbn:de:0168-ssoar-66180 (Letzter Zugriff: 05.02.2020).

Krämer, Sybille (2003): Sagen und Zeigen. Sechs Perspektiven, in denen das Diskursive und das Ikonische in der Sprache konvergieren. In: Zeitschrift für GERMANISTIK, Neue Folge 3, S. 509 – 519.

Krämer, Sybille (2009): Operative Bildlichkeit. Von der ‚Grammatologie' zu einer ‚Diagrammatologie'? Reflexionen über erkennendes ‚Sehen'. In: Heßler, Martina; Mersch, Dieter (Hg.): Logik des Bildlichen. Zur Kritik der ikonischen Vernunft. Bielefeld, S. 94-122.

Krämer, Sybille (2010a): Medien zwischen Transparenz und Opazität. Reflexionen über eine medienkritische Epistemologie im Ausgang von der Karte. In: Rautzenberger, Markus; Wolfensteiner, Andreas (Hg.): Hide and Seek. Das Spiel von Transparenz und Opazität. München: Wilhelm Fink, 216–225.

Krämer, Sybille (2010b): Zwischen Anschauung und Denken. Zur epistemologischen Bedeutung des Graphismus. In: Bromand, Joachim; Kreis, Guido (Hg.): Was sich nicht sagen lässt. Das Nicht-Begriffliche in Wissenschaft, Kunst und Religion. Berlin, S. 173-192.

Kravagna, Christian (1998): Arbeit an der Gemeinschaft. Modelle partizipatorischer Praxis. In: Marius Babias, Achim Könneke (Hg.): Die Kunst des Öffentlichen. Amsterdam, Dresden: Verlag der Kunst, S. 29 – 46.

Kropmanns, Peter (23.01.2018): Edouard Manet – Das Frühstück im Grünen. In: Weltkunst/ Kunstmagazin der Zeit, 136/17, Die Jubiläumsausgabe. Online veröffentlicht unter URL: https://www.weltkunst.de/kunstwissen/2018/01/edouard-manet-das-fruehstueck-im-gruenen (letzter Zugriff 05.02.2020).

Kultusministerkonferenz (03.03.2006): Erklärung der Kultusministerkonferenz vom 03.03.2006 zur Umsetzung des Übereinkommens der Vereinten Nationen über die Rechte des Kindes. Online veröffentlicht unter URL: https://www.kmk.org/fileadmin/veroeffentlichungen_beschluesse/2006/2006_03_03-Rechte-des-Kindes-UN.pdf (letzter Zugriff 08.02.2020).

Kunstforum International (2010): Vom Ende der Demokratie. Hrsg. von Oliver Zybok und Raimar Stange, Band 205, November – Dezember 2010.

Kunstforum International (2011): RES PUBLICA 2.0. Stadtkunst als Bild, Text, Klang. Hrsg. von Paolo Bianchi, November – Dezember 2011.

Kunstforum International (2016): GET INVOLVED. Partiziaption als künstlerische Strategie. Hrsg. von Max Glauner, Band 240, Juni – Juli 2016.

Lacan, Jacques (1973): Das Spiegelstadium als Bildner der Ichfunktion (1949). Übers. von Peter Stehlin. In ders.: Schriften I. Olten: Walter, S. 62-70.

Lacan, Jacques (1987): Die vier Grundbegriffe der Psychoanalyse. Seminar XI. Weinheim, Berlin: Quadriga, 3. Auflage.

Lacan, Jacques (2017): Das Sinthom. Das Seminar, Buch XXIII (1975–1976). Texterstellung von Jacques-Alain Miller. Aus dem Französischen von Myriam Mitelman und Harold Dielman. Wien: Turia & Kant.

Lauer, David (2010): Sinn und Präsenz. Über Transparenz und Opazität in der Sprache. In: Wolfsteiner, Andreas; Rautzenberg, Markus (Hg.): Hide and Seek. Das Spiel von Transparenz und Opazität. München: Fink. S. 311-324.

Legler, Wolfgang (2013): Dresden 1901, 1912 und 2012. In: Burkhardt, Sara; Meyer, Torsten; Urlaß, Mario (Hg.): Kunst Pädagogik Partizipation. Buch 03. convention. Ergebnisse und Anregungen. München: kopaed, S. 23-38.

Lewitzky, Uwe (2005): Kunst für alle? Kunst im öffentlichen Raum zwischen Partizipation, Intervention und Neuer Urbanität. Bielefeld: transcript.

Loemke, Tobias (2019): Innehalten beim Begleiten künstlerischer Prozesse. Handlungsleitende Orientierungen im Ausbreiten von Artefakten und Erzählen von Ereignissen. Erlangen: FAU University Press.

Ludwig, Joachim; Ittner, Helmut (2019): Einleitung. Forschung zum pädagogisch-künstlerischen Wissen und Handeln. In: Dies. (Hg.): Forschung zum pädagogisch-künstlerischen Wissen und Handeln. Pädagogische Weiterbildung für Kunst- und Kulturschaffende. Band 2 Forschung. Wiesbaden: VS Verlang, S. 1-11.

Maedler, Jens (Hg.) (2008): TeilHabeNichtse. Chancengerechtigkeit und kulturelle Bildung. München: kopaed.

Marotzki, Winfried; Niesyto, Horst (2006a): Bildinterpretation und Bildverstehen (Einleitung). In: Ebd. (Hg.): Bildinterpretation und Bildverstehen. Methodische Ansätze aus sozialwissenschaftlicher, kunst- und medienpädagogischer Perspektive. Wiesbaden: VS Verlag. S. 7-13.

Marotzki, Winfried; Niesyto, Horst (Hg.) (2006b): Bildinterpretation und Bildverstehen. Methodische Ansätze aus sozialwissenschaftlicher, kunst- und medienpädagogischer Perspektive. Wiesbaden: VS Verlag.

Merleau-Ponty, Maurice (2004): Das Sichtbare und das Unsichtbare. Gefolgt von Arbeitsnotizen. München: Fink Verlag, 3. Auflage.

Mersch, Dieter (2002): Was sich zeigt: Materialität, Präsenz, Ereignis. München: Fink Verlag.

Mersch, Dieter (2003a): Einleitung: Wort, Bild, Ton, Zahl – Modalitäten medialen Darstellens. In: Mersch, Dieter (Hg.): Die Medien der Künste. Beiträge zur Theorie des Darstellens. München: Fink Verlag, S. 9-49.

Mersch, Dieter (2003b) (Hg.): Die Medien der Künste. Beiträge zur Theorie des Darstellens. München: Fink Verlag.

Mersch, Dieter (11.01.2013): TRANSFERO / PERFERO. Praktiken des Übersetzens. Vortag an der Universität Potsdam am tfm (Institut für Theater-, Film- und Medienwissenschaft). Online verfügbar unter URL: https://passagen.univie.ac.at/video/transfero-perfero-praktiken-des-uebersetzens (letzter Zugriff am 08.07.2019).

Mersch, Dieter (2006): Naturwissenschaftliches Wissen und bildliche Logik. In: Heßler, Martina (Hg.): Konstruierte Sichtbarkeiten. Wissenschafts- und Technikbilder seit der Frühen Neuzeit. München: Fink Verlag, S. 405 – 420.

Mersch, Dieter (2010): Meta / Dia. Zwei unterschiedliche Zugänge zum Medialen. In: Zeitschrift für Medien- und Kulturforschung, Bd. 2, Hamburg: Meiner, S. 185-208.

Meyer, Torsten (2002): Interfaces, Medien, Bildung. Paradigmen einer pädagogischen Medientheorie. transcript: Bielefeld.

Meyer-Drawe, Käte (1985): Der blinde Fleck des ‚ego cogito'. In: Schaller, Klaus (Hg.): Comenius. Erkennen – Glauben – Handeln. Internationales Comenius-Colloquium Herborn, S. 127-134.

Meyer-Drawe, Käte (2000): Illusionen von Autonomie. Diesseits von Ohnmacht und Allmacht des Ich. München: Kirchheim, 2. Auflage.

Meyer-Drawe, Käte (2001): Leiblichkeit und Sozialität. Phänomenologische Beiträge zu einer pädagogischen Theorie der Inter-Subjektivität. München: Wilhelm Fink Verlag. 3. unveränderte Auflage.

Meyer-Drawe, Käte (2008): Diskurse des Lernens. München: Wilhelm Fink Verlag.

Meyer-Drawe, Käte (2010): Die Macht des Bildes – eine bildungstheoretische Reflexion. In: Zeitschrift für Pädagogik 56/ 6, S. 806-818.

Meyer-Drawe, Käte (2016): Wenn Blicke sich kreuzen. Zur Bedeutung der Sichtbarkeit für zwischenmenschliche Begegnungen. In: Jung, Matthias; Bauks, Michaela; Ackermann, Andreas (Hg): Dem Körper eingeschrieben. Verkörperung zwischen Leiberleben und kulturellem Sinn. Wiesbaden: Springer VS, S. 37–54.

Miessen, Markus (2002: Albtraum Partizipation. Berlin: Merve Verlag.

Mitchell, William J. Thomas (1992): The Pictorial Turn. In: ArtForum 30, Nr. 7, S. 89-94.

Mörsch, Carmen (2005): Eine kurze Geschichte der KünstlerInnen in Schulen. In: Lüth, Nana; Mörsch, Carmen: Kinder machen Kunst mit Medien. Ein Arbeitsbuch. München: kopaed.

Mörsch, Carmen (28.9.2011): Kunstvermittlung in der kulturellen Bildung: Akteure, Geschichte, Potentiale und Konfliktlinien. Online verfügbar unter URL: http://www.bpb.de/gesellschaft/kultur/kulturelle-bildung/60325/kunstvermittlung (letzter Zugriff: 17.01.2020).

Mörsch, Carmen (2017): Die Bildung der Anderen mit Kunst: Ein Beitrag zu einer postkolonialen Geschichte der Kulturellen Bildung. Kunstpädagogische Positionen, Heft 35 , Hamburg: Universitätsdruckerei.

Mörsch, Carmen (2018/ 2005): Application. Vorschlag für ein Projekt mit Jugendlichen über Formen ihrer Sichtbarkeit in der Galerie. In: Dies.; Schade, Sigrid; Vögele, Sophie (Hg.) (2018): Kunstvermittlung zeigen. Über die Repräsentation pädagogischer Arbeit im Kunstfeld. Wien: Zaglossus e.U., S. 49-64 (engl. Fassung erstmals erschienen in: Harding, Anna (Hg.) (2005): Magic Moments. Collaboration Between Artists and Young People. London: Black Dog Publishing, S. 198-205).

Mörsch, Carmen (2019): Die Bildung der A_N_D_E_R_E_N durch Kunst. Eine historische Kartierung der Kunstvermittlung seit der frühen Aufklärung, unternommen aus einer feministischen und postkolonialen, hegemoniekritischen Perspektive. Wien: Zaglossus.

Mörsch, Carmen; Fürstenberg, Stephan (2018): Kulturvermittlung machtkritisch dokumentieren. In: Mörsch, Carmen; Schade, Sigrid; Vögele, Sophie (Hg.): Kunstvermittlung zeigen. Über die Repräsentation pädagogischer Arbeit im Kunstfeld. Wien: Zaglossus e.U., S. 405-418.

Mörsch, Carmen; Pinkert, Ute (2006): Transformative Wirkung künstlerischer Strategien in sozialen Feldern. Ein historischer Rückblick und die Ankündigung eines Forschungsprojekts. In: Kirschenmann, Johannes; Schulz, Frank; Sowa, Hubert (Hg.): Kunstpädagogik im Projekt der allgemeinen Bildung. München: kopaed, S. 533-539.

Mörsch, Carmen; Schade, Sigrid; Vögele, Sophie (Hg.) (2018): Kunstvermittlung zeigen. Über die Repräsentation pädagogischer Arbeit im Kunstfeld. Wien: Zaglossus e.U.

Nancy, Jean-Luc (2004): Singulär plural sein. Berlin: Diaphanes.

Nemitz, Rolf (12.10.2013): Wie borromäisch ist Lacans borromäischer Knoten? Online verfügbar unter URL: https://lacan-entziffern.de/topologie/worum-geht-es-beim-borromaeischen-knoten/ (letzter Zugriff: 30.12.2019)

Nemitz, Rolf (27.12.2018): X. Zur Sitzung vom 13. April 1976. Kommentar zu Lacans Seminar Das Sinthom. Online verfügbar unter URL: https://lacan-entziffern.de/reales/kommentar-zu-lacans-seminar-das-sinthomviii-zur-sitzung-vom-13-april-1976/#Lacans_Symptom (letzter Zugriff: 30.12.2019)

Nentwig-Gesemann, Iris (2013): Die Typenbildung der dokumentarischen Methode. In: Bohnsack, Ralf; Nentwig-Gesemann, Iris; Nohl, Arnd-Michael (Hg.): Die dokumentarische Methode und ihre Forschungspraxis. Grundlagen qualitativer Sozialforschung. Wiesbaden: Springer VS, 3., aktualisierte Auflage, S. 295 – 323.

Neuner, Stefan (2007): Paradoxien der Partizipation. Zur Einführung. In: Züricher Hochschule der Künste: Paradoxien der Partizipation. Das Magazin des Instituts für Theorie Nr 10/11, Zürcher Hochschule der Künste, S.4-6.

Nieraad, Jürgen (2019): Darstellung. In: Ritter, Joachim; Gründer, Karlfried; Gabriel, Gottfried (Hg.): Historisches Wörterbuch der Philosophie Online. Onlineversion Gesamtwerk. Basel: Schwabe AG. Online verfügbar unter URL: https://www-1schwabeonline-1ch-18m6oh3yb66 f..emedien3.sub.uni-hamburg.de/schwabe-xaveropp/elibrary/start.xav#__elibrary__%2F%2F*%5B%40attr_id%3D%27verw.darstellung%27%5D__1547993123258 (letzter Zugriff: 20.01.2019)

Nohl, Arnd-Michael (2007): Komparative Analyse: Forschungspraxis und Methodologie dokumentarischer Interpretation. In: Bohnsack, Ralf; Nentwig-Gesemann, Iris; Nohl, Arnd-Michael (Hrsg.): Die dokumentarische Methode und ihre Forschungspraxis. Grundlagen qualitativer Sozialforschung. Wiesbaden: Schwabe AG, 2., erweiterte und aktualisierte Auflage, S. 255-276.

Nohl, Arnd-Michael (2017): Interview und Dokumentarische Methode. Anleitungen für die Forschungspraxis. Wiesbaden: Springer VS, 5. aktualisierte und erweiterte Auflage.

Oser, Fritz; Biedermann, Horst (2006): Partizipation – ein Begriff, der ein Meister der Verwirrung ist. In: Quesel, Carsten; Oser, Fritz (Hg.): Die Mühen der Freiheit. Probleme und Chancen der Partizipation von Kindern und Jugendlichen. Zürich/Chur: Rüegger Verlag, S. 17-37.

Otto, Gunter; Otto, Maria (1987): Auslegen. Ästhetische Erziehung als Praxis des Auslegens in Bildern und des Auslegens von Bildern. Seelze: Friedrich.

Patton, Michael Quinn (1990). Qualitative evaluation and research methods. Beverly Hills (CA): Sage. Online verfügbar unter URL: http://legacy.oise.utoronto.ca/research/field-centres/ross/ctl1014/Patton1990.pdf (letzter Zugriff 04.11.2018)

Pazzini, Karl-Josef (1992): Bilder und Bildung. Vom Bild zum Abbild bis zum Wiederauftauchen der Bilder. Münster: Lit. Verlag.

Pazzini, Karl-Josef (2006): Couch und Sessel. Entstehung und subversive Kraft des psychoanalytischen Settings. In: Pazzini, Karl-Josef; Gottlob, Susanne (Hg.): Einführung in die Psychoanalyse II. Setting, Traumdeutung, Sublimierung, Angst, Lehren, Norm, Wirksamkeit. Bielefeld: transcript, S. 15-34.

Pazzini, Karl-Josef (2011): Kann man Übertragung sehen? In: Ders.; Zahn, Manuel (Hg.): Lehr-Performances. Filmische Inszenierungen des Lehrens. Wiesbaden: VS Verlag, S. 189-202.

Pazzini, Karl-Josef (2015): Bildung vor Bildern. Kunst – Pädagogik – Psychoanalyse. Bielefeld: transcript.

Pazzini, Karl-Josef, Sabisch, Andrea; Zahn, Manuel, May, Evelyn (2015): Gedanken zur Forschungswerkstatt Visuelle Bildung. Blinder Fleck und Fiktion – Transdiziplinäre Kunstpädagogische Zugänge. In: Bökwe. Fachblatt des Berufsverbandes Österreichischer Kunst- und Werkerzieherinnen zum Buko 15. Blinde Flecken. Internationaler Kongress der Kunstpädagogik 2015 vom 13.-15. Februar in Salzburg. Dokumentation der Kongressergebnisse. Wien. S. 233-239.

Peez, Georg (2006): Fotoanalyse nach Verfahrensprinzipien der Objektiven Hermeneutik. In: Marotzki, Winfried; Niesyto, Horst (Hg.) (2006): Bildinterpretation und Bildverstehen. Methodische Ansätze aus sozialwissenschaftlicher, kunst- und medienpädagogischer Perspektive. Wiesbaden: VS Verlag, S. 121-141.

Perler, Dominik; Haag, Johannes (Hg.): Ideen. Repräsentationalismus in der Frühen Neuzeit. De Gruyter: Berlin, New York.

Posselt, Gerald; Flatscher, Matthias (2016): Sprachphilosophie. Eine Einführung. Unter Mitarbeit von Sergej Seitz. Wien: Facultas.

Przyborski, Aglaja; Wohlrab-Sahr, Monika (2014): Qualitative Sozialforschung. Ein Arbeitsbuch. München: Oldenbourg Verlag, 4., erweiterte Auflage.

Rancière, Jacques (2006): Die Aufteilung des Sinnlichen. Die Politik der Kunst und ihre Paradoxien. Berlin: b_books.

Raunig, Gerald (2002): Spacing the Lines: Konflikt statt Harmonie. Differenz statt Identität. Struktur statt Hilfe. In: Rollig, Stella; Sturm, Eva (Hg.): Dürfen die das? Kunst als sozialer Raum: Art, Education, Cultural Work, Communities. Wien: Turia & Kant, S. 118 – 127.

Rheinberger, Hans-Jörg (1997): Dimensionen der Darstellung in der Praxis des wissenschaftlichen Experimentierens. In: Rheinberger, Hans-Jörg; Hagner, Michael; Wahrig-Schmidt, Bettina (Hg.): Räume des Wissens. Repräsentation, Codierung, Spur. Berlin: Akademie Verlag, S. 235-246

Rode, Philipp; Wanschura, Bettina (2009): Kunst macht Stadt. Vier Fallstudien zur Interaktion von Kunst und Stadtentwicklung. Wiesbaden.

Rollig, Stella (2002): Zwischen Agitation und Animation. Aktivismus und Partizipation in der Kunst des 20. Jahrhunderts. In: Sturm, Eva; Rollig, Stella (Hg.): Dürfen die das? Kunst als sozialer Raum: Art, Education, Cultural Work, Communities. Wien: Turia & Kant, S. 128 – 139.

Ruf, Urs; Keller, Stefan; Winter, Felix (Hg.) (2008): Besser lernen im Dialog. Dialogisches Lernen in der Unterrichtspraxis, Seelze-Velber: Friedrich-Verlag.

Sabisch, Andrea (2007): Inszenierung der Suche. Vom Sichtbarwerden ästhetischer Erfahrung im Tagebuch. Entwurf einer wissenschaftskritischen Grafieforschung. Bielefeld: transcript.

Sabisch, Andrea (2009): Aufzeichnung und ästhetische Erfahrung. Kunstpädagogische Positionen 20, Hamburg: University Press.

Sabisch, Andrea (2018a): Bildwerdung. Reflexionen zur pathischen und performativen Dimension der Bilderfahrung. München: kopaed.

Sabisch, Andrea (2018b): Responsivität und Medialität in Bildungs- und Erfahrungsprozessen. In: Bähr, Ingrid; Gebhard, Ulrich; Krieger, Claus; Lübke, Britta; Pfeiffer, Malte; Regenbrecht, Tobias; Sabisch, Andrea; Sting, Wolfgang (Hg.): Irritation als Chance. Bildung fachdidaktisch denken. Wiesbaden: Springer VS, S. 105-132.

Schade, Sigrid; Wenk, Silke (2011): Studien zur visuellen Kultur. Einführung in ein transdisziplinäres Forschungsfeld. Bielefeld: transcript.

Schäfer, Alfred (2006): Bildungsforschung: Annäherung an eine Empirie des Unzugänglichen. In: Pongratz, Ludwig A.; Wimmer, Michael; Nieke, Wolfgang (Hg.): Bildungsphilosophie und Bildungsforschung. Bielefeld: Janus, S. 86-107.

Schäfer, Alfred; Wimmer, Michael (2006) (Hg.): Selbstauslegung im Anderen. Münster: Waxmann.

Schaffer, Johanna (2008): Ambivalenzen der Sichtbarkeit. Über die visuellen Strukturen der Anerkennung. Bielefeld: transcript.

Scheerer, Eckhard (1992): Repräsentation. In: Ritter, Joachim; Gründer, Karlfried (Hg.): Historisches Wörterbuch der Philosophie. Band 8, Basel: Schwabe & Co, S. 790 – 797.

Schäfer, Alfred; Wimmer, Michael (Hg.) (2006): Selbstauslegung im Anderen. Münster: Waxmann.

Schmalz, Inkeri Märgen (2019): Akzeptanz von Großprojekten. Eine Betrachtung von Konflikten, Kosten- und Nutzenaspekten und Kommunikation. Wiesbaden: Springer VS.

Schneider, Wolfgang (Hg.) (2010): Kulturelle Bildung braucht Kulturpolitik: Hilmar Hoffmanns „Kultur für alle" reloaded. Hildesheim.

Schnurr, Stefan (2001): Partizipation. In: Otto, Hans-Uwe; Thiersch, Hans (Hg.): Handbuch Sozialarbeit / Sozialpädagogik. Neuwied: Luchterhand, S. 1330-1345.

Schürmann, Eva (2008): Sehen als Praxis. Frankfurt am Main: Suhrkamp.

Seitz, Hanne (2008): Kunst in Aktion. Bildungsanspruch mit Sturm und Drang. Plädoyer für eine performative Handlungsforschung. In: Pinkert, Ute (Hg.): Körper im Spiel. Wege zur Erforschung theaterpädagogischer Praxen. Berlin/Milow/Strasburg, S. 28-45.

Seitz, Hanne (2012): Partizipation. Formen der Beteiligung im zeitgenössischen Theater. Vortrag zu „Was geht II – Was können wir, was nur wir können?" Arbeitskreis Berliner Theaterpädagogen in Kooperation mit der Universität der Künste Berlin, Deutsches Theater. Online verfügbar unter URL: http://www.was-geht-berlin.de/sites/default/files/hanne_seitz_partizipation_2012.pdf (letzter Zugriff am 08.08.2018)

Siegmund, Judith (2011): Kunst als Experiment mit der Wirklichkeit. Überlegungen zur ästhetischen Kategorisierung partizipativer künstlerischer Arbeitsweisen. In: Ludger Schwarte (Hg.): Kongress-Akten VIII. Kongress der Deutschen Gesellschaft für Ästhetik, Bd. 2: Experimentelle Ästhetik. Online verfügbar unter URL: http://www.dgae.de/kongress-akten-band-2.html (letzter Zugriff 08.07.2018).

Sowa, Hubert; Uhlig, Bettina (2006): Bildhandlungen und ihr Sinn. Methodenfragen einer kunstpädagogischen Bildhermeneutik. In: Marotzki, Winfried; Niesyto, Horst (Hg.): Bildinterpretation und Bildverstehen. Methodische Ansätze aus sozialwissenschaftlicher, kunst- und medienpädagogischer Perspektive. Wiesbaden: VS Verlag, S. 77-106.

Spies, Christian (2010): Das Bild als Tertium Comparationis. In: Bader, Lena; Gaier, Martin; Wolf, Falk (Hg.): Vergleichendes Sehen. München: Fink, S.512-535.

Spitta, Juliane (2012): Gemeinschaft jenseits von Identität? Über die paradoxe Renaissance einer politischen Idee. Bielefeld: transcript.

Strauss, Anselm (1987): Grundlagen qualitativer Sozialforschung. Datenanalyse und Theoriebildung in der empirischen soziologischen Forschung. München: Wilhelm Fink Verlag.

Sturm, Eva (o.J.): Partizipation. Ehemals verfügbar unter URL: http://www.aha-projekte.de/sturm_partizipation.html (letzter Zugriff am 29.05.2012)

Sturm, Eva (1996): Im Engpass der Worte. Sprechen über moderne und zeitgenössische Kunst. Berlin: Reimer.

Sturm, Eva (04.2001): In Zusammenarbeit mit gangart. Zur Frage der Repräsentation in Partizipations-Projekten. In: kulturrisse 02/01, online verfügbar unter URL: http://eipcp.net/transversal/0102/sturm/de (letzter Zugriff 05.01.2020)

Sturm, Eva (2009): Kunst und Partizipation. Anfänge/ Einwände/ Trotzdem. In: NGBK (Hg.): pöpp68 – privat, öffentlich, persönlich, politisch. Partizipation Einwände trotzdem – Texte, Gespräche und Beteiligung. Berlin, S. 129 – 137.

Sturm, Eva; Rollig, Stella (Hg.) (2002): Dürfen die das? Kunst als sozialer Raum: Art, Education, Cultural Work, Communities. Wien: Turia & Kant.

Sturzenhecker, Benedikt (2005): Partizipation in der Offenen Jugendarbeit. In: Bundesministerium für Familie, Frauen und Jugend (Hg.): Kiste – Bausteine für die Kinder- und Jugendbeteiligung. FH Lüneburg – Forschungsstelle Kinderpolitik, Vertrieb: Infostelle Kinderpolitik des Deutschen Kinderhilfswerkes, Berlin. Online verfügbar unter URL: https://www.kinderpolitik.de/bausteine/147 (letzter Zugriff 25.01.2020)

Stutz, Ulrike (2006): Beteiligte Blicke – Ästhetische Annäherungen in qualitativen empirischen Untersuchungen. In: Marotzki, Winfried; Niesyto, Horst (Hg.): Bildinterpretation und Bildverstehen. Methodische Ansätze aus sozialwissenschaftlicher, kunst- und medienpädagogischer Perspektive. Wiesbaden: VS Verlag, S. 143-174.

Thielicke, Virginia (2016): Antworten auf Aufführungen. Ein erfahrungsorientiertes Rezeptionsverfahren für die Theaterpädagogik. München: kopaed.

Thurston, Luke (2002): Sinthome (sinthome). In: Evans, Dylan: Wörterbuch der Lacanschen Psychoanalyse, Wien: Turia & Kant, S. 273-275.

Ullrich, Wolfgang (2007): Gesucht: Kunst! Phantombild eines Jokers. Berlin.

Umathum, Sandra (2006): Einleitung. Ästhetische Erfahrung in der Aktion. In: Fischer-Lichte, Erika; Sollich, Robert; Umathum, Sandra; Warstat, Matthias (Hg.): Auf der Schwelle – Kunst, Risiken und Nebenwirkungen. München: Wilhem Fink Verlag, S. 13 – 20.

Valéry, Paul (1995): Windstriche. Frankfurt am Main: Suhrkamp 1995.

Von Alemann, Ulrich (1975) (Hg.): Partizipation – Demokratisierung – Mitbestimmung. Problemstellung und Literatur in Politik, Wirtschaft, Bildung und Wissenschaft – Eine Einführung. Opladen : Westdeutscher Verlag.

Von Unger, Hella (2014): Partizipative Forschung. Einführung in die Forschungspraxis. Wiesbaden: Springer VS.

Waldenfels, Bernhard (1992): Einführung in die Phänomenologie. München: Wilhem Fink.

Waldenfels, Bernhard (1994/2016): Antwortregister. Frankfurt am Main: Suhrkamp, 2. Auflage 2016.

Waldenfels, Bernhard (1997a): Topographie des Fremden: Studien zur Phänomenologie des Fremden 1. Frankfurt am Main: Suhrkamp.

Waldenfels, Bernhard (1997b): Phänomenologie des Eigenen und des Fremden. In: Münkler, Herfried (Hg.): Furcht und Faszination. Facetten der Fremdheit. Berlin: Akademie, S. 65-83.

Waldenfels, Bernhard (1998a): Grenzen der Normalisierung: Studien zur Phänomenologie des Fremden 2. Frankfurt am Main: Suhrkamp

Waldenfels, Bernhard (1998b): Sinnesschwellen: Studien zur Phänomenologie des Fremden 3. Frankfurt am Main: Suhrkamp.

Waldenfels, Bernhard (1998c): Antwort auf das Fremde. Grundzüge einer responsiven Phänomenologie. In: Waldenfels, Bernhard; Därmann, Iris (Hg.): Der Anspruch des Anderen. Perspektiven phänomenologischer Ethik. München: Fink, S. 35-49.

Waldenfels, Bernhard (1999): Sinnesschwellen. Studien zur Phänomenologie des Fremden 3. Auflage, Frankfurt am Main: Suhrkamp.

Waldenfels, Bernhard (1999/2015): Vielstimmigkeit der Rede. Studien zur Phänomenologie des Fremden. Frankfurt am Main: Suhrkamp, 2. Auflage 2015.

Waldenfels, Bernhard (2000): Das leibliche Selbst. Vorlesungen zur Phänomenologie des Leibes. Herausgegeben von Regula Giuliani. Frankfurt am Main: Suhrkamp.

Waldenfels, Bernhard (2001): Spiegel, Spur und Blick. Zur Genese des Bildes. In: Boehm, Gottfried (Hg.): Homo Pictor. München und Leipzig: Saur Verlag, S. 14-31.

Waldenfels, Bernhard (2002): Bruchlinien der Erfahrung. Phänomenologie, Psychoanalyse, Phänomenotechnik. Frankfurt am Main: Suhrkamp.

Waldenfels, Bernhard (2004): Phänomenologie der Aufmerksamkeit. Frankfurt am Main: Suhrkamp.

Waldenfels, Bernhard (2008): Von der Wirkmacht und Wirkkraft der Bilder. In: Boehm, Gottfried; Mersmann, Birgit; Spies, Christian (Hg.): Movens Bild. Zwischen Evidenz und Affekt. München: Wilhelm Fink, S. 46-60.

Waldenfels, Bernhard (2010): Sinne und Künste im Wechselspiel. Modi ästhetischer Erfahrung, Berlin: Suhrkamp.

Waldenfels, Bernhard (2015): Sozialität und Alterität. Modi sozialer Erfahrung. Berlin: Suhrkamp.

Waldenfels, Bernhard (2019): Erfahrung, die zur Sprache drängt. Studien zur Psychoanalyse und Psychotherapie aus phänomenologischer Sicht. Berlin: Suhrkamp.

Warstat, Matthias (2010): Wirkungsästhetiken des Festes und ihre Aporien. In: Risi, Clemens; Warstat, Matthias; Sollich, Robert; Remmert, Heiner (Hrsg.): Theater als Fest – Fest als Theater. Bayreuth und die moderne Festspielidee. Leipzig: Henschel, S. 132-152.

Warstat, Matthias (2011): Krise und Heilung. Wirkungsästhetiken des Theaters. München: Fink.

Westphal, Kristin (2002). Wirklichkeiten von Stimmen. Grundlegung einer Theorie der medialen Erfahrung. Frankfurt am Main: Peter Lang.

Westphal, Kristin; Bogerts Teresa (2019): Kunstschaffende im Spannungsverhältnis von Kunst und Bildung. Einblicke in die Weiterbildungserprobung und wissenschaftliche Begleitforschung des Verbundprojekts „Kunst_Rhein_Main". In: Ludwig, Joachim; Ittner Helmut (Hg.): Forschung zum pädagogisch-künstlerischen Wissen und Handeln. Pädagogische Weiterbildung für Kunst- und Kulturschaffende. Band 2 Forschung. Wiesbaden, Springer VS, S. 199-225.

Wieczorek, Wanda; Güleç, Ay e; Mörsch, Carmen (2012): Von Kassel lernen. Überlegungen zur Schnittstelle von kultureller und politischer Bildung am Beispiel des documenta 12 Beirat. Art Education Research No. 5/2012. Online verfügbar unter URL: https://blog.zhdk.ch/iaejournal/files/2012/05/AER-no5-wieczorek_guelec_moersch.pdf, (letzter Zugriff: 25.01.2020).

Wiesing, Lambert (2008): Die Sichtbarkeit des Bildes. Geschichte und Perspektiven der formalen Ästhetik, Neuaufl., Frankfurt am Main: Campus.

Wimmer, Michael (2006): Dekonstruktion und Erziehung. Studien zum Paradoxieproblem in der Pädagogik. Bielefeld: transcript.

Wimmer, Michael (2007): Wie dem Anderen gerecht werden? Herausforderungen für Denken, Wissen und Handeln. In: Schäfer, Alfred (Hg.): Kindliche Fremdheit und pädagogische Gerechtigkeit. Paderborn: Schöningh, S. 155-184.

Wimmer, Michael; Schäfer, Alfred (2006): Einleitung. Zwischen Fremderfahrung und Selbstauslegung. In: Dies. (Hg.): Selbstauslegung im Anderen. Münster: Waxmann, S. 9 – 26.

Winderlich (2018): Bild(ungs)prozesse. Zum Imaginationspotenzial eines Bilderbuches. In: Kirsten Winderlich (Hg.): grund_schule kunst bildung, band sechs: Kinderzeichnung? Oberhausen: Athena, S. 80–117.

Woo, Jeong-Gil (2007): Responsivität und Pädagogik: Die Bedeutung der responsiven Phänomenologie von Bernhard Waldenfels für die aktuelle phänomenologisch orientierte Erziehungswissenschaft. Hamburg: Verlag Dr. Kovac.

Woyke, Wichard (2013): Politische Beteiligung/ Politische Partizipation. In: Andersen, Uwe; Wichard Woyke (Hg.): Handwörterbuch des politischen Systems der Bundesrepublik Deutschland. Heidelberg: Springer VS, 7., aktual. Aufl., S.550-553.

Wulf, Christoph; Kamper, Dietmar; Gumbrecht, Hans Ulrich (1994): Einleitung. In: Dies. (Hg.): Ethik der Ästhetik. Berlin: Akademie Verlag, S.VII-XI.

Zahn, Manuel (2012): Ästhetische Film-Bildung. Studien zur Materialität und Medialität filmischer Bildungsprozesse. Bielefeld: transcript.

Ziese, Maren (2010): Kuratoren und Besucher. Modelle kuratorischer Praxis in Kunstausstellungen. Bielefeld: transcript.

Zirfas, Jörg (2015): Kulturelle Bildung und Partizipation: Semantische Unschärfen, regulative Programme und empirische Löcher. Vortrag im Rahmen eines Expertenworkshops der Bundesvereinigung Kulturelle Kinder- und Jugendbildung. „Denkfutter" zur Vorbereitung der Fachtagung „Illusion Partizipation – Zukunft Partizipation. (Wie) macht Kulturelle Bildung unsere Gesellschaft jugendgerecht(er)?" von BKJ und bpb am 13./14.11.2015 in Berlin. Veröffentlich auf kubi-online URL: https://www.kubi-online.de/artikel/kulturelle-bildung-partizipation-semantische-unschaerfen-regulative-programme-empirisch, (letzter Zugriff: 25.01.2020)

Zirfas, Jörg; Jörissen, Benjamin (2007): Phänomenologien der Identität. Human-, sozial- und kulturwissenschaftliche Analysen. Wiesbaden: VS Verlag.

Žižek, Slavoj (1991): Liebe Dein Symptom wie Dich selbst! Jacques Lacans Psychoanalyse und die Medien. Berlin: Merve Verlag.

Links: Kunstformate, (Förder- und Forschungs-)Programme sowie Tagungen

Berliner Projektfonds Kulturelle Bildung: URL: https://www.kubinaut.de/de/berliner-projektfonds-kulturelle-bildung, (letzter Zugriff 16.01.2020)

faktor kunst: URL: https://www.montag-stiftungen.de/service/medien/faktor-kunst-2011, (letzter Zugriff 15.01.2020)

Forget Fear: URL: https://www.berlinbiennale.de/de/biennalen/22/forget-fear (letzter Zugriff 15.01.2020)

Institut für Kunst im Kontext, UdK Berlin: URL: https://www.udk-berlin.de/universitaet/fakultaet-bildende-kunst/institute/institut-fuer-kunst-im-kontext, (letzter Zugriff 17.01.2020)

Inventing the wheel – das Rad erfinden: URL: http://ngbk.de/development/index.php?option=com_content&view=article&id=67:symposion-inventing-the-wheel&catid=130:kategorie-ausstellungen&Itemid=303&lang=de, (letzter Zugriff 30.12.2012).

Kultur und Schule: URL: https://kultur-und-schule.de/de_DE/home (letzter Zugriff 16.01.2020)

Kunsthochschule Berlin-Weißensee: URL: https://kh-berlin.de (letzter Zugriff 17.01.2020)

Kunstplattform der IBA: URL: https://www.internationale-bauausstellung-hamburg.de/projekte/kreatives-quartier-elbinsel/kunstplattform/projekt/kreatives-quartier-elbinsel-2.html (letzter Zugriff 15.01.2020)

radius of art: URL: https://www.boell.de/en/educulture/education-culture-dossier-radius-of-art-14152.html (letzter Zugriff 15.01.2020)

reArt:the Urban: URL: http://www.reartheurban.org/info/Home.html (letzter Zugriff 30.12.2012)

Soziale Stadt: URL: https://www.staedtebaufoerderung.info. S.BauF/DE/Programm/SozialeStadt/soziale_stadt_node.html (letzter Zugriff 15.01.2020)

ÜberLebenskunst.Schule: URL: http://www.ueber-lebenskunst.org/schule (letzter Zugriff 16.01.2020)

Urbane Interventionen: URL: https://www.hfbk-hamburg.de/de/projekte/urbane-interventionen/ (letzter Zugriff 15.01.2020)

Versammlung und Teilhabe: URL: http://www.versammlung-und-teilhabe.de/cms/?lang=de (letzter Zugriff 15.01.2020)

Wo fängt die Kunst an, wo hört die Vermittlung auf: URL: https://www.muenchen.de/rathaus/Stadtverwaltung/Kulturreferat/Bildende-Kunst/Kunst-im-oeffentlichen-Raum/Kunst-Vermittlung/Infos.html (letzter Zugriff 15.01.2020)

Abbildungsverzeichnis

Dank

Ohne die Unterstützung vieler Menschen hätte ich diese Arbeit nicht umsetzen können. Ich danke allen Wegbegleiter*innen, auch wenn ich an dieser Stelle nicht alle namentlich nennen kann.

Mein besonderer Dank richtet sich zunächst an die Projektleiter*innen. Durch ihre Bereitschaft zur Teilnahme an meiner Forschung wurden meine empirischen Untersuchungen erst möglich. Darüber hinaus bedanke ich mich herzlich bei meiner Doktormutter Andrea Sabisch für die vertrauensvolle Begleitung meiner Arbeit, die vielen wertvollen Tipps und eine Atmosphäre des Forschens, in der Suchprozesse Teil des Wissenschaftsverständnisses sind. Auch bei meinem Zweitbetreuer Manuel Zahn möchte ich mich für die Unterstützung und die ermutigende Zusammenarbeit bedanken.

Besonderen Einfluss auf diese Arbeit hatten außerdem Benedikt Sturzenhecker, Karl-Josef Pazzini, Torsten Meyer, Kirsten Winderlich und Cornelie Dietrich, ebenso wie meine Wegbegleiter*innen Kerstin Asmussen, Nadia Bader, Maria Becker, Hilke Berger, Katja Böhme, Jasmin Böschen, Franziska Brandt, Ute Engel, Hanne Frank, Katja Helpensteller, Katja Hoffmann, Catharina Jochum, Stefanie Johns, Notburga Karl, Martin Karolczak, Kristin Klein, Gila Kolb, Katja Lell, Tobias Loemke, Nina Rippel, Susanne Schittler, Anna Schürch, Bernadett Settele, Lukas Sonnenmann, Melanie Stamer, Anna Stolz, Sabine Sutter, Wey-Han Tan, Virginia Thielicke, Ole Wollberg und Gereon Wulftange. Ihnen und vielen weiteren Personen gilt mein Dank für die Anregungen und den Austausch in Forschungskolloquien, bei gemeinsamen Arbeitsklausuren oder in Arbeitszusammenhängen.

Abschließend und vor allem bedanke ich mich von Herzen bei meiner Familie für die stetige Unterstützung und den Beistand. Ohne Eure Hilfe, Euer Vertrauen und Euer Verständnis wäre es nicht denkbar gewesen!